全国公路职工教育获奖论文集

（2016—2018）

中国交通教育研究会公路教育分会　主编

人民交通出版社股份有限公司
China Communications Press Co.,Ltd.

内 容 提 要

本书主要将2016—2018年中国交通教育研究会公路教育分会评选出的全国公路职工教育获奖论文结集出版。内容包括2016年、2017年、2018年全国公路职工教育获奖论文一、二、三等奖。集中反映公路职工教育热点难点问题和公路职工教育的创新成果。

图书在版编目(CIP)数据

全国公路职工教育获奖论文集:2016—2018 / 中国交通教育研究会公路教育分会主编. —北京:人民交通出版社股份有限公司,2018.12
ISBN 978-7-114-15128-6

Ⅰ. ①全… Ⅱ. ①中… Ⅲ. ①道路工程—职工教育—中国—2016—2018—文集 Ⅳ. ①U41-53

中国版本图书馆CIP数据核字(2018)第256212号

Quanguo Gonglu Zhigong Jiaoyu Huojiang Lunwenji(2016—2018)

书　　名:全国公路职工教育获奖论文集(2016—2018)
著 作 者:中国交通教育研究会公路教育分会
责任编辑:刘永芬
责任校对:刘　芹
责任印制:张　凯
出版发行:人民交通出版社股份有限公司
地　　址:(100011)北京市朝阳区安定门外外馆斜街3号
网　　址:http://www.ccpress.com.cn
销售电话:(010)59757973
总 经 销:人民交通出版社股份有限公司发行部
经　　销:各地新华书店
印　　刷:北京印匠彩色印刷有限公司
开　　本:787×1092　1/16
印　　张:33.75
字　　数:768千
版　　次:2018年12月　第1版
印　　次:2018年12月　第1次印刷
书　　号:ISBN 978-7-114-15128-6
定　　价:100.00元

全国公路职工教育获奖论文集
(2016—2018)

编 委 会

序

中国交通教育研究会成立于1993年3月15日，是经民政部登记注册的全国性一级社会团体，是具有独立法人资格的社团法人，业务主管部门是交通运输部，同时接受教育部的业务指导。中国交通教育研究会设有高等教育研究分会、航海教育研究分会、职业教育分会等10个分会，公路教育分会是其中之一。

自1981年全国公路职工教育研究会（中国交通教育研究会公路教育分会前身）成立以来，历经近40年的发展，公路分会为推动全国公路行业职工教育发展做出了积极的贡献。特别是"十二五"以来，分会以马克思列宁主义、毛泽东思想、邓小平理论、"三个代表"重要思想、科学发展观、习近平新时代中国特色社会主义思想为指导，认真贯彻落实部党组"科教兴交""人才强交"战略和党的十九大提出的"交通强国"建设战略，组织全国各省、自治区、直辖市公路局举办丰富多彩的、卓有成效的研究交流活动，有效地提高了对全国公路系统职工教育培训工作的指导。三十多年来，江西省公路局、广东省公路局、安徽省公路局、山东省公路局、广西壮族自治区公路管理局先后担任公路教育分会理事长单位；2015年，分会年会选举产生了第六届（2016—2018年）理事会，由内蒙古自治区公路局担任分会理事长单位，云南省公路局担任课题组组长单位。为了充分发挥中国交通教育研究会公路教育分会这一平台的积极作用，将公路职工教育研究成果有力地推广开来，第六届分会理事会制定了《2016—2018三年工作规划》，提出了《职教研究成果的推广应用意见》。根据上述工作规划和推广意见，决定出版全国公路职工教育获奖论文集，将2016—2018年评选出的优秀论文汇编成书，为全国公路系统开展职工教育工作提供前瞻性的理论指导和方法借鉴，为优秀理论成果应用搭建平台。

三年来，全国公路系统职工撰写职教论文的热情高涨，每年都能收到20多个会员单位推选的100多篇职工教育方面的论文。经专家评审，评选出2016年度优秀职教论文43篇，其中一等奖8篇、二等奖17篇、三等奖18篇；2017年度优秀职教论文42篇，其中一等奖10篇、二等奖15篇、三等奖17篇；2018年度优秀职教论文25篇，其中一等奖5篇、二等奖7篇、三等奖13篇。这次由人民交通出版社股份有限公司公开出版发行的论文集，共收录论文110篇。

多年的工作经验告诉我们，鼓励、支持一线干部职工结合他们的工作实际写写论文，是一种很好的学习方法和思维训练，也是总结工作经验的一种有效方式。这不仅对提高一线干部职工的思想理论水平有益处，而且对改进他们的工作方法、提升管理水平大有裨益。有的论文反映的情况、提出的观点，还可以为相关部门和单位领导提供决策参考。我们党一贯提倡的理论联系实际、实事求是的学风，深入调查研究、密切联系群众的工作作风和工作方法，在一线干部职工写论文的过程中都能得到很好的体现。比如，江苏省公路局江苏省交通政工和教育研究会公路分会第二片区调研组（丁汉军、王昌香）《关于全面深化改革中公路职工思想动态调研分析与对策》，陈娜《浅谈如何提升基层公路青年职工的素质》，唐昊睿、姚林、马仁华《践行社会主义核心价值观加快推进和发展公路文化建设》，邵兴华、石兴刚、王铎《工作条件艰苦地区开展公路职工教育培训的探索与实践》，蒋华清《强化情绪管理切入点　助推思想政治上台阶——湖南省永州市公路局深化职工思想政治工作刍议》，张雷鸣《新形势下如何做好高速公路职工思想政治教育工作》，程国美《利用现代远程教育开展公路职工教育的实践与思考》，孔峰《关于公路行业内刊创新发展的思考》，李敏《公路职教工作的发展环境和发展策略浅析》，就是发扬理论联系实际、实事求是的学风，体现深入调查研究、密切联系群众的工作作风方面的代表作。

细读本论文集110篇论文，我们会有这样的感受：从学术角度讲，这些论文是小论文；但从指导和改进实际工作角度讲，这些小论文都讲出了大道理，很接地气，真正管用，能帮助我们做好具体工作，提高管理水平。广告词说，千万亿个梦想，汇成伟大的蓝色梦想。我们说，千百万公路一线干部职工的思考和努力，可以成就伟大的公路交通事业。国家“一带一路”倡议的实施，交通强国的建设，不但要有高明的顶层设计和英明的领导者，而且需要千千万万勤于思考、勇于创新的劳动者。我们相信，中国交通教育研究会公路教育分会主编的这部论文集，对千百万公路一线干部职工将是一种很大的激励，为全国公路职工教育培训工作带来积极的影响，并由此进一步促进全国公路职工队伍建设，为我国公路交通事业的发展做出新的贡献。

在论文集即将出版之际，应公路教育分会领导的嘱托，并有感于公路教育分会领导和公路一线干部职工的开创精神，草就以上文字。如有不妥之处，敬请批评指正！

是为序。

刘卫民

2018年9月

前言

时光飞逝，中国交通教育研究会公路教育分会（以下简称“分会”）第六届理事会2016—2018年任期即将届满。经2018年南昌理事长单位工作会议研究讨论，分会决定将2016—2018年三年来评审出的全国公路职工教育获奖论文结集出版，旨在更好地展示公路行业职工教育研究成果，以备后鉴。更希望这本论文集打开一扇沟通之门，能得到广大同行、专家学者的指正与引导。

为便于查阅，并如实反映年度课题研究成果和获奖情况，本论文集按年度获奖等次分类辑成。全书收录2016年度优秀职教论文一等奖8篇、二等奖17篇、三等奖18篇；2017年度优秀职教论文一等奖10篇、二等奖15篇、三等奖17篇；2018年度优秀职教论文一等奖5篇、二等奖7篇、三等奖13篇，共110篇获奖论文。

在开展公路职工教育研究，推进职教研究成果应用的征程上，我们取得了些许成果，相信借此论文集可见一斑。三年来，在理事长单位内蒙古自治区公路局的指导下，在各会员单位大力支持下，课题组组长单位云南省公路局认真履行职责，一是拟定了《全国公路职工教育论文评比办法》，为全国公路职工教育论文评选工作提供标准和依据；二是拟定《职教研究成果的推广应用意见》，为职教研究成果的运用提出了具体办法；三是拟定研究课题，在广泛收集整理各会员单位意见建议的基础上，每年推出质量高、可操作、适推广的职教课题，提升职教发展内涵，2016—2018年，课题组组长单位云南省公路局共提出47个研究课题；四是组织专家开展论文评审工作，三年来，共对全国各会员单位推荐的344篇论文进行评选，经过论文相似度对比分析、初评、复评等环节，共评选出110篇获奖论文。上述工作的开展，无疑为该论文集顺利出版奠定了坚实的基础。在此，对理事长单位内蒙古自治区公路局，对课题组组长单位云南省公路局，对积极参与、关心支持此项工作的各会员单位表示衷心感谢！

成绩值得肯定，但由于获奖论文数量较多，作者分散，沟通协调不便，在统稿和编辑过程中，难免存在疏漏和不完善之处，敬请批评指正。

编委会
2018年9月

目　　录

2016年度

一等奖

关于全面深化改革中公路职工思想动态调研分析与对策 ………… 丁汉军　王昌香(3)
南充基层公路职工教育现状分析及对策思考 …………… 钟传伟　王　林　何前勇(9)
浅谈如何提升基层公路青年职工的素质 ……………………………… 陈　娜(15)
事业单位分类改革在公路行业暴露出的热点难点问题解析与研究 ………… 骆进林(21)
践行社会主义核心价值观加快推进和发展公路文化建设
…………………………………………………… 唐昊睿　姚　林　马仁华(26)
工作条件艰苦地区开展公路职工教育培训的探索与实践
…………………………………………………… 邵兴华　石兴刚　王　铎(34)
结合社会主义核心价值观谈谈对公路文化建设的思考——以丽江公路管理
总段公路文化建设为例 ………………………………………………… 陈　渊(38)
把握新常态　推动公路事业发展新跨越 ………………………… 刘文勇　孙　彬(43)

二等奖

浅谈“小卒子精神”公路服务品牌建设 ……………………………… 孙益民(47)
基层公路职工教育现状分析及其对策 ………………… 罗文俊　谭　杰　张宗凡(51)
新常态下公路行业职工“菜单式”培训模式探索与实践 ………………… 韦继勇(56)
对加强新时期公路人才队伍建设的思考 ……………………………… 梁国亮(60)
浅议交通运输综合执法体制改革对公路行业的影响及对策 …………… 姚　俊(65)
基层公路职工教育现状分析及对策思考 ……………………………… 赵良凯(69)
社会主义核心价值观与公路文化的融合路径探索——以重庆市梁平县
公路局实践为例 ………………………………………………………… 谢文平(74)
公路文化建设策略浅说——以中山公路局为例 ………………… 杜圣友　李仁华(79)
公路职工教育培训常态化的实践与思考 ……………………………… 许　建(83)
新形势下公路职工思想动态研究 ……………………………………… 洪立发(88)
论新形势下公路职工思想动态 ………………………………………… 李　欢(92)
公路人的“四个现代化”实现路径研究 ……………………………… 吉军晓(97)
事业单位分类改革在公路行业暴露出的热点难点问题解析与研究 ………… 丁　南(104)
新财税体制催生改建管理新模式 ………………………………… 籍长青　马瑞博(108)
新形势下公路行业职工培训的模式及考核机制研究 ………………… 郭万涛(112)
新形势下公路职工思想动态解析与研究 ……………………………… 醋建伟(117)

基层公路职工教育现状分析及对策思考 …………………………… 汪继顺(124)
三等奖
事业单位改革新形势下开展公路职工教育培训工作思路 ………………… 马世亮(128)
浅谈网络文化对80后、90后收费职工价值观的影响 ………………… 王岩峰(133)
新形势下公路职工思想动态研究——以家风教育增强公路职工思想教育的
针对性和实效性 …………………………………………………… 江　婵(136)
浅析公路基层单位职工培训 ……………………………………… 童丽丽(140)
对交通系统干部职工教育培训工作的思考和探索 ………………… 王晓春(148)
浅析养护中心人事管理绩效考核的应用 ………………………… 邹济平(152)
浅谈互联网信息技术在公路工程建设管理中的应用 ……………… 李昂修(155)
如何发挥互联网信息技术在公路管理中的作用 ………………… 杨慧玲(158)
提升公路职工素质主动适应新形势下的智能交通发展 …………… 李　燕(162)
用社会主义核心价值观引领青银厚德文化 ………………………… 张雷鸣(167)
新形势下公路职工思想动态研究——基于重庆市永川区公路管理所的
调查 …………………………………………………………………… 黄万宇(171)
基层公路职工教育现状分析及对策思考 ………………………… 李星悦(174)
浅析文体活动在深化公路文化建设中的作用 …………………… 史振山(177)
结合社会主义核心价值观谈谈对公路文化建设的思考 …………… 刘　威(181)
如何发挥互联网信息技术在公路管理中的作用 ………………… 杨　倩(184)
论基层公路职工教育现状及对策分析 ……………………… 郑晓荣　任　洪(187)
基层公路职工教育现状分析及对策思考 ………………………… 王　荣(192)
基层公路职工教育现状分析及思考对策 ………………………… 黄棋林(197)

2017年度

一等奖
强化情绪管理切入点　助推思想政治上台阶——湖南省永州市公路局深化
职工思想政治工作刍议 ……………………………………………… 蒋华清(203)
新形势下如何做好高速公路职工思想政治教育工作 ……………… 张雷鸣(211)
利用现代远程教育开展公路职工教育的实践与思考 ……………… 程国美(218)
公路系统构建"一家人"文化的实践和思索——以苏州市公路管理处为例
…………………………………………………………………………… 李海峰(223)
试论中国古代廉政思想对当代公路廉政文化建设的借鉴作用 ……… 林　趣(229)
浅议在事业单位改革背景下推进公路部门体制机制改革对公路职工的
思想情绪影响及其对策 ……………………………………………… 姚　俊(235)
公路职工职业倦怠的归因分析与对策研究 ……………………… 李炜耀(240)
新形势下公路行业廉政文化建设的策略选择 ……………………… 王雪莲(244)
保山公路局职工培训体系优化研究 ……………………………… 刘　东(249)

职工情绪管理是公路职教工作的新课题 …… 龚　雪(254)

二等奖

新形势下如何加强公路行业廉政文化建设 …… 洪立发(259)
以“新视角、新方法、新评估”探究公路职工教育条件改善路径 …… 汪　磊(263)
公路系统职工教育市场化探索的实践与思考——以重庆市合川区为着眼点 …… 贺友平(267)
对公路廉政文化建设五个要素关系的认识与思考 …… 邮路轩(273)
公路系统基层组织廉政文化建设路径分析——以重庆市梁平区公路局实践为例 …… 谢文平(278)
“互联网+”背景下的职工教育培训的创新 …… 王志杰(283)
准确把握并正确引导公路养护职工消极情绪之我见 …… 许　磊(287)
“互联网+”公路文化建设研究 …… 何金贵(291)
构建廉政文化体系　塑造勤政交通形象——以河北高速公路廉政文化建设为例 …… 王会鹏(298)
人本视角下的职工情绪管理研究 …… 徐佳宁(303)
浅议“互联网+”的公路职工教育 …… 唐　克(307)
新形势下如何加强公路行业廉政文化建设 …… 刘艳玲(311)
浅议公路行业工程建设领域反腐建设 …… 汪玉田(316)
新形势下如何加强公路行业廉政文化建设——“四明四小”打牢基层单位廉政文化建设基础 …… 陈新广(320)
新形势下如何加强公路行业职工教育建设 …… 宗　鹏(324)

三等奖

浅谈在公路体制改革中如何做好基层单位职工的思想教育工作 …… 陈　杰(329)
如何加强公路行业党员干部理想信念教育 …… 曾若兰(333)
发挥榜样优势　深化公路行业作风建设 …… 杜坚毅(336)
新形势下如何加强公路廉政文化建设 …… 袁经文(340)
浅谈公路行业职工情绪管理——从改善外在环境来积极影响职工情绪 …… 陈　艳(345)
浅析新常态下情绪调节与控制对公路系统一线养路职工思想教育工作的重要性 …… 农　琨(350)
职工情绪管理是单位职教工作的新课题 …… 高　峰(354)
新形势下公路行业职工思想政治教育的创新设想 …… 冯　超(359)
运用“互联网+”思维开展思政工作的思考 …… 海春华(365)
微信公众号助力公路行业文化建设新跨越 …… 李明卉(368)
新形势下如何做好职工的思想政治教育工作 …… 郑晓荣(373)
公路职工教育现状分析及其对策研究 …… 班文娟(378)
加强公路职工教育的必要性分析 …… 汪继顺(381)
新形势下加强公路行业职工情绪管理的几点思考 …… 刘祥芳(385)

职工情绪管理是单位职教工作的新课题 …………………………………… 曾子凡(388)
创新培训载体,加强职工教育,促进单位发展——公路系统职工培训教育的
现状与思考 ………………………………………………………………… 白晓霞(393)
如何建立公路职工教育长效机制 ………………………………………… 申 荣(397)

2018年度

一等奖

论高速公路品牌创建 ……………………………………………………… 潘吉运(403)
关于公路行业内刊创新发展的思考 ……………………………………… 孔 峰(411)
新形势下做好公路职工教育工作浅析 …………………………………… 程国美(416)
新形势下如何推动公路行业内刊创新发展 ……………………………… 宗 鹏(421)
公路职教工作的发展环境和发展策略浅析 ……………………………… 李 敏(426)

二等奖

公路职工教育市场化的管理学思维——以重庆市合川区为例 ………… 贺友平(430)
公路行业文化建设的实践与探索 ………………………………………… 王子江(436)
新时代基层公路职教工作的发展环境和发展策略之刍议 ……………… 李 强(440)
在当前新形势下如何建立公路养护职工技能培训长效机制之研究 …… 姚 俊(449)
坚守传统与适应变革——职工思想教育工作方式探讨 ………………… 程 贵(453)
新时期如何加强高速公路行业职工教育培训 …………………………… 陈 兰(457)
坚持六措并举 弘扬廉政文化 …………………………………………… 刘海峰(462)

三等奖

事业单位分类改革在公路行业暴露出的热点难点问题解析与研究 …… 易大芳(466)
公路行业精神文明建设研究——浅谈内蒙古路桥集团有限责任公司精神
文明建设成效 ……………………………………………………………… 贾 奖(470)
新形势下开展公路职工继续教育工作的若干思考 ……………………… 章龙胜(476)
浅析公路局在事业单位分类改革中的方向和路径 ……………………… 李 涛(480)
基层公路路政执法人员培训现状及思考 ………………………………… 武帅帅(485)
芒市公路分局行业文化建设的实践与思考 ……………………………… 林剑辉(490)
公路行业文化建设之巴南尝试 …………………………………………… 谭 艺(494)
浅谈对公路行业人才队伍激励机制建设及职能绩效考核工作几点认识 …… 袁建强(499)
关于公路廉政文化建设的思考 …………………………………………… 江 瑞(504)
如何创建公路文化品牌,推动单位文化创新发展 ……………………… 包俊伟(508)
新形势下如何开展公路职工继续教育工作 ……………………………… 陈晓宇(512)
新形势下如何开展公路职工教育培训工作 ……………………………… 谢杨辉(518)
公路养护体制改革对职工思想教育工作的挑战及对策 ………………… 韩增寿(522)

2016年度

一等奖

关于全面深化改革中公路职工思想动态调研分析与对策

丁汉军　王昌香

（江苏省徐州市公路管理处）

摘　要　当前公路行业的改革已经进入深水区，现有的养护管理体制、组织人事关系、收入分配、管理模式等将发生巨大变化，职工的思想受到很大的冲击，心理上也有微妙的变化，这就要求我们要及时发现、了解并掌握职工的思想动态，提前介入，争取工作上的主动，把思想政治工作做到位，这也关系到公路行业改革的稳定和深度。为此，笔者通过深入基层一线调研、发放调查问卷、召开座谈会等形式广泛听取职工的心声，在此基础上对调研结果进行了细致的统计、分析和归纳，力求真实客观地反映当前公路系统职工的思想状况，并就如何清除职工思想上的羁绊，及时疏导心理上的负面影响寻求对策和方法。

关键词　改革　思想动态　调研　对策

一、引言

公路职工的思想状况，是影响公路发展的问题，也是影响公路改革的问题。党的十八届三中全会审议通过了《中共中央关于全面深化改革若干重大问题的决定》，开启了我国全面深化改革的新征程。在当前全面深化改革的大环境下，新一轮公路改革也必将更加深入广泛。准确研判今后一个阶段全面深化改革中公路职工的思想动态，切实制定工作对策，加强和跟进思想政治工作，是公路系统面对的一个至关重要的课题。为准确了解和把握公路职工的思想动态，江苏省公路分会第二片区调研组于 2014 年 11 月就全面深化改革中公路职工的思想动态等方面内容进行了调研，对一些共性问题进行了认真分析。

二、调研概述与方法

本次调研范围为江苏省公路分会第二片区各会员单位，共 8 家（其中公路管理处 7 家，汽渡管理处 1 家）。本次调研采取了以调研问卷为主、交流座谈为辅的调研方式，共组织开展交流座谈会 10 次，发放调研问卷 500 份，有效回收 500 份。参与交流座谈、调研答卷的人员，包括上述单位中不同年龄、不同岗位、不同职务的企事业人员。为全面了解公路职工对改革的真实想法，课题组重点选取了一线基层职工，精心设计了《公路职工思想动态研究调查问卷》供职工填写。调研组对职工代表座谈会收取的信息及收回的调查问卷，进行了细致统计、归纳和分析，在此基础上，就如何做好全面深化改革中公路职工的思想政治工作提出了对策建议。

三、调研内容与分析

1.对公路改革的总体看法

本次调研首先就公路职工对改革的认知程度进行了了解和统计。调研者认为,对公路改革的自我认知,是公路职工认同、支持或者抵触改革的思想基础。问卷调查结果见表1。

公路职工对改革的了解程度　表1

内　容	选　项			
对公路改革的总体看法	很快	较快	较慢	没有进展
	17.6%	29.8%	32%	20.6%

从以上调查数据看,认为快、较快和慢、较慢的总体比例大致相当,而认为慢、较慢的人数还略超快、较快的人数,反映出公路职工对改革普遍认同具有了一定的自我认知度,绝大多数职工能坦然地接受改革,而且显示出一定要求加快改革的意愿。

2.对公路改革的满意度

本次调研以"公路改革中职工的合法权益是否得到有效维护"为重点,对公路职工对改革的满意程度进行了调查(表2)。

公路职工对公路改革的满意度　表2

内　容	选　项			
职工合法权益是否得到有效维护	得到有效维护	部分权益得到维护	未得到维护	不知道
	12.6%	49.6%	29%	8.8%

从以上调查数据看,多数公路职工自我保护意识较强,比较注重自身权益的维护。通过个别交流谈心,其中大多数职工希望在改革中不下岗、不降薪。

3.对公路改革最关切的问题

调研过程中,以"关于生产经营类事业单位的人员安置,您认为哪一种方式最好?"为题展开了调研(表3)。

公路职工对公路改革的期望度　表3

内　容	选　项			
生产经营类事业单位人员安置的方式	调剂到职能相近、经费渠道相同的其他事业单位	保留事业身份,人继续留在原单位	跟随单位一起转制,不再保留事业身份	其他
	50.2%	33.2%	13.6%	3%

在座谈交流中,在回答"在公路改革中你最关切的问题是什么"时,几乎所有被调查者的回答都涉及与切身利益有关的问题,对此类问题的关注度达90%以上。由此可见,绝大多数职工最关注自己改制后事业身份是否能够保留,担心不能拥有体制内的保障待遇,这从很大程度上显示了职工对改革的最大期望。

4.影响和制约公路改革的主要问题

对"影响和制约公路改革的主要问题"的调研结果见表4。

影响和制约公路改革的主要问题 表 4

内　容	选　项			
当前影响和制约公路改革的主要问题	单位和职工自身对改革不积极、不主动,甚至存在抵触情绪,存在思想障碍	公路部门债务、人员包袱沉重	改革成本不足,缺乏必要的资金支持	上级现有的改革政策还不明朗,缺乏配套的政策措施
	27%	38%	39%	59.8%

据上述调查统计,可见职工比较关注改革的配套政策措施,希望获得政策的保障,稳步地推进改革。

5.影响和制约公路改革的主要思想障碍

为了找出影响和制约公路改革的主要思想问题,以便对症下药,以"你认为影响和制约公路改革思想障碍的主要因素"为题进行了调查,统计显示,75.8%的职工认为是职工有后顾之忧(表 5)。

影响和制约公路改革的思想因素 表 5

内　容	选　项			
影响和制约公路改革思想障碍的主要因素	认识不到位	改革愿望不强烈	单位有后顾之忧	职工有后顾之忧
	22.6%	21.2%	41.2%	75.8%

同时,还对未来深化公路改革中影响和制约改革的思想障碍因素进行了调查,结果表明:53.6%的职工认为是担心改制后在养老、医疗等社会保障方面不能完全到位,53.2%的职工认为是担心收入下降(表 6)。

影响未来深化公路改革的主要思想障碍 表 6

内　容	选　项				
影响未来深化公路改革的主要思想障碍	担心个人身份	担心收入下降	担心下岗失业	担心经济补偿不到位	担心企业改制后,职工养老、医疗等社会保障方面不到位
	30.2%	53.2%	26%	12%	53.6%

以上统计分析表明改革中的后顾之忧是公路职工最普遍关注和认同的问题,这也充分表明公路职工非常注重个人在改革中的利益,希望在改革中个人利益不受损害,同时获得稳定的岗位、收入和发展空间。

6.全面深化公路改革的工作措施

在调研中,就如何深化公路改革的相关问题展开了调查(表 7)。

深化公路改革的主要措施 表 7

内　容	选　项			
全面深化公路改革下一步应采取的主要措施	完善出台相关政策支持	调动职工参与改革的积极性	切实解决企业历史遗留问题	优化改革氛围
	56%	14.4%	29.4%	5%

从统计结果看,关心改革配套政策的职工占较大比例。

同时还以“您认为破除深化公路改革思想障碍应采取的关键措施”为题对职工进行了调查(表8)。

破除深化公路改革思想障碍的关键措施　　表8

内　容	选　项			
破除深化公路改革思想障碍应采取的关键措施	加大宣传力度,营造舆论氛围	加强学习,提高职工的改革意识	采取必要的行政手段,强化纪律约束	引导职工广泛参与
	29.4%	20.8%	10.6%	37.4%

统计结果显示,多数职工希望了解改革的政策和信息。宣传的效果如何、职工对改革的知晓度有多大,成为制约改革的关键。

此外,还就“你认为公路各级党组织在公路改革中应发挥哪些作用?”和“你对做好公路改革中职工思想工作有哪些好的意见和建议?”等问题进行了调研。结果显示,职工普遍希望党组织应在宣传学习、政策引导,疏通思想、解惑释疑,保证改革公平、公开、透明上发挥重要作用。在与基层单位职工的个别交流中得知,一些单位只注重把精力投放在工程建设、公路养护等公路业务上,思想政治工作方法简单,形式粗放,沟通不畅,影响了职工对改革的认识和参与意愿。

综合以上分析,对全面深化公路改革中公路职工的思想动态做出以下研判:

1.有利深化公路改革中公路职工思想动态的积极因素

2000年以来,江苏省公路机制体制改革全面推进,公路改革工作已经积累了较丰富的实践经验,公路职工对改革的认识和理解进一步增强。

①前期改革奠定了良好基础。近年来,全省公路机制、体制改革取得阶段性成果,积累了较丰富的实践经验,奠定了扎实基础。在此过程中,通过制定积极稳妥的改革措施,依法维护公路职工的合法权益,保障职工稳定就业,使公路职工对改革逐步适应,对改革充满期待,为全面深化公路改革营造了良好思想氛围。

②现实环境提升了对改革的认识。在当前,适应我国全面深化改革和转变经济发展方式的要求,加快公路事企分开、转企改制和分配机制等根本性改革势在必行。在长期、渐进式的改革中,公路职工对改革的形势和政策的认识更加理性,从直接抵触、被动接受到主动参与,对改革的政策措施、内容、时间更加关注,表明他们已经主动融入改革中来。

③组织保障增强了职工改革信心。各级党委政府高度重视改革工作,各级公路党政组织也不可能容忍公路改革出现任何不良后果。在近年公路改革中,公路各级组织积极争取改革,认真制定改革方案,职工合法权益、就业岗位等得到有效维护,特别是通过改革,一些单位和企业管理效率显著增强,生产力得到进一步释放,呈现出良好的发展前景,这也进一步增强了公路职工对改革的期望、自觉和信心。

2.影响深化公路改革中公路职工思想动态的不利因素

在看到积极因素的同时,还清楚地认识到职工思想动态中的一些不利因素,如对改革的抵触情绪依然存在、对个人身份利益过于关注、对计划管理模式还守旧留恋等。这些因素都是全面深化公路改革中不可回避的问题。

①对改革存在模糊认识。一些职工认为改革就是身份置换、下岗分流、减少收入,就是

甩包袱、被抛弃,因此对改革产生抵触情绪。有些职工对改革期望过高,在不能达到心理预期时,就对改革产生质疑。这类职工占有一定比例,对深化公路改革会产生负影响。

②上轮改革存在后遗症。2002 年,我省普遍实施公路养护运行体制改革,因为各地情况不一,政府配套改革措施不到位,改革又是仓促进行,产生了不少遗留问题,特别是一些事转企人员身份未完全置换,部分退休(养)人员待遇未落实到位,引发职工不断上访,也引起职工思想的混乱和不稳定。由此职工对改革变得顾虑重重甚至心有余悸,宁愿守住原来的饭碗也不愿再改革。

③对改革缺乏信心。由于长期实行计划管理体制,不少公路职工缺乏市场知识和意识,存在"等、靠、要"依赖思想,故步自封,怕经不起市场的挑战信心不足,束缚了思想,致使改革的意愿降低。

四、对策和建议

根据本次调研的情况,笔者认为,全面深化公路改革,各级公路部门必须明确思路、积极应对,切实采取以下工作对策:

1.准确把握改革基调,坚持积极推进与稳健实施相结合

当前经济社会发展环境和发展方式的转变,都倒逼公路发展方式转变,倒逼深化公路改革。但公路发展方式的转变和变革,必须依据客观实际情况,不能盲目进行,一蹴而就。特别是经历了 30 多年的改革之后,目前公路改革已进入到深水区和攻坚阶段,今后每一步推进都将涉及利益的博弈,都是对利益的重新分配。在这个阶段,职工对自身利益高度关注,加之前轮改革带来的思想阴影,稍有不慎,就会使改革遇阻。因此,公路部门在主导推进改革过程中,必须认真研究职工对改革工作的反馈,依据相关政策和政策导向,充分、细致地制定改革实施方案,涉及关切职工切身利益的重大改革决定、政策变动,要通过召开职工大会等形式,及时、透明地传达、告知职工,让职工参与到改革的每一个环节中,从而切实地教育和引导职工提高改革意识、培养改革精神、增强主动参与改革的能力。

2.准确把握思想预期,加强舆论引导和心理教育

除了积极抓好支持政策、方案制定等促进公路改革的举措,公路部门要切实加强对职工的舆论引导和心理教育,通过有效的舆论引导,稳定和提高职工对改革的信心和预期。调研显示,职工对改革后的身份、收入、待遇等尤为关注,这一方面反映出对改革的宣传工作还不到位,另一方面也在很大程度上反映出以往改革中职工的权益还没有得到切实维护,或者说与职工的预期还存在差距。公路部门要通过精心谋划改革思路等扎实举措,辅以舆论引导,让广大公路职工预见到通过改革能够实现个人与单位同步发展,看到改革的希望,增强改革的自觉性。

3.准确把握焦点难点,加大改革政策宣传力度

公路部门要抓住改革中焦点难点问题,深入分析改革利弊,引导正向思维,建树职工积极改革理念。一是针对改革政策不明朗、不透明问题,提前做好政策宣传,及时进行解惑答疑,解除职工被蒙、被骗的怀疑心理。二是针对改革封闭操作、职工参与程度低问题,从改革方案制定之始,即将每一环节均提交职工代表大会等讨论审议,让职工参与改革的全过程,进而获得职工的广泛认同。三是针对职工担心改革后找不到工作、找不到好工作而出现的

就业焦虑问题,除引导用人单位保障就业外,要帮助职工端正就业态度,调适就业心理,调整就业观念,破除"铁饭碗"等从业思想,适应公路改革新常态。

4.准确把握工作定位,善于做好因势利导

各级公路党政组织是主导公路改革的责任主体,对确保改革平稳推进负有不可推卸的责任。为此,必须准确把握工作定位,分解落实改革任务,善于引导和推进改革。一是要以大的环境引领职工。要通过组织学习相关政策文件,使职工看到改革是趋势、是必然,明白改革才能发展、改革才有活力的道理,树立只有改革才有出路、才能更好发展的理念,引导职工做改革的顺应者、理解者和推动者。二是要以可望预期鼓舞职工。要加强改革政策解读,精心策划改革路径图景,分析改革利弊得失,使职工在改革中找到自身位置和归宿,看到希望和前景,增强对改革的自信心。三是要以扎实举措保障职工。公路各级党政组织要在全面深化改革中发挥核心作用,既要把握改革方向,又要切实保障职工合法权益。特别要加大对转制困难企业的帮扶力度,增强政策、资金支持,促进企业稳定就业和职工收入,从而促使职工乐于接受改革,保障改革顺利推进。

五、结语

改革是公路事业转型提质的必由之路,而且将是一项复杂的系统工程,也涉及职工的切身利益。我们应该重点关注这个阶段职工的思想动态,发挥思想政治工作的优势,增加改革透明度,加强引导和沟通,加大宣传,因势利导,切实做好新形势下职工思想政治工作,为改革顺利进行保驾护航。

一等奖

南充基层公路职工教育现状分析及对策思考

钟传伟　王　林　何前勇

(四川省南充市公路管理局)

摘　要　阐述了南充市公路职工队伍素质的现状及职工教育培训存在的主要问题,结合实际,针对本市公路职工教育提出对策和建议。

关键词　公路　职工教育　现状　建议

一、引言

科技进步,社会发展,培养高素质的公路养护职工势在必行,而当下基层公路职工的教育工作现状却不容乐观,十分堪忧,公路职工的教育手段和受重视程度并没有随着突飞猛进的交通建设步伐同步前进,反之退居一隅,到了比较尴尬的地步。应针对行业特点,整合教育资源,实施精准的教育培训,促进公路建养、人和技术的有效结合,保证公路事业国家层面的服务水准。

公路作为国民经济的基础性产业,在国家发展和社会进步中发挥着十分重要的作用。作为在四川省南充市从事公路系统基层职工教育与培训工作的人员,现就南充市基层公路职工教育培训工作现状与对策谈谈看法。

公路的出现必然要经历这样两个过程,一是建设,公路建设是解决出行难等地方发展各类瓶颈问题的突破点,公路通了,地方的发展也就有了途径;二是管养,路修好了,天长日久会有损耗,如何让公路更长寿、更美丽,则是公路管理部门的一项主要工作,也是绝大部分的公路基层职工所做的日常性工作。南充市目前有各类公路总计 22030.586 千米,其中国、省道 748.985 千米,农村公路 21227.337 千米,专用道 54.264 千米,这些公路如同血脉一样保障了南充各县(市、区)人民群众的出行和经济繁荣。当前,随着国民经济的发展和社会的进步,公路事业也有了很大的发展,公路的管养手段也发生着翻天覆地的变化,要与时俱进,提升公路行业的竞争能力,就必须提高全体职工综合素质,有效地开展职工教育培训,大力开发和充分利用人力资源,促进自身健康快速发展,而如何行之有效地做好这些工作,是亟待研究的重要课题。对此,笔者针对本市公路职工教育现状做出分析及对策思考。

二、南充市公路职工教育的基本现状

南充市从 1986 年开始,就成立了专门的机构从事对公路职工的教育培训,从未间断,基本上满足了不同发展阶段公路职工教育需要,但被动式、强制式、浅标式教育培训工作明显满足不了形势的发展。通过调查发现,当前南充市公路职工教育主要存在以下几个方面的问题。

1.对基层职工教育培训工作的重要性认识不足

一是机构不够完善。目前南充市各县(市、区)12 个公路管理部门中,职工教育培训的部门设置不完善,工作被弱化。12 个单位中成立了专门负责职工教育培训科室的仅有 4 个,无专门科室但有专职业人员负责该项工作的 2 个,由办公室人员兼顾此项工作的 6 个,同时基层职工教育培训工作因单位领导的重视程度不同而有明显差异。

二是教育培训经费投入呈缓慢增长趋势,但总体偏低。2011~2015 年,南充市各县(市、区)公路管理部门对教育培训经费的投入呈现缓慢增长趋势,但是总体投入有限。

2.教育培训的多样化需求明显

2014 年 6 月下旬,调研者对全市公路系统的教育培训需求进行了一次全面调研,2016 年 6 月,再次进行了跟踪性调研,调研结果如图 1 所示。

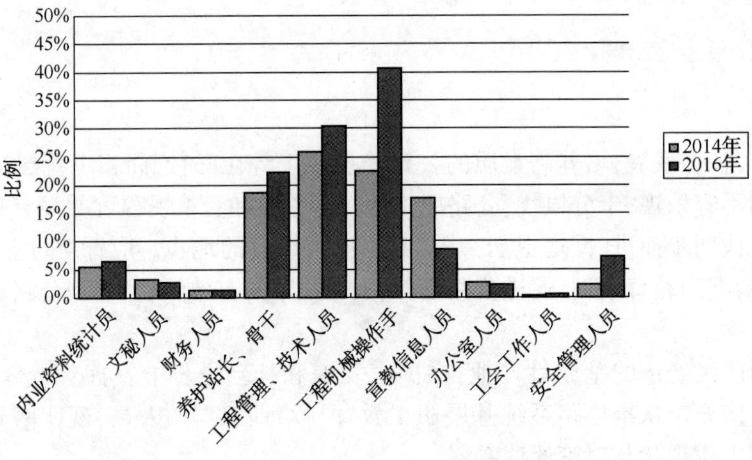

图 1　南充市公路系统教育培训需求

从调研反映的情况来看,需要培训的人员类别多达 10 类:分别是 1.内业资料统计员;2.文秘人员;3.财务人员;4.养护站长、骨干;5.工程管理、技术人员;6.工程机械操作手;7.宣教信息人员;8.办公室人员;9.工会工作人员;10 安全管理人员。基层职工教育需求不再是单一化、个别指向化,而是呈现多元化发展趋势。

3.与实际接轨的动手操作能力需求最为迫切

当前,在基层管养单位,由于多种原因,职工教育培训多采取以会代训的模式开展,时间短、培训内容单一、理论性强,最后往往成了走马观花,且无专门机构、专人对培训效果进行跟踪和验证。随着南充市国省干线公路的逐步提档升级,机械化养护的进一步推广和深化,对公路养护的要求也在不断提升。迫于形势的变化,基层公路管养单位对能与实际工作严密接轨、动手操作能力强的人员需求激增。以调研结果为例,在两年时间内,工程管理和技术人员培训需求从 25.8%提升至 30.5%,工程机械操作手需求从 22.4%提升至 40.6%。

4.素质类和资质类的教育培训需求凸显

基层公路管养部门在传统意义上给人一种“面朝黄土背朝天”的印象,而实际情况是随着国民经济的全面发展,公路等级的不断提高,在通车的道路中已经很少有泥结碎石等低等级路面了,但基层公路职工的文化技术水平还相对较低。目前,在全市 1085 名基层公路养护职工中,初中及以下学历 678 人,高中学历 254 人,大专及以上学历 153 人,急需通过素质类教育让整个公路行业的工作水平得到提升。另一方面,在实际工作中,国家对各类资质的管理和要求也越来越标准化、规范化,而当前在南充市公路行业此类教育培训工作缺失。

5.培训对象高层倾向化明显

调研者对南充市各县(市、区)公路管理部门 2011~2015 年的培训项目(不包括以会代训)所占比例进行了调查,结果如图 2 所示。

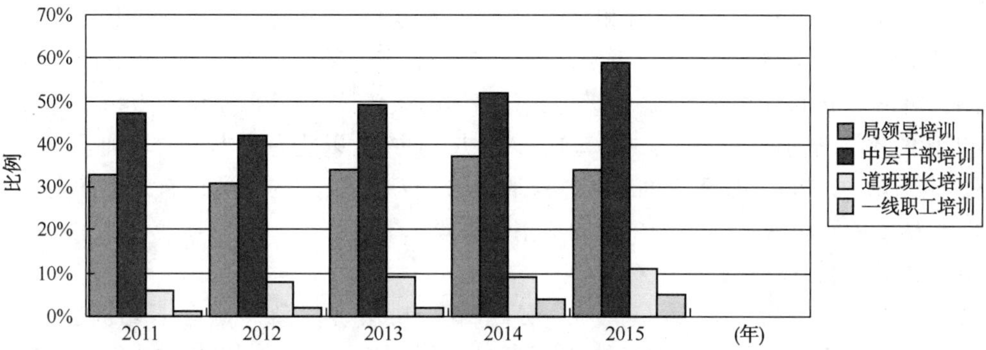

图 2　南充市各县(市、区)公路管理部门 2011~2015 年培训项目

从数据上可以看出,近年来各地针对各县局领导、中层干部的培训不少,针对一线公路管养骨干人员的培训较少,而针对一线普通职工的培训基本缺失。

三、原因分析

1.职工教育制度尚不完善

目前,公路行业部分单位还没有制定统一的职工教育培训规划和相应的管理办法,职工教育培训工作仍未走上规范化、制度化的轨道。领导干部及职工对教育培训的责任和义务不明确,职工教育必要的人、财、物投入未能保证,考核激励机制没有形成。

2.地方人事制度的限制

由于受到人员编制、地方性进人用人政策的限制,各单位近年来人员出多进少,年龄结构趋于老化。随着老职工的退休,知识结构、养护经验上形成断层;加上各县局工程、养护专业骨干力量被借用的情况普遍存在,而替补人员得不到有效的培训机会,导致养护及大中修上的技术力量薄弱。

3.现代养护的发展和自身水平存在落差

当前,传统养护与"三新技术"、预防性养护、机械化养护的推广还处于交替重叠期,养护职工对后者在实际工作中的成熟运用,还需要进一步加强和推广。加之各地发展情况有所不同,如南部、仪陇、营山、直属一、二分局等机械化养护水平较高,其他局情况则稍差,推广应用进度不一。

4.公路基层管养人员仍然存在专业文化水平较低的硬伤

目前各县局90%以上养护的路段都是沥青、水泥路面,在一线养护工作中,养护和维修逐渐分离,传统意义上的修补作业大多是由各县局机养中心承担。各路段的养护人员日常工作为日常巡查、路面保洁,边沟、涵洞清淤排堵,管理路段桥梁的日常巡查,路产路权的辅助维护等,技术含量不高。由于基层管养人员专业文化水平较低,表达能力、判断能力有所欠缺,如在桥梁结构的认识、桥梁病害的判断上,日常巡查资料的规范性,出现重大事故、险情的应急处置等方面的能力不足,亟待提高。作为公路的一线维护者,只有具备了这些能力,才能够在问题出现时及时处置,避免因此造成的损失。

5.现代培训理念尚未形成

公路建设培训的重点在于岗前教育和业务技能训练,未能将培训变成动员、激发和启发广大职工形成与公路建设战略目标相一致的观念、态度、行为和技能的重要工具。甚至部分领导干部的观念短期严重偏离,只重视绩效考评指标,轻视职工教育培训,部分职工自身知识需求与单位发展目标相对立,缺少接受教育培训的激情,导致培训质量和效果不理想。笔者认现代的教育培训理念是以需求为导向,以学员为主体,以能力为本位的培训系统。使教育培训在知识、技能和素质等方面改进基层职工的行为方式,成为单位创新思维和精神的发源地,成为解决问题、建设学习型单位的最主要手段。

6.职工教育相关的配套措施不完善

目前,由于职工教育与劳动人事、收入分配制度的改革不一致,职工教育培训呈现出“孤军作战”之势,对教育培训主体的引导、启发、激励以及创新教育培训方式方法等方面难以发挥综合作用,课件管理、考试管理、岗位资格、教师管理和奖惩考核等难以综合协调,影响了职工教育培训的效果。

四、新时期公路基层职工教育培训的策略性调整

公路行业要全面发展,提高行业的竞争能力,关键还是在人,要以人为本。针对上述职工教育培训存在的问题和制约因素,我们必须增强做好职工教育培训工作、提高职工素质的紧迫感和责任感,不断丰富教育培训工作形式。

1.转变思想,从根本上改变教育培训工作的观念

在现在这个知识经济时代,最根本的是人,最具竞争力的手段是先进的技术手段,而要适应这个时代,必然要加强学习。不但做教育工作的要清醒地认识这一点,还要让基层一线职工也要明白这个道理。随着社会的不断发展,生存竞争日益激烈,如果不能有意识地主动获取新知识,无疑将会被时代淘汰。加大培训宣传力度,努力营造“尊重知识、尊重人才”的氛围,同时出台一些激励措施,将培训效果与工作机会挂钩,同时积极创造条件,努力让拔尖人才脱颖而出。

2.注重教育培训工作的分类和方向

以南充市公路基层职工教育培训工作为例。我们将工作分为两大类,一是注重素质提升的经常性培训工作,如财务、信息、办公文秘、档案管理等涉及工作岗位内容的培训工作,这类培训主要是一种对工作的适应性培训,使参加培训的同志能尽快熟悉和适应到所从事的工作中去;二是进行职工个人业务技能提升的技能性培训,如用于实际工作中的工程过程

管理、预决算，进行机械操作维护的技能，进行工作设备维护等方面的技能。这类培训的目的是对职工原有的个人技能进行巩固提高，使之能一专多能，为单位或个人成长提供有效辅助。分类明晰，有助于梳理教育培训工作体系，明确教育培训重点，进一步提升教育培训工作的规范化。

此外，公路基层职工教育，不一定要培训养出高、精、尖的高级人才，但一定要与工作实际相结合，这就要求教育工作者深入基层，了解他们的所需所想，多年的公路基层职工教育经验表明，公路基层职工培训工作应努力向两个方向实施人才工程，一是培训基层的管理人才，二是培养基层的技术能手，同时加强创新意识和创新能力的培养，而不是一味地搞全能，搞复合型人才，这样才真正与我们的实际工作相结合。每年有针对性下基层调研，对调研结果科学分析，制订出 3~5 年的公路基层职工中短期教育培训规划，再结合每年调整性的工作进行，从而避免因无序、不系统、目的性不强而产生的拍脑袋做法。

3.“菜单式”教育培训理念的思考及推广

不同于传统式的课堂教学、填鸭式教学，基层养护职工希望培训能立竿见影地在实际工作中得到运用，能与他们的实际工作严密接轨，而不需要二次熟悉。这就需要进一步引入有针对性的“菜单式”教育培训模式。

“菜单式”教育培训是一种新型的教育培训模式，是当前改进公路基层职工教育培训的总趋势。与传统的培训方式相比，“菜单式”课程发生了三大变化：一是学员的学习态度发生了根本变化，由过去的“要我学”变成了现在的“我要学”，变被动为主动；二是学习方式发生了变化，由原来的套餐式、板块式，变成了灵活的组合式，大大提高了学习效率；三是学习时间发生了变化，由过去的硬性规定学习时间变成弹性学习时间，学员可以自主安排学习时间。

“菜单式”教育培训必须建立在加强调研，有目的、有规划地进行基层职工的教育培训工作的基础之上。2015 年，南充市交通运输职业技术培训中心以 2014 年行业调研为基础，针对职工迫切需要的养护站长、骨干，工程管理、技术人员，工程机械操作手以及宣教信息人员培训需求，开展了相应的培训课程，并且充分利用当今现代化的科技手段，有针对性、实用性，分层次、多渠道地开展，着眼于素质和技能提高相结合，培训效果良好。这说明“菜单式”培训是基层职工喜闻乐见的培训模式，有助于推动行业发展。

4.注重培训的形式，充分利用现代的科技手段

现在科技水平发展很快，能够利用的平台也比较多，除传统意义上的课堂教育和现场教学外，还可以充分利用电脑、智能手机等个人物品，在网站、微博、微信等信息化平台进行基层教育培训工作。当然这需要从两方面做工作，一是教育培训的组织者，将教学资源、课件以文章、视频、交互问答等多种形式进行，将这些课程资源挂上网络；二是作为需求方的基层职工，通过电脑、多媒体手机在教学平台上注册登记成为用户，点击相关的学习内容课件进行学习，这样就避免了因工作延误或者是时间段不吻合而造成的无法学习的因素。但这样做的前提是软硬件到位和具备相关专业人才，这样才能保证知识内容的及时更新和线上交流。然而就实际状况而言，机关和一线道班的软硬件资源分配是不平衡的，图 3 是南充市公路系统基层职工现代化基础资源抽样调查结果。

通过抽样调查可见，当前全市范围内，一线基层职工的现代化硬件设备覆盖率较低，现代化硬件资源分布不均，不利于自主式教育培训的开展，需要进一步加大这方面的投入。

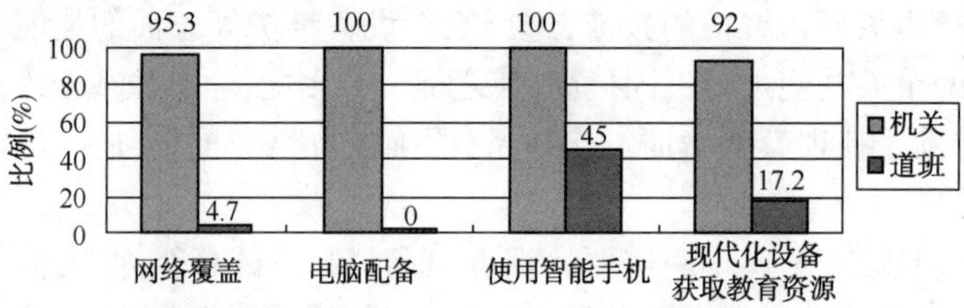

图3 南充市公路系统基层职工现代化基础资源

5.强化保证措施,确保培训质量

南充市体制改革后,提倡教育培训工作的社会化,将各行业职工的培训交给社会组织进行,原有各行业培训机构要么企事业化,要么撤销。笔者认为这是一种纯粹的市场化行为,但也是一种急功近利的行为。市场化培训是要讲经济效益的,在南充市公路基层职工教育培训经费严重不足的情况下,且不论这种把基层职工教育培训工作交给市场是否合理,其效果、质量是肯定不能得到保障的。原因在于没有经济利益。举个例子说明:一次培训班,除伙食、住宿由参培单位负担外,培训费、场地费、教材费、教师费用等有明确的财政核定培训标准,在既定的标准下,社会组织一方面还有盈利需求,这样不一定能保证培训效果。所以笔者认为南充市的公路基层职工培训应充分利用市公路培训中心的平台,在制订培训计划、确定培训对象、完善培训考核机制、争取在培训经费上给予优惠的具体政策,充分调动一线教育培训职工的积极性,逐渐实现规范化、制度化。

五、结语

以人为本,基层职工的教育培训对南充市公路行业的发展有着深远的意义。撰文对南充市公路基层职工教育培训中出现的工学矛盾、文化素质不高、教育培训理念手段滞后等现状提出粗浅的思考,以期能抛砖引玉,自上而下地加强职工文化建设,完善教育制度,创新教育培训理念,采取激励政策措施,让公路事业能更好地服务于国家,服务于人民。

一等奖

浅谈如何提升基层公路青年职工的素质

陈 娜

（内蒙古自治区公路局赤峰市克什克腾旗公路管理工区）

摘 要 青年职工已经逐步成为基层公路养护队伍的主体，本文针对公路基层青年职工素质存在的问题做出了分析，找出了原因，并提出了提升青年职工素质的具体措施以及建设性的建议。

关键词 青年职工 存在问题 原因分析 提升职工素质

一、引言

青年职工是公路养护生产经营的主力军和突击队，公路养护生产一线职工中青年职工所占的比例越来越高，职工新老交替日趋明显。做好青年职工的思想教育工作，提高青年职工素质，对于进一步推进公路养护实现持续有效和谐发展具有举足轻重的意义。

近几年，青年职工已经逐步成为基层公路养护队伍的主体，以克旗公路管理工区为例，在20世纪七八十年代，该工区40岁以上的中老年职工占主体地位，35岁以下的青年职工仅占少数。而21世纪初以来，青年职工迅速增长，特别是近几年，正面临退休和已经退休的职工数量逐年增加，克旗公路管理工区根据工作需要招聘了一大批年轻人，这些人不断成长，已成为推进基层公路养护工作的中坚力量。截至2016年4月，克旗公路管理工区35岁以下青年职工人数占职工总数的69%。随着公路技术等级的不断发展，公路养护作业方式已经转变为养护专用机械为主的机械化养护，机械化水平正在不断提升。比如克旗公路管理工区拥有平地机、装载机和碾压机械等7083.7kW/124台的大中型养护施工机械，各一线养护道班也配置了碎石机、切割机、灌缝机、绿篱修剪机等小型养护作业机械，这也就推动青年职工需要掌握科学、精准的养护和操作技术，给开展青工教育提供了更大的空间和广度。

青年职工走上工作岗位后，不仅需要一个适应的过程，更会经历一个思想、技能成熟的历程，在这个过程中，他们的思想境界、自身素质、业务技能都会存在这样那样的问题。作为青年职工的工作单位，就需要以一个家长的身份为他们创造良好的环境、有利的条件，以包容的态度对他们引导、教育，通过外在条件和自身调节解决青年职工身上存在的问题，为公路发展充分发挥潜能，成长为积极向上、充满正能量的新青年。

二、青年职工素质存在的问题

公路养护是一个近年来快速发展的产业，职工队伍相对于其他行业比较年轻，主要集中在20世纪80年代以后出生的人群。这群人思维活跃，普遍具有逆反心理，现实主义感强，理想信念方面存在着问题，主要表现为以下几点：

1.欠缺自觉的大局全盘意识

青年职工多是独生子女,他们有个性,有自己独立的价值观,不喜欢受约束,因此全局观念淡薄的问题比较突出,在处理个人利益与集体利益、局部利益与全局利益、当前利益与长远利益的关系方面通常会与自我价值观相比较,较多地考虑到眼前利益和个人得失,以自我为中心,导致人生价值观不平衡而随波逐流。

2.欠缺必要的公路养护基础知识

虽然青年职工的学历层次较高,但大部分青年职工对公路知识缺乏应有的掌握,表现为对各项业务操作流程、公路养护专业术语、规章制度不熟悉,缺乏公路养护理论基础知识,不了解公路应具备的设施及公路设施的用途、对基本公路养护处理准则一知半解,“知其然而不知其所以然”。

3.欠缺主动的积极进取精神

部分青年职工认为公路永远都不会被废除,进了公路行业的单位就端上了“铁饭碗”,能够拿着在当地算不错的工资收入,缺乏忧患意识,工作上不思进取,得过且过;有的仅限于完成日常工作,业余精力主要用在上网、逛街、交友等娱乐活动中;对公路发展前景认识不到位,对个人从事公路行业的未来缺乏坚定的信心,工作态度不积极,缺乏学习、创新意识。

4.欠缺必要的人际交流技巧

现在的青年职工是与电脑、网络相伴成长的一代,特别是参加公路养护工作后,由于乡镇或是村镇生活比较枯燥、单调,大多数青年职工一下班就待在寝室或值班室玩电脑,缺乏与周围邻里乡亲、社区居民的交流沟通,使公路一线养护单位人熟、地熟、情况熟的竞争优势逐渐丧失;缺乏与同事之间的交流沟通,相比于一些年纪较大的同事,自认为学历较高,存在孤芳自赏心态;缺少与同行业单位、往来驾乘人员沟通的方法,在遭受不理解、白眼与责难时,承受压力能力不强,不能很好地控制自己的情绪,产生消极工作态度,出现公路管养质量问题。

5.欠缺职业生涯设计规划

大部分青年职工对自己未来的职业生涯没有一个合理的职业规划,工作漫无目的,态度消极,缺乏动力。有的认为自己学历层次高,依赖于单位为自己创造成长条件、环境,而自己不勤奋努力,不扎实细致工作,在本职工作岗位上没有出色表现。此外,青年职工岗位单一、不全面,有的职工岗位长期不作有序、大跨度的调整,职工成长进步缓慢。

三、原因分析

1.社会生活环境日趋复杂

当今时代是一个社会环境复杂多变的伟大变革时代。新时代的改革不仅促进了我国社会主义生产力发展和整个经济社会发展,也给我们的社会带来一些腐朽、消极的东西,呈现出了多种思想观念并存的局面。在这个由传统农业社会向现代工业社会变革、由计划经济向市场经济变革的过程中,我国人民的生活方式日益多样化,社会经济成分、利益分配、组织形式、就业方式日益多样化。“黄、赌、毒、邪”等腐朽落后文化和有害信息,在当今这个经济全球化和网络信息时代传播更加便利,一些消极的、腐朽的、落后的东西沉渣泛起。在这种前所未有的复杂社会生活环境下,人们对现实政策的评判、对社会与个人前途的期望发生巨大变化。随着人们的生活被日益浓厚的市场气氛所笼罩，人格和行为极易市场化，从而导致部分人包括很多公路养护人个人主义思想日益严重，更加促进了青年职工的社会道德观念和衡量标准变得日益模糊。特别是这些由大学步入社会的青年，必然存在着强烈的心理落差。环境的改变、适应工作的压力、功利心、攀比心的存在，让他们比一般人更容易焦虑和怀疑自己，更容易受市场经济负面作用的侵蚀。

2.教育引导工作不到位

另一个重要原因是公路青年职工理想信念教育内容脱节、方法陈旧、机制落后。例如，应景式教育现象普遍存在。职工基本上都是参加一些诸如党校、电大等只要交钱基本都能拿到学历证书的教育，只是为了学历，而真正是为了学得一技之长的基本上没有，这样拿到的学历证书只是一纸凭证，但本人的综合素质并没有达到与学历相匹配的水平。其次，单位为了完成职工教育任务，每每举办一些所谓的培训班，而这些培训班也只是做做表面功夫，基本上是徒有其表，要想在这种培训班上学到真知实见几乎是不可能的。尤其公路养护行业的性质特殊，主要是不能将理想信念教育与解决职工的实际问题结合起来。养护生产一线职工从事工作技能简单或体力劳动居多，生产实效性强，工作实践与青年的思想结合不紧密，社会文化自然渗入教育不明显，公路养护行业市场取向特点不明显，以至于本行业潜移默化的渗透教育以及全社会教育合力的作用，对公路青年文化素质提升、思想引导影响不大，无法起到充分的教育作用。

3.青年职工性格特点独特

青年职工的世界观和人生观正处在形成和发展时期，对理想的选择和确立，具有很大的可塑性。随着青年职工生理上的发展，其心理活动也异常活跃，精神兴奋周期短，节奏较快，当对某一事物了解到一定程度以后便产生抑制的否定心理，发生注意力转移。当前时期，我国青年大多是家中的独生子女，他们在家长眼中既是掌中宝和也是心头肉。在过去的二十几年间，他们备受关照，几乎没有受过苦，缺乏人际交往的训练和艰苦环境的磨炼，自我调节能力弱，可是一旦走入职场，他们的身份将会发生巨大的变化。如果面对挫折和新环境不能很快适应，就会成为融入社会的巨大障碍。这就使得原来比较直接的“理想目标”教育，对这代青年难以发挥作用。

四、渗透性解决青年职工存在的问题

在西部公路交通发展对基层养护队伍创新能力提出更高要求的情况下，加强养护队伍青工创新教育，必须利用西部养护单位现有教育资源作为支撑，树立新思想，探索新方法，开辟新途径，营造积极、正能量的氛围，在潜移默化中提升青年职工素质。

1.工作环境的影响

环境可以影响人、造就人。创造的基础是智力因素，创造的动力则是非智力因素，如果说个人禀赋和潜能是青年职工创新教育的智力因素，那么单位的创新教育环境与氛围就是非智力因素。因此，全公路行业要大力营造有益于青年职工创新力培养的氛围和环境，对青年职工创新教育的认识进一步提高，给予有效的政策保障，从根本上保证创新教育的实施。各基层养护单位要加大对创新教育的宣传力度，特别是在本单位培养和树立创新人才的典型，为青年职工的创新教育做出榜样，通过积极的舆论宣传对青年职工进行正确的引导，形成全行业重视创新人才的良好氛围和环境。要加大公路文化的发展力度,构建创新教育的文化交往环境,创造培养青年职工创新意识、创新精神和创新能力的重要社会条件。认真实施科技兴路的战略方针,为青年职工的创新教育提供必要的物质资金投入。

2.结合青年职工需求,进行职业生涯发展管理

根据施恩的"职业锚"理论,在经历了长期的职业实践后,人们对个人的"需要与动机""才能""价值观"有了真正的认识,才会寻找到职业方面的"自我"和适合自我的职业,形成人们终身所认定的,在再一次职业选择中最不肯至关重要的东西,就此"抛锚"、安身,也即"职业生涯留系点",施恩把它分为技术性能力、管理能力、创造能力、安全与稳定、自主性以及纯粹的挑战、工作与家庭均衡、精神动力等。施恩主张对具有不同"职业锚"的职工实施不同的培训、管理办法。结合青年职工个体的职业生涯发展计划,在采用不同的教育方法。对初到单位的25岁左右的青年职工,要采取准备教育、现场实习、集体教育等多种方式促使他们掌握更多实际的知识;对30岁左右能积极应用所学技术的人,要实施普遍性的继续提高教育;对35~40岁进入成熟期,能充分发挥所积累的实力,领导若干下属一起工作的人,要及时实施管理知识的进修,加强管理、发展、计划的教育与交流;对45岁以上的人要对其进行管理人员、专业人员定性后,有区别地实施继续教育,给予挑战性的工作,进行阶段性调整,促使其更新知识,赋予与业绩相对等的领导决策、业务指导权,让青年职工看到成长的希望。

3.实施岗位多重化,增加青年职工的成就感

较高的工作期望与现实中的工作内容往往会形成落差,容易使青年职工产生不同程度的职业倦怠。因此,有目的、有计划地增加工作岗位的多样性,让他们在工作中能够体会多种不同感触、收获多样性成果,为自己所从事的工作或完成工作时感到愉悦,增强青年职工成就感、充实感。通过岗位轮换或是一岗兼任多职机制,来调动青年职工的工作积极性,全面熟悉、掌握公路养护、管理各方面技能及制度流程规定,挖掘潜力,开阔视野,提升综合业务素质。

4.完善激励机制,提升青年职工的价值感

激励是指主体通过运用某些手段或方式激励组织成员在心理上处于兴奋与紧张状态,积极行动起来,付出更多的时间和精力,以实现激励的主体所需要期望的目标。它是提高员工积极性的主要手段之一。合理的激励手段可以使员工的需要得到满足,增强他们的自信心,培育他们对组织的信任感和忠诚感,使他们能更积极、有效地为组织服务,从而实现组织人力资源管理的效益最大化。一是物质层面的激励措施。工资性报酬、福利待遇是保留和激励青年职工的基本条件,也是最常用的物质激励方式。按业绩和贡献分配薪酬,提升青年职工的价值感。二是精神层面的激励措施。主要是通过优秀考核、荣誉激励方式,强化青年职工的价值认同。三是职业发展层面的激励措施。通过承担项目、安排培训、轮岗实习和在职教育等方式,让青年职工接受与公路养护和信息技术相关的不断更新的知识,对他们进行职业发展层面的激励。四是晋升层面的激励措施。专业技术职称和行政职务的晋升是展现自身成就和价值的良好平台。在公开透明的考核基础上,为青年职工开辟后备人才库通道,摒弃传统考核定式,以此充分体现青年职工不同的价值创造方式。

5.平台建设

加强公路养护青年职工创新教育不仅要依靠培训,更要依赖单位搭建载体平台,进一步

丰富和拓宽与公路青年的沟通方式和渠道，给公路青年提供展示才华、表现自我的机会和平台，并付诸养护工作实践。搭建创新教育平台必须发挥单位主导作用：比如，设立公路青年职工创新论坛，邀请学者做创新理论报告，交流本单位青年职工的创新成果；设立青年职工创新基金，鼓励申报养护生产、管理、考核、工具等各方面的创新项目；建设一线养护道班信息网络，开辟了解创新信息的窗口和实施创新的渠道；建立青年职工科技攻关小组，激发创新兴趣；开展养护科技创新竞赛活动等，加强青年职工创新主动性等。

6.自我调节

青年正处于理想信念形成期，思想活跃，自尊意识突出，成才愿望强烈，理想信念方面主流是健康向上的。但是，在潮水般各种文化思潮和价值观念冲击下，面对激烈的竞争和工作压力，复杂的人际关系和就业的严峻形势，势必会导致心理结构的失衡，迷失人生的方向。表现为踌躇不前、自我封闭，更有甚者空虚绝望，严重影响了青年职工的成长和成才。作为青年职工，自身要树立正确的人生态度和价值观，以积极的心态投入到工作中去，对生活抱开放态度，乐于吸取新经验；学会以积极的眼光看待周围事物，看待他人和自己；增强利他精神，在帮助别人、伸展自己的过程中增强自我价值感，增强敬业精神。在工作的过程中使个人精神有所寄托，在变幻复杂的社会环境中，做出适宜自己角色的正确抉择。

五、提升青年职工素质的实践性建设建议

1.开展“导师带徒”活动着力提升青年职工技能

开展“师徒”签订合同结对活动，对新进人员及其他岗位调整职工实行定期目标化培养，使其尽快成长为适岗人才，开展“导师带徒”活动作为提升青年职工素质技能的重要抓手。成立“导师带徒”活动领导小组，制订相关管理办法，选聘了工作责任心强、理论基础扎实、实践经验丰富的业务骨干作为导师，与新进人员和岗位调整职工结成师徒关系。导师将在职业道德、理论基础、实践经验等方面对徒弟进行培养和教育。同时，注重对“导师带徒”活动的考核，合同期满后，“导师带徒”活动领导小组将对活动开展情况进行评价，对导师和徒弟进行考核鉴定，并将考核鉴定结果与导师和徒弟的职称评定、技术等级晋升、评先选优、年度考核等次确定等相挂钩，确保活动取得实效。

2.建立组织、制度保障

成立品牌创建组织机构，形成由一把手挂帅，党、团、工、妇齐抓共管的组织模式。建立品牌创建例会制度。每年党政领导趁职代会或工作调研之际召开座谈会，让大家放下顾虑、畅所欲言，诉说心中苦恼，解决工作生活中的困苦，及时总结创建工作中的经验与不足，研究制订改进措施；建立专项考评制度，将每一名青年职工在品牌创建过程中的主要表现纳入年度职工考核，为品牌创建提供强有力的组织和制度保障。

3.成立兴趣小组

兴趣小组是一种非正式的自发组织，单位根据青年职工的个人需要，选取具有典型性、集中性的青年职工意愿，成立相应的兴趣小组，提高职工间感情沟通，促进正式组织（即班组、科室）的凝聚力，推进党团工妇建设。建立公路青年 QQ 群、微信群，让青年表达心声，搭建思想交流平台。组织举办篮球运动会、新职工才艺会演、职工演讲比赛、文艺晚会等活动，给公路青年提供展示才华、表现自我的机会和平台。

4.进行继续教育

结合青年职工发展需求制订继续教育计划,由单位提供专项资金,采取教育经费由职工和单位共同承担的模式(单位承担比例大于个人),引导性地推进青年职工进行专升本、本升研,甚至更高学历的深造教育。在构建培训机制时,灵活采用自学自修、在职学历教育、远程教育、职务轮换等方式,促使青年职工将培训成果转化为工作绩效,充分开发利用各种培训资源,提升职工参与学习的积极性。

5.开展内部培训

内部培训分为两种形式,一种是必要性学习,另一种是引导性学习。必要性学习采取必修课的形式,主要包括政治思想教育、职业道德教育、政策法规教育、与工作有关的技能培训等,通过培训提升适应事业发展的能力。引导性学习采取选修课的形式,主要包括个人修养、才艺、情趣及生活能力等拓展培训,通过引导性培训提升青年职工个人能力和适应社会的能力。在培训方式上,采取“集中培训与自学相结合”和“请进来与走出去相结合”的方式。

六、结语

在公路事业改革和发展新时期,青年职工教育工作应结合当前公路工作实际和青年思想变化情况,不断加强工作的主动性、针对性和实效性,才能培养一支思想和业务素质过硬的公路青年职工队伍。

一等奖

事业单位分类改革在公路行业暴露出的热点难点问题解析与研究

骆进林

(甘肃威远路业(集团)有限公司)

摘　要　甘肃公路行业事业单位改革历经周折,直到2014年底,才完成事业单位改革。然而事业单位分类转制至今没有定性。就公路行业来讲,重新检视政策设计和政策执行中的问题,有助于将公路行业事业单位分类改革向实质阶段推进。笔者从目前甘肃公路行业实际出发,分别从四个方面阐述了事业单位分类改革存在的热点难点问题,提出了甘肃公路行业改革的总体思路及具体措施和办法。

关键词　公路行业　事业单位　改革　问题研究

一、引言

事业单位是公共服务的主要载体,是中国特色公共服务体系的重要组成部分。事业单位改革的实质是将原来的公共服务由国家提供转变为由社会提供,改革的目的在于激发事业单位活力,提高公共服务的质量和效率,实现公共服务均等化。事业单位改革对多元化公共服务体系的构建、社会治理水平的提高、基本公共服务的改进、社会公平正义的促进和政府职能转变的推进均具有十分重要的意义。甘肃公路行业事业单位改革历经周折,至今没有定性。就公路行业来讲,重新审视政策设计和政策执行中的问题,有助于将公路行业事业单位分类改革向实质阶段推进。

二、目前事业单位分类改革在公路行业暴露出的热点难点问题

1.公路行业分类改革举棋不定,影响行业稳定

就事业单位改革来讲,分类改革的逻辑还有失误和偏差,也就是说,现行事业单位改革设计与改革逻辑存在一定程度的模糊、偏差和障碍。按照目前的事业单位改革要求,基本的思路是将现有的事业单位按照职能划分为行政类、生产经营类和公益类三类,而实际上大多数事业单位的职能都是交叉的,没有明显的界分,这给分类改革带来了很多挑战。同样的问题也存在于公路行业,就公路交通来讲,经营性和公益性共同存在,管理性和服务性共同交叉,公路建设和公路养护共同进行,路政管理和交通管理共同运行。在这种环境下,要分清楚公路行业究竟是生产经营类还是公益类,十分复杂。公路行业究竟划归在哪一类,到目前甘肃省人社厅还没有确定就是这个原因。广大公路行业职工对行业的归属感和认同感明显下降,职工生产积极性受到影响。

2.国家公路行业改革方向与甘肃公路行业事业单位改革存在市场化逻辑的不对称,影响行业发展方向

交通运输部公路局局长张德华在《推动建管养全面发展　加快公路行业转型升级》文章当中明确提出:改革公路管理体制机制,推进公路养护和管理现代化,把发展重心向养护、管理和服务转型,全面提升和优化公路管理工作。对于公路养护来讲,提出了以“五化五高”推进养护管理现代化的目标任务。基本要求就是,推进养护决策实施科学化、责权分工明晰化、生产组织市场化、养护作业绿色化、人才队伍专业化,努力形成高质量工程、高品质服务、高效率监管、高科技支撑、高素质队伍的公路养护体制机制新格局。对于公路养护方向来讲,提出了分类有序推动养护市场化改革的总体思路。按照中央关于公路事权改革和事业单位改革的部署,依照“政事分开、事企分开和管办分离”的原则,推进公路企事业单位改革,建立政府与市场合理分工的养护运行机制。鼓励和引导专业化公路养护企业跨区域参与养护市场竞争,引导基层养护作业单位逐步向独立核算、自主经营的企业化方向转企改制。如果按照这个目标任务和总体思路来对照甘肃省公路养护体制机制改革,明显出现了方向性的错误,公路养护走向市场化是发展的必然,但是,又存在市场不能解决的问题,尤其对甘肃省这样的贫困省份来讲,公路行业的市场主体单一、市场机制不健全、多元化的市场不完善,在这种情况下,如果不区分公益程度,直接将公路行业的养护单位推向市场,也存在丧失公益性的风险。本人认为,这就是甘肃省公路养护改革在统筹上的偏差,表现为甘肃省的公路行业事业单位改革与交通运输部对公路养护体制机制改革方向不一致,尤其是公路行业养护与路政管理的分离,将原有的养护成果维护失效,养护成绩消失殆尽,独立出来的监管机构、执行机构又造成了部门多头管理效率下降的问题等。

3.公路行业的核心话语体系界定不清,影响行业改革进程

公路行业事业单位改革,应该有一套清晰、明确的核心话语体系,以增强公路行业改革的认同感和一致性。从理论层面来讲,“事业单位”与“公益性”是事业单位改革涉及的两个关键词,甘肃公路行业改革在这两个核心概念的认识当中,存在界定模糊的问题,影响了公路行业的改革进程和效果。从全国范围事业单位来讲,究竟何谓事业单位,至今没有非常严谨的定义。公路行业究竟是公益性还是经济性,这个概念难以量化,加上公路行业的公益程度究竟有多高、有多强,确实难以评判,因此,这对甘肃公路行业事业单位分类改革带来了巨大挑战。

4.公路行业的具体改革路径受到交通体制束缚,影响行业改革速度

甘肃省公路行业改革路径,由于受实行的“垂直管理”交通体制约束,一直在徘徊中探索,探索历程坎坎坷坷,最终在国家实施费改税后经过艰辛努力才被甘肃省委、省政府确定为事业单位。就具体的改革路径而言,我们始终没有明确的路线图和顶层设计,其结果是边走边看,从发展路域经济到一分局四实体,从转岗分流到专业化养护,结果在运行当中全部下马,使广大职工难以接受,而且极大地阻碍了行业发展。再加上事业单位“两个不突破”的制约,单位所有制定性不明确,公益性事业单位二类的分类过于宽泛,公路行业单位内部改革动力缺失,公路行业定量绩效考核困难,新成立的路政管理机构“水土不服”,养护与路政管理的配套政策衔接不畅等问题,导致公路养护改革速度明显减慢。

综上,甘肃省公路行业事业单位改革存在笼统化、碎片化等问题。在改革系统性程度上

的不足，暴露在具体的工作当中：一是甘肃省公路行业事业单位零预算资金计划管理，束缚了基层养护单位发展的手脚；二是甘肃省公路行业事业单位政府采购管理制度，制约了基层养护单位机械化养护进程；三是甘肃省公路行业事业单位分类改革迟迟不到位，影响了公路养护市场化、机械化、专业化、信息化发展速度；四是甘肃省公路行业事业单位分类改革将从事不同岗位的职工明显分为三六九等，造成了行业内部的职工收入差距，尤其是从事普通养护的一线职工反映强烈，普遍认为行业改革损害了职工利益，出现了职工群体性上访事件。

三、甘肃省公路行业分类改革的总体思路及具体措施

杨传堂部长在 2016 年全国交通运输工作会议上提出要“加快提升综合交通运输供给能力和服务品质”，是贯彻国家供给侧结构性改革要求、基于我国交通运输业需求新变化做出的准确判断和重大决策。当前，我国公路建设成绩显著，但面对机动车保有量的迅速增长和公众出行需求新变化，公路交通供给和服务能力与民众出行需求不匹配的矛盾日益显现，公路供给能力不足、路网结构不优、运行效率不高、服务品质欠缺等短板依然存在，亟待调整发展思路，在交通供给侧运筹发力，统筹建设、养护管理和服务，突出重点，补足短板，从更高层次满足经济社会发展需要和人民群众出行需求。

按照交通运输部规划要求，本人认为，甘肃省公路行业分类改革的总体思路是：贯彻五大发展理念，建设“四个交通”，紧密结合甘肃省公路交通发展实际，认真坚持问题导向和市场化目标导向，推进公路行业建设养护管理和服务全面协调发展，推进公路养护实现市场化、机械化、专业化、信息化，促进公路交通全面协调可持续发展。具体措施有以下几个方面。

1.把发展的思路作为公路行业事业单位分类改革最终目标

甘肃省要实现精准扶贫，同步进入小康生活，最大任务还是发展公路交通、改善交通总量不足的问题。因此要把行业思想统一到党中央重大战略决策和部党组的部署上来，使公路交通发展积极服务于三大战略、四大板块建设和促进区域协调发展，服务于供给侧结构性改革，服务于“四个交通”建设，抓重点、破难点、补短板，全面提升公路发展质量和效益。

2.科学定位甘肃公路发展特征，推进公路行业事业单位分类改革实现市场化

甘肃省公路发展特征是建设速度加快，建设质量不高，建设总量不够，养护质量不高，服务质量不高等。但是，要解决这些问题，笔者认为公路行业走向市场化是历史必然，省级公路管理部门要将公路养护、管理、服务摆在更加重要的位置，将其作为公路交通转方式、调结构的主攻方向。高速公路市场化，干线公路专业化应该统一，全部实施市场化。在事业单位分类当中，应该将基层养护单位定性为经营性事业单位或者全部走企业经营。这样，既可以解决养护人员因事业编制缺人的问题，又可以让基层养护单位放开手脚，积极参与农村公路的建设和养护，不断壮大企业实力，提高机械化养护程度，不断提高养护质量、效率；既可以解决人浮于事，促使收入平衡化，促进单位内部绩效考核，提高职工生产积极性，又可以贯彻公路养护全寿命周期成本理念，同时提高安全、绿色、服务等社会效益，促进公路行业转变养护作业方式，逐步实现行业现代化发展目标。

3.科学划分公路行业管理职能，以“五化五高”推进公路行业管理实现现代化

①推进行业决策实施科学化，公路行业科学决策涉及建设、人员、养护、资金、管理、预算

执行、国有资产处置、二级公路收费运营管理等各个方面,科学决策要坚持实事求是的原则,效率优先,以质量为第一责任。

②推进责权分工明晰化。省级公路管理部门应该是一个公路管理局,全面负责实施全省的公路行业领导,不应该设立高速公路管理局,下放管理权限,将地市公路管理局移交地方政府,整合公路交通资源,合并地市交通局,实施区域行业监管,负责本辖区的所有公路交通行业领导职责,接受地方政府管理。这样,既解决了部门多、管理职能交叉的问题,又解决了机构臃肿、人浮于事的问题。各县交通局实施县域行业监管,现有公路管理段实施公司化运行,企业化管理,养护实施合同制,生产组织市场化,人才队伍专业化,人员实施聘任制。努力形成高质量工程、高品质服务、高效率监管、高科技支撑、高素质队伍的公路养护体制机制新格局。

③分类有序推动养护市场化改革。按照中央关于公路事权改革和事业单位改革的部署,依照"政事分开、事企分开和管办分离"的原则,推进公路企事业单位改革,建立政府与市场合理分工的养护运行机制。对收费公路养护工程、普通公路大中修养护工程及养护技术咨询服务等,具备通过市场提供的基本条件的,全部实行市场化,通过向社会购买服务等方式交由市场承担。鼓励和引导专业化公路养护企业跨区域参与养护市场竞争,引导基层养护作业单位逐步向独立核算、自主经营的企业化方向转企改制。

④加强路网运行监测。加快全国公路出行信息服务系统升级改造,加强路网运行监测设施建设,推进部省路网监测平台联网建设,提升公路交通气象灾害预报预警能力和信息服务水平;加快推进国家区域性装备物资储备中心建设,开展年度警地联合应急演练,提升公路突发事件应急处置能力。

⑤提升依法治理能力。研究公路综合执法改革路径,加快改革进程,将路政和运政执法整体转为公路综合执法,切实解决趋利执法、选择性执法、多头执法及不文明执法等突出问题。围绕货运车辆超限超载治理,加强治超顶层设计,强化源头治超,推进部门联合治超;建设路政运政执法信息协同系统,开展执法协作,对涉及公路安全保护和道路货运的行政处罚、行政强制和监督检查等实行统筹管理。

4.强化行业改革与其他改革的衔接,稳步推进公路行业事业单位分类改革

公路行业事业单位分类改革不是独立的,而应该与系列改革衔接进行,尤其是做好与社会组织的培育与改革、政府购买服务等公私合营模式探索的衔接等,以解决改革后的组织生存能力和职能承接力问题。事业单位改革的目的是更好地提供公共产品与公共服务,而不是"甩包袱"。衔接改革有助于修正事业单位长期以来的制度依赖问题,使其真正成为市场主体和社会主体,为建立有中国特色的公益服务治理体系服务。

5.注重行业改革与行政机构改革同步进行,确保公路行业事业单位分类改革和谐稳定

公路行业事业单位改革应该与行政机构改革同步进行,尤其是应该与新型治理模式的探索同步进行,从而解决改革统筹偏差的问题。这就需要转换传统治理思维,将多元投资、多元治理、公益目标和企业化手段相结合,打破不同所有制结构、投融资模式、社会公共服务在政策法规、购买服务上的界限和区别。同时,探索在事业单位改革过程中建立法定机构、公法行政实体、部门代理机构、部属执行机构、财团法人、社会企业等的可能性和路径。

6.强化公路行业事业单位改革的配套政策制定,维护公路行业可持续发展

配套改革的目的是解决"内部改革动力"和"配套政策衔接"等具体问题。这里的配套

包括“内部配套”和“外部配套”两个方面。内部配套政策包括公路行业事业单位的法人治理模式、监督机制、竞争机制的建立，事业单位的服务标准、付费标准、绩效标准等。外部配套政策包括财政制度、养老保险等保障制度的建立和完善。通过改革的协调进行，解决公路行业事业单位分类改革的碎片化问题，对建立基本服务优先、供给水平适度、布局结构合理、服务公平公正的中国特色公益服务体系具有积极意义。此外，公路行业事业单位改革应该在保证目标公益性和机构自主性的前提下，做好使命定位、治理结构和运行机制的设计，使三者有机协调，提高组织绩效，实现组织目标。

四、结语

甘肃省公路行业分类改革应贯彻五大发展理念，建设“四个交通”，紧密结合甘肃公路交通发展实际，认真坚持问题导向和市场化目标导向，推进公路行业建设养护管理和服务全面协调发展，推进公路养护实现市场化、机械化、专业化、信息化，促进公路交通全面协调可持续发展。

一等奖

践行社会主义核心价值观加快推进和发展公路文化建设

唐昊睿　姚　林　马仁华

(四川省南充市公路管理局)

摘　要　本文通过阐述南充市公路文化建设存在的问题、加强公路文化建设的措施、推进和发展公路文化建设的思考,展现南充市在公路行业积极探索践行社会主义核心价值观的实现形式和路径,展示公路文化建设的内在魅力。

关键词　社会主义核心价值观　公路文化建设　思考

一、引言

建设社会主义核心价值体系是推动文化大发展大繁荣的根本任务,践行社会主义核心价值观是凝魂聚气、强基固本的基础工程。南充公路行业根据社会主义核心价值观和交通运输行业核心价值观,提炼与设计出公路行业文化理念,使公路行业文化体现出鲜明的特色,保证了公路行业文化的先进性,形成与公路传统文化和优秀成果相承接的公路行业价核心值观,并充分发挥出公路文化怡情养志、涵育文明的重要作用,为培育公路行业核心价值观构筑了文化基石。

二、准确把脉行业现状,找准切入点和着力点

公路文化是公路事业发展到一定阶段的必然结果。南充市公路行业充分认识到公路文化在践行社会主义核心价值观、构建行业价值体系和行业核心价值观的意义和作用。近年来,行业内部各单位、各部门加大对行业核心价值理念的挖掘、总结、提炼、整合、升华和创新,公路文化建设呈现出方兴未艾的势态,掀起一个建设新高潮。公路文化建设正在由"文化自发"向"文化自觉"转变,逐步由零散转变为系统,先后形成了一批优秀的实践成果,但也存在一些不容忽视的问题。

1.发展不平衡。文化建设是一盘"大棋"

在文化建设的过程中,一些单位对文化建设有着清晰的思路,他们能够密切结合本地实际,创新文化发展思路,起步早、认识高、投入大,建设成果相对丰硕。一些单位对文化建设没有形成系统性的认识,存在对文化建设规律把握不清、动力不足、照本宣科、照葫芦画瓢的现象。同时,我们发现文化建设的管理队伍,在素质上也存在差距。这直接造成了行业内部文化建设的不平衡,文化发展的空间也因此受限。

2.理解肤浅片面

一些单位对公路文化与促进社会主义核心价值观在行业落地的关系认识不清,对公路

文化“引导人、塑造人、鼓舞人、激励人”的重大作用认识不足，对“养好公路，保障畅通”这个公路文化建设的“基石”认识不够，理论与实践脱节，将公路文化建设文体化、口号化，使公路文化建设表面化、简单化，文化建设流于形式。导致职工认为公路文化建设是搞“花架子”的事，与自己无关。

3.缺乏系统性与前瞻性的制度规范

纵观南充市公路行业，暂无公路文化建设的系统性、科学化、规范化的制度规范，文化建设针对性和指导性不强，对南充市公路行业自身特点和社会属性的行业责任、行业定位、文化取向不够准确，对能代表、彰显南充公路行业的核心内涵提炼不够。

4.文化建设面向基层程度不够

相对其他行业，公路行业基层职工队伍文化程度普遍不高，工作辛苦。一方面，基层职工文化娱乐生活单调枯燥；另一方面，文化活动手段单一，停留在以会代学、照本宣科、读报纸、念文件的方式上，效果不好，职工参与度越来越低。由于历史的原因，一线职工中还存在一些思想境界不高、行为言语粗俗的现象，公路行业职工的思想观念、文化素质、价值取向亟待更新和提高。

三、紧紧围绕行业实际，把公路文化落在实处

近年来，南充市公路管理局充分认识到社会主义核心价值观的重要性，根据“人便于行、货畅其流、服务群众、奉献社会”的交通运输行业核心价值观，找准文化建设突出问题，紧密结合行业实际，提炼与设计出公路行业文化理念，以“文明”为目标，以“敬业”为准则，以“物质”为基础，以“宣教”为手段，以“活动”为载体，不断推行新举措，在实践中不断加强公路文化建设。

1.提炼与设计公路行业文化理念，切实践行社会主义核心价值观

南充市公路管理局根据社会主义核心价值观的“三个倡导”，结合公路行业责任、行业定位、文化取向，对南充公路行业进行深入分析，着眼未来对自身的发展目标进行定位，找出现状与目标的差距，必须具备什么精神？应该用什么理念指导自己？按照这种要求，形成“让南充公路更美丽更长寿”的发展愿景。“更美丽”不仅包含了“路美南充”的社会责任，更蕴含了对“最美公路人”的“以路为家，人在路上，路在心中”“坚韧顽强、默默无闻、甘于奉献”的“铺路石”精神的可贵历史传承；“更长寿”不仅包含了“养好公路，保障畅通”的基本目标要求，更体现了“公路守护神”“路好我荣，路差我耻”的情怀，形成了“以安全畅通为目标的物质文化、以岗位职责为要求的制度文化、以敬业奉献为核心的精神文化、以服务公路为重任的行为文化”，构建具有鲜明时代特征和南充公路特色的公路行业文化理念。

2.以“文明”为目标，打造文化建设基地，提炼党建文化品牌，切实践行社会主义核心价值观

南充公路人坚持践行社会主义核心价值观。以“文明”为目标，2013 年以来，在全市公路系统中全力打造文化建设基地，提炼出亮点纷呈的党建文化品牌，创造出文明温馨的工作环境，并以此为载体，让每名南充公路人看到公路文化建设成果，潜移默化地加深对公路文化的认识和理解。

①打造文化建设基地

南充市公路管理局以"力争让每扇墙壁都说话,每个角落都育人"为目标,在机关廊道展示公路今昔发展对比、举办党员"先锋榜"、局党委大型专题实践活动,以电影胶片为视角,以党的一大到十八大为主线的党史文化长廊,打造公路行业特色文化建设基地。各县市区公路局也紧跟市局步伐,如阆中市公路管理局把公路人铺路石精神、团结协作、勇于创新、爱岗敬业等先进事例建成文化走廊,设置"走党路,忆党史;知党情,铭党恩"的陈列室,开设公路文化展览室展示职工刺绣、摄影、剪纸等艺术作品。

②提炼党建文化品牌

南充市公路管理局率先提炼,打造出"一支部一堡垒,一小组一前哨,一党员一盏灯,一条路一风景"的党建文化品牌,目标明确,内涵丰富,特色鲜明,程序规范,被南充市委组织部命名为首批"全市党建工作示范点",被市纪委命名为首批"全市廉政文化示范单位"。各区县在市局提炼的党建文化品牌基础上,打造出自身党建文化子品牌。如顺庆区公路管理局的"忠于职守、甘当公仆、求真务实、廉洁高效"党建文化子品牌,南充市直属分局的"团结协作,爱岗敬业,无私奉献,创一流业绩"党建文化子品牌等。

3.以"敬业"为准则,建立健全制度,推选先进典型,切实践行社会主义核心价值观

南充公路人坚持践行社会主义核心价值观,以"敬业"为准则,一是狠抓制度文化建设,不断建立健全科学化、规范化的制度,夯实文化建设制度基础,形成长期有效的工作机制,逐步解决文化建设缺乏针对性、指导性和流于表面的问题;二是推选先进典型,通过从一线职工身边挖掘典型,多次推选出先进集体、先进个人、道德模范人物,用他们的敬业精神和先进事迹来鼓舞人心、凝聚人心、激励人心,用正能量不断推进南充公路文化建设。

①建立健全制度

习近平总书记强调:制度不在多,而在精,在于务实管用,突出制度针对性和指导性。南充市公路管理局以建立科学务实、严密有效的管理制度体系为目标,以制定突出切实可行、有效管用的制度文化为思路,按照坚持、完善、废止、创新、有效的要求,着眼于制度建设的针对性、系统性和前瞻性,编制并修订南充市公路管理局《制度汇编》,共包含40余项制度,标志着南充公路系统制度建设向着科学化、规范化方向又迈出了重要的一步。

②推选先进典型

从2011年2月开始,南充市公路管理局不断加强推选先进典型工作,倡导奉献精神,传播先进文化,塑造美好心灵,弘扬工作正气。经过科学制定方案、严密组织,层层推荐、严格筛选、深入挖掘、几上几下认真审核,遴选出3个先进集体和9名先进个人,在此基础上组成了南充市公路行业创先争优活动先进事迹报告团,在南充市果城会堂举行报告会,并分赴南部、仪陇等地进行巡回报告,反响强烈。2012年,南部县公路管理一局建兴养护管理站和直属分局蟠龙管理站分别获得全国"百佳"和全省"十佳"养护管理站称号,南部县公路管理一局机械操作手宋大强获得了四川省总工会"五一劳动奖章",直属分局蒲小平获得了南充市总工会"五一劳动奖章"。2013年6月,开展全市公路行业"道德模范人物"评选活动,用身边先进典型的"凡人新事"和崇高精神教育激励广大党员干部职工,向典型学习,向先进看齐,凝聚行业发展正能量。2015年,南部县公路管理一局的养路女工,盘龙养护站站长贾宗丽被评选为南充市"最美交通人",2016年又当选"最美南部人"。

4.以"物质"为基础,打造一线文化环境,保障职工切身利益,切实践行社会主义核心价值观

南充公路人坚持践行社会主义核心价值观,以物质文化为基础,通过改造工作环境、建设文化设施等方式,坚定不移地打造一线文化环境,保障了职工切身利益。

①加强物质文化建设

南充市公路管理局不断强化物质基础,一是紧紧抓住农村公路体制改革契机,在全省率先推动各县(市、区)养护经费进财政,为全市公路行业的发展注入了强劲的资金支持;二是2009年起每年召开"机械化养护现场会",全市公路行业增添的机械设备比过去大幅增长;三是建设机械化养护中心,2010年以来,仪陇县、南部县、直属分局、阆中市先后建成机械化养护中心,以机械化、科学化保证公路突发事件发生时应急救援物资、机具设备的及时调度,提升了常态下的养护能力和效率,从而走出了一条公路机械化养护科学跨越式发展之路,改变了原始落后的养护方式和作业手段,减轻了工人的劳动强度,极大地提升了公路的养护能力和养护效率。

②打造一线文化环境

近年来,南充市公路管理局通过正视存在的问题,调研基层职工需求,加大资金投入等措施,改造道班工作环境,建设基础文化设施,坚定不移地打造一线文化环境,告别了昔日泥里来水里去,牛拉车,手推车,砸碎石的艰苦条件,为职工创造出舒适的环境。一是开设图书室,丰富职工文化环境。南充市局、阆中、各机养中心开设图书阅览室,直属分局成立流动图书室,仪陇县设有书屋。二是打造体育健身环境。南充市局设置独立健身房、乒乓球和舞蹈训练室,阆中开设健身房,各机养中心都修建了健身房、篮球场、乒乓球室、网球场,其他县公路管理局均有锻炼场地。三是全面利用互联网。在全面步入互联网时代的今天,公路系统也应当响应"互联网+"概念,把互联网融入工作中。目前,南充市公路系统已经实现机关全面覆盖互联网,绝大多数班组开通互联网。

5.以"宣教"为手段,创新推出手机报与"公路讲堂",加强南充市公路网建设,切实践行社会主义核心价值观

南充公路人坚持践行社会主义核心价值观,以宣传教育为手段,成功摸索出宣传教育新方向,不断攀登文化建设新高度。一是狠抓宣传,2010~2015共编印专刊和行业信息2335条;二是创新驱动推行手机报,使南充公路人能及时掌握和了解公路信息,倾听掌握社会声音,加强互动交流;三是打造"公路讲堂",秉承"道德明辨美丑,知识丰富人生"的宗旨,坚持每年举办,形成一个以公路为基础,以道德为标杆,以知识为导向的精神文明建设新品牌。四是加强南充市公路网建设,逐渐形成内容丰富、涉及面广的南充市公路新门户。

①创新推行"手机报"

南充市公路管理局创新驱动,与时俱进,始终以代表先进文化传播方向为己任,通过统筹传统媒体和新兴媒体两个平台,线上线下联动的方式,从2016年5月起,将每月一期的《南充公路信息》纸质媒体改为每半月一期的"手机报",按时发送到每一个南充公路人的手机上,得到全市公路系统的一致好评。一方面,"手机报"继承和发扬了《南充公路信息》的传统优势,并覆盖到每一个公路人;另一方面,通过网站、微信、微博、手机客户端等新兴媒体技术的积极运用,形成了"一纸一网一端两微"的格局,更方便公路人及时掌握和了解公路信

息,更及时倾听社会声音,加强互动交流。

②坚持举办“公路讲堂”

2015 年,南充市公路管理局秉承“道德明辨美丑,知识丰富人生”的宗旨,打造形式多样、内容充实的“公路讲堂”,是南充市公路系统干部职工接受思想教育、感受文化熏陶的一个新阵地。“公路讲堂”第一期以“孝”为主题,以身边人讲述身边事、身边人说说自己事、身边事教育身边人的方式,以“孝老爱亲”模范典型的感人事迹为亮点,使南充公路人受到中华传统文化熏陶;第二期以“礼”为主题,采取客座讲授的形式,围绕礼仪文化与修养,从礼仪的由来、古代礼仪、西方礼仪入手,讲述生动活泼的典故和案例,以现代礼仪规范为重点,紧紧围绕公职人员的职业特性,从工作需求和日常生活出发,讲述仪容仪表、言谈举止、日常交际、迎送接待、会务礼仪等内容,让参会人员学到了大量实用的礼仪规范。

③加强南充公路网建设

南充市公路管理局通过对南充公路网进行两次改革性升级和多次小升级,创建的“新闻信息”“通知公告”“效能建设”等日常性栏目更加精益求精,“公路养护机械化”“法治公路建设”“路政管理”等栏目行业特色鲜明,“安全生产”“效能建设”“政务信息”和“公路趣闻”“网上阅览室”等板块严肃活泼,“政务公开”“办事服务”“互动交流”“视频专栏”等板块也反响热烈。通过近几年的不断升级,南充市公路网的访问量和信息量滚雪球式增长,逐渐形成内容丰富、涉及面广的南充公路新门户。

6.以活动为载体,开展特色文化活动,发扬公路体育精神,切实践行社会主义核心价值观

南充公路人坚持践行社会主义核心价值观,以文体活动为载体,开展了一系列特色鲜明的文体活动,凝聚了正能量,发扬了体育精神,实现了党建工作、业务工作、职工素质的相互促进、共同提升,用实实在在的成绩将公路文化建设推向新高度。

①开展特色文化活动

2010 年以来,南充市公路管理局开展了一系列特色鲜明的文化活动。一是开展“攻坚克难迎部检、我是党员我带头”活动,为顺利通过全国干线公路检查奠定了思想基础;二是开辟“身边的公路人”微视频栏目,通过公路职工的凡人小事、一点一滴展现南充公路取得的新成就、新变化和公路人的精神风貌;三是开展了形式多样的抗日纪念活动,让南充公路人接受红色教育;四是组织党员干部见学活动,深入到基层、社区、扶贫村;五是开展红歌大赛、演讲比赛,以最为贴近职工生活的方式,充分发挥其各方面才能,展现自我风采。

②发扬公路体育精神

南充市公路系统在发扬体育精神方面成绩斐然。一是在阆中举办了全市公路系统首届职工运动会,全市公路系统 16 支代表队共 322 名运动员在乒乓球、羽毛球、象棋、拔河、快乐奔跑、公路抢险、篮球等 7 个项目的角逐中,发扬艰苦奋斗、勇于拼搏的精神,充分展示了团结合作、积极进取的精神风貌;二是战果辉煌,四川省第三届公路职工运动会上,南充市公路局代表队获团体总分第二名,在四川省第四届公路职工运动会上,夺得乒乓团体亚军、羽毛球团体季军、足球团体季军;三是积极组织内部运动会,南充市局在南充西山运动场举办局机关、路政支队“迎新年”运动会,南部二局举办“环湖路 10 千米竞技”运动会、庆“五一”职工趣味运动会,阆中举办第一、第二届职工运动会等,职工反响强烈,参与积极。

四、有关加快推进和发展公路文化建设的思考

南充公路人以“抓铁有痕，踏石留印”的决心，坚持“养好公路，保障畅通”的信念，一路披荆斩棘、攻坚克难，各项工作全面发展，公路文化建设硕果累累。在前行道路中，虽然成绩斐然，但仍有尚未解决的问题。

一是公路行业文化程度普遍不高，人力资源青黄不接。南充市公路系统工勤人员占77.6%，初中文化占50.1%，本科及以上仅有6.5%，职工队伍文化程度普遍不高。同时，缺乏新血注入，招考人数太少，杯水车薪，再加上通过重重筛选、过关斩将而进入队伍的人员都是精英，学历也相对较高，进入机关更能发挥其作用，流入一线道班的少之又少。

二是公路行业地位较低，整体缺乏行业自信。虽然从事的是高尚的社会主义事业，但公路行业在社会上的地位并不高，主要有以下几点原因：一是公路养护工人形象不佳，在外人看来，养护工人起早贪黑，不讲卫生，没有文化；二是社会对公路行业认识存在误区，认为公路部门的工作就是保洁，与环卫工作画上等号；三是整体缺乏行业自信，公路人对自己的工作单位缺乏自豪感，自认为没有其他单位重要，甚至有的基层员工介绍自己时难于启齿，使外界误解公路行业。

面对以上客观存在的问题，南充公路人充分发挥主观能动性，结合社会主义核心价值观，归纳出加快推进和发展公路文化建设的一些思考。

1.提升职工文化素质，增强公路行业自信，是公路文化建设的重点

公路部门的文化水平普遍不高，导致公路人缺乏行业自信。要加快推进公路文化建设，重点是提升职工文化素质。

①以手机报为基础，创新教育方式

南充公路系统的手机报在宣传教育方面效果显著，但目前还停留在报道行业实时新闻层面。公路管理部门应该创新教育方式，以手机报为基础，定时向一线公路人推送先进文化知识，拓展职工知识面，宣传先进典型等，切实提高职工文化素质。

②以“公路讲堂”为契机，课堂深入基层

南充市公路管理局的“公路讲堂”已成功举办两期，在获得全市公路人认可的同时，也征集到一些宝贵的意见与建议。“公路讲堂”让职工接受思想教育、感受文化熏陶，但并没有深入基层，许多一线工人甚至不知道“公路讲堂”。因此，要加快推进和发展公路文化建设，就要以“公路讲堂”为契机，让课堂深入基层，可以采用到一线巡回演讲或由基层“菜单式”选课的方式，大面积、全方位地授课，做到每名公路人都能受到“公路讲堂”的熏陶，从而实现普遍提升职工文化素质的目的。

2.调整文化发展重心，加强基层文化建设，是公路文化建设的关键

从南充公路系统来看，公路队伍大多数由基层班组工勤人员组成，要加快推进和发展公路文化建设，关键是调整文化发展重心，加强基层文化建设，把重心下移，力量下沉，落地生根，做强做实，丰富一线公路人的文化生活，更好地开展文化活动。

①加强基层文化设施建设

目前，基层班组的文化设施远远不够，要充分发挥公路领导部门的宏观调控作用，投入资金改善和完善一线道班的基础设施和配套设施，实现每个道班都有图书、体育器材和活动

场地。同时加大对基层文化设施和使用情况的管理力度,建立健全规章制度。

②加强基层文化队伍建设

一线道班人才匮乏,文化建设举步维艰,只有大力培养基层文化建设的积极分子,充分调动和发挥一线公路人的积极性,切实加强对基层文化工作的指导,才能促进公路文化建设健康发展。

3.制订文化发展规划,形成长效发展机制,是公路文化建设的灯塔

根据调研,在南充公路文化建设60余年时间里,打造力度时强时弱,重视程度时高时低,究其原因,是没有制订长远的文化建设发展规划,没有形成长效机制。因此,要加快推进公路文化建设,制订发展规划、形成长效机制是照亮其前路的灯塔。

①强化上层设计,制订发展规划

是否狠抓落实文化建设,单位领导是关键。领导的主观作用很大程度上制约了公路文化建设的进程。要从根本上解决问题,变被动为主动,势必要强化上层设计,充分发挥交通运输部公路局、四川省公路局的行业指导作用,制定切实可行的公路行业文化发展规划,一方面指明全国公路文化建设前进的大方向,另一方面明确省级以下公路部门的领导责任。

②结合基层实际,形成长效机制

省级以下公路部门,要在上层制订的文化建设发展规划的基础上,结合本单位实际,细化规划内容,结合地方特色,突出自身亮点,主动上报地方规划,接受上级监督,真正做到把上层设计为我所用,狠抓落实发展规划,从而形成长效发展机制,加快推进公路文化建设。

4.塑造公路行业品牌,提高整体行业形象,是公路文化建设的核心

公路部门职工基数大,社会地位较低,是目前客观存在的事实,要加快推进公路文化建设,核心是加强行业环境、行业精神、行业形象建设,从而塑造出千锤百炼的行业品牌,使公路文化建设由过去单纯的强调服务升华为自觉服务,提高公路人行业形象。

①塑造行业品牌

塑造公路行业品牌,一是要以弘扬公路行业核心价值观为前提,对品牌进行准确定位,科学确立品牌内涵,使行业品牌的内涵和理念充分体现行业的价值观念和奋斗目标。如南充市在公路行业几十年发展的历史中塑造出的“路美南充”公路行业品牌,就是以弘扬公路行业核心价值观为前提,既包括精神文明,也包括物质文明,成为公路人日常工作中的基本原则和应该普遍遵循的行为准则,成为行业行为的内驱动力,为职工行为提供价值观上的指导和心智上的支持。二是要以提升公路行业竞争力为目标,加强公路生态文明建设,提升公路应急保通能力,增加公路养护科技含量,广泛应用“新技术、新材料、新工艺”,开展预防性养护和公路桥梁专业化检测,提高公路行业的整体实力和发展潜力,使之在激烈的经济和社会竞争中始终立于不败之地。

②提升行业形象

公路行业要在塑造出行业品牌的基础上,进一步提高行业形象。文明的行业形象对外是一种无形资产,对内则是凝聚力的重要源泉,它是一个行业精神风貌和整体实力的集中展现。要坚持内部规范和外部监督结合,明确工作标准与规范,抓点与带面相结合。通过实行公开服务公约、服务承诺和服务标准,明确文明用语和服务忌语,坚持做到仪表规范、着装整洁、言谈得体、举止大方,使用标准的科室标志牌、职位牌、岗位监督牌等方式,切实提升行业

形象。

5.提炼公路行业核心价值观，构建公路行业核心价值体系，是对公路文化建设的升华

公路文化建设要始终围绕“养好公路，保障畅通”这一核心，以社会主义核心价值观、交通运输行业核心价值观，公路行业文化理念为基础，要进一步提炼公路行业核心价值观，构建公路行业核心价值体系，使公路文化建设达到升华。公路行业核心价值观是一种理念、精神、追求和愿景，更是统一干部职工思想认识的旗帜和标杆。要着力提高公路职工文化素质和塑造高尚人格，致力于培育适应职工队伍成长、成材、发挥作用的文化环境，要继承“铺路石”精神，以实现“人在车中坐，车在画中行”的安全、舒适、畅通的公路通行环境，“树立全寿命周期成本理念，以预防性养护”和“公路上的追梦人”为愿景，与时俱进，勇于创新，构建出体现行业价值、具有鲜明行业特色和时代特征的公路行业核心价值体系，使公路文化建设的精髓不断得到丰富、扬弃、超越和升华。

五、结语

文化建设永远在路上，南充公路人始终不忘初心，积极探索并践行社会主义核心价值观，用实际行动把公路文化抓在实处，思考推进和发展公路文化建设的有效途径，不断为培育公路行业核心价值体系构筑文化基石。

一等奖

工作条件艰苦地区开展公路职工教育培训的探索与实践

邵兴华　石兴刚　王　铎

(重庆市巫溪县公路局)

摘　要　重庆市巫溪县地处秦巴山区连片扶贫地区核心地带,县域经济条件差,公路养护站点分散,公路养护职工队伍不稳定因素较多。面对现实的困难,县公路局创新思维,以具体情况具体对待的实事求是态度,适时地选择教育培训内容,多元化地组织职工教育培训,取得了一定成效。他们的有益探索与实践证明,打破传统思维樊篱,建立灵活的运行机制,工作条件艰苦地区的公路职工教育培训工作有待开发的空间很大。

关键词　艰苦地区　公路职工　教育培训　内容　方式

一、引言

毫无疑问,开展公路职工教育培训,提高职工业务技能和爱岗敬业、团结奋进、遵纪守法的思想素质,加强文化道德修养,在转型时期很有必要,尤其对于工作条件艰苦地区而言,更为重要。因为工作条件艰苦地区相对于工作条件优越地区,缺乏优厚的物质待遇刺激,缺乏新的科技信息交流,更需要精神力量支撑,更渴望新技术的传授。如果工作条件艰苦地区没有教育培训作保障,公路养护工作只能踟蹰不前,难有大的发展。然而,工作条件艰苦地区公路职工教育培训又面临诸多现实困难。

以国家级贫困县、重庆市边远山区巫溪县为例,该县地处三峡库区纵深地带,平均海拔比三峡库区更高,地形以纵深切割为主,山岭峻峭挺拔,全县国省县干道750千米,大多绕山而行,有的路段垂直落差高达2000米;而且县域经济薄弱,现尚处于贫困线以下,是国家扶贫攻坚的"秦巴山区连片扶贫"的核心地区,受此掣肘,修不起上档次的路,大部分公路路面狭窄,沉降区多,多穿越悬岩,总体路况较差,抵抗自然灾害能力极弱恰恰该县天气变幅大,冬有严重冰雪,春夏时有暴雨,一到富雨季节,公路塌方不断,养护工人应接不暇,一年三季(冬、春、夏),公路养护部分基本处于抢险保通状况,十分艰苦。在抢险中,崖壁还常常有悬石下坠,时常发生伤人事故,危及养护工人生命安全,严重影响公路职工生产积极性。加上经济收入低于平原发达地区一二十个百分点,公路职工普遍存在或多或少的怨气,不稳定因素指数极高,有渠道的人都不愿进公路养护部门。近年公路职工来源有限,主要是退伍军人安置、政策性接班,这种状况已持续了20余年。不合理的职工队伍结构,造成公路养护职工文化水平普遍较低，一线养护职工以小学文化居多，且年龄偏大，信息闭塞，思想僵化，接受能力差，职工教育培训困难多多。一些职工学习意识差，从心理上拒绝培训，认为不培训也不少发工资；一些职工缺乏学习能力，对参加培训，提高生产技能有畏难情绪；再有一些职工则是囿于工学矛盾，抢险中全力以赴，体力消耗极大，抢险后想休息，不愿拿起书本，放弃学习机会。当然，管理部门在组织职工教育培训上也存在现实困难，一线养护职工分散在大山深处，往来不便，集中又不时受临时性抢险工作冲击，一些应该举办的教育培训活动自然就减免了。

不过，尽管困难重重，巫溪县公路局着眼长远，近年不懈地探索公路职工教育培训新路子，他们因地制宜，结合时势，创新机制，开展多形式、多方面的培训，效果明显，有效提高了职工队伍整体素质，促进了“养好公路，保障畅通”的中心工作。2015 年巫溪公路预防性养护综合考核在重庆市排名第八，在渝东北排名第一，县公路局在全县 68 个县级部门中民意满意度调查排第 14 位。巫溪县公路局在创新公路职工教育培训上的探索，对工作艰苦地区公路行业有一定借鉴意义。

二、结合时势选择艰苦地区公路职工教育培训内容

1.紧密结合搞好公路养护中心工作

培训的最终目的是搞好公路养护中心工作，无论凝聚精气神的培训，还是提高养护技能的培训都是为同一个目的，即又好又快地完成公路养护的本职任务。基于这个理念，巫溪县公路局经常结合阶段性工作，组织一线职工技能培训。2014 年 9 月 1 日，巫溪发生特大洪灾，公路损毁巨大，垮塌断道 70 余处。县公路局立即安排一线职工排堵抢通，在恢复初通（大部分为半幅通行）后，选择一处堵点，集中全县养护骨干开展以抢修抢护技术和安全施工为内容的培训，现学现用，既及时排除了路面障碍，恢复了安全畅通，又培养了队伍。而在天气晴好时节，县公路局又抓住机会，开展一线养路职工的预防性养护知识培训，并组织考试，同时将自己编印的《预防性养护手册》发到每位一线养护职工手中，然后在面上大面积实施填坑灌缝等预防性养护作业，效果很好。

2.紧密结合地方党委、政府精神文明创建活动加强队伍建设

巫溪县委、县府组织“四城一奖”（创市级卫生县城、市级山水园林县城、市级生态旅游县城、市级文明县城，荣获中国人居环境范例奖）活动，全县搞得轰轰烈烈，在这个大环境中，县公路局适时跟进，开展职工文明素质教育。多次举办培训活动，分期分批对职工进行“爱岗”“诚信”“服务”等专题教育，传递社会主义核心价值观和行业文化、行业宗旨，并立即参照践行。县公路局负责的县城网格区焕然一新，文明、卫生、宜居在全县堪称示范，受到县领导和社会各界高度评价。在县委、县府打造“巫文化”地方文化品牌活动中，县公路局又对职工进行了“巫文化内涵”培训，传播“巫文化”中的“天人合一，珍爱生命”理念，并将其运用到公路养护工作中去，提高职工的“护好路，保平安”思想。

3.紧密结合身边的典型鼓励职工爱岗敬业

身边的榜样，看得见摸得着，对职工来说最有亲和力，教育效果也特别好。在“三严三实”学习教育中，县公路局适时推出为民解忧的邵兴华、抢险先进王祖华、工作认真的何盛

国、从老上访户变成养路带头人的魏兰平等先进典型,让职工学先进、赶先进,取得很好效果,一线职工精气神明显提高,先进典型的精神也得到了发扬光大。

三、灵活动作,创新艰苦地区公路职工教育培训方式

1.充分利用小集中、大分散的分级监督培训

针对艰苦地区公路职工教育培训组织难的问题,巫溪县公路局采取小集中、大分散的分级培训方式,化解培训难题。先是县局机关层面,再是乡站片区层面,进而更小的区域层面,逐级开展,循序渐进,扎实开展。既保证了培训的全覆盖,还节省了人力物力。培训中,他们坚持落到实处,不搞过场,建立了严格的监督制度,保证了培训质量。这种方式,相对于局机关工作量较大,但深受广大职工欢迎,认为这一方式有效解决了工学矛盾。一线职工对县公路局送去的学习资料特别有兴趣,他们表示:“有空看一点,既排遣了寂寞,也增长了知识”。

2.实施现场观摩学习培训

现场观摩学习是时下普遍采用的一种培训方式,但巫溪县公路局运用得更巧。县公路局有以局长为首的每月循环检查路况制度,他们利用这种条件,适时组织人员现场观摩。每次局长上路检查路况,总要带一些技术人员和一线骨干,边看路边研究,好的好在什么地方,差的问题出在何处,细细分析解剖,既现场解决了问题,又积累了经验。之后这种做法又有延伸,凡公路养护中遇到技术攻坚的问题,县公路局都组织局机关相关人员和一线养护骨干现场观摩,共同分析探讨,集思广益,增长知识才干。

3.充分利用局外各种机关培训

近年来,巫溪县公路局抓住社会各单位、机构的培训机遇,送一线职工前去学习培训。无论是交通运输部、重庆市交委、市人事局还是本县各部门,以及专业教育培训机构组织的教育培训活动,无论是脱产、半脱产还是业余函授,县公路局都积极组织职工参加,只要工作安排得过来,一般都超额配员,让更多一线职工参加培训学习。

4.建立系统内定期培训机制

为了让职工,尤其是一线养护职工不断充电,巫溪县公路局在系统内建立了定期培训机制,除前述的临时性、灵活性、针对性培训外,还建立了每月班、站长培训,每季度职工培训,每两年管理站长县外培训一次的制度,基本上做到了时时有人在培训。

5.开展“创先争优”活动,达到教育培训目的

“创先争优”活动与职工教育培训存在复杂的内在联系,个人争优,集体创先,直接带动人员素质提升。因此,巫溪公路局非常注重“创优争先”活动中的职工教育工作,认真设计活动方案,包括内容、步骤、评比、宣传、载体等。他们先后开展了党员示范路、巾帼示范路、道班文化墙、灌缝技能竞赛等活动,并在活动中组织评比,奖励先进,带动后进,效果显著,一批思想稳定、有事业心的一线养护骨干成长起来。活动中,公路局还积极解决职工生产生活中的具体困难,为职工创造爱养路、养好路的条件。由于养路段分散,一线养护职工大多备有摩托车,而县境公路狭窄,有的路段还是一面靠山,一面临崖,养护作业时没空余地方摆放摩托车,而如果占了行车道又会被交巡警罚款。针对这个问题,县公路局主动联系交巡警管理机关,说明养护工的具体困难,得到交巡警的理解和支持,特别为一线养护工人发放了特殊

牌照，解决了一线养护工的困难。而同时，县公路局又在一线养护工中开展自觉遵守交通法规的评比活动，公开接受群众监督，县公路局对不乱停乱放摩托车、不违反行驶规则的养护工评优奖励，对表现差的则予以通报批评。这项举措，社会效益非常好，群众好评，养护职工也受到法规约束。

四、结语

综上所述，艰苦地区公路职工教育培训囿于历史和现实条件存在诸多困难，但并非不可为，只要坚持社会主义核心价值观，坚持行业宗旨，并矢志改革，许多困难都有解决的空间。

一等奖

结合社会主义核心价值观谈谈对公路文化建设的思考

——以丽江公路管理总段公路文化建设为例

陈　渊

(云南省公路局丽江公路管理总段)

摘　要　新时期新形势下,以社会主义核心价值观统领文化建设已成为社会的共识和趋势。笔者以丽江公路管理总段为例,结合社会主义核心价值观的内涵和要求,以问题为导向,对公路文化建设中如何培育和践行社会主义核心价值观问题进行思考与探索。

关键词　社会主义核心价值观　公路　文化建设

一、引言

2012 年 11 月,党的十八大报告首次以 24 个字概括了社会主义核心价值观。2013 年 12 月中央办公厅印发了《关于培育和践行社会主义核心价值观的意见》,将 24 字核心价值观分成 3 个层面:富强、民主、文明、和谐,是国家层面的价值目标;自由、平等、公正、法治,是社会层面的价值取向;爱国、敬业、诚信、友善,是公民个人层面的价值准则。社会主义核心价值体系包括马克思主义指导思想、中国特色社会主义共同理想、以爱国主义为核心的民族精神和以改革创新为核心的时代精神。

公路文化是公路行业在长期的公路建设实践中,积累的各种物质形式、行为规范、管理制度、行业精神、价值观念、职业道德等内容的总和。公路文化是公路事业发展的重要成果,是公路行业文明程度的重要标志,涵盖并承载了公路人的认同感和价值体系。加强公路文化建设对增强公路行业凝聚力、提升公路行业社会影响力、促进公路事业又好又快发展,发挥着十分重要的作用。

二、深刻理解核心价值观对文化建设的重要意义

价值观是文化的核心,坚持什么样的文化方向,建设什么样的文化,就是坚持和倡导什么样的价值观,社会主义核心价值体系是社会主义文化的内在精神和生命之魂,建设社会主义文化就是必须紧紧抓住社会主义核心价值体系这个关键和根本。习近平总书记强调:“核心价值观是文化软实力的灵魂、文化软实力建设的重点。”这一论述进一步指出了培育和践行社会主义核心价值观是增强国家文化软实力的根本要求。因此,在当代中国,推进文化建设,就必须以社会主义核心价值观来引领。可以说,深刻理解培育和践行社会主义核心价值

观对文化建设的重要意义，进而以社会主义核心价值观指导文化建设，是当代我国社会主义文化建设的重中之重。基于以上认识，可以从三个方面来进一步理解核心价值观对文化建设的重要意义。

核心价值观是文化软实力的根本要素。从文化产生的根源来看，人作为一种目的性的存在，决定了人要探寻意义、创造文化，由此形成了“信什么、坚持什么、追求什么和实现什么”的精神目标系统，也就是人们对事物进行价值判断、取舍和追求的价值观。核心价值观则在价值观体系中居于核心支配地位，它深藏、凝结、渗透在一切社会意识形态和文化形态中，具有主导、支配、引领作用。因此，核心价值观对文化性质和方向具有决定性影响，是文化最根本的核心内容和最重要的标志性特征。从这一层面来说，文化软实力建设和提升的关键在于核心价值观的培育与践行。

核心价值观是文化软实力的根基所在。文化软实力一般是通过文化的影响力、向心力、凝聚力、动员力、感召力、整合力等呈现出来的，这些“力”都来自于对核心价值观的认同与追求。正如习近平总书记所说：“一个国家的文化软实力，从根本上说，取决于其核心价值观的生命力、凝聚力、感召力。”核心价值观呈现出来的这些“力”，就像是“磁场”一样，对人们产生了潜移默化的同化作用，深刻影响着不同身份和背景的人们的价值观、善恶观、审美观。这种影响的存在，能够最大限度地凝聚形成社会思想共识和精神纽带，进而化作维系社会和民族生命生生不息的巨大能量。

核心价值观是国家软实力的主要表现。无可否认，当今社会已经迈入文化时代，最明显的表现是国际的竞争在继资源竞争、资本竞争之后，正演变为文化间的竞争。可以说，文化软实力的比拼，实则是核心价值观的较量。谁拥有强大吸引力和影响力的价值观，引领思想文化的主潮流，占据道德的制高点，谁就能够赢得国际社会最多的认同，借此获得最大的话语权，从而能够在激烈的国际竞争中占据主动位置。大国之间的博弈，已经超越了物质层面的孰优孰劣，而是文化层面的交锋，这也是世界大国崛起之路的共同规律。

三、丽江公路管理总段公路文化建设的基本状况

一直以来，丽江公路管理总段(以下简称丽江总段)在文化建设上始终坚持“两手抓、两手都要硬”的方针，把文化建设列入总段党委重要的议事日程，成立公路文化建设工作领导小组，制定印发《丽江公路管理总段行业文化建设规划》和《丽江公路管理总段行业文化建设实施方案》。在具体做法上，总段依托地方的文化底蕴，通过“七个一”的平台，即：一个网站——单位网站、一张报纸——《丽江公路》内部报刊、一首歌——《丽江公路人》、一本书——《彩路如虹——丽江公路管理总段发展改革 53 周年纪实》、一块牌子——全国文明单位、一个文化走廊——总段机关文化走廊和陈列室、一批文体活动——职工各类文体活动，稳步推进总段公路文化建设。同时，在文化建设工作中，注意研究如何将抽象的理念通俗化，除了将“修路修人生、养路养人品”这一云南交通运输行业价值观贯穿公路养护工作的全部外，还根据单位实际，提出了“快乐工作、幸福生活”“建设‘有担当、负责任’的单位形象”等理念，迅速根植到每个职工的内心，对职工的职业道德、生活态度、心理健康都起到了积极的引导作用。通过不断努力，丽江总段的公路文化建设取得了明显成效，先后获得了“云南省文明单位”“云南省文明行业”等荣誉称号。2011 年 12 月获得“全国文明单位”荣誉称号，

2015 年,继续保持这一荣誉称号。文化建设成果累累,有效促进了单位各项工作的健康协调发展。

之所以能够取得以上成绩,最根本的经验是丽江总段把培育和践行社会主义核心价值观贯穿到了整个公路文化建设的全过程中,真正做到了五个结合:一是与继承地方的厚重历史文化相结合。丽江,人杰地灵,历史悠久,风景美丽……通过宣传地方历史加强对职工进行爱国主义教育;二是与弘扬总段当代先进群体精神相结合。总段有全国五一劳动奖章获得者蔡德清、交通运输部劳动模范袁明清、交通运输厅劳动模范郭应军、全国先进工作者李文生等扎根基层一心为民的当代楷模,他们的事迹深深地打动着丽江公路人,他们的精神深深地影响着丽江公路人;三是与建设现代丽江公路文化相结合。坚持以文化人,教育和引导职工积极践行核心价值观,在全总段深入开展公路文化建设活动,着力打造文化公路,以先进的文化凝聚人心、引领方向、鼓舞士气、推动发展;四是与创建全国文明单位相结合。2012 年至今,总段连续两届被评为"全国文明单位",举全总段之力、谋全总段之策、集全总段之智连创"全国文明单位",强化文明素质教育,开展道德讲堂,举办经典诵读等,继承传统美德,弘扬正能量;五是与日常政治教育相结合。通过加强学习型组织建设,邀请专家教授作辅导报告,在全总段开展"爱读书、善读书、读好书"等活动,吸引职工群众广泛参与,使核心价值观内化于心,营造了浓厚的舆论氛围。

当然,在取得成就同时,丽江总段的文化建设,特别是在培育和践行社会主义核心价值观这一文化建设的核心内容上,无论是从客观实际出发,还是以笔者作为公路行业从业者的调研和观察来看,目前,还存在以下不足之处:

一是思想观念层面的问题。物质决定意识,意识对物质具有反作用,这是哲学的基本原理。当前公路养护行业具有一线工作量大、收入相对较低、工作内容单一枯燥等特点,与之相对的,在市场经济快速发展的今天,崇尚物质、利益至上等社会思想潮流不断冲击着传统伦理,也对总段职工,特别是一线职工的思想观念冲击很大,使他们对行业的认同、对行业的自信产生了一定的动摇。公路行业文化经过近几十年的孕育发展,已经形成了一整套以公路养管建的发展为脉络的行业文化,但是面对市场经济的大潮,公路行业文化和行业精神受到了极大的冲击。一方面是社会价值判断标准扭曲的结果,另一方面也是行业文化建设有所缺失的表现之一。

二是制度建设层面的问题。制度是培育和践行社会主义核心价值观的刚性保障,但从当前总段的实际情况来看,在干部职工中还存在着知行不统一的情况。究其原因,一方面是由于制度建设不完善,或者制定后执行不到位而无法形成有效的制约。另一方面则是在制度制定层面没有与单位实际有机结合,大而空洞,言之无物,使一些制度只能束之高阁。例如,在行业文化宣传、行业文化践行中存在"最后一厘米"困境,一线职工对于行业文化知之甚少。打通"最后一厘米"需要制度建设的跟进,把制度建设作为行业文化宣传的硬保障,打通行业文化宣传的壁障,让一线职工真正了解行业,热爱行业。

三是宣传教育层面的问题。主要存在两方面不足,首先是显性宣教针对性不足,缺乏吸引力。当前,我们的社会主义核心价值观宣传教育除了传统的依靠墙报、宣传栏等方式以外,主要是通过网络、微信、微博等新兴媒体来进行传播,但从行业和总段的实际来看,由于一线职工受教育程度较低、网络使用普及率不高、工作特殊性限制等因素,上述宣教手段在一定程度上存在“盲区”，影响了宣教的覆盖率及最终效果；其次是隐性宣教力度不够，缺乏渗透力。社会宣教方式除了通过新闻媒体、网络和舆论宣传、英模事迹等外在方式以外，其实最有效的还是在于潜移默化的熏陶，这种熏陶主要来自家庭环境、社会风气、单位氛围、人际影响等隐性因素，例如，虽然经常组织开展学雷锋志愿服务活动，但很多职工参与的主动性、自觉性并不强，更多的是将其视为一种自上而下的活动安排。

四、以社会主义核心价值观推动丽江总段公路文化建设的思考

1.努力实现行业发展的成果共享，增强社会主义核心价值观的凝聚力

社会主义核心价值观认同的一个基本问题就是要研究和解决“人民需要什么”，这是人民群众认同社会主义核心价值观的重要基础。具体到行业和单位内部，就是要研究和解决“职工需要什么”，在促进行业和单位发展的基础上，确保职工共享行业和单位改革发展所带来的积极成果，使职工在行业和单位发展过程中，促进其自觉认同并践行社会主义核心价值观。在社会经济发展、人民群众收入水平日益提高的大背景下，公路行业收入制度缺乏变化，一定程度上已经不适应社会经济增长。对公路养护行业的一线职工来说，从纵向比较，职工的收入相比以往有了较大的提高；但是从横向来看，相比其他一些行业，收入偏低。国之富强，应是全民的富强；行业之发展，应是全体职工的发展。公路行业一线工作量大，工作环境恶劣，处于生产建设一线，必须有一套适应实际的个人收入制度，将行业发展的红利惠及职工特别是一线职工。当然，职工的需求不仅仅是物质收入层面的，还需要加强人文关怀，关注他们的精神需求，在不断提高职工收入的基础上，努力改善职工的生产生活条件，丰富职工的文化生活，使职工切身感受到社会和单位发展在物质及精神层面为个人带来的改善和提高。在这样的双赢条件下，通过以人为本这个切入口，使社会主义核心价值观真正在职工心中根植，赢得他们的认同和共鸣。

2.协调推进制度建设和基础设施建设，保障社会主义核心价值观的生命力

《关于培育和践行社会主义核心价值观的意见》指出社会主义核心价值观的培育与践行应“坚持联系实际，区分层次和对象，加强分类指导，找准与人们思想的共鸣点、与群众利益的交汇点，做到贴近性、对象化、接地气。”以制度为核心的软件以及以基础设施为核心的硬件，是保障公路行业一线稳定、发展的根基，是职工利益与行业利益的交汇点，也是社会主义核心价值观在公路行业的根本落脚点。因此，只有协调推进两者，才能为培育和践行社会主义核心价值观提供强有力的软硬件保障。当然，受社会经济发展和行业自身发展的制约，公路行业一线硬件与软件建设是一个漫长的过程，不可能一蹴而就。必须站在行业未来发展的前沿，循序渐进、有条不紊地推进“两个建设”。在制度建设层面，要秉持“自由、平等、公正、法治”的治理理念，结合行业实际，在进一步推进制度框架搭建的同时，着重完善制度建设细节。将制度细化，使其有利于制度的落地，有利于制度的执行。主体制度逐步完善的同时，还要持续推进配套制度的建设。例如在推进安全制度建设的同时，也要同步推进安全培训制度的建设。把制度的种子种在一线职工的心中，让软制度成为实践的“硬保障”。在基础设施建设方面，其核心是资本投入，在不断提高基础设施建设的前瞻性以适应新形势发展的同时，从优化资源配置、确保高效利用的角度出发，可以通过逐步探索社会资本进入公路行业一线基础设施建设的途径，发挥“鲶鱼效应”，进一步加快行业基础设施建设步伐。

3.不断创新宣传教育的载体方式,提升社会主义核心价值观的引导力

文化建设要达到的最终目的是将精神和文化内化于心、外化于行,实现这一目的离不开有效的宣传教育。社会主义核心价值观作为社会主义文化丰富内涵的高度提炼,要在社会广为传播、形成共识,主要还是通过宣传教育。而只有不断创新宣传教育的载体和方式,才能使社会主义核心价值观真正根植于人民大众的心中。

一是结合认知特点,增强显性宣教的针对性。培育和践行社会主义核心价值观不仅仅要"因地制宜",还要积极融入人们的生产生活和精神世界。公路行业自身具有的属性特征,特别是基层一线的真实状态,决定了我们在培育和践行社会主义核心价值观的过程中,在传播灌输的传统基础上,还要深入了解一线职工的生产生活状况,认真研究他们的真实需求,积极回应职工的心理困惑,晓之以理,动之以情,澄清价值内涵,以理论认识的清醒凝聚思想认识。

二是抓住关键环节,加强隐性教育的渗透力。可以通过两种方式来加强隐性教育:一方面,弘扬优秀文化,增强情感共鸣。习近平总书记指出"中华文化源远流长,积淀着中华民族最深层的精神追求,代表着中华民族独特的精神标识,为中华民族生生不息、发展壮大提供了丰富滋养。"丽江总段由于所处地理位置的地域性和民族性特点,在继承和发扬中华民族传统优秀文化的基础上,可以充分利用地方历史文化和少数民族特色文化的积极内容,通过选树先进典型、开展文化活动等途径,激发职工的情感共鸣,增强道德认同;另一方面,强化实践教育,促进行为养成。要将个体意识转化为良好行为习惯,需要经过反复的实践强化,由外而内,再由内而外,最终养成行为习惯。这种实践教育,可以通过学雷锋志愿服务、讲文明树新风等实践活动、诚信教育、"四德"工程建设、勤俭节约行动等来开展,不断强化职工的思想认识,在潜移默化的熏陶之中,使思想自觉最终变成行为自觉。

五、结语

培育和践行社会主义核心价值观,是当前公路文化建设的重要任务,是一项重大而复杂的系统工程,在遵循一般规律的基础上,必须要结合行业和单位的实际,针对职工现状进行更加深入的调查研究,有的放矢地选择实施路径,使社会主义核心价值观深入职工心中,成为职工的内心信念和外在实践。

一等奖

把握新常态 推动公路事业发展新跨越

刘文勇 孙 彬

（广东省中山市公路局）

摘 要 近年来，我国经济发展不断转型，社会发展不断升级，民生事业不断进步，对公路管养水平的要求也不断提高，特别是十八大后，中央做出了我国已进入经济社会发展“新常态”的战略判断，公路事业面临着认识新常态、适应新常态、引领新常态的战略任务。为顺应时代发展需要，服务好经济社会发展大局，公路行业迫切需要认清公路现状，把握发展大势，以全新的发展理念和全面的思维能力推动公路事业发展新跨越。

关键词 新常态 公路事业 公路管养 思维能力

一、引言

党的十八大以来，习近平总书记站在时代发展的战略高度，立足国际国内发展全局，发表了一系列重要讲话，提出了很多富有创见的新思想、新观点、新论断、新要求，丰富和发展了中国特色社会主义理论体系。在中央经济工作会议上，习近平总书记深入分析了国际国内经济形势，做出了我国已进入经济社会发展“新常态”的战略判断。认识新常态、适应新常态、引领新常态，是当前和今后一个时期我国经济发展的大逻辑，也是我们判断发展大势、进行战略布局、安排当前和今后一个时期工作的基本前提。本文就当前公路事业发展实际，提出了对学习习近平总书记系列重要讲话精神的思考和感悟。

二、认识新常态，把握公路事业发展新变化

随着以“中高速、优结构、新动力、多挑战”为主要特征的新常态时期的到来，作为经济社会发展大动脉的公路事业也呈现出许多不同以往的新变化、新特征、新趋势，值得我们关注。

1.社会关注度不断提升

随着人们生活水平的不断提升以及参与社会治理意识的不断增强，公众对与自身密切相关的公路出行环境关注度日益提升，对路况条件、服务水平和保障能力的要求也越来越高。在人人都是自媒体的当下，大到交通拥堵，小到标志牌设置，随时都可能通过微博、微信等自媒体手段进行评论和传播。这就需要我们进一步强化公路服务的责任意识，通过不断提高公路管养效率和质量，营造优质、高效的公众出行环境，构建起更安全、更畅通、更绿色、更高效的公路服务网络，以满足人们日益增长的出行需求。

2.养护管理的要求日趋多元化

新型城镇化在推动中山市经济社会快速发展的同时，城镇的范围不断扩大，部分干线公

路逐步演变成了城镇道路,导致原有的管养标准难以满足城镇化的需要。虽然中心市公路局很早就认识到问题的存在,并进行了相关研究,但随着全市产业转型升级及产业布局的进一步完善,干线公路城镇化的问题将会日趋复杂化、严重化。这一变化将使全市公路养护和管理面临更多的挑战,同时也将为全市公路管养规范化、科学化、科技化创造更多机遇。

3.公路管养走向科技化

习近平总书记在2014年国际工程科技大会上发表演讲,阐述了新一轮科技革命和产业变革的趋势和重大意义,并指出其核心是新一代信息技术革命,信息生产和服务将成为经济发展的主要模式。面对新一代信息技术引领的科技革命浪潮,公路行业迫切需要推进信息化建设,对管养公路进行实时监测,全面掌握公路基础设施运行状态,及时发现安全隐患,及时预警,实现公路管理信息化、科技化。同时,公路管养需要逐步推广新材料、新技术、新工艺和新设备,公路养护作业需要实施机械化、现代化,实现公路管养提质增效。

三、适应新常态,实现公路事业发展新作为

新常态带来新挑战,也蕴含新机遇。适应新常态,谋求公路事业新发展,就必须切实做好"服务、转型、管理、廉政"四篇文章,在"民生、效益、法治、清廉"上实现新作为。

1.更加重服务,实现民生公路新作为

新常态下,相对于经济增速的换挡回落,民生工作更具有刚性特点。公路事业作为重要民生事业,要紧紧围绕"畅安舒美"总体目标,不断提升路况安全保障和服务水平。一是努力提升公路养护水平。严格按照"迎国检"要求,高标准抓好路面中修及预防性养护项目,继续抓好创建"畅安舒美"示范路建设工程,推进桥梁养护和危桥改造工作等,不断提高路况水平,确保群众出行安全。二是努力提升便民服务水平。全面推行政务公开,实行"阳光作业",办事程序、许可条件、收费标准、办事结果等事项一律公开;继续深化行政审批制度改革,减少审批事项,实行电子化公路行政审批,着力形成集咨询、申请、审批、查询四位一体的网络审批系统;创新服务方法,打造科学高效服务平台,继续推进行政审批服务事项一站式办理工作和广东省网上办事大厅中山分厅建设工作。三是努力提升安全保障水平。安全是最大的民生基础,切实加强工程建设安全管理,完善科学规范、运行有效的安全生产责任体系,切实把安全责任落实到一线、落实到岗位;强化对重点时段、重点路段、重点环节的安全监管,确保安全监管全覆盖,安全隐患零容忍;进一步健全应急管理体系,健全应急保障队伍,加强对公路应急信息和突发事件信息的监测与监控,保障公路出行的安全稳定。

2.更加重转型,实现效益公路新作为

新常态下,面对财政资金趋紧、土地指标紧缺等因素制约,公路工作须更加注重管养效率及效益的提升。一是注重规划升级。密切关注经济社会发展动向,认真分析和预测未来公路建设需求,全面谋划公路科学发展,增强工作前瞻性、主动性和系统性。着力优化干线公路规划布局,提升干线公路等级,形成衔接有序、无缝对接、高效便捷的路网体系,有力支撑和引导产业布局调整和功能优化,更好地服务全市经济协同发展和新型城镇化建设。二是注重节约集约。既要在公路建设的前期工作中注重节约土地,少占耕地,合理选线,优化设计,又要在公路建设中加强过程监控,尽早建成投运,最大限度地发挥项目的经济和社会效益,减少社会资源浪费。三是注重科技创新。科技创新是事业发展的不竭动力,是公路管

养提质增效的重要法宝。加快推进数字公路项目建设，对管养公路的重点路段、桥梁、隧道安装监控系统，全面掌握公路基础设施运行状态，实现公路管理信息化、智能化。进一步整合、优化各养护所机械设备资源，通过统一调配公路养护机械、购置新型养护机械设备等，实现路面管养机械化。推广应用新技术、新工艺、新材料，把“节能环保”理念与公路管养相结合，依靠科技进步和技术创新，提升公路管养效率和水平。

3.更加重管理，实现法治公路新作为

在新常态下，全面推进依法治国和依法治市的重大决定，对依法履行公路行业管理和服务职能提出了更高要求，需要我们准确把握依法行政的要求，积极履行工作职责，不断推进法治公路建设。一是加强依法治路宣传工作。充分利用网站、微信等新媒体及宣传板、宣传手册等传统媒介，加大对《公路法》《公路安全保护条例》等法律法规的宣传力度，增强全社会爱路护路法治意识。二是加强路政执法队伍建设。大力开展职业道德教育和业务培训，提高路政执法人员的法治意识和服务意识，进一步规范执法队伍管理机制，提升队伍依法行政水平。三是加强路政执法工作。加大对公路巡查力度，及时发现和制止涉路违法行为，狠抓路域环境综合整治，争取以整洁美观的路容路貌迎国检，营造便捷高效的通行环境。

4.更加重廉政，实现清廉公路新作为

在新常态下，要坚持加快科学发展和廉政建设两手抓，使公路行业真正成为清廉行业。一是加强责任落实。把党风廉政建设纳入领导班子、领导干部考核管理，与重点工作一起部署、一起检查、一起考核，落实党员干部廉洁自律承诺制，不断增强拒腐防变能力。二是要加强制度约束。按照中央八项规定、《党政机关厉行节约反对浪费条例》、整治庸懒散奢等不良风气及省市相关规定，进一步加强对公务接待、公车管理、公务出差等的监督管理，强化内部审计监督，增强经费支出的透明度；加快推进廉政风险防控手册的编制工作，进一步加强廉政风险防控工作，继续开展各风险点的检查，并重点检查整改措施的落实情况。三是要加强作风建设。探索制订公路行业干部职工作风效能积分考核管理办法，强化作风建设量化考核。同时，畅通民情民意渠道，对群众反映的热点焦点问题，涉及群众利益的重点难点问题，深入开展纠风治理工作，牢固树立为民服务的宗旨意识，努力营造干净干事、公正干事、廉洁干事的清廉公路氛围，提升工作效能。

四、引领新常态，练就公路事业发展新本领

引领新常态，就是要能够把握大势，抓住大事，遵循规律，强化责任，狠抓落实。只有抓住了大事要事，突破了重点难点，才能抓住当前全市公路工作的“牛鼻子”。面对新常态，要想把公路事业推向更高的水平，我们必须保持战略上的平常心态，通过提高战略思维、辩证思维和创新思维能力，不断增强工作的前瞻性、统筹性和开拓性，概括起来就是“三个提高”和“三个增强”。

1.提高战略思维能力，增强工作前瞻性

古人云：“不谋万世者，不足谋一时；不谋全局者，不足谋一域。”战略思维能力，就是要观大势、谋大事、顾大局，把握工作主动权。结合全市公路建设管理实际，提高战略思维能力，就是要增强全局观念、树立前瞻意识，着眼全市路网规划布局现状，强化基层调研，广泛搜集民意，及时改造次差路段、提升干线公路等级，实现干线公路布局更加科学、合理，力争为沿

线镇区带来“货畅其流、人畅其行”的崭新变化,服务好全市经济社会的发展。

2.提高辩证思维能力,增强工作统筹性

今日中国大地,既浮现出新一轮改革浪潮的磅礴之势,也存在种种成长的烦恼、转型的阵痛。对领导干部来说,不论是透过现象看本质,还是纷繁复杂中抓关键,或者是顺势而为促改革,都需要学好辩证法、用好辩证法。唯其如此,习近平总书记才会要求领导干部提高辩证思维能力,即承认矛盾、分析矛盾、解决矛盾,善于抓住关键、找准重点、洞察事物发展规律。根据公路行业特点及发展形势,我们既要注重总体谋划,又要注重牵住推动公路事业科学发展的“牛鼻子”,奋力推进全市公路事业再上新台阶。

3.提高创新思维能力,增强工作开拓性

习近平总书记指出,“唯创新者进,唯创新者强,唯创新者胜”。中山市公路局要想实现“争创全省公路管理排头兵”的目标,就必须发扬攻坚克难的精神,大力推进创新工程。特别是,在公路管理信息化、养护机械化及新技术、新材料、新工艺、新设备的推广应用上,要努力实现公路管理信息化、养护现代化,推动公路事业又好又快发展。

五、结语

不积跬步,无以至千里;不积小流,无以成江海。公路事业的发展蓝图已逐渐清晰,公路行业的发展大势已日趋明朗,公路人积蓄的力量已蓄势待发。我们要顺应时代发展需要,继续发扬钉钉子精神,一锤接着一锤敲,一个问题一个问题解决,一项工作一项工作落实,力争以全新的发展理念和全面的思维能力,一刻不停歇地推动公路事业发展实现新跨越。

二等奖

浅谈“小卒子精神”公路服务品牌建设

孙益民

(江苏省无锡市公路管理站)

摘　要　“小卒子精神”是无锡市公路管理站近年来着力打造的自有公路服务品牌,是无锡公路养护管理文化建设的重要标杆之一,本文以“小卒子精神”公路服务品牌的建设为切入口,结合无锡市公路管理站工作实际,回顾了该品牌建设的过程及成效,深刻剖析了服务品牌创建过程中面临的若干问题,并针对性地提出了进一步深化品牌建设的解决之道,对公路管理机构服务品牌创建具有一定的指导意义。

关键词　小卒子精神　公路服务品牌　建设

一、引言

无锡市公路管理站隶属于无锡市公路管理处,成立于 1981 年,主要负责无锡市市区国省干线公路养护和路政管理、应急处置工作,管养公路 36.9 千米,桥梁 34 座。近年来,无锡市公路管理站牢固树立并贯彻“更好地为公众服务”的价值理念,坚持“畅通主导、服务需求、安全至上、创新引领”的方针,在积极推行精细化、机械化、信息化养护的同时,以石埠山胡埭养护工区为依托,构建和完善了以“小卒子精神”为核心理念与价值的服务品牌,力求打造公路特色文化,提升公路行业形象。

二、“小卒子精神”公路服务品牌建设过程

“小卒子精神”服务品牌最初由无锡市公路管理站下辖的石埠山胡埭养护工区部级劳动模范陈金山提出。经过多年的积淀,2011 年,“小卒子精神”正式被命名为无锡公路服务子品牌。

“小卒子精神”服务品牌的内涵十分明确:“守住平凡,默默奉献,为无锡公路安全畅通勇当铺路石;与时俱进,开拓前行,在公路事业的发展中甘为小卒子”。品牌创建伊始,无锡市公路管理站就成立了创建工作领导小组,制定并严格执行品牌创建实施方案,使品牌创建工作有组织、有计划、有措施,先后拍摄了专题宣传片《e 路畅行卒为先》,确定了品牌 logo 标志,制作了品牌服务手册。

2011 年 10 月,石埠山胡埭养护工区以“创养护管理信息化之先,争养护作业精细化之优”为目标,建成了江苏省第一家工区文化展示馆,将“文化养护”的文化建设理念化为现实。展示厅的主题为“e 路畅行,甘当小卒”,通过展板、实物、音频、视频等手段生动回顾了工区从八五期间到十二五期间的发展历程,展现了公路养护从人工养护到机械化、精细化、

科技化养护方式的跨越。同年,石埠山胡埭养护工区代表先后参加了全国养护工作会议和交通运输部“为民服务、创先争优模范道班模范养护工先进事迹报告会”,无锡市公路管理站的公路养护管理工作得到了社会各界充分的高度肯定,相继获得了“全国公路养护模范道班”和“全国工人先锋号”等荣誉称号。

近年来,无锡市公路管理站通过不断完善养护管理模式,创新养护管理手段等方式,努力在机械化养护、科技化养护、信息化管理、应急处置和文明创建等方面走在全国前列。在科技发展日新月异的当下,该站不断摸索使用养护新工艺、新技术、新设备,先后开发和推广稀浆封层技术、维特根路面冷再生工艺、英达热沥青再生技术,还尝试开发了公路太阳能发光标志,现已基本实现了路面养护保洁机械化率达100%,养护施工机械化作业率达90%。

三、“小卒子精神”公路服务品牌建设成效

随着服务品牌建设的进一步深入,无锡市公路管理站全体职工在劳模精神的引领下,发扬无私奉献、开拓创新的“小卒子精神”,将服务品牌真正融入日常的工作学习中去。该站管养道路清洁平整,环境优美,路容路况一直在无锡市养护系统中名列前茅,其中S230省道十八湾段更是成为无锡市生态旅游示范路。在完成日常养护任务的同时,还承担市区国省干线公路安全保障、应急处置及公路突发事件保障工作。近年来,处置应急突发事件150余起,有效保障干线公路安全畅通。通过品牌建设,全面提升了公路服务水平和能力。

“小卒子精神”服务品牌的创建提升了行业形象,得到了社会各界的好评。《人民日报》《新华日报》《无锡日报》等媒体刊载工区专题报道;无锡电视台走基层专栏对工区进行了实地采访,江苏电视台职工知音栏目为工区拍摄了专题纪录片《小卒子大作为》;中国公路网、江苏交通等网站也对工区的先进事迹进行了多次转载播报。

四、“小卒子精神”公路服务品牌建设过程中面临的问题

从管理的角度看,打造服务品牌不仅是给服务体系起个名字、做好服务本身,也是一项系统工程,必须紧密结合公路养护行业的特点。新的形势下,按照建设大型城市和打造高水平服务品牌的标准和要求,满足社会公众对公路出行多层次、全方位的服务需求是首要任务。联系无锡市公路管理站养护管理的工作实际,“小卒子精神”服务品牌的建设还存在着以下几个问题。

1.服务理念比较单一

服务理念是员工从事服务活动的主导思想意识,反映员工对服务活动的理性认识。只有将“小卒子精神”服务品牌的目标和群众出行的需求及期望有机结合起来,让群众满意,才会有持久的生命力。就目前养护工区运营管理工作来看,原先认为提供养护服务的仅为养护工人、技术人员,而服务重点在于提高养护作业的机械化、现代化水平,忽视了广大公路养护管理人员的服务参与性。

2.服务品牌定位略显模糊

在品牌创建之初,未通过走访和问卷调查等形式进行实际调查,因而不能对群众的需求

科学地做出分析和把握，在对群众出行的特点及其对服务需求的具体指向上并没有树立一个明确的、有别于竞争对手的、符合群众需要的形象，服务品牌的定位略显模糊。

五、“小卒子精神”公路服务品牌深化建设的若干对策

1.着力打造养护班组，完善服务体系

打造公路养护服务品牌不是哪一个部门、哪一个个人的事情，而是需要领导层战略决策、中层管理协调、基层落实执行的事情，需要全方位的全员服务体系来支撑。要把群众需求放在第一位，把养护业务视为一个整体，构筑服务链，实现组织结构扁平化、信息化。同时要形成后台服务一线、个人服务集体、部门服务全局、全员服务群众的工作氛围，以发挥服务的合力效应。

2.着力提高员工素质，激发工作热情

公路行业的一线通行服务具有无形性、不可分离性、品质差异性、不可储存性等特征，这就意味着提供服务的员工在服务过程中起着举足轻重的作用。他们的工作态度、服务技巧、服务水平直接影响群众感知服务质量的水平。要特别重视对员工的教育培训，不仅要培训员工的专业服务技能、沟通及解决问题的技能，更要进行行业文化、服务理念的培训，使员工能够全方位提高个人素质，通过保证工作质量，实现优质服务。同时要建立完善的激励体系，通过多种激励方法，调动员工的积极性。

3.着力改善服务质量，提高服务水平

服务品牌往往就是优质、稳定服务质量的标志，改善服务质量、提高服务水平是打造服务品牌的中心内容。公路服务品牌其实代表着一种高效率的服务模式，要从广大群众需求的角度深化对服务的认识，比如新的出行需求、人文需求、社交需求等，通过为社会提供“畅、洁、绿、美、安”的公路通行服务，打造人性化、精细化、智能化的服务品牌，提高顾客的满意度。

要规范服务流程，制定服务标准，重视业务培训，结合实际、注重实效，切实提高员工的综合素质。“小卒子精神”服务品牌是无锡公路养护事业的一个重要窗口与平台，时时刻刻对外展现公路形象，对相关从业人员的培训就要常抓不懈，通过从内到外的包装，未来要打造出一个阳光、尽责、贴心、专业的服务团队。对人员的培训既要有理论知识学习，更要侧重具体实践。培训的成果也要定期进行验收，以保证班组在进行具体业务时，保持管理严格、训练有素。在具体实践过程中，持续关注群众期望，提供特色服务，增加服务品牌的附加价值，提高服务品牌的认知度和忠诚度，履行好服务承诺，塑造诚信形象。

4.着力整合传播手段，加强宣传沟通

通过宣传，广大群众才会得到更多有关无锡公路的服务品牌信息，加深对“小卒子精神”服务品牌的认知程度，形成与品牌更加密切的关系。因此，我们要对特色服务进行总结、提炼、提升，科学利用各种大众媒体向社会宣传：一方面要突出重点，全方位宣传，如针对重要节假日、重点工作、重要活动进行重点报道；另一方面要关注盲点，多层次开展宣传，如开展公路养护服务先进典型的专题访谈、拍摄公路养护特色公益广告、推出公路示范路段等。

六、结语

总而言之,“小卒子精神”服务品牌要走一条社会认同之路,不是一蹴而就的,要分批、逐级,不能只做空中楼阁,要做到向下有支撑,向上有提升,只有具备了广大的群众基础,品牌的渗透力与生命力才会更强。目前看来,“小卒子精神”在省内、业内具有一定知名度,但不能仅仅满足于此,品牌宣传的愿景也要向着更高的目标迈进,让以“守住平凡,默默奉献”为核心价值的“小卒子精神”立足无锡,走向全国。

二等奖

基层公路职工教育现状分析及其对策

罗文俊[1]　谭　杰[2]　张宗凡[3]

(1.重庆市石柱土家族自治县交通委员会;2.重庆市石柱土家族自治县公路局;
3.重庆市石柱土家族自治县委党校)

摘　要　我国综合实力不断提高,基础设施逐年加大,公路事业蒸蒸日上,公路行业职工素质和能力的高低直接影响到公路事业发展。加强全国基层公路职工教育,建立一支会操作、精专业、懂管理的技能型人才队伍,走科技兴路、人才强路的战略,既是社会发展趋势,也是对基层公路职工的必然要求,只有这样,才能使公路的建、养、管水平不断提升,真正发挥公路建设的经济社会效益。所以,加强全国基层公路职工教育永远在路上,没有休止符。

关键词　公路职工　教育现状　对策

一、引言

当今社会发展快速,高素质高技能人才是党的事业的强大引擎,培养高素质高技能人才是党的事业发展的原动力。习近平同志指出:"教育决定着人类的今天,也决定着人类的未来。人类社会需要通过教育不断培养社会需要的人才,需要通过教育来传授已知、更新旧知、开掘新知、探索未知,从而使人们能够更好认识世界和改造世界、更好创造人类的美好未来。"这说明教育十分重要。全国各地公路职工要更新旧知、开掘新知、探索未知,要更好地认识世界和改造世界,要更好地建好路、护好路,要更好地为人民服好务。加强全国各地基层公路职工教育,提高公路职工综合素质和能力是一项永远值得研究的课题。

二、加强基层公路职工教育的重要性

加强全国基层公路职工教育,各地建立一支会操作、精专业、懂管理的技能型人才队伍,走科技兴路、人才强路的战略,既是社会发展的趋势,也是知识经济时代对公路职工的必然要求,只有这样,才能使公路的建、养、管水平不断提升,才能保证公路部门在激烈竞争中永远立于不败之地,真正发挥公路建设的经济社会效益。

1.加强基层公路职工教育是实现脱贫奔小康的关键环节

中国已向世界庄严承诺,到2020年实现全面脱贫。贫困的主要原因之一是交通不便问题。要实现精准脱贫奔小康的伟大任务,建设社会主义新农村,建设美丽中国,修好路、护好路是重要环节。人们常说"要致富,先修路""要致富,护好路",修好路、护好路解决了贫困的瓶颈问题。不言而喻,修好路、护好路的主要责任者是各地基层公路职工。加强全国基层公路职工教育,可以让他们充分认识到修好路、护好路对实现脱贫奔小康的重要性,从而增强各地基层公路职工的责任感、使命感、自豪感。故此,加强基层公路职工教育是实现脱贫奔小康的关键环节。

2.加强基层公路职工教育是改善民生问题的具体表现

党的十八大报告指出,加强社会建设,必须以保障和改善民生为重点。要多谋民生之利,多解民生之忧,解决好人民最关心、最直接、最现实的利益问题。出行方便与否是人民群众最关心、最直接、最现实的利益问题之一。人民群众的出行方便了,就为人民解了民忧,就为人民谋了民利,人民群众就满意就高兴。全国各地基层公路职工是解决人民群众的出行方便问题的直接因素。加强全国基层公路职工教育,提高他们的公仆意识、服务意识、大局意识,有效转变各地基层公路职工服务认识、服务态度、服务能力、服务行为不到位的现状。

3.加强基层公路职工教育是推进“五大发展理念”的具体实践

党的十八届五中全会提出的“创新、协调、绿色、开放、共享”的五大发展理念对我国的发展指明了新方向、提出了新要求。公路事业的兴旺与否,直接影响到各地旅游业、交通运输业、建筑业、服务业等的兴旺与否,对各行各业的发展都有巨大的协调作用。故此,加强基层公路职工教育,积极参加各项相关教育培训,提高公路职工的政治素质、职业技能,才能使公路的建、养、管水平不断提升,真正发挥公路建设的经济效益,促进经济社会快速发展,实质就是对创新发展、绿色发展、共享发展的有效推进。

总之,加强全国基层公路职工教育意义重大,加强全国基层公路职工教育永远在路上,没有休止符。

三、当前基层公路职工教育的现状

在当前改革新形势下,新要求、新技术、新工艺对公路职工队伍的整体素质提出了更高要求,因此加强全国公路职工教育培训十分重要。笔者通过调研,以重庆市石柱县公路职工教育情况为例,展开分析研究。

1.石柱县公路局职工及教育基本情况

石柱县公路局现有在册干部职工 82 人。从学历来看:硕士研究生学历 1 人,占比1.2%;大学学历 43 人,占比 52.5%;中专及高中学历 15 人,占比 18.3%;初中学历 22 人,占比 26.8%;小学学历 1 人,占比 1.2%。从职务、职称或工种来看:职员 20 人,占比 24.4%,其中七级职员 1 人,占比 1.2%,其余为八、九级职员 19 人,占比 23.2%;专技人员 12 人,占比 14.6%,其中工程师 3 人,占比 3.7%,助理工程师 9 人,占比 10.9%;工勤人员 50 人,占比 61.0%,其中技师 12 人,占比 14.6%,初级工至高级工 38 人,占比 46.4%。从所学专业来看:公路、交通管理专业 2 人,占比 2.4%,具有大专、本科学历的公路、交通相关专业的“科班”人员占比极低,且高学历偏少。从内部教育状况来看:局内每周三组织业务技能学习,每周五组织政治学习,并有较完整的学习考核配套制度作保障。从外出教育培训情况来看:2013 年,参训 83 人次,培训内容有桥梁养护、普通话培训等 12 项,培训时间最短 1 天,最长 8 天,教育培训经费 3.9 万元,人均 476 元;2014 年,参训 158 人次,培训内容有公路工程造价、生态公路建设等 17 项,培训时间最短 1 天,最长 5 天,教育培训经费 1.7 万元,人均 207 元;2015 年,参训 185 人次,培训内容有安全隐患排查、公路养护管理等 23 项,培训时间最短 1 天,最长 4 天,教育培训经费 2.4 万元,人均 293 元。

2.石柱县公路局职工教育的现状分析

从以上情况和笔者根据多方面调研了解得知，近几年，石柱县公路局高度重视本局职工的教育工作，在政治思想、职业技能和安全教育等多方面取得了显著成绩，促进了石柱的经济社会快速发展；但在受教者、施教者等方面存在一些不良现象有待改正和提高，具体表现在以下“四不”。

一是重视不够，认识不到位。受教对象方面：少数受教者，有的因年龄较大，没精力接受教育培训；有的因事务繁忙，没时间接受教育培训；有的因学历不高，不愿意接受教育培训；有的因薪水较低，不安心接受教育培训……多种原因造成工作不安心，不热爱本职工作。施教对象方面：有少数施教者，说起来重要，做起来次要，忙起来不要；有少数施教者重完成指标和任务，轻教育内容和质量；有少数施教者重形式过场，轻过程管理和创新。但因为公路工作重要性，受教者要通过自身学习教育，施教者要通过科学施教，转变部分公路职工工作态度和工作方法，让他们爱岗敬业。

二是经费不足，使用不均衡。近三年，石柱县公路职工的教育培训经费不够充足，只有325 元/人/年，而到重庆市区接受教育培训，每人每天的费用在 500 元以上，年人均经费不足一天的教育培训经费。且教育培训经费使用不均衡，有少数职工没有或者只享受到极少的教育培训经费和机会，造成“懂的人没兴趣，不懂的人没机会”。

三是形式不灵活，内容不全面。有的教育培训内容缺乏时效性和系统性，有的没有站在学员角度换位思考；在培训方式上，多数是短训班、以会代训的方式，短则一天，长则三至五天，最长的也只有八天，培训方式缺乏多样性、灵活性，形式较为单一，并且多以模式化教育为主；有的重理论轻操作，交流互动不够，“讲由我讲，听由他听”比较常见，在方法上创新不够，限制了员工的求异思维、发散思维，难以调动学员的积极性，培训效果与培训目的相距较大；有的教育培训的内容针对性不强，对受训者未细分层次、分类型，层次较高的吃不饱，层次较低的消化不了。

四是效果不显著，考核不全面。有的教育培训，只开展了形式，实施了过程，忽略了效果，回访跟踪和考核做得不实，难以激发员工的兴趣，削弱了教育培训工作效果。

四、基层公路职工教育的对策

石柱县公路职工教育存在对公路电路维护、公路绿化、公路排污等专业技能教育培训机会不多、经费不足等问题，对全市、全国来说只是一个点，但点上的问题有时就是全国面上的问题。要搞好全国基层公路职工教育问题，笔者提出以下建议，认真做好“五到位”。

1.认识要到位

思想是行动的先导，思想决定思路，思路决定出路。当前，全国各地基层公路职工因受教育程度、年龄不同等许多实际情况，思想状况不尽相同。但都要充分认识到如果基层公路部门没有管养好公路、没有履行好安全保畅职责，就会失去民心、失去社会影响力。要改变落后意识，转变陈旧观念。要做到观念认识到位，应树立两大理念：一是以人为本，各地施教机构要充分了解本地基层公路职工缺什么、渴望参加多长时间及什么类型的培训、需要提高哪方面的技能，充分做好培训需求调研，使传授新知识与新技能有效结合，遵循规律，以知识需求为第一，以综合素质提高为目标，以公路职工的满意为需求，实现从“要我学”到“我要学”的转变,形成愿学、真学的浓厚氛围,不断提升综合能力,推动公路工作发展,提高生产力水平;二是终身学习、让受教对象理解“问渠哪来清如许?为有源头活水来”的深刻内涵及终身学习的重要性,要活到老学到老。在知识化、信息化时代,知识更新较快,各地基层公路员工要了解新情况、解决问题,关键要加强学习教育,充分认识学习的永恒性。树立大局意识、责任意识、忧患意识,以“五大发展理念”指导日常工作。

2.经费投入要到位

经费投入到位是加强全国各地基层公路职工教育培训的根本保障,怎样才算到位?首先是要制定标准财政投入。全国各省市要根据实际,认真调研,制定基层公路职工教育培训经费标准,如重庆市的标准可在500~600元/人/年。年初将公路职工教育培训经费列入预算,专款专用,优先保证教育培训专项经费的落实,确保培训经费足额、及时到位。其次是部门自筹要广开渠道。各地各部门要千方百计筹集补充基层公路职工教育经费。要重视职教师资、职工学有所成等投入,运用经济杠杆,形成老师认真教、职工乐意学的良好局面。三是加强自学鼓励成才。加强自身政治业务技能自学,也是实现基层公路职工教育经费投入的重要渠道。

3.时间机会要到位

基层公路职工教育存在对生态公路建设、公路排污等专业技能教育培训时间不足等问题。由于基层公路职工工作繁杂,部分职工“一岗双责”或“一岗多责”,有一个萝卜一个坑或一个萝卜几个坑的现象,存在“人离不开岗,岗离不开人”的问题,一些针对职工的培训班往往因为定向培训的职工工作忙,难以脱岗而无法实现预期目标。故此,要合理规划、精心安排、科学调配,加强网络平台建设,实施远程视频教育培训,让资源信息共享,有效实现“互联网+”各地基层公路职工教育培训,让各地基层公路职工有更多的专业技能教育培训时间和机会,解决好工学矛盾问题。

4.内容形式要到位

要充分运用马克思主义理论联系实际的理论,根据不同需要、技能水平等实际情况,创新教育培训内容,丰富教育培训形式。

一是教育培训内容方面。做到业务知识教育和综合素质教育相结合。组织基层公路职工分批次、较系统地开展政治思想、业务技能和安全防范等教育,要以“创新、协调、绿色、开放、共享”的发展理念为指导,开设马路边上的课堂,创新设置生态公路建设等多方面专业技能的教育内容,杜绝“会议室”现象,防止以简单的会议内容代替具体翔实的培训内容。

二是教育培训形式方面。一要有效结合集中式培训和开放式培训。单一的课堂讲授式培训,职工厌倦,效果较差。因此,要创新教学方式方法,灵活采用双边互动式、案例式、会诊式、观摩式、头脑风暴法和结构研讨化教学,增强教育培训的实效性、趣味性。充分利用示范基地教学、道班基地教学,广泛开展业务知识和养护技能竞赛,有效促进实际操作能力的提高。二要有效结合分层培训和分类培训。一方面,按照管理层级和知识层次的不同,对培训对象进行分层,按照需求安排不同的教育培训项目,如针对一般职工工作需要,认真组织基础知识培训培训;针对领导干部,则重点培训管理学方面的知识;针对基础薄弱的人员,重点进行基础和实作的教育培训;对中等水平的重点进行提高型知识教育培训;而对高层次人员则重点进行应用型知识培训。另一方面,根据各岗位员工的不同特点和需求,对症下药,有针对性地实施培训。

5.效果考核要到位

有的教育培训,忽视了教育培训的实际效果和结果考核,缺乏硬性约束,学好学坏一个样,这在一定程度上影响职工学习的自觉性和主动性。效果考核要做好以下“四个机制”。

一是健全教育培训考核机制。建立基层公路员工教育培训档案,包括各类考试、论文成绩、心得体会等相关材料,作为评估培训效果的依据;推行以考促学,验证培训效果,并将考试成绩与绩效考核挂钩,奖优罚劣。

二是加强教育培训管理机制。对教育培训机构实行招投标,严格执行项目制管理,培训机构要建立过硬的教育培训队伍,加强师资队伍管理,按照“统一领导,分级管理”的原则,抓好本级培训,加强对下督导。必须把教育培训工作落实情况纳入目标管理考核。通过发放学员问卷、交流等推动教学双方有效管理。通过送达学员培训期间百分制成绩评定、寄送优秀学员贺信,达到施教机构和参训机构双向反馈,实施有效考核管理。

三是完善教育培训激励机制。要奖惩分明,对学用效果较好的优秀职工给予一定鼓励,同时将其学习档案和工作绩效作为上岗、晋升、奖惩、评优评先及工资福利的一项重要标准,变“要我学”为“我要学”。

四是做好教育培训引导机制。第一,做好典型引导,领导班子要起“带头作用”;第二,做好思想引导,要认清形势和任务;第三,做好岗位引导,推行轮岗工作,实现人尽其才,才尽其用。

五、结语

通过做好“五到位”,在全国各地形成理念先进、方案科学、运作规范、机构优秀的基层公路职工教育培训系统工程,实实在在服务于全国基层公路职工教育培训,才是贯彻落实习总书记视察重庆讲话精神、践行五大发展理念的重要举措。在当前改革新形势下,各地基层公路职工要通过扎实持续的教育培训,不断提升综合素质,造就培养人才型的团队组织,逐步形成并保持公路员工自身的人才优势和持续发展的内在动力,大力增强竞争应变能力、创新发展能力和应对危机能力,搞好本职工作,建好路,管好路,以绿色发展、科学发展之理念,建好美好家园,为全面建成小康社会做出应有贡献。

二等奖

新常态下公路行业职工“菜单式”培训模式探索与实践

韦继勇

(安徽省公路工程技工学校)

摘　要　公路事业发展面临大改革、大发展的新形势,公路职工在岗培训模式要契合新常态,推陈出新。本文对“菜单式”培训模式进行了探索,并结合了作者单位的实践做出初探。

关键词　新常态　“菜单式”培训　探索与实践

一、引言

时代在发展,社会在进步,知识的更新日新月异,学习已不是一劳永逸的事,这已成为大众的共识,同样任何一个行业的发展也离不开职工素质的提高。如何提高职工的素质,对不同岗位、不同工种的职工进行差异化培训,以达到预期的效果,已成为教育、培训工作管理人员当下积极思考及解决的问题。

二、公路系统职工教育培训重要性及必要性

公路行业要创新发展,必须加强观念创新、机制创新及科技创新。我们所面对的世界是动态的,社会环境在不断变化,各项法律法规不断建立健全,我们工作的执法依据等也在不断地更新完善;同时,大批新型的机械设备、科技治超设备及各类管理平台的应用使得我们只有不断更新知识才能跟上社会和科技的发展。通过培训可以提高职工技能,使其适应岗位要求,可以丰富职工的专业知识,增强业务能力,有利于职工潜能的发挥,从而提高工作效率,推动行业发展。

三、公路系统职工教育培训现状

教育培训是以较少投入获得较大产出来提高队伍素质的有效方法,是单位追求快速发展的重要手段。但公路系统等事业单位的教育培训工作却一直存在问题。近些年来,各地公路部门虽然招收了部分本、专科院校专业的技术人才,充实到系统中,但由于多数单位人员年龄结构老化,专业结构不合理,且缺乏合理有效的培训长效机制,面对新形势,专业和科技知识不足,无疑不能适应当前快速发展的需要。公路系统职工教育充满艰巨性和紧迫感。

四、开展公路系统职工教育培训原因分析

公路系统职工教育培训开展的原因究其根本无非为三类:

①新上岗及转岗人员的岗前培训。作为即将走上新岗位的此类培训主要解决的是系统性问题,即做什么如何做的问题。

②随着新技术、新设备的应用以及老设备的升级改造或更新换代,职工原有的技术技能已不能满足岗位的需求,需要通过培训,不断地增强及提高技能。

③随着依法治国的不断深化,国家及地方出台或调整新的政策法规,需要更新知识。

五、新常态下创新"菜单式"培训模式

1."菜单式"培训模式

"菜单式"培训模式是指是将所有的培训项目(菜单)列出清单,按照一定原则进行组合,形成若干菜单。最终由培训单位根据需要来选定菜单。

2."菜单式"培训模式思路

"菜单式"培训模式在于最初根据培训目的进行核心课程设计,一个成功的设计应包括理论和实践课程设计,同时符合现实需要。这要求培训双方充分沟通和协商。针对不同人员的年龄结构、工作时间、培训目的等制订出不同的培训菜单。

3."菜单式"培训模式实践探索

安徽省公路职工培训中心在省局大力支持下,主要承担面向全省对在职职工进行的短期培训,在培训实践中逐渐摸索一套有效方法,通过不断总结不断挖掘培训资源,创新适合新常态下培训管理模式,在全省公路培训应用过程取得良好效果。根据培训实例应用,对安徽省部分培训安排过程作出规划。

①安徽省省局养护技术人员培训

在培训计划确定后,与安徽省省局主办处室积极联系沟通,确定培训对象及培训要求。根据所掌握的信息制订出包含理论及实践操作的培训计划,计划获得首肯后,再根据计划提供相应的课程菜单及授课教师菜单,安排如表 1 所示。

课程菜单及授课教师 表 1

课 程 名 称	时　　间	授　课　人
温拌沥青混合料技术	半天	
英达就地热再生技术、设备介绍及经典案例分析	半天	
胶粉沥青应用技术	半天	
公路桥梁常见病害维修加固技术	半天	
如何做好桥梁养护工程师	半天	
现场参观及答疑	半天	

因为此次培训中涉及一些新技术的应用,在确定课程及授课教师以后,通过授课教师联系了采用新技术的实地场地,组织了现场参观及答疑,增强了培训的效果。

②铜陵公路局大桥治超站新上岗职工培训

在获悉该培训任务后,针对人员为转岗、新上岗人员这一特点,在给出的菜单中就包括理论及实操两类计划,理论课程如表 2 所示。

转岗、新上岗人员课程安排　　表2

课程名称	时间	授课人
《中华人民共和国行政强制法》案例讲解	半天	
《安徽省治超货物运输车辆超限超载责任追究办法》及案例	2小时	
治超站规范化管理及实务	半天	
《公路安全保护条例》及案例讲解	2小时	
治超信息化管理及公开运行系统操作	半天	
公路文化建设研究与实践	2小时	
突发事件处置及媒体应对	2小时	
超限治理法规讲解及法律的自由量裁	半天	
《中华人民共和国行政处罚法》案例讲解	半天	
执法文书制作及案例	半天	

针对他们将身为执法人员的特点,设定提供的实操菜单如表3所示。

转岗、新上岗人员实操课程安排　　表3

课程名称	时间	授课人
步法与队列	4×2小时	
交通指挥手势	2×2小时	
标准敬礼	1小时	
内务整理与检查	7×2小时	
晨操、小夜训	7×1小时	
治超站考察	半天	

培训过程中,由培训教师及培训管理人员,根据军训操课出勤及表现以及内务检查情况分别给定成绩,并结合最后的培训考试给予总成绩。这样既使其掌握了专业知识,又为其提出了执法人员的形象要求。

③合肥公路局路政和治超人员轮训

合肥公路局的培训为轮训,每年都要举办,在与他们沟通交流后,除强化自身所需知识内容外,拓展添加了相关知识,提供的菜单如表4所示。

路政和治超人员培训安排　　表4

课程名称	时间	授课人
公路行政执法规范及廉政风险防控	半天	
《涉路工程安全评价规范》(DB34/T 2395—2015)及《公路养护安全作业规程(JTG H30—2015)》讲解	半天	
“以案说法”评析公路养护管理问题及对策	半天	
交通运输行政执法公开运行系统实操	2小时	
《安徽省交通运输行政处罚自由裁量权实施办法》(修订)及“公路超限运输处罚新标准”解读	半天	

续上表

课程名称	时　间	授课人
路政管理工作问题及现场答疑	2 小时	
治超现场执法技巧及典型案例评析	半天	
队列训练操课及交通指挥手势	半天	

使得参训人员在强化自身岗位知识的同时掌握了公路其他相关的知识。除此以外,我们计划在以后的轮训中增加一些“协作性”的室外拓展项目,以增强团队间的团结协作。

随着公路“费改税”改革的尘埃落定及公路管理模式的改变,原有的由上级主管部门根据计划对关键岗位、关键工种举办培训班的模式,无论是在培训广度,还是在培训深度上都不能满足现有培训工作的要求。针对不同单位,不同工种都要有适合他们的不同培训方案。

菜单式培训就是一个很好的解决此类问题的方案。精挑细选,科学制订“菜单”。根据不同的受训人员以及受训时间点的不同制订出不同的菜单。照单点菜,多途径培训。菜单设定好后,根据培训内容,设定不同的培训手段及方法。理论方面积极邀请上级领导、相关专家及本行业知名专业技术人员进行理论讲解与交流;同时对一些重点科目,积极组织参训人员到先进单位进行业务考察学习,并与他们开展交流与探讨。强化考核,深化培训效果。为了检验培训效果,培训结束后开展考核工作,对全体参训人员进行考试。同时,结合出勤、实训、考试情况给予培训总评。对于培训合格的人员,由培训单位出具培训合格证书。

六、结语

新常态下创新“菜单式”培训模式,是对公路系统改革在安徽省深入推进的探索,应用过程中得到安徽省厅局及市公路系统高度赞誉,解决省局和各个地市公路局培训安排形式性、随意性等问题,使培训效果有了质的飞跃。随着国家对公路系统改革的深入和依法治国的要求,对培训质量要求越来高,上述模式只是初探,必须在实践中不断改进和完善。

参考文献

[1] 卢霄.深化职工教育培训工作,适应当前公路事业发展[J].中国科教创新导刊,2010(28):147.

[2] 周玉珍.公路职工教育现状分析及其对策[J].管理观察,2010(12):233-234.

[3] 李旭,陈兆振.浅谈新形势下加强职工教育的重要意义[J].山东煤炭科技,2004(5):20-21.

[4] 王晓莹,陈桂玲.浅谈公路职工教育现状及对策[J].建筑科技与管理,2010(4).

二等奖

对加强新时期公路人才队伍建设的思考

梁国亮

(广东省珠海市西部地区公路管理处)

摘　要　人才资源已成为公路行业发展最重要的战略资源,公路事业要想在未来的竞争中抢占制高点、赢得主动权、实现又好又快发展,就必须充分发挥生产要素中最活跃、最主动的人力资源因素的作用,进一步深化公路部门的人力资源管理,建立适应符合公路行业改革发展的人力资源开发机制,才能为珠海公路事业的长远发展提供生生不息的原动力。

关键词　人才资源　人才队伍　新时期　新方向

一、引言

十八大提出要"开创人人皆可成才,人人尽展其才的生动局面",就是坚决贯彻实施人才强业战略,把使用人才、培养人才、吸引人才作为人才管理工作的重点,为行业的长远发展提供有力的人才支持。中共中央办公厅印发了《2010—2020年深化干部人事制度改革规划纲要》,对努力造就一流科学家和科技领军人才,注重培养一线的创新人才提出要求。

在新的历史条件下,如何面对新挑战、适应新常态,重视和加强人才队伍建设是公路部门当前面临的一项重要课题。笔者试对珠海市公路系统人才队伍建设的现状进行分析,并对今后加强人才队伍建设进行了深刻的思考。

二、充分认识加强公路人力资源管理,提高公路人才队伍素质对公路事业改革发展的推动作用

人才作为先进生产力和先进文化的重要创造者和传播者,是生产要素中最活跃最重要的因素。在科学技术成为经济社会发展决定性因素的今天,人才资源已经上升为重要的战略资源,人才已经成为推动经济社会发展的动力和源泉。同样,公路事业要发展进步,人才因素是个关键因素。如果没有必需的人才资源保障,公路事业将是无本之木、无源之水。要实现公路事业全面、协调、可持续发展,适应珠海市"大交通"改革及新一轮财政管理体制改革的发展趋势,实现"代表政府行使珠海市公路行政管理职能,履行干线公共道路建设及干线公路、大型桥隧管理职责"的长期目标,就需要建设一支专业型、技术型、创新型的人才队伍。随着公路体制改革逐渐深入,旧的人事管理模式已经不能适应公路发展的需要,在公路事业发展变革过程中,加强人力资源管理举足轻重。

1.加强公路人力资源管理,有利于增强行业竞争力

当今世界行业的竞争,说到底就是人力资源的竞争,公路行业要不断发展壮大,必须加

强人力资源管理，提高公路人才队伍素质。通过运用现代人力资源管理手段对各种类型和各种层次人员进行合理配置并不断提高其素质，最大限度发挥人的潜能，使行业的发展与实现个人价值联结起来，使干部职工自觉投入到公路的改革与发展中，公路行业才能在激烈的市场竞争和社会定位中掌握主动权、立于不败之地。

2.加强公路人力资源管理，有利于培养和造就一支技术过硬的公路人才队伍

随着珠海公路事业和公路建设工作的不断推进，公路等级不断提高和先进技术、先进养护机械不断推出，很多养护工老经验用不上，新的设备不会使用，已严重制约着公路事业的发展。通过加强人力资源管理，重视职工的教育培训，培育一支数量充足、结构合理、素质优良、勇于创新的优秀职工队伍，为公路事业发展提供智力支持和人才保障。

3.加强公路人力资源管理，有利于增强行业的凝聚力、向心力

公路行业由于长期受计划经济的影响，造成原有公路人员普遍思想观念陈旧、思想缺乏活力、忧患意识淡薄、管理方法粗放、学习积极性不高、办事效率低下、吃大锅饭等种种现象，严重阻碍了公路行业改革发展的步伐。通过加强人力资源管理，可以在单位内部建立起合理的人才激励和考核机制，营造健康向上的公路文化，增强职工对公路的认同感和自豪感，从而与公路同呼吸共命运，自觉为公路事业的改革发展出谋献策。

三、当前我局公路人才队伍现状和面临的问题及成因

珠海公路事业经过多年的发展积累，现有的人才队伍得到了发展壮大，基本上能满足珠海公路事业和公路建设工作的需要。尤其是近年来，珠海市公路局主动顺应形势、乘势而为、与时俱进，先后经历公路投融资建设体制、养路费改税、交通综合执法等重大改革，现成为全省唯一一个既管养高速公路、又负责市政道路建设的地级市公路局，初步实现了对公共道路的一体化管理。目前，珠海市公路局架构为“一局两处两中心”，事业人员编制为 170 人，其中机关、管理处参公管理人员编制 118 人，占总数的 69.4%；两个养护中心事业人员编制 52 人，占总数的 30.6%。机关参公人员大专以上学历为 100%，养护中心人员大专以上学历为 35%。与十年前相比，公路行业人才总量不足、层次偏低、结构失衡的现象已经得到了明显的改变，一大批优秀的中青年人才已成为建设、管理、生产的主力。但是我们也要看到，珠海市公路事业已进入快速发展的快车道，2016 年我局公路建设项目 67 个，常年在建项目 20 多个，管养公路里程 383 千米(包括两条市属高速公路 53 千米)，承担全市 110 座大桥、特大桥、隧道的管养。随着珠海市公路局管理市政道路事权增加，管理高等级公路、大桥增多，对科技与管理人才的素质要求不断提升，因此从公路事业发展的大局和长远来看，现有人才队伍的总量、结构和素质还未能适应时代发展的需要，特别是高素质、高层次、复合型的管理型人才和专业技术型人才仍欠缺，无论是现有人才的总量、层次、能力，还是作用的发挥都存在一定差距，不能完全适应公路交通快速发展的需要，公路人力资源开发仍然存在一些亟待解决的问题。

1.高层次复合型人才数量偏少

珠海市公路局复合型人才数量偏少，高层次人才严重短缺，全局没有较高知名度和较大影响力的高级专家，这与公路事业的大发展及其所处的地位极不相称。由于许多职工长期从事单一岗位，且学习方向单一，造成目前单技能、简单操作应用型人才多，能够在公路管理

方面有新思路、创造性、先导性的人才较少的状况。

2.人才素质与公路发展不适应

珠海市公路局养护中心中专以上学历占52.4%,高中以下学历占47.6%,专业技术人员的高、中、初结构比例为0:3:4。从专业技术结构上看,初级层次人才居多,高中级人才不到总数的6%,科技带头人缺乏。同时,参公队伍本科以上学历人才中的绝大部分是通过自学、函授、电大等形式取得的第二学历,由于受诸多主客观因素制约,知识老化,信息闭塞,疏于培训,工作上大都依赖于过去的书本知识和所积累的经验,难以应对日新月异的新技术及公路事业的快速发展,主要体现在:市政道路建设、交通设施项目等发展快的领域专业技术人才明显不足;公路建设、法律等领域人才的总量和素质仍然不能满足需要;技能型人才、公路养护、路政管理等人才供需缺口很大。

3.人才资源结构不合理

从年龄结构上看,珠海市公路局公路人才队伍出现中间断档和年龄老化,将在3~8年退休的偏多,年轻人很少。人才资源分布不均衡,市局和直属单位之间人才不平衡,基层单位(养护中心)重点岗位人才严重匮乏。从业人员的年龄结构、学历层次和整体素质仍然偏低,如西部管理处路政执法岗位人员素质参差不齐,年龄结构偏大,队伍更新速度过慢,人员老化趋势明显。现西部管理处机关人员平均年龄46岁,地方养护中心人员平均年龄48岁,人员老龄化在一定程度上制约了公路事业的顺利发展。

客观来说,造成珠海市公路局人才队伍素质不高的原因是多方面的,既有历史方面的原因,也有传统体制和政策方面的原因,主要表现在以下几方面:

一是用人机制的单一化、"世袭化"。盲目采用这样的"接班制度",既无科学规范的录用规则,又不符合优胜劣汰的选拔标准。通过内部安置进入公路部门的"世袭子女",很多在学历和文化层次方面都难达要求,强烈的优越感削弱了一部分人的竞争意识、责任心和使命感,造成职工整体素质参差不齐,难以提高,这在一定程度上扼杀了公路行业内部的生机与活力。

二是人才观念、竞争意识较为淡薄。一是对公路人才队伍建设工作还没有足够的重视。有领导认为,公路建设和养护是主业、硬指标,不抓不行,而人才队伍建设周期长,是软道理,无指标,可抓可不抓。二是对公路人才的作用和人才队伍建设的战略意义认识不足。有领导认为公路行业工作不是高科技研究,而是常规性业务工作,本科生能干,专科生能干,中专生也能干,并且本科生不一定干得比中专生好,没有必要下大力气抓人才工作。

三是人才待遇低造成流失。其主要原因是公路建设任务繁重,公路人才的工作条件和环境十分艰苦,然而各种福利待遇与社会上其他系统、行业相比,工资待遇无优势,又无其他津贴和补助,难以调动其公路人才队伍的积极性和主动性,年龄大的愿意休息,年轻的愿意出去干,造成一些公路人才受社会的影响外出流失。尤其是劳务派遣工,流动性非常大,队伍不稳定。

四、做好公路行业人才队伍建设的建议

"十三五"时期公路人才工作的总体思路应该是以高层次、高技能和紧缺型的创新型人才培养为重点,加强公路人才资源开发与管理的机制保障体系,建立健全培训、考核、激励机

制。要经过五年的努力,使人才队伍结构得到明显改善,人才队伍素质得到明显提高,人才资源分布得到合理调整,人才紧缺状况得到明显缓解。面对公路事业改革发展的新形势,对如何构建公路人才队伍,提出以下几点建议:

1.加强人才引进工作,广拓用人渠道是关键

新陈代谢是事物发展不可抗拒的规律,只有通过新陈代谢,不断消除旧的陈规陋习,才能使事物的发展充满生机与活力。公路部门作为公益一类事业单位,必将参与激烈的社会和市场竞争,这就要求我们必须拥有一支高素质的职工队伍。要建立一支高素质的职工队伍就应遵循事物的自然法则,不拘一格网罗人才,建立科学规范的用人新机制,加强人才引进工作,实现人才交流调动良性循环、合理流动。公路部门应根据事业发展需要,每年有组织、有计划、有针对性地公开选拔和招聘若干适合公路行业特点的优秀专业人才,摒弃亲内排外、"近亲繁殖"的用人机制,把选拔招聘机制全方位引入公路行业,实行对外公开招考、公开选调、商调、劳务派遣等方式择优录用,坚持人才双向互动交流机制,并充分重视新进人才的新观念、新知识、新思维,为公路行业注入活力,增强单位实力和社会竞争力。

2.加强人才队伍建设,重视职工教育培训

在人才工作中,不但要抓好人才引进,更重要的是要抓好人才队伍的培养、教育和应用,只有做到引进与培养应用并重,才能最大限度地发挥出人才资源的积极作用。一是要按照公平、平等、竞争、择优的原则,加强党政人才队伍建设,重点是创新党政人才的培训机制,进一步增强培训的整体性、系统性和实效性,提高党政人才的理论素质、战略思维和工作能力。二是按照"缺什么、补什么"原则和可持续发展的理念,积极开展公路专业科技创新,在创新实践中加强专业技术人才队伍建设,注重人才资源结构优化,即党政人才、管理人才和专业技术人才的分布要合理,比例要协调,使公路各项主业工作能够自觉服务社会经济建设。三是积极开展重点岗位培训,满足公路发展需要。在改善各专业不同年龄层次结构的同时,着力把培养具有现代科技知识和公路管理专业技术人才作为整个培养的重点,特别是市政公路工程专业技术人员,要强化培养管理措施,并有意识地安排到一线进行锻炼,更好地促进人才成长。

3.充分利用全社会的教育资源,打造公路教育的大平台

加快建立充分利用行业内外优质教育与培训资源的公路人才培养体系,在今后五年,各类公路专门人才要继续增加总量、提高质量,进一步提高行业从业人员的整体素质,依靠全社会的优质教育与培训资源,打破传统的部门界限和行业界限。随着公路发展进入新的阶段,公路发展在工程建设、路政管理等各个领域所面临的任务和要求也在不断变化,人才培养部门要转变思路、因变而变。公路行业还需更多的公共专业人才,如市政类、工程类、法律类、信息类等专业人才。因此,公路行业人才队伍建设必须依靠更多的院校来提供资源保障。其中,关键是要在公路行业与各类院校之间建立起一种开放的、有效的合作机制,通过沟通与协作,保障人才的充分和有效供给。

4.优化人才发展环境,建立人才激励和考核机制

一是加快人才工作建章立制,维护人才的合法权益。有计划、有步骤地组织职业技能竞赛、专业技术交流和职工技术创新等活动,形成学技术、赛技能、比贡献的良好风气,以促进高技能人才成长。同时,定期召开人才思想座谈会,了解他们的思想动态,关注其生活、工作

中遇到的难题,优化成才环境,增强凝聚力。二是健全绩效考核机制,全面推行岗位管理制度,按事定岗、按能力上岗、按业绩定奖惩、按考核定人员去留,促进固定用人向合同用人、由身份管理向岗位管理的转变。三是形成有效的激励机制,在干部使用、职称晋升、奖金福利等方面为人才提供方便,要把精神激励、事业激励与分配激励相结合,提高人才的待遇,为公路事业的发展吸引更多的人才。

五、结语

“人才兴则事业兴,队伍强则工作强”。实践证明,拥有人才便是抢占了先机,坚持聚天下英才而用之,大兴识才爱才用才敬才之风,汇聚人才工作强大合力,开创人才工作新局面,才能不断推动人才事业蓬勃发展,才能不断适应公路事业改革发展。“问渠那得清如许,为有源头活水来”,珠海公路在紧紧围绕建设区域交通枢纽城市任务,以公共道路建设为重点,着力推进公路养护和路域环境,全力打造内畅外联的交通基础设施,助推社会经济发展的过程中,关键在于培养造就一支信念坚定、敢于担当、踏实做事的人才队伍,建立健全人才培训、考核、激励机制,为推进珠海公路事业大发展提供有力的组织保障。

二等奖

浅议交通运输综合执法体制改革对公路行业的影响及对策

姚　俊

(安徽省芜湖市公路局)

摘　要　本文阐述了在新的形势下,为适应交通运输综合执法体制改革,确保公路事业持续、快速、健康发展,更好地服务经济建设和满足人们出行需要,必须积极探索交通运输综合执法体制改革对公路行业的影响并提出合理且切实可行的应对之策。

关键词　综合执法体制改革　公路行业　影响对策

一、引言

在全面深入贯彻落实党的十八大及其系列全会精神新形势下,近年来,交通运输行业发展突飞猛进,叫停多头执法,行政许可权与行政监督处罚权分开的消息常见于报端,《国务院关于进一步推进相对集中行政处罚权工作的决定》(国发〔2002〕17 号)、《国务院办公厅转发中央编办关于清理整顿行政执法队伍实行综合行政执法试点工作意见的通知》(国办发〔2002〕56 号)都对深化行政管理体制改革,解决多头执法问题提出了明确要求,而安徽省交通运输综合执法体制改革(以下简称综合执法体制改革)议题也日益提上议事日程,改革势在必行,届时综合执法体制改革对公路行业的影响也将伴随而来,这需要我们认真面对,并提出合理且切实可行的应对之策,以确保公路事业持续、快速、健康的发展,更好地服务于经济建设和满足于人们出行的需要。

二、公路管理职责的沿革及其现状

公路管理行业是管理公路的责任主体,2008 年 12 月 31 日之前,公路管理部门主要职责负责国省道干线公路的建设(新建、改建、扩建、重建)、养护、路政管理(行政许可、路产路权的维护、超限超载治理)和征稽(养路费征收和车辆通行费收费)四项工作。根据国务院《关于实施成品油价格和税费改革的通知》(国发〔2008〕37 号)精神,自 2009 年 1 月 1 日起,公路部门相继取消公路养路费征收和政府还贷二级公路车辆通行费收费后,随之而来的是公路征稽职责退出历史舞台,同时,国省道干线公路的建设也由原公路行业筹资建设向由政府主导的公路建设投融资新机制转型。经此改革,除部分地市公路部门继续代表政府承担国省道干线公路重点工程建设外,多数公路部门只承担公路养护和路政管理两项职能,由此引发的是公路管理部门职能缩水、人员超编、人心波动和队伍不稳等诸多负面影响。

三、综合执法体制改革可能的趋势

综合执法体制改革因涉及面较广,近年来推进步伐相对较慢,但交通运输系统大规模的建设与发展已将综合执法体制改革推向前沿。所以说,推进综合执法体制改革,是适应新形势、落实科学发展观的重要体现,是改革和改进现有的交通运输行政执法工作的需要,是不以人意志为转移的客观趋势,因此,我们要敢于直面改革。

积极预测综合执法体制改革模式,有助于今后的工作,笔者认为,改革内容不外乎按照行政许可职责与监督处罚职责相对分开和"权责一致、分级管理",整合公路路政、道路运政、港航海事等方面的行政监督处罚职责,并交由新组建的同级综合行政执法机构负责。

①公路、道路运输、港航海事等管理部门仍承担行政许可职责。

②成立芜湖市交通运输综合执法局,负责指导全市交通运输综合执法工作,承担行政监督处罚职责;市交通运输综合执法局下设路政执法大队、道路运输执法大队、水路运输执法大队和超限超载检测站;执法大队下设若干中队。人员由市公路、道路运输、港航海事等行政执法机构成建制划转。

③成立县交通运输综合执法局,负责指导全县交通运输综合执法工作,承担行政监督处罚职责,并成立相应的下设执法机构,业务上受市交通运输综合执法局指导。

四、综合执法体制改革对公路行业的影响

对于国家整体战略布局而言,综合执法体制改革是深化行政管理体制改革、加强行政执法队伍建设、改进行政执法状况、提高依法行政水平的一项重要举措;而对于公路部门而言,综合执法体制改革却是继成品油价格和税费改革后的又一次变革,同时伴随着的是阵痛,对公路行业影响深远。

1.管理职能持续萎缩,职工队伍稳定堪忧

综合执法体制改革将是继成品油价格和税费改革后公路部门再一次缩减管理职能的一次重大变革,管理职能的萎缩,使公路行业真正由"大"公路蜕变为"小"公路,公路职工心理严重失衡,莫名地感受到失落和无奈,对公路建设事业的前景表现出困惑和迷茫,影响了公路职工的积极性,对公路建设事业的持续、快速、健康发展产生消极影响,同时亦引起职工人心波动,影响职工队伍的稳定和社会稳定。

2.路政治超机构下划,身份待遇面临窘境

目前,市级公路管理部门对所辖基层单位以垂直管理模式为主,虽工作单位地处县域,但工作人员属市级编制,享受市区工资福利待遇,如县公路分局和地处县域的超限超载检测站。根据"权责一致、分级管理"原则,各县相应成立交通运输综合执法局,地处县域的各公路分局路政管理部门及超限超载检测站将有可能成建制划转县交通运输综合执法局,届时可能出现两类难以调和的矛盾,一是根据"编随事走、人随编走"的原则,人员编制由市级划转至县级,身份转变,认同感下降,短期内难以接受;二是由原享受市区工资福利待遇调整为执行县级工资福利待遇,待遇下滑。以上两点很容易挫伤员工的工作积极性。

3.经费预算剥离锐减,运行经费仍须确保

综合执法机构成立后,公路路政和超限超载检测站等专业管理机构的人员、装备和经费

将成建制划转,人员和运行等经费将从公路管理部门剥离并纳入综合执法机构,公路管理部门经费预算总额将明显减少,但由于公路管理部门仍保留路政管理机构以负责公路行政许可职能,并在执法机构工作缺位的时候通过除处罚和强制以外的方式尽可能地维护路产路权,因此,仍需保留路政管理经费并纳入财政预算,从而增加了公路管理部门经费总支出。

4.协调环节明显增多,执法成效难以保障

综合执法机构成立后,原由一家行政执法机构即可办理的行政许可,变为由两家行政执法机构共同办理,部门协调环节大为增多,加大了执法效力的不确定性。以公路路政管理为例,一项公路行政许可,所属公路分局呈报市公路局路政管理机构审批许可后,由公路分局路政管理机构组织实施,并负责行政监督处罚;成立综合执法机构后,公路行政许可除仍由市公路局路政管理机构审批外,行政监督处罚由综合执法机构组织实施,若遇棘手案件,则须公路和综合执法机构之间进行充分协调方可办理,存在着执法时效、监督力度和处罚尺度等诸多不确定因素,执法成效难以保障。

5.养护治超管理分离,公路路况保障乏力

众所周知,公路路况的好坏与超限超载治理紧密联系、息息相关。目前,公路养护和超限超载治理统属公路部门管理,二者所涉相关事宜皆可在公路部门内部联动,协调解决,而成立综合执法机构后,所涉相关事宜均由市交通运输主管部门协调解决,那么,倘若道路路况受到超限超载严重威胁,此时能否及时和稳妥地实施超限超载治理,使二者免于脱节却值得商榷,这样势必影响到公路的养护质量和道路的畅通。

6.机构缩减人员超编,难觅分流安置渠道

综合执法体制改革是一场攻坚战,而人员安置是这场攻坚战中的重中之重,马虎不得。2009 年成品油价格和税费改革,公路部门虽有部分征稽人员分流到国、地税部门工作,但大部分人员是在公路部门内部消化,人员已然超编,此次改革若不出所料,除在路政执法部门和超限超载检测站工作的人员成建制划转外,其他人员基本排除在外,而管理职责的减少,与之相对应的是相关服务职能科室的人员比例相对增加,随之而来的可能是人员精简。然而,富余人员分流渠道偏窄又为改革带来了一定的阻力。因此,如何分流安置富余人员是我们面临的一项重要课题。

五、综合执法体制改革对公路行业影响的对策

综合执法体制改革对公路行业的影响是深远的,亦是不以人的意志为转移的,因此,我们要以党的十八大及其系列全会精神为指导,积极面对、深入研究、多方谋划、寻找对策、化压力为动力,努力将改革对公路行业的影响降到最低。

1.加强学习,摆正姿态,提高适应改革的综合素质

综合执法体制改革涉及整个公路行业,对每个公路人或多或少都可产生一定的影响,因此,提高我们适应改革的综合素质,消弭不利影响,维护职工队伍和社会稳定非常必要。一是要加强理论知识和相关政策的学习,以顾全大局、服务大局的姿态,积极迎接、支持和参与综合执法体制改革;二是要提高适应改革的心理素质,坦然面对改革,避免消极情绪影响;三是要寻找、发现自身的不足,加强业务知识学习,逐步提高自身业务素质,努力将自己培养成复合型人才,以适应改革的新要求。

2.宣传解释,争取政策,维护职工工资福利待遇

对于涉及个人利益事宜,在制定综合执法体制改革方案时就应加以慎重考虑,争取相关优惠政策,化矛盾于无形,从而使改革顺利推进。一是做好宣传解释工作,说明市、县编制并无太大差异,化解心中疑惑;二是争取“老人老办法、新人新政策”政策,对原有人员工资福利待遇保持不变,仍按市级标准执行,新进人员按所在县标准执行。

3.加强沟通,争取支持,保障新增路政编制经费

积极与编办、人社和财政部门沟通,使新增路政人员编制、岗位,经费有保障。一是与编制部门联系,保留路政内设机构,合理配置领导职数和人员编制数;二是与人社部门对接,对新增路政人员合理设置岗位;三是与财政部门沟通,将所涉新增路政经费纳入预算管理,以确保路政许可等各项工作的正常运行。

4.加强协调,多方对接,确保行政执法成效显著

行政执法成效是否显著,是衡量综合执法体制改革成功与否的试金石,而加强各部门之间的协调是做好综合执法工作的基础和前提条件。一是要加强市交通运输主管部门的领导,使公路、综合执法等部门紧密围绕在主管部门的周围,做到不敷衍、不推诿,确保政令畅通,令行禁止;二是公路、综合执法等部门要以积极的顾全大局的态度换位思考、加强沟通,共同解决行政执法过程中遇到的疑难问题;三是公路、综合执法等部门要制订出一整套科学、完善和便于操作的行政执法流程,便于大家共同遵守,做到有规可依。

5.积极主动,加强衔接,做到养护治超分工不分家

俗话说,交通运输是一家,因此,无论如何改革,交通运输部门的所属单位始终都是一家,公路养护和超限超载治理部门要以分工不分家的思维加强日常工作的衔接,做到无缝对接。一是建立公路养护、超限超载治理日常巡查机制,定期巡查所辖路段,对辖区内存在的超限超载隐患及时发现、及时登记,做好信息储备;二是建立公路养护、超限超载治理日常联络机制,公路养护部门对发现的超限超载隐患及时通报综合执法治超部门,综合执法治超部门及时反馈治超信息,做到信息畅通;三是建立超限超载治理日常联动机制,公路和综合执法路政管理部门要加强衔接,适时开展超限超载治理联合行动,确保公路养护质量和道路畅通。

6.争取政策,多管齐下,积极稳妥地做好人员安置

人员安置涉及社会稳定,各级政府应高度重视,并积极争取各种利好政策,做到改革顺利、待遇不降、社会稳定。一是争取相关政策,对符合条件的可办理提前离岗休息或提前退休;二是对公路路政、超限超载检测站等人员缺编单位进行补员,分流部分持证人员;三是以发展的视角看待综合执法工作,随着交通运输事业的发展,路政执法工作量会随之增加,执法人员亦需随之相应增多,因此,公路部门除保留部分持证路政人员外,对改革前不在执法岗位但持有执法证人员可划转到综合执法部门工作,做好人员储备。

六、结语

总之,交通运输综合执法体制改革是一项较为复杂的系统工程,同时又是我们在新形势下面临的一项全新的课题,且发展趋势又不胜明朗,因此,笔者只能就改革对公路行业可能产生的影响及其对策作一些初步的预测和探索。随着改革的深入,这样那样的问题还会不断出现,这需要我们积极面对、深入研究、寻找对策,将改革对公路行业的影响降至最低。

二等奖

基层公路职工教育现状分析及对策思考

赵良凯

（辽宁省抚顺市公路管理局人事处）

摘　要　本文重点对公路基层管养单位职工教育的现状进行分析，并就如何进一步开展职工教育工作提出相关建议。

关键词　职工教育　现状分析　对策

一、引言

职工教育是成人教育的主要部分，是对政府机关、企事业单位全体劳动者实施完整而系统的政治、文化、科学技术知识及经营管理知识的教育和培训。人是生产力中最活跃的因素。职工教育的目标就是要提高劳动者的文化素质、培养劳动者的技能、积累传播劳动者的工作经验。对于公路行业而言，职工教育主要着重于职工的职业技能培训和继续教育，是提高公路行业生产力水平的重要环节。

抚顺市公路管理局负责抚顺地区县级以上公路的管理和养护。全系统共有职工 1290 人，养护公路里程 2075 千米，其中国省干线 752 千米。作为地区公路行业管理单位，抚顺市公路局一直十分重视职工继续教育工作，积极鼓励各基层单位开展各种形式的职工教育活动。比如鼓励职工带薪上学深造，每年开展全行业工程、养护、财务等专项继续教育培训班，组织基层单位互检互学，开展建设职工书屋活动，组织职工到设备生产厂家进行技术培训。拓展了职工的视野，提高了职工的岗位技能，有效促进了地区公路事业的快速发展。

成绩之后有隐忧，任何一项工作的实施、发展都受制于各方面条件的限制。尤其是类似职工教育这种附属性工作，更容易受到政策、体制方面的影响，对职工教育工作的影响也是越来越突出。

二、现阶段职工教育工作中存在的主要问题

笔者以清原县公路管理段作为抚顺公路养护系统的基层单位代表进行了调查统计。统计时间截止到 2015 年末。清原公路管理段管护县级以上公路里程 600 千米，其中国省干线 203 千米。全段拥有在职职工 330 人，其中段机关 55 人、养护站 198 人、工程队 36 人、拌和站 41 人，分别承担公路的管理检查、养护作业、维修施工、拌和料生产职能。

1.基层单位职工年龄结构老化，学习意愿不强，职工不想学

表 1 是清原县公路管理段的年龄构成调查统计表。通过此表可知 20~30 岁职工占全部职工的 9.1%，31~40 岁职工占比为 14.5%，41~50 岁职工占比为 46.7%，51~60 岁职工占比为 29.7%。

职工年龄统计表　　表1

年　龄	单　位				
	段机关	养护站	工程队	拌和站	合计
20~30岁	1	8	15	6	30
31~40岁	8	14	4	22	48
41~50岁	26	107	12	9	154
51~60岁	20	69	5	4	98
合计	55	198	36	41	330

40岁以上职工占到了职工总数的76.4%。尤其是在养护站的职工中,40岁以上职工占到养护站职工总数的88.9%,道路养护工属于国家规定的特殊工种,男道工55岁退休,女道工45岁退休。这意味着养护职工中有176人在未来的5~10年中离开劳动岗位。

年龄偏大导致职工的学习能力降低,接近退休导致职工的学习意愿大幅度降低。2015年,辽宁省公路局曾组织过道工参加徐工摊铺机操作学习班,抚顺地区仅有2人报名参加。

2.职工文化素质偏低,学习能力差,职工不会学

公路养护行业职工大致分为:当地招工,复转退伍军人、毕业学生。职工的文化水平参差不齐。

表2是清原公路管理段职工初始学历统计表。本科学历占全部职工的0.3%,大专学历为10.3%,中专学历为5.8%,职高、高中学历占比为12.7%,初中学历占比为70.9%。段机关的初始学历状况较高,养护站的情况最差。初始学历低,相对意味着职工的学习能力低,接受学习新事物、新技术的能力差,进行高层次继续教育的机会少。结合职工的年龄状况综合考虑,也说明前期公路行业很多工作内容要求的技术起点低,只需简单培训就能上岗工作。

职工初始学历统计表　　表2

学　历	单　位				
	段机关	养护站	工程队	拌和站	合计
本科	0	0	0	1	1
大专	14	7	6	7	34
中专	10	4	3	2	19
职高	1	0	2	16	19
高中	21	2	0	0	23
初中	9	185	25	15	234
合计	55	198	36	41	330

表3是职工继续教育学历统计表。经过继续教育,本科学历占比上升为8.2%,大专学历上升为15.5%,中专学历下降为2.7%,职高、高中及初中学历占比为73.6%。段机关的比例上升最明显,由开始的本、专科学历25.5%上升到83.6%,拌和站由19.5%上升到36.6%,其他部门变化不大。说明管理部门和技术部门的要求提高,职工个人学习意愿强烈。相反,养护部门的要求没有提高,职工学习意愿不强,职工现有的文化素质基本能满足工作需要。

这里也存在着学历教育形式化的问题,承办学历教育的大专院校不能按时面授、辅导,以考代培,最终均能拿到相应文凭,但达不到这些学历应具备的专业学识,存在"真文凭、假水平"的现象。

职工继续教育学历统计表　　表 3

学历	单位				
	段机关	养护站	工程队	拌和站	合计
本科	18	1	4	4	27
大专	28	7	5	11	51
中专	2	4	2	1	9
职高	0	0	1	10	11
高中	2	2	0	0	4
初中	5	184	24	15	228
合计	55	198	36	41	330

3.激励机制不完善,职工学习主动性低,职业技能差,职工不愿学

表 4 是职工职业技能情况统计表。此表是以职工拥有国家相关职能部门核发的资格证进行统计的。有技能没有证件的不在统计范围。有专业技能的职工占总职工的 26.4%。养护站职工中驾驶员比例较高,说明养护作业中驾驶类作业较多。

职工职业技能统计表　　表 4

技能证	单位				
	段机关	养护站	工程队	拌和站	合计
驾驶证	18	52	5	8	83
电工证				1	1
焊接证				1	1
司炉证				2	2
其他					0
合计	18	52	5	12	87

由于公路段是事业单位,实行事业单位工资,激励机制不完善、奖惩力度较小,没实现多劳多得。多掌握技术,在经济上没实现收益,反而要多付出劳动。随着人们生活水平的提高,职工认为,会再多工资也不会增长,不学习也不会降低工资,因此,职工缺乏学习动力,没有学习职业技能的主动性和积极性。在部分偏远养护站,技术工人的比例更低,机械设备多了没人开,有的驾驶员要开多台设备。

4.日常培训不到位,培训制度未全部落实,职工没法学

职工教育培训工作中实行的是省局、市处、县段、工区培训教育制度。在实际运行过程中,省局、市处举行的专业培训能正常进行。可结合生产实际的县段、工区,日常培训作为落实培训制度的关键一环,经常因为职工工作地点分散,集中培训困难,或因生产任务的变化,无法保证职工教育培训的学习时间,导致培训质量较低,日常职工业务培训无法真正落实

到位。

5.单位经费紧张,资金方面难以保证,职工没钱学

现在养护投资实行单千米投资定额,投资标准在2.5~3万元/千米。对于抚顺地区养护系统,大部分公路段养护投资的60%以上都用于职工的工资发放。机械使用费、折旧费、小修保养费占用了剩余部分。职工教育经费按照现在的规定也不提取,所以职工教育方面的资金根本无法保证。

三、抓好职工教育培训工作的对策

要做好职工的教育培训工作,必须建立起以人为本的管理理念,引起上级管理部门和管理者对职工教育培训工作的重视,加大对职工教育培训的投入和管理力度。避免出现只有"以提高职工素质为中心"的提法,可实际工作中时时忽视职工素质提高的尴尬局面。随着公路事业的不断发展,各种养路、筑路的新技术、新设备不断涌入,对劳动者素质的要求越来越高,这就要求领导必须树立"人是生产力最活跃因素"的观念,通过政策引导,加大对职工教育培训的投入和管理力度,加大对职工教育的资金支持,不能只把提高职工素质停留在口头上、文件中,要真抓实干,才能做好职工教育培训工作,才能适应公路事业发展的需要。

1.必须完善激励机制,提高职工学习主动性

必须完善奖励激励机制,加大奖励力度,打破事业单位"干多干少一个样"的现状,鼓励学习成绩突出、职业技能突出的职工,做到奖优罚劣,从而增强职工"学业务、比技术"的意识。通过鼓励机制使职工个人素质与职工的个人利益挂钩,使管理者和职工重视学习、爱学习、爱钻研业务理论,营造"不学可耻,爱学光荣"的学习氛围,创造"多劳多得、多能多得"的劳动氛围,改变"要我学"的被动局面,树立"我要学"的思想,不断提高职工的主观能动性。

2.加强业务骨干培养,提升职工整体素质

省市县各级公路管理部门应定期开展对工区主任和道班长的培训。这是因为工区主任和道班长是在生产一线成长起来的管理者和实践者,又亲身参与第一线的工作,只有将他们培养成思想先进、业务精通的业务骨干,深刻理解上级管理部门的管理理念、真正掌握先进的管理手段和新技术,才能在生产中起到带头作用,才能带领身边的职工转变思想观念,营造出学习新技术、掌握新技能的氛围,实现边工作边学习的随时培训形式,在职工中掀起"比、学、赶、帮、超"的热潮,进而提高全体职工的素质。

要及时发现有理想、有知识的技术工人,将其列入重点培养对象。在具体工作中,优先安排他们参加各类职业技能技术比武活动,使其逐渐成为业务骨干,并使其在实际工作中起到"传、帮、带"的作用,努力打造一批高素质、懂技术、适应事业发展要求的职工队伍。

3.区分培训对象,增强培训效果

搞好职工教育培训,就要对单位现有人员结构素质进行系统分析,不断调整培训方式,以适应不同的培训对象。对于文化程度不高、实作能力较强的职工,要加强实作技能的培训和训练,根据这些职工对实作技能掌握较快的特点,应在掌握实作技能后再进行理论教学;对于大专院校的学生而言,他们对理论知识的接受能力强,但因实际工作时间较短、现场经验不足,应重点培训实作技能操作,并对其进行持续的现场实作技能培训,使其尽快适应本职工作。通过人员结构分析,对全体职工进行分层次、分对象、分工种的定向培训,做到因材

施教、多点开花。只有这样的培训,才是有效的培训,才能真正提高培训实效。

4.采取多种培训方式,落实职工教育

单位要加强与相关大专院校的联系,根据公路生产形势的需要,开展多种形式的职工培训和继续教育活动。面对新设备、新技术和新工艺的要求,联合专业学校举办新技术、新设备和新工艺培训班,努力提高职工的实际操作技能,提高其操作能力,解决生产一线职工急需解决的问题。在2000年之前,抚顺市公路管理局与阜新公路中专合作,培训了几批中专生,现在基本上成为公路行业的业务骨干。要通过各种宣传手段,树立典型人物,以职工身边的人和事为例,培养职工学习业务的榜样,搞好“传、帮、带”,做到“学得快、记得牢”,以提高职工教育培训质量。要加强与各基层单位之间的横向联系,经常进行工作经验交流,通过交流取长补短。要与机械设备厂家合作,委托厂家对职工进行设备操作培训,确保职工能熟练掌握操作技能。

5.明确的政策导向,加强职工教育

最主要就是资金方面的导向。现在基层公路部门职工教育存在问题的主要原因就是资金不足。公路部门作为公益性服务部门没有创收渠道,唯一的资金来源就是省投养护费。养护费现在实行包干使用,基层单位资金上的巨大困难使职工教育经费投入急剧减少,职工教育工作步履维艰。职工作为公路事业的主体,为了建立一支能适应现代公路事业发展的职工队伍,在加大公路养护投资的基础上,最好是能明确和规定提取适当的职工教育经费比例,专门用于职工教育工作。

四、结语

公路系统各基层单位必须将人才培养放在首要位置,技术人才占比高的单位才是有希望的单位,随着公路事业的不断发展,科技生产力发生着翻天覆地的变化,只有注重人才培养,加强职工的职业培训,使职工不断适应新科技、新设备、新技术的发展,才能使公路系统的各单位适应时代的发展,做到与时俱进。

二等奖

社会主义核心价值观与公路文化的融合路径探索

——以重庆市梁平县公路局实践为例

谢文平

(重庆市梁平县公路管理养护所)

摘　要　公路文化与公路相伴而生,是对公路行业发展具有规范引导作用,具有特殊内容和表现手段的行业文化形态。社会主义核心价值观影响着社会主义建设的思维方法与行为方式,是社会文化建设的行动指南。就本质而言,作为社会文化组成部分的公路文化的发展过程,就是在公路行业发展中践行社会主义核心价值观的过程。本文基于对公路文化、社会主义核心价值观内涵的分析,厘清两者之间的联系,并在此基础之上尝试提出践行社会主义核心价值观、促进公路文化建设发展的路径。

关键词　社会主义核心价值观　公路文化建设　路径探索

一、引言

公路文化是与一种与“路”共生的客观存在,公路就是它的物质载体。“公路的产生发展历程,也就是公路文化的产生发展历程”。当今中国,随着社会经济实力的增强,公路交通发展迅猛。据《2015年交通运输行业发展统计公报》显示,2015年年末“全国公路总里程457.73万千米,比上年末增加11.34万千米”,其中“等级公路里程404.63万千米,比上年末增加14.55万千米”,“高速公路里程12.35万千米,比上年末增加1.16万千米”,“全国农村公路(含县道、乡道、村道)里程398.06万千米,比上年末增加9.90万千米”。2015年,公路客运占旅客运输总量的83.32%,公路货运占货运总量的75.52%,公路运输在综合运输中占据主导地位。公路交通对人们的生产生活产生着显而易见而深刻的影响。公路快速发展的实践必然导致公路文化的发展。公路文化的发展反过来又会对公路行业发展产生引导和规范的作用。加强公路文化建设,打造公路文化品牌,是公路行业在新历史发展阶段管理与发展的必须选择。而作为一种行业文化,公路文化是“通过广大公路职工的创造性劳动而形成的”,属于社会文化的组成部分。在弘扬社会主义核心价值观、整合社会意识、推动社会和谐有序发展的时代背景中,社会主义核心价值观影响着社会主义建设的思维方法与行为方式,也是社会文化建设的行动指南。就本质而言,作为社会文化组成部分的公路文化的发展过程,就是广大公路职工在公路行业发展中践行社会主义核心价值观的过程。

二、社会主义核心价值观与公路文化、公路事业的关系辨析

1.社会主义核心价值观的内涵及其提出的意义

“文化是社会的灵魂,价值观是文化的精髓”。历史和现实均证明,一个稳定有序、和谐发展的社会,总是与这个社会共同认知的价值趋同。换言之,也就是要有共同的价值观。构建具有强大感召力的核心价值观,关系社会和谐稳定。能否践行核心价值观,关系国家长治久安。中国改革开放30年,社会各项事业,尤其是社会经济的发展取得了长足进步。但不容忽视的是,在社会的大变革时期,“市场经济改革颠覆了中国传统的价值观,而新的价值观建立又需要一个过程”。在这文化还待重构、市场经济机制还有待完善的环境里,逐利成为很多国人的人生目标。而在逐利的过程中,部分人为实现谋求个人利益,不惜牺牲国家、集体、他人利益,造成假伪横行。很多人开始崇尚“金钱”“权力”和“关系”,误以为这就是时下流行的价值观。为凝聚人心,溯本清源,中国共产党十八大强调,要“倡导富强、民主、文明、和谐,倡导自由、平等、公正、法治,倡导爱国、敬业、诚信、友善,积极培育和践行社会主义核心价值观”。这是对社会主义核心价值体系的高度凝练和集中表达。党提出倡导核心价值观,具有以下三层意义,一是在社会主义;实践进程中,统一思想、提高认识、凝聚人心;二是规范引导各种价值思潮;三是强化纠偏价值缺失偏离的现象。社会主义核心价值观是实践的产物,同时又是实践的指针。社会主义核心价值观成为现时代文化建设的行动指南,影响着社会主义建设的思维方法与行为方式,进而引导社会主义各项事业的建设发展进程。

2.公路文化、公路事业与社会主义核心价值观的联系辨析

公路事业归根究底属于社会主义建设事业的一部分。伴生于社会主义公路事业发展的公路文化虽具有特殊内容和表现手段,但仍是社会主义文化的组成部分。

公路行业的行为目的是为大众提供安全快捷通道。就社会主义公路事业承担的社会责任与发展目的而言,其必须以“富民兴梁”为目标,以群众出行为根本,以公众满意为追求。这在客观上要求,社会主义公路行业广大公路职工在实际工作中必须爱岗敬业,奉献自我,追求友善,服务人民。而要在当今社会实践中真正做出这样的行为,广大职工就需认真领悟社会主义核心价值观,将核心价值观内化为自身的精神追求。

而与社会主义公路事业相伴生的公路文化,其内涵有广义、狭义之分。广义而言,公路文化作为公路行业的灵魂,是社会主义公路战线上广大的劳动者在公路建设、养护、管理的实践活动中创造的物质财富和精神财富的总和。狭义而言,公路文化是社会主义公路行业各单位、各部门在公路建设、养护、管理工作中逐步形成的,并升华为社会主义公路系统广大干部职工所普遍认同并自觉遵守的道德规则和行为价值观。从公路文化的内涵分析,不论广义层面还是狭义层面,都可以看出其本质是公路职工在改造自然的劳动实践中创造的产物,具象化地展示在公路建设、养护、经营管理等各个方面。公路文化虽是“人”创造的文化,但一旦形成体系,凝结出价值观念,又会约束引导广大公路职工,进而引导、规范公路事业的发展。

从上述分析,不难得出,在科技迅猛发展、社会主义建设蓬勃展开的今天,公路行业的发展,关键在人。更确切地说,是在于广大公路职工的素质。广大公路职工的科学文化素质和思想道德素质对于公路事业发展而言极其重要。尤其是公路职工的思想道德素质,不但关

系到公路事业的发展方向,还关系到行业发展目的、肩负的责任在实践中的真正实现。可以这样认识这组逻辑关系。公路事业的发展关键在公路人,公路人的灵魂在于公路文化。公路人和公路事业的结合靠的是公路人践行社会主义核心价值观而产生的公路文化。社会主义公路文化是社会主义核心价值观的衍生品,是社会主义公路文化发展的引领。就本质而言,作为社会文化组成部分的公路文化的发展过程,就是在公路行业发展中践行社会主义核心价值观的过程。

三、践行社会主义核心价值观助推公路文化建设的路径分析

将践行社会主义核心价值观融入公路文化建设中,促使公路文化建设蓬勃发展,是当前公路行业发展的重要任务,也是一项有待探索的实践课题。梁平县公路局在公路文化建设过程中,把社会主义核心价值观作为指导思想,通过"四个结合"把社会主义核心价值观二十四字精神融入公路行业个人追求、团队精神及行业理念体系构建之中,使其公路行业文化体现出鲜明的特色,打造出"一路舒畅处处景"的梁平公路文化品牌,笔者以其为例,分析践行社会主义核心价值观助推公路文化建设的路径。

1.践行社会主义核心价值观与开展党员素质大提升工程相结合

践行社会主义核心价值观,重在提高党员干部素质。梁平县公路局通过宣讲党的基本历史、基本理论和先锋模范人物事迹,并组织讨论,远学焦裕禄,近学梁平县的全国优秀党员邓平寿,结合"三会一课"制度,不断强化党员干部职工的理想信念,逐步构建符合社会主义核心价值观的梁平公路精神。同时,立足工作岗位,开展"魅力重庆·平安梁平"公路行动、"邻里守望·和谐共享"等主题实践活动,大力宣传社会主义核心价值观,树立梁平公路人良好的社会形象。多年来,梁平公路局坚持定期走访慰问建初干部、空巢老人 2 人,为老人送去慰问金及慰问品;坚持捐资助学,每年资助 5 名梁平红旗中学学生;与 3 镇 3 村党组织建立"一对一"的帮扶关系,每年春耕之际为其赠送近万元的种子、化肥;帮助困难职工 10 人,帮助资金 2 万元。通过这些活动,充分调动了局干部职工互帮互助、服务人民的"雷锋"精神,传承了孝道美德,提升了党员干部素质,展现了新时代梁平公路人精气神。

2.践行社会主义核心价值观与创建全国文明单位活动相结合

公路行业践行社会主义核心价值观需要目标指引,也需要潜移默化的文化氛围。梁平县公路局制定完善了《梁平县公路局"十二五"文化建设发展规划》《争创全国级文明单位实施方案》《文明养护站考核细则》等规章制度。结合创建全国文明单位,扎实开展系列主题活动,如"中国梦·公路人""送温暖·献爱心""修万里路·送万卷书"和讲文明树新风等活动。为营造浓厚氛围,除向媒体投稿发表关于单位文明创建活动的稿件、拍摄专题片外,还积极打造了"梁平公路陈列室",通过"历史沿革""风雨历程""辉煌篇章""美好蓝图"等几大板块,展现了梁平公路人的过去、现在和未来,对广大干部职工产生了潜移默化的教育影响。还在机关办公楼宣传栏张贴社会主义核心价值观二十四字精神及名人名言、墙画等文化作品,增强单位文化氛围,陶冶职工情操。筹集近 300 万元对一线公路养护站房进行了升级改造,统一制作了社会主义核心价值体系专栏及工作上墙图表和行业形象标识。并利用节假日组织机关职工与一线职工开展谈心对话、绣十字绣等形式多样的文体活动。通过这些措施,将社会主义核心价值观传递给一线职工,增强了单位凝聚力,提升了公路职工的责

任感、归属感、幸福感和自豪感。

3.践行社会主义核心价值观与单位道德讲堂活动相结合

践行社会主义核心价值观,离不开道德榜样的引导。梁平县公路局围绕公路中心工作,以职业道德、社会公德、家庭美德、个人品德建设为重点,开展有针对性的道德教育活动。其中,“道德讲堂”坚持每月一课,以“身边人讲身边事、身边人教身边人”为主题,向身边的道德模范学习。自 2013 年开展道德讲堂以来,梁平县公路局机关共开展道德讲堂 15 期。通过该活动的开展,提高了干部职工的道德情操,涌现出一大批行业的模范人物和先进典型。“甘当闪亮铺路石”的“全国五一劳动奖章”获得者曾大和同志,常年风餐露宿、栉风沐雨、爱岗敬业、无私奉献,默默无闻、无怨无悔;“干一行、爱一行、钻一行、精一行”的华远建、廖万平、殷胜利;“美丽的黑女人”——入选全国“最美养路工人”候选人的蓝荣红同志等。2012 年,梁平县公路局被授予“交通运输行业文明单位”称号,“全国公路养护模范道班”福禄养护站、“全国公路交通系统模范职工小家”梁平养护站在 2015 年全市交通行业公路养护工职业技能竞赛中获得了全市一等奖。进一步向社会展示了“爱路敬业、服务奉献、创新发展、争创一流”的“梁平公路精神”,凝练出了甘当“铺路石”的敬业精神、不畏艰险的抢险救灾精神、不甘平庸的拼搏精神、以苦为乐的奉献精神等新时代公路人精神。

4.践行社会主义核心价值观与公路养建管工作相结合

践行社会主义核心价值观,必须与公路日常实践工作紧密结合。梁平公路局积极开展以“人人创新、奉献社会”为主题的实践活动。在公路养护与管理过程中,注重引导干部职工爱岗尽责,提高工作效率,让公路行业核心价值体系教育通过党员干部的模范引领得以体现。积极打造生态文化建设,营造良好公路交通环境。2013 年新建了 2000 型沥青拌和站,并在公路建设工程中推广使用冷再生技术,减少了建设成本和环境污染。把公路生态建设要求融入日常养护工作中,基层养护工人做到每天养护作业时及时回收遗弃的废材料、废油、废水等材料,保持列养公路的常态化洁净。注重公路生态绿化环境文化建设,因地制宜,对国省干线公路进行大规模绿化美化。着力对在国道 318 线仁贤改线段、分水至大河坝段、省道 S303 线梁平至双桂旅游道路、新修建的“二环路”进行了文化氛围打造。通过种植红叶石兰、塔柏、格桑花、爬山虎、栾树、桂花树、杉树等,规范里程桩、百米桩、标志标牌的设置,打造富有特色的观景平台等,努力实现人与路、路与自然的和谐统一,突显了特色养护的亮点,提升了示范路段的品位,充分展示出和谐公路、安全公路、绿色公路的文化内涵,营造了“一路舒畅处处景”的梁平公路文化。

四、结语

实践证明,只有认真践行社会主义核心价值观,将二十四字精神融入公路文化建设中,才能更好地促进公路文化建设蓬勃发展,同时助推公路事业又好又快发展,进而深入推动公路行业深化改革、优化资源配置,更好地创新公路建设与养护管理理念,创造较好的公路交通环境,不断满足广大人民群众“畅、安、舒、美”的出行需求。换言之,公路行业的每项工作都离不开社会主义核心价值观的引领。以文化建设凝聚人、塑造人、激励人,将传统活动与创新有效载体相结合,促进公路行业核心价值观的形成,推动公路事业全面、科学发展,推动公路文化健康、蓬勃发展,建设“畅、安、舒、美”的幸福之路。

参考文献

[1] 田少波,邱观建.湖北公路文化的功能探析[J].武汉理工大学学报,2008,21(6):867-870.

[2] 中华人民共和国交通运输部.2015 年交通运输行业发展统计公报[EB/OL].中国公路网,2016.http://www.chinahighway.com/news/2016/1017727.php.

[3] 国家统计局.2015 年国民经济和社会发展统计公报[EB/OL].中华人民共和国中央政府网,2016.http://www.gov.cn/xinwen/2016-02/29/content_5047274.html.

[4] 黎华珍.以先进的公路文化推动公路事业发展[J].中国公路,2003(18):51-53.

[5] 国防大学中国特色社会主义理论体系研究中心.社会主义核心价值观根在实践[EB/OL],人民网.http://theory.people.com.cn/n/2013/0517/c83846-21514878.html.

[6] 靳尔刚.构建社会主义核心价值观尤为重要[EB/OL].人民网.http://theory.people.com.cn/n/2013/0125/c40537-20329067.html.

[7] 胡锦涛.坚定不移沿着中国特色社会主义道路前进为全面建成小康社会而奋斗[EB/OL].人民网.http://politics.people.com.cn/n/2012/1118/c1001-19612670-6.html.

[8] 张家伟.社会主义核心价值观之核心内容解读[J].重庆行政(公共论坛),2016,17(1):8-10.

二等奖

公路文化建设策略浅说

——以中山公路局为例

杜圣友　李仁华

（广东省中山市公路局）

摘　要　进行公路文化建设的策略非常重要，它关乎一个地方公路文化建设的成败和成效。中山市公路局党委高度重视公路文化建设，各部门凝心聚力，适时采取有效策略，共同为发展和繁荣中山公路文化事业锐意进取，开拓创新，推动中山公路文化建设不断向前发展。本文结合中山市公路局开展公路文化建设中采取有效策略的经验，谈谈策略的恰当运用在公路文化建设过程中的作用和方法论意义。

关键词　公路文化　策略

一、引言

市场经济条件下的竞争是文化的竞争，更是软实力的竞争。建设优秀的公路文化，是凝聚人才的重要法宝，是增强竞争力的有力武器，是提高核心竞争力的必要条件，是实现公路可持续快速健康发展的重要因素。

然而，对于任何一项工作或者建设，倘若没有适当的策略，要使其获得相应的预期成果，恐怕就是一句空话。

所谓策略，辞书的解释是："策略，指计策，谋略。一般是指：①可以实现目标的方案集合；②根据形势发展而制定的行动方针和斗争方法；③有斗争艺术，能注意方式方法。"在这里主要是指其第二个义项，即在公路文化建设过程中，如何适时制定恰当的施行方针和采取合适有效的施行方法。在我们看来，实施公路文化建设的策略非常重要，它关乎一个地方公路文化建设的成败和成效。

中山市公路局党委高度重视公路文化建设，各部门凝心聚力，适时采取有效策略，共同为发展和繁荣中山公路文化事业锐意进取，开拓创新，推动中山公路文化建设不断向前发展。

二、认识公路文化的内涵

公路文化，亦可称之为公路行业文化，是交通行业特色文化的重要组成部分。公路文化是公路行业行为与文化相融合的产物，是公路事业发展过程中逐步形成的具有行业特色的物质财富与精神财富的总和，具有经济性、人文性、独特性等特征。

三、中山公路文化建设日益得到重视

中山公路文化,是伴随着中山市公路事业前进的发展步伐而逐步形成的。近年来,中山市公路局紧紧围绕中心工作,向社会广泛宣传公路文化建设,引导员工逐步融入公路局的共同目标之中,有力地推动了公路文化建设长期健康发展。

中山市公路局采取有效措施,创新载体,不断建立和完善新机制,确保公路文化建设落到实处。在高标准地搞好物质文化、制度文化建设的同时,中山市公路局先后成立了游泳队、篮球队、羽毛球队、乒乓球队、足球队、合唱队、小乐队等,坚持每月举办员工生日晚会,每年举办养护技能竞赛和员工运动会,要求每位员工每年精读一本书,还选送优秀人才参加省、市各类文体比赛。所有这些活动,都成为公路文化建设的有机组成部分。

开展公路文化建设活动,极大地调动了广大员工在公路建设、养护、管理、应急保障等工作中的积极性、创造性,丰富和拓展了精神文明建设的内涵。因此,近年来中山市公路局先后荣获全国交通运输行业文明单位、"全国巾帼标兵岗""全国模范职工之家""全国工人先锋号"、广东省青年文明号、中山市直属机关书香党组织、广东省公路文化建设先进单位等一系列殊荣,就不足为奇了。

2013 年 7 月,中山市公路局出台了《广东省公路管理局公路文化与发展研究会中山市公路局分会工作方案》,规范和指导中山公路文化建设。事实证明,这个方案的实施,给中山市公路文化建设带来巨大的发展契机和动力,为中山公路文化建设插上了腾飞的翅膀。

四、策略:七项举措持续提升公路文化建设水平

公路事业向前发展,必须要有相应的先进文化做支撑。如果离开了公路文化建设,公路行业的发展必然会失去智力支持和精神动力。因此,用先进文化武装员工头脑、指导工作,既是贯彻落实党的宣传思想政治工作和党的先进文化前进方向的必然要求,更是加快推进公路现代化建设进程的"助推器"和提升行业竞争力和文化软实力的有效途径。

1.强化创新公路文化建设理念

要推进公路文化工作,必须以理念创新为先导。因为公路文化理念中渗透了公路建、养、管、应急等各个方面。

①在公路管养中,以创建"畅、安、舒、美"的文明公路精品,作为公路建设养护的标准,着力打造富有中山特色的文明公路品牌。经过多年的摸索实践,中山市公路局出台了《中山市国省干线公路管理办法》,创建了以国道 G105 线中山段为特色的文明公路。近年来,特别是在落实中山市人大 2013 年 1 号议案的过程中,克服时间紧、任务重的压力,严格落实廉政保障制度,没有发生过一起违章违规案件,确保了工程建设进度、质量、安全与文明施工。

②以"创一流业绩、育优秀人才、练身心健康"这一中山公路核心价值观为先导,积极为广大市民办实事,认真组织和落实中山市人大 2013 年 1 号议案,每年投入较大资金整治危险路段、完善和更新交通标志标线,为中山市经济社会全面发展做出了显著的贡献。

③坚持结合中山公路发展的需要开展队伍建设,与时俱进地开展各种学习宣传教育活动,年年举办"干部能力提升班"及各种专项培训班,养护技能比武竞赛,努力提升干部职工整体素质。

④转变工作作风,不断提升窗口文明服务理念。以"内强素质、外树形象"为载体,实行精细化管理,加强路政队伍依法行政、文明执法的力度,有组织、有计划地开展作风纪律教育、军事化教育以及业务培训,提升路政执法人员的素质和能力。

⑤强化班组安全文化建设,细化安全生产法规及机械机具操作规范,编写安全生产应知应会手册、安全生产管理"三字经"等,将安全生产与安全文化建设有机紧密结合起来,形成了中山公路安全文化建设的强大合力。

2.强化机制建设,确保公路文化建设顺利开展

为进一步深入开展公路文化建设和全民修身活动,加强对公路文化建设的组织领导,成立以党委书记、局长刘文勇为会长,副局长黄建文、徐家发、杜圣友为副会长,各科室、各部门负责人为成员的"广东省公路管理局公路文化与发展研究会中山市公路局分会"。局属各单位为会员单位,抽调专人负责中山公路文化建设的日常工作和组织协调事宜。

公路文化与发展研究会秘书处的主要工作任务,一是制定具体的实施计划,明确目标、主要任务和具体措施,精心组织,加强监督,狠抓落实;二是健全和完善"党委统一领导、研究会组织协调、部门各负其责、职工广泛参与"的公路文化工作机制,强调工作实效,确保公路文化建设顺利实施,推进中山公路文化建设各项活动的开展;三是各级领导干部积极支持和参与公路文化建设,身体力行、率先垂范;四是各单位各部门加强信息沟通和联系,形成完善的中山公路文化与发展研究体系。

3.强化制度建设,促进公路文化大发展

不断完善《中山市公路局工作制度汇编》,从制度上保证公路局各项事业的持续发展。

①梳理完善现有工作制度。从以人为本的价值理念和职业道德建设的要求出发,梳理现有工作制度,完善公路行业职业道德规范、岗位行为规范、文明服务标准等,大胆进行制度创新、体制创新和机制创新,不断完善和规范内部管理制度体系,努力将各项制度转化为职工自觉遵循的行为准则,从制度上保证中山公路文化建设可持续发展。

②不断完善有效的激励与约束机制。利用公路文化的思想、理念和办法,健全和完善各项制度规范,进一步提高职工遵章守法行为规范的自觉性。

③拓展载体,提升公路文化品位。以创建体现"畅、安、舒、美"为标准的文明示范路,集客家文化、华侨文化、海洋文化、香山文化等中山文化特色为一体,并将其融入公路的建设和管理中,打造具有中山特色和文化风貌的公路文化。

4.强化服务,构建公路服务文化

将服务文化渗透到公路建设、养护、管理、应急工作中,创新服务文化的内涵。

①转变观念,打造服务型部门。把公路局的工作理念由管理型向服务型转变,牢固树立"把路放在心上,把心放在路上"的服务理念,力求把公路文化建设渗透到公路的"建设、养护、管理、应急"等各个方面。

②不断提升中山公路核心价值理念。以公路文化引领公路"建设、养护、管理、应急"等各项工作,建设一个"畅、安、舒、美"的现代公路服务体系,促进中山公路各项工作再上一个新的台阶。

③构建公路服务文化。以"创优、创新、创业绩"为标准,向社会展示中山公路一流的服务形象。

5.提升公路文化建设质量

提升公路文化建设的质量,使公路建设管理与中山市经济社会发展的总体要求相适应。紧紧围绕贯彻落实中山市2013年市人大1号议案,进一步加快国道G105线中山细滘至沙朗段改建工程建设力度,全面提高干线公路的通行能力和服务水平。

①始终坚持“以人为本”的理念,在公路的设计、建设中充分考虑到各方面的需要,合理增加观景台、信息牌等便民服务性设施,实现公路与人文景观、自然景观的和谐统一。

②在公路改建中注重突出中山的人文特色。充分利用多种表现形式,营造“路、车、人、景”的和谐画面,提升中山市干线公路的路域环境和文化品位。

6.强化思想政治工作,提升精神文明建设水平

加强公路文化建设,既是公路行业管理的重要内容,也是贯彻科学发展观的具体体现。公路文化建设与公路行业思想政治工作的基本原则和要求是一致的,与公路行业思想政治工作相辅相成。

①通过公路文化建设,切实增强思想政治工作的导向性、渗透性、有效性。利用每月局务会议平台,安排“局理论宣讲小组成员”上辅导课,提升局属各单位和局机关中层以上人员的政策理论水平、综合素质能力。

②坚持借助思想政治工作强大的政治优势、工作体制和成熟的工作模式,利用公路行业思想政治工作的资源和优势来推动公路文化建设,确保公路文化建设的正确方向,使之最终服务、服从于公路行业的和谐发展。

③强调紧密结合文明城市创建活动开展公路文化建设。近年来,我们以“建设三个适宜城市”“幸福和美中山”为载体,通过“创建文明公路”“文明中山”等活动,将公路文化融入中山市的文明城市创建中,自始至终把文明创建工作与公路文化建设紧密结合起来,有效地提升了公路文化建设的水平。

7.强化文学艺术修养,丰富员工文化生活

目前,中山市公路局及各基层公路养护所“职工之家”的设施、设备齐全,职工业余文化生活十分活跃。每月为员工举办生日晚会,演出丰富多彩的文艺节目。每年安排公路养护技能竞赛、员工运动会、摄影培训及摄影展、书法比赛等,丰富了职工的业余文化生活。这些绚丽多彩的文化生活,极大地提升了干部、职工的凝聚力和战斗力,推动了中山公路文化建设蓬勃、深入、持久发展,为公路事业的发展注入了新的活力。

五、结语

实践告诉我们,公路文化建设只能加强,不能削弱,必须想方设法拓展公路文化的影响力。同时,要求我们不断总结经验,努力提高对于公路文化建设的研究水平,不断探索公路文化建设的发展规律,采取更加符合实际的策略,持续提升干部职工的道德修养,增强干部职工的凝聚力和创造力,把公路文化建设成果转变成公路行业的竞争力,将公路建设、养护的管理和服务提升到更高的水平。

二等奖

公路职工教育培训常态化的实践与思考

许 建

(江苏省南通市通州区公路管理站)

摘　要　2008 年公路费税改革后,依照相关法律法规成立了超限检测站和公路应急处置管理中心两个事业单位,履行新的工作职能,原公路系统收费站在编人员"转岗不下岗",进入两个新机构工作,伴随《公路安全保护条例》的实施以及履行公路管理职责的需要,加强公路职工"再就业"的教育培训工作对组织好、管理好、带领好这支性质复杂的公路管理执法队伍显得尤其重要,南通市公路系统对这项工作进行了全面的探索与思考。

关键词　公路职工　教育培训　思考实践

一、引言

2008 年公路费税改革后,南通市公路系统在国家政策范围和市相关部门支持下,各县(市、区)依照相关法律法规成立了超限检测站和公路应急处置管理中心两个事业单位,履行新的工作职能,原公路系统在编人员"转岗不下岗"进入两个新机构工作。随着《公路安全保护条例》2011 年 7 月 1 日开始实施,南通市通州区公路管理站作为基层公路部门,按一个地区只有一个公路管理机构的规定,以及履行公路管理职责的需要,将两机构人员全部纳入共同管理,先后组建了三个路政管理中队,将管理延伸到乡镇驻地办公,对外提高了公路行政效率,方便了群众到点办事;对内转岗培训被提上了全系统的议事日程,并在职工常态化教育培训方面进行了实践探索和思考。

二、基层公路职工教育培训目前存在的主要问题

2012 年 2 月 21 日,通州公路站在南通市公路系统率先成立第一个路政派驻中队——平潮路政管理中队,与超限检测站、公路应急处置管理中心实现"三位一体"办公,一年半后三个路政中队"全覆盖"通州辖区,管理人员从 30 人增至 90 多人,在此"大路政""大系统"模式下,加强公路职工"再就业"的教育培训工作对组织好、管理好、带领好这支性质复杂的公路管理执法队伍显得尤其重要,不仅是工作创新,而且是必须面对并要妥善解决好的现实难题。

一是要解决业务知识不通的问题。建立路政管理中队派驻到乡镇驻地办公的目的,是为了全面履行路政管理、养护监管、安全管理、应急处置、服务出行等行政管理职能,实现管理前移的运行模式。而这种模式需要路政管理人员既要熟悉掌握路政执法,又要知晓公路养护管理,更要拓展行业服务创新等,原有"坐家里"的公路通行费收缴业务知识远远不能满

足“走出去”的公路行政执法工作,这个问题不解决,他们就像没有“武器”的战士,难以有所作为。

二是要解决理论水平不高的问题。公路行政执法是与管理相对人接触,执法人员需要具有一定的语言表达和政策解说能力,原收费站从事机关或稽查工作人员的理论水平、政策把握能力相对于岗亭内收费人员要高,但人员数量少,接触的仅是车辆单位或驾驶员,管理和工作的内容相对较单一。而公路行政执法的管理对象主要面向整个社会,公路沿线的企业、村镇居民,特点是线长面广、层面落差大,如何能做好公路行政管理工作,让不同的管理对象“心服口服”,包括岗亭人员在内所缺少的,恰恰是理论水平和政策把握能力。

三是要解决学习氛围不浓的问题。随着年龄的增长,一些干部职工(特别是收费站转岗人员)对学习有抵触和畏难情绪,学习的氛围不浓、不正,主要表现为碌碌无为“不想学”,总认为自己年龄大了,原有所学已经足够应付工作,特别是对学习新知识缺少主动,普遍缺少一种“活到老、学到老”的精神,没有进一步深入学习的追求,不与高的比、好的比,有的甚至还对想学习、真学习的人员进行冷嘲热讽;历史原因造成的“垫底”人员,学习再努力,落后帽子还在一定时间内甩不掉,“抵矮子”成为一些能学且能学好的人逃避学习的最好借口。

四是要解决培训体系不全的问题。公路管理学习的范围和内容涉及公路建设、养护基础知识,以及国家法律法规、行业行为规范等等,知识点非常分散和零碎。全面学,职工的学习能力有限,且量大学不进,实际工作中也用得少或用不上;选择学,从上到下,没有一套易教、易学、易懂的教案,以及能够容纳公路养护管理、行政执法实务的讲义或教材。基层公路部门师资队伍也缺少,教学人员水平有限,且没有一套教育培训的制度和奖惩办法;请来的外教也是理论性的多,实用性的少,花了半天时间,台上教得潇潇洒洒,台下听得云里雾里,学习效果不够理想。

三、公路职工教育培训常态化的实践探索

为解决“大路政”“大系统”模式下的职工教育培训问题,通州公路站精心组织职工教育培训,创新活动载体,启动奖惩机制,取得了实实在在的成效,并逐步进入制度化、常态化。

1.先行先试,将职工教育培训制度化,把学风和考风抓牢抓实

2011 年下半年,通州区公路站从宣贯《公路安全保护条例》(以下简称《条例》)入手,按照“学习内容细,培训做法实,考试纪律严”的要求,组织开展“学习考试月”活动,尝试对全员进行五个星期的短期培训和考试考核,为职工教育培训制度建立积累经验,在有效实施中突出提升学风、严抓考风。

①提升学风。学习阶段,精心准备,广泛宣传。先行下达了“学习考试月”活动通知,对学习的目的、要求进行宣传和动员,明确《条例》“分段学习、定时考试”的原则,将《条例》内容分成五个考试单元,预先制作题库下发供职工学习,试卷题型以填充题为主,按照“每周一考”的频率,定期在每周五下午进行考试,有计划、有目标、有内容地学习,使大家有的放矢,学风空前清新,氛围营造浓厚。

②端正考风。考试阶段,严肃考纪、有违必纠。参考人员不分年龄、职务,人人参加闭卷考试,在规定时间内答卷,不得夹带任何资料进入考场,如有违反,一律作作弊处理。将试卷分成 A、B、C、D 卷,使前后左右试卷基本不同,杜绝了考试作弊。第一次考试,个别职工仍然

抱着老思想、老习惯参加考试，当场被监考人员收卷当作弊处理，这也让同样存在侥幸心理的职工不得不提前交卷，重新复习，参加后面的补考。补考均人人通过。

③奖励优秀。评优阶段，综合全部、有奖则奖。重点对每周考试成绩取前 3 名和月总排名前 6 名进行奖励（但成绩未超过 90 分不得奖励）。有违反考试纪律、缺考（工作需要除外）、考试不及格补考及格的，不予奖励，克服了成年人考试“难组织”“走过场”的形式主义。考试成绩作为岗位争先考核和年度评先评优的依据。

2.总结拓展，将职工教育培训实用化，使理论和实务应知应会

提升学风、端正考风的有效实施，成功积累了公路职工教育培训工作的经验。在此基础上，通州公路站按照“改进机关作风行风建设，提高执法效能，增强争先意识，使公路执法人员素质更好、工作效率更高、服务质量更优、运行程序更畅”的要求，于 2012 年创新载体，组织开展了争先创优“三学、三比、三树”主题活动，将职工教育培训工作全面铺开。

①突出重点，目的性更强。紧抓“三学三比三树”主题和重点，一是学法律法规，比执法能力，树忠于职守的形象；二是学行业规范，比作风行风，树风纪严整形象；三是学业务知识，比综合素质，树奋发进取形象，切实解决和杜绝少数执法人员存在的学习态度不端正、执法能力不够足、规范意识不浓厚、执法程序不严格等问题。

②力求具体，实用性明显。具体为：一学《中华人民共和国公路法》《公路安全保护条例》《行政强制法》《行政许可法》《行政处罚法》等相关法律法规，比严格执行交通法律、法规和规章、依法行政敢于追究公路违法行为，树严肃执法、不畏权势、违法必究、不枉不纵的忠于职守形象；二学《交通行政执法职业道德基本规范》《路政文明执法管理工作规范》以及《事业单位工作人员处分暂行决定》等公路交通行政执法行为规范，及政府部门对作风效能建设的相关要求和规定，比严格遵守国家工作人员的政治纪律、组织纪律和各项工作纪律，以及着装整洁规范、仪表举止庄重、语言表达准确文明等，树遵守纪律、作风严谨、平等待人、举止文明的风纪严整形象；三学路政管理、养护监管、安全管理三项中心工作的业务知识，做到心中有数，了熟于心，比业务钻研和办事公正、比工作事业心和责任感、比学习与实践的结合运用、比文明执法技能和服务水平、比电脑操作和执法文书制作等，以提高一人多能、一人多岗的个人综合工作能力，树业务精通、爱岗敬业、乐于奉献的奋发进取形象。

③精心组织，实效性凸显。2013 年，通州公路站先后组织 46 名执法人员分 2 批参加南通市公路处“五项执法行动”三项考核。两次集中培训中，均以综合考评单位最高分勇夺第一名，有两名同志分获集训个人综合考评最高分。同年 12 月，选派优秀执法人员参加全市路政管理系统竞赛，荣获一等奖并代表南通处参加江苏省路政管理系统竞赛。实践证明，“三学三比三树”活动的扎实开展，进一步提升了“行政权力网上运行”信息化执法水平，确保了路政案件处理在中队、权力事项全部在网上运行、全过程网上办理。

3.建立体系，将职工教育培训常态化，让教育和培训越办越优

通州公路站的有效做法，在公路系统内引起了关注，南通市公路管理处于 2013 年出台《开展 4+X 全员学习培训的实施方案》，从体系上进行全面整合，将学习培训常态化，层面抬升到全市公路系统广大干部职工，且越办越好、越办越优。

①“4+X”成为职工常态化教育培训体系的核心。“4”是指年度全员参加四门必修课程的学习考试，一门一个专题，内容包括省市交通公路工作会议、时事政治、作风建设和基础业

务知识等。“X”含义如下:一是每年全市范围围绕中心工作合理安排1至2次集中培训考试;二是利用市公路处在线学习平台设置分门别类的选修课程,内容主要包括法律法规基础知识、路政管理业务技能、公路施工与养护知识、安全生产与管理知识、财务与审计业务技能、公文处理与写作、计算机应用知识、党建基础知识等。

②“干什么学什么、缺什么补什么”成为体系的“风向标”。全系统所有在职干部职工都需参与学习,增强自觉学习的意识。50周岁(不含)以下在职在编人员必须参加规定内容的学习考试,50周岁(含)以上自愿参加。市公路处统一制订培训计划,各职能部门按照“干什么学什么、缺什么补什么”的原则组织出题和提供备选题库,每季度组织全员必修课程的闭卷考试,各基层单位根据题库和自身情况制订培训方案,并组织集中培训或测试。同时,公路处按照业务类别开展多种形式的技能竞赛、岗位练兵和业务培训活动。

③学习考核成为职工教育培训体系的“推进器”。南通市公路处实行随机抽考的办法,组织对机关人员和下属各单位进行绩效考核。即市处每半年组织一次集中考试,每次考试按处机关和下属各单位人数的10%随机抽取人员到处闭卷考试。考试纪律严格,年度随机抽考平均成绩作为市处对基层单位学习考核的成绩,对应确定考核下达奖励性绩效工资总额,即单位平均成绩在90分(含)以上或高于全处平均成绩的,在绩效总量中按人均2000元标准核定年度学习考核奖励总额;单位平均成绩低于全处平均成绩的,按比例核减年度学习考核奖励总额。另外,考核成绩和排名作为本单位年度党建考核、星级支部评定的重要依据。考核成为基层单位加强职工教育培训的“推进器”,为取得好成绩,各单位均先行制定学习考试考核办法,组织对全员进行分段学习和考试考核,确保被抽考人员能够在考试前复习即能参加考试。

四、对公路职工教育培训常态化的几点思考

南通市公路“4+X”全员学习培训模式,提高了职工的政策理论水平、思想道德素质和业务工作能力,但要牢固树立“重视学习、自主学习、终身学习”理念,形成“善于思考、勤奋工作、创新创优”的良好风气,还需要我们作进一步的思考。

1.进一步强化培训体系的连贯性

没有培训不成体系,这不仅表现在培训时间和培训内容上,还表现在培训的连贯性上。有些单位培训考试了一两次后,下一次培训就不知道什么时候开展,“小体系”尚未健全,遇到迫切需要培训的内容才组织培训。为此,要坚持制订“培训计划”,定时组织人员每月或每季度进行培训并组织考试,将培训时间、培训内容以及培训的连贯性综合考虑在内,什么时间培训,培训什么内容,都要有计划,同时应将考试成绩与个人年终考核挂钩,以确保培训效果。这样成体系的培训计划,有利于受训人员建立起经常性培训、长期培训甚至终身培训的思想,而且比零散式培训将更加有效。

2.进一步建立健全培训考核制度

将考核成绩计入个人业绩,直接与评先评优或绩效工资挂钩。坚持做到培训纪律严、考核验收严、执行奖惩严、执法监察严,对一定期限内没有达到培训学时或相关专业技术标准的,或没有达到培训目标的,落实惩戒措施。同时,要完善培训激励制度,使培训成为一种待遇、一种奖励、一种荣誉,目的不仅仅是为了加强培训的效果,也是为了从思想和态度上转变

职工们对培训的看法，从而使其更加重视培训，才能让培训常抓常新，长久地坚持下去。

3.进一步坚持教育与学习的齐动

学习培训应在继承优良传统、总结经验基础上，进一步解放思想，探索新路子，使培训工作更好地适应形势发展和公路管理队伍建设的需要。一要讲究方法，在形式上追求多样化。要避免那种“如雷贯耳”的强制性、灌输式教育，倡导“润物细无声”的渗透教育方式，使广大干部职工在潜移默化中接受教育；二要增加理论学习的“自选动作”，减少“规定动作”，把个人自学与集体辅导、专题讲座等有机结合起来，探索不同的培训途径，使日常培训工作与职工岗位需要相一致，确保职工学有所用，增强培训的实效性；三是增强学习培训的针对性，单位主要领导的教育培训注重政策理论，以增强宏观把握能力和决策分析能力，提升驾驭全局的能力。中层干部教育培训注重联系实际，重点学习业务管理知识、管理方法、执行力等，提高对工作的有效执行。普通职工重点是岗位培训，按照岗位规范要求，主动参与到各类专业理论学习活动中来，变“要我学”为“我要学”，变“被动学”为“主动学”，争当行业规范和工作规程的践行者。

五、结语

公路职工教育培训常态化，必须是培训体系的连贯、考核制度的健全、教育学习的齐动，全行业要在继承优良传统和总结经验基础上，进一步解放思想，探索新路子，使培训工作更好地适应形势发展和公路管理队伍建设的需要，使培训形式更具多样性、实效性、针对性，推动政治理论学习、业务技能学习和管理艺术学习，保证广大干部职工学有所思、学有所悟、学有所用，为公路行业可持续发展夯实基础。

二等奖

新形势下公路职工思想动态研究

洪立发

(河南省交通运输厅公路管理局)

摘　要　随着公路体制机制改革的不断深入,广大干部职工的思想观念、精神面貌和行为方式都发生了深刻变化。本文分析了新形势下公路职工的思想动态及当前思想政治工作中存在的不足,并从强化导向力、提高向心力、增强感染力三个方面,提出加强和改进思想政治工作的应对之策。

关键词　思想动态　思想政治工作　问题　对策

一、引言

改革开放以来,随着我国市场经济体制的不断完善和国民经济的迅猛发展,公路行业广大干部职工的思想观念、精神面貌、道德水准和行为方式都发生了深刻变化。当前正处于各项改革的关键时期,职工的思想和心态直接影响到单位的和谐稳定和整个行业的健康发展。为更好凝聚人心、激发动力,思想政治工作也必须坚持与时俱进,在继承中创新,在开拓中前进,只有这样才能为公路行业的健康稳定发展提供强大的精神动力和思想保证。

二、新形势下公路职工思想动态现状

总体来看,目前公路行业职工队伍思想比较稳定。广大干部职工真心拥护党的领导,拥护改革开放政策,工作兢兢业业、乐于奉献。然而,随着各项体制机制改革的不断深入,也不可避免造成部分职工思想上出现波动,主要表现在以下几个方面。

1.思维方式多元化

改革开放的不断深入,特别是社会主义市场经济体制的确立和不断完善,在解放了人们思想的同时,也改变了人们的思维方式,即从封闭式思维转向了开放性思维,从单向惯性思维转向了逆向超常规思维,从非此即彼的判断性思维转向了亦此亦彼的思辨性思维。总的趋势是干部职工思想渐趋成熟,喜欢独立思考、另辟蹊径,遇事爱问为什么,而不再是说什么就听什么、信什么,这就为做好当下思想政治工作提出了诸多挑战。

2.道德标准模糊化

社会经济的快速发展,使传统的道德观念、道德标准受到了极大的冲击。传统道德倡导节制个人私欲,舍利取义,而市场经济奉行的是平等竞争、等价交换和主体利益原则。这就造成部分干部职工个人主义思想抬头,道德观念和衡量标准变得日益模糊,现在谈理想、讲信仰的人少了,关心政治、热心政治理论学习的人少了,讲社会奉献、关心集体利益的人少了。对此，我们应充分重视，正确分析引导，才能化消极因素为积极因素。

3.价值取向趋利化

随着经济中心意识的建立和巩固，人们的价值取向也发生了根本性的变化，逐步由政治目标化趋向经济利益化，这虽然对促进社会生产力的发展有着重要意义，但也使部分人片面追求物质利益，滋生拜金主义，这种思想在公路职工中也不同程度地存在。另外，公路体制机制改革的不断深入必然会触及部分人的利益，有的职工对改革认识不到位，有抵触情绪，工作积极性和敬业精神减退，这些倾向不能不引起我们的高度重视。

三、当前思想政治工作中存在的不足

长期以来，公路行业广大思想政治工作者紧紧围绕公路中心工作，在凝聚人心、激发干事创业动力方面做了大量卓有成效的工作，但与当前形势任务相比，我们的思想政治工作还存在一定差距和不足，主要表现以下几方面。

一是对思想政治工作不够重视。公路行业因其特殊性，很多单位的领导把更多的心思和精力都放在了业务工作上，认为思想政治工作是虚的，是软指标，可有可无，可做可不做，没有充分调动起干部职工的积极性和创造性。二是缺乏科学的规划。思想政治工作应该是横向到边、纵向到底、党政工青妇齐抓共管的立体式工作体系，但有的单位对思想政治工作没有长远的规划，没有前瞻性。往往就事论事，发现问题才去事后处理，头痛医头、脚痛医脚，缺乏针对性和预见性。三是缺乏渗透力和感召力。一些单位虽然搞了不少教育和活动，但往往是“上头热，中间温，下层在应付”。思想政治工作犹如“沙滩流水不到头”，真正深入到干部职工中去的不多。四是和谐单位建设不到位。有的单位领导与领导、领导与下属、同事与同事之间表面上看起来很“和气”，实际上是一团“凝气”，处于一种凝滞、凝固的状态，缺少真诚的交流与互动。有的单位民主评议党员、民主生活会年年搞，却往往是走过场，缺乏心灵的沟通。

四、做好新形势下思想政治工作的对策

做好新形势下公路职工思想政治工作，最根本的就是坚持以人为本，把教育人、尊重人、关心人、成就人作为思想政治工作的出发点和落脚点，对干部职工进行人性化教育。具体来说，可以从以下几个方面着手：

1.突出“教育引导法”，强化思想政治工作的导向力

理论是行动的先导，思想政治工作的根本任务和最终目标是培养和造就有理想、有道德、有文化、有纪律的新型干部职工队伍。因此，要把理论教育作为思想政治工作的先导，用科学的理论武装干部职工的头脑，提高其政治理论素养。一是制订科学的工作计划。思想政治工作如果没有科学的计划，只能是“东一斧头西一榔头”，疲于应付。制订思想政治工作计划，必须是在服从、服务于中心工作大局的前提下，根据单位职能特点和各个阶段的任务要求，通过事前的调查研究、科学预测，做出实事求是的周密部署和具体安排，对于实施过程中出现的新情况新问题也要有应对措施，灵活机动处理。二是规范学习教育。要结合当前正在开展的“两学一做”学习教育，通过理论宣讲、辅导报告、学习研讨等形式，组织干部职工

系统深入学习习近平总书记系列重要讲话精神,学习党的最新理论成果,把思想和行动统一到上级的各项决策部署上来,把智慧和力量凝聚到各项工作上来,切实维护好公路改革发展稳定的大局,发挥基础支撑作用。三是加强典型示范。榜样的力量是无穷的,用身边的先进典型教育干部职工,比说理教育更能服人。要积极开展学习"感动交通十大人物"活动,在行业内营造爱岗敬业、乐于奉献、积极向上的氛围。要注意挖掘让干部职工看得见、摸得着的先进人物和先进事迹,充分引起广大干部职工的共鸣,从而达到"拨亮一盏灯,照亮一大片"的效果。

2.实施"关爱感召法",提高思想政治工作的向心力

干部职工的思想问题,往往与实际问题交织在一起。做好新形势下公路职工思想政治工作,不能只停留在简单的灌输和空洞的说教上,必须切实关心关爱干部职工,主动为他们想办法、办实事、解困难。一是注重"关心爱护"。思想政治工作要坚持实打实,力戒空对空,要把解决思想问题同解决实际问题结合起来,为干部职工送去关心和爱护,使思想政治工作达到"春风化雨""润物细无声"的效果。同时要注意处理好教育引导与关心爱护的关系。只讲奉献、牺牲,不为干部职工解决实际问题,思想政治工作必然陷于软弱无力的境地;过分地强调关心爱护,不注重正确的引导,也将会陷于无原则的状况。二是坚持"情理交融"。所谓"情",就是在做干部职工的思想工作时,要真诚以待,开诚布公,将心比心。所谓"理",就是要充分说理,讲深讲透。比如在与职工谈心谈话时,既要毫不隐讳地指出缺点、错误,引导其自省、自警,又要发现其优点和长处,给予表扬和褒奖,鼓励其发扬光大。这样才能使受教育者心服口服,使思想政治工作达到"精诚所至,金石为开"的效果。三是贯彻"疏堵结合"。就是要将制度、纪律的刚性与思想政治工作的柔性有机结合起来,既要用先进的理论和思想作疏导,又要有严明的纪律和制度加以约束。片面强调制度、纪律,偏废了思想政治工作,就会显得人情味缺乏,干部职工就容易产生思想疙瘩;反之,如果过分地强调思想政治工作,偏废了制度、纪律,那么思想政治工作成效也将大打折扣。

3.采取"活动熏陶法",增强思想政治工作的感染力

思想政治工作是一项有血有肉的工作,要注意采取灵活多样的形式,充分运用现代科技手段,做到寓教于乐、寓学于乐、寓理于乐。一是深入开展主题实践活动。要结合形势任务和单位的职能特点,组织开展一系列的主题实践活动,帮助干部职工树立正确的世界观、人生观、价值观,教育引导干部职工坚定政治立场,明辨大是大非,模范践行社会主义核心价值观,做社会道德的示范者、诚信风尚的引领者、公平正义的维护者。二是广泛开展丰富多彩的文体活动。要针对新形势下干部职工对文化需求多样化的特点,经常组织开展形式多样、生动活泼、健康有益的文体活动,既可以丰富干部职工的文化生活,提高文化品位,又能让大家在自娱自乐之中,开阔视野、增长知识、陶冶情操,使思想政治工作达到事半功倍的效果。三是注重利用现代科技手段。要注意把传统的宣传教育模式与现代大众传媒手段结合起来,综合利用互联网、手机等新媒体和微博、微信等平台,以声、色、光、影等多种现代化手段,用干部职工特别是年轻职工们喜闻乐见的形式,传递"好声音",传播正能量,不断提高新形势下思想政治工作的有效性。

五、结语

习近平总书记指出,“思想政治工作从根本上说是做人的工作”。做人的工作,既要理解人、关心人、尊重人,更要培育人、塑造人、发展人。只要遵循思想政治工作的客观规律,正确分析新形势下公路职工的思想政治现状,认真及时总结当前思想政治工作中好的经验做法,并审时度势、因材施教,坚持加强政治理论学习打牢基础、注重解决实际问题凝聚人心、开展丰富多彩活动,寓教于乐,公路职工思想政治工作就能够取得实效。

二等奖

论新形势下公路职工思想动态

李　欢

(云南省公路局德宏公路管理总段瑞丽公路管理段)

摘　要　改革开放30多年来,经济高速增长,我国经济发展进入新常态,随着现代化建设和小康社会的深入推进,面对着机动车保有量激增、公众出行需求变化的新形势,公路交通已成为对人们生产和生活有着一定影响的行业。伴随着交通部门体制改革的不断深入,公路养护单位的体制正发生着深刻变化,冲击着职工的思想,自身价值、物质待遇等问题成为影响职工思想主流因素。思想动态则在一定程度上反映了人的素质与能力,反映了整个单位的人才质量和发展前景,因此在新形势下做好职工的思想动态工作显得格外重要。

关键词　职工　思想动态　原因分析　解决办法

一、引言

在当前的新形势下,如何加强养护职工队伍的思想教育和引导,实现公路的和谐稳定发展,成为做好职工思想教育工作重中之重。要适应这些变化,一方面要实施科学化、规范化的管理,注重制度建设;另一方面还要坚持以人为本的原则,改进和加强思想教育工作,以达到统一思想、化解矛盾、凝聚人心的目标,让职工有一个健康的思想、良好的心态,使职工真正感受到"快乐工作,幸福生活"的真谛。

二、当前职工思想动态呈现的特点

1.绝大多数职工思想稳定,对行业前景充满信心

纵观当前公路养护职工队伍思想状况,应当说主流是好的,大多数职工具有正确的理想信念,对公路养护事业充满信心,对行业前景、单位环境、人际关系、工作生活持乐观向上的态度,并希望把公路养好,取得良好的收入,赢得社会的尊重,使自己从中受益,工作中也具有较强的事业心和责任感;职工对单位的未来发展也是充满信心,虽然在社会不断快速发展的过程中,可能会遇到困难和挫折,在触及个人利益时,多数职工表示会正确对待,能以平和的心态去正确对待改革,以积极求变的态度去主动适应新形势下公路养护工作,以实现单位的效益和个人价值最大化。然而当深入挖掘时,不难发现,部分职工的价值取向存在着不容忽视的问题,主要表现以下三个方面:一是少部分职工政治思想观念不强,大局观念、集体意识淡薄。主要表现在遇事不能从大局出发,凡事都从个人或小团体的利益着想,有利益就积极干,没有利益或利益少时就靠边站或消极地应付差事,缺乏奉献精神。二是少部分职工缺乏主人翁意识,艰苦创业、自我奋斗意识淡薄。主要表现为在新形势下,一旦某些政策不符

合自己的利益时,便牢骚满腹,消极对待工作。三是少部分职工存在着严重的信仰危机,创新意识、危机意识不强。主要表现在缺乏人生的远大目标,只满足于完成任务拿到工资或待遇,工作中不求进取,无创造性,基本处于混日子状态。

2.职工的工作压力和精神压力与日俱增

目前,大多数从事公路养护工作的职工表示工作量没有减少,工作压力和精神压力与日俱增,造成这样的问题有以下几个方面:一是多数职工认为目前单位存在的突出问题是劳动强度大和收入差距过大。目前,面临着社会物价高、房价高等现状,大多年轻职工面临着结婚生子买房的情况,导致生活水平一直不能提高,而当前单位招工也没有大规模的实施,退休职工连年增加,从事公路养护的人数越来越少,而工作量没有减少,职工处于超负荷工作状态。二是养护职工的工作地点较为偏僻,工作方式较为单一,伴随着劳动强度大、收入低的情况,还有以强压态势出现的各种各样的检查考核,一线养护职工承受着来自体能和心理的双重压力,身心疲惫。各方面原因导致公路养护职工回家团聚的时间减少,职工普遍认为缺乏幸福感。三是横向对比的心态过强。相比起其他行业的,公路养护现行的职工工资收入居中下水平,而且还普遍存在"两高一低"的思想:收入不高、社会地位不高、自己感觉低人一等,导致了职工的悲观思想。四是工作条件艰苦和工作任务艰巨,压力过大。以姐勒公路养护管理所为例,随着社会的发展车辆日益增加,公路养护工作任务压力大,加之职工退休人数增多,其养护人员编制却没有增长,增加了养护职工的和思想压力。

3.职工期望丰富业余文化生活

从对本单位的职工来说,职工都是需要追求幸福生活的,就如单位提出来的"快乐工作、幸福生活"的工作理念一样。职工对参加本职工作以外的活动较感兴趣,他们一方面希望通过业余活动减轻来自工作和生活的压力,一方面却又感到工作劳累、没精力参加。因此职工在工作与业务生活就会存在冲突。单位应结合目前的生产工作实际,贴近一线职工,组织一些喜闻乐见、职工能广泛参与的活动,通过多种形式的文化体育活动,缓解释放压力,增强职工之间的沟通协调,提高单位凝聚力。

4.职工希望将人性化管理工作落到实处

伴随着改革开放的不断深入,职工个人的思维方式也在发生变化,职工个人意识形态也越来越强,加之全社会都在倡导人性化管理,职工精神层面的东西越发体现出来。职工希望领导能多倾听一些职工的呼声,能将制度化管理与人性化管理相结合,不要以罚代管,职工渴望实现真正意义上的以人为本抓管理,渴望解决关系职工切身利益的实际问题,将人性化管理工作落到实处。

5.职工对思想政治工作的期望和要求越来越高

思想政治工作是单位管理不可或缺的部分,适时、恰当地做好思想政治工作,能起到凝聚人心、鼓舞士气的作用,能够引导职工正视困难和问题,从而释放工作和生活中的压力。多数职工认为单位开展思想政治工作很有必要,思想政治做好了能起很大的作用。但在认为有必要的同时,职工对思想政治工作存在一种逆反心理,整体的思想政治教育工作存在死板、形式僵化的特点,职工在接受思想政治教育没有外化于行,仅是带耳朵一听而过。面对与日俱增的压力,职工或多或少都有些思想上的问题,党群部门应加强与职工的沟通联系,切实为职工解决实际问题。

三、职工思想问题产生的原因分析

当今社会是多元化的社会,单位的发展也是与时俱进的,职工思想必然具有多样性和复杂性,特别是面对当前的社会上的种种变革,职工利益诉求更加多元,个性化趋势越来越明显,职工思想更加活跃、更加集中、更加迫切。通过以上分析可见,影响职工思想产生变化的原因,主要有社会上的、单位上的,但更多来自身。我们研究当前职工队伍中的思想状况,深挖其思想根源和产生原因,才能够更加有针对性地对其加以引导,更为有效地做好职工思想政治工作、稳定职工队伍、化消极因素为积极因素。概括分析主要原因有三个方面。

1.职工的工作压力和精神压力较大

近几年公路系统没有大规模招工,养护的里程也越来越长,导致单位发展中人员后备力量不足,特别是一线养护职工不能得到相应的补充,因此在职工紧缺的情况下,导致大部分职工超时、超量工作,工作压力也日益增大。

2.当前社会发展和公路养护事业的发展使职工思想活跃多样

随着全面深化改革不断深化,改革涉及各行各业的方方面面,涉及更深层次的利益调整,难免对职工思想和利益实现带来重大影响,少部分职工的心浮躁起来;另一方面,工作技术工种不断增多,对职工的要求也越来越高,由于自身和社会的原因,导致部分职工的能力没有提高,缺乏应有的危机意识。

3.思想教育工作不能与时俱进

当前社会正处在快速发展中,各种矛盾错综交织,而公路养护部门属于生产单位,工作生产繁忙,一些职工思想出现多样性、差异性、独立性等特点,职工中出现的思想问题若不能及时发现、研究分析、梳理疏导、解疑释惑,会积累一些思想矛盾和问题。在固有的模式下采取说教的思想教育方式,用大道理、高深的理论等方式进行教育,而职工看到、思考到的东西与现实有时合不起拍,使他们从心理上产生排斥感,从而达不到预期的目的。

四、公路职工队伍思想现状解决办法

在全面建设小康社会的攻坚阶段,在公路行业快速发展的重要时期,抓好职工的思想工作势在必行,必须进行创新和改进,以增强责任感、时代感,加强针对性和实效性,引导职工适应新形势,凝心聚力谋发展,从而使思想政治工作始终充满生机和活力。单位的领导人只有深入持久地开展思想教育工作,把握时代脉搏,科学研判,真正关心职工,亲近职工、深入到职工之中去,想职工之所想,解职工所难,才能激发人的凝聚力、创造力、破解和消除发展路上的障碍和阻力,稳步推进公路行业的健康发展。

1.加强教育和引导,统一职工的思想和行动

①加强职工敬业精神的培养。当前,随着市场经济发展,单位也正面临着新的改革,应及时地关注职工情绪,继续通过正面宣传、教育和引导,理顺各种不良情绪,不断增强职工的责任意识和大局意识,及时将职工的思想观念、价值观念和行为准则统一到单位发展上来。近年来,瑞丽公路管理段以树立公路好形象、劳动竞赛、“五比五看”等活动为载体,培养职工的敬业精神,教育引导职工为自己的工作感到骄傲和自豪,树立起“养好公路就是提升自我价值的有效途径”的理念,把培养敬业精神贯穿到思想教育中,让职工尽职尽责地干好自己

的工作，赢得社会的尊重。

②把思想教育工作渗透到各项工作之中。思想工作必须依靠形式多样、受职工欢迎的载体，与职工的物质和文化生活紧密结合起来，使职工从中受到教育、陶冶情操、提高素质。近年来，根据公路养护的实际情况，把职工教育与“三严三实”和“忠诚干净担当”“两学一做”、学习型党组织、学习型党员、党总支理论中心学习组、创建文明单位、青年志愿者、学雷锋志愿者、党风廉政教育等作为思想工作的主要载体，把思想工作与单位各项工作有机地结合起来，使得每一项工作开展到哪里，思想工作就跟到哪里、在哪里发挥作用。

③充分发挥领导干部的示范作用。领导干部率先垂范是最有效的思想工作。实践证明，领导干部的一言一行有着极大的号召力和影响力。没有一流的领导班子，就带不出一流的职工队伍，更创不出一流的工作业绩。俗话说：“行不正则民不服”。这也深刻地揭示了领导干部的榜样作用。如果一个单位的领导干部要求群众艰苦奋斗，拼搏创业，自己却争名利、搞特权、比享受，这就必然直接影响思想政治工作的效果，影响职工情绪。若单位在面临困难，发展遇到阻碍时，单位领导干部能以身作则，敢于担当，表率作用是最好的思想动员，就等于把思想教育工作渗透到工作中。同样地，在平时生活中，领导干部能以廉洁的形象做出表率，职工自然而然会被领导干部所影响，从而做到知行合一。

2.切实为职工解决实际困难，实施人性化管理

①以人为本，把解决思想问题同解决实际问题紧密结合起来。只有尊重职工的民主权利，落实职工的知情权、参与权、表达权和监督权，调动职工参与管理的积极性，才能让职工勇于建言献策。因此，单位应该时刻以职工利益为出发点，尊重职工，为职工解决实际困难，把思想问题和解决实际问题相结合，这样更有利于思想工作的开展。从总体来看，职工的思想问题主要与物质利益有关，思想工作就是要引导职工如何去正确认识整体利益和个人利益的关系，如何去理解政策的规定，在执行政策与职工利益相冲突的情况下，单位应采取灵活多样的方式和方法，赢得职工的理解和支持。比如每年召开的职工代表大会，单位就会针对职工普遍关心的问题，如年度工作计划、事关职工利益的改革方案、长远规划等都会经职工代表讨论后通过执行，以此达到帮助职工消除顾虑、提高认识、转变观念的目的。

②把思想教育工作与公路养护生产工作实际紧密结合。公路养护部门通常存在生产任务重、工作压力大、人员紧张的情况，保护、调动和发挥职工的工作积极性非常重要。例如，单位在给基层安排工作时，不应以命令的方式强压给基层，而应经常深入一线，广泛听取职工最真实的心声、意见和建议，这种贴近职工的管理才不会引起职工的逆反心理。当前，瑞丽段经常会通过深入基层与职工交心谈心的方法，面对面听取来自基层职工的意见和建议，结合实际下达工作任务。对于职工存在的不足或出现的差错，单位也不是一味地批评或简单地以经济处罚了事，而是帮助职工分析问题、解决问题、改正问题，同时也下大力气为职工解决工作、生活、学习等方面存在的问题，想方设法为职工添置公路养护机械设备，减轻劳动强度；为职工订阅各类养护书籍、书刊杂志等，改善工作环境，购置体育设施，加强基层职工素质锻炼，以增进职工的归属感和自豪感。

3.做好心理疏导和减压工作

针对职工有工作压力和精神压力的问题，单位管理人员应重视做好职工的心理疏导和减压工作，通过多种形式，把思想教育工作深入到工作中，延伸到工作时间以外。近年来，瑞

丽公路管理段通过教育、文化体育活动、宣传等方式,营造了良好的思想教育氛围。一是通过理论学习的方式,以全段职工为教育对象,以党的方针政策、党章党规党纪为主要教育内容,将“三会一课”、道德讲堂、心理健康教育贯穿到思想政治教育当中,通过“善行义举榜”把身边的感人事迹和先进典型发掘出来,用先进模范人物进行典型引导,以身边的先进事迹激励人、感召人、鼓舞人,帮助全段职工树立正确的人生观、价值观和世界观。二是通过文化体育活动的方式为职工舒缓压力。单位在段机关、基层所站建立起职工书屋、娱乐体育活动场所,为职工提供在业余时间学习、娱乐、体育活动场所,同时利用三八妇女节、五一劳动、五四青年节、中秋等节日,组织职工开展各类寓教于乐、积极向上的活动,使职工的工作压力和精神压力得以有效缓解,激励职工树立良好的心态。三是通过宣传的方式对员工加以正面引导。单位在办公大楼、体育活动场所等地设立宣传栏,并利用微信、QQ、公众号等新型媒体,适时向职工宣传一些国家政策、党风廉政建设、心理健康和与生活息息相关的知识,以正面导向,陶冶情操,提高素质。

五、结语

面对新变化、新格局和新业态,职工的各种思想方面的问题层出不穷,需要我们对思想工作进行重新定位,用发展的眼光和更加人性化的管理模式,正确分析职工的心理,在观念、方法、内容等方面坚持创新。作为单位主要领导人,就必须清醒认识到当前职工队伍思想现状,高度重视思想教育工作,运用“紧密联系群众”这一方法,深入基层查找出各种消极、颓废、浮躁和不思进取的思想产生的根源,从而有的放矢地做好职工队伍思想教育和引导工作,为公路养护事业打造一支能干事干好事、忠诚干净担当的职工队伍,全面开创公路事业跨越发展新局面。

二等奖

公路人的“四个现代化”实现路径研究

吉军晓

（江苏省扬州市公路管理处）

摘　要　现代化的核心在于人的现代化。本文用历史和现实的眼光，从交通公路行业的角度，尝试阐述人的现代化的重大意义，介绍公路系统人的现代化取得的成效和面临的问题，从如何实现思想观念现代化、能力素质现代化、行为方式现代化和社会关系现代化四个核心方面，就推进公路人的现代化提出了具体的对策和建议。

关键词　公路人　现代化　意义　实践　路径

一、引言

当前，我们国家正走在实现中国梦、建设中国特色社会主义的伟大历史征程中。《江苏交通运输现代化规划纲要（2014—2020 年）》也已经交通运输部和省人民政府同意印发实施。扬州交通和公路部门作为全省交通运输现代化的试点城市，担负着更多的先行先试任务。加快公路现代化建设已经成为当前公路行业的奋斗目标和发展主题。

在现代化进程中，人既是实践主体，也是价值主体，更是终极目的。现代化的核心在于人的现代化，没有人的现代化就没有真正意义上的现代化。为此，要深刻认识十八大关于建设中国特色社会主义、促进人的全面发展的一系列重要论述和部署，把人的全面发展摆到更为紧要的战略地位，积极探索一条以人的现代化为核心的现代化新路。本文试从公路行业的角度，对如何实现公路从业人员的现代化作一些研究。

二、公路人现代化的重大意义

1.历史的经验教训证明人的现代化不容忽视

中华民族有着五千年的悠久历史，古代文明较为发达。但是在腐朽的封建统治时期，以天朝上国姿态，闭关锁国，错过四次科技革命发展的良好时机。一部中国近现代史，就是一部中国屈辱史、血泪史，更是中国共产党带领全国人民抵抗外族侵略，寻找光明、以实现国家独立和富强的历史。而同样是封建统治的日本明治政府、沙皇俄国却能发展成为列强，归根结底还是这些国家的统治者相对开明、开放。历史的经验教训表明，人的现代化一旦被忽视或在这一问题上有所迟疑、滞后，必然带来巨大的危害与祸患。中国人如果不想再自酿苦果，就必须正视现代化进程中的这一突出问题，重视人的现代化。

2.公路养护管理现代化离不开人的现代化

人的发展是一切发展的根本目的和力量源泉，各个行业率先基本实现现代化需要人的全面发展来引领和带动,要以人的现代化来支撑和保障。当前,国内发展黄金期和矛盾凸显期并存,改革进入攻坚期和深水区。交通公路事业正处于全面推进发展方式转变、向率先基本实现现代化迈进的关键时期。只有公路人完成了现代化改造,才能更好地转变思路,加快推动公路交通发展由主要依赖自然资源向更加依靠人力资源转型;才能有博大的胸襟、开阔的思路来实现创新发展,人们才会以饱满的斗志投入到公路的现代化建设中。这一点,对社会主义建设的所有行业都是一样的。

3.在公路行业推进人的现代化具有特殊紧迫性

考察世界现代化发展的历史进程可以发现,人的现代化与社会现代化的发展之间往往呈现出不平衡性,最常见的是"人的建设"滞后于"物的建设"。在公路行业,这一点尤其明显。经过十余年的快速发展,我国交通基础设施建设取得了举世瞩目的成就,公路,尤其是高速公路,建设水平与世界最发达国家相比毫不逊色,甚至处于领先地位。但与此不相称的是,我国公路的运行效率、管理水平还不尽人意,与人民群众的要求还有较大差距。其主要原因是管理者、使用者的素质不足,人的现代化处于较低的水平。按照木桶理论,公路人的素质是公路事业的短板,只有补齐,才能发挥公路建设投资的作用。

4.人的现代化是增强个人幸福感的重要前提

在全面建成小康社会的今天,人的现代化是个人身心健康、人格健全的重要标志,也是促进个人发展的有力精神手段。个人只有拥有与社会发展要求相适应的思维方式、价值取向、精神风貌、行为方式,才能始终保持理性的头脑、平和的态度,正确处理人自身、与他人、与社会、与自然的关系;正确看待成功,从容面对失败和挫折,不断进行自我身心调适,改造自我、悦纳自我,才能在社会发展的过程中实现自我发展,追求个人的幸福生活。如果一个人总是处于消极、颓废、落后、悲观的社会氛围或是自身拥有这样不思进取、安于现状的思维方式,定会影响个人的身心健康和发展前途。

三、人的现代化的定义

关于人的现代化的定义,有学者从整个人类的角度出发,认为人的现代化指的就是整个人类状况的现代化,或指国家的国民、民族的族群现代化。也有学者认为,人的现代化,就是人走向现代化的过程,也就是同阻碍其发展的各种因素相抗争,摆脱各种自然力量、社会力量的束缚,谋求人的全面发展的过程。也有学者认为,"人的现代化是指作为社会主体的人所具备的与现代社会相适应的思想观念、价值取向、道德水平、精神境界、思维能力、心理特征、文化心态、科技意识、劳动技能等的各种素质的总称。"

关于人的现代化的特征,各个学者更是仁者见仁,智者见智。英格尔斯在《人的现代化》一书中,归纳出了一个现代人的12个特征:①乐于接受新的生活经验、新的思想观念和新的行为方式;②接受社会的改革和变化;③思路广阔,头脑开放,尊重并愿意考虑各方面的不同意见、看法;④注重现在与未来,守时惜时;⑤强烈的个人效能感,对人和社会的能力充满信心,办事讲求效率;⑥重视有计划的生活和工作;⑦尊重知识;⑧可依赖性和信任感;⑨重视专门技术;⑩对教育的内容和传统智慧敢于提出挑战;⑪相互了解、尊重和自尊;⑫了解生产和过程。

分析比较以上观点,虽然角度不同,但仍具有共同点:①人的现代化是涉及诸多方面全方位的复杂的社会系统工程。②人的现代化就是实现从传统人到现代人的转化,全面提高人的素质。③有关现代人的特征可以表述为四个方面的核心内容:思想观念现代化、能力素质现代化、行为方式现代化和社会关系现代化。

四、公路系统推进人的现代化的实践

近年来,随着公路事业的不断发展,公路行业的人才队伍建设也采取了多方面的措施,取得了许多重大的成果和进步。主要表现在以下四个大的方面(这里以作者所在单位扬州市公路管理处为例)。

1.公路改革和发展促进了公路人思想观念的转变

随着市场经济的加速发展,公路系统事企分离、管养脱钩、费改税、收费站撤销等一系列改革的不断推进,广大公路人在计划经济体制下的闭塞思维被不断打破,改革意识、开放意识、效益意识、创新意识、学习意识不断增强,科学技术和人才得到前所未有的尊重和重视。以人为本、低碳、环保、节约等新的行业发展理念不断深入人心。

2.人才引进和选人用人提高了公路队伍整体素质

扬州公路部门积极实施人才兴路战略,加大人才引进力度,近几年每年新进大学生均达到 15 名左右。通过“绿扬金凤”计划引进了首名博士人才。加大干部的轮岗交流和选拔任用力度。“十二五”以来,多次组织各类竞争上岗,提拔了一大批副科级以上干部,建设了一支数量充足、素质优良、善于创新的专业队伍。路政执法人员文化程度均在大专以上。

3.行业文化建设凝聚了公路队伍的精气神

确立更好地为公众服务的核心价值观,积极开展各类公路文化建设活动,开展扬州公路精神大讨论,凝聚了共识,树立了形象。加大培训力度,通过采取集中学习、互动讨论、专家授课、考试测验、有奖征文、巡回演讲等各种形式,使公路文化“落地生根”,行业核心价值理念体系深入人心。

4.行业文明创建优化了公路行业的社会关系

在全系统深入开展文明创建活动,各基层单位全部达到市、厅级以上文明单位创建目标。通过党的群众路线教育实践活动、“三下三联三交”“三严三实”教育等活动,改善了公路行业的党群关系,提升了党的形象。坚持开展争先创优劳动竞赛,不断激发全系统干部职工“有排头就站,有红旗就扛,有第一就争”的争先创优精神,一批先进集体和先进个人受到部、省、市表彰,产生了数名省、市级劳动模范。

五、公路人现代化建设存在的问题

作为由传统模式向现代模式转变的发展阶段中的“过渡人”,公路人的现代化建设依然存在不少问题,除了历史和客观因素导致的学历、年龄、结构等方面的外部问题,思想意识等内部的问题更为严重。

1.自我认知迷茫

不少同志看不到自身存在的不足,看不到行业发展与外界的差距,或者看到了差距,也找不到出路,又缺少“而今迈步从头越”的志气。受传统观念影响的平均主义观念、重权轻法观念、按资排辈观念、僵化保守观念、轻知识重经验等相对落后的观念依然存在,风险意识、忧患意识、市场意识不强。

2.学习流于形式

虽然制定了单位学习制度,经常组织有关培训,但相当部分职工思想上对学习还不够重视,能够坚持学习政治理论和业务知识的较少。各级主管部门在学习方面对下属单位和干部提出了很多具体要求,但督办检查指导较少,学习效果并不明显。

3.进取意识不强

由于公路部门流动性很小,一些干部职工认为公路行业是“铁饭碗”,吃大锅饭思想严重。一些党员干部自认为“资格老”,自我标榜政治上无所求,不思进取,放松对自己的要求。尤其是提拔无望的,工作更是得过且过。

4.纪律散漫松弛

上班迟到、下班早退甚至不在岗,不请假不汇报就离岗;工作或开会时开小差、打瞌睡,上班时间上网聊天、购物、玩游戏、炒股票;纪律松弛,办事拖拉,敷衍塞责等等现象在公路部门仍然存在。

出现这些现象,除了干部职工自身的因素外,组织上的问题也是重要原因:一是制度建设滞后。虽然制定了不少的制度,但真正有效的培训机制、奖惩机制、竞争机制、激励机制、流动机制不多,无法调动人才的积极性和创造性。公路行业对公路人的理解、尊重、关心、保护力度还有待进一步加强。二是管理监督上的缺位。现代强化监督的科技手段尚未真正用起来,在监督管理上还存在漏洞、缺口。厘清这些问题,有利于有针对性地推进公路人的现代化建设。

六、公路人现代化的实现路径

1.全面解放思想,推进公路人思想观念的现代化

思想观念的现代化,是指人的思想观念和心理状态从传统向现代的转化,是人的现代化的灵魂。鲁迅先生当年在日本弃医从文的原因,正是看到了国人如果思想愚昧,即使体魄再好,当革命者慷慨就义时,他们也只能充当麻木不仁的看客。当今社会思想观念的现代化,应当包括树立科学的世界观、人生观、价值观,弘扬与时俱进、改革创新的时代精神,培育现代公民的主体意识、竞争意识、责任意识、法治意识、可持续发展意识等等,然而这些正确的思想是从哪里来的?不是从天上掉下来的,也不是与生俱来的,它需要个人的学习与思考,也需要组织的培育和灌输。

①强化理想信念教育。理想信念就是人的志向。古人云:“志之所趋,无远弗届,穷山距海,不能限也。志之所向,无坚不入,锐兵精甲,不能御也。”在革命时期,无数共产党员为了党和人民事业英勇牺牲,支撑他们的就是“革命理想高于天”的精神力量。我们今天所从事的公路事业,虽然不需要献出生命,但做好工作仍要把精神的力量放在第一位。党员干部尤其要不断改造主观世界、加强党性修养、加强品格陶冶,时刻自重自省自警自励。

②培育最前沿的理念和眼光。公路人的现代化如果仅仅是跟上时代的步伐,能与世界接轨,还是不够的。真正的改革者,应当树立“开一代先河、引领时代发展的雄心壮志”。这就需要不断拓宽视野,不仅善于向世界最先进的国家、地区学习最前沿的管理经验和技术,更要善于研究自身的问题,根据自身的实际情况创造性地开展工作。要加强与公路同行的

交流，加强国际交流与合作，经常性组织到名校开展培训，建立经常性的交流和合作机制，不断更新思想意识，让公路工作常抓常新。

③多层次多渠道培养优秀人才。问渠哪得清如许，为有源头活水来。要建非常之功，必待非常之人。优秀人才的引进永远是最有效的改进队伍现状的办法。我们要根据交通运输现代化发展需要，对人才队伍建设进行科学分析和预测，研究制订人才发展战略和中长期发展规划。统筹推进各类人才队伍建设，实施创新团队引领计划、紧缺人才增量计划、管理人才提升计划、技能人才培训计划和青年英才开发计划等等，有效提升公路从业人员素质。

2.不断锤炼本领，推进公路人能力素质的现代化

一般来说，人的素质能力主要包括品质、体质、智能和潜能。有人曾说："不论采取什么制度，起决定作用的是实行这个制度的人的素质。"在现代社会条件下，人只有全面提高自身素质，全面发展各种能力，才能适应复杂多变的社会发展，才能更好地体现社会主义社会的本质要求。

①大力发展公路事业。根据马克思主义的思想，经济是一切上层建筑的基础。具有雄厚经济实力是解决一切社会问题最根本的条件。公路发展是公路人努力的结果，公路发展也为人才成长提供锻炼和实践的舞台，公路人的现代化最终需要表现为公路事业发展的实实在在成果。因此，我们需要不断提高公路发展预期，制定需要通过努力才能达成的目标，把大量的人才放到最艰苦、最困难的、最需要的地方去，让他们在公路发展的过程中不断锤炼，最终实现公路现代化与公路人的现代化相得益彰。

②建立和完善职工素质培训制度。教育是提高人的素质的根本途径，公路人的现代化进程同样缺少不了教育。公路事业发展不仅需要一批善于管理的优秀人才，也要能熟练地掌握岗位专业技能的普通岗位人员。我们要严格培训教育考核制度，建立严明的培训教育奖惩制度，用积极的手段调动大家参与到培训教育中来。积极开展各种学习活动，大力营造岗位自学成才的环境，树立一批自学成才的典型。

③正确选人用人。习近平总书记指出，用一贤人则群贤毕至，见贤思齐就蔚然成风。选什么人就是风向标，就有什么样的干部作风，乃至就有什么样的党风。公路部门各级党委及组织部门要坚持党管干部原则，坚持正确用人导向，坚持德才兼备、以德为先，努力做到选贤任能、用当其时，知人善任、人尽其才，把好干部及时发现出来、合理使用起来。树立强烈的人才意识，做到寻觅人才求贤若渴，发现人才如获至宝，举荐人才不拘一格，使用人才各尽其能。

3.全面改进作风，推进公路人行为方式的现代化

人的现代化既要内化于心，又要外化于行，即通过人的行为加以体现与反映。公路人行为方式现代化，要求人们在社会生活中采取积极、理性、文明的行动，积极而负责任地参与社会生活，参与团队工作。

一是护大局，善团结。要扭转"一个中国人是龙，一群中国人是虫"的论调。每一位同志虽然了解本单位、本部门工作的特殊性，但在同各级党委保持高度一致这个重大原则问题上，不能有丝毫含糊，不能各行其是，搞"选择性服从"，自定政策，自说自话，搞这样那样的变通(对组织决定如果有意见，可以通过组织程序发表)。自身决不搞结党营私、拉帮结派。能团结一切最大多数的同志，无论和自己有无"交集"、瓜葛，都能友好相处，共同为公路事业发

展施展才华,贡献力量。

二是讲民主,守法治。遇事善于听取、采纳各方面的意见,坚持民主集中制,决不独断专行。懂得组织运行的程序,明确自己的权限,重大问题该请示的请示、该汇报的汇报,不超越权限办事。更不违规用权、擅自越权。在推进公路部门依法行政、依法治路过程中,更要讲法律法规,讲程序,讲公平正义。

三是善创新,勇担当。创新不是目的,而是手段,公路工作创新,必须有利于公路通行效能的提高,有利于人民群众的出行。现代化的公路人必须敢于打破旧的框框,能处理好创新与继承、创新与规矩、创新与坚持的关系,传承精华、合理扬弃,决不能为创新而创新,更不能新瓶装旧酒。另外要勇于担当,对个人来说,要忠诚尽责,把责任扛在肩上,问题面前不回避、压力面前不躲闪、困难面前不推脱、挑战面前不畏惧;对组织来说,要敢于追责,对有责不担、有难不克的,对违纪违法、失职渎职的,要严肃问责、追责。

四是讲原则,有底线。把住道德底线,严守职业操守。坚守工作底线,按政策办事、按制度办事、按原则办事、按规矩办事。筑牢法纪底线,遵守政治纪律。党员领导干部不仅本人要守纪律、讲规矩,而且要管好自己的亲属和身边工作人员,不得默许他们利用特殊身份谋取非法利益。不能公私不分,把公权力用于回报私情;不能情大于法,因感情因素而有失公正;不能利压倒法,为谋取私利而罔顾国法。

4.弘扬优良传统,推进公路人社会关系的现代化

社会关系的现代化,就是要求在社会的多元化变革转型中,人们拥有广泛的政治参与;各种利益主体的需求能得到较充分的兼顾与满足,弱势群体享有越来越多的机会;社会阶层之间、区域之间、行业之间、利益集团之间的矛盾得到有效缓解和疏导,社会关系进一步趋于和谐等。

公路人的现代化不光是要实现个体的现代化,而且要使这一个体能够团结、影响、带领周围的人共同现代化。这个现代化的人,与周边的人、与广大人民群众的关系必然是和谐的,这样,这个现代化的先行者,才能够团结群众、带领群众走向胜利。这也是中国共产党最终取得胜利的根本原因。而历史上王安石、张居正等改革派虽然个人才华横溢,但最终改革失败,正是由于忽略了大部分人的感受,损害了普通民众的利益。

人的现代化离不开现代民族精神与民族文化的成长与互动。立足优秀的中华文化,更应当通过时代精神与民族文化气质的内在契合来丰富完善人们的精神世界,推进公路人的社会关系的现代化。

①以人为本。既然人是万物之主,一切典章制度和行为规范就都必须以增进人类的幸福为出发点,而不能以维护一部分人的利益为出发点,更不能为了一部分人而牺牲另一部分人的利益。这是道的标准,也是判断善恶的标准。儒家讲"正德、利用、非厚重",就是以人的幸福为目标行德治。法家最大的问题是把"富国强兵"作为目标,而设计的游戏规则经常是反人性的,这也是陈胜、吴广起义及秦国最终灭亡的原因。公路人的以人为本,要求我们努力践行"畅通主导,安全至上,服务为本,创先引领"价值目标,一切工作都要从更好地为公众服务出发。

②推己及人。社会是由人组成的,每个人都有自己的偏好和利益,这是人与人之间发生冲突的根源。如何减少这种冲突呢?孔子提出的"己所不欲、勿施于人"的"恕道",现在被

称为“黄金法则”。其核心思是每个人都应该尊重别人的偏好和权利，尊重别人的自由。这种尊重不仅是指要尊重精英、尊重领导，更要尊重普通人，这是建设现代国家的必须，是修身养性的必须，更是发展事业的必须。比如，在公路行政执法中，要善于站在当事人的角度和立场思考分析问题，充分尊重他们的合理诉求，尽可能兼顾与满足他们的需求，充分保护当事人的合法利益，有效缓解与疏导公路执法部门与行政相对人的冲突，使社会关系趋于和谐。

③互助相爱。互助相爱是我国许多思想家的共同主张。孔子将“仁”定义为“爱人”，“己欲立而立人，己欲达而达人”。墨子主张“兼爱”，所有人一视同仁。庄子虽讲“相濡以沫，不如相忘于江湖”，但仍然肯定“相濡以沫”就可贵的，只是认为自由和自立比依赖别人更重要。每个人生活在社会中都需要别人的帮助，都渴望得到别人的爱，相互仇恨导致冲突，谁都不可能活得幸福。想自己生活幸福，就要让别人也生活幸福。公路系统内部更要关心弱势群体、困难职工，帮助他们摆脱困境，促进内部和谐。

④诚实守信。言行一致是人类互助合作的基础，只有言行一致，人们才有稳定的预期，才有基于长远利益的行为，社会才能和谐。言行不一会搅乱人们的预期，使行为难以协调，必然导致社会冲突。现代博弈论则证明，诚信是个人的长远利益所在。一个人只有言而有信，才能得到他人的信任；只有人们重视信誉，才能走出“囚徒困境”，实现合作共赢。

七、结语

总之，促进人的全面发展、率先基本实现人的现代化，是公路行业发展的必然要求，是组织人事部门的第一要务、核心任务，也是一项宏大的系统工程。各级党委、组织人事部门作为人力资源管理的职能部门，就是要深入贯彻党的十八大部署和习近平总书记一系列重要讲话精神，以党的执政能力建设、先进性和纯洁性建设为主线，以培养选拔更多党和人民需要的好干部为重点，体现从严、创新、务实的要求，着力提升干部职工队伍的思想政治素养，着力弘扬优良作风，着力形成科学有效的选人用人机制，着力增强公路人才队伍的发展活力，全面提高公路人的现代化水平。

参 考 文 献

[1] 阿历克斯·英克尔斯.人的现代化素质探索[M].天津：天津社会科学院出版社，1995.
[2] 田芝健，许益军，王萍霞，等.现代化的核心是人的现代化[N].光明日报，2013-01-28(07).

二等奖

事业单位分类改革在公路行业暴露出的热点难点问题解析与研究

丁 南

(江西省公路工程监理公司)

摘 要 江西目前的公路管理体制还是在计划经济时期按照“统一领导、分级管理”的原则建立起来的。几十年来,它极大地促进了江西公路事业的发展,但随着公路在全省经济社会发展和区域发展战略中的基础性先导性作用不断加强,现有普通公路管理体制已经不能适应江西省经济社会的快速发展要求。党的十八大以来,中央对加快事业单位分类改革做出了全面部署,提出了明确要求。针对公路行业存在的诸多问题,为了使公路行业事业单位分类改革能顺利推进,提出如下对策建议:准确定位公路管理职能,明确国省道事权,合理设置公路管理机构,推进养护运营机制改革。

关键词 公路行业 事业单位 分类改革

一、引言

公路是国家的重要基础设施,为国民经济和社会发展提供了基础性的路网服务,对国民经济有着举足轻重的作用。我国正处于全面建设小康社会的关键时期,加快发展社会事业、满足人民群众公益服务需求的任务更加艰巨。当前正在进行的全面深化改革,力图突破发展的体制障碍,促进经济社会科学发展。承担行政职能事业单位改革是全面深化改革的重要内容,是推进政府治理体系和治理能力现代化、构建发展新体制的基本要求。因此,公路行业事业单位能否进行正确的分类是公路行业能否得以科学可持续发展的基础性保证条件。

二、江西公路的管理现状

江西目前的公路管理体制还是在计划经济时期按照“统一领导、分级管理”的原则建立起来的。几十年来,它极大地促进了江西公路事业的发展,但随着公路在全省经济社会发展和区域发展战略中的基础性先导性作用的不断加强,现有普通公路管理体制已经不能适应江西省经济社会的快速发展要求。

2009 年江西普通公路取消收费还贷政策以后,国省干线属地管理的模式呈现出一些弊端:近年来路面使用性能指数 PQI 值呈下降趋势,离“普通国省干线公路优良路率达到 85%”的目标要求有较大差距;各地因为财政紧张,不但不能将部分地方公共财政收入中投入到公路建设养护中，部分地市反而还将本应用于国省干线养护的燃油税转移支付地方分成经费挪用至农村公路和市政道路建设；因为行业侧重点与地方侧重点往往不一致，所以出现了不少行业想修的路难修起来，而地方想修的路很容易上马的现象，如纵贯南北的 105 国道、横穿东西的 320 国道，由于地方的积极性不高，自“十一五”开始计划的全线升级改造为一级公路的规划仍难实现；根据属地管理模式，每个市不管大小都有一个县处级的市级公路管理局，每个县区都有一个科级的县公路分局，导致机构臃肿，管理人员过多，非生产性成本偏高，管理和养护资源得不到高效利用；公路部门大量的技术人员、专业设备被分割、分散到县市区，各生产要素非常分散，无法得到统筹安排和有效利用，难以有效地推进公路养护现代化，也不能满足其时效性及保障工程项目质量，以至于公路行业多年积累形成的行业、设备、技术优势不能充分发挥；一方面难以引进公路专业技术人员，一方面大批高层次专业技术人员不断外流，行业监管和服务水平不断下降；目前各级公路管理机构，不仅具备公路管理的行政职能，还具有设计、施工、监理、养护等生产职能；虽经多年改革，这种长期历史形成的典型政事企合一的管理体制仍未有根本改变，存在管养不分、事企不分的现象。

三、公路管理部门分类改革的对策建议

党的十八大以来，中央对加快事业单位分类改革做出了全面部署，提出了明确要求。分类推进事业单位改革，是深入贯彻落实科学发展观、构建社会主义和谐社会的必然要求，是推进政府职能转变、建设服务型政府的重要举措，是提高事业单位公益服务水平、加快各项社会事业发展的客观需要。事业单位分类改革的目的，就是依照“政事分开、事企分开”的原则，厘清职能，合理划分现有事业单位类别，促进公益事业发展，提高公益服务水平，满足人民群众的各项生产生活需求。针对公路行业存在的诸多问题，为了使公路行业事业单位分类改革能顺利推进，提出对策建议如下。

1.准确定位公路管理职能，明确国省道事权

①明确公路管理职责行使主体。公路管理涉及体制机制、工程建养、路产保护、公共服务和应急处置等诸多业务。目前的《公路法》《公路安全保护条例》等法律法规对行使相关职能的主体未能明确说明，导致行政管理难以有效落实。2015 年 9 月，江西省第十二届人民代表大会常务委员会第二十次会议审议通过的《江西省公路条例》中明确规定，“省公路管理机构具体负责除高速公路外其他公路的监督、管理和指导工作”，这为省公路局行使公路行政管理职能提供了明确的法律依据。

②明确国省道管理事权。公路是网格化的结构物，具有网络性、层次性、统一性、均衡性等特点，只有互联成网才能发挥最大效能，这决定了公路管理的本质是综合化、统一化管理。特别是国省干线公路具有跨区域、跨地区的网络化连接特点，是经济发展和人员物资流动的大动脉，不宜采取按行政区域的分割式管理模式。这也是我国诸多类似部门在设计管理体制时所采用的模式。例如，国家电网、铁路、航运等，都是采用大部门制的区域化管理模式。“十三五”期间，交通运输部明确各级公路的管理事权的基本思路如下：国家高速公路管理事权属中央人民政府，委托省级交通运输主管部门管理；一般国道采用中央和地方共建模式，以地方管理为主，中央人民政府给予资助，管理不能多次委托；省道管理的相关事权，由省级人民政府决定，原则上由省级交通运输主管部门及其授权的省级公路管理机构行使，不宜层

层下放。根据这个思路,对国省干线实行统一集中管理是大势所趋。

③决策、监督与执行相分离。按照国家行政管理体制改革的总体要求,结合江西省实际,省级交通运输主管部门是公路管理决策和监督机构,具体负责制定公路管理法规、行业政策、标准规范、发展规划等行政职能;省级公路管理机构具体负责除高速公路外其他公路的养护(绿化)、路政管理、涉路行政审批、公共服务、应急处置、公路相关数据统计等具体行政行为。

2.合理设置公路管理机构

①实行"条块结合,以条为主"的区域化集中管理模式。按照"统一管理、区域整合、省地共建、管养分离"的原则,管理上实行省里集中统一管理,管理机构打破行政区域,实行片区化设置,公路建设按不同路网等级实行省和地方(市、县)共建,确定不同的资金投入比例,内部运行机制上实行政企分开、政事分开。

②事企分开,管养分离。按照市场化要求,彻底进行政事企分离改革,将建设、养护等生产职能与管理职能逐渐分离,施工企业、设计企业、监理企业、养护企业等生产性部门与公路管理机构实行剥离,实行专业化和市场化改革。各地施工(养护)、设计、监理等生产企业可以组建成区域性或全省性的集团公司,实行国有控股,条件成熟时实行股份制改造。

③规范公路管理机构名称、机构性质和标识。江西省各地公路管理管理机构应根据加强管理的需要,从便于服务社会大众出发,统一公路管理机构名称、机构性质和标识等。在此次事业单位分类改革中,对各级公路管理局、直属治超站、养护公司等机构统一分类,避免差异化管理。

3.推进养护运营机制改革

①同步推进养护运营机制改革。按照分类推进事业单位改革的要求,公路管理体制改革,需与"管养分离、政企分开"的养护运营机制相衔接。在推进公路管理机构事业单位改革的同时,必须将公路养护生产职能分类后剥离,实行市场化运作。在提高公路管理机构行政效率的同时,确保公路养护管理质量。

②稳妥推进基层养护道班、工区改革。对现有的基层养护道班进行改组、合并,根据区域路网特点和自然灾害频次,成立相应的公路养护与应急保障中心,继续将其保留在事业单位序列中。配置必要的设备和机构,承担应急抢险、日常养护和小修保养等公益性较强的服务职能,提供基本的日常公路出行服务保障,发生重大自然灾害时作为应急救援力量进行公路抢通保通。

③深入推进公路养护工程市场化。对公路大中修养护工程及检测、设计、评价等技术咨询类业务,应全部实行市场化运作。大中修养护工程应采取向社会公开招投标的形式,引导专业化的公路养护公司跨地区参与公路养护工程市场竞争,鼓励现有基层养护单位整合力量和资源成立养护公司,取得资质认证后进入养护市场参与竞争。

四、结语

随着我国公路里程的不断延伸、技术等级的不断提高,以及人民群众对出行服务的要求不断提升,公路管理工作的任务将越来越重。一个职能定位清晰、权责明确、精简高效、运转协调的公路管理体制是我国公路事业科学可持续发展的基础性保障。因此,只有加快推进公路管理体制改革，准确定位公路管理职能，合理设置公路管理机构，建立起一个真正科学、统一、高效的公路管理体制，才能实现我国的公路事业健康可持续发展。

参 考 文 献

[1] 黄达强.交通行政管理[M].北京：知识出版社，1992.

[2] 李程.公路管理体制改革的探讨[J].广西交通科技，2001，26(2)：14-15.

[3] 张文寿.中国行政管理体制改革研究与思考[M].北京：当代中国出版社，1994.

[4] 赵怀志.地方公路管理体制研究[D].西安：长安大学硕士学位论文，2002.

二等奖

新财税体制催生改建管理新模式

籍长青　马瑞博

(山东省枣庄市公路管理局)

摘　要　公路路网作为经济社会发展的基础性、先导性产业,对经济社会全面发展起着支撑、服务、保障、促进和辐射带动作用。当前,公路建设机制尚未理顺、公路建设资金紧缺。为解决问题,本文从投资政策、支付渠道、管理模式等方面进行了分析、比较,最后得出国省道改建工程要持续、健康、稳步发展,必须从省一级进行顶层设计,不能任由各地市公路局自我探索,提出要进一步细化资金政策、进一步统一省补助资金与地方配套资金、进一步明确建设监管主体与建设主体等策略。

关键词　新财税　改建管理　新模式

一、引言

普通国省干线公路是覆盖范围最广、服务人口最多、公益性最强的交通基础设施,在综合交通运输体系中具有承上启下、衔接联通的重要功能。随着山东交通财务体制改革的深入,交通投资渠道、支付渠道、管理模式都在发生着变化。因此,在新形势下,如何建好、管好国省道改建工程,探索新的建设模式是当前公路发展的核心工作。

二、投资政策变化

20 世纪 90 年代初,国省干线公路改建一般是山东省交通厅全额投资,地方政府积极性比较高,大力协助。90 年代末,政策少有变动,征地拆迁由省交通厅给予补助,其他投资基本没有变化。2000 年至 2011 年,征地拆迁由地方政府完全负责,其他费用基本仍由省交通厅承担,不足部分由地方政府承担。

2011 年,自山东省财政厅、交通运输厅下发《关于明确国省道专项资金开支范围的通知》(鲁财建〔2011〕159 号文)之后,省级负责路面、大中桥涵投资,市县负责路基土石方、小桥涵施工以及征地拆迁费用。

2013 年,山东省财政厅、交通运输厅又下发《关于进一步完善普通国省道投资管理的通知》(鲁财建〔2013〕129 号),明确提出:“一、增加交通投资,优先保证现有普通国省道养护需求。二、省级对工程实施中局部线位发生改变的新建改线项目实施定额补助。对新建及改线项目,省财政按一级公路 450 万元/千米、二级路 200 万元/千米、新建或拆除重建的大桥和特大桥 1200 元/平方米给予补助。三、严格控制现有国省道过度升级改造项目。对工程实施中路面宽度变化而路线线位不发生改变的路面升级改造项目,在规定标准内,即一级公路路基宽 24.5 米,路面宽 21 米,桥梁外侧 24.5 米;二级公路路基宽 12 米,路面宽 10 米,桥梁外侧宽 12 米,继续执行《关于明确国省道专项资金开支范围的通知》(鲁财建〔2011〕159 号)有关规定。"

总体来说,国省道改建工程由原来的省交通厅全额投资,变成省市县共同投资,省级对国省道的投资进一步紧缩,地方财政投资逐步加大。

三、支付渠道变化

费改税之前,项目资金按年度计划,由山东省交通厅公路局直接拨付给各地市公路局。各市公路局作为项目法人,根据项目的进展情况,进行合理的资金调配,计量支付给设计、施工、监理单位。山东省公路局财权事权统一,责权利一致,管理比较顺畅。

费改税之后,山东省省级投资部分由省财政政府采购中心,采用国库集中末端支付方式,直接支付给中标的施工单位、监理单位。市县投资部分有两种分配方式,第一种是按与市公路局签订协议,拨付到市公路局专用账户,再由市公路局结算中心支付给中标单位;第二种是市县作为建设主体,将资金直接拨付给中标单位。

四、管理模式变化

1.管理模式的指导性文件

2013 年 129 号文件中提出,"新建改线项目由市县自行指定项目法人,必须完成施工图设计审批、土地征用手续、预算审核等前期准备工作,并与省交通运输厅公路局签订协议,项目建设完工验收后,纳入国省道管养里程,同时原路移交市县管理。"

2014 年,山东省交通运输厅公路局出台了《山东省普通国省道工程建设管理办法》(鲁路基〔2014〕6 号),其中说明"本办法适用于省交通运输厅公路局负责建设管理的普通国省道新(改)建工程项目,其中新建改线项目是指,适用 129 号文件省财政定额补助的项目,其余为一般改建项目。""一般改建项目项目法人为市公路(管理)局,市公路(管理)局同时负责对部分新建改线项目(非市公路局项目法人的项目)的监督及行业管理。"

这些文件明确了各项工作的责任主体,新改建路段的地方政府成为投资主体,项目法人由市县政府指定,地市公路局不再作为建设单位,只履行监督及行业管理职责。对原路加宽升级改造路段,路面和大中桥由地市公路局作为建设主体,路基和小桥涵由地方政府负责实施。

2.探索中的典型管理模式

山东省各地市公路局,根据各自的实际情况,积极探索,出现了不同的建设管理模式,其中 3 个地市在实际运作中,形成了典型的管理模式。

①泰安市采用 3 种工程建设管理模式

第一种模式,泰安市公路局作为项目法人进行项目建设管理,地方政府负责地方配套资金和环境协调,双方签订建设责任协议和地方配套资金协议,地方配套资金汇入公路局账户,专款专用,根据计量支付拨付资金。

第二种模式,地方政府指定项目法人,政府成立项目建设指挥部,负责征地拆迁和环境协调,泰安市公路局派员参与工程建设过程管理。

第三种模式,实行项目代建制,政府主导、部门配合、项目法人负责的三级管理模式。政府通过招标,选择具备项目管理能力的专业单位进行建设管理。政府成立指挥部,负责资金筹集和征地拆迁,项目法人负责环境协调,泰安市公路局负责业务指导和行业监管,不派员参与工程建设管理。

②枣庄市公路管理局建设管理模式

枣庄市在改进公路局为建设主体,"市政府成立领导小组、区县政府成立指挥部、市公路局成立建设办"的管理模式基础上,进一步明确地方政府的建设主体责任,完善普通国省道建设的省市县共建模式。从项目立项到投资计划下达,枣庄市公路局分别与沿线区市政府对接磋商,最后报请市政府同意,分区市、分段落实施不同的建管方式。

自建模式:区政府作为建设主体,负责新建路段路面大中桥以及路基小桥涵工程建设、管理,负责土地征用、拆迁补偿及整个工程的协调保障工作。

委托代建模式:枣庄市公路局受区市政府委托,承担路基小桥涵、路面大中桥工程建设管理。

双业主模式:区政府负责路基小桥涵工程建设、土地征用、拆迁补偿及整个工程的协调保障工作。枣庄市公路局负责改建段路面大中桥工程建设管理工作。

③潍坊市公路局建设管理模式

第一种模式,经过中心城区的项目,项目勘察设计、监理服务和相邻县市区交界位置的大型桥梁施工,由潍坊市政府公共资源交易中心,统一组织招标,市公路局牵头组织实施。

第二种模式,经过一个县市区的项目,由县市区政府指定的项目法人,委托招标机构开展招标工作,并负责项目的建设管理工作。

第三种模式,经过两个及以上县市区的,按照属地管理的原则,由相关县市区政府指定项目法人,委托招标机构开展本辖区内工程项目招标工作,并负责项目的建设管理工作。

项目施工招标前,项目所在地县市区政府,同市公路局签订项目建设监管协议,明确各项目法人配合检查的内容和报送的事项。招标文件必须经市局审核备案,招标过程接受市局监督,招标完成后,市局出具项目招标监督意见。

项目实施中,潍坊市公路局负责对国省道新建改线项目建设,实施行业监管。为确保项目建设质量,在招标文件审查备案过程中,将市局对于普通国省道改建项目的制度办法、执行标准纳入新建改线项目招标文件,使新建改线项目同普通国省道改建项目在建设管理、质量管控等方面,统一要求,统一部署。

3.不同建设管理模式的"比武"

三种不同的建设管理模式,都还在探索阶段,既有成功的经验,也有现阶段无法克服的问题。

公路局作为法人的传统模式(或双业主模式),优点是各方职责明确,工作关系理顺,项目法人管理经验丰富,对项目的质量、安全、工期等控制有利。然而,缺点也非常明显,工程建设环境协调的主体是地方政府,调度较为困难,遇到难以协调的问题或部门单位,往往出现推诿扯皮、拖延等现象,给项目工期、质量造成影响。受财政能力影响,地方配套资金到位率低或者不到位,给市公路局造成很大的资金压力,不利于行业的持续健康发展。

属地政府指定法人(或自建模式),较好地解决了当前公路建设环境复杂、部门协调难度大等问题，能够保证工程的顺利实施。但是，公路部门不是项目法人，对工程建设的全局掌控力度较小。

实行项目代建制管理模式（代建模式），能充分发挥各方职能和专业特长，符合国家提倡的政府购买服务的理念要求，解决了项目法人管理大型项目经验不足的问题。其不足是，项目法人与代建单位容易出现职责不清，界限不明的情况。地方筹集及省财政补助建设资金，均不经市公路局。同时，地方政府指定的项目法人与公路局，没有行政隶属关系或合同关系，市公路局又要履行行业监管责任，一旦出现项目法人不接受公路局监督，公路局缺乏有效制约手段。公路局是项目建成后的养护单位，项目实施过程中只有监管职能，无法做到对工程进行全面有效监管，给日后运营管理带来一定风险。

五、须细化顶层设计

国省道改建工程要持续、健康、稳步发展，必须从省一级进行顶层设计，不能任由各地市公路局自我探索。

1.进一步细化资金政策

目前，山东省需要对 159 号文件进行补充解释。例如，山东省省级投资包含涉及路面工程的全部费用，而土路肩硬化列入地方投资，造成审计单位对石砌路肩或混凝土路肩列入地方投资。监理费用属省级投资，执行过程中仅支付省投工程的监理费。

设计费列入地方投资，因资金问题造成设计市场恶性竞争，设计质量降低。为保证设计质量，应将设计费纳入省级投资，同时为更好地管理项目也应将项目管理费纳入省级财政。129 号文件没有提及隧道项目补助，给隧道项目实施造成很大资金压力。

2.进一步统一省补助资金与地方配套资金

公路建设项目，不是商店的商品，交钱就能收货。工程项目受天气、地质、拆迁等各方面影响较大，有的进展比较快、有的进展比较慢，不同的项目或同一个项目不同标段进展无法平衡。配套资金若集中到省级财政或省级资金，再下放到各地市财政，统一管理、统一调配、统一使用，就能克服资金项目之间不能调用，同一项目各标段也不能调配使用的现象。

3.进一步明确建设监管主体与建设主体

随着事业单位的改革及齐鲁交通发展集团的成立，各地市公路局下属的设计、施工、监理等经营性单位也相继整合、脱离，与市公路局不再有隶属关系。地市公路局的建设职能也将弱化，对工程建设只能进行行业监管，对建成的国省道进行管养。

此外，山东省交通运输厅有公路工程项目招投标管理平台，各地市也有建设工程交易平台，省交通运输厅应行文明确，国省道项目应该在哪个平台上进行，这一问题有待进一步明确。

六、结语

深化改革是国家的大趋势，公路部门过去解决了“走得了，走得好”问题，现在要解决是“畅、安、舒、美”的问题。在变革的当下，公路部门更应适应新常态、研判新形势，把如何定好自己的位置、扮好自己的角色，作为一个长期课题来研究。

二等奖

新形势下公路行业职工培训的模式及考核机制研究

郭万涛

(甘肃省金昌公路管理局)

摘　要　本文结合目前公路行业的形状,详细阐述了公路行业职工培训中,如何确定培训主体、准确定位,建立科学的培训模式,健全职工培训的考核机制,为公路养护培养并储备一批具有相应专业技能的职工队伍,推动公路养护事业实现跨越发展。

关键词　公路　培训　主体　定位　模式　机制

一、引言

近年来,随着现代科技的迅猛发展,我国公路行业也发生了翻天覆地的变化,国内外各种新技术、新工艺、新设备、新材料也层出不穷,而与之相对应的公路行业的养护技术也在不断更新换代。然而,公路养护职工由于受多方面因素的影响,其自身的综合素质已经不能适应当今技术条件下公路行业跨越发展的需要。另一方面,由于我国公路行业受长期计划经济的影响,公路养护职工的市场意识还没有真正建立,在当今激烈的市场竞争态势下,对如何服务好社会公众,提高自身及单位的竞争力,这种意识还没有提高到一定的层次,风险意识和创新意识也比较淡漠。除此之外,企业对职工的培训也跟不上公路行业的迅猛发展,尤其是全员培训、专业性培训以及较高起点的培训还没有大面积开展,在频次上有待进一步提高,存在培训内容不具体、培训定位不准确、培训模式没有很好地建立,培训考核机制不够健全等一系列问题。通过以上分析,在社会主义市场经济条件下,公路行业如何确定培训主体、准确定位,建立科学的培训模式,健全职工培训的考核机制,为公路养护培养并储备一批具有相应专业技能的职工队伍,推动公路养护事业实现跨越发展的重要性就显得尤为突出,研究这一课题并采取行之有效的方法进而推动公路行业职工培训的深入开展就具有了现实意义。

二、培训主体

做好公路行业职工的培训工作,首先要明确培训的主体是什么。众所周知,在教学上,学生是教学活动的主体,教师是教学活动的主导,而教师的主体作用要通过学生的主体作用而发挥出来,两者只有相互结合,才能达到教学相长的目的。同样的道理,在公路行业的职工培训中,被培训者便是培训的主体,换句话说,无论参加培训的是管理人员、专业技术人员还是工勤技能人员,只要是参加培训的人员便是培训的主体。而在培训中,起教师作用的专家、专业技术人员、业务骨干乃至设备的生产厂家等,都是起主导作用的。

管理人员主要是做管理工作,因此这些人员的培训内容必须要有关于现代管理理论、方法以及手段的内容,让管理人员懂管理、会管理,能结合自己单位的实际将管理理论应用到管理实践中,为提升单位的管理水平。除此之外,管理人员必须对国家的有关政策、法律法规有所了解,对于与本行业有关的还应该准确理解和掌握,以便更好地应对工作中出现的相关问题,并且能够根据相关的政策、法律法规制度相关的管理制度,确定单位的发展方向,不断提高管理水平;专业技术人员主要从事专业技术比较强的工作,因此这些职工的培训重点一定要与管理人员有所区别;同时,技术人员岗位职级不同,对其所要求的技术水平也大不相同,因此这些人员一定要根据他们的实际工作,根据各自的岗位职责要求进行相关的技术培训,提高对“四新”技术的适应能力,丰富和提高专业技术水平。工勤技能人员的培训内容则要侧重提高其本岗位的操作技能。这些人员的专业素质相对比较低,所以要加强专业基础知识的普及性培训,并结合他们所操作的机械、设备等,对他们进行基本原理、操作技巧以及处理常见的故障、问题的解决方法等进行培训,以便提高他们的理论水平和实际操作技能,使他们的操作更加标准化、规范化和程序化。

三、培训定位

尽管公路行业职工的培训工作与公路的迅猛发展已经不相适应,但是依然有个别单位的领导对职工的培训工作不够重视,导致人才短缺、人才流失、人才贮备不足等问题频现。那如何才能解决这些问题?笔者认为,首先要给职工培训准确定位。

培训是推动公路养护事业转型跨越发展的前提。只有以人为本,抓好职工的培训工作,才能提高公路行业人员的整体素质,才能提高人员的管理水平和专业技术水平,才能实现技术创新、管理创新和机制创新的目标,进而推动公路养护事业的发展。

培训是公路文化建设必不可少的手段。公路文化在公路建设与发展中的作用是不言而喻的。而职工的教育培训是公路文化的立足之本。无论是各项规章制度的制定、宣传和执行,还是管理理论、操作技术的学习;无论是先进管理、先进技术的学习,还是创新管理、创新技术的发展;无论是人才的培养和储备,还是人员的道德素质的提高和潜能开发,都要通过教育培训来实现,都要以公路文化为基础。

总之,培训在公路建设与发展中是必不可少的,在公路建设和发展中起着不可替代的作用。

四、培训模式

1.培训模式架构

公路养护职工的教育培训应该选择恰当的培训模式(图 1),通常有两种培训方式,一种是内培,一种是外培。这两种培训方式中要以“内培为主,外培为辅,两者兼顾”为原则。

内培主要是挖掘内部潜力,组织职工学习公路养护科学化、专业化、现代化、机械化等传统科学文化和行业创新知识、技术,培养他们的专业技能和现代管理能力。一般可分为单位内部的培训和以基层班组为单位的内部培训。单位内部培训可以内部视频、技术部门的专业人员讲课以及技术比武等活动为主。而基层班组的培训则可以侧重于“五式”培训法。外培可以将人请到单位来进行技术讲课、厂商指导、专家做报告或是让受训人员观看同行业的视频材料等,或是选送部分职工去参加社会上举办的涉及公路相关专业的技术交流、报告展览以及实地考察等内容,用以丰富职工的公路知识,提高综合素质。

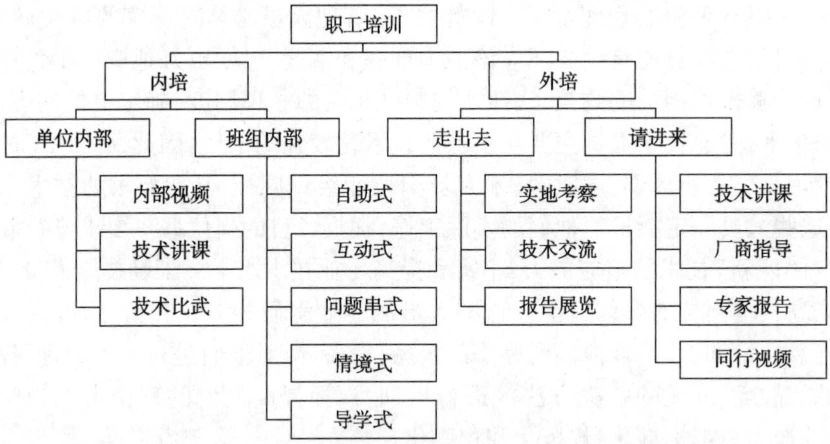

图1　培训架构图

以基层工勤技能人员的“五式”培训法为例:

①“自助式”培训法就是职工根据自身的技术需要,自行选择学习方向、学习材料及学习内容,单位为职工提供必要的材料经费、学习时间和空间。让职工通过自学的方式进行学习。这就要求单位要在技术培训上加大资金的投入力度,只要职工能够提供出相关的材料名称、作者、出版单位、出版时间以及单价等必要的信息,单位都要尽可能通过规范的程序,通过与单位有关部门协调,积极为职工进行采购并及时地交到职工手中,使职工学习积极性得到有效保持。

②“互动式”培训法就是要职工与职工之间以及职工与授课者之间形成一个学习的共同体,在共同体中的所有职工通过充分而深入的交流,共同探讨公路养护工作中遇到的实际问题、解决方案、施工技术要求等内容,从而使每一个参与学习的人员都有所发展、有所提高。这种培训法在基层比较受职工欢迎。

③“问题串式”培训法就是通过一连串问题的提出和解决达到培训的目的。这种培训方法也是公路养护培训中采用比较多的方法。实施时一般可分两种情况:一种是由技术水平较高者提出问题串,另一种是由技术水平较低者提出问题串。技术水平比较高者(比如师父)向技术较低者(如徒弟)提出一连串的问题,由浅入深,由简单到复杂,由高到低地进行提问,使技术较低者在寻找答案时能够积极思考,在问题得到解答后使之获得更多的技术知识,达到培训的目的。技术水平较低者(比如师徒合同中的徒弟),可以向技术水平较高者(师父或是较高岗位的技术人员)提出一系列的问题,通过技术水平较高者对问题的解答来使自己获得想要学习的技术知识。“问题串式”的培训是防止盲目地解决目标问题而使知识难度增加,能有效降低问题梯度。采取“问题串”的方式,能够很好地将已有的旧知识、旧经验激活,使新旧知识之间有一个良好的衔接,在“温故”中“知新”。

“情境式”培训法就是通过将职工置于真实的或“仿真”的情境中进行培训的方法。比如,边工作边学习的“On The Job Training”培训法。这样的培训方法不仅可以检验其操作技巧的实用性、可靠性，而且还能检验职工的实战能力。同时，还能够通过实际的操作发现问题及不足之处，从而得到及时补救和修订。这种培训方法可以和“师带徒”活动相结合。

“导学式”培训法就是负责培训的人员对职工实施指导性学习的培训方法。培训时可以针对本单位职工的具体情况，分别对职工进行“学案导学”和“问题导学”。前者是授课人员针对职工的实际情况以及本周要进行的技术培训内容，写一个学案，然后通过 OA 办公系统转发给相关的被培训人员，让被培训人员根据学案中的具体要求进行提前预习。后者是授课人员针对职工的实际情况以及本周要进行的技术培训内容提出一连串的问题，让被培训者通过查找材料或是向他人请教写出答案。这种方法比较突出的优点是被培训者不再是简单而被动地收集来自授课者的指导信息，而是变成了主动学习、探索学习。“学案”的作用有很多，其中最主要的就是作用之一就是“导航”的作用。通过学案，职工能够知道学什么，怎样学，沿着什么样的方向去学，学到什么程度。学案的内容不要拘泥于理论，也可以留一些实际操作类的内容。

2.培训流程

以上的培训架构还需要有一个正确的、标准化的培训流程（图 2）作保证才能实达到预期的培训效果。首先要明确培训的目的是什么，在此基础上确定培训的目标，并根据培训的目标确定培训人员、培训内容和培训形式，然后再进行培训实施。在培训活动结束后，要进行总结、考核和评定，并且要将其结果反馈给相关人员。根据评定的结果再重新确定下一轮的培训目的、培训目标，以此循环往复，使培训工作不断提升。

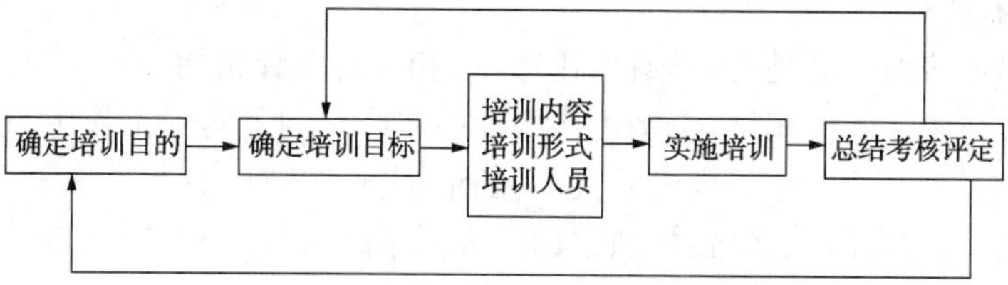

图 2　培训流程图

3.培训管理

任何一项工作离开了管理都会变得无序，离开了约束都会变得无常，职工培训也是这样。培训如果缺少了管理这个环节，也会变得无序，也会变成无本之才。因此，培训管理（图 3）在培训工作中是必不可少的重要环节。

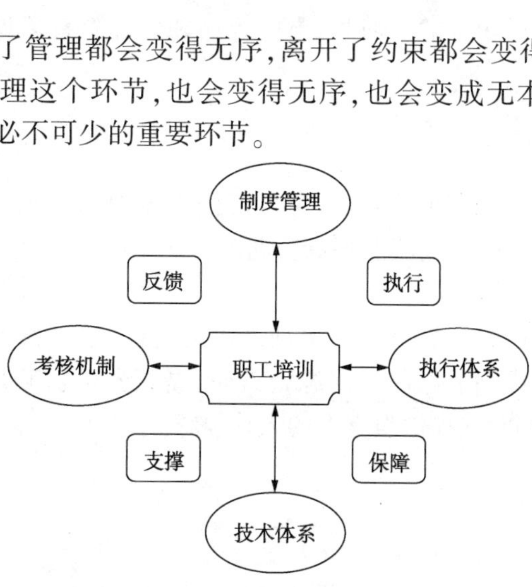

图 3　培训管理图

培训管理是一个复杂而系统的工程,需要完善制度管理、完善技术体系、执行体系以及健全考核机制,需要强有力的执行力,需要有及时的信息反馈,需要有技术、制度、执行和考核做支撑、保障。

五、考核机制

培训管理需要制度管理,更需要文化管理。无论是制度管理还是文化管理,都不可以缺少考核机制。考核机制的建立,必须由职工教育机构和人事管理、技术管理等部门的配合,在职工教育规划中对职工培训及学历教育确定个人目标,并制定建立职工教育考核和激励机制,把参加培训和学历教育情况作为对职工考核评价和岗位聘用的重要依据,并为单位用人决策提供重要参考,合理进行人力资源的分配与使用,做到人尽其才。用好"培养、考核、使用、待遇"相结合的培训激励机制,将教育培训与人才培养、选拔、任用有机地结合起来,将人才选拔、培养和人才贮备、任用结合起来,制定出短期、中期以及长期的培训计划,并且要形成闭环的培训管理考评机制。通过制度加强培训的效果检验,通过总结、考核、评定、把关,以及及时反馈信息来确保培训质量。

一是考核参加培训人员是否"学有所获"。无论是管理人员,还是基层工勤技能人员的培训,只要培训结束,都要进行相应的考试、考核、评定,把考试、考核、评定成绩通过考核制度与工资、奖金等挂钩,督促职工珍惜学习培训的机会,将培训学习当成工作去完成,真正做到学有所求、学有所获。

二是考核参加培训人员是否"学有所用"。由相应的考评机构的人员对参加培训的职工是否将所学内容与实际工作相结合,是否将所学内容应用到了实际工作中,是否能解决遇到的实际问题。对于不能达到相关要求的人员,酌情进行经济处罚。

三是将培训与晋升挂钩。将每年的培训内容和学时数与定岗、职称晋升、技术等级评定等结合起来进行考核。对评审考评不符合要求的,要给予一次以上接受再培训、再学习的机会,让其重新学习并对其进行重新考核评定。对通过再培训仍然达不到要求的,给予降级处罚甚至轮换岗位,以此促进职工的学习积极性,提高和保证教育培训的质量,使教育培训具有成效。

六、结语

总之,建立公路养护职工培训长效机制,搞好公路养护职工的培训工作,为公路养护事业的发展及时培养各类专业人才,不断提高公路养护职工的素质和能力,是公路养护职工教育义不容辞的义务。

职工培训只有确定好培训的主体,给培训准确地定位,建立科学的新型培训模式,建立健全培训考核管理机制,提高公路职工的综合素质,提高公路职工的管理水平和技术水平,为公路养护事业转型跨越发展提供强有力的人才保障。

二等奖

新形势下公路职工思想动态解析与研究

醋建伟

(陕西省宝鸡公路管理局扶风公路管理段)

摘　要　随着社会快速发展和事业单位改革深化,公路行业技术装备水平低,公路职工常年野外作业,养护工作苦,劳动强度大,养护职工老龄化严重,后续力量跟不上等问题逐渐呈现,公路职工思想观念、生活方式、价值观念发生变化,呈现心理失衡、牢骚满腹、思想低迷、状态不佳等困惑,一定程度影响公路职工队伍和谐稳定,直接影响公路交通事业健康发展。笔者通过走访调研,针对公路职工思想现状、存在问题及根源进行思考解析,提出一些可行性对策和建议。

关键词　公路职工　思想动态　研究解析　应对策略

一、引言

随着社会发展,公路交通已成为国民经济、社会发展和生产生活基础性产业,如何紧跟时代步伐,准确把握公路职工思想脉搏,找准职工思想问题症结所,切实做好公路职工思政工作,消除公路职工消极情绪,点燃公路职工激情,调动公路职工积极因素,助推公路事业可持续发展,是时代赋予我们光荣而神圣的任务,是我们面临的一次严峻挑战,更是我们必须面对、亟待解决的重要课题。

新时代、新征程,公路交通行业分工越来越细,公路养管工作越来越重,社会公众关注度越来越高,对公路交通行业要求越来越高,发展前进道路上难免出现"人"的矛盾。尤其养护一线职工的压力越来越大,一方面要承受高标准、高强度工作任务;一方面承受社会公众监督评议,公路职工思想呈现困惑迷茫、心理失衡、牢骚满腹、思想不稳定等问题,这给思政工作带来新问题和新挑战。仅靠行政命令和强制管理,已不适应新形势发展,要坚持以党的十八大精神、科学发展观为指引,探索新思路和新途径,注重融合力度和亲近程度,耐心做好"人"的思想转化,加强交流沟通,化解矛盾隔阂,引导职工继续高扬"铺路石"公路行业奉献精神,营造"心诚气顺、风正劲足、团结和谐、务实奋进"发展环境,锻造"特别能吃苦、特别能奉献、特别能战斗、健康向上、能征善战"职工队伍,为公路交通行业发展提供强大精神动力和坚强思想保障。笔者结合公路职工队伍现状、思想动态、问题症结等,阐述自己的思考、解析和观点,旨在引起大家重视正视公路职工思想动态,共同关注、共同参与解决这个问题,引导职工端正思想态度,凝聚思想共识,履行岗位职责,务实创新工作,衍生良好公路效益和社会效应。

二、公路职工队伍基本情况

扶风公路管理段隶属宝鸡公路管理局,坐落在扶风县城新区风景秀丽的七星河东畔,距佛教圣地法门寺 6 千米。现有公路职工 56 人,承担扶风县境内三条省道(104 西千线、107 关中环线、209 乾汤线)干线公路 78.348 千米的养护管理任务。笔者结合职工人数、性别比例、年龄结构、文化程度、技术职称等进行调研,全面剖析职工队伍现状。

一是职工人数。在岗职工 56 人,包括管理人员 14 人,路政超限人员 12 人,辅助生产人员 7 人,宝鸡公路管理局借调 1 人,离岗人员 4 人,道班养护职工 19 人。

二是性别结构。男性职工 46 人,占职工总人数 82%;女性职工 10 名,占职工总人数 18%。

三是年龄结构。30 岁以下职工 1 人,占总人数 0.02%;31 至 45 岁职工 37 名,占总人数 66.07%;45 岁以上职工 14 人,占总人数 25%;青中年职工占总人数 67.86%。

四是文化程度。大专以上学历 37 人,占比为 63.79%;高中以上学历 2 人,占比为 3.57%;初中以上学历 17 人,占比为 30.36%。

五是职称比率。取得专业技术职称 12 人,占比为 21.43%。其中工程师 2 人,占比为 3.57%;政工师 1 人,占比为 1.79%;助理工程师 3 人,占比为 5.36%;助理政工师 6 人,占比为 10.71%。

六是技术比率。取得工人技术等级 46 人,占比为 82.14%。其中技师 23 人,占比为 38.98%;高级工 19 人,占比为 32.20%;中级工 4 人,占比为 6.78%。

三、公路职工思想状况分析

从调研情况来看,公路职工能真实反映心中想法,思想主流是好的,思想状态稳定,思想觉悟较高,政治立场坚定,道德素质高尚,对公路事业充满信心,对个人价值心态良好,呈现“健康向上、积极进取、务实创新”的新态势,呈现“奋发向上、敢于创新、朝气蓬勃”新特征。主要体现以下几方面。

1.理想信念坚定

领导班子思想信念坚定,全局大局观念强,凝聚战斗力强,享有很高威信。职工思想稳定,爱岗敬业意识强,共产主义信念坚定。

2.主人翁意识强

干部职工关注公路事业发展,对公路事业成果满意,对社会地位提高明显自豪,有为公路发展献出力量的强烈愿望。

3.廉洁自律意识强

绝大多数职工能严格要求自己,把群众口碑作为衡量标准,在廉洁自律方面坚定意志,对各种腐败现象和不正之风深恶痛绝。

4.求知求新欲望强

绝大多数干部职工,深刻意识学习重要性,自觉养成善于学习、善于实践的良好习惯,不断开拓知识面,不断充实提高素质。

四、公路职工思想问题解析

公路养护工作具有点多、线长、面广等行业特性,养护道班分散在乡镇乡村,常年野外工作,作业时间长,工作反复大,劳动强度大。笔者走访调研,公路职工思想观念、生活方式、价值取向等正悄然发生变化,受不良思想不断侵袭,部分养护职工思想波动大、困惑迷茫,表现为心理失衡、牢骚满腹、思想低迷、观念狭隘等问题,束缚了职工思想和发展变化。

1.公路职工社会地位低,得不到社会尊重理解,公路职工心态趋向复杂化

公路养护职工晴天一身灰,雨天一身泥,接受“高温”袭击、“严寒”考验。无论是雪雨天还是节假日,养护工人坚守岗位辛勤劳作,始终重复着路面清扫、水沟清理、绿化管护、涵洞疏通、危桥养护、油路修补、坍方清理等单调工作,尽力保障公路安全畅通。但社会上一些人不理解,这样刻画养护工人:远看像个要饭的,近看像个拾破烂的,仔细一看是公路段的。甚至一些群众认为:看起来吃着皇粮、拿着工资,还不如农民消遣,还牛皮哄哄咋呼啥呢。当看到有人倾倒垃圾,上前劝阻解说,有些人竟然说:你们就是干这事的,我不倒垃圾你们干啥呀。人们都知道修路养路是积德行善的好事,是关乎老百姓生计的大事,都知道公路环境好了心情都舒畅。但还是有些人瞧不起、不理解公路职工的工作艰辛,甚至人为破坏、故意倾倒杂物。这些话语经常响在养护职工耳边,这些行为养护职工习以为常,致使公路职工思想困惑迷茫,对公路发展和个人前途表示担忧。

2.公路养护职工缺员,公路养管工作强度大,敬业爱岗意识趋于被动化

公路养护道班基本都设在乡镇乡村,一线养护工人编制少,基本是 3 至 4 名正式职工,没有后续力量储备。省市局出台社会招聘政策,但招聘条件要求较高,一些大学生不愿到公路部门工作,招聘进来职工少之又少,无法缓解缺员压力。县段大多就近雇用临时工,没干几天他们抱怨工作强度大、时间长、工资低、假期少,纷纷提出不干了,导致养护职工青黄不接,过重工作就压在仅有的正式职工身上,承担公路保洁、病害处治、绿化修剪、垃圾清理、防汛防滑等工作,涉及高温洒水降温、路面清洗、设施清洗、洒水防尘等新工作,每逢节假日、周末调休等养护工人还要上路作业,导致休息时间相对少,对职工思想是个严重冲击,职工敬业爱岗意识趋于被动化。

3.公路养护经费紧缺,公路职工福利待遇低,职工个人价值趋向利益化

公路养护基层县段办公经费、养护经费等紧缺,日常办公、养护工作开展艰难。近年来,省市公路局给予大力支持,加大配套资金投入,先后配备洒水车、清扫车、公路养护车等机械设备,一用费用就超支,不用任务难完成,工作开展很矛盾,只好回归到铁锨、洋镐、扫帚等原始工具,继续从事过重的体力劳动,无形之中增加了职工劳动强度。养护职工基本连轴转,长时间、高强度劳作,加班加点是常有的事,与家人聚少离多,影响职工队伍稳定,大部分养护职工认为工作环境恶劣、休息时间不够理想,不得不引起深思。高强度工作,按理说待遇会好些,但劳保福利还执行每月 10 元标准、野外津贴执行每天 4 元标准。随着社会发展进步,各行业福利待遇标准相继提高,公路职工价值取向发生根本性变化,由政治目标化趋向经济利益化,部分职工片面追求物质利益、在意社会地位,不以社会贡献大小,而以金钱多少衡量,职工逐渐心灰意冷,缺失热情和激情,谈理想信仰的减少了,关心政治学习的减少了,讲社会奉献、讲集体利益的减少了,对前途充满迷茫担忧。

4.公路职工工资偏低,公路职工心理失衡,思想道德标准趋向模糊化

调研中发现,社会上看不起、不理解、不支持等舆论,致使公路职工衍生为弱势群体,年轻职工婚姻问题、职工子女就业问题、职工家庭生活问题等都显得入不敷出,老叹“走对了路,进错了门”。职工工资、劳保福利等标准低,对公路职工事业观、道德观是个强烈冲击,产

生了前所未有的精神迷茫和心理失衡,个人主义和拜金主义有所抬头,理性认识和行为选择矛盾,道德观念标准变得模糊,敬业奉献精神发生动摇。

5.公路文化发展不均衡,行业文化与业务工作脱节,业余文化生活呈现单一化

公路企业起步早、投入大,建设成果相对丰硕;基层县段资金紧,投入力度不足,文化底蕴薄弱,建设成效滞后。调查中发现,文化建设与养护工作存在脱节现象,大多是修订制度、悬挂横幅、张贴标语等,或组织唱歌、跳舞、打球、下棋、跑步等单一活动,停留在文化建设外延和表象上。近年来,省市局高度重视职工文化生活,给予县段财力物力上大力支持,配备文化设施、体育器材等,但养护职工白天劳作,晚上有时加班学习,劳累一天很困乏,集中开展文化活动艰难,只有年底组织一些活动,难以保证公路文化持续开展。

五、改进和提高公路职工思想应对策略

思政工作,从根本上说就是做"人"的工作,也就是做职工的思想工作,涉及思想、观念、意识等领域,是解疑释惑、宣传科学理论、帮助树立正确世界观、人生观、价值观的过程,是一切工作的先导,是精神动力的保证。各种文化碰撞融合,公路职工思想呈现多变性、差异性、独立性和选择性,求新求真求实欲望强烈,真正把道理讲清楚讲明白,真正把思想拧成一股绳不是一件很容易的事。近年来,基层县段在加强集中管理、思想教育等做了大量工作,效果良好。但习惯以命令要求代替思政教育,偏重于工作任务,忽视了思政效益和精神效应,长此以往淡化了思政工作,使公路职工产生逆反心理和挤兑情绪,主人翁意识、工作责任感和事业心渐变退化。不同时期的思政工作是不同的,用老眼光看待问题,用老办法解决矛盾,盲目照搬照套,不会收到成效,有可能会造成更深矛盾冲突。因此,必须深入宣贯党的十八大、习近平系列讲话精神、社会主义核心价值观等重要理论,着眼职工和谐稳定、单位健康发展、行业文明进步,坚持以人为本,创新方式方法,经常调查研究,掌握思想动态,坚持对症下药,本着人文关怀,纠正思想偏差,消除思想顾虑,引导职工提升思想觉悟、靠拢主流思想,激发职工激情热情,真正做到路在心上、心在路上。如何抓好新时期公路职工思政工作,始终保持公路职工队伍思想稳定,笔者认为要把握好以下几方面。

1.健全科学管理体系,强化制度责任落实

俗话说:孤掌难鸣。思政工作,是全党的事,不是党委支部的事,更不是政工干部的事,仅靠一个部门、个别同志、单位领导去做思政工作,显得力量孤单,也不符合实际。一是强化制度建设。健全完善科学管理机制,逐级签订目标责任,实现目标明确、权责分明、全面考核、制度保证。整合党政工团力量,实行层层抓落实,下级对上级负责,部门对单位负责,形成"党委重视、行政支持、部门配合、齐抓共管"思政工作新局面。二是开展思政工作研究。职工队伍中普遍存在"职工看干部、干部看支部"思想观念,这就要求党员领导要贴近职工群众,经常走访调研,掌握思想动态,合理采纳建议,妥善解决问题,若产生"绕道走、避重就轻"等思想,只会加剧事态恶化、矛盾激化。三是坚持段务政务公开。健全党员领导不同角度、立体交叉等监督体系,如:党内民主生活会、民主评议党员、领导干部述职、纪检监察监督、职工代表监督等。全面推行段务、政务、党务等公开制度,公开重大政策、重要决策、人事任免、财务审计、上级考查等事务。四是强化督查考核力度。科学制定制度办法,与养护工作同部署、同检查、同考核,与单位领导、部门负责、职工绩效、年度考核、优秀评选挂钩,纳入年度目

标考核,调动职工积极性。

2.重视政工队伍建设,提升整体理论素养

思想政治工作涉及面广、难点多、矛盾多,政工队伍素质高低与思政工作息息相关,加强政工队伍建设是促进思政工作的重要举措,也是提高思政工作水平的关键所在。一是转变思想观念。紧跟形势发展,冲破故步自封、因循守旧的思维模式,创新思想观念和发展思路,理清政策导向和主流思想,领会方针政策,吃透精神内涵,以博大的胸怀、开阔的视野走在时代前沿,以全局性、高层次眼光分析问题,实现思想观念历史性突破,更好适应社会发展和行业需要。二是更新知识储备。熟练掌握专业知识,更新储备社会科学、自然科学、人文科学、现代科技等各类文化,具备过高理论修养、过硬业务素质、良好组织领导、娴熟语言文字能力,善于发现研究问题、协调理解支持,拉近领导与职工、职工与职工距离。三是克服心理压力。心理素质、适应能力、承受能力、工作水平等紧随时代潮流,具备良好党性和道德修养,扑下身子服好务,耐心做好政策解释和思想引导,用人格魅力赢得职工信赖尊重。四是合理配置岗位。制定严格竞争上岗机制,根据职工道德素质、个人特长、能力水平等调整岗位,营造"人人想干事、人人能干事、人人干成事"的工作环境,实现人力资源效益最大化。

3.创新理论教育方式,提升职工整体素质

认真分析思想动态和发展走向,变被动强制教育为主动服务引导,变菜单灌输教育为交流互动教育,消除思想迷茫和心中困惑,及时化解矛盾,保持队伍稳定。一是创新工作思路。抓好一个理念(理论联系实际),营造一种氛围(职工团结奋进),创新一个机制(人才良性发展),建设一套载体(职工教育培训),实现一个目标(素质全面提高),以其独创性、前瞻性、开放性、互动性和娱乐性等方式推进思政工作。抓好"四个坚持":坚持教育人与尊重人相结合,以理服人;坚持引导人与理解人相结合,以情动人;坚持鼓舞人与关心人相结合,以心感人;坚持鞭策人与帮助人相结合,以"实"助人。做到三个"舍得":舍得抽调人员组建政工队伍、舍得拿出资金筹建文化阵地、舍得拿出精力狠抓职工培训。二是创新教育载体。依托新传媒载体,拓宽丰富知识传授、经验交流渠道,宣传党的方针政策、新理论、新技术、新举措等知识。根据年龄结构、文化程度、兴趣爱好等方面,创新探索学习熏陶、换位思考、寓教于乐、互动交流、因人施教、真情感召、正面激励、典型示范、上门家访、电话教育等方式,多层次、多渠道、多形式开展教育。正确处理好"虚"与"实"之间矛盾,坚持"认识与实践、主观与客观、眼前与长远"相结合,虚功实做。三是创新教育方式。俗话说:一把钥匙开一把锁。尊重职工思想独立性、选择性、多变性等差异,坚持对症下药、因人施教,讲求教育技巧和方式方法,正确处理工作与学习矛盾关系,创新理论教育由"空洞说教"向"虚功实做"转变、学习教育由"制度型"向"灵活型"转变、学习内容由"单一性"向"多样性"转变、教育方式由"唯书唯上"向"唯实唯真"转变,促进职工由"被动性"向"主动性"转变。

4.突破传统思想束缚,注重思政工作服务

社会环境变化复杂深刻,职工思想动态、发展方向悄然发生变化,要达到"消除隔阂、增进理解、构建和谐、促进工作"的效果,必须讲求艺术技巧,树立"情理交融、热情服务"思想理念,在思想上尊重理解、工作上信任支持、生活上关心照顾,实现思政工作人性化。一是把握思想动态。深入基层走访调研,畅通职工言论自由,倾听职工心声呼声,了解职工外在表象和内心世界,掌握职工思想动态和变化方向。开展群众民意调研,了解职工思想世界、精神世界、工作情况和言行举动,掌握职工内心动因和需求愿望,分析总结为理性材料,有目的性、针对性、策略性、启发性推进思政工作。二是积极沟通思想。思想问题,积少成多,积小成大,不及时沟通化解就会演变深化甚至爆发,务必要加强思想交流和情感联系,不能搞虚情假意、一味迎合,更不能搞无原则的一团和气,让职工信任感、温暖感有所偏移。交流思想意见,对错误过失及时指正,对遭受挫折、情绪低落、丧失信心、畏葸不前的职工真心关怀,消除隔阂,增进情感,切实做到沟通一次思想、增加一份感情、消除一份误解、提高一点觉悟。三是关爱公路职工。公路职工是养管工作主力军,是公路事业的推动者、社会价值的创造者。因此,党员领导干部要主动关心关爱职工,自觉增加感情投资,坚持节日慰问看望职工,着力在"情"字上下功夫,用真挚感情交知心朋友,带着感情做思想工作,用政策解人心,用保障换人心,用温暖热人心,用感情动人心,用真情换人心,动之以情,以情感人,增强职工荣誉感和归属感。坚持把"理"贯彻始终,用道理教育引导,消除疑惑迷茫,以道理打开心灵,逐步转变提高,晓之以理,以理服人,促使公路职工由怀疑到接受、由感知到执行、由被动到主动,切实筑牢公路职工共同思想。四是化解矛盾冲突。人的思想如流水一样,受阻必积,久蓄必浊,只有加强疏导方可有其出路。矛盾大与小,影响整体局部变化,影响队伍团结稳定,甚至可能影响单位和谐发展。随着事业改革深入,面临各种考验挑战,如:事业单位改革、绩效工作改革、岗位设置管理等,这就要加强职工教育引导,正视尊重职工主体,讲清讲明方针政策,耐心做好思想疏导,讲实话、摆实情、做实事,不回避矛盾,以理服人、以情感人、以心换心,调和矛盾冲突,形成思想共识。五是妥善解决问题。调研发现,受社会环境和市场经济影响,大多养护职工对工作环境、生活待遇、社会保障、民主权利、子女安置等切身利益十分关心,这些问题得不到有效解决,衍生出一些深层次思想问题,这就需要时刻把关心职工生活、为职工谋利益作为出发点和落脚点,多渠道、多手段为职工办实事、办好事,建好用好食堂、娱乐、健身、生活等基础设施,解决好职工福利、劳保、住房、工资、子女安置等问题,配足道班养护人员,推广养护新技术,配备养护新设备,降低职工劳动强度,提高工作效率。采纳合理建议,维护合法权益,创造平等环境,使职工切实看到个人价值、工作能力、社会地位、作用效应等彰显,促使职工自觉与单位形成"风雨同舟、荣辱与共"的命运共同体。

5.创新丰富文化载体,推进公路文化建设

随着时代进步发展,新文化叠加交叉涌现,公路文化随之进步发展,推进公路文化建设已成为思政工作的重要动力,成为公路交通发展的基础工作。思政工作,不单是建好图书室、阅览室和活动室等设施;不单是制作宣传栏、学习园地等平台;不单是开展竞赛、比武、练兵活动等载体。更重要的是要建好用好文化平台,创新丰富文化载体,拓展延伸文化内涵,助推公路文化建设。

一是重视职工思想品德教育。新时期公路职工思想教育衡量,在抓好职业道德、业务素质、业务技术的提高与发展基础上,不能忽视精神文化、人文文化等培育,突出思想品德和文化素养教育,重视人的价值、肯定人的作用、承认人的能力、立足人的需求,扭转人文道德缺失,促进职工思想品德提升。

二是狠抓职工价值观念教育。紧跟时代发展步伐,紧扣行业发展要求,以个人价值体现为思政核心,坚持老理论讲出新花样、老原则融进新内容,把爱国主义、集体主义融进思政教育,赋予新内涵和生命力,尊重职工个体发展需要,兼顾职工实际生活需要,辩证对待经济浪潮思想问题,妥善解决职工实际问题,促进职工社会价值与个人价值协调发展。

三是注重道德观念教育。坚持以服务人民为核心,以集体主义为原则,以诚实守信为重点,推进道德讲堂活动,唱道德歌曲、看道德短片、听道德宣讲、诵道德经典、送道德寄语,营造“崇德尚善、见贤思齐”道德氛围,用道德洗涤心灵、鼓舞人心,让职工在耳濡目染、潜移默化中汲取道德智慧、学习先进模范、争做工作标兵、践行道德规范、提升道德境界。

四是重视理想信念教育。深入开展党的基本理论、基本路线、基本纲领、基本经验等理论教育,引导职工牢固树立社会主义共同理想,正确认识社会发展规律和社会主义建设规律,澄清错误观念和模糊认识,坚定中国特色社会主义道路。大力弘扬以爱国主义为核心的民族精神、以改革创新为核心的时代精神、以奉献奋斗为核心的公路交通精神,促进职工扎根基层、艰苦创业、献身交通、造福人民。加强形势发展教育,引导职工准确把握发展机遇,增强职工竞争忧患意识,营造“团结一心、拼搏进取”良好氛围,凝聚行业精神,展示行业形象。

五是培育典型感染职工。善于培树宣传典型,推进“文明道班”“文明股室”“文明职工”“十佳养路工”“最佳道班”“金银铜牌路”等选树活动,选出身边好人、先进典型、模范人物,适时组织巡回演讲,邀请先进人物作专题报告会,以身边先进典型教育感染职工。用奋斗历程感染职工,让职工情感融合碰撞。

六是推进系列文化活动。创新活动载体,丰富活动内涵,紧扣各类会议有形渗透,采取书写标语、悬挂横幅、制作展板等文化渗透。以新闻舆论为阵地,宣传先进典型、模范人物事迹,引导职工树立正确价值观,增强职工时代责任感和历史使命感。紧扣重大节日契机,集思想性、知识性、休闲性、趣味性于一体,开展读书读报、演讲竞赛、摄影展览、书画比赛、郊游爬山、垂钓烧烤、野炊联欢、篝火晚会等文化活动,给予假期支持、资金扶持,寓教于乐、寓学于教,陶冶职工情操,助推文化渗透,培育共同理想,凝聚道德感情。

六、结语

在新的历史环境、发展机遇下,探索研究公路职工思政工作既是一个老话题,又是一个全新课题,更是一项系统性、长期性工程,必须遵循事物发展客观规律,紧扣形势发展要求,准确把握时代脉搏,探索创新方式,拓展丰富内涵,坚持人本管理,坚持以尊重人、理解人、关心人、激励人、鞭策人为出发点和落脚点,以贴近实际、贴近生活、贴近职工为突破口,时刻关注职工思想动态和变化方向,化解矛盾冲突,维护职工权益,将思政工作做到职工心坎上,把职工精力智慧凝聚到干事创业上,形成“朝气蓬勃、奋发向上”良好环境和“团结友爱、互帮互学”关系氛围,培养发挥公路职工创新创造性,使公路职工思想境界永立时代潮头,使公路交通行业形象始终保持“最美”状态。

二等奖

基层公路职工教育现状分析及对策思考

汪继顺

(河南省漯河市公路管理局)

摘　要　本文着重分析了当前公路基层职工教育培训的不足,对影响基层公路职工教育的环境进行了系统反思,并提出了推进职工教育规范化、科学化的对策建议。

关键词　基层公路　职工教育

一、引言

当前,我国正处在进入全面建成小康社会、加快推进社会主义现代化建设的重要阶段,职业教育也进入了深化改革、加快发展的历史时期。公路职业教育作为我国职业教育和公路现代化建设的组成部分,也面临着新的发展机遇和新的挑战。加快公路职业教育改革与发展,对于实施科教兴交、人才强交战略,实现公路新的跨越式发展具有重要的意义。因此,加强公路职工教育和职业培训专题研讨有着十分重要的现实意义。本文在对漯河市公路职工队伍现状调查的基础上,对如何加强基层公路职工教育培训工作进行了研究探讨。

二、当前公路基层职工教育培训的不足

从整体看,职工教育已经成为公路系统队伍建设的重要内容,各基层单位每年按部就班地开展教育培训,在一定程度上提升了公路职工综合素质。但是,对照新形势下公路行业发展要求,当前职工教育工作尤其是基层职工教育工作还存在着一些问题。

1.教育培训内容不均衡,层次不清晰

基层公路管理部门人员少、事务多,职工教育培训时间少之又少,且缺乏科学规划,在内容上表现出“三重三轻”:①重业务技能轻思想政治。思想政治建设关系到职工队伍精神的培塑,是队伍建设的根基,但实际上思想政治教育成了“说起来重要、做起来次要、忙起来不要”的角色,成为教育培训计划中弹性最大的部分。②重岗位培训轻综合培训。长期以来,有一个错误的思想认识,就是把职工教育等同于岗位培训、技能培训。而职工教育更关注人的全面发展,除岗位所需知识、技能外,还要提高基础教育水平和综合素质,提升职工人文修养。缺乏全面、科学的规划,职工教育只能陷于短期的、应急的教育培训,必将滞后于行业发展。③重知识积累轻学习习惯养成。职工教育不仅指导职工学习新知识、掌握新本领,更重要的是帮助职工发掘潜能,培养学习精神和学习能力。可惜职工教育在职工学习习惯的养成上做得远远不够。

2.教育培训形式不丰富,参与不主动

职工教育工作周期长、见效慢,没有持之以恒的决心和认真负责的态度很难做实、做好。

在目前教育培训的组织上，主要有“四个不到位”现象：①教育培训措施落实不到位。有部分基层职工思想松懈，认为教育培训可有可无，甚至把参加教育培训当作负担，在落实具体措施时敷衍了事，走走过场，摆摆形式，“点到为止”。②组织教育培训主动性不到位。目前，职工教育培训一般是自上而下式，以被动落实上级教育培训任务为主，基层单位根据自身需求，主动组织教育培训太少。③创新主题活动形式不到位。职工教育要深入人心，一定要有吸引人的组织形式，然而，现在教育培训的形式以一人讲大家听的单向灌输模式为主，互动性培训活动少，教育培训形式创新力度不够，职工参与的主动性、积极性不高。④思想认识不到位。随着社会职业化程度的提高，有的职工把履行岗位职责简单等同于工作，机械地、按部就班地完成本职工作，对履职尽职、奉献社会缺乏足够的思想认识，对集体活动提不起兴趣，行业认同感、集体荣誉感不强，主动为群众服务的意识淡薄。

三、基层公路职工教育环境分析

公路事业的发展，归根结底是人的发展。紧扣职工教育工作建设一支高素质职工队伍是推动公路事业的不竭动力和人才保障。要做好职工教育工作，首先要沉下心来，分析公路系统职工教育环境的特点。在笔者看来，主要有如下特点：

1.工作地点分散，人员集中困难

公路系统，尤其是基层公路管理部门，工作岗位分布于路网各处。以漯河为例，全市公路系统共有 862 名干部职工，其中有 95 名路政人员，分布在全市 5 个县区，所属 5 个路政大队彼此间隔几十千米。其他道班工人相对更为分散。相同岗位人员召开会议或开展活动时，组织难度较大，经常召集，势必影响基层工作正常开展。

2.24 小时在岗，作息制度特殊

公路路网是社会公共服务基础设施，要保证全天 24 小时安全、畅通。基于此，各公路基层单位一般实行 24 小时在岗工作制，2 天或 3 天一轮班，一般只有在交接班时人员才能全部到齐，大队人员分多聚少，给集中开展职工教育带来一定困难。

3.队伍层次不断提高

2005 年养护体制改革以来，各地公路事业发展迅速，队伍建设迅速加强，研究生学历和专业技术人才有所增加，共产党员比例进一步加大。比如，在漯河市、县(区)公路管理部门，大学本科学历占 65%以上，研究生学历 2 人，副高职称 21 人，共产党员达到 126 人，超过在编人数的半数。这是建设高素质职工队伍的重要基础和智力财富，在开展职工教育时，要根据队伍学历结构提高针对性。

4.职业素质要求全面

公路行业是服务社会公众出行的最前沿，从事公路管理，所需要职业素质也是多面的。如公路路政管理工作，不仅要具备一定的法律知识、公路工作知识、车辆知识、管理知识和沟通协调能力，还要有较高的思想政治修养以及为人民服务的意识。这些都要求职工教育内容要全面覆盖职业素质各主要方面。

除上述特点外，公路系统体制改革还未完成，人才晋升和职工成长空间狭小，收入待遇不高且没有形成增长机制，在一定程度上影响着职工参加教育培训的主动性和积极性。

四、推进职工教育规范化、科学化的途径

针对目前公路基层职工教育中存在的问题和环境特点,笔者认为传统的集中式、课堂式教育培训模式已不能完全适应公路行业发展,要创新采用面向信息化、定制化、全面化、互动化的教育培训方式,提高教育培训质量和效率。

1.着眼行业发展未来强化教育理念,提高教育先导性

彼得圣吉在《第五项修炼》中谈到,“通过酿造学习型组织的工作氛围和企业文化,引领不断学习,不断进步,不断调整的新观念,从而使组织更具有长盛不衰的生命力”。职工教育培训要有效开展并指导实践工作,首先要帮助职工树立正确的学习理念。漯河市公路局通过落实学习制度、开展创建学习型组织活动、党员领导带头宣讲等形式,大力倡导“只有毕生,没有毕业”的学习理念,使职工深刻理解学习的本质、学习的方向、学习的作用,把学习当作公路工作的一部分,提高职工主动学习、自觉学习的主观动力。

2.注重队伍精神培塑,提高教育层次性

队伍精神就是队伍的灵魂,关系到职工队伍工作作风好坏,关系到事业发展,关系到社会公众对公路行业美誉度。职工教育培训要开展好理论知识和技能本领的学习,更重要的是把教育培训引向深层次,在职工内心世界培塑符合社会和行业发展要求的团队精神,彰显公路职工“精气神”。近年来,中央开展了社会主义核心价值体系教育活动,交通运输部开展了交通运输行业核心价值体系学习教育实践活动,河南省交通运输厅、河南省公路管理局大力倡导“更好地为社会公众服务”核心价值观。基层公路管理部门在学习贯彻上级指示积极构建核心价值观的同时,也要结合本部门职工队伍实际,总结提炼特色精神品质,帮助职工厘清价值观念,开展自我价值观改造,树立正确的价值观、人生观、权力观,自觉抵制社会转型时期出现的价值观紊乱,甚至是错误的思想观念。比如,在2004年养护体制改革之始,漯河市公路局就抓住时机,积极开展队伍精神塑造。从工作实践中总结提炼出“五种精神”,并大力宣贯,使之成为全体公路人的共同愿景。2013年以来,漯河市公路局党委针对队伍中存在的“活思想”、新苗头,结合党的群众路线教育实践活动、“三严三实”专题教育、“两学一做”学习教育,组织开展“十个应该不应该”大讨论,通过批评与自我批评、集中座谈等形式,查找纠正思想观念、工作态度、工作作风方面的隐患,使队伍始终保持履职尽责、风清气正的良好精神面貌。

3.岗位培训与文化熏陶两手抓,提高教育均衡性

职工教育工作要坚持以人为本的原则,充分尊重人的需要,把培养“社会人”“文化人”作为教育培训目标,既要重视思想政治教育和业务技能培训,也要营造浓厚的文化氛围,发挥文化引导、凝聚作用,促进“公路人”的全面健康发展。教育培训内容全面均衡,至少应当包括:①“三个代表”重要思想、科学发展观、习近平治国理政等思想政治理论知识;②交通行业核心价值体系,职业道德、家庭美德、社会公德、个人品德教育以及廉政作风教育;③法律、公路工程、管理、车辆、安全等履行岗位职责所要求的专业知识;④电脑、办公自动化、执法动态记录仪等新型装备、科技信息化相关知识;⑤上级重要文件精神、制度、规范等;⑥本行业、本部门形成的特色文化;⑦中国传统国学知识;⑧哲学、美学等领域知识的普及和熏陶。

4.创新教育培训方式,提高教育灵活性

常用的教育培训方式有:讲授法、视听技术法、讨论法、案例研讨法、自学法等。根据前

文已经分析的公路系统职工教育环境特点，我们认为，可以适当采取下列几种教育培训方式，使职工教育工作更加灵活，更加贴近公路系统职工实际情况。①发挥网络信息平台优势，开辟网络课堂。全省公路系统建立了完善的内部网络，融合了办公自动化、路政执法实时化、公路管理网络化。基层公路部门也要推进教育培训网络化，设置专门的网上教育培训基地，上传教学视频，甚至开发在线教育培训系统，解决职工分散，集中培训难等问题。例如漯河市公路局为推进基层党建工作，在内网门户开辟了“网上党课”“党建园地”专栏，定期上传“党员学习导刊”“党建工作简报”，各党小组自主下载学习阅览，党员可随时在网络上表达心声，丰富了公路党建工作。②把教育培训工作与日常管理紧密结合，化整为零，发挥润物无声的效果。教育培训是一项长期工作，一朝一夕数次有限的培训不足以取得成效。相反地，各基层公路部门要把教育培训目标任务按季度、月度分解，与日常管理工作同计划、同落实、同考核。利用交接班会、集中学习日等短暂的人员集中时段反复、多次、少量地开展教育培训，积少成多，化量变为质变。③将活动引导与制度落实相结合，增强教育培训吸引力。在各单位年度考核内容中，都制定了职工教育培训量化考核指标，但在实践中，既要完成量化指标考核，又要取得真实培训效果，就不能机械地执行工作制度，而是要积极开展形式多样、内容丰富的主题活动。比如，在组织开展“两学一做”工作中，可以结合“多读书、读好书、强素质、做标兵”系列活动、“三学四无”主题实践活动、“美文荐读”与“廉文品读”活动、读书笔记展评和演讲活动、“理论学习标兵”竞赛活动等，将枯燥的学习趣味化，充分调动职工参与学习的积极性。

5.引导个人自我学习、自我完善，提高教育针对性

单位组织开展职工教育，着眼于队伍整体要求，对于个人而言，有擅长的领域，也有需要着力补齐的“短板”。在大力推进职工教育工作时，要进一步完善教育培训机制，建立健全教育培训补偿、奖励制度，鼓励职工根据自身需要参与社会教育培训，提高个人基础素质和培养专业技能。从 2008 年至今，漯河市公路局以开展学习型单位建设为动力，鼓励各基层单位开展自主学习活动，职工除参加统一教育培训外，自觉进行学历教育和专业技术教育，目前市、县(区)公路管理机关人员学历基本达到大学本科层次，有 6 人通过国家司法考试，20 多人取得公路工程等专业技术资格，职工队伍素质得到强化。

五、结语

拥有一流的职工队伍，是创造一流业绩的前提和基础。在社会变革的新形势下，基层公路职工教育工作面临新机遇、新要求，我们应以锤炼一流的职工队伍为目标，以长远的眼光、创新的思维、务实的脚步，全面推进职工思想、政治、品德、业务、文化等教育，提升职工教育规范化、科学化水平，为助推公路事业发展、满足社会公众出行需求积聚后劲。

三等奖

事业单位改革新形势下开展公路职工教育培训工作思路

马世亮

(甘肃省兰州公路管理局应急抢险保障中心)

摘　要　党的十八届三中全会通过的《中共中央关于全面深化改革若干重大问题的决定》,明确指出“改革开放是党在新的时代条件下带领全国各族人民进行的新的伟大革命,是当代中国最鲜明的特色”。本文就应急中心如何结合事业单位改革新形势,以单位回归养护主业为契机,突出公路施工、公路养护、公路应急抢险三大职能,力争在应急抢险保障体系建设及市场化养护上有所突破为主线,理清工作思路,开展扎实有效的职工教育工作,提出思考与建议。

关键词　事业单位改革　职工教育　工作思路

一、引言

党的十八届三中全会通过了《中共中央关于全面深化改革若干重大问题的决定》,明确指出“改革开放是党在新的时代条件下带领全国各族人民进行的新的伟大革命,是当代中国最鲜明的特色”。十八届三中全会吹响了全面深化改革的号角,具有中国特色的事业单位改革势在必行。在这样大的背景下,作为交通行业的先行官,公路行业要在事业单位改革工作中有所作为。根据交通运输部《国家公路网规划(2013—2030年)》规定,到2030年,我国国家公路网总规模将达到40万千米,在未来15年,我国将新建、改造公路23万千米。同时甘肃省政府出台了《丝绸之路经济带甘肃段“6873”交通突破行动实施方案》,在“十三五”期间,甘肃省委、省政府决定举全省之力开展丝绸之路经济带甘肃段“6873”交通突破行动,加速实现“五通”,建好“四路”,到2020年综合交通运输固定资产投资9000亿元以上。政策的出台,掀起了新一轮公路大开发、大建设的高潮。面对新挑战、应对新变革、全面构建和谐公路,最关键的因素还在于人。因此,重视和加强职工队伍素质建设是各级公路施工、养护部门面临的一项重要课题。笔者结合公路施工、养护部门职工教育的现状,浅析事业单位改革新形势下开展公路职工教育培训工作思路,探究公路职工教育的新模式。

二、公路行业职工结构及职工教育现状

1.职工队伍的基本结构

根据对兰州公路管理局基层公路施工、养护部门的不完全统计,基层公路施工及公路养护单位职工队伍结构存在不合理的现象。一是职工年龄结构不合理。一线职工大多是20

世纪 90 年代前及 90 年代期间参加工作,年龄在 50 岁左右的偏多,实践经验丰富但理论知识缺乏。近几年事业单位招考人员理论水平较高但动手能力有限。从年龄结构看,缺少 35 岁左右的骨干力量。二是文化程度结构不合理。管理人员文化程度较高,具有大专以上文化程度,有的是大中专院校分配的,有的是通过在职自学和函授教育而形成的,但一线职工的文化程度相对较低,初中以下文化程度占多数,理解和接受现代科学技术知识的能力差,形成了结构差异,影响了公路施工、养护工作的顺利组织实施。三是技术人员偏少。在公路施工、养护部门,专业技术人员偏少,且专业知识结构单一。一线养护职工取得的技术等级证书含金量不高,技术工人的实践能力与所持的等级证书之间存在一定差距,公路工程施工、养护、管理人才有所短缺。造成职工技能水平难以适应公路发展需求。新技术、新工艺、新材料的开发、引进和应用,已经成为推进公路养护与管理的主动力,新技术、新设备、新标准大量涌现、层出不穷,建立一支会操作、懂专业、会管理的技能型人才队伍,造就大批技术人才、管理人才,是公路施工、养护、应急抢险工作的迫切需求。四是人员结构性失衡问题较为突出。由于受到公路行业机制和人员编制的制约,干部职工年龄老化问题、能力结构失衡问题极为突出。职工队伍庞大,文化水平和业务素质参差不齐,人才储备后续乏力。大批一线养护人员,尤其是老职工大多只有初中甚至小学文化;即使在管理人员中,也大多数均为第二学历达标,正规大中专院校毕业的少之又少,公路施工、养护单位受工作环境限制,一线职工大多数从事重体力劳动,条件相对艰苦,同时,由于单位缺乏完善的激励机制,一线施工养护职工及设备操作人员对所从事专业缺乏认同感,造成公路施工、养护、应急抢险部门技术工人流失、转岗严重,加之近几年事业单位招考人员侧重于管理岗位,结构性缺员矛盾凸显。现有干部职工队伍总量、结构和素质与行业发展的需求存在着较大的差距和不足,远远不能适应形势发展和公路养护与管理的规范化、科学化、现代化要求。

2.职工教育的基本现状

以兰州局应急中心为例,应急中心回归养护主业以后,承担着公路施工、公路养护、公路应急抢险三大职能,力争在应急抢险保障体系建设及市场化养护上有所突破。但是在职工教育方面仍然存在一些问题。一是思想认识不到位。当前,职工教育的方式、手段上不同程度地存在形式主义、务虚主义的倾向。单位对职工教育不够重视,过于重视工作业绩,重视经济效益,对职工教育往往讲在嘴上、挂在墙上,只顾眼前、忽视长远,职工教育缺乏连续性、针对性和有效性。二是教育培训不得力。单位和职工片面把职工教育理解为学历教育,不是为了提高自身综合素质。职工教育培训的超前性不够强,带有储备性质和中长期规划的超前型培训普遍缺乏,教育培训考核机制不够健全,缺乏严格的考核、考评管理制度,教育培训的专业性、广泛性不强,职工整体素质的提升效果不明显。培训方式也非常传统单一,是"台上讲、下面听""填鸭式"教学,缺乏必要的互动和实践。三是工作与学习间的矛盾较突出。单位施工、养护任务非常繁重,加之还要承担应急抢险保障任务,工作节奏快,人手少,抽出人员参加学习培训就会影响工作,导致单位组织职工参加学习培训相对较少,工学矛盾较为突出,职工文化水平和专业技术能力提高难,直接影响公路行业的形象。

3.新形势下开展职工教育的必要性

兰州公路管理局管养着兰州周边高速公路计 5 条 433.071 千米(含匝道、辅道、连接线 79.045 千米),普通干线公路计 14 条 876.834 千米。现有在职职工 943 人,离退休职工 764

人。在职职工平均年龄41.7岁,其中专业技术人员341人(中高级209人)。全局现有养护机械设备500余台(辆),固定资产2亿余元。主要职责是在甘肃省交通运输厅及省公路管理局的领导下,按照《公路法》等相关法律法规的要求,主要负责辖区内国省干线公路及高速公路养护管理等工作。随着社会经济的飞速发展,公路行业面临新形势、新机遇、新挑战,现代公路的发展需要现代科学技术为后盾,而现代科学技术的发展和新产品的更新换代非常快,应急中心要想在公路施工、公路养护、公路应急抢险三大职能中有所突破,要想在市场化养护的竞争中取胜,实现公路事业又好又快地发展,就必须有一支文化高、技术强、善管理的管理人员队伍和一支技术精良、能打硬仗的高素质技术工人队伍。同时我们要清醒地认识到,公路事业想振兴要发展就必须遵循科学性和思想性教育相结合的原则,公路事业的发展一要靠科学技术,二要靠规范管理,三要靠资金投入,但更重要的是要靠人去落实、去探索、去创新。公路事业对人的要求:一是要有过硬本领,二是要有奉献精神。两者均不可偏废,前者要求职工努力学习科学技术,掌握真本事,后者要求职工要有高尚的思想品德,能真正为公路事业做贡献,思想好无本事或者有本事思想差,两者都不符合公路事业发展的要求。

三、公路行业加强职工教育的有效途径

1.改革用人机制是关键

公路的发展关键在于人,基层公路施工、养护部门非常希望拥有一大批能够适应时代和行业发展需要的全能型人才。但是把心放在路上,把路放在心上,这些老一辈公路人沿袭下来的公路精神并没有得到传承。公路施工、养护单位受工作环境限制,一线职工大多数从事重体力劳动,条件相对艰苦,养护技术工人年龄老化严重。同时,由于单位缺乏完善的激励机制,一线施工、养护职工及设备操作人员对所从事专业缺乏认同感,造成公路施工、养护、应急抢险部门技术工人流失、转岗严重。公路施工、养护将面临后继无人的局面。因此,公路部门要建立一支高素质的职工队伍就应遵循“优胜劣汰”的自然法则,不拘一格网罗人才,建立科学规范的用人新机制,实现人才良性循环、合理流动。要加大绩效考核力度,实行末位淘汰或者末位待岗制。同时,根据事业发展需要,适时有组织、有计划、有针对性地公开选拔和招聘若干适合公路行业特点的优秀专业人才,摒弃亲内排外、“近亲繁殖”的用人机制,把选拔招聘机制全方位引入公路行业,实行对外公开招考,择优录用,并充分重视新进人才的新观念、新知识、新思维,为公路行业注入新生活力,增强单位实力和社会竞争力。

2.加强思想教育是基础

公路行业的核心管理就是人的管理。一是重视对职工的职业道德教育,提高干部职工的道德修养。应急中心要以创建行业文明单位为载体,教育职工牢固树立正确的人生观和社会主义荣辱观,树立和坚持正确的政治立场、政治观点,坚持党的根本宗旨,培养高尚的道德情操,在工作中自觉形成遵章守纪、团结协作、克己奉公、顾全大局的良好道德风尚。二是坚持疏导原则,在尊重人、理解人、关心人的基础上教育引导人。应急中心要以“两学一做”活动为抓手,有针对性地解决不同群体、不同对象的思想问题,充分了解职工的需求和企盼,善于从细微处入手,本着尊重人、理解人、关心人的态度,通过深入细致的沟通了解,搞清不同人群和对象的真实思想状况。进行双向交流,增强职工教育的互动性,让双方以平等的地位和态度在切磋交流中共同寻求正确的答案,促进情感交流,从而达到提高思想觉悟的目

的。三是要关心职工的实际困难,坚持解决思想问题同解决实际问题相结合。应急中心要充分发挥工会的桥梁纽带作用,强化“以人为本”,关爱职工,使其树立起热爱公路事业、献身公路事业的思想信念。特别要重视一线施工、养护工人中因为待遇较差、生活条件较艰苦等原因所萌生出的“养路工人地位低下”的错误念头,要以改善他们的生产生活条件为着力点,多做得人心、暖人心、稳人心的工作,促使他们全身心地投入公路施工、养护工作之中。四是用先进典型感化公路职工。应急中心要以“创岗建区”为平台,充分利用各种媒体,选择公路行业在各个时代先进人物,把他们的先进事迹作为教育职工的最好教材。用身边公路行业“五十佳”等先进事迹教育身边人,大力弘扬优良传统,用先进典型吸引人、感染人、凝聚人,使职工政治思想素质不断提高,转变观念,消除对养护工这个职业的偏见。

四、公路职工教育工作对策及思路

1.强化职工教育组织实施

应急中心要结合单位事企分离改革,以单位转型发展为出发点,以适应养护市场化为目标,强化领导干部对职工教育工作重要性与紧迫性的认识,进一步完善职工教育管理体系,要真正把公路职工教育纳入单位人才培养的长远规划中,逐步使职工教育工作走上常态化、科学化、规范化的轨道,把职工教育真正转到提升单位综合实力,促进公路事业发展上来。同时,要正确引导职工认清形势,认清自我,明确学习目的。增强学习的责任感;增强学习的危机意识;真正把思想统一到学习就是为了提高综合素质和业务技能水平上来。要根据应急中心人才结构现状和单位职能转变的需要,根据公路行业人员准入和职业资格制度的要求,分门别类地制订出可操作性强、富有实际意义的职工教育工作规划,提高职教工作的针对性、实效性。

2.创新职工教育管理模式

以兰州公路管理局职工教育管理办法为依托,进一步健、全完善应急中心职工教育管理网络和制度,促进规范化管理。在教育方式上,采取多种形式和途径,鼓励职工通过多种形式和渠道参与学习,完善学习制度,加快公路职工教育体系建设。在教育资源上,着眼于行业,立足系统,面向社会。要充分利用多种手段加强教育阵地建设,不断拓展载体,创新形式,努力提高职工的思想道德素质、科学文化素质和职业技能素质。注重加强对现实问题的研究和解决,使单位职工工作和学习紧密结合,相互促进。实现单位职工知识交流的良性互动,倍量增长,不断博求新知,汲取能量,提升公路干部职工整体素质。

3.完善职工教育激励机制

应急中心要主动适应事业单位分类改革的新形势和养护市场化的新要求。一方面对职工教育工作要建立长远规划和目标任务;另一方面要把职工教育工作引入激励机制。逐步建立健全职工教育的激励体系,调动职工参加学习培训的积极性,对职工教育培训工作要正确引导,加强监测评价,实行动态管理,保证学习人员、时间和内容的落实;将学习培训结果与评选先进、培养深造、评聘专业技术职务等挂钩;鼓励职工积极推广“四新技术”的应用,鼓励职工大胆尝试“五小发明”的实践活动,积极发挥有经验、有能力的老职工的“传帮带”作用,以老带新,促进年轻职工的尽快成长。一线公路施工、养护工作技能培训要灵活多样,应急中心要结合工作实际,多组织短平快的专项培训,现场观摩,互评互学,力求实效。要把学习内容融入施工、养护工作实践中去,逐步形成工作学习化、学习工作化的良好习惯,引导广大职工不断在实践中完善自己,在竞争中提高自己,在奋斗中充实自己。尽量使职工教育做到学有所长、长有所用、用有所为、为有所获。

4.优化职工教育教学方向

在职工教育的学习方向上,应急中心要以单位的发展为基础,坚持以需求为导向并适当超前,把提高现有职工的业务素质作为努力目标,以单位职工的工作职责、内容和发展要求科学确定培训内容。除了按照岗位要求的专业理论知识外,还要结合公路行业人员准入和职业资格制度的要求,正确引导学习方向,同时把职业道德、理想信念、敬业爱岗、政策法规、普法教育、公路文化等多方面的内容纳入到教育培训中,不断满足职工个体不同的需求;鼓励职工个体面对发展过程中的不同阶段和需要解决的不同问题,确定不同的学习方向;通过聘请专家教授,举行多方面的知识讲座,大力开展读书自学、技能培训、岗位练兵等多种形式的学习活动,引导职工群众自觉学习,主动求知,不断提高职工业务素质。

5.建立教育经费保障体系

在现阶段,事业单位职工教育经费来源单一,主要依靠单位投资来解决职工教育经费问题。但从单位长远发展来看,职工教育实质上也是一种回报长效的投资。因此,必须建立健全职工教育资金保障和考核评价体系,切实落实职工教育经费的提取、管理和使用制度,保障职工教育各项工作的顺利进行。同时,按照《交通行业职业资格工作中长期规划纲》的要求,应急中心要结合单位实际情况,对职工教育进行正确引导,同时给予必要的费用补偿,对成绩优异的给予适应奖励,对支出较大、关键技术岗位人员的培训还应引入市场机制,实行合同管理,明确单位及个人的权利义务,保证留住人才,发挥作用。

五、结语

通过对兰州局基层施工、养护单位职工结构及职工教育现状进行分析,结合事业单位分类改革这一新形势下开展职工教育的必要性,发现加强职工教育的有效途径,理清以上职工教育工作对策及思路,促进公路事业又好又快发展。

参考文献

[1] 张文雅.浅究我国公路职工教育培训的现状及完善措施[J].城市建设理论研究,2012(29).

[2] 李海军.事业单位分类改革对公路职工思想的冲击及对策[J].中外企业家,2015(27):227-228.

三等奖

浅谈网络文化对 80 后、90 后收费职工价值观的影响

王岩峰

（宁夏公路管理局银川分局高速四十里店收费站）

摘　要　公路收费职工队伍日益壮大，收费队伍构成比例发生了巨大的变化。80 后、90 后收费职工有大量闲余时间用于上网，网络已经渗透到他们的生活中，潜移默化地改变着这些职工的价值观。如何引导他们，成为基层单位思想政治工作者亟待思考的问题。本文重点分析了网络文化对 80 后、90 后职工价值观的影响，阐述如何利用网络文化有效开展职工的思想政治教育，并提出了解决方法。

关键词　网络文化　收费职工　价值观　影响

一、引言

网络文化已经遍布到 80 后、90 后收费员的生活中，潜移默化地改变着这些职工的价值观，如何引导他们，成为基层单位思想政治工作者亟待思考的问题。

随着公路里程的增长，公路收费职工队伍日益壮大，收费队伍构成比例发生了巨大的变化。单就年龄结构来说，80 后、90 后职工越来越多，比如贺兰山路收费站，全站在册职工 101 名，80 后 18 名，90 后 4 名，80 后、90 后职工共占 63%。调查职工业余生活资料显示：每天网络在线时间超过三小时的有 7 人，每天上网时间介于一小时与三小时之间的 12 人，每天上网时间低于一小时的 3 人，每天不上网的 0 人。这些职工上网多数玩网络游戏、看电影、听音乐、QQ 聊天，少数浏览各大网站，写博客、看小说。这些 80 后、90 后收费职工上四休四的作息时间，决定了他们有大量闲余时间用于网络，他们每个人至少有一个 QQ 号，一个邮箱号，至少在两个以上大型网站注册过，网络已经渗透他们的生活，潜移默化地改变着这些职工的价值观，如何引导他们，成为基层单位思想政治工作者亟待思考的问题。

二、分析网络文化对 80 后、90 后产生巨大吸引力的原因

1980 年后出生的这两代人（以下简称 80 后、90 后），出生在改革开放后，成长于市场经济时代。独生子女的现状决定他们的人生伴随着缺少兄弟姐妹呈现孤独状态的过程。他们从小不仅仅是独苗，就连其直系亲戚较之 50~60 年代出生的人，都少之又少。在这种环境中他们容易感到孤寂、缺少交流、缺乏责任意识等现象，他们希望寻找心理寄托，渴望与外界交流，渴望得到关注，这些心理因素在现实中得不到满足，只有在日益强大的网络文化中寻找慰藉。

80后、90后这两代人与70后和60后相比,他们更具有自信、早熟、自我、参与、张扬等个性特征。从成长的社会环境来看,他们绝大多数生活在物质由匮乏到丰富,环境由封闭到开放,信息获得由单源变多源的时代。他们对网络文化接受快,因为在他们看来,通过网络方式,他们更能快速、简便地获得大量信息以及知识。从教育背景上看,80后、90后普遍接受了比前辈更好的教育,他们对知识的渴求也更强烈。他们对新技术、新观念的学习能力强、掌握快,他们希望通过网络寻找更多不同于书本的知识以及社会经验。

现在的年轻人,有不懂的问题,身体某个部位不舒服,他们不会去向老师请教,懒得去看医生,他们第一时间是上网百度。可以看出,网络文化已经对年轻的80后、90后产生了巨大的影响力。

三、网络文化对80后、90后职工的影响

1.积极的影响

①网络信息来源广,信息量大,任何人在任何地方都可以从网上获取信息,宣传自己的见解和主张,有助于80后、90后职工释放情感,放松身心。

②互联网为年轻人开辟了新的教育形式和方法。信息网络作为一种充满时代气息的传播媒体,越来越受到青年人的欢迎。80后、90后职工可以通过远程教育网,在网络课堂上在线学习,既不耽误上班,还能以积极愉悦的方式接受新的知识,为他们提供了一个乐于接受的教育阵地。

③互联网作为一种全新独特的信息传输方式,为80后、90后年轻职工交流开辟了新天地。"网上图书馆"可以为大学生提供一切资料,"秀才不出门,便知天下事"已变得实实在在,极大地提高了青年职工了解世界、认知世界的时效性。

2.消极影响

第一,网络沉迷。网络沉迷又被称为网络综合征或者网络上瘾、网络沉溺,有些80后、90后职工对网络"一往情深",一上机就不愿再离开,即使受到亲朋好友的指责,仍乐此不疲,特别是一些男青年,甚至为了上网而撒谎请假不上班,他们的自控能力弱,一旦嗜网成癖,便难以自拔,对单位的工作和个人的发展产生巨大的影响。

第二,一些网络游戏中有色情、暴力内容或渗透有西方意识形态的内容,严重影响80后、90后职工树立正确的人生观、世界观、价值观。一些网络游戏中的暴力内容,很容易使年轻职工产生暴力倾向。

第三、网络文化中的垃圾文化容易导致80后、90后职工的思想道德行为失范,有的甚至走上违法犯罪的道路。网络中除了黄色信息、垃圾信息等,还充斥着大量不负责任的假信息,更有甚者,利用互联网骗色骗财,经常沉迷于这些,年轻职工容易变得麻木,缺少激情。

四、利用网络文化开展80后、90后职工思想政治工作的有效方法

网络文化是一把"双刃剑",基层思想政治工作者如果能利用好网络这个平台,将会取得事半功倍的效果。利用网络文化开展职工思想政治工作的方法有很多,目前比较有实效的有以下几种:

1.开展网络宣传

网络的资源具有共享性,可以为我们的思想政治教育工作提供丰富多彩的新信息、新资

料。同时,网络中的图形、动画、声音、形象,有趣直观,具吸引力。此外,网络的共享性可以使思想政治工作者从网上了解到人们的真实思想动态,有针对性地在网上发布正确的教育思想和人生理念来引导职工,使其树立良好的思想作风、理想信念,从而提高职工思想政治工作的时效性。目前,宁夏公路管理局以及各分局都有网站,通过网站公布一些政务信息,发表一些政策时事,能够及时地做到政务公开,使职工快速地掌握单位动态,起到很好的宣传教育作用。通过在单位网站上大量报道典型、先进事例,有助于 80 后、90 后收费职工树立正确的价值观。

2.开展网络交流

可以开展如“职工思想论坛”“电子信箱”“留言板”“在线交流”等栏目,消除了传统的面对面交流的隔阂与屏障,能够极大地激发职工之间交流的积极性,有益于职工素质的整体提高。但是,通过以往交通厅“留言板”的开办情况来看,把握不好办网站的宗旨,这些论坛交流有可能变成一些职工发泄怨气、恶意中伤的尴尬之地,产生了不少负面影响。借鉴以往的教训,我认为应该由专人负责管理,快速、及时地梳理,去掉糟粕,留下精华,极大地发挥网络文化的作用。如今,各大政府部门都有官方微博,这一点完全可以借鉴,笔者所在收费站早就开通了网易博客、新浪微博,通过一年多的试运行,职工通过博客发表精彩文章,发表对别人文章的评论,更好地营造了学习氛围,净化了职工的思想。有很多职工看到自己的文章被别人关注、评论,感到自身价值得到了认可。这种方式有效激发了职工积极进取的心理,对推进思想政治工作起到了良好作用。

3.积极引导

基层思想政治工作者可以利用固定的网站、QQ 群,发表一些指导性的文章,指导 80 后、90 后职工健康上网。可以在网络上倡导一些积极健康的活动,比如推荐健康网站、推选优秀电子书刊、发动职工对某些观点的网上投票。通过评选优胜者,增强职工对健康上网方式的认识,激发他们的进取心,把网络文化转化为思想政治工作的有效手段之一。

五、结语

80 后、90 后收费职工普遍乐于接受新事物、乐意接受具有挑战性的工作,我们只有顺势借力,利用好网络文化这些平台,探索有效的思想政治工作途径,与时俱进,才能取得更好的教育效果。

三等奖

新形势下公路职工思想动态研究

——以家风教育增强公路职工思想教育的针对性和实效性

江　婵

(浙江省舟山市公路管理局)

摘　要　研究分析本地区本单位干部职工的思想动态及工作现状,积极探索将传统家风教育引入干部职工思想教育内容。以家风教育"以小见大、以情动人"的特点来传承人文精神和优良传统。提高思想教育的针对性和时效性,并对家风教育的几种可行性模式进行探讨,摸索舟山公路文化建设的渠道和途径。

关键词　家风　公路职工　针对性　实效性

一、引言

随着舟山新区建设步伐的加快,"拜金""利己"的消极思想蔓延,加之生活压力的加大,在机关公路职工思想建设上,单靠说教式、灌输式的教育,已经无法生动、深入地打动人心,模范的榜样引导作用也无法持久地影响个人。笔者从研究本单位机关公路职工的思想教育状况入手,试图将家风教育融入公路职工思想教育,为思想教育工作摸索新的方法和手段。

二、机关公路职工政治思想教育的现状

当今社会经济、政治、科技的迅猛发展,使得中国以农业为主的经济结构体,加之传统文化断层、新文化冲击,舟山新区公路行业干部职工虽然远在边陲但思想巨变也在所难免。传统的"铺路石"精神已经沦为说教,尤其在机关单位,思想变动幅度更大。从舟山市公路管理局机关公路职工近阶段政治思想教育的现状上来看,主要有以下几个状况:

1.思想政治教育针对性欠缺

不能根据不同阶段各项业务工作的特点,有效结合部门工作和公路职工同志的思想实际,有针对性地开展思想政治教育。主要表现在三个方面:一是理论学习形式单一,照本宣科,采用"填鸭式""满堂灌"的学习方法,大家对所学内容"不入脑";二是部署思想政治工作照抄、照搬上级文件,致使职工曲解其本意,甚至产生逆反心理;三是对日常产生的问题空洞说教,或以行政指令代替耐心的开导化解,没有切实从公路职工的实际需求出发,显得苍白无力,使得有些公路职工同志口服心不服。

2.公路职工思想认识不够到位

机关领导对于抓好思想政治工作,还存在着走形式和走过场的心态。公路职工学习不求甚解,但求完成任务。机关调节工作兴奋点的思路不宽,部分公路职工产生疲劳厌战情

绪，缺乏工作的兴奋点，工作中求完成，不求质量，上进心不强，争先创优意识薄弱，存在怨天尤人的思想。学习积极性不高，学习能力弱，不愿努力钻研业务知识，不敢承担责任。解决这些问题的思路还比较狭窄，往往把考核扣分等方式作为主要手段，忽视了其他调节方法的研究与运用。

3.相应的工作机制运行还不灵活

思想政治工作的队伍没有充分发挥作用，一谈到思想政治工作，似乎都是人事、党建部门的任务，一些部门的主要领导和其他业务领导缺乏"齐抓共管"的责任意识，政工队伍建设的力度还不大。习惯将矛盾上交，教育方法缺乏亲和力，观念保守，缺乏创新进取的精神，缺乏活力和感召力。"发现问题"和"预防问题"的意识和能力有待加强。

三、家风教育的渊源与必要性

上述问题说明机关公路职工干部的思想教育工作的针对性和实效性还不够强。传统的教育手段和方法已经显示出其短板和缺点，必须有一种内在的、自发的、长期的教育方式，来巩固和发扬公路职工先进性和觉悟性。

礼记有云："一家仁，一国兴仁；一家德，一国兴德。" 家风，是家族的传统、规范及习俗，是家族的首望或领导人物为主导形成的思想道德上、伦理上、工作上和生活上表现出的态度和行为，是一家或一族世代相传的道德准则和处世方法。家风的传承主要依靠上辈人对下辈人的言传身教，具体表现为家规和家训。

在浙江地区，优良的家风"皆从两汉儒学传来"。汉末动荡，中土名士和大家纷纷迁徙到了相对安定并落后的江东，从而将两汉时期的儒学传入江浙一带，经过三国两晋南北朝的进一步融合，逐步发展和壮大。经典儒学中的三纲(君为臣纲，父为子纲，夫为妻纲)，五常(仁、义、礼、智、信)，成为江浙一带大家族的普遍信条。千百年来，带有仁、忠、智之类的名字信手可拈，传统主流家风的价值包容性、受众广泛性、传播主导性在大众文化中占据着不可比拟的优势。

可见，在家风形成之后，它的宗旨和影响被稳定地传承下来，时刻都在影响着家族子孙的价值认知与价值选择。十八大提出的社会主义核心价值观 24 字内容：富强、民主、文明、和谐，自由、平等、公正、法治，爱国、敬业、诚信、友善，是当代国风的体现，也是集所有优秀家风的大成。因此，在社会主义核心价值观的主导下，传承和建设优良家风、家规、家训，是打造整个家族乃至整个民族的精神支柱和感情共鸣的不二法门，也是巩固公路职工的基本素养，加强道德防线，坚定精神信仰的有力武器。

四、家风教育实例调查

家风承载的传递价值观、维系公序良俗的社会功能是其他社会性教育不可比拟的。同时，公路干部职工的家风，是反映行风和社会风气的一个重要"窗口"，也是党风廉政建设的晴雨表。但要将家风教育融入党风、作风和行风建设中，必须将传统家风、家规和家训做一番遴选，在继承的基础上创新，在改进的过程中加强，努力探索能够有效推进公路职工思想教育的家风教育新路子。

舟山市管理局在局机关范围内，向公路职工同志做了一次关于家风教育的调查。舟山市公路管理局属党政机关单位,参与问卷调查的41个在岗员工以管理岗位为主,其中23人为本科学历。37人对家风表示“了解”或“知道一点”,占比90%。认识家风的渠道主要为“长辈、父母教导”。20人对“是否继承家风”选择“是”,占比50%。16人对“家庭中是否有家规”选择“有”,13人,即32%的职工认为“家风传承的主要困难”是“社会变迁”,其次为“不知道如何做”和“没有身体力行”。32%的员工对“家风建设总体满意程度”选择“比较满意”。32%的员工对“家风意识体现程度”选择“比较强”。什么是优良的家风,20人即50%的员工,选择“孝、仁、礼等传统家风”。对“家风是否会影响工作”这一问题,有30人,约71%的职工,选择“是”。41个员工认为公路文化的优秀传统、文化氛围、公路精神、典型人物、社会意义及发展前景等均与家风传承相关,但对如何借助家风教育加强思想建设没有明确建议。

调查问卷还反映了一个现象:工作5年以下的员工,无论学历高低,甚至学历越高,越看重福利待遇,而工作20年以上的员工,虽然学历较低,但精神境界更纯粹,对物质利益也更看淡。尽管造成这些现象的原因有很多,但也和员工所受到的家庭教育和社会熏染有不可分割的关系。

五、家风教育的途径探索

在这种思想认知的状况下,推行良好的家风教育显然可以促进公路职工甚至广大普通干部群众的清正自律、乐于奉献、爱岗敬业的自觉性和积极性。笔者在机关公路职工各自的家风教育中发现了一些共同之处。比如家规中都强调“孝、勤、俭、廉、礼”等传统美德,基于这些共同的认识,可以在广大干部职工中推广此类品德教育,以此提升公路职工思想教育的针对性和实效性。

1.继承传统,与时俱进

对于传统家风内容既不要抱残守缺,也不能认为老传统解决不了新问题。要结合当下工作和思想困境,在继承中创新、在实践中发展。对传统文化进行创造性转化。坚持社会主义核心价值观,有选择地继承中国传统文化,摒弃那些具有明显时代局限性的成分,继承反应普遍性、共同性和一般性道德要求的精华,将其融入公路职工日常学习。在公路职工园地张贴平易近人、简单实用的家训家规,在单位宣传平台、微信、微博上推出优良家风推介栏目,发现身边的好家规。鼓励干部职工在日常生活恪守优良家训,发扬优良家风,从行为语言中体现“廉洁、敬业、勤俭、友善”之风尚,从自己的一言一行中体现家风,教育旁人和后代。

2.一般与个别相结合

家风教育是做人的工作,而人的思想是具体实在的,所以一定要贴近思想实际,贴近人性。既要注意共性问题,又要注意个性问题,学会“一把钥匙开一把锁”,使家风教育摆脱“名人专属”的怪圈,接地气入人心。在机关中试行“家庭谈心”制度,以拉家常诉家事的形式开展谈心活动,用平实的语言和言行举止感化身边的同志,使公路职工同志以大家庭成员的姿态来互相加深了解、加强沟通,便于家风教育可以融入日常生活和工作,化解许多敏感问题,减少人际交流上的障碍。

3.政工与业务相结合

抓思想政治工作只有结合业务工作,才能抓得准、抓得实、抓出成效。当前笔者所在机关政工队伍整体素质并不是很强，对于公路干部职工思想问题定位不准，方法不对，针对性差，最终结果也不理想。因此要强化各业务部门“分工负责、齐抓共管”的意识，要求各业务部门结合自身的工作特点，充分发挥熟悉业务、掌握情况的优势，认真进行调查研究，针对执法办案和行政管理中容易出现问题特别是产生腐败现象的部位和环节，在业务工作和思想政治工作的结合点上，找准突破口，通过“清正廉洁”为主要内容的传统家风教育，探索建立和加强能够抵御腐化的心理防线和言行准则。要通过建立“家风熏陶，家规约束，家训教导”机制，深入基层，深入一线，把思想政治工作和谆谆教导有机地融合到工作各环节和小细节上。

4.言教与身教相结合

做好思想政治工作，一靠真理的力量，二靠人格的力量，领导干部的表率作用是最有效的思想政治工作。家风教育重在长辈的身传言教，因此领导干部的典型引导至关重要。作为一个单位乃至一个行业的带头人，必须要自尊自重自励，用人格托起形象，提高思想政治工作的有效性。当前笔者所在公路管理局年轻人比较多，大多处于结婚生子、为人父母的时期，推行家风教育，从自身抓起，同时也教育自己的子女如何做人，使好家风代代传承下去。

六、结语

尽管家风教育能够有效推进公路职工思想政治教育，但是公路行业领导干部首先应该明确“三个一样”的指导思想：像抓业务工作一样抓队伍的思想政治工作，像解决工作难点一样解决思想难点问题，像解决业务工作中的困难一样解决思想政治工作中的困难。在这样的指导思想下建立科学、合理、人性化的思想政治工作机制，配合融合传统、春风化雨的家风教育，思想政治工作才能有的放矢，发挥出强大的战斗力。

三等奖

浅析公路基层单位职工培训

童丽丽

(云南省公路局曲靖公路管理总段机械化养护和应急中心)

摘　要　本文以公路基层单位为研究对象,通过对公路基层单位职工培训情况及存在问题进行调研与分析,结合笔者多年来在公路基层单位的工作实践经验及公共管理学、人力资源管理相关理论,因地制宜地提出了对策建议,使职工培训能够真正发挥其“为行业发展提供人力支撑、输送人才”的作用,也激励广大公路职工自觉参与学习培训,让公路职工在从事公路管、养、建等具体工作事务的同时,还能通过学习培训改善枯燥艰辛的工作氛围,不断长知识和本领,获得更好的发展机会和平台,从而不断修正自身的人生观、价值观,建立积极乐观的工作态度,促进公路基层单位职工的素质和行业整体形象的不断提升,树立共同的行业愿景,提升公路行业的核心竞争力,促进行业不断向前发展,更好地服务于大众出行。

关键词　公路管理　教育培训　激励机制

一、引言

当代社会,各行业竞争的焦点由过去的资本竞争、资源竞争逐渐演变成人力资源竞争。职工教育培训作为人力资源管理的一个重要环节,在推动人力资源的知识结构更新,技术进步及人力资源的自身发展方面发挥了极为重要的作用。对人力资源的教育培训是一个不断提高人力资源素质、增强人力资源竞争力的重要手段。对于基层公路基层单位而言,职工技能的提高和知识结构的更新,是推动行业发展的核心动力,对职工本身而言,在工作的同时通过参加教育培训,不断提升自身的知识、技能素质,胜任不断变化的工作岗位,才能获得更好的发展。

公路基层单位承担着公路干线基础设施建、管、养的重要职能,是一个知识、技术、智力密集型的部门。良好的人力资源能够很好地促进公路的管理、制度、技术等方面的创新,从而推动公路行业的更好发展。在当前国家对事业单位进行改革的大背景下,公路建设、养护这样企业化运作的公共部门需要走向市场,参与市场竞争,人才竞争也随之将更加激烈。公路基层单位长期存在着干部职工素质不高,知识和技能更新缓慢,甚至过时,无法适应行业发展对新技术新知识的要求,不能很好地为公路事业的建、管、养提供良好的人力资源保障,因而严重影响了公路行业的发展。面对日趋激烈的行业竞争,如何对现有的人力资源进行科学的培训与开发,将成为公路基层单位能否在行业竞争中取胜的关键。

二、培训的含义

培训(Training)是一种有组织的知识传递、技能传递、标准传递、信息传递、信念传递、管理训诫行为。它是一种组织行为，而并非单纯的个人行为。通过对职工的培养和训练，职工的知识、技能、态度和行为都可以在培训结束后有所改进和提高，工作能力也相应提高，使他们按照组织的要求，以符合自己的岗位的要求来完成自己的工作，为更好地实现组织目标而努力工作。

三、公路基层单位职工培训的内容

1.新员工入职培训

主要是针对新入职的员工进行的一项常规培训教育活动，目的是向新员工介绍单位的基本概况，人员结构，工作环境，规章制度，行为规范等，从而使新员工能适应自己的角色，快速融入组织。

2.文明礼仪培训

文明礼仪培训是公路管理部门为了提升职工的服务水平、树立良好的对外形象而开展的一系列行为改善的培训活动。随着公路行业竞争的日趋激烈，文明礼仪培训得到了越来越多的重视，这一培训内容主要包括了从员工穿着、妆容、文明礼貌用语，到文明服务规范手势，与人交流时的语气、语速、眼神等等诸多方面的内容，是行业服务形象提升的“必修课”。

3.专业知识培训

为了不断更新职工的公路管理和养护专业知识，使之适应快速发展的行业需求而开展的培训。

4.业务技能培训

主要是针对职工日常工作中的操作技能和服务技巧等方面而开展的培训。

5.其他方面的培训

诸如心理减压培训、职业规划培训、业余兴趣爱好培训等。

四、公路基层单位职工培训现状及存在问题

一直以来，公路基层单位虽然意识到了职工培训对行业持续向前发展的重要性，对新入行的职工都进行上岗培训，但由于多方面的原因，导致职工培训出现力不从心，应付了事的现象，没有形成一套较为完善的、科学的、适应性强的培训体系，培训形式大于实质，大多数培训都是“应试教育”式的培训，很少从职工的实际出发进行需求分析，缺少长期的培训计划，培训活动针对性不强且培训方式单一，培训内容有限，培训课程和培训实施缺乏灵活性，培训对职工的工作帮助不大，没有最大限度地发挥培训应有的作用，达不到预期的培训效果，不同职工呈现出不同的特征。

1.机关人员培训特征

多年来，机关人员培训主要是“每周政治理论学习”，这种以会代训的学习培训，政治性强，内容和行业生产工作紧密相关，但因为只是宣读，互动性不强，但往往会让人感觉枯燥无味，参加培训的职工大多对这种培训习以为常，但由于要签到打考勤，所以不得不参与；且培训全程由组织培训的部门工作人员宣读，职工的参与度非常有限，许多参加的职工心不在焉，玩手机、看杂志、昏昏欲睡、开小差讲话聊天，做的都是和培训无关的事情。通过调查发现，机关管理人员最厌倦这样的政治学习，一到政治学习的时间，就有人找各种借口请假、缺

席或早退,能够全程参与学习的只占全体参训人员的三分之一。久而久之,大多数人心中都不言自白,这种政治理论学习被大家私下认为很无聊,认为这是走形式的面子工程。

2.专业技术人员培训特征

在对公路基层单位职工培训情况的调查和访谈之后,笔者及调研团队发现除了机关政治理论学习这种模式,或者临时根据上级部门下达的培训要求组织参与相关培训,公路基层单位没有形成或建立自己的常规性培训模式。专业技术人员除了参加机关政治学习外,偶尔参加几年一次不定期技术研讨会,很少有其他专业性的培训机会。导致很多专业技术人员的专业知识更新缓慢,跟不上行业发展的前沿趋势和技术标准。同样,也没有对专业技术人员培训完成情况考核性指标,导致很多专业技术人员认为“学与不学一个样”,消极倦怠。

3.一线职工培训特征

公路基层单位的职工大部分为一线技术人员、养路工人和治超人员,从事公路日常养护、保洁和治超工作,工作的技术含量及标准性要求不高。在一线职工培训中,除了初级工升中级工、中级工升高技工的晋级培训之外,再也找不到其他的培训痕迹。在对部分一线职工的访谈中,发现一线职工大都表认为自己只是最基层的工人,单位不重视自己,培训也没有自己的份,时间长了,也就觉得培训学习“无所谓、没必要”。

五、公路基层单位职工培训中存在的问题

1.培训观念存在误区

公路基层单位管养任务繁重,除平常的公路养护之外,还要承担公路大中修、公路新建等施工建设任务,工作任务重,再加上受地区气候条件的影响,时间紧,任务重,因此,常常会不自觉地把主要精力放在了公路的建、管、养上。重生产轻培训,存在应付了事的现象。因为培训并不能产生直接的效益,直接导致中层管理人员及普通职工的轻视态度,觉得是走形式,没有太大的实际意义,甚至很无聊,所以参与积极性不高。由于不被重视,导致职工培训大多数情况下只是口头上重视,而实施过程中不被重视的尴尬局面。一部分领导和职工对职工培训工作在观念和认识上存在着误区,他们认为,职工培训大多是走过场的形式主义,唱高调而已,劳民伤财,浪费时间,没有效益,能省略尽量省略。而且参加培训学不到多少实用的东西还浪费时间,还是把培训的时间节约起来抓好生产,搞好养护,才是硬道理。而实际上,在公路行业迅猛发展、行业技术日新月异的形势下,仅仅靠多年积累下来的实际经验,观念不更新、技术跟不上、老经验老办法是不能促进行业很好地向前发展的。

2.培训对象层次性不明

公路基层单位职工在年龄、思想观念、文化水平、理论水平、工作经验都参差不齐,差别较大。在公路基层单位职工结构中,有机关管理人员、专业技术人员、工勤岗位人员、干部与工人等的差别,他们受教育程度有从初中到大学本科多个层次,存在着差异明显。但是,在对职工培训的过程中,往往就存在着一把抓的现象。大多数时候者缺乏人力资源开发意识,把职工培训工作当成了应付上级检查或者是一种变相的带薪休假的福利,谁参加什么培训,不是按实际需求来组织,而是领导说了算,领导安排谁参加谁就去参加,或者轮流参与培训,无论职工需要与否,完全不考虑职工参与培训的层次性需求。加上公路施工和养护战线点多线长,专业技术人员和工人常常分散于多个工地,难以集中进行统一培训。而且公路部门

的建、管、养岗位所需要的专业技能也不完全相同,不同的岗位对专业技术知识要求不同,专业相近的岗位对专业技术知识的需求程度也有所不同,也不能所有人一起组织培训。例如公路修建技术岗位偏重项目管理的培训,公路养护岗位则偏向大中修技术和小修保养技术的培训。由于细分工作难度大,即使做到了很细致的专业划分,在经费和时间上也很难按如此细致的类别来举办培训,师资也很难保障。

3.培训手段较为滞后

传统的以授课方为主体的“一言堂”是目前公路基层单位主要的培训方式。这种培训忽略了参加培训人员的参与意识和互动意识,只是一味地坐着听,被动地记,培训效果不佳,不能很好地调动参与者的积极性,培训收效不理想。目前,公路基层单位的职工培训存在的一个突出问题就是教学内容陈旧落后,培训内容更新缓慢,再加上缺乏实践价值,学不能致用,职工也渐渐对培训失去了兴趣与信心,培训成了摆样子、走过场。由于没有正确认识到职工培训的重要性,培训往往受某些条件限制,师资力量、培训场所、培训时间等都不同程度地存在着问题,导致达不到预期培训效果。

4.培训工作缺少系统性

近年来,公路基层单位虽然也在些提高职工文化、技能水平方面做了一些培训,也取得了一定的成效,但是总是三天打鱼两天晒网,没有很好的连续性,存在着表面化与零散性的现象,大多是病急乱投医,人家要求什么,发现自己缺什么,才临时去补什么,没有计划性,没有对培训人员分类别、分层次,也没有持之以恒的培训,很少根据行业发展需要,制订适合自身长期发展所需的系统的、整体的、长期的计划。

5.职工参与培训的积极性不高

由于受传统的人事观念和管理体制的影响,有些职工是一人身兼多职,有些职工又是处于清闲岗位上,什么事情都凭一句“我不会”加以推脱,长期以来,就形成了“累死能干的,闲死无能的”的现象。由于以往组织的培训也没有太多实质的内容,价值不高,工作任务重的职工想着认为工作都做不完,哪有时间参加培训,与其参加无聊培训,不如省点时间多做点实质性的工作;清闲的职工本身就不学无术只想混日子,参加培训学东西更是无从谈起。有的职工则认为自己首要的任务是要完成工作才有工资奖金拿,单位也只考核工作业绩,不会考核培训业绩,积极参加培训只会耽误自己做事,所以职工学习的积极性也就大打折扣。此外,事业单位改革所带来的机构和岗位精简,导致中层管理岗位的大量消失,职工的升职空间变小,职位晋升更为激烈。职工对职位晋升所带来的权利及更高的工资报酬、更好的福利的需求得不到满足,严重打击了一些部门能干事想干事,希望走上管理和领导岗位的职工的工作积极性及培训积极性。

将培训学习到的知识运用于日常工作及生活实践中,形成有效的转化,本身就是件困难的事情。然而,组织培训的部门,缺乏对职工培训及行业工作的有效兼顾,在工作期间安排大规模培训,使生产难以为继,造成工学矛盾更加突出,也将使职工参与培训的积极性受挫。如在工程建设期,工期紧张,人员紧缺,无人换手工作,集中职工进行培训相当困难,如果全部或者大部分都职工参与培训,就会严重耽误工程进度,培训结束了,参加培训的职工还得自己把落下的工作补上,无形增加了工作量,导致工程技术人员的培训积极性大大降低,技术能力得不到提高。

6.培训效果反馈机制不够健全

公路基层单位的很多培训往往是临时性、突击性的,培训结束,组织培训的工作也随之结束,没有后续的培训效果评估和反馈,培训得不到全面系统的分析和总结。由于对上一次培训效果没有进行认真的评估反馈,也无法对后续的培训进行更合理有效地培训安排,造成培训没有系统性,质量、效果得不到保障。

7.培训缺乏有效的激励机制

缺乏对领导者的激励。在单位,生产工作成绩名列前茅、获得荣誉奖项,单位整体工作业绩上升,单位主要领导都能得到上级主管部门与考核挂钩的相应的激励,因此,他们对这些工作很重视很上心。但是,对是否重视职工培训,没有相应的考核激励机制,没有明文考核、奖励,没有制度规范和奖惩,自然动力不足。

缺乏对职工参与培训的激励。同样的,职工是否参加培训与工资福利不配套,不挂钩,没有奖惩考核,培训的激励也就无从谈起,培训结果与使用脱节,导致本来就很少的培训项目,还经常存在需要培训的人员因各种原因没有参加培训、不需培训的人员参加了却不愿意听等现象。

六、公路基层单位职工培训完善措施

面对行业内外形势的不断变化、行业发展的新需求、逐渐开放的竞争市场以及自身发展的需求,公路基层单位职工培训体系改进和完善势在必行。针对该公路基层单位职工培训体系中存在的问题,结合该单位的长远发展目标,合理设置专门的培训部门,进一步完善职工培训管理体系,使职工培训成为行业和单位发展的一个重要组成部分,更有效地为行业发展服务,是非常必要的。

1.成立培训管理部门

设置专门的培训管理机构是完善培训管理体系的最基本所在。根据公路基层单位职工培训现状分析,培训工作需要设立专门的培训管理部门,设培训工作岗位2个,由各内设机构部门负责人负责培训的实施工作,并逐步培养起各部门实施培训的意识和能力。2个培训岗位中,其中一名培训工作岗位工作人员主要负责及时与单位领导和其他职能部门沟通,制订符合单位需求的培训计划;对单位全体职工进行培训需求分析;拟定培训目标及计划合理设置培训课程。另一名培训工作岗位工作人员则负责培训工作实施控,进行培训考评和培训效果的评估和反馈,建立培训档案并及时跟进。

2.加强“师资库”建设

师资队伍建设是职工教育培训的基础性工程,师资队伍建设是职工教育培训的关键环节,加强“师资库”建设,可为之后的培训提供良好的师资力量。

首先是大力开发单位内部的“师资库”。对单位内部业务骨干和技术专家进行开发和利用,激励这些人走上讲台,为职工开展教育培训,传授自己的经验和技术。例如技术副段长、岗位技术能手、高级工程师、优秀职工、资深职工等,用心对这些人才进行调查梳理,充分发挥他们的经验和智慧,使他们成为单位职工教育培训“师资库”的基础。

二是多渠道开发利用“兼职师资”。在充分发挥单位内部业务骨干作用的基础上,要拓宽师资渠道,加强多层次、多类别的“师资库”建设,有针对性地聘请党校知名教授教师、上级主管部门技术专家、专业培训团队的讲师等为职工教育培训的兼职教师,努力构建开放式、高层次的师资库。

3.认真进行职工培训需求分析

培训需求分析是指培训部门通过采取多种办法和技术手段,来对单位和职工的目标、技能、知识等方面的内容进行全方位多角度的鉴别与分析,在规划与设计每项培训活动之前,评估培训的必要性,确定培训的内容。培训需求分析对培训目标的确定、培训计划的设计、培训计划的有效实施具有很强的指导作用,是培训活动的第一环节,为培训评估提供了重要的参考依据,确保了培训工作能够顺利、及时、有效地开展。

①工作任务需求分析

结合公路基层单位工作实际,重点突出工程预算、项目管理、养护管理、机械设备管理、公路治超执法等工作的任务需求。根据各部门、各岗位的职责,确定工作任务,考核该岗位职工是否具备胜任该项工作的素质和能力,如果不具备,则需要接受培训,使其满足岗位要求,胜任工作岗位。

②组织需求分析

组织需求分析包括组织的人力资源需求分析、效率分析、组织文化分析三个方面。组织的人力资源需求分析即根据单位的发展战略,预测组织人才需求,制订长远的人才培养规划。组织的效率分析即满足全总段对工作效率、人力支出、服务质量等要素的需求,最终使每个工作岗位职责全面完成。组织文化分析则是将公路文化输入到每一个职工的头脑中,从观念上指导他们的工作行为,建立适应公路文化发展要求的人才队伍。

③人员需求分析

职工个体需求的分析是规划培训课程的重要依据。把对职工能力、素质、技能的考核作为人员需求分析的基础,同时结合职工的工作绩效,达不到组织效益标准时,就表明存在着某方面的培训需求。在对公路基层单位职工培训需求的访谈中,在培训内容上,机关人员侧重管理知识的学习培训,专业技术人员更为侧重专业技术和现场管理知识的学习培训,道班工人则希望学习通俗易懂、实用性强的知识和技术。在培训方式上,机关人员较为偏向讲座及研讨的形式,专业技术人员倾向于现场会培训会、技术研讨会的形式,道班工人更偏向帮、传、带的培训形式。在培训时间上,机关人员更倾向于在上班时间的某一天进行半天集中学习,采取自我平时学习和集中学习相结合的方式;专业技术人员更倾向于在工程建设任务结束后,工期不紧张的时候,如雨季和冬季;道班工人也希望培训时间尽量不挤占休息时间,最好在雨季和冬季非养护黄金时期。在培训师资上,机关人员希望大学教授、学术专家等进行授课;专业技术人员希望是行业专家授课;道班工人选择本系统内的行家能手进行指导培训。

4.分析岗位需求,制定切合实际的培训计划

要制订出符合公路基层单位职工培训需求的培训计划,需要明确各个工作岗位所需要的知识技能,评估出各岗位职工的实际能力与岗位要求的差距。

首先,各个部门负责人可分别从组织层面、科室层面和岗位层面提炼每一个具体岗位所需要具备的能力素质。如:人事部门负责从整体层面考虑公路行业的通用知识和技能;各个职能部门负责从科室层面和岗位层面提炼相应部门需要的通用业务知识和技能;同时,部门

负责人要根据本部门职工的工作实际,将以上两个层面的各项工作所需的能力加以分配,由此提炼本部门各个岗位的所需要具备的工作能力和素质。其次,各个部门负责人根据工作实际,确定本部门各岗位职工究竟在“了解、熟悉和掌握”这三个能力层次上需要达到什么层次,由此明确相应岗位所需要的职工的水平。另外,由人事部门明确职工对相应岗位的知识技能的掌握情况分为“未具备、需提升和已达标”三个水平,再由各个部门负责人对照日常工作表现,确定每个职工在自身岗位所达到的水平程度。最后,根据职工层次,制定分层次、分专业、分类别的职工培训计划,将培训批次分为两级机关人员培训、专业技术人员培训及各类业务性主题培训等。同时,根据公路行业发展的阶段性需要,制定各阶段职工培训计划,如路政执法人员军训、应急演练方案等。

5.建立公路系统分层次培训系统

一是领导干部培训。组织领导干部学习新的国家政策、理论方针、国内外政治局势、交通及公路行业相关政策法规、管理知识,积极参与上级主管部门关于行业规划的决策会议、工作部署会等行业前沿研讨,扩宽视野。组织领导干部进行轮岗交流,到基层挂职锻炼。分期分批到行业的先进典型地区参观学习,了解当地公路发展情况,学习别人的先进技术和先进经验等。鼓励领导干部积极参加大学自考或进行 MPA 等学历提升。

二是专业技术人员培训。每年选择工期较闲的雨季和冬季时间召开技术人员研讨会,交流工程建设和养护领域的前沿技术问题,培养创新意识。同时,积极组织开展“安康杯”机械操作手技能竞赛,并对优秀者进行奖励。组织工程、养护专业技术人员到具有先进经验的兄弟单位进行学习,开阔眼界,交流经验。参加外出培训的人员回单位后对单位其余相关人员进行培训,使新知识在行业内得以学习、推广。

三是治超人员培训。每年定期对治超人员开展一周以上的封闭式军事化训练。训练内容主要以军事化训练为主,结合理论学习、讲座参观的不同形式的培训,从队列训练、内务管理、行为养成等方面,对行政执法人员进行统一训练。在军事化训练中以课堂讨论和集中观看视频课程的方式,参加社会知识讲座、公路行业文化等知识培训。

四是两级机关人员培训。让机关全体部门轮流参与每周学习课题的设计和培训,一方面给予每位职工通过选择课题、设计问题等方式参与培训的机会,另一方面也给予每位职工进行现场发言、交流互动的机会。学习内容可涉及行业先进技术、行业文化、团队精神、生活常识、道德观、价值观、人生观等,要求学习内容性增强、实用性增强、灵活性增强,为职工打造更为开阔的知识平台。每次学习中,组织部门都要在课件设计中提出问题,现场随机抽取人员进行回答,并要求由讨论和点评。

五是新职工培训。要重视新进大学生基层实践经验的培养。

6.积极鼓励职工参与能力提升学习

基于对管理知识的系统化、全面化、核心化深造学习,有利于后备干部管理水平的培养,应急积极鼓励职工参与,同时单位应考虑在其请假学习期间安排接替工作人员,给予时间上、经费上和政策上的保障,确保学习不流于形式。

7.公路系统培训的评估与反馈

首先,在制订培训计划时,在汇总组织及个人培训需求的基础上,有针对性地拟定管理办法,明确培训考核奖惩措施,确立评估标准。其次,在培训期间,对培训过程实施考勤监督,分阶段、分步骤查验培训效果,认真对照管理办法,以不定期通报的形式对培训效果进行适时监管,并及时反馈。在培训结束后,通过专题测试和出勤率考核等综合考核实施培训效果,根据单位总体效应、基层组织效应和职工个体效应等多个方面进行综合评估,最终将评估过程、评估内容、评估方法、分析结果等内容进行整合,形成一个综合性的效果评估报告。

8.完善培训激励机制

将培训与考核提拔、薪酬福利有机结合,真正建立起"上岗要培训,培训要考核,考核有标准,按标准用人,用人与待遇挂钩"的培训激励制度。如在单位资源有限的情况下,给予培训考核优秀的职工优先参加交流会议、优先外出培训和下挂交流的机会,不断提升培训考核优秀职工的职位晋升空间。

七、结语

公路作为交通运输的重要载体,在社会经济发展中发挥着不可或缺的重要作用。搞好公路管理工作,不仅是为了提升市场竞争能力,促进公路行业自身发展壮大,同时也是为了强化国家经济实力,而人力资源管理作为保证生产力的第一要素,直接决定着公路管理部门的市场竞争力和未来发展前景。因此,公路管理部门必须重视人力资源培训,才能不断优化人才队伍,不断提高公路管理部门的人力资源素质,才能为大众出行和社会经济发展提供更优质的服务,才能在激烈的市场竞争中立于不败之地。

三等奖

对交通系统干部职工教育培训工作的思考和探索

王晓春

(内蒙古自治区阿盟公路管理局交通科教中心)

摘　要　全面推进交通系统干部职工教育培训工作,是加强干部队伍能力建设、提高全系统业务能力的迫切需要,是中央加强党的执政能力建设、构建社会主义和谐社会的重大战略部署。要始终坚持把干部职工的学习培训摆在重要位置,将其作为加强队伍建设的重点工作来抓。

关键词　职工培训　中年化　因需施教

一、引言

全面推进交通系统干部职工教育培训工作,是加强干部队伍能力建设、提高全系统业务能力的迫切需要,是中央加强党的执政能力建设、构建社会主义和谐社会的重大战略部署。近年来,特别是交通运输部《交通运输行业干部教育培训工作管理办法》颁布实施以来,各级交通部门大力实施人才兴业战略,以新时期交通系统工作为指导思想,将创建学习型组织作为工作理念,不断开展大规模、高质量、多方位的干部职工教育培训工作,取得了一定效果,但依然存在不足和问题。笔者针对当前的人力资源、干部职工培训等情况作如下思考和探索。

二、干部职工队伍结构和知识层次现状

当今社会的竞争,归根结底是人才的竞争。各项事业的发展,无不以人的素质提高为先导。当前交通系统干部职工的年龄结构与知识结构不尽合理、文凭与知识水平错位,这些因素从一定程度上阻碍了本系统的工作目标的全面实现。

1.交通系统干部职工知识结构参差不齐,正待创新培训机制

就笔者所属单位而言,由于历史的原因,干部的文化层次及内在素质存在着很大的差异。从文化层次来看,全系统研究生 1 名占 0.12 %,本科 127 人占 14.88%,专科 289 人占 33.88%,中专 250 人占 29.3%,高中以下 186 人占 21.8%,专科以上的干部职工仅占 50%。80 年代参加工作的干部职工,多数是初、高中毕业直接进入本系统参加工作的,他们一般通过短期培训后直接上岗,没有经过系统的专业化教育培训;90 年代以后参加工作的,文化层次高,实际工作能力也较强,目前均属于各部门的骨干力量,2000 年后参加工作的年轻一代,学历高,知识结构全面但缺乏实践经验。所以不同知识层次人员的培训需求不同,培训机制

有待创新。

2.交通系统干部职工年龄结构呈现中年化格局,对传统培训提出挑战

目前的交通系统干部职工队伍结构,初步形成"中年化"格局,中间大两头小,就内蒙古自治区阿盟公路管理局来说,35 周岁到 45 周岁占 35 %,低于 35 周岁的占 18 %,高于 45 周岁的占 47%,明显失衡的年龄结构极不利于培养干部职工追求上进、创新发展,这也对传统培训提出了严峻挑战。部分干部职工面对新要求、新形势,难以接受新技能,特别是信息化发展的加快,无疑给他们带来了新的挑战。从目前的培训现状来看,存在以下几种现象:一是年龄不同,需求不同,50 岁以上者,按部就班,得过且过;35~45 岁者,培训参与被动接受;35 岁以下者,求知欲望强,希望多提供培训机会;二是知识结构不同,需求不同。本科学历的,年轻人居多,希望参加培训的机会强烈,大中专学历的,青壮年居多,有丰富的工作经历,希望培训的迫切性明显降低。

3.人才的"单一型"正待培训转化为成"复合型"

就目前现状而言,交通系统干部职工中"单一型"人才比较普遍,而既精通业务又精通管理的复合型、全面型、多功能人才相对较少。

三、当前交通系统干部职工教育培训中存在的问题

1.思想观念上不能完全适应新形势的需要

目前,虽然各级交通部门都非常重视教育培训工作,但在实际工作中,基层单位因为工作繁重等原因,时有疏忽教育培训工作的情况发生;个别干部职工思想观念落后,对干部职工教育培训工作的认识不足,缺乏学习的自觉性,参训热情不高。

2.培训工作的内容、方式和手段需要创新

培训内容过于陈旧、难以适应实际工作,培训方式单一落后、影响培训后期效果。近年来,从各类培训班的培训方式来看,依然是以面授形式为主、以教材内容为主、以集中教学为主,然而教学过程中缺少实际操作、实践锻炼和实地调查,这种"灌输"培训方式单一、呆板,缺乏实践性、应用性和灵活性,理论与实际脱节,造成所学非所用等现象。

3.工学矛盾还没有得到彻底的解决

由于基层部门工作任务重而教育力量相对不足的问题依然存在,基层干部职工忙于应付日常工作,传统的集中培训方式只能在短时间内满足需要,难以做到经常、持久,基层的工作受到较大影响,影响了干部职工队伍整体素质的提高。

四、进一步做好干部职工教育培训工作应采取的措施

针对目前交通系统干部职工教育培训内容、方式和手段中存在的问题,在新形势下,教育培训工作应在如何丰富培训内容、如何拓展培训方式、如何优化培训手段等方面下功夫,使之形成完整独立的体系,致力培养一大批能够承前启后、继往开来的复合型、开拓型人才。

1.更新观念,加强认识,牢固树立终身学习的理念

随着新形势发展的需要,不抓紧学习、不提高自己,就难以完成肩负的工作任务和历史重任,甚至难以在这个时代立足。应该看到,面对新形势新任务,一些干部职工在理论素养和知识结构上、在思想境界和精神状态上、在工作能力和工作作风上还存在许多不适应,一

些干部职工学习观念不强、学习风气不浓、满足现状、不思进取的现象还依然存在。所以,只有勤奋好学、学以致用,才能坚持与时俱进,才能创造性地开展工作。

因此,应该继续采取"走出去、请进来"集中办班培训和在岗自学相结合的办法,大规模培训干部职工,重点抓好"请进来"培训工作。一方面积极参加系统内部组织的各级培训,另一方面积极引进各高校、区外党校、专业培训机构人员对干部职工进行各类培训。

各级领导干部和广大干部职工都必须把学习作为自身的首要任务和重大任务,树立终生学习的理念,要时时刻刻有紧迫感和危机感。要大力表彰学习认真、学有所获、学以致用、学有所成的人,并且建立健全学习工作制度和集体学习制度,形成学习工作化、工作学习化的良性互动机制。在学习上形成"你追我赶、蓬勃向上"的良好氛围,在工作上形成"创先争优,不断进步、不断创新"的积极心态,坚持在工作中找学习,在学习中做工作。

2.因需施教,分级培训,抓好干部职工的集中学习

各级部门要加大教育培训力度,在广泛开展领导干部更新知识培训、业务骨干培训和专门业务培训的基础上,树立"以人为本"的教育理念,充分考虑教授对象的需求,经常听取他们对培训工作的意见和建议,不断完善充实培训内容。

一要抓好高层次专业技术人才培养,积极为专业技术人才争取赴区内外高校、科研院所进行培训和实践学习的机会,从制度、待遇上激励专业技术人员晋升职称和学历层次。

二要抓好急需短缺专业技术人才培养,为局属各单位列拨职工教育培训专项经费,各单位针对急需短缺岗位专业技术人员,既可随时送外进行专项培训,也可邀请相关专家前来进行技术培训、对口指导,不定期组织各单位相关技术人员现场观摩系统技术标兵的实操演示,大力开展"导师带徒"活动。

三要抓好路政执法人员规范化轮训,集中举办执法人员规范化轮训,对路政执法人员进行执法培训和军事化训练,在日常工作中,形成以"硬性制度保学习、定期考试检学习、奖惩机制激学习"为主要内容的教育培训长效机制,不断强化对路政执法人员的教育培训。

四要抓好专业技术人员的继续教育培训,积极组织专业技术人员参加各业务对口部门举办的专业技术培训班,根据上级部门要求和实际工作需要,积极筹备举办培训班。

有效结合短期培训计划和长期培训规划,以"缺什么补什么、做什么学什么"为原则,有侧重、有针对性地开展培训工作。盟局要在重点抓好全系统副科以上干部更新知识培训和专门业务培训的同时,注重培训对象的针对性和教育培训形式的多样性。可运用网站资源,通过搭建"小讲台"、设立"点将台"等多种形式构筑多元学习交流平台;经常组织专题研讨、业务交流会、知识竞赛等活动,为干部职工提供展示的舞台;坚持以考促学,根据上级的要求和本局的实际情况,每年举办全系统干部职工理论考试或知识竞赛一至两次,用考试来检验学习成效。

3.每月一题,每年一考,倡导和鼓励干部职工自学

每月一题是用于督促和检查干部职工自学效果的有效方式,可以使干部职工学习和掌握本职工作的基础理论和基本业务,提高综合素质,提升岗位技能,旨在为广大在岗自学干部职工自测提供载体,它对于促进干部职工终生学习有着十分重要的意义。在进行每月一题的基础上实行每年一考,对年考试卷要存档备查,要将学习成绩列入年度目标管理责任制进行考核和总结评比,表彰奖励干部学习教育培训工作先进单位和个人,并对干部职工学习

教育培训不力、工作进展差、考试考核名次末尾的单位和个人进行通报批评,限期整改。

4.开展竞赛,挖掘典型,激发干部职工的学习热情

在学习过程中,要充分发挥典型示范作用,挖掘培养先进典型。各级机关要经常性地组织干部职工开展知识竞赛和业务比武活动。

一是充分发挥职工读书阅览室的阵地作用,在全系统大力开展职工读书活动,指定学习书目,举办读书演讲,增强活动实效。

二是开展业务大比武活动,强化业务学习,举办业务知识竞赛,引导干部职工树立良好的学习风气,形成比、学、赶、帮、超的良好氛围。

三是倾力打造廉政教育平台,通过采取召开节前干部廉洁自律集体谈话会、组织党员干部赴廉政教育基地受教育、为党员配发廉政教育书籍、要求各基层党支部每周轮流向全局副科以上干部编发廉政格言、警句、谚语短信等举措,使全局各级领导干部不受时间、地点、设施、条件的限制,随时随地接受廉政文化教育。

四是开展预防职务犯罪警示教育活动,通过开办廉政讲堂、道德讲堂、设置电脑廉政教育屏保等方式,在潜移默化中让廉洁成为领导干部的一种认知心理、一种精神素养、一种生活准则。

5.领导带头,齐抓共管,确保学习培训取得实效

要始终坚持把干部职工的学习培训摆在重要位置,作为加强队伍建设的重点工作来抓。要成立学习培训工作领导小组,建立健全主要领导亲自抓、分管领导具体抓、职能部门协调抓的教育培训机制。各级部门的一把手要带头作表率,亲自定计划、出题目、作部署、提要求,其他成员带头参学议学、读书思考,营造浓厚的学习氛围。加强学习管理,不断健全制度、强化机制,促进学习"制度化、程序化、规范化"。

6.建章立制,创建教育培训长效机制

交通系统各级部门要不断提高对培训工作的重视度,始终把职工教育培训作为一项重要考核指标,并纳入局各科室、各级单位的目标管理。要制订切合实际的中长期干部素质提升培训规划、短期干部职工教育培训方案,搭建起职工教育工作的基础框架,并根据各上级部门具体要求和单位自身需求,建立健全教育培训规章制度,通过制度管理目标考核督促教育培训工作的长期持久开展;通过制度管理目标考核使教育培训工作能够持续有序地进行,从而建立起交通系统教育培训工作的长效机制。

五、结语

综上所述,培训教育工作是一项事关全局、关乎长远的系统性工程,是干部职工管理工作中的重要一环,是提升干部职工的综合素质、履职能力的有效途径之一。作为培训教育的从业者,应该转变自身陈旧的培训教育管理理念,摒弃纯粹的理论说教模式,增强培训工作的实践性,建立完善的培训工作体系,运用现代科学的培训方法,提高广大干部职工的综合能力,为推进交通运输事业持续、快速、健康发展提供坚强的人才保障。

三等奖

浅析养护中心人事管理绩效考核的应用

邹济平

(广东省惠州市公路管理局)

摘　要　当前,养护中心人事管理模式相对滞后,加强和完善养护中心人事管理势在必行。参照其他事业单位管理模式,把绩效考核引入到养护中心的人事管理中去,实行绩效考核管理、健全绩效考核指标、建立绩效工资制度、实行分类考核方式,建立和完善考核反馈等机制,是加强公路养护管理的重要举措。本文将对养护中心人力资源管理中绩效考核存在的问题和对策作简要论述。

关键词　养护中心　人事管理　绩效考核

一、引言

根据养护中心实际工作的需要,把绩效考核引入到养护中心的人事管理中去,重视绩效考核管理、健全绩效考核指标、建立绩效工资制度、实行分类考核方式,建立和完善考核反馈等机制,全面提高养护中心管理水平。

二、养护中心人事管理绩效考核的意义

在养护中心人事管理的具体工作中,为了提高管理水平,调动工作人员的积极性,采取相应的措施,加强绩效管理是一项不可忽视的重要内容。加强绩效管理不仅能够促进管理水平的提高,还能够有效规范与约束工作人员的各项行为,促进养护中心人事管理各项工作的有序进行,促进整个公路部门人事管理工作水平的提升。然而在实际工作中,由于受到制度、经验、工作人员等的制约,当前养护中心人事管理绩效考核仍然存在不足之处,影响人事管理工作的顺利进行,对具体工作的开展也带来不利影响。因此,结合养护中心人事管理的实际情况,探讨分析绩效考核存在的不足,并提出相应的改进对策无疑具有重要的现实意义。

1.有利于调动工作人员工作的热情

要想提高公路部门人事管理水平,激发员工的工作热情,促进他们工作水平的提高,在日常工作中,必须合理运用绩效考核的方式,明确工作人员的职责,使他们严格按照规定开展自己的工作,进而激发员工的工作热情,提高工作水平。

2.有利于提高工作人员的综合素质

对管理部门的员工来说,在绩效考核的激励下,他们能够更加安心地工作,有利于更好地发挥工作人员的潜能,促进他们工作水平的提升。同时还能够凝聚员工的力量,发挥他们的合力,协调他们的行动,从而促进工作人员改进自己的工作方式,加强自身学习,不断提高自己的综合素质。

3.有利于促进公路部门更好地运行和工作

随着竞争的愈演愈烈，工作人员为了提高自身素质，在竞争中能够脱颖而出，他们往往注重提高自身素质，改进自己的工作，提高自己的工作水平。这样员工的素质会得到相应的提高，工作热情被激发出来，更加全身心地投入到工作和学习当中，促进自身素质的不断提高，为公路管理部门更好的贡献自己的力量，进而有利于促进公路管理部门各项工作的顺利进行。

三、养护中心人事管理绩效考核存在的问题

1.考核指标不合理

在进行考核的时候，相关的指标设置不合理，在德、能、勤、绩、廉等多个方面，指标没有细化和量化，导致考核工作的落实比较困难，难以有效调动工作人员的积极性。

2.考核方式较落后

受体制的影响，在考核的时候，只注重定性的考核，对所有人员采用单一的考核模式，主要包括个人自我评价、主管领导适当征询相关人员的意见，然后确定考核等级。这种模式过于陈旧、笼统，没有结合工作人员的实际情况，没有量化的指标，随意性大，影响绩效考核的公正性和公平性。

3.考核内容不完善

考核内容存在不够明确的情况，在具体工作中，导致工作能力不一样的员工拿的福利待遇是一样的，难以发挥激励机制的促进和推动作用。另外，考核标准不够仔细，量化测评的方式没有得到有效落实，制约考核水平的提高。

4.考核程序形式化

考核往往出于形式，缺乏有效的监督管理，例如，采用发放考核表的方式让员工填写，对整个过程缺乏监督，只将最后的结果进行公示，影响绩效考核水平的提高。

四、养护中心人事管理绩效考核的对策

为了应对当前养护中心人事管理绩效考核存在的不足，促进考核工作水平的提高，更好地激发员工工作的热情，结合公路部门的实际情况，笔者提出如下对策。

1.重视绩效考核管理

只有绩效考核全面得以落实，才能激发工作人员的积极性，促进养护中心各项工作的顺利进行。因此，公路部门必须重视绩效考核的相关工作，完善相关制度，落实各项规定，对考核的程序、目的、方式进行有效管理和监控，规范工作人员的日常行为，促进各项工作顺利开展，提高养护中心人事管理水平。

2.建立养护工绩效考核指标

考核标准和指标应该科学化和规范化，层层递进，能够有效规范工作人员的各项行为。推动各项工作的规范化进程，确保考核指标能够适应具体工作的需要，提高考核的工作水平。①是否按照日常养护操作规程开展养护工作情况；②对辖区内的公路及其附属设施进行日常保洁及小修保养情况；③对辖区内的排水系统进行维护的情况；④对发生、发现的问题及时汇报、参与特殊情况（水毁等）处理工作，参加紧急抢险工作情况；⑤对路面障碍物的及时清理情况；⑥对所辖路段的一切设施进行检查和管护，及时向班（组）长汇报异常情况；

⑦对所辖路段绿化苗木的管护情况;⑧熟练掌握机械设备操作规程、规范作业情况;⑨严格执行设备维护、保养计划,提高设备的使用率和完好率;⑩做好车辆运行记录,及时上报有关报表;⑪出车前检查与交接班检查,做好记录;⑫服务态度好,爱岗敬业等情况。

3.建立绩效工资制度

将工作人员的工资与绩效考核联系起来,在工作业绩、工作态度、工作能力的基础上,发挥绩效考核的作用,使工资与绩效考核、工作岗位相联系。改变员工的绩效工资,工资改变量和改变幅度以员工的工作绩效为基础,工资随员工的工作绩效出现相应的变化,从而实现激励员工的目的。要明确绩效工资所占的比重,例如,业绩成果占50%,工作态度占10%,出勤率占10%,其他内容占30%,对各项考核内容进行细化,从而更好地激发员工的工作热情。一是制定分配方案。在制定奖励性绩效工资具体分配办法时,要充分发挥绩效工资分配的激励导向作用。二是完善内部考核制度。要根据专业技术、管理、工勤等岗位的不同特点,实行分类考核。根据考核结果,在分配中坚持多劳多得、优绩优酬,重点向关键岗位、业务骨干和做出突出成绩的工作人员倾斜。要及时公开考核制度、考核办法、考核结果、运作程序等。要认真分析考核方案中的合理性和可操作性,不断修正完善考核方案,保证绩效考核工作的正常运行。

4.实行分类考核方式

针对工作人员的工作内容、性质、任务存在差异的情况,在考核方法和考核指标的确定上,应该采取不同的方法,不能千篇一律。对管理、工勤、技术岗位需要建立不同的考核指标,遵循定量为主,定性为辅的考核方法,最大限度减少主观感情色彩,发动员工积极参与,提高考核的民主性和科学性。

5.建立考核反馈机制

通过考核对工作人员进行全面、合理的评价,并做好考核的反馈工作,促进考核指标和方法的不断完善。同时要采取奖惩激励措施,从而激发员工的工作热情,促使工作人员为公路部门做出更大的贡献。

6.完善绩效考核方法

改变单一的考核方法,采用多种考核方法相结合的方式,对管理、技术、工勤岗位所采用的考核方法应该有所区别,对各考核指标的分值进行明确的规定,将个人述职、民主测评、自我评价、平时工作记录、他人评价结合起来,实现对工作人员的全面评价。

7.注重建立激励机制

考核结束后要通过相应的激励机制,更好的发挥对员工的激励作用。例如,通过奖惩、晋升、培训、岗位调整等方式,更好地发挥对员工的激励作用,将考核结果与职称晋升、工资待遇联系起来,强化工作人员的认识,激发员工的创造性和主动性,为公路部门贡献自己的力量。

五、结语

在整个公路部门人事管理工作中,绩效考核的作用是不可忽视的。今后在实际工作中,应该认识绩效考核存在的不足,并结合具体工作的需要,采取相应的完善措施,促进绩效考核的有效推进,调动工作人员的积极性和工作热情,使工作人员在公路部门更好地工作,发挥自己的聪明才智,为公路事业的发展做出更大的贡献。

三等奖

浅谈互联网信息技术在公路工程建设管理中的应用

李昂修

(辽宁省锦州市公路管理处科技信息科)

摘　要　结合公路项目建设实际和互联网信息技术的发展现状，阐述互联网信息技术在公路建设管理中所发挥的巨大作用，并针对如何更好发挥互联网信息技术的优势提出相关对策及建议。

关键词　互联网信息技术　公路工程建设　应用

一、引言

当前我国正处于经济高速发展社会飞速进步的阶段，而公路作为经济命脉起着连接与互通的作用，对经济与社会的发展起着无法替代的作用。在刚刚过去的“十二五”期间，我国的公路建设更是取得了突飞猛进的长足进步，公路建设标准之高，资金投入之大，新建改建里程之长都达到了历史最高水平。

公路工程建设项目的特点是点多面广、线路长、规模大，建设、设计、监理、施工等单位人员交织，文件、资料、数据繁杂。正是公路工程项目的这些特点，决定了项目信息量巨大、建设管理难度高这一客观事实。而以纸质为载体的信息记录方式、以个人对个人的点对点的信息传送方式已不能适应当今公路建设的客观要求。在当前这个信息时代，以互联网为依托的计算机网络信息管理在工程项目管理中扮演着越来越重要的角色。信息技术的推广，提高了工作效率、技术水平和管理水平，同时使行业竞争力得到提升，管理费用和工程建设从业人员的工作强度得以降低。可见公路建设管理信息化，必将是当前以及未来公路行业发展的大势所趋，必将创造更加巨大的价值。

二、互联网信息技术在公路工程建设管理中应用的意义

一个公路工程项目建设，从时间上来看分为前期的调研、可行性研究、工程立项，中期的勘察、设计、施工，后期的竣工验收、竣工结算、工程移交等环节，短则一年，多则数载；从空间上来，看点多、线长、面广，数百千米的公路比比皆是，合同段数多则数十个，工点数更是数不胜数。面对时间久、范围广的工程项目，建设期间各种数据信息的采集、传输和整理的工作量是非常庞大的，而信息在任何环节的偏差和遗漏都将给工程建设带来不利影响。通过采用互联网信息技术，可以实现数据在网络上的同步传送，实现真正意义上的实时性，而且经过计算机处理的工程数据更为准确、严谨，能很好地做到信息数据的精确传达；另外，软件程

序控制的管理能够克服在工程管理过程中人为控制的局限,保证信息的透明,也更加便于不同参与者对信息的查询、调取。通过采用互联网信息技术,能确保工程信息的真实性、完整性、科学性,确保它们是建立在严格的管理、科学的组织、规范的施工的基础上的。所以信息管理已经影响到工程的质量、成本和进度管理,信息技术在工程建设中发挥的作用已无可取代。

三、互联网信息技术在公路工程建设管理中应用的现状

近几年公路行业应用互联网信息技术的整体水平虽有所提高,但与发达国家和先进、成熟的项目管理体系相比较还有很大的提升空间。现在的工程管理多侧重于目标性的控制,而由于信息化程度不高,导致施工过程中具体各环节得不到有效的控制管理。项目施工管理仍然主要依靠管理人员的经验和能力,缺乏科学性;施工过程中的进度、质量、费用控制方面比较单一,缺乏系统化;对互联网的利用还不够充分,没有很好地做到材料设备的网上询价采购、以网络为平台的招标、信息交换与信息发布等;未能充分实现信息的共享和自动传递,缺少信息互动;软件开发缺少创新,不能适应不同项目的特点;管理人员理念落后,缺少资金支持,硬件投入落后。

四、将互联网信息技术在公路工程建设管理中应用的对策及建议

随着网络技术突飞猛进的发展,互联网信息技术的优点已经得到了很好的验证,而如何将这一技术的优势转化为实实在在的效益,如何将这一技术的优越性更好地发挥出来是我们所要思考和实践的。根据公路工程建设项目的实际,提出如下对策及建议:

1.整个行业要出台相关办法和指导原则

整个公路行业要在充分调研的基础上,借鉴发达国家、先进企业的项目管理经验,制定公路建设项目管理信息技术应用战略和指导原则,让全行业对互联网信息技术的应用范围和应用程度有章可循。全行业要鼓励企业开发相关软件,加大投入,给予一定程度的政策优惠,逐步将信息技术在工程建设中的实际应用效果引入到工程评比、竣工验收、企业信誉评价等环节中来,从而督促信息技术应用的推进。

2.制定信息化应用方案

公路行业信息化程度的核心主要体现在施工管理过程的信息技术应用水平上。信息化施工的特征是:信息收集自动化、信息存储自动化、信息交换网络化、信息检索工具化、信息技术集成化、信息利用科学化、信息管理系统化。工程项目的建设单位应根据以上信息化的特征,结合施工管理的实际情况,在项目立项后要制定信息化方案,利用现代信息技术,建立完善各类施工管理信息集成系统。

3.重视基于互联网和局域网的项目管理集成系统开发

公路项目管理信息技术离不开电子商务、网上项目管理系统,通过广泛应用集成系统建立基于局域网、互联网的信息共享平台以及网上办公系统,实现项目管理全过程信息自动化处理。

公路行业运用信息技术的重点是开发以互联网为平台的项目信息管理集成系统,建立数据库和网络联结,实现网上查询、视频会议、网上材料采购、信息共享等。在施工质量控制

方面，利用以互联网为平台的项目管理信息系统和专项技术软件实现施工过程信息化管理。工程项目的各参建单位成员可以在任何时间、任何地点与相关的工程师交换资料信息，审阅施工质量资料，会签图纸和文件，分级查询数据；施工现场管理人员可以通过无线网络将施工质量检测信息实时上传到网络并进行评定；在竣工验收阶段，各类竣工资料根据质量记录自动生成验收报告。

4.建立网上评审检查系统

将项目的信息网络平台与工程建设专家库或者建设行政主管部门的网络平台对接，能使国内外专家通过网络获取工程数据、图片、视频来评审工程质量问题，解决指导技术难题，能使建设行政主管部门不用亲临现场检查工程项目存在的问题，直接通过网络就可以获取工程中存在的问题并提出整改意见。

5.开发应用施工现场的实时视频监控系统

更多地发挥施工现场电子监控设备的功能，将监控与互联网平台相连接，尤其是在重点工程、难点工程、重点结构物等处多安装监控设备，使得所有项目参与者都可以通过网络平台观看施工现场的实时画面，使违规工艺、伪劣产品无处藏身，也便于在发生突发紧急状况时能在第一时间调取现场画面，从而有利于尽快采取措施，避免影响进一步扩大。

6.推广网上办公和网上会议系统

推广网上办公系统可以使网上文件传输速度快、成本低。施工中有大量文件资料需要反复审核修改后才能定稿，网上审核批注更能显示其方便快捷的优越性，同时在哪个环节发生延迟和滞留一目了然，便于督促相关人员提高工作效率。

推广网上会议系统可以避免参建者的长途奔波，减少路况不良情况下长途行车带来的安全隐患，大大降低建设成本和安全风险。

7.充分利用手机短信平台、微信平台、办公自动化手机客户端发布即时信息

在智能手机高度普及以及移动网络高度覆盖的今天，手机信息平台是信息技术应用的又一载体和便捷手段。可以通过手机信息平台群发某一通知或某一会议精神，同时手机平台使用者还可以进行信息反馈和交流。速度快，费用低，将一对一的信息传递转变成一对多的信息传递，与传统的依靠电话沟通相比，效率大大提高，同时有记录可追溯，避免了关键信息在一对一电话沟通时的无证可循。

五、结语

互联网信息技术应用范围与领域的不断扩大，是社会发展科技进步的必然趋势。而互联网信息技术应用于公路工程建设的实践证明，互联网信息技术是一种高效率、低成本的公路工程项目的管理手段。随着互联网信息技术日新月异的发展，互联网信息技术在公路工程项目的管理中必将应用得更加广泛。公路工程建设的参与者要树立现代化、规范化、自动化的办公意识，进一步提高从业人员的基础素质和办公条件，并促使信息网络化管理技术早日在我国工程建设行业奠定基础并取得长远的发展，最终实现其巨大的经济及社会效益。

三等奖

如何发挥互联网信息技术在公路管理中的作用

杨慧玲

(云南省公路局保山公路管理总段龙陵公路管理段)

摘　要　随着互联网的蓬勃发展和用户规模的急剧扩张,信息化成了云南交通弯道超车最有效途径。对于公路这一传统领域,互联网信息技术一方面可以作为行业精神、单位文化宣传的手段,另一方面也重构了其管理模式。在信息发布、交通流量分析、养护数据传输等方面形成了全新的应用方式,深刻地影响和改变着公路的管理模式。

关键词　互联网　大数据　公路管理　大众服务

一、引言

“十二五”期间,我国公路路网结构显著优化、养护管理水平显著提升、公路安全基础显著夯实、应急保障能力显著增强、依法行政能力显著提高、便民惠民服务显著提升,有效支撑了经济社会更好更快发展。但与新时期经济社会发展的更高要求相比、与广大人民群众旺盛的出行需求相比依然存在差距,在公路基础设施有效供给、出行配套服务、养护管理制度体系建设等方面仍需健全完善。当前,互联网与通信技术的迅猛发展和数据的快速增长成了许多行业共同面对的严峻挑战和宝贵机遇,因而信息社会已经进入了大数据(Big Data)时代。公路管理作为一项关系到民生的重要问题,提高其管理质量和水平对于社会的发展有着重要的促进作用。

二、互联网与大数据综述

1.互联网概念与特点

互联网是网络与网络之间所串连成的庞大网络,这些网络以一组通用的协议相连,形成逻辑上的单一巨大国际网络,其表现出的特点可以概括为以下几点:

①即时性

即时性是互联网信息传播时效性强的形象表述。基于互联网能够不受空间限制来进行信息交换,且交换使用成本低、信息更新速度快。

②海量性

互联网海量性体现在具有强大的检索功能及易复制、易存储等特点。谷歌、百度等专业搜索引擎及一些网站自有的检索工具,使网上查找技术信息变得十分便捷。

③互动性

互动性又称交互性,包含"一对一、一对多、多对一、多对多"的传播方式,体现了大众传播和人际传播相结合的传播方式,互动方式既可以是人与人,也可以是人与信息之间的互动交流。

④广泛性

据研究咨询机构 IDC 最新研究报告显示,2016 年全球互联网用户数将达到 32 亿人,约占全球总人口数的 44%。因此互联网的广泛性既可以说是信息传播范围的广泛性,也可以说是使用人数的广泛性。

⑤多媒体性

互联网所拥有的一大特性是多媒体性,信息交换能以视频、图片、文字等多种形式存在,同时有价值的信息能被快速资源整合。

2.大数据的概念与特点

关于大数据的定义,维基百科中只有短短的一句话:"巨量资料(big data),或称大数据,指的是所涉及的资料量规模巨大到无法通过目前主流软件工具,在合理时间内达到撷取、管理、处理并整理成为帮助企业经营决策更积极目的的资讯"。而笔者则基于大数据的特点给出了自己的定义:"大数据是在多样的或者大量数据中,迅速获取信息的能力"。

大数据的核心能力,是发现规律和预测未来。在现实世界中,因缺少实时记录的工具,许多行为看起来是"人似秋鸿有来信,事如春梦了无痕"。在互联网世界则是"处处行迹处处痕"。互联网的"请求"加"响应"机制在服务器上保留了人们大量前兆性的行为数据,把这些数据搜集起来,进一步分析挖掘,就可以发现隐藏在大量细节背后的规律,依据规律,预测未来。收集分析海量的各种类型的数据,并快速获取影响未来的信息的能力,就是大数据技术的力量所在。

三、互联网信息技术对公路管理的作用

1.节省人力物力,提高管理时效

公路作为国家基础建设的重要组成部分,在养护管理工程中会产生大量数据,分别为基础档案资料数据,日常养护产生的养护数据,公路大中修、改建过程产生的养护资料数据、道路桥梁等定期检查资料数据。由于公路里程多,数据来源多样,产生巨大的数据量。根据《公路技术状况评定标准》,各公路管养单位对国道的技术评定不少于每季度一次,因此对路面、路基、桥隧和沿线设施进行数据采集并进行技术状况评定会产生大量的路况数据。同时,作为日常养护工作内容,基层站所须进行每日路况巡查,填写相应的巡查日志,也会形成道路巡查日志等资料数据;而交通量也是公路养护的一个重要参考因素,各观测点每月上报的交通量同样形成了庞大的数据资料;上级主管部门也会对各基层单位进行月度、季度、年度路况考核,形成路况评定资料。在传统公路管理过程中,如此庞大的数据资料,常常装订好放置在养护技术办公室,这样就造成一定程度的资源浪费,同时由于大量人力物力的管理难度比较大,所以导致管理工作水平没有提高。而互联网信息技术则可以很好地解决这一难题,只需制定规范的电子表格,各站所记录员按实际情况填写,每月按要求及时上报,就可以省去因上报纸质材料而耗费的时间,同时节约纸张;每次检查资料也都可以及时扫描电子

装档,按不同内容罗列,查找所需资料只需点击电脑搜索,省时省力。

2.利用大数据技术,提高管理工作准确性

在传统公路管理工程中,路面养护工作更多是根据以往经验和规定来判断处理的方法,信息更新不及时,资料不健全,测量数据的误差,都可能导致养护工作判断的偏差。在被视为人工智能的大数据面前,养护管理者可以依据大数据数学算法得出的结论来做决策。如果在满足一定条件的基础上,分析使用更多的海量数据甚至可以处理和某个特别现象相关的所有数据,则有可能提高公路养护管理的预测水平,在病害发生前早处理,避免病害扩大。而大数据对于需要防范雨季安全保通工作的管养单位来说,甚至能发挥安全预警的作用,其数学算法通过及时对上报数据进行演算分析,能有效预测路面、边坡、挡墙的安全情况,做到早预防早准备。进一步提高了养护管理工作中的安全性和准确性。

3.技术即时分享,技术及时推广

基于互联网的即时性和形式多样性,新工艺和新技术的推广变得更加容易。传统培新面对面的授课方式和技术交流形式,不仅让管理人员忍受舟车劳顿之苦,培训结束后有些学习资料无法拷贝分享更是让新技术、新工艺的推广受到阻碍。互联网信息技术不仅可以实现面对面交流,同时实现了一对多的授课形式。传统培训往往只是管理者有机会参与和学习,而互联网则让一线职工有了更多的学习机会,不仅培训效果更出众,普及范围也更广,能更加快速地体现新工艺新材料带来的养护现状转变。

四、更快传播公路文化,更好提高行业形象

基于互联网的广泛性及平台的多样性,现今公路文化传播有了更多的途径。相较于传统的纸媒传播信息更新慢、大众互动少、民众反映难的困局,互联网信息技术让文化传播、信息更新变得更加及时,也更赋人性化,当前主流即时性互动客户端为“微博、微信、腾讯QQ”,通过网络数据分析和现实生活经验我们可以发现,如今微博和微信已成为手机用户的主流APP,而QQ更多是作为工作中的交流学习以及资料传输工具。因此笔者认为,在文化传播的平台选择上,应把重点放在微博和微信上。

1.微观世界,博览天下

微博作为最近几年新兴的媒体,已成为广大互联网用户了解时事、发表个人意见的最新渠道。2016年3月3日,新浪微博发布了2015年第四季度及全年财报,截至2015年四季度末,月活跃用户达到2.36亿,日活跃用户达到1.06亿。这个庞大的用户群对公路行业的对外服务来说既是机遇也是挑战。微博如同一个放大镜,在养护工作中做得有一丁点不好,都会被放大传播,从而产生不好的社会影响;而另一方面,也能利用它传播行业文化,讲述行业故事,树立行业形象。通过微博,能及时传播行业正能量,讲述公路人故事,消除广大群众现阶段对公路人的误解。可以通过视频剪辑、施工小视频、九宫图等多种形式,描绘公路养护人日常养护的辛劳场景,消除公众对公路行业的误解;同时通过举办微博小活动如有奖征集单位宣传语等形式,增加和公众的互动,拉近和公众的距离。值得注意的是,与微信的半开放不同,微博是个全开放平台,任何人都可以查看你所发布的信息,只要开放评论功能,任何微博用户也都可以对你所发布的内容进行评论,因此在微博的日常维护中,要格外注意公众的评论内容,对存在误解的评论进行解释和说明,对公众疑惑大的问题进行后续跟踪报道或

情况说明,如果对评论置之不理,微博势必沦为公众的讨伐之地,只有做到及时为公众答疑解惑,树立起权威性,才能发挥微博的文化传播功能。

2.微言微语,信誉公众

如果说微博是面向年轻一代,那微信的文化传播则是“一网打尽”,简单的操作方式和简明的浏览形式,使得微信在60后甚至50后中也得到了迅速推广。现今广大的一线职工基本都是60后,只要拥有智能手机,通过简单的教学,就能让广大一线职工玩转微信,因此微信的信息推广可以更加具体化。通过建立微信公众号,可以定时传播公路新动态,养护新技术,一方面展现了公路行业的创新发展形象;另一方面则给广大职工进行了“养护知识小培训”。通过发布养护路段实时路况信息,如拥堵情况、施工养护情况等信息,可以方便出行人员规划出行路线,避免加重交通拥堵;通过发布交通安全信息,当发生交通事故时,能及时提醒驾乘人员注意安全;通过发布养护路段沿线服务设施信息,对养护路段沿线加油站、休息区、观景台等便民服务设施进行汇总,可以方便驾乘人员合理安排行车计划。相较于微博的信息快速更新,微信信息则可以进行反复查看回顾,因此在微信信息发布时,应着重对长期有用的内容进行发布。

五、结语

互联网的快速发展给公路管理带来了新的机遇,能够有效提高公路管理工作的质量和水平,通过加强计算机网络技术在公路管理中的应用研究,能使互联网信息技术应用到公路管理工作的各个方面,从而实现真正意义上的现代化公路管理。相信在未来,随着互联网信息技术在公路管理中应用技术的不断成熟,互联网一定会发挥更加重要的作用。

参考文献

[1] 周晓青.大数据时代下上海公路养护管理的探讨[J].上海公路,2015(3):68-71.
[2] 孙兴焕.移动互联网技术在高速公路的应用展望[J].交通工程,2014(4):44-48.
[3] 仇扬炀.计算机网络技术在公路管理中的应用研究[J].民营科技,2015(12):67.

三等奖

提升公路职工素质主动适应新形势下的智能交通发展

李　燕

(内蒙古自治区乌海市公路管理局)

摘　要　随着我国社会主义市场经济的迅猛发展和改革开放的不断深入,21世纪将是公路交通智能化的世纪,人们将要采用的智能交通系统,是一种先进的一体化交通综合管理系统,这样对公路职工的素质有了更高的要求。本文在分析公路职工队伍现状的基础上,结合本地公路工作实际,对今后如何加强公路人才队伍素质建设进行了深刻的思考,并提出相关建议。

关键词　公路　人才结构　人才机制

一、引言

董其昌一句“读万卷书,行万里路”,说出古代仁人学子希望“增长见识、报效国家”的愿望,也体现出曾经行路之难,而如今一句“车到山前必有路”又反映出改革开放以来,我国公路交通遍布天下,成为人们工作、生活中影响重大的要素。

随着我国高速公路通车里程的快速增长和道路服务年限的增加,我国高速公路已进入建设与养护并重的时期,2000年以前建成的1万多千米高速公路已全面进入大修期,工作量越来越大,技术含量愈来愈高,社会对公路行车安全性和舒适性要求也越来越高。而普通公路也多从过去的乡村级或低等级公路升级高等级公路,其养护标准和工作量大幅攀升,路政管理、交通运输、道路救援的工作量和要求也越来越高。为此,保障公路畅通的基础是加强公路养护管理,及时掌握各种病害的状况和成因。当前阶段,应当加强技术性工作设备,以确保提供安全、快速、经济、舒适的现代化交通条件,同时也要求公路系统各部门要前瞻性地发展互联网的信息优势,建设信息及时化、决策专业技术化、反映快速化的公路养护、运行、管理、救援协作体系。也就要求公路各部门职工主动适应经济高速发展模式下的公路智能管理,掌握新技术、新方向,拥有高效和快速的反应能力,特别是领导干部和技术人员,要有积极主动的思想,适应公路高强度快速发展的需求。

二、过去30年到现在的交通发展的过程

1.体制运行模式

我国公路部门主要是在计划经济体制下发展而来,经过市场经济模式下的不断的体制改革和发展,已初步建立各级管、养、路政、救援等对口部门。其决策模式和运行模式主要是

依据政府的要求和目标来制订的,其运行模式多为上级机构决定,而非企业自主决定。目前我国的事业单位体制改革仍在继续,部分单位已转为企业经营,未转制企业行业中,有的行业逐步推行事业单位的理事会制度,这也可能是交通各行业事业单位逐步向企业化转型的探索过程。现代公路体系如此庞大,依靠政府完全管理逐渐不能适应新的发展形势了,“市场”的无形之手在督促政府必须建设现代化交通企业运行模式,才是当今交通企业的发展之路。

2.由完全人力向机械化的转变

在经济体制改革前,国力薄弱决定了各工作部门“以人为主”的工作模式,20 世纪 80 年代起才逐步有机械替代人力工作,现在还有很多岗位是人力与机械并存的工作模式。以养护为例:过去每个人只能养护几千米路,平时要考虑出行到作业点的方式,如果遇到赶工期的情况则完全是人海战术,现在有了工程机械,仅几辆机械就可保证几十千米的路运行,其效率是完全人工的几十甚至上百倍。

3.从机械化向智能交通的转变

智能交通是一个基于现代电子信息技术面向交通运输的服务系统。它的突出特点是以信息的收集、处理、发布、交换、分析、利用为主线,为交通参与者提供多样性的服务。21 世纪将是公路交通智能化的世纪,人们将要采用的智能交通系统,是一种先进的一体化交通综合管理系统。在该系统中,车辆靠自己的智能在道路上自由行驶,公路靠自身的智能将交通流量调整至最佳状态,借助于这个系统,管理人员对道路、车辆的行踪将掌握得一清二楚。智能交通可以有效实现道路交通监控等,是一个面向交通运输的服务系统。

三、现阶段公路职工的现状

1.人员结构性失衡问题较为突出

由于受到交通行业机制和人员编制的制约,干部职工年龄老化问题、能力结构失衡问题极为突出。职工队伍庞大,文化水平和业务素质参差不齐,人才储备后续乏力。大批一线养护人员,尤其是老职工大多只有初中文化,即使是管理人员,大多数也为第二学历达标,而正规大中专院校毕业的少之又少,现有干部职工队伍总量、结构和素质与行业发展的需求存在着较大的差距和不足,远远不能适应形势发展和公路养护与管理的科学化、现代化要求。以笔者所在的乌海市公路管理局人才队伍现状为例,研究生学历的职工有 1 人(财会专业),第一学历是路桥专业的本科生寥寥几个,其余多是经过二次学习取得路桥专业本科学历。

2.职工技能水平难以适应公路发展需求

新技术、新工艺、新材料的开发、引进和应用,已经成为推进公路养护与管理的主动力,新技术、新设备、新标准大量涌现、层出不穷,建立一支会操作、懂专业、会管理的技能型人才队伍,造就大批技术人才、管理人才已然十分迫切。

3.公路职工文化素质偏低

基层公路队伍人员的构成大致分为以下两种:一是子承父业,受我国国情影响,20 世纪 80 年代出现的顶替制度,使得许多文化素质不是很高的职工子女进入到基层公路队伍;另一种是对退伍转业军人的安置。出现这两种情况的基本原因在于传统的公路养护对人员的文化素质要求不高造成的,仅需要掌握基本的养护知识即可,这成了基层公路职工文化素质不高的诱因。职工队伍素质偏低,文化结构不合理,尤其是专业技术人员的知识构成问题更甚,这些问题都制约着公路行业在当今社会的发展。

4.人才队伍老化,亟须新鲜血液

随着公路行业改革发展的深入,人才队伍老化成为乌海市公路系统一个不可回避的问题。因为人才队伍老化直接导致学习创新能力和观念更新动力的缺乏,部分管理者的管理方式跟不上形势需要、管理需要和公路事业自身发展的需要。长期以来,由于体制机制的原因,公路系统人员只出不进,人才青黄不接,合理的人才梯队形成困难,迫切需要培养优秀的公路人才。以笔者所在的乌海市公路管理局为例;全系统职工队伍平均年龄 42 岁,男女职工比例不平衡,养路工中女职工占 48%,最近几年,平均每年退休的养护技能人员在 10 人左右。希望能有灵活的用人机制,顺利实现新老职工更替,确保队伍年轻化、知识化、专业化,有利于公路养护事业健康发展。

四、如何提高公路职工的素质应对智能交通的发展

1.加强人才引进和培育工作,提高公路人才素质

要坚持德才兼备原则,全面提高人才队伍素质。公路人才素质的提高关键在培训,要更加大人才培训的资金投入,营造良好的环境,要把提高公路人才素质能力作为公路事业发展的基本支撑点,关心爱护公路人才,鼓励提倡参加学习,继续支持和鼓励职工参加各种教育培训,努力实现由"灌输学习"向"创新学习"的转变,最终达到提高工作效能的目的。一是要不断完善职工理论学习制度,紧跟时代发展的步伐,通过学习,提高干部职工理论水平和分析解决问题的能力,坚持公路事业跨越式发展的理念。二是深入实施科教兴路、人才兴路战略。实施全员培训工程,重点加大党政管理,公路养护,机械操作等方面的复合型人才的培训培养力度,并通过科研经验交流会、技术工人等级培训、学历教育、师徒传帮带等形式,不断提升职工技能。三是根据公路行业的实际情况,采取集中学习与分散学习相结合、专题辅导与座谈讨论相结合、正面灌输与自我教育相结合、长学与短训相结合的方式学习,进一步扩大与省内外高等院校的交流合作,经常性举办各类培训班,邀请专家学者传经送宝;充分利用国家、省局培训机会,分批分层次把更多的职工送出去学习,让大家了解掌握先进地区,行业的管理经验和先进技术,进一步开阔视野,激发创新活力,提高整体素质。

2.加强人才管理机制,开发使用公路人才

各级公路部门要针对公路行业人才队伍现状,建立和完善公路人才开发与管理机制。要把以人为本的观念贯穿于人才工作始终,坚持"重人品、看实绩"的用人导向。在人才开发上,主要是树立科学、正确的选人用人观,做到全面、客观、准确、公正,科学、合理,立足于挖掘现有人才资源,加强培养和再教育。既有数量,又要有质量,年龄要形成梯队,学历层次与专业类型要合理分布,要选好人才,开发人才,任用适位,让人才放手作为,避免浪费人才。在人才管理上,加快向现代服务业转型步伐,创新人才管理体制,探索一条有利于公路行业特点的人事管理新路子,构建一个人才竞争激励平台,盘活公路行业现有人才,充分发挥人才在公路行业主观能动作用。

3.加强人才保障机制,提高公路人才待遇

我们必须认识到,人才外流比资金外流的后果更严重,吸引人才比吸引资金的效益更显

著。各级公路部门要想在“十三五”公路发展中赢得主动权,就要在打造高素质职工人才队伍上狠下功夫,努力形成育才、引才、聚才、用才的良好环境和政策优势。一是各级公路部门要认真研究制定公路行业人才发展规划和具体实施意见,在公路人才使用和留用上下功夫,主要是在工资待遇、社会保障、收益分配等方面采取切实可行的优惠政策,切实落实好津补贴如地方补贴、岗位津贴、补助等,增强人才的吸引力和凝聚力。二是用实际行动贯彻落实《国家中长期人才发展规划纲要》精神,在实际工作中,要高度重视人才举荐与人才培养,大力实施人才兴路战略,坚持尊重知识、尊重人才,把促进专业技术人才和一线实用人才发展作为公路发展的重要职责和任务。

4.加强对现有人才的继续教育培训

公路系统每年要确定人才接受继续教育的计划与目标,使在职的专业技术人才通过培训、函授、委托代培、脱产学习等教育形式,不断提高素质。主管部门要根据人才工作实际需要,在财政年度预算中安排必要的资金用于人才资源开发与管理工作,支持专业技术人才、紧缺型人才培养计划的实施。当前公路行业较紧缺的是文秘、法律、财会、工程机械等专业人才,各单位要对现有人员进行有针对性、实效性的培训。对重要岗位可以组织到外地考察学习,开拓其视野,增长其才干。有条件的可与发达地区、重点院校、科研机构建立长期的人才培养合作关系,拓宽和稳定人才培训渠道。

5.加强典型宣传,营造公路人才发展环境

公路部门要在公路行业努力营造尊重知识、崇尚人才、渴望成才的环境,充分利用宣传优势,广泛宣传人才政策和公路行业的优秀人才的先进事迹,形成尊重劳动、尊重知识、尊重人才、尊重创造、支持创业的新格局。要采取有效措施,在使用、配置公路人才时强调“专业对口、行业对路”,切实解决人才用非所学和浪费等问题。对于在科技开发、成果转化中做出突出贡献的优秀人才,按一定比例给予物质和精神奖励。要引入人才激励机制,充分调动公路行业人才尤其是高级人才投身公路事业主战场的积极性,激励更多的优秀人才在公路事业上发挥聪明才智,建功立业,把职工队伍打造成推进公路跨越发展的中坚力量。

6.创新公路人才培养机制

目前,经济欠发达地区公路行业的复合型人才少,人才结构尚有许多不合理的地方,与经济发达地区相比,要想引进高级人才困难很多。应该从实际出发,不断培训开发现有人力资源。要进一步健全人才培养方式,完善人才培养措施,拓宽人才培养渠道,提供经费保证,形成有利于各类人才更好更快成长的人才培养机制。要针对公路行业高层次领军人才匮乏,人才结构不尽合理,管理人才缺乏等实情,坚持以能力建设为核心,本着“缺什么,补什么”的原则,按照“急用先培,急需先育,急缺先补”的思路,可与各大科研院校建立良好合作关系。可采取“请进来,送出去”的思路,请专家来指导,输送知识,也可选送年富力强、有上进心、有较好知识基础的同志去大专院校深造,不断提升公路行业人才的创新意识和创新能力。

7.抓好公路人才三支队伍建设

要促进公路行业的大发展,需要我们公路系统全体职工干部共同努力,齐心协力。围绕发展这一主题,人人出力献策。最现实的问题是要把三支队伍建设好。第一支队伍是公路行业管理人才队伍。要认真学习相关法律与政策,弘扬求真务实精神,打造高素质公路行业管理人员队伍。第二支队伍是公路行业专业技术人才队伍。要进一步深化事业单位改革,完善事业单位用人机制,壮大专业技术人才队伍,竭力提高专业技术人员的综合素质,学习新科技、新理论、新工艺,建设创新型专业技术人才。第三支队伍是公路行业技能型人才。公路行业工勤技能人员占很大比例,要在现有工勤技能人员中,开展技术比武、劳动竞赛等活动,选拔技术能手,提高技能型人才的待遇,让高技能人才健康成长,发挥更大的积极性。

五、结语

在交通行业日益增长的智能交通中,信息和网络的运用逐步加大,各部门的联系越来越紧密,管理中跨部门、跨行业的情形会越来越多,而服务要求也越来越高,工作量大幅增加,需要增加职工思想的认同感和归属感,有利于培养职工与单位共存的思想情绪。因此要求职工主动提升素质,以适应社会的需要。信息工作是今后贯穿于公路行业各部门交流保障,公路的发展离不开人才,更离不开掌握信息的人才,因此各级公路部门要充分利用好人才和信息两张“王牌”。

三等奖

用社会主义核心价值观引领青银厚德文化

张雷鸣

（河北省高速公路青银管理处）

摘　要　社会主义核心价值观是青银厚德文化建设的灯塔航标，为青银厚德文化建设指明方向，青银厚德文化建设是对社会主义核心价值观的弘扬与践行。两者相辅相成，相得益彰。

关键词　社会主义核心价值观　精神旗帜　思想引擎　青银厚德文化

一、引言

河北省高速公路青银管理处隶属河北省高速公路管理局，下设 10 个职能科室、10 个收费站、2 个养护工区、2 个监控调度中心，现有干部职工 900 余名，主要负责青银高速河北段的运营管理。青银高速河北段于 2003 年 4 月开工建设，2005 年 12 月 28 日投入运营，2006 年 3 月 26 日全线通车，全长 180 千米，是交通部规划的“五纵七横”国道主干线的重要组成部分，是河北省“十五”期间投资最大的重点建设项目。近年来，青银管理处以社会主义核心价值观为统领，围绕运营管理中心工作，抓住收费、养护两条主线，推行精细化管理，积极探索新形势下文化创新的新思路、新方法，培育践行青银厚德文化，职工队伍素质和社会服务水平得到不断提升。

二、社会主义核心价值观的内涵

党的十八大提出，倡导富强、民主、文明、和谐，倡导自由、平等、公正、法治，倡导爱国、敬业、诚信、友善，积极培育和践行社会主义核心价值观。富强、民主、文明、和谐是国家层面的价值目标，自由、平等、公正、法治是社会层面的价值取向，爱国、敬业、诚信、友善是公民个人层面的价值准则，这 24 个字是社会主义核心价值观的基本内容。社会主义核心价值观是社会主义核心价值体系的内核，体现社会主义核心价值体系的根本性质和基本特征，反映社会主义核心价值体系的丰富内涵和实践要求，是社会主义核心价值体系的高度凝练和集中表达。

三、用社会主义核心价值观引领青银厚德文化的重要意义

培育和践行社会主义核心价值观，既是一个理论课题，也是一个实践课题。对于一个单位的文化建设来说，更需要社会主义核心价值观的引领和主导，否则，单位文化建设就会因失去遵循的原则而迷失方向。把社会主义核心价值观融入单位文化建设，对于凝聚正能量、提振精气神、激发干部职工干事创业的热情具有十分重要的意义。

具体来说,只有符合“富强、民主、文明、和谐”的共同理想,才能更好地统一广大员工的思想和意志,调动其主动性和积极性,焕发出创新激情,保持奋发有为的精神状态;只有坚持“自由、平等、公正、法治”的时代精神,才能促进良好单位风气的形成和发展,才能建立广大员工良好的道德行为规范和人生指南;只有奉行“爱国、敬业、诚信、友善”的崇高理念,才能使广大员工自觉激发出爱国主义热情,努力打造单位文化品牌,推动单位创新发展。所以,一个单位组织文化的核心价值观只有符合社会主义核心价值观的要求,才能增强团队的凝聚力,只有单位的文化建设融入社会主义核心价值观,以社会主义核心价值观为引擎和统领,使之贯穿于单位组织文化的价值理念、规章制度、形象标识、日常行为各个层面,文化建设才能取得长足发展,否则就会导致人心涣散,单位无法健康发展,甚至造成社会混乱。

2011 年 9 月,青银管理处经过广泛征求和反复研究干部职工意见,发布了以“厚德载道止于至善”为核心价值观、以“大道为公,安全畅通,效力社会,成就职工”为青银使命、以“人文青银,和谐青银,卓越青银,品牌青银”为愿景、以“以一当十,责尽心安,以十当一,创新有位”为青银精神的四个核心理念和十二项应用理念组成的青银厚德文化体系,发布了《青银厚德文化手册》,编印了《工作礼仪规范手册》和《公共礼仪规范手册》,发布了 VIS《视觉识别系统规范手册》,并对青银厚德文化体系进行持续宣贯,同时在广大职工中开展“立德、忠诚、敬业、奉献、感恩、包容”“好读书、读好书”“知礼惜物提素质”等一系列主题教育活动,使青银厚德文化在职工中落地、生根、开花,被全体职工所认同、接受,并发自内心地践行与传承,自觉用厚德文化理念指导自己的言行举止,全体职工在优秀的文化氛围中通过“内省”和“慎独”规范约束自己,真正内化于心,固化于制,外化于形。青银管理处之所以把厚德作为青银文化理念的核心,是因为厚德文化理念最能体现中华民族的传统价值,最能传承中华民族文化的优秀基因,最能凝聚职工的精神力量,最能被职工认同,最符合中国特色社会主义的前进方向,是对社会主义核心价值观的弘扬和践行。

四、用社会主义核心价值观引领青银厚德文化的路径探索

几年来,经过探索与实践,青银厚德文化在继承传统优秀文化的基础上不断丰富和发展,推进青银厚德文化建设的过程成为提高管理水平、提升服务质量、加强职工素质、提速工作效率、树立青银形象的有效途径,带动青银软实力的整体提升,成为引领全处干部职工的精神旗帜、助推青银发展的思想引擎。

1.用社会主义核心价值观引领青银厚德文化,要厚德铸魂

秉承中国优秀传统文化“百行德为先”,用“厚德载道,止于至善”的核心价值观凝聚职工,激发职工潜质,调动职工积极性,通过善待职工、善待同事、善待司乘、善待合作者、善待环境,塑造忠于职守、诚实守信、爱岗敬业、遵章守纪、文明和谐的职工队伍,提高职工队伍整体素质,构筑青银科学发展之魂。

一是提升职工思想道德素质。为树立正气,激发全处职工向上、向美、向善、向和的工作热情,青银管理处从 2010 年起,每两年开展一次“感动青银”十佳人物评选活动。按照政治品德优、职工道德高、社会公德强、家庭美德好、工作业绩佳的标准,由全处职工投票选举产生。通过职工选、选职工,树立职工身边实实在在的学习榜样。二是提高职工综合素质。从 2010 年起,在全体职工中开展“好读书、读好书”活动,在处机关和基层单位开设阅览室,书

目涉及业务知识、管理、励志、人物传记等方面，根据职工需求定期补充图书，定期组织各单位进行图书交换，为职工印制读书笔记本，在青银网站开设“好读书、读好书”专栏，职工读书热情高涨，累计发表读书稿件 4600 多篇，提高了职工的写作水平和综合素质。三是组织岗位练兵、技能比武活动。青银处自 2011 年起，已连续举办三届岗位练兵、技能比武活动，做到了全员参与、全岗位覆盖。两年一届常态化的“岗位练兵、技能比武”活动，激发广大职工岗位学习、岗位成才的热情，本着“干什么、学什么、练什么”原则，积极营造“在工作中学，在岗位上练”的浓厚氛围，通过“练”和“比”，建设高素质的职工队伍，使全体职工的业务技能得到提高，岗位知识得到积累，工作能力得到提升，服务意识得到增强，对“厚德青银”的认同感也进一步加强。四是倡导诚实守信。为弘扬社会主义核心价值观和践行厚德文化，2014年启动了以职业诚信、品德诚信、家庭诚信为主的诚信建设活动；出台了《青银管理处职工个人诚信档案管理办法》，将职工日常生活和工作中的厚德行为和不良行为记录在案，对在诚信方面表现良好的职工优先考虑评优评先，提职重用，旨在建立激励诚信、惩戒失信的长效机制，让诚实守信成为全体职工做人处事的准则。通过诚信建设，雪中送炭服务驾乘人员的好人好事层出不穷，监控员孙哲为上海患病少年捐献骨髓的大爱事迹更是广为传颂，充分体现了青银人厚德待人、关爱他人、奉献社会的良好精神风貌。

2.用社会主义核心价值观引领青银厚德文化，要制度立道

“没有规矩不成方圆”，规矩就是制度，完善的制度可以使一个组织合理、高效、规范地运转。青银管理处实行精细化管理以来，各项规章制度不断完善，按照 P-D-C-A 管理循环原则，把严、细、实、快管理理念渗透到工作的方方面面，促进各项管理工作规范、有序、科学、高效。

一是实施定置化管理。从办公和生活设施设备，扩展到收费广场、岗亭设备设施，站区庭院、内务管理实行按需画图、按图置物，所有设施物品的摆放和使用做到了定量、定位、定序、统一，提高了站区硬件设施的标准化、规范化管理水平。二是统一作业流程。对收费、养护、信息各项工作流程进行认真梳理，编印收费、养护、机电作业指导书，形成完善的作业流程体系。三是开展季度绩效考核。制定检查和考核的具体要求，明确执行制度和检查考核的责任人，并依据考核结果兑现奖惩，建立横向到边、纵向到底的考核体系，每季度对下属单位进行一次全覆盖的各项工作考核。同时把文明创建工作也纳入季度考核之中，制定文明创建实施方案，明确文明创建的指导思想、总体目标、组织机构、具体措施，基层单位通过主题鲜明、特色突出的活动载体，把“文明单位”“工人先锋号”“巾帼文明岗”“青年文明号”等文明创建活动融入运营管理各个方面、各个环节，做到文明创建与厚德文化相结合、与“厚德青银”服务品牌相结合、与精细化管理相结合、与行风建设相结合，不断推动文明创建向常态化、规范化发展。四是推行“三标一体”认证体系。编制《管理文件汇编》，共分八册，五大类共十篇，涵盖全处所有岗位，做到了有制度规范、有操作流程、有检查考核、有奖惩兑现、有改进完善，全员质量、环境和安全意识大大提升，各项工作的标准化、规范化和制度化得到有效推进。五是实行星级收费员考核制度。制定出台了《青银管理处收费站星级考核管理办法》《收费岗位人员星级考核办法（修订版）》，根据职工的工作表现每季度进行星级评定，通过星级的动态管理，坚持考核、考试、考评及时公示、公开，极大地调动了收费一线职工的积极性，为职工提供成长空间。总之，通过制度建设，积极探索高速公路运营管理方面的规律，走

出一条持续发展的健康之道。

3.用社会主义核心价值观引领青银厚德文化,要服务塑形

随着社会发展和进步,人民群众更加期盼高速公路提供安全、畅通、快捷、舒适的服务,高速公路的公益性也要求我们必须为社会提供多样化的服务。如何既能提供高质量的路桥硬件服务,又能提供高品质的人性化服务就成为摆在我们面前的一道难题,要化解这道难题,必须用社会主义核心价值观引领青银厚德文化建设,以"全心全意为人民服务"为宗旨,千方百计为驾乘人员排忧解难,服务人民群众安全舒适出行,服务社会经济发展,塑造青银高速良好社会形象。

一是坚持做好日常预防性养护工作。按照"有缝必灌,灌必达标"的要求,使路面灌缝工程常态化,将病害消灭在萌芽状态,使青银高速公路基本实现"三无"目标(即路面无坑槽、桥头无跳车、基本无裸缝)。坚持"安全设施随坏随修"原则,限时修复损坏、丢失的交通安全设施,确保道路设施齐全、完好、整齐、顺直、洁净。在专项工程施工中,坚持遵循最大时间、最大区间、最大限度地让路于民、让路于车原则,合理划分施工段落,严格控制施工作业路段,确保道路安全畅通,加强对绿化工程管护工作,为社会提供一条"绿、洁、畅、美"的平安大道。二是坚持站口快捷畅通。将收费、发卡差错率分别控制在0.052‰和0.26‰以内,提高单车发卡、收费速度和ETC转MTC速度。针对气候和车流量,特别是重大节假日,根据实际情况适时启动收费保畅应急预案,做到未堵先疏,确保开通全部车道,确保便携仪启动时间不超过5分钟,充分发挥"不停车快速发卡"系统优势,确保站口畅通。三是坚持文明用语、微笑服务、肢体语言"三个表观服务",做到"逢车必做,做必达标"。在服务过程中,力戒服务忌语,处理特殊事件,要本着"不让驾乘人员吃亏"的原则,坚持做好"委屈服务",坚决做到"打不还手,骂不还手",有理有节地处理和化解各种矛盾纠纷,让每一位行驶青银高速的驾乘人员真正感受到青银厚德文化的魅力。四是践行"服务至上"理念,全面提升服务水平。在站口设置便民服务台,确保24小时不间断为过往驾乘人员提供饮用开水、简易修车工具、常用非处方药品。积极开展"雪中送炭"式延伸服务,为遇到困难的司乘人员免费提供燃油、机油配送和手机充电、轮胎充气、寻路、导航及政策咨询等延伸服务,及时发布路况信息,为群众出行提供及时准确的信息,用实际行动诠释青银高速服务至上的社会承诺,让人民群众出行一路平安、一路畅通、一路无忧、一路温馨。

五、结语

剑锋出磨砺,花香经苦寒。用社会主义核心价值观引领青银厚德文化建设,其道路是坎坷的,但其魅力是持久的。青银厚德文化将在不断探索、不断砥砺、不断追求中使其铸魂内化于心,立道固化于制,塑形外化于形,相信它必将成为支撑河北高速青银人顽强拼搏、奋斗不息的重要精神力量。

三等奖

新形势下公路职工思想动态研究

——基于重庆市永川区公路管理所的调查

黄万宇

(重庆市永川区公路管理所)

摘　要　新形势下,公路干部职工思想极为活跃,干部职工队伍的思想观念、价值取向、工作态度、利益要求等方面都呈现多样化、复杂化的趋势。为准确把握职工思想脉搏,及时掌握干部职工所思、所想、所盼、所为,有的放矢地做好宣传教育和政治工作,维护好交通和谐稳定的大好局面,本文通过自查、征求意见、问卷调查、座谈讨论等多种方式对重庆市永川区公路管理所干部职工的思想状况进行了调查研究,基本了解了干部职工思想现状,找准了需要解决的突出问题,并就存在的问题提出了相应的对策和建议。

关键词　公路职工　思想动态　建议

一、引言

近年来,在重庆市交委的大力支持和关心帮助下,永川交通始终践行"三个坚持"理念,把交通作为加速全区经济社会发展的强力引擎。2015 年,成渝客专开通运营,三环高速公路永川至铜梁段建成通车,三环永川段全线贯通,成渝扩能九龙坡至永川段加快建设,大陆新港码头、大安通用机场等重大交通项目开工建设,公、铁、水、空综合交通枢纽正在形成。在新的形势下,公路干部职工思想极为活跃,干部职工队伍的思想观念、价值取向、工作态度、利益要求等方面都呈现多样化、复杂化的趋势。为准确把握职工思想脉搏,及时掌握干部职工所思、所想、所盼、所为,有的放矢地做好宣传教育和政治工作,维护好交通和谐稳定的大好局面,本文通过自查、征求意见、问卷调查、座谈讨论等多种方式对重庆市永川区公路管理所干部职工的思想状况进行了调查研究,基本了解了干部职工思想现状,找准了需要解决的突出问题,并就存在的问题提出了相应的对策和建议。

二、干部职工思想状态现状分析

重庆市永川区公路管理所是区交通委员会直属的正科级事业单位,现有在编职工 203 人。在调查中,干部职工能够积极参与,认真对待,实事求是地反映自己真实想法。

1.总体评价

总体来看,当前干部职工队伍的思想主流是好的。职工思想状态较稳定,普遍心态积极向上,愿意投身公路事业。对于自己的人生态度均是"很乐观"和"奋力争取明天的幸福",

希望拥有轻松愉快的生活。

①干部职工对自身有正确的认识

调查显示,绝大多数职工在工作中能够尽职尽责,在肯定自己工作成绩的同时,表现出较高的姿态,体现出他们鲜明的工作态度和对本职工作的热爱。统计中,96.2%的干部职工都觉得自己对工作的干劲非常好,对干好工作很有信心。

②同事之间关系融洽

同事之间关系的好坏直接涉及职工在工作中的协作和配合。调查中,有55.8%的干部职工认为与同事相处非常愉快,25%认为相处一般,只有19.2%认为相处有时好有时坏。当前市场经济条件下,同事之间能够互相信任、和睦相处难能可贵。

③普遍具有正确的世界观、价值观和主人翁责任感

绝大多数干部职工在工作中有强烈的进取心,希望通过自己的努力,能够在事业中找到自己位置,在岗位上实现自身价值,工作态度积极,工作业绩突出。

2.当前干部职工的思想和心理存在的主要问题

从调查情况看,由于受当前社会各种思潮及环境的影响,干部职工不同程度地存在诸如身体健康、思想认识、工作压力、权益保障等方面问题。

①工作任务繁重,身体健康堪忧

调查结果显示,目前身体状况不太好的占10%,身体状况一般的占24%。随着经济的迅猛发展,公路建设、养护、管理、执法等任务加重,在公路里程不断增加、人员编制逐年减少的情况下,人手严重不足,特别是一线工程技术人员、养护人员、执法人员、安全工作人员的任务更加繁重、复杂和具体,要确保工作顺利完成,只能靠"勤"来补,靠身体去拼,靠"透支"自己的健康去搏,很多同志放弃了休假,长年累月地超负荷工作,普遍感到身心疲惫,担忧身体健康。

②部分职工人生观、价值观略微存在偏差,思想认识不是很到位

调查中,对"没有钱,就谈不上享受生活,就无法实现精神追求",31.4%的干部职工表示同意,35.3%认为不好说。受当前经济社会发展的影响,部分职工人生观、价值观存在略微偏差,对公路工作和社会价值观认识不是很到位,自觉抵制不良思潮和腐朽思想的能力受到一定影响,受拜金主义和利己主义的影响较大,容易产生利益追求的盲目化,制约和阻碍公路干部队伍健康发展。

③工作、生活压力普遍较大

据调查统计,觉得工作生活压力很大的占24%,觉得压力较大的占32%;认为工作压力主要来源于工作量大的干部职工占71.4%;认为工作量太大的占30.6%,认为适中的占69.3%。由于单位性质为事业单位,职工普遍反映工资收入待遇太低,与公务员、某些企业职工、个体工商业主差距较大,生活压力大,对社会公平、正义感到困惑,产生一定影响,特别是年轻职工无住房这是职工普遍反映最苦恼的问题。

④希望通过提高收入和改善福利来提高工作积极性和创造性,同时希望经常参加培训学习

据统计,职工认为最能提高工作积极性和创造性的方式为收入提高和福利改善的占52.8%。目前职工普遍认为提高收入和改善福利条件是提高其工作积极性和创造性的主要

物质手段,而同时职工也期待得到领导认可和获得更多的培训机会等精神支持。调查显示,92.6%的职工认为需要经常参加学习培训,表明职工希望不断提高自身业务知识水平,丰富自身理论水平。

三、解决干部职工当前思想和心理状况的办法和途径

1.加强教育,正确引导

进一步加强班子建设,坚持定期干部职工思想状况动态分析,充分发挥领导、二级班子带头作用。加强干部职工人生观、价值观和政治思想教育,大力开展作风纪律整顿和解放思想大讨论活动,进一步增强干部职工对党的路线方针政策的理解、拥护和对当前社会形势的认识,自觉在思想上、行动上、组织上与党中央保持高度一致,树立立足本职、爱岗敬业、乐于奉献的意识,树立公路干部队伍新形象。同时充分发挥综合考评绩效作用,加强制度建设,坚持制度管人,使干部职工日常行为制度化、规范化,确保无违法违纪行为发生。

2.从严管理,以人为本

在严格管理,打造一支政治坚定、业务精通、作风优良、执法公正的公路干部队伍的同时,在工作和生活中主动去关心、体贴干部职工,严格落实公休假等制度,想方设法帮助干部职工克服困难,渡过难关,解决问题。

3.加大投入,改善工作环境,保障干部职工的合法权益

特别是针对一线执法队员,提高执法队员自身的执法水平、素质和作战本领,增强执法队员自我形象和自我保护意识,在工作中真正“依法行政、执法为民”,构建良好的执法环境。建立和完善举报制度,倡导和谐的执法环境,提高执法人员安全保障。同时,有效使用科技手段,严厉打击不法侵害行为,加强干部职工合法权益的保护。

4.注重典型宣扬,激发工作积极性

经常深入公路养护、抢险救灾、安全生产、公路执法等工作一线,充分发现和挖掘典型,并利用多种形式体进行宣传鼓励,展现典型的风采,使先进典型在社会上取得良好的社效应,发挥其模范带头作用,实现以点带面、促进工作、激发工作积极性的目的。

四、结语

综上所述,当前公路干部职工队伍的思想主流是好的,但受各种思潮及环境的影响,不同程度地存在诸如身体健康、思想认识、工作压力、权益保障等方面问题,需要进一步加强教育引导,从严从实管理,依法保障权益,发挥典型激励,多措并举确保干部职工队伍稳定,充分激发干事创业活力,进一步推动公路事业改革发展。

三等奖

基层公路职工教育现状分析及对策思考

李星悦

(云南省公路局玉溪公路管理总段)

摘　要　公路职工素质的高低直接影响着公路交通事业的发展,随着国家道路建设的发展和完善,对基层公路职工的要求也越来越高,加大对基层公路职工的教育培训势在必行。当前,基层公路职工教育现状仍存在教育滞后、培训形式单一、工学矛盾突出等问题,因此要充分发挥职工教育的潜力,提升一线职工素质,保障公路建设管养的水平不断提升,为经济发展提供有力保障。

关键词　基层公路职工　教育现状　对策

一、引言

随着国家道路建设的发展和完善,对公路职工的要求越来越高,当前基层公路职工整体素质偏低,加大对基层公路职工的教育显得尤为重要。近年来,公路系统内越来越重视公路职工教育问题,并且从资金、人力等多方面提供了有力保障,但是基层公路职工教育问题仍存在培训形式单一、工学矛盾突出等问题亟待解决。因此,解决这些问题,提高基层公路职工教育效率,建设一支高素质的基层公路职工队伍是我们努力的方向。

二、基层公路职工教育现状

1.职工教育滞后,跟不上时代潮流

造成这个问题的原因是多方面的。一是由于历史原因,现有基层职工队伍有一大批人是“子承父业”,技校、职校等毕业人员多,具备高学历、高职称人员较少;二是基层公路职工工作条件艰苦,待遇不够高,高学历人才不愿来,待不住;三是部分公路职工固守养路就是“铁饭碗”的观念,认为有路就要有养路工,缺乏职业危机感和紧迫感,觉得道路修修补补技术含量不高,不需要学习高新技术,自主学习少;四是职工培训教育与业务开展不同步,一种是培训内容与实际工作情况不相符,不适应,一种是培训内容不更新,老生常谈,还有一种是培训的新技术在基层工作中缺少开展的必要设备,导致学和做各成一套,职工教育流于形式。

2.培训形式单一,培训效率低

现有职工教育培训管理不足,对职工教育缺少系统性的规划,大部分职工培训停留在应付上级文件要求上,培训形式多以传统授课为主,参训人员记记笔记,应付考试,职工教育听讲不认真,甚至逃课现象时有发生,培训内容年复一年的重复,形式千篇一律,减弱了培训的吸引力和凝聚力,导致职工学习没有积极性,培训效果不好。有部分人选择自学考试提升学历仅仅是为了一纸文凭,没有投入时间在学习上,这对素质提升作用不大。

3.工学矛盾突出,教育为工作让步

基层公路职工管理人员大多身兼数职,要抽大量时间参加教育培训,经常分身乏术;一线养护职工人数少,管养路线长,管养任务重,职工教育往往要为工作让步,使得职工教育培训成为“说起来重要,忙起来不要”的任务,这也造成职工教育片段化,不能形成一个系统的培训,大大降低了培训的效果,对职工的长期发展来说也是局限的。另一方面,由于为了完成培训任务与现实工作任务,常出现需要参加培训人员因工作关系不参加培训,而参加培训人员培训之后不从事所培训的事务,导致培训机会分配不合理的情况发生。

4.职工知识体系单一,缺少复合型人才

在基层公路管理部门,各部门之间联系不够紧密,人才缺乏交流,职工知识体系单一,大部分职工对单位其他部门的工作不了解,复合型人才紧缺,这既降低了单位工作效率,也制约着公路事业可持续发展。

三、基层公路职工教育对策思考

基层职工教育之路就像我们所养护的千千万万条道路,在社会不断进步和发展的过程中,我们也必然要对其进行改建扩建和修补,路漫漫其修远兮,吾将上下而求索。公路发展的新形势,迫切需要基层公路职工教育做出改变,以适应公路建设高速发展的时代要求。从基层公路职工教育现状出发,改变现有教育滞后局面,可以从以下几方面进行改进和创新。

1.广纳人才

近些年子承父业的模式已经得到转变,应该坚持公开招聘制度,广纳各类人才。在人员选用聘用的过程中,应根据单位需求、岗位职责设定不同的要求,保证新选聘人员能够尽快适应工作,并补足单位人才储备。从各方面提高和落实各项待遇,为基层公路管理机构留下人才打下经济基础。

2.转变思想观念

由于职工教育投入多,周期长,见效慢,导致一些领导和职工不注重职工教育,我们应当转变这种旧思想,树立“人才兴路”的理念。把人才选用、人才培养、人才使用作为单位发展和公路事业发展的先决条件和基础。通过教育,使职工意识到自身素质与当前乃至今后公路事业之间的差距,产生职业危机感,加强主动学习的动力,只有加强学习和教育,才能不被行业所淘汰。

3.建立健全职工教育培训制度

应当把基层公路职工的教育培训作为职工发展的重要途径,制定和健全职工教育培训制度,保障职工教育的强制性和公平性。一是要有经费投入保障机制。基层公路管理部门应将职工教育经费纳入年初预算,加大职工教育的合理经费投入,保障职工教育工作的顺利施行。二是建立“个性化培训”机制。不同职工由于年龄结构、知识结构等不同,以及每个岗位对职工能力要求的不同,因此必须因人而异,区分层次,建立按需接受培训的个性化培训机制。对基层职工教育培训的目的是为了提高职工素质和能力水平,其检验教育效果的标准不是职工会背多少理论知识,而是他们是否通过培训具备了实际应用理论分析问题、解决问题的能力。因此,在职工教育培训时,应制定以实际工作需求为导向,以受训者为中心,强化其长处,补足其短处的个性化培训机制,合理分配培训资源,避免培训机会浪费的情况发生。要根据"以学助工、查缺补漏"的教育原则,针对岗位需求和职工的实际需要,确定不同岗位、不同培训人员的培训目标。三是建立"系统化"培训机制,制定人才培养的长期规划,改变现有状态下片段化教育的形态,使受训者能够多次、持续接受同种类培训,扎实掌握受训技术,实实在在提高自身素质和业务水平。四是完善教育培训人才使用评价机制。培训不该停留在学和考阶段,而应把培训成果体现在实际工作中,注重发挥教育的实践作用。要站在不同层面,多角度、全方位立体衡量职工工作,使每位职工所学得到最大发挥,每位职工都能收获不同程度的成就感,切实体会到自己公路人的主体地位和荣誉感,从而建立起自信心和进取心,激发自主学习的欲望,达到职工发展和单位发展的互利双赢。五是建立健全培训教育考核奖励机制。把学习培训作为"硬任务",将其纳入职工年终考核范畴,并加以严格考核。要把职工学习情况与岗位任职资格挂钩,把职工学习成绩和工作实绩作为其获得、调转、晋升岗位的依据,从根本上激励职工自觉学习,自主学习,还要把职工教育与领导任期目标挂钩,严格考核奖惩,促使各级领导重视职工教育,充分调动职工教育的积极性。

4.创新教育方式

创新教育方式并不意味着要摒弃传统教育模式,对于已有的成功的教育模式要继承和发扬。比如"师带徒"的模式,很好地发挥了老职工的优势作用。在基层公路职工养护任务繁重、教育资源稀缺的情况下,这一教育模式大大增加了年轻职工教育学习的机会,同时也是老职工教育成果在实践中得以发挥的重要途径,也解决了工学冲突的矛盾。"跟班锻炼"的模式,是建立选拔优秀人才"走出去"进行重点培训的重要途径,通过学习积累技术人才,扩大技术能人队伍。

但是应该对于千篇一律的培训模式进行创新。一是必须找准职工教育培训与业务工作、党政工作的切入点和结合点,实现教育目标与全总段(单位)工作目标步调一致,协调发展。要把突出能力培养作为职工教育的重点,同时加强政治思想和职业道德的教育,以人为本,注重职工基本素质的培养,个性化教育,逐步拓宽基层公路职工专业化成长渠道,以求得长远发展和跨越式发展。也就是说要把职工教育工作置身于公路养护事业当中,置身到单位可持续健康稳步发展之中,置身于推进物质文明与精神文明建设之中,使职工教育与实际工作更加紧密结合,具有更强大的生命力。二是改变传统的授课教育方式,将学习工作化。把学习融入工作中,在工作中注意发现问题,把分析问题和解决问题的过程变成学习,不断总结经验,提高自己。三是紧跟时代发展的步伐,充分发挥网络在基层职工教育中的作用,把教育延伸到网络中去,利用网络进行视频学习和知识传播与交流,拓宽职工教育渠道。

四、结语

当前,基层职工教育现状已有了很大的改善,基层职工整体素质有了提高,但是公路行业在不断改革和发展,促使我们必须不断学习才能适应行业和社会的发展,对基层公路职工的教育,也必须从被动教育向主动教育转变,而做出这一转变需要更多的公路人在实践中不断地探寻和总结。

参考文献

[1] 程越,王晓东.基层公路职工教育现状分析及对策思考[J].交通企业管理,2011,26(9):70-71.

三等奖

浅析文体活动在深化公路文化建设中的作用

史振山

（安徽省淮北市公路局）

摘　要　随着公路文化建设在全行业的不断深化，一些具有时代性、独特性、地域性的公路文化体系初步形成，并有效促进了公路事业的健康发展。但是，面对党的十八届五中全会提出“创新、协调、绿色、开放、共享”发展新要求，公路文化建设在内容与形式上，仍需要不断的完善和改进。特别是如何通过开展职工文体活动，进一步深化公路文化建设内涵，助推行业发展的整体性和协调性，以适应新常态下公路发展的新要求，需要我们不断探索、研究与实践。笔者围绕公路文化与职工文体活动含义和关系，结合淮北公路局职工文体活动的实践，进行了一些阐述和浅析。

关键词　浅析　文体活动　公路文化　作用

一、引言

随着公路文化建设在全行业的不断深化，一些具有时代性、独特性、地域性公路文化体系初步形成，并有效促进了公路事业的健康发展。但是面对党的十八届五中全会提出“创新、协调、绿色、开放、共享”发展新要求，公路文化建设在内容与形式上，仍需要不断的完善和改进。特别是如何丰富职工文体活动，深化公路文化内涵，提高行业发展软实力，力保行业发展的整体性和协调性，以适应新常态下公路发展的新要求，是亟待探索与实践的课题。

二、职工文体活动含义

公路职工文体活动是以内部职工为对象，进行的有计划、有组织的文体实践。旨在以开展形式多样的文体活动，使职工增强体质、陶冶情操、改善情绪、提升进取心和凝聚力，并以多元化的活动形式，营造符合公路行业和谐发展的先进文化氛围，为推动公路事业转型发展提供强大的思想保证和智力支持。

三、公路文化的内涵

公路文化是公路职工在公路建设、养护、管理等实践中创造的物质财富与精神财富之和，细化为行业的物质文化、制度文化、精神文化和行为文化，它具有“导向、规范、凝聚、激励、辐射、提升”等功能，反映出公路职工的思想活动、心理状态和精神风貌，是公路行业科学发展、转型发展的精神支柱和有效载体。

四、公路职工文体活动与公路文化之间关系

公路职工文体活动是公路文化重要的组成部分,是公路文化中的行为文化,二者是整体与部分的关系。公路文化居于主导作用,职工文体活动服从和服务于公路文化,它是公路文化浅层的直接反映,是以人为实践主体,增强人文素养、培育健康生活情趣和正确价值追求的载体,可归纳为行为文化的范畴,亦是公路行业充满生机和活力的保证。

五、公路职工文体活动的作用

1.能够营造和谐氛围

构建人与人和谐是公路文化建设核心价值理念内涵之一。安徽省公路文化明确提出了“修路修身、养路养心”这一核心价值理念。其目标是实现人与人和谐、人与公路和谐、人与自然和谐、人与社会和谐。职工文体活动的特点与安徽省公路文化的核心本质是一致的。同时,在文体活动规则面前,人人平等,公平竞争,领导和职工在平等、竞争、轻松、欢快的氛围中,拉近了彼此的距离,密切了干群关系,有利于消除相互之间的隔阂,增强理解与支持,成为解决矛盾、维护和谐稳定的有利因素。

2.能够提高职工的整体素质

促进人的全面发展是公路文化建设的重要任务,实施素质提升工程是顺应发展方式转变的必然要求。在加强职工培训,广泛开展业务学习、岗位比武等活动,不断提高业务和工作水平的同时,还应注重职工体能和健康素质提升。公路工作多是苦、脏、累的野外工作,需要强壮的体魄和充沛的精力作支撑。鉴于当前公路一线职工健康状况不容乐观的现状,迫切需要形式多样的文体活动增强体质,带动综合能力和整体素质的提高,为行业的发展增添内在活力。

3.能够增强进取心和凝聚力

公路文化规范、调整着人们的行为,能够把个体力量凝聚成合力,发挥整体功效。而职工文体活动倡导的是团队进取精神,体现集体的凝聚力。利用业余时间适时开展各类文体活动,能够吸引干部职工,并能为他们施展才华、实现个人价值搭筑平台,让干部职工从中体会自身价值,激发向上的力量,进而把比赛的竞争精神转化到日常工作中,使干部职工更加关注自己的单位,维护单位的荣誉,增强单位凝聚力。

六、职工文体活动在基层的现状

近年来,安徽省公路行业强力推进“五小建设”,即:小图书室、小宣传栏、小健身房、小运动场、小食堂。“五小建设”的实施为职工体育活动搭建了平台。同时,全系统通过组织举办全省公路系统乒乓球、羽毛球、围棋等比赛,以及组队参加各层面体育竞赛等,营造了开展职工文体活动的良好氛围,使全行业对开展职工文体活动的重视度明显增强,基本做到以节假日为节点,开展系列具有特色的职工体育活动。但是,总体上来说,职工文体活动的频次较少,内容也单一,很多地方只是每年搞一次职工运动会,日常性的文体活动基本停留在个别文体爱好者的业余活动上;基层一线道班职工更是受客观条件的限制,日常性文体活动几乎

“空白”;受工作、天气、家庭以及个人惰性等因素的影响,部分职工参与体育活动的积极性不高。三是多数公路基层单位受主客观因素影响,没有把职工文体活动纳入日常工作计划管理,在思想认识、组织形式和保障支持上都力度不够,导致《全民健身计划纲要》已经颁布多年,但在公路行业基层实施效果差强人意,明显与公路干部职工日益增长的体育健身需求不相适应。

七、开展公路职工文体活动的必要性

公路发展新常态需要高素质的干部职工队伍,其中健康的体魄是必不可少的条件之一,而职工文体活动对增强干部职工体质,促进行业转型发展具有十分重要的作用,同时,也能带动职工树立自我保护、关爱自身健康、践行健身理念。当前,淮北市公路局出于对职工身体健康的关心,每年都组织一次职工健康体检活动。从体检结果可以明显看出,职工身体状况整体上尚可,但肥胖、高血压、高血糖、高血脂比例越来越高,特别是各级机关工作人员普遍处于亚健康状态。医生分析,出现这种现象的主要原因是营养过剩和运动不足。身体是革命的本钱,职工身体状况的普遍下降,直接影响公路事业的和谐发展。此外,加强职工文体活动亦是落实《全民健身计划纲要》和推广健康生活的实践,体现出人文关怀的理念,更是落实党的十八届五中全会精神,坚持共享发展,推进“健康中国”“绿色中国”战略与公路文化建设内涵的深度融合。

八、淮北市公路局职工文体活动的探索

为促进职工身体健康,丰富公路文化建设内涵。近年来,淮北市公路局紧紧围绕工作实际,在加强全局职工文体活动方面、深化公路文化建设方面进行了一些探索和尝试。

1.加强组织领导

专门成立了“淮北市公路职工文体协会”,具体负责开展职工文体活动。局主要领导担任协会名誉主席,局工会主席担任会长,局直各层工会组织为常务理事,文体干事担任秘书长,并根据职工不同爱好,设立了棋牌分会、乒羽分会、钓鱼分会和摄影书画分会四个分会,分别组织开展大家感兴趣的文体活动。淮北市公路系统在册干部职工,只要喜欢参加文体活动的,都可以自愿申请成为会员,在全局上下构建了领导重视、共同参与,有专人负责、跟进的体育活动联动格局。

2.坚持计划先行

集思广益,制定下发《淮北市公路职工文体协会章程》《淮北市公路职工文体计划》,就如何开展职工体育活动和要求进行细化与明确。一是在活动频次上,要求各分会每个季度应组织至少一次活动;每个会员每年至少应参加两次体育活动;局体协每年春季和秋季各组织一次全局性的文体活动。二是在实施主体上,明确了局体协及各分会组织的活动,原则上由局机关及局属单位轮流承办。三是在经费上,局各级行政和工会有义务为职工体协开展活动提供必要的经费和场所、器材。体协活动经费由局工会按有关会计制度进行管理,做到专款专用,收支公开透明,接受全体会员监督。四是在机制上,坚持把职工体育活动纳入年考核内容,与行政同步置、同考核、同奖罚。同时,对于在职工体育活动和比赛中优胜者给予适当的物质奖励,并代表淮北市公路局参加上级组织的各类比赛等,以此激发基层开展职工

体育活动和职工参与活动的热情。

3.注重引领保障

一是采取多种方式加强宣传、动员,提出了“每天锻炼一小时,健康工作五十年,快乐生活一辈子”和“强身健体,享受生活,愉快工作”两条口号,让大家知道体育锻炼能够强身健体健康长寿,以正确的舆论导向,调动职工参与体育活动的主观能动性,让大家由“要我参加”变成“我要参加”。二是加大投入,加强基层阵地建设,以落实“三基”建设为契机,坚持做到重心下移、财力下倾,在资金紧张的情况下投入专款,加大了局直基层单位体育健身室,羽毛球场、乒乓球场、棋牌室的建设;同时,配置了健身、体育器材等,极力为基层开展职工体育活动创造良好的条件。

4.抓好实践落实

为了使职工真正成为文体活动的参与者、组织者、受益者,淮北市公路局因势利导,充分发挥局体协及各分会的作用,坚持把开展日常活动同竞赛活动有机结合,与促进中心工作相匹配,做到统筹兼顾,相得益彰。一是以节假日为节点开展了全局综合运动会,先后举办了“庆新春、迎五一”和建党节等职工运动会。二是各分会适时开展各种比赛,如钓鱼大赛、棋牌比赛等。三是加大与社会各界互动交流,一方面以“走出去、请进来”的方式,经常性地开展与相关部门、单位比赛和交流;另一方面,认真组织参加上级举办的各类比赛,在提高竞技水平的同时,也增强了社会的影响力,不仅活跃了职工文体生活,也促进了淮北公路文化建设,达到了多种层面和内在含义及外在形式的统一,使其为干部职工所接受,形成对公路文化的共识,培树了践行核心价值观的涵养自觉,有力保障了公路事业全面进步。

九、结语

总之,丰富多彩、喜闻乐见的文体活动,既可提高职工对单位的归属感和自豪感,增强单位的凝聚力,也可提升单位的影响力和渗透力,激发职工爱岗敬业的热情和创先争优的动力,同时营造了团结和谐、开拓进取的先进文化氛围,为引导职工树立正确的价值追求、推动单位精神文明建设提供了坚实的支撑,在深化公路文化建设中具有十分重要的作用。由此笔者认为,形式多样、健康向上的文体活动,在促进公路文化建设健康开展中作用明显。

三等奖

结合社会主义核心价值观谈谈对公路文化建设的思考

刘 威

(黑龙江省饶河农场公路管理站)

摘 要 本文论证了社会主义核心价值观对公路部门文化建设的必要性,阐述了公路部门文化建设的薄弱点,探索加强公路部门文化建设的具体方法。

关键词 社会主义核心价值观 公路文化建设

一、引言

公路部门的工作对国民经济的发展起到了越来越重要的作用。公路部门每年承担着大量的路面养护、基础建设、路政管理等工作,结合社会主义核心价值观,加强公路文化建设,让社会主义核心价值观观念内化入公路部门每一位职工的内心,并外践于日常工作之中,是公路部门文化建设的重中之重,也是更好地为国民经济发展服务的重要保障。

二、加强公路文化建设要围绕行业开展

公路文化建设,其实质仍是以树立观念为思想内涵,紧贴公路行业特点,以文化建设为表现形式。它将文化建设与公路行业自身特点完美结合成一个整体,既符合全国上下开展的社会主义核心价值观教育,又通过与文化相结合的方式,易于被职工所接受,同时还具有公路行业自身的一些行业特点,符合公路部门的文化建设实际,能够更好地开展下去并让职工们理解、接受。简单来讲,公路文化建设就是要以文化的形式结合公路行业的特点开展文化建设活动。

笔者认为公路文化建设要结合公路行业的常见特点,有针对性地开展文化教育,这样才能有的放矢、目标明确,不会将文教流于形式、落于纸面。在公路部门重要的领导岗位上容易出现对分管工作失职失察;利用职权、职务上的便利和影响,索取或收受礼金、贿赂,谋取不正当利益;在干部选拔和任用中,以权谋私、滥用职权、任人唯亲、营私舞弊、收受贿赂等问题。在财务管理上容易出现对固定资产和车辆管理,不按规定程序审批使用,占用公共资产,利用职权、职务便利公车私用及重大物资采购不执行招投标管理;违反财经纪律,虚报账目,隐瞒、截留收入,贪污、挪用资金,私设“小金库”等问题。在公路工程、养护管理岗位上容易出现在工程招投标过程中,违反有关法律法规和招投标监管相关规定,对招标单位串标、陪标等弄虚作假违法行为不查处;故意泄露标底,帮助利益单位中标;借助职权、职务便利和影响打招呼、批条子,干预工程招投标行为;介绍或指定工程分包施工单位;向中标单位索要

财物或接受宴请、高消费娱乐活动;对工程建设过程中监督管理不到位;对养护大中修、小修保养质量监管不到位、不严格、弄虚作假等问题。在路政管理上容易出现对路政行政监督检查中发现的违法行为视而不见或者不移交有关部门处理的违法违规行为。

因笔者工作在最基层的公路管理站,可能对于公路行业的风险点总结归纳还会有所遗漏或者不恰当的地方,但个人认为公路部门所开展的教育只有有针对性地围绕行业具有的特点来开展文化宣传教育并加以制定有效的制约制度,才能有效预防可能出现的腐败行为。

三、公路文化建设要具有持续性、时代性、系统性的特点

1.公路文化建设要具有持续性

开展公路文化建设的目的,就是为了让观念深入每一位公路部门职工心中,自觉地遵守相关规定。而根据笔者在基层工作多年的经验,任何一项专项活动、教育活动、学习活动往往具有阶段性的特点,即一段时期之后就会结束或者抓得就不那么严了。但文化建设与其他教育或者活动不同之处在于,应该贯穿于每一个公路部门职工的职业生涯的始终。在这里笔者尤其建议要加强对于刚刚进入公路行业的新职工与处于非领导职位的青年职工的教育,因为这两类职工受到的外界影响小、可塑性强,观念易于在于他们内心的生根发芽,反面典型教育效果也会更好,并且可预见的是他们会逐步走向公路行业的领导岗位,在成长时期积累业务能力的同时,不放松对他们的教育,对于他们未来的健康发展有着一生的指导警示作用。当然笔者主要是建议公路部门文化建设持续开展不放松,将其作为一项日常工作融入职工工作中去,改变以往文化建设年初一份计划、年终一份总结,制度上墙无人细看的尴尬局面,要真正将公路部门文化建设落到实处,持续地开展起来。

2.公路文化建设要具有时代性

新时期的公路文化建设,要与时俱进,不断吸取时代先进文化,提升公路文化的实用程度,并且结合公路行业特点,针对不同季节、不同时期的公路工作任务,突出阶段工作重点,开展易于接受、方法灵活、形式多样的文化活动。尤其要注意吸收其他行业文化的先进典型与反面典型,深度发掘公路行业内部的典型,树立榜样,学习榜样,剖析反面典型,从中吸取教训。在这里笔者建议还应当引导职工家属参与到公路文化建设中来,让家属了解公路行业的特点,更多地从反面典型给家庭带来的危害中吸取教训,做好公路职工的家庭教育。

3.公路文化建设要具有系统性

公路文化建设到底要开展哪些工作,如何去做才能取得良好效果,笔者认为应该系统性地开展公路文化建设,至少要把握三个原则。一是要从实际出发,根据公路行业自身的特点和本单位现有条件开展,笔者建议可以根据一线养护工人、路政管理岗位职工、机关工作人员、领导班子成员等在人员素质结构、岗位分工上的差异,分阶梯开展公路文化建设,当然前提是要统一于公路部门整体的文化建设规划。二是要追求实效,不能将文化创建流于形式。笔者作为基层公路站机关工作人员,负责单位的统计、党建等工作,在多年的工作中发现,很多专题教育、群团活动、学习体会等与公路站职工的业务工作存在时间与精力上的冲突,致使某些活动开展的效果不佳、没有深入人心,在这里笔者建议公路文化建设绝对不能搞形式主义,流于纸面体会、墙上制度、活动照片等,这样就失去了开展公路文化建设的意义。应该充分发掘职工们需要什么形式的文化,需要什么样的文化方式,并结合公路行业的特点营造

良好的文化氛围。三是要注重激励机制，对那些经得起考验、在文化建设中发现的典型，要不论岗位、不问年龄、不分学历，一视同仁、注重激励，笔者所在的基层公路站绝大部分职工处于一线岗位，年龄普遍在45岁以上，学历小学至初中，他们也许在职业生涯中已经没有更好的发展机会，但仍然为公路事业默默奉献着，我们应该在廉政文化创建中从他们中发掘更多的典型、树立榜样，让他们和其他岗位的职工一起投入到廉政文化创建中去。

四、加强公路文化建设必须做好的几件事

1.要转变职工观念，增强参与的积极性

要做好公路文化建设工作，首先需要做的就是转变职工长期以来对各种专项教育、学习活动、精神领会等的形成的“形式主义”“与己无关”“没有实际作用”“占用本职工作时间与精力”等错误观点，要正确引导职工们认识到，从上层建筑层面进行文化建设是永葆我党纯洁性的重要方式，从行业层面进行文化建设是保证公路事业健康发展的基石，从个人层面进行文化建设是让职工个人职业生涯顺利度过乃至保证其家庭生活幸福的重要参考与指导。

2.要明确文化建设目标，攻克存在的难点

公路文化建设要明确建设的最终目标、阶段性目标，做好中长远期规划，紧贴公路部门党员、领导、干部、普通职工、机关职工实际，找出他们对文化建设存在的意见、建议，消除他们存在的思想负担，攻克文化建设中存在的物质条件、人文环境、个人思想等方面的工作难点。

3.加强职工的素质教育要融入文化

加强对职工的素质教育不仅仅是提升职工的业务能力、学历水平，更应该融入教育，每年公路系统都会对广大职工开展不同层次或批次的素质教育，借助每年开展的素质教育这个有利契机融入教育甚至文化，可以提升公路部门职工的思想意识，增强对自身岗位的责任意识，熟悉相关法律法规，避免因业务不熟练、法律意识淡薄、相关法律知识掌握不熟练而造成的失职、失察等渎职行为。笔者建议针对不同岗位、不同身份的职工要分别有针对性地开展职工文化教育，以实现更好的效果。

五、结语

公路文化建设的开展是提高公路职工队伍素质和行业发展必不可少的一剂良药。而要有序、长久地开展公路文化建设，就必须结合社会主义核心价值观基本原则，从坚持以人为本、坚持以理想信念为核心、坚持联系实际和坚持改进创新着手，真正从职工所盼、职工所需、职工所想出发，关注职工利益诉求和价值愿望，提高职工思想意识，改变陈旧思想观念，重塑职工精神支柱，让公路文化建设贯穿职工生活始终，让职工从内心接受它，从情感上依赖它，从精神上支持它。在这个精神氛围的感染下，必定会将公路行业推到一个集体素质和创新意识全面发展的新高度，而这无论是对公路行业的发展还是整个社会的发展都具有深远意义。

三等奖

如何发挥互联网信息技术在公路管理中的作用

杨　倩

(河北交通投资集团张石高速公路保定段有限公司)

摘　要　互联网正在改变着一个又一个行业,高速公路也身在其中。随着科技的发展,互联网信息技术在高速公路管理决策中发挥着日益重要的作用。作为信息化应用的重要领域,高速公路"互联网+"技术的应用开始提上议事日程,"互联网+高速公路"将在提升高速公路管理和服务水平方面发挥积极作用。

关键词　互联网+　高速公路　管理　智能交通　数据

一、引言

互联网正在冲击传统行业的秩序,信息技术的发展可谓风起云涌,"大数据""云计算"等字眼仿佛一夜之间充斥了各个领域。高速公路从传统管理向现代化管理转变已是不可逆转的趋势。2015年7月,国务院印发了《关于积极推进"互联网+"行动的指导意见》,其中的重点行动之一是建设"互联网+"便捷交通。交通运输部积极响应"互联网+"行动,并大力倡导大众创业、万众创新的"互联网+交通"新模式发展。在这个新的形势下,如何管理日渐庞大的高速公路网,成了摆在高速管理层面前的新问题。除了将管理机制创新,将管理手段多样化之外,科学技术的发展和互联网技术的应用,帮我们解决了这一问题,尤其是互联网信息技术在高速公路管理中的应用,使我国交通行业真正走向了可持续发展的道路。因此,互联网信息技术对于我国高速公路的管理工作具有非常重要的意义。

二、互联网+高速公路网 造福社会大众,全面以人为本

随着经济的不断发展,我国高速公路的发展也加快了速度,我省高速公路的总里程增长速度也是非常迅猛。到2015年,全省高速公路通车里程已达到5700多千米,高速公路路网得到全面的优化和完善。这样的发展,虽然对我国经济发展有很大的帮助,但同时也将前所未有的挑战带到了我国高速公路管理部门面前。为保证我国高速公路的安全畅通,高速交通事业能够快速、平衡的发展,我们需要互联网与高速公路网实现"无缝结合",运用互联网信息技术对高速公路实行全方位的管理,以以人为本为宗旨,为车主提供更优质、更安全的服务。在收费站出入口安置显示前方路况信息的电子情报板,并做到实事、时时更新。引用路况信息技术平台,通过网站、智能手机APP、短信平台、微博、广播电视等多种媒体方式向公众提供出行信息服务,使车主能方便地查询高速公路服务区、加油站的分布情况、实时路

况信息、路桥养护施工信息、突发事件信息、高速公路出入口信息、交通事故、天气情况等;利用互联网信息技术为正在出行的车主提供服务区求助、订餐及预订客房的服务,实现服务方式的多样化。这些正是高速交通信息服务的基础,也是发展互联网+高速公路网的基础。

三、扩大联网范围形成经纬大道,利用智能交通整合大数据

新一代的互联网信息技术很好地契合了高速公路行业点多、线长、面广的突出特点。近几年,“互联网+交通”开始引领智能交通的发展,高速公路联网扩大化改造势在必行。智能交通在很多场合被简称为“ITS”,它代表了未来交通系统的发展方向。智能交通系统正是“互联网+交通”的具体体现和载体。随着我国高速公路的发展,智能交通在高速公路的运用范围非常大。例如高速公路信息管理、高速公路收费系统、车辆智能管理、高速公路安全管理等。高速公路的安全管理就是将高速公路监控系统、图像高清化、管理网络化、视频分析智能化有机结合,这也是高速公路管理系统的发展趋势。早期高速公路的建设都是分段投资,分段建设,因而监控系统也是单路段独立建设,犹如一个一个的孤岛。不能实现资源共享,为偷、逃、漏费不法行为提供了可乘之机。随着交通量、高速公路路网规模的持续扩大,目前系统传输距离短、扩展能力不足、资源无法实现共享、无法集中监控管理等问题逐一显现。高速公路需要把独立系统、独立使用管理、独立信息模式下的视频监控系统升级为联网后的大平台,要从省际联网逐步升级为全国性质的联网。高速公路视频监控联网可以打造更为强大的安防综合管理系统平台,不仅能实现路网的视频监控功能,同时可将信息管理与发布相结合,起到互相学习、互相监督的作用,从而实现对倒卡、伪卡、倒货、闯口等偷、逃、漏费不法行为的预警。路网上安装的监控探头收集车辆信息,上传至平台整合成大数据统一进行数据挖掘、数据分析从而得出有实用价值的数据和发展趋势。例如高速公路逃费车辆有“临近站点上下、超载率较高、用时不合理、跟车闯口”等特征,各个高速路段进行车辆出入口信息分析,然后数据汇总上传至平台,进行整合、分析,统一建立黑名单信息数据库,有利于数据的快速分析,为领导对高速公路管理等决策提供参考信息。对高速公路管理的发展趋势能有更准确的预测,从而发挥构建应急指挥系统等其他应用功能。简言之,扩大联网范围使每个收费站不再是孤岛,而是高速公路海量信息的链接。

高速公路收费系统中,不停车收费是智能交通系统中重要的一部分。ETC 系统不仅提高了高速公路收费车道通行能力还提高了车辆的通行速度,同时提高了服务质量,减少了运营与物流成本,还可有效实现节能减排,是高速公路管理应该大力发展应用的技术。但是目前还存在使用范围小的弊病,建议各收费站根据自身情况增设货车专用 ETC 车道,彻底实现电子支付与智能交通地结合,使得出行服务与消费体验更加紧密地结合在一起。ETC 系统把汽车融入到了收费系统的信息网络中,使其成为收费系统网络中的传送单元,从而有力地支撑了规模日渐庞大的高速公路基础设施的运行,更好地为公众的便捷出行和物流的畅通运输提供了服务。从而实现高速公路管理的信息化、智能化。

四、整合现有资源弥补不足

高速公路信息技术的应用管理已经小有成就,但与高速公路管理的信息化还存在一定的差距。想要整合资源、建立一个完善的高速公路网络系统,还需要更加努力,不断完善。

对于已有的软件,要不断完善、强化其软件功能,例如强化收费软件:根据高速公路的自身情况升级收费软件,实行对超限车按吨位分段收费的弹性收费机制,一方面吸引货车通行从而达到创收的目的,另一方面减少货车重复过称次数,降低对设备的磨损,减少维修费用。再者,完善收费软件,使收费键盘上的每一步操作有迹可循,方便稽查与票卡管理。收费系统中加入免费车辆稽查模块,对免费车辆、假军警车辆进行核查;加入假卡识别报警模块,遏制逃费行为。将非 ETC 车道的车牌识别系统与监控系统联网,使之不再是单独的小碎片,联网后对于上下收费站的车辆,只要输入其车牌照就可以查到相关信息。对于不规范及已经失真的进行信息录入,将应予以整理并将空缺的部分填补起来。打破传统交通数据的孤岛化、碎片化,组织及相关的技术人员,将信息数据库建立起来,如 HR 数据库、办公自动化数据库、车辆通行数据库等。在服务方式的拓展、服务能力的提升方面,应将互联网信息技术的最新研究成果充分地利用起来。不仅如此,还要尝试在高速公路网络信息化的道路上创造亮点和新的应用,例如在通行卡芯片上加入功能模块记录车牌信息、车辆荷载数据、行驶千米数据,实行车牌在路网内运行的信息绑定,防止损坏、仿造、倒换、借用其他车辆通行卡的违规车辆的出现等等;对于查询及报表功能,要丰富其内容,以便高速管理部门对于路况的准确掌握;对于高速公路管理的文件管理要不断完善,除了纸质档案的备份以外,可以将纸质档案以及文件转化为电子档案,以保证档案以及文件的保存、查询、使用的方便快捷;高速公路管理部门要尽量进行系统整合,将办公、财务及网站管理等体系整合起来,使高速管理系统形成一个完整的管理应用体系;对于其他的交通管理部门建立信息资源共享,使资源的利用效率得以提高。例如可以与路政部门联网,分析一下国道上通行的货车是什么原因导致其宁走国道不走方便快捷的高速公路,将货车引向高速可以减少交通事故从而减轻国道的交通压力。

五、结语

随着我国高速公路管理的不断信息化和现代互联网信息技术的不断发展,网络信息技术对于高速公路管理发挥着越来越大的作用。时代不断发展,形势不断发生变化,要想在公路管理中更好地发挥现代互联网信息技术的作用,取得更好的效果,不仅要结合高速公路管理工作的具体特点,而且也要充分利用现代信息技术中的最新成果,使得“互联网+交通”能够引领智能交通的发展,更好地为人们和交通集团公司服务。

三等奖

论基层公路职工教育现状及对策分析

郑晓荣　任　洪

（四川省南充市公路管理局直属分局）

摘　要　公路建设与管护事业随着国家基础设施的完善蒸蒸日上，而公路职工的专业素质和文化修养将直接影响到公路事业的长远发展。只有建立一支素质高、技术强的专业队伍，才能适应纷繁复杂的公路发展环境。然而理想很丰满，现实很骨感。公路养护职工的教育现状令人担忧，职工年龄老化、知识结构陈旧、思想懈怠不前、体制机制不完善等问题层出不穷，笔者对基层公路职工教育的现状提出了自己的看法。公路职工教育的问题需要群策群力、发挥集体力量，才能让公路事业繁荣昌盛，在激烈的市场竞争中激流勇进、越战越勇。

关键词　年龄老化　技术陈旧　适应培训　思想引导

一、引言

改革开放后，新中国发生了翻天覆地的变化，信息化和智能化已悄然而至，各级公路建设与管护事业如雨后春笋般蓬勃发展，一支高素质、专业化的公路养护队伍理应应运而生，然而公路养护职工原有的知识、技术、经验却远远不能适应时代的发展和行业的需求。为此，加强职工知识、技术教育已迫在眉睫。

二、公路基层职工教育现状

1.职工知识结构老化、技术陈旧

由于历史原因，基层公路养护单位现在职职工大多为二十世纪七十年代末至九十年代初接替父辈工作进入单位的，受时代和技术限制，大多数职工文化素质偏低、专业技术不强。以四川省南充市公路管理局直属分局为例，本单位在职基层职工共 176 名，从年龄结构来看，20 岁至 30 岁有 9 人，31 岁到 40 岁有 18 人，41 岁到 50 岁以上有 117 人。从学历结构来看，本科及大专学历 22 人，高中学历有 46 人，初中学历有 108 人。该分局大部分养护站职工年龄在 45 岁以上，未来十年内，将会出现大批职工集中退休潮，但由于受体制、编制等诸多因素影响，新生力量进入缓慢，职工队伍青黄不接。加之，一线职工对新知识、新技术、新工艺的理解与学习不透彻，培训所学与工作不能融会贯通，在公路建设养护中不能取得应有的效益。

基层养护职工长期坚守一线，有着丰富的基层养护经验，老的养护理念与生产方式已根深蒂固，老职工对新技术、新工艺的培训和推广嗤之以鼻，许多培训只是风过无声，雁过无痕。由此可见，基层公路职工即将面临的状况有二：一是老职工年老体衰，逐渐普遍面临退休，出现了传统技术的断层；二是新生力量进入缓慢，老职工无法掌握新技术，延缓了科学技术与公路事业融合的进程。

目前,大多基层养护站的养护技术依然采用肩挑背扛等简单的体力劳动方式,养护工具主要依靠铁锹、锄头、斗车等原始劳动工具。虽有现代化机械设备,但受文化和技术限制,使用率不高,人员勤勤恳恳却往往事倍功半,极大地降低了公路养护效率,挫伤了职工的积极性。工欲善其事必先利其器,基层职工是公路养护单位的中坚"利器",如今,这件利器不利,亟待打磨更新。

2.职工思想懈怠、缺乏干劲

当前,国家安定、社会和谐,各地公路建设与管护正热火朝天地进行着。我们已经走过了腥风血雨的改革时期,由于人的自然劣根性,一些基层内部的老员工在许多既定的规则和机制已经形成的外部环境下,很容易故步自封,不求上进,认为当前的日子得过且过,不愿打破陈规陋习和既得利益,饱食终日,碌碌无为。加之,随着中国加入世贸组织,各国多元文化强势侵入我国内部,西方一些消极的思想无时无刻地在影响和腐蚀着基层公路养护职工,导致职工过分追求经济利益和短期利益,弱化了集体意识,缺乏无私奉献的精神。

另外,职工的收入分配机制也是导致职工思想懈怠的原因之一。现行普遍推行的事业单位工资绩效制在很大程度上刺激了员工的积极性,多劳多得的原则使得基层员工一改往日懒散的工作作风,但该制度在落实、执行过程中,由于标准不一、分配不公平、绩效不科学等问题,导致新的收入分配机制在激励基层员工方面收效甚微。这让原本因绩效机制大喜过望的职工,换来新的失望,这无疑成了员工消极怠工的又一始作俑者。事业单位长期积累的积弊深痾仍悬而未决。

如今,正大步迈向小康社会的我们,正在经历着经济和各项社会事业的转型阵痛期,更加需要朝气蓬勃、意气风发的昂扬斗志,去攻坚克难,完成社会转型,完善公路管护,更好地社会奉献。正如先哲所言:"天下稍安,尤须兢慎,若便骄逸,必致丧败"。因此,防止"精神懈怠"不仅十分重要,而且非常紧迫。

3.点多线长,培训方法单一古板

公路养护与其他行业不同,主要工作就是公路的日常养护,除了机关有少部分管理人员与职工外,大多数职工都分散在各养护生产一线,点多线长,各个管理站地域分散,不便将职工集中起来进行统一教学,使培训工作难以有效开展。另外,培训大多采用"一人讲大家听"的传统方式,培训方式单一,职工早就对这些陈词滥调反感极致,参加培训也是迫不得已,只得应付了事,培训不得不草草收场。

4.公路养护新技术、新工艺推广艰难

随着社会的发展,科技的进步,交通的超负荷运载已经成为世界各国面临的共同问题。正因如此公路经常被损坏,公路的损坏程度特别严重,公路的维修和护养显得至关重要,而护养公路的新材料、新技术、新工艺的应用则非同小可。

以目前比较推崇的新技术、新材料中的桥梁伸缩缝快速修复方法的应用推广为例,施工人员展示了整个流程,仅需 2 个小时就可以开放交通。伸缩缝修补的传统方法是将伸缩缝整体凿出,安装新的伸缩缝后,浇筑混凝土养护,同时伸缩缝坏一小块而要整条更换,这种做法工程造价较高,修复周期比较长。

目前,我国公路养护的新工艺、新材料主要有改性沥青碎石封层、共振碎石化、泡沫沥青冷再生技术、喷锚技术和橡胶粉改性沥青。

目前公路养技术的推广难点有三:

①公路养护的高端设备、先进技术具有相对性

核心材料及工艺已有了较大进步、但根据马克思主义的相对论,事物是相对的,没有绝对的事物;不变的事物是相对不变,永远不变的事物是不存在的。新技术、新工艺和新材料所涉及的“新”只是相对的、有条件的、可变的。公路事业的新技术、新工艺和新材料都是在特定的历史条件下,受当时社会物质条件而产生的,随着社会生产力的不断发展和推进,当时所谓的新技术、新工艺、新材料可能不能适应各级公路发展的需求。

②现有技术至今没有形成规模化生产和应用

技术在不断更新而基层养护职工由于知识技术陈旧,思想懈怠,不能或不愿意掌握日新月异的新技术、新工艺,技术人才供不应求。

③支撑公路养护发展的物质保障体系尚不充分

兵马未动,粮草先行,公路养护新技术、新工艺的推广不仅部门领导的高度重视和职工的积极参与,更需要健全的物质保障体系。在当前国家大政策、大形势下,职工培训工作相关配套政策不够明确,无法设立专项的职工培训经费,不能保证新技术、新工艺顺畅地推行。

新技术、新材料的推行虽然举步维艰,但新技术、新材料的研发和推广是大势所趋,相信通过各方努力,最终能达到技术先进、造价合理的效果。

三、基层公路职工教育对策

近年来,公路行业在错综复杂的形势下,攻坚克难,在改革开放的浪潮中,激流勇进,取得了不俗的成绩,为人民群众做出了不可磨灭的贡献。然而基层公路职工的教育现状千疮百孔是不争的事实,如何改变这一现状,笔者认为,公路基层职工教育工作须将思想教育与技能培训、有效激励三管齐下。

1.端正思想,积极引导

①加强宣传引导,坚定职工对公路行业的发展信心

以优秀典范职工为着力点,激发老职工的工作积极性,消除其精神危机感。

②以人为本,解决职工的热点和难点问题

领导干部和党员同志要深入基层,详细了解基层职工的工作和生活状态,及时解决其面临的种种困难,并建立长效机制,充分体现对基层职工的人文关怀。

③强化危机意识

通过政策宣传、讲解等方式使职工感知当前我国严峻的就业形势。每年失业人数节节攀升,许多大学毕业生及中专生毕业就失业。而作为整体文化素质偏低的公路职工,若还不思进取,倘若置身社会,就业机会必然渺茫,我们的体制既是“铁饭碗”也是“泥饭碗”。珍惜岗位,爱岗敬业,它就是“铁饭碗”,反之则很可能就会成为易碎的“泥饭碗”。有了危机意识,才能充分发挥职工在单位的“主人翁”作用,才能使职工树立同单位荣辱与共的意识,真正成为单位发展的主动脉。

④加强基层职工队伍集体意识建设

美国总统肯尼迪曾说:“前进的最佳方式是与别人一道前进”。若不团结,任何力量都是

弱小的。公路养护绝不是一个人就能挑起大梁的工作,而需要职工之间通力合作,互相学习借鉴。养护单位要通过多种形式的培训和教育,让职工与单位心往一处想,劲往一处使,拧成一股绳,肝胆相照、荣辱与共。在这方面可以大胆借鉴日本企业的经验,日本企业中,职工的衣食住行、婚丧嫁娶、生老病死都有企业强有力的支撑,职工把企业当成自己的家,工作中,他们并不认为自己是在为别人卖命,而是与家人共同为家庭争光。在老一辈革命先驱中,也不乏集体主义精神,可如今思想多元化使得集体意识淡薄。若能重新拾起这些可贵的精神,相信,无论怎样复杂的任务,基层公路职工都能保质保量地完成。

2.强化适应性培训,加强专业技术培训

①在培训层次方面,坚持分层施教、分类培训的原则

本着"因材施教"的原则,对基层职工而言,适用、能领会、易掌握才是培训的关键要素。在教学方法上,应根据不同工种,指定不同内容。

②在培训对象方面,坚持突出基层、兼顾机关的原则

考虑到机关职工学历层次普遍较高,自身素质较强,外出培训机会多,且不直接从事一线公路维修、养护的实际,基层公路职工理应作为重点培养对象。

③在培训内容方面,坚持重点突出、兼顾其他的原则

基层公路养护应突出公路维修、公路养护、内业资料等主要工作业务知识,重点培训新技术、新材料、新工艺的应用,兼顾安全机务、新闻宣传、政治学习等综合管理业务知识。

④在培训方式方面,采用理论与实践相结合的原则

基层公路职工的工作以基础性、实践性为主要特征。因此在推广新技术、新工艺的方式上注意结合实践,不能纸上谈兵,职工所学,要有用武之地。把集中培训和自学成才相结合,在鼓励职工自学的基础上,不定期地根据工作需要举办不同类型的培训班或岗位技能比武、法律法规知识竞赛等。对于广大新进青年基层职工,可以采取现代化多媒体教育方式,尽可能用新鲜、富有科技含量的方式去吸引他们自主学习,并将所学及时运用到工作中去。

⑤在培训物质保障方面,积极筹措资金。利用内部人才优势,确保培训工作正常开展。单位内部应在国家政策允许的情况下,设立专项教育培训资金,用于基层职工的教学与培养。在申请外援的同时充分利用内部资源,广泛开展对口培训。如财务工作人员可以教授基层职工关于财经管理方面的知识,路政执法人员可以教授职工关于公路巡查记录的规范填写,安全科及工程科技术人员可以对基层管理站安全员与桥梁巡查员进行培训。这样的培训经济又高效,何乐而不为呢?

一言以蔽之,我们要创新和丰富培训形式和载体,以实实在在的培训效果、丰富多彩的培训内容和生动活泼的培训形式,吸引更多的职工积极主动参加教育培训,并能够学有所成、学有所思、学有所悟,从而更好地促进工作。

3.激励员工积极性和创造性

当前,基层公路部门务必根据现有人才岗位特点,综合运用多种激励机制,真正建立起适应行业特色、时代特征和岗位需要的激励机制。

①要创造良好的软环境

黑格尔告诉我们,"理想的人物不仅要在物质需要的满足上,还要在精神旨趣的满足上得到表现。"这表明,吸引人才的不仅使物质待遇,更重要的是良好的集体所创造的荣誉感时

刻激励着职工，大力弘扬公路文化，丰富内涵，创造一个良好的内部环境。因此，基层公路部门应该利用这种优势，进一步巩固、发展和创新环境，更好地完善自己，招龙引凤。

②要实施物质激励

一味地精神鼓励在激励人才奋勇前进方面总显得有些单薄，受个人意识局限，基层职工往往对物质激励更加在意。所以在培训时，不能单纯地一碗水端平，要有所侧重，对于那些培训过程中表现良好又能将培训内容融入工作实际的员工，要对其进行物质奖励，激发其在知识应用方面崭露头角的潜能，从而提高整个基层职工的专业素质。对于经验老到的职工，给他们有偿地分享经验的机会，展示自己的专业能力，这也可以很好地解决部分老职工因收入分配不均而产生的精神懈怠的顽疾。

四、结语

路漫漫其修远兮，吾将上下而求索。公路行业的发展对于经济发展意义非凡，而基层公路职工的教育是一个永恒的话题，它只有进行时，没有完成时。本文针对基层职工文化素质偏低、老龄化现象、技术工艺推广难等现状做出了相应的思考，提出了转变思想观念、加强职工文化建设、完善人才流动、加强培训工作、完善培训制度，建立激励政策等措施，相信结合各方的齐抓共管和制度的不断完善，基层公路教育职工的教育事业必定旧貌换新颜。

参 考 文 献

[1] 可立东.公路职工教育现状分析及其对策[J].山西青年，2013(10)：182.

[2] 盛庆侠.浅析基层公路职工教育现状及其对策[J].祖国，2012(9)：46-47.

[3] 梁荣宁.公路养护站职工教育现状分析及其对策[J].企业科技与发展，2010(22)：214-216.

三等奖

基层公路职工教育现状分析及对策思考

王　茱

(山西省公路局阳泉分局)

摘　要　通过对当前公路职工教育工作现状的客观分析,找出存在的突出问题,进一步提出了开展公路职工教育工作的思路及对策。

关键词　公路　职工教育　现状　对策

一、引言

当前社会竞争日益激烈,教育变得至关重要,激烈的市场竞争的实质其实就是人才的竞争,谁拥有高素质的人才,谁就拥有了竞争和发展的优势。公路员工能力的高低、素质的优劣对公路事业能否有效发展、立于不败之地具有决定作用。特别是在改革新形势下,提高公路员工素质,对应对新形势下的危机,加快有效发展具有十分重要的意义。为此,加强公路员工培训,提高全员素质是当前一项十分重要而又紧迫的任务。

二、公路职工教育工作的现状及问题

在当前改革新形势下,面对新技术、新工艺、对员工队伍的整体素质提出新的、更高的要求。因此加强公路职工教育培训是当前重要的任务。然而,在公路职工教育培训工作中仍然存在着一些不相适应的问题。

1.人才队伍存在的问题

人才队伍的总量不足,高层次人才稀缺。由于历史原因,公路"建、养、管"基层单位人才队伍底子薄,职工文化素质普遍偏低,全日制本科及以上学历人才、高职称的人才偏少。

结构不合理。一是年龄结构不合理,基层一线职工人才队伍特别是高级技术人才年龄结构偏大,又缺乏补充的年轻人,后续力量严重不足,新老衔接有断层。二是专业结构不合理,公路工程专业人才较多,经济管理、法律、计算机应用等方面的人才偏少,且大部分人员专业单一,知识面较窄,缺少懂技术、会经营、善管理的复合型人才。

创新能力不足。基层单位很多职工虽然通过后续教育取得专科及以上学历,但原始学历偏低,专业技术人才再教育培训是一个薄弱环节,导致专业技术人才知识更新不快,墨守成规,创新能力不强。

2.教育培训工作中存在的问题

①教育经费严重不足。由于人才队伍比较庞大、线多、面广,有限教育培训经费不能满足新形势下人才的培训要求,使得对人才进行系统规模培训很难组织到位。

②培训内容缺乏针对性。除了新政策法规的颁布和新操作流程的实施有明确的要求

外,其他各种培训的内容仍停留在一般性知识上,没有围绕工作难点确定培训内容,缺乏针对性。现在的培训对受训者未细分层次、类型,层次较高的吃不饱,层次较低的消化不了,难以激发员工的兴趣,削弱了教育培训工作吸引力。

③培训方式缺乏多样性。在培训计划上,对培训的安排缺乏连续性和系统性,没有站在学员的角度,开展有计划、有步骤的培训。在培训方式上,目前公路职工教育培训自上而下多是以短训班、以会代训的方式为主,短则一天,长则三至五天,形式较为单一,并且多以模式化教育为主。多数拘泥于课堂教学的单一形式,培训不能满足员工对知识全方位、开放式需求,重理论轻操作,学员与老师、学员与学员之间缺乏交流与互动,“讲由我讲,听由他听”,不注重知识的更新和方法的变换,限制了员工的求异思维、发散思维,难以调动学员的积极性,培训效果与培训目的相距较大。

④培训对象具有局限性。长期注重对业务部门人员的相关知识培训,而忽视了对其他岗位人员的有计划培训,造成了“懂的人没兴趣,不懂的人没机会”。从事一线养护工作的员工,有的在一个岗位上一干就是几年,甚至十几年,没有参加过一次培训,缺乏内业工作的具体实践,对内业知之甚少,整天在繁杂的工作中无法抽身,面对不断深化的机构改革,担心年龄偏大会在机构改革中落伍遭淘汰,以至于工作不安心,轮岗换位思想严重。同时受一定客观条件的限制,基层员工参加培训的机会有限,公路员工思路难以开阔,视野难以拓宽,直接影响着思路的拓展、理念的更新。

⑤培训注重短期效应。公路职工教育培训工作是一项长期性系统工程,具有时间的长期性、教材的理论性、对象的广泛性等特点。近年来,局对局属单位干部职工的培训基本上是短期性的培训,对教育培训工作的长期性认识不足,让培训流于形式,重数量轻质量,满足于办了多少培训班,培训了多少人次,普遍缺乏以人才培育为中心,特别是缺乏培训前科学的需求分析和培训后及时的效果评价,教育培训与实际工作没有很好结合。在知识更新速度不断加快的形势下,公路职工教育培训工作缺乏主动性,疲于应付。

⑥重业务,轻综合素质。近年来,按照“缺什么补什么、需要什么学什么”的培训思路,搞业务的培训业务,搞行政的培训管理,搞文秘的培训写作,搞信息化的培训计算机,当然急用急学、急学急用非常必要,但长期忽视吸收知识的系统性、全面性,造成了系统内“单一型”人才比较普遍,而“复合型”人才相对较少,产生了“谁干的事情谁懂,不干的事情就不懂,换个岗位不会干”的现象,这些不仅导致了公路员工素质始终在基础知识和基本技能上徘徊,同时也直接影响到员工间的轮岗交流,不利于激发干部队伍内部活力。

三、搞好公路职工教育培训的思考和建议

1.树立全新教育培训理念

①树立以人为本的理念。一个单位的发展取决于工作人员的素质高低,公路干部职工是素质教育的主体,干部素质缺什么、渴望参加什么类型及多长时间的培训,是抓素质教育工作的重点。在实践中,要切实遵循公路职工的认知发展规律和学习规律,尊重其禀赋和个性发展需求,以政治理论、业务知识、岗位技能为主要内容,以广大公路职工的知识需求为第一参考,以公路职工的综合素质提高为第一目标,以大多数公路职工的满意为第一需求,有针对性地开展教育培训工作,实现从“要我学”到“我要学”的转变,形成愿学、真学的浓厚

氛围。

②树立终身学习的理念。现在我们正处在21世纪知识化、信息化时代,随着经济、科技和整个社会的发展及创新改革的不断推进,知识更新速度明显加快,对公路职工教育培训工作提出了更高的要求。公路职工要赶上时代发展的步伐,了解新情况、解决新问题,单靠统一组织的培训是远远不够的,关键还要靠自身不断加强学习,公路职工要认识到学习的永恒性,使学习内化为自身的习惯,加强"自我培训",在干中学,在学中干,实现"自我增值"。

③树立能力本位的理念。要把提升公路职工的综合能力作为教育培训工作的重点项目,从教育培训工作中推动公路发展工作的生产力,不断增强教育培训的针对性和实效性,促进职工从"多学"和"勤学"向"善学"和"用学"的转变,加速知识向素质和实际能力的转化。

2.优化教育培训模式

①在培训内容上,实行业务知识培训和综合系统培训相结合。在做好日常工作方面业务培训和养护技能竞赛的同时,开展各方面内容的综合素质培训,组织全体干部职工分批次、较系统地学习各方面知识,造就一批熟悉专业业务、善于总结的"复合型"人才。选择一批有培养潜力的一线公路职工,有计划、分步骤地开展学习培养,提升学历教育的档次。此外,鼓励干部职工参加公路建养专业资格考试,调动干部职工的学习积极性。

②在培训模式上,实行分层培训和分类培训相结合。一方面,按照管理层级和知识层次的不同,对培训对象实行分层,按照需求安排不同的教育培训项目,如针对一般职工工作需要,认真组织好全员"应知应会"的基础知识培训,使全体职工都能具备基本的专业知识和基本的职业素质,确保能够胜任各自岗位;针对领导干部,则重点培训管理学方面的理论性、概念性的知识,提高干部的决策能力和领导能力;针对基础薄弱的低层次人员,重点进行"应知应会知识"的培训;对中间水平的重点进行"提高型知识"的培训;而对高层次人员则重点进行"应用型知识"的培训,在知识的深度、广度上做文章,在知识与日常工作的应用上找结合点。另一方面,针对员工岗位的分工越来越细的特征,不同岗位的员工学习业务知识也各有区别的实际,要改变以往的培训套路,根据各岗位员工的不同特点和需求,对症下药,有针对性地实施培训。

③在培训方法上,实行集中式培训和开放式培训相结合。单一的课堂讲授式的培训模式,往往会引发职工的厌倦情绪,达不到培训的目的。因此,要创新教学方法。加强教与学之间的双边互动,采用案例式教学、会诊式教学、研究式教学,因势利导、因人施教,推行差别化、个性化教学,增强教育培训的针对性和实效性。要注重理论与实践相结合,重视实践锻炼,通过自身体验和实际感受,深化对理论业务知识的理解,提高解决实际问题的能力。从而引导干部职工全面、系统地掌握业务知识,进一步提高干部职工的业务能力。

3.完善教育培训机制,保障教育培训实效

①培训考核机制。建立职工培训档案,详细记载学员在培训期间的考试或论文成绩、心得体会等相关材料,作为评估员工培训效果的基本依据;推行以考促学,为了保证各项培训取得实效,在培训结束后及时组织考试,一方面验证培训效果,另一方面,将考试成绩与单位或个人的绩效考核挂钩,奖优罚劣,有效地调动领导干部抓教育培训工作的热情,提高广大员工学习各种知识的积极性。

②培训激励机制。一方面,要“奖学”,坚持培用结合。给予综合素质高、工作能力强、个人业绩突出的员工给予一定的鼓励,同时将受训者培训中的学习档案和培训后的工作绩效作为上岗、晋升、奖惩、评优评先及工资福利的一项重要标准,激励干部自觉提高素质,变“要我学”为“我要学”。另一方面,要“促学”,实行工作合理化。所谓工作合理化,就是通过科学合理安排,确定合理的工作负荷和业务流程,将工作任务在组织内合理分配,避免出现过去工作任务畸轻畸重、能者多劳、庸者不劳、苦乐不均的现象,解决好工学矛盾,使业务骨干能够从繁杂的工作事务中抽身参加培训。

③培训引导机制。第一,做好典型引导,要突出基层领导班子这个重点,要求领导班子成员做好“带头作用”:即带头制定学习计划、带头参加学习和培训、带头开展调查研究、带头深入实际,学以致用,真正当好学习上的榜样,发挥领导的作用。第二,做好思想引导,要采用各种形式,利用身边人和身边事,加强对员工的思想启发,并以创建良好学习风气,切实增强广大员工对学习的深刻认识,引导他们认清工作的新形势、新情况和新任务,增强自身的危机感和紧迫感,提高学习的自觉性。第三,做好岗位引导,在日常工作中,要有意识地安排员工轮换做不同业务的工作,从而更广泛地进行工作接触,开阔眼界,扩大知识面,培养多技能人才,实现人尽其才,才尽其用,提升基层干部职工对对业务工作的全面了解和对全局性问题的分析判断能力。

④加强干部职工教育培训管理机制。教育培训工作的真正目的是培训的过程以及干部职工素质、技能的提高。如何达到此目的,没有强有力的管理手段,没有把教育培训工作真真正正落到实处,那么以上环节所做的一切努力都将前功尽弃,都将失去意义。但是又如何来加强过程管理,如何来落到实处呢?

一是得有一个强有力的执行者,即建立一支过硬的教育培训干部队伍至关重要。加强对从事培训工作相关人员的培训,让他们学习现代化的教育管理知识与模式。其次是加强师资队伍的管理,聘请优秀教师、有丰富实践经验的专家、教授任课的方法,使教学更丰富、更生动、更贴近实际,从而确保提高教育培训工作质量。

二是在教育培训方式方法上,要积极探索有利于提高干部的知识、智力、技能和实践创新能力的培训方式方法。单一的培训教育模式,往往会引发干部的厌倦情绪,达不到培训的目的,应根据教育培训的长远构想和近期目标,采取不同的教育培训方式,长期与短期结合;采取参与式、互动式、研究式的教学方式,充分利用课堂、讲座、专题报告会、互联网络等载体,增强培训的吸引力,为干部职工业余学习创造条件,激发干部职工的学习积极性,主动参与培训,达到以工作带学习、以学习促工作的目的。

三是按照“统一领导,分级管理”的原则,各级在抓好本级培训工作的同时,必须加强对下督导,一级抓一级,一级带一级,不断提高教育培训工作水平。加强培训过程管理最重要的是“落实”二字,必须把教育培训工作落实情况纳入目标管理考核。这就要求对培训全过程进行严格管理,严肃各项规章制度,切实把执行规范管理和各项制度摆在教育培训工作最突出的位置,加强检查,措施到位、责任到人。同时根据不同阶段、不同培训重点,制定培训考核要点,在考核指标、评分标准、奖罚标准、实施程序等方面做出明确规定,以此来促进和调动各单位领导抓好教育培训工作的积极性,推动培训工作的有效开展。

⑤培训反馈机制。一方面可在培训结束前,采取向学员发放问卷调查表的形式,分别就

整个教学计划、内容设计及每位教师授课水平进行征询、评估。另一方面,可对回原单位工作的学员,进行跟踪调查,并把学员反映的意见,向教员反馈,为教员进一步改进教学提供依据。

⑥培训保障机制。为确保培训工作能顺利进行,培训计划能顺利实施,必须要有充足的资金作为保障,应本着按需供给、专款专用、注重实效的原则,建立规范、有效的经费拨付机制,年初将教育培训经费列入预算,优先保证教育培训专项经费的落实,确保培训经费足额、及时到位。

四、结语

在当前改革的新形势,公路职工要通过扎实、持续的教育培训,不断提升干部职工综合素质,造就培养人才型的团队组织,逐步形成并保持公路员工自身的人才优势和持续发展的内在动力,大力增强竞争应变能力、创新发展能力和应对危机能力。

三等奖

基层公路职工教育现状分析及思考对策

黄棋林

(浙江省公路管理局浦江县公路管理段)

摘　要　21 世纪是人才和知识竞争的世纪,互联网时代和交通大发展的时代背景赋予了公路人更高的历史使命。加强基层公路职工的培育教育,提升公路部门的竞争力,全面推进公路事业建设,已经成为公路系统的共识。文章分析了基层公路职工教育的现状,并提出了一些对策,以期对整个公路系统职工素质的提升有一定的借鉴意义。

关键词　公路　职工教育　现状　对策

一、引言

随着改革开放的不断深入,经济社会的飞速发展,公路交通事业进入了“跨越式”发展的新阶段,公路里程越来越长,养护标准越来越高,技术手段越来越新,公路部门面临着越来越严峻的挑战。而“互联网+”工程的提出,更是对公路职工提出了更高的素质要求,建设一支高素质、高水平的基层公路人才队伍已经成为时代对公路部门的呼唤。

近年来,各地不断加大对基层公路职工教育的投入,将基层公路职工素质提升列入重要的议事日程,公路系统职工整体素质改善明显。但这一改善与公路交通大改革、大发展的时代背景需求尚有一定差距,基层公路职工整体教育文化水平依然偏低,专业和科技知识依然不足,工作效率依然低下,提高基层公路职工队伍的综合素质刻不容缓。

二、基层公路职工教育现状分析

一是职工素质偏低。目前,各地公路部门中,由于历史原因,相当一部分人都是“子承父业”,受教育程度较低,特别是在养护部门很多一线养护人员只有初中文化程度,甚至个别只是小学毕业;即使是管理人员,也大多数是在职进修学历,正规的大中专院校毕业生少之又少。据不完全统计,目前我国公路部门职工中一半左右为高中以下文化程度。

二是职工队伍老化。由于公路工作环境恶劣、劳动强度大、工作时间长,对年轻人缺乏吸引力。同时,受人员编制制约,公路部门新老交替进程缓慢,人员结构严重失衡,“老龄化”现象突出,干部职工队伍总量、结构、素质与公路行业发展存在较大的差距。如浙江省某基层公路管理部门,该部门职工平均年龄 44 岁,大部分接近退休边缘,而低于 35 岁的 80 后职工只有 10 人,仅占职工总数的 11%,出现了严重的青黄不接,让负责领导苦不堪言。

三是职工教育重视不足。目前,加强基层公路职工教育虽然已经逐渐成为各地的普遍共识,但是相比经济建设,职工教育投资更多、周期更长、成本更高、见效更慢,导致一些地方不愿意进行基层公路职工教育投入。有的地方虽然进行了投入,但与其他支出相比,所占比例甚微,难以满足职工教育发展的需要,有的地方甚至将本来就不多的职工教育资金挪作他用,职工教育进一步发展没有充足的经费保障。

四是职工教育内容不全面。目前,各地进行职工教育缺乏科学统一规划,往往只注重某一方面,而忽略了整体素质的提高,教育内容表现出严重的"三重三轻"倾向:重视进行业务技能培训,轻视进行思想政治教育;重视进行岗位技能培训,轻视进行综合素质培养;重书本知识的学习积累,轻视学习良好习惯的养成。致使基层公路职工素质参差不齐,难以满足公路交通大发展的需求。

五是职工教育方式落后。目前,基层公路职工教育的方式仍然以"灌输式"的课堂面授为主,上课呆板、严肃,老师与学生之间缺乏生动的互动,难以调动职工参与学习的积极性和主动性,特别是年轻的80后、90后职工普遍感觉上课枯燥,职工教育的效果也无从谈起。同时,一些地方开展职工教育,是在上级部门的要求下被动进行,未能积极主动地为职工进行发展谋划,导致职工教育流于形式。

六是职工教育模式单一。目前,各地开展职工教育,往往选择集中人员进行统一上课的教育模式。由于公路工作线长、面广、职工分散,很难选择恰当时间进行统一授课,造成职工教育难以顺利进行。特别是近年来,公路技术等级不断提升,公路养护任务日渐繁重,让一些基层公路部门疲于奔命,无力也难有时间组织人员进行集中教育培训,造成职工教育"叫好难叫座"。

七是职工对教育存在错误观念。教育本身是提高个人素质,增强个人能力的重要渠道。由于种种原因,一些基层公路职工对开展职工教育缺乏认同;一些人认为教育培训是形式主义,是混文凭、骗经验,只对晋升、提干有用;一些人则认为做实事干活比接受教育培训更重要,建议将教育培训活动取消;一些人甚至认为公路养护以修桥补路为主,技术含量不高,没必要再去接受教育学习新知识。这些错误观念在基层不同程度存在,严重影响了职工教育培训活动的顺利进行,妨碍了新材料、新工艺、新技术、新设备等"四新"技术的引进,阻碍了公路部门和职工个人工作水平的提升。

三、基层公路职工教育思考对策

1.加强职工教育领导

领导是公路部门的管理者和决策者,搞好基层公路职工教育工作,领导重视是关键。

①提高职工教育地位。将职工素质提高和职工教育工作,作为本公路部门长期发展的大计列入部门管理的计划日程,把培训和提高广大职工的素质同本行业、本单位的兴衰结合起来。把深化职工培训工作作为单位进步发展的重要组成部分,切实提高职工教育的地位。

②加大职工教育投入。加大资金向职工教育的倾斜度,积极改进职工教育环境,完善职工教育基础设施,有条件的单位可以建立职工阅览室,定期购置学习书籍,为职工学习提供场所。充分利用"互联网+"工程,创新学习平台,积极发挥互联网优势,通过QQ、微信、短信等方式,构建学习网络,使科室与科室、机关与机关、甚至全市、全省公路行业实现资源共享。建立学习帮助专项基金,为职工外出学习、岗位培训、学历教育、继续教育的提供财务支持,使学习变得轻松,使公路职工变得更强大。

③推进“学习型团队”建设。公路建设日新月异，建设学习型职工队伍，是新形势、新任务的客观要求，也是公路部门发展先进生产力的必由之路。要坚持走“学习型团队”之路，积极发挥团体协同作战的功能，加强职工学习研究和资源共享，实现“集众智、汇众力”。以公路文化建设为纽带，组织读书会、学习会、研究会，充分激发职工相互学习、相互帮助的积极性，从而推进公路职工队伍整体素质的提升。

2.健全职工教育考核机制

将职工教育工作与日常管理相结合，将职工参加学习教育的表现和考核成绩与工作业绩考核、职称评定、职务升迁、工资奖金收入、岗位调动等真正挂钩起来，建立严密可行的职工教育培训工作考核办法。通过这种办法，形成一种教育激励机制，从管理上对公路职工教育培训进行一次性革命性的变革，使职工如饥似渴地学习各种知识和技能，充分利用一切学习各种知识和技能，充分利用一切学习机会提高自己的职业素养。把职工教育工作深入公路行业中去，使职工观念由“要我学习”到“我要学习”的转变。

3.完善职工教育体系

根据职工发展情况，制定全面的职工职业发展教育规划，建立“思想政治教育为统领，岗位培训为内容，学历教育为保证，自学教育为根本”的职工教育体系，切实推进职工素质的全面提高，形成一支高素质、高水平的公路建设队伍，为公路交通大发展服务。

①加强职工思想政治教育。思想政治教育，是提高职工素质、提升工作效率的基石，加强职工思想政治建设，是社会主义精神文明建设的重要组成部分。公路部门领导要把进行职工思想政治教育当作全面提高职工队伍素质、加强公路管理、推进精神文明建设的大事来抓。要在干部和职工中树立讲学习、讲政治、讲正气的意识，使大家充分认识到精神文明建设在社会主义建设中的重要地位和作用。把社会主义核心价值观与现实工作结合起来，使之更加目标化，积极塑造“爱岗敬业、诚实守信、办事公道、服务群众、奉献社会”的良好职业道德观。要以深入开展“两学一做”学习教育活动为契机，把党的思想建设由党员向普通职工延伸，把思想政治教育常态化、规范化、制度化，切实打造招之能来、来之能战、战之能胜，具备强大战斗力的公路职工队伍。

②大力开展岗位培训。改变传统教育模式，因地制宜、因时制宜，有针对性地开展职工岗位培训。一是紧紧围绕公路科研、生产、经营特点，结合各部门实际，开展“短、平、快”的适应性培训，将适应性培训作为主要的培训方式。利用年初空闲时间，将公路养护技术人员、公路工程技术人员、统计业务人员、档案管理人员以及党务干部集中起来进行专项的、应急的、短期的适应性培训，取得明显的效果。二是根据工作需要和公路部门发展目标，对各类专业技术人员继续开展教育培训。每年除组织开展各种技术革新项目外，还要结合养护生产开展技术比赛，并选派队伍参加上级组织的技术大赛，使专业技术人员及时地学到新理论、新知识，掌握新技术、新工艺，引进新设备和新管理方法，增强创新能力和技术业务水平，提高公路建设和养护的科技含量。三是针对各级管理人员开展关键岗位人员、行政执法人员和特殊工种等人员的岗位资格培训。四是针对公路养护和其他工种的技术工人的实际情况，以不断提高技术工人生产操作技能、改善技术结构为目的，有计划、有重点地抓好对中青年技术工人的培训，使他们掌握一门新的技能及知识，逐步适应新形势下工作的需要。

③切实抓好学历教育。要有计划、有重点、有目标地选拔推荐培养有前途的一线职工和

在生产、管理中表现优秀的干部去各级各类学校深造学习。对优秀的、文化程度较高的职工,根据专业情况和工作发展的需要,支持他们参加和接受高等教育,让他们学习新的技术,掌握经营管理知识。

④鼓励职工自学成才。自学是职工普遍提高文化和技能水平的主要方法,是培养职工队伍良好精神风貌的有力措施,也是对公路部门教育培训工作的一个重要补充。要创造条件,鼓励广大职工根据公路部门目标、需求,结合自身情况,通过多种形式和渠道参与学习,自学成才。建立自学激励机制,对那些爱学习、肯钻研的职工树立爱学习典型,并进行表彰奖励。通过智力竞赛、技术比武、实践比拼、学习典型等活动培养学习兴趣,丰富学习形式。建立长效学习机制,互帮互学,做到已有知识不“折旧”,新知识不断补充和积累,营造以学补拙、以学为荣、以学求发展的良好氛围。

2017年度

一等奖

强化情绪管理切入点 助推思想政治上台阶

——湖南省永州市公路局深化职工思想政治工作刍议

蒋华清

(湖南省永州市公路局)

摘　要　“建设人民满意公路,服务地方经济发展”是永州公路工作的一贯工作目标,“争创一流、锐意创新、敬业自律、立路为民”已是深入每一位永州公路人心中的“永路精神”,而“快乐工作,激情生活”是前提条件。在新常态下,如何让广大干部职工始终保持轻松愉悦的情怀投入到工作中去,永州市公路局在工作实践中以情绪管理为切入点,提高职工思想政治工作水平,对促进公路工作的持续稳定发展和创造良好的工作绩效产生了较大影响。

关键词　情绪管理　思想政治　工作绩效

一、引言

情绪是指个体对本身需要和客观事物之间关系的短暂而强烈的反应。情绪管理(Emotion Management)就是善于掌握自我,善于调节情绪,对工作生活中矛盾和事件引起的反应能适可而止地排解,能以乐观的态度、幽默的情趣及时地缓解紧张的心理状态。

永州公路系统担负着境内 7 条国道、22 条省道近 2700 千米和无数条如“毛细血管”般分布在永州大地上近 20000 千米的农村公路的管理养护任务。在如何让广大公路干部职工适应改革发展需要,服务地方经济发展这一问题上,近几年来,湖南省永州市公路局始终坚持“思想政治工作是经济工作和其他一切工作的生命线”,一贯秉持“建设人民满意公路,服务地方经济发展”的工作目标,尽心培育“争创一流、锐意创新、敬业自律、立路为民”的“永路精神”,积极倡导“快乐工作,激情生活”工作生活模式。在工作实践中,充分把握公路工作实际,以强化情绪管理为切入点,助推职工思想政治工作,“注重引领、抓实创建、丰富载体、合理疏导”,以人为本,发掘和实现人的价值,不断探索出了一套团结、凝聚职工的有效办法,成效明显。

二、寻根溯源,积极探究引发职工出现多种情绪的因素

要对个体进行有效情绪管理,首先要全面把握个体生发情绪的各种因素,如个体所在地群体的性格特质、个体所在单位的工作特性、个体直面一些影响情绪的共性问题等。这些问

题需要挖掘、探究、掌握。永州市公路局在了解掌握引发职工情绪的各种因素方面做了一些研究和探索。

1.了解永州这方水土孕育出永州人独有的性格特质

永州位于湖南省南部,潇、湘二水汇合处,雅称“潇湘”。境内地貌复杂,奇峰秀岭逶迤蜿蜒,河川溪涧纵横交错,山冈盆地相间分布,以丘岗山地为主,独特的重岭丘陵地形地貌使其拥有了独特的公路网。永州有着深厚悠久的历史文化底蕴,有着周敦颐、柳宗元、怀素等一批代表人物,碑文化、舜文化、柳文化、女书文化、草书文化、瑶族文化等源远流长,境内拥有国家级森林公园7处,尤其以舜皇、阳明、九嶷“三山”最为出名,在“三山”之间,围挟着“道江”“零祁”两大盆地,盆地内由于潇、湘二水的滋润和灌溉,土地肥沃、气候温润,物资丰富,风光如画。“一方山水养育一方人”,永州独特的地理位置、得天独厚的山水气候、深厚的人文底蕴、稍欠发达的交通和经济等造就了永州人吃苦耐劳,如同骡子负重行远;善良质朴,务实而不务虚;倔强勇敢,又谓“霸蛮”,头撞南墙而不回;乐干实事,不拘细行琐德等性格。

2.把握公路部门工作的独特性

公路部门作为业务部门,与其他政府组成部门相比,其工作有其独特性,要全面、客观、深入把握干部职工情绪,必须正视公路工作的性质和特点,主要体现在:一是机关工作与工地(户外)工作交错。公路部门除一线养路工人、一线路政治超执法人员外,还有一部分人在机关工作,但这部分干部职工也不是常年驻守机关,因公路部门项目建设比较多,管理养护里程较长,工程任务比较重,往往会抽调一部分技术骨干充实到项目部,工作在工地一线,所以机关工作流动性比较大,经常在机关工作一段时间,又到工地工作一段时间,公路就是大家的办公室,公路就是公路人的主战场。二是养护与执法并举。公路部门承担着公路“建、管、养”任务,不但要建设要养护,还要管理,对超载、毁损等危害公路的行为进行执法。三是参照公务员管理与事业编制并存。市、县区公路局机关干部职工大多是参公编制,而各直属单位干部职工和一线养护工人是事业编制,一个系统两种编制形式,而且职数都比较大,这对管理要求更高。四是改革阵痛还长期存在。2011年,随着我国燃油税费和公路体制改革的深入,永州市、县两级公路部门均由地方政府管理。一些老问题还没有很好解决:直属单位剥离不彻底,还是差额拨款事业单位;人员固化老化严重,70%公路人在公路部门工作年限达25年以上,特别是一线养护工作人员和路政管理及治理超限超载执法人员,年龄大部分都达45~50岁,由于永州地处山区,尚属于经济欠发达地区,地方财力有限,养护机械化程度不高,养护工人长年在公路一线日晒雨淋,发挥着铺路石的作用,肩负起公路的保洁、打草、剪枝等任务;公路与交通职责不明晰,改革后,公路部门主要职责是对辖区内国省干线公路和农村公路的养护管理(含日常养护、危桥改造、安防工程、水毁抢修、大中修)的监管、指导、考核,与交通局存在工作内容重叠、职能交叉等问题。

3.注重干部职工在工作生活中面临诸多共性问题

为了切实了解公路职工的情绪管理能力,笔者作为一名一直在公路部门工作的人员,专门对部分公路职工分类别分层次开展了一次情绪管理专题问卷调查(具体调查结果统计如表1)。

永州市公路部门反映出来的影响情绪的共性问题中,其中子女教育问题、经济收入不高、工作任务繁重排在前三名,其他因素如工作环境、工作时间、子女教育等。公路部门的一线养路工人的工作是高重复率的纯体力劳动;一线路政治超执法人员的工作面临脑力劳动强、工作时间长等问题、还经常面临执法时的危险等，这些行业和工作的本身属性对员工的情绪也有很重要的影响。还有生活因素，公路部门由于其特殊的工作性质和环境，从事项目建设的是长期在野外作业，对家庭的付出无论是时间上还是精力上都很不够，加之公路部门的收入又偏低，文化程度整体不是很高，从问卷调查的情况看，永州公路部门人均收入约为3000 元，这些生活因素如收入问题、夫妻关系、子女问题、生病等都会严重影响员工的情绪。

永州公路职工情绪管理调查问卷情况统计 表 1

出现的各种情绪状况	人数	导致影响情绪原因	人数	情绪对工作生活带来的影响	人数	对情绪调控综合评价	人数	调控情绪途径	人数
快乐（满足、愉快）	39 人	经济收入不高	39 人	不清楚	9 人	一般	32 人	找亲朋好友倾诉	20 人
恐惧（害怕、担忧）	13 人	工作任务繁重	30 人	负面影响很大	10 人	较强	21 人	运动、听歌、逛街等	27 人
愤怒（生气、烦躁）	20 人	家庭婚姻因素	7 人	压力变动力	18 人	很强	3 人	睡觉	2 人
悲伤（忧郁、沮丧）	4 人	身体疾病因素	9 人	不受影响	20 人			逆来顺受、努力调整	18 人
		人际关系紧张	4 人						
		工作时间不稳定	9 人						
		子女教育	10 人						
		工作环境差	10 人						
有关建议：1.提高收入，提高职工福利；2.多组织健康向上的文体活动；3.不定期举办讲座、心理咨询培训班，请专家释惑；4.经常谈心交心；5.多开展志愿者服务活动，弘扬正能量									

注：1.共发出问卷 66 份，其中机关管理人员 21 人，路政执法人员 21 人，一线养护 24 人；

2.有些人影响情绪原因和调控途径是由多种原因导致的。

三、直面现实，引导广大职工提高对情绪管理的正确认识

1.对干部职工情绪监测具体全面，做到“全覆盖”

对于一个单位来说，切实强化情绪管理，必须要及时发现不良情绪，并剖析其产生原因，然后才能对症下药，调整员工情绪，才能真正达到气氛和谐绩效突出的目的。因此强化干部职工情绪监测既有必要又很重要，永州市公路局在这方面做了一定的探索。

①党建思想引领。抓好重大主题教育活动，在活动中把握广大党员干部情绪，合理引导，推动思想政治教育深入开展。多年来，我们扎实开展了学习和践行社会主义核心价值体系教育、“三严三实”、群众路线教育、“两学一做”等一系列学习教育活动，通过讲座、讨论、专题学习、互帮互助、批评和自我批评等形式争取活动入脑入心，成果明显，起到了“坚持正确导向、坚定政治方向、凝聚广泛共识、形成最强合力”的目的，同时在活动中坚持谈心谈话、注重沟通交流、坚持党员干部剖析自我，净化内心，客观上也增进了了解，达到监测情绪的目的。

②群团组织扶助。充分发挥工会、团委等群团组织的监督、桥梁和纽带作用。工会是桥梁，是纽带，更是职工的娘家，所以工会在监测、疏导职工情绪方面作用不可替代。工会要加强组织建设和活动开展，当好职工的贴心人。一要注重工会小组建设。工会小组是工会组织的细胞，是工会密切联系群众的关键，通过定期召开工会小组生活会，传达精神、制定计

划、开展活动、增进了解、化解不快。二要注重载体活动开展。以文明创建为抓手,通过开展有益身心的各种活动,既能动员职工以主人翁态度,积极参加单位的管理和改革,又能让职工感受到组织的关心、关爱,增强归属感,有利于对广大干部职工的情绪管理,营造风清气正、和谐文明的工作氛围,永州市公路局连年被湖南省人民政府授予“省级文明单位”称号。

③人事纪律指导。人事、纪委等部门在单位从事政治思想教育、干部人事管理、纪律监督等工作,在对干部职工情绪监测和管理工作中具有举足轻重的作用。多年来,永州市公路局政工部门抓实“老干”工作示范传承,“老干”是单位的“宝贝”,他们对单位的认可度、归属感、责任心是可以传承和起到示范作用的,了解引导好他们的情绪意义重大。抓紧在职职工的思想教育工作,思想引领行动,通过继续教育、回炉学习、专题培训、主题活动等方式开展形式多样的学习教育活动,通过廉政教育,警钟长鸣,让每一位干部职工得到锻炼、完善、成长、提升,让他们的情绪在单位始终昂扬向上。抓好人事管理和纪律监督工作,干部人事制度科学可行,做到客观、公平、公正,做到奖优罚劣、能者上庸者下,保证能干事、会干事、干成事的优秀人才有畅通的晋升渠道,能得到更高更大的干事平台,进而在单位形成你追我赶的工作氛围,永州市公路局多次荣获全市“先进基层党组织”“老干工作先进集体”等荣誉称号。

2.对干部职工普及情绪管理的基本知识,做到“都知晓”

情绪是一种主观感受、生理的反应、认知的互动,并表达出一些特定行为。情绪管理是将这些感受、反应、评估和特定行为挖掘并驾驭的一种手段。简单地说,情绪管理是对个体和群体的情绪感知、控制、调节的过程,其核心必须将人本原理作为最重要的管理原理,使人性、人的情绪得到充分发展,人的价值得到充分体现;是从尊重人、依靠人、发展人、完善人出发,提高对情绪的自觉意识,控制情绪低潮,保持乐观心态,不断进行自我激励、自我完善。情绪是可控制、可调整、可转化、可驾驭的,因此干部职工掌握一定的情绪管理知识,意义重大。

首先,自律是情绪管理的要务。情绪无时无刻不在,不是两极化,而是一个连续体,大多数时间我们是处于平静的一种状态,也就是情绪是平稳的,既不是激动开心、也非低落忧郁,而是处于这个连续体的中间位置。只有偶尔外界一个事件出现的时候,我们的情绪会朝向某一极波动。尽量准确地识别自己的情绪,能够在负面情绪出现的时候,而不将负面情绪累积放大。只有自律,人才能够用最短的时间、最少的力气,最有效地管理自己的情绪。

其次,选用合适的方式纾解情绪。控制情绪,而不是让情绪来控制你。充分挖掘和培植个体和群体的情绪智商,培养驾驭情绪的能力,从而确保个体和群体保持良好的情绪状态,并由此产生良好的管理效果。养成乐观面对的态度,处事冷静淡定,遇事灵活处理,提升爱的能力等等。

第三,认可情绪决定生活质量。美国作家约翰·辛德莱尔提出“情绪决定生活质量”的概念,指出情绪是工作生活的切入口,疾病、成就、关系、人脉等其实是由情绪问题造成的。可以说,生活、工作中大部分的麻烦都是小情绪惹的祸:当自己在公共场合出丑的时候,当被岳父母看到骂孩子的时候,当被堵在高速公路上无所适从的时候,当开会时面对所有同事讲话开始紧张的时候……小情绪瞬间影响了人的状态因各种原因影响情绪的事例也是比较常见,为此,笔者特别对个别同志进行了访谈,在访谈中发现:一位同事因为身体患病,带来了身体上的痛苦,在医治的过程中花费了一定的医药费用,给家庭也增加了负担,渴望得到组织和领导及同事的关心与帮助。像这种情况,如果不及时对其进行情绪关注,与其沟通,而组织或同事的关心与帮助未能做得细致入微,便容易让人产生对组织、领导和同事的不满,导致影响工作绩效。还有一位女同事,因为家庭感情原因带来了很大的精神压力,如果不及时得到排泄,得不到别人安慰和自我调整,那么会直接导致影响工作的正常开展。由此可见,控制好情绪,就掌握了生活、工作的方向。永州市公路局从情绪管理这些细微处着手,通过公路文化下基层、专题讲座、交流探讨等普及情绪管理基本知识,引导干部职工认识情绪管理的积极作用。

四、聚焦情绪管理,提高干部职工思想政治工作的效率

自律是情绪管理的要务,有问题困扰是正常的,没有问题的时候更要提高警觉,只有自律,人才能够用最短的时间、最少的力气,最有效地管理自己的情绪。在此次情绪专题问卷调查的情况来看,年纪越长,对情绪的把控能力越强,受情绪的影响也越小,基本上都以“快乐、愉悦、满足”等状态显现,越是年轻职工,情绪变化越大,受外界因素影响也大也多,渴望得到客观公正的认可和肯定。每一位调查对象都希望得到单位的关心与帮助,希望通过组织开展一些有益身心的活动、加强沟通、实施人本关怀,调节情绪和缓解压力。所以,如何通过强化情绪管理,达到助推干部职工思想政治工作,提升工作效率的目的呢?

1.建设和谐公路文化,理顺组织情绪

文化是灵魂,文化已经逐渐成为新的组织规范。每一个单位都有着自己独特的文化,文化对员工不仅具有一种强有力的号召力和凝聚力,而且对员工的情绪调节起着重要作用。永州市公路局始终注重创造良好轻松的工作环境来构建一种民主和谐的公路文化,以此来理顺组织情绪,并在工作中形成主流的积极情绪。结合公路行业特点和公路建养管不同的工作要求,按照“人便于行,货畅其流,服务群众,奉献社会”总体要求,认真贯彻公路文化基本理念、行为规范和特色文化,不断发掘、总结和提炼公路行业建设、养护、管理和服务等工作的核心价值理念,通过整合、升华与创新,构建完善符合公路事业发展要求的物质文化、制度文化和精神文化,不断促进公路事业持续、协调发展。在长期的工作生活中,不断凝练总结出了具有特色的公路文化。从公路文化丛书的编撰到一系列丰富多彩的文体活动的开展,从形式多样的雷锋志愿服务——具有公路特色的公路文明内涵;从“办人民满意公路”的总体目标——“形象干中树,面子路上争”的口号;从服务地方经济发展——保障公路畅安,最终凝练成了“争创一流、敬业自律、锐改创新、立路为民”的“永路精神”。通过愿景使命,同一价值观、公路精神,激励干部职工超越个人情感,以高度一致的情绪去达成目标任务,理顺组织情绪,激励了一代代公路人热爱公路事业,追求公路人理想。

2.开放沟通渠道,引导职工情绪

一个单位、一个部门必须要营造良好的交流沟通渠道,让职工的情绪得到及时的交流与宣泄,如果交流沟通渠道受阻,员工的情绪得不到及时的引导,这种情绪会逐步蔓延,影响到整个团队的工作。一是创新工作方式方法,提高网络开展职工情绪管理工作的能力。强化互联网思维,树立“互联网”工作新模式,结合公路部门的特点,建立微信群、QQ 群,努力实现服务手段从线下为主到线上线下互动融合转变,促进服务“在指尖上移动、在移动中完

成”,让“信息多跑路,让职工少跑腿”,通过与职工群众“指尖上的互动”,使服务更加直接、更加便捷、更加深入、更加贴近职工群众。二是创新活动载体,引导职工树立向上向善的情绪管理能力。利用国庆、元旦、春节等节日,积极开展和参与、组织拔河、跳绳、登山、演讲、“红歌大家唱”、“气排球”、“智跑”、廉政征文、书画摄影展览等形式多样、寓教于乐、有益身心健康的娱乐活动,陶冶了干部职工情操,增强了集体活力和凝聚力。积极开展爱心帮扶。每年七一、春节期间,我们都会从有限的经费中挤出部分资金,对系统内退休、困难职工及联系帮扶困难群众、贫困党员等进行看望、慰问,努力解决群众、职工在节日期间的生产和生活方面的具体困难;我们都会号召全局职工积极参加“送温暖、献爱心”“助残一日捐”等活动。认真开展“驻村帮扶”活动。按照上级要求,选派责任心强、能力突出的驻村干部,加强对联系的贫困村的扶贫开发和结对帮扶,积极争取帮扶项目、筹措帮扶资金,用于改善道路、水利、修建烤烟房等基础设施以及生产生活条件。三是突出重点工作效应,有效稳控和谐共事的情绪管理氛围。永州市公路局始终把公路建设、养护、管理等中心工作与职工思想政治工作有机结合,与职工的情绪管理相契合,坚持多手抓、多促进,通过深化部门职能,围绕市委、市政府“提前全面小康、建设美丽永州”的决策部署,积极向上级部门汇报,争取政策照顾和项目、资金倾斜,为我市公路建设持续发展增添了后劲、赢得了先机。近年来,永州市公路局担任业主完成了宁道、柏关、宁嘉、道永、冷东、祥龙等7条出省跨境公路,以及G207、G322永州段改建任务,施工里程393千米,全部建成通车,完成投资18.5亿元。占全市通车里程的58%。通过“路网”改造,全市国省干线二级以上公路比例达到50.29 %。所有县区100%通二级以上公路,形成了干支衔接、布局合理、连接城乡的公路交通网络,不仅极大地改善了公路交通条件,也有力地支撑、促进了全市的经济发展。大力推行预防性养护和科学养护,加大养护资金投入,积极实施公路大中修工程,开展桥梁安全隐患排查和专项治理。通过开展春冬两季集中会战、道路两侧排水设施专项整治、日常养护检查评比等活动,促进了养护工作有效开展。多年来,永州市公路局坚持依法行政,规范执法,优化发展环境,始终以健全和落实各项规章制度为关键,在抓好规范公路行政执法的同时,根据全市路政管理工作实际和群众要求,实施常态化的路巡路查,并协同运输、工商、公安等部门,大力开展专项整治,依法规范涉路施工行为、清除违章占路设施。通过“路域环境治理”,创建了G322、S216两条“路政管理示范路”,基本实现“八无”目标,“畅、洁、美”的路域环境成为公路新名片。狠抓源头管控,落实严管重罚,组织开展部门联动、区域联动、异地交叉执法,推进站点基础设施建设,加强督查和考核。通过治超,全市货运车辆站点超限率由2011年底的11%下降到2016年12月的0.3 %以下,节约养护经费1800多万元,因超限造成的安全事故降低57.69%。

3.培训情绪知识,增强职工能力

情绪心理学家Izard指出,情绪知识在决定人们的行为结果时能起到调节作用。情绪知识是职工适应单位的关键因素,可以通过有针对性的“情绪知识”培训,增强员工对管理实践的理解能力,激发员工的工作动机以适应组织的需要,弘扬正能量。可以说,我们大多数人都从事着平凡而普通的工作,过着平凡而简单的生活,如果以一种消极的方式对待工作和生活,犹豫、怯懦、慵懒、怀疑、退缩……任其肆意蔓延,而且沉溺其中,就会错失了许多可能让生命精彩的机会。我们应永远拒绝消极的态度和负能量,将“消极”从自己的人生词典中彻底去除。一旦你懂得了开启生命的正能量,你就拥有了改变生活的神奇力量。永州市公路局以创建“学习型、服务型机关”为目标,制定和完善干部职工学习计划、学习制度,加强宣传动员和教育培训,采取“走出去、请进来”的方式,邀请各类专家和身边的典型人物进行讲座培训,倡导全体干部树立终身学习、为民服务的理念,在全局营造了“人人讲学习、个个重知识”的浓厚学习氛围。一是强化政治理论学习。组织学习了邓小平理论、“三个代表”重要思想、科学发展观以及党的十八大、十八届三中、四中、五中全会精神等基本政治理论,广泛组织开展新党章、社会主义核心价值体系、党的群众路线教育、“三严三实”“两学一做”等学习教育活动,依托“党员政治生日”开展送学、送书、重温誓词、重走长征路、参观爱岗敬业岗、参观廉政教育基地等学习教育活动,组织到浙江大学参加“干部执行力培训班”培训,提升了干部职工的整体能力素质。二是强化道德培养与诚信教育。以《公民道德建设实施纲要》为基本内容,将道德培养与诚信建设相结合,积极参加公民道德、诚实守信、和谐文明等宣传活动,掀起了廉洁诚信学习热潮。还以举办道德讲堂和先进人物报告会,开展道德模范、身边好人评议和诚信建设专题宣传教育活动为契机,用身边的先进典型教育身边的人,激励全系统干部职工奋力争当先进、争作文明诚信公路人。三是强化法治教育。根据国务院《全面推进依法行政实施纲要》和《“六五”“七五”普法规划》,严格学法制度,深入开展法制教育,积极组织学习法律法规知识,增强干部职工的民主法制观念和遵纪守法意识。不断规范涉路行政审批行为、规范公路行政执法行为,全面推行公路行政执法责任制,提高干部职工依法决策、依法行政、依法管理的素质和能力。全系统无刑事案件和严重违规违纪行为发生。四是强化文明礼仪知识和业务知识培训。举办文明礼仪知识讲座,积极引导干部职工“讲文明、树新风”,努力倡导文明、健康、科学的生活方式,做文明人、办文明事。注重加强业务教育和技能培训,鼓励干部职工参加各种形式的学历、专业技术继续教育,广泛开展养护工技术比武和劳动竞赛等活动,用丰富的知识量和强大的内心素质来支撑和增强情绪管理能力。

4.实施奖优罚劣,引导情绪走向

美国心理学专家尼尔森(Kristy A. Nilson)特别强调,赞美员工需符合“即时”原则,“即时”的效果好于“及时”,更好于“滞后”。在员工有良好的工作表现时应立即给予奖励,等待的时间越长,激励的效果越差。管理者只要多花一些心力,员工的情绪就会受到莫大的安慰和鼓舞,从而使工作热情大幅提升。IBM 公司创始人 Thomas J. Watson 总是及时认可每个成绩,例如,给完成一笔很棒的业务或者贡献出新思想的员工当场奖励 500 美元。永州市公路局深化绩效考核,注重选优树先,在开展奖优罚劣方面做了大量的工作,坚持选树“公路系统五十佳”“优秀共产党员”“最具贡献奖”等评选活动,坚持向上向善,推荐“中国好人”“湖南好人”“道德模范”“巾帼标兵”等,坚持用身边的典型人物激励广大干部职工争当先进。

五、结语

总之,情绪管理应该从职工本身的情绪诉求出发,了解并关注职工情绪,关怀并激发职工热情,把以人为本作为职工情绪管理的核心理念。永州公路局正是通过强化情绪管理这一切入点,引导正面情绪,疏导负面情绪,大大调动了职工的工作积极性,大大地助推了职工思想政治工作上台阶,也大大推动了组织目标的实现。

参 考 文 献

[1] 约翰·辛德莱尔.情绪自控力[M].北京:金城出版社,2013.
[2] 曾仕强.情绪的奥秘[M].北京:北京联合出版公司,2014.
[3] 勒登.正能量[M].北京:光明日报出版社,2016.
[4] 董石桂.永州这本书[M].长沙:湖南人民出版社,2010.

一等奖

新形势下如何做好高速公路职工思想政治教育工作

张雷鸣

(河北省高速公路青银管理处)

摘　要　随着高速公路事业的快速发展,思想政治教育工作作为高速公路运营管理部门的重要生命线,在树立职工价值导向、营造良好发展氛围、提升团队凝聚力等方面发挥越来越重要作用。新形势下,思想政治教育工作面临许多挑战,如何开拓新思路、寻求新载体、开创新优势,河北省高速公路青银管理处做出有益尝试。

关键词　厚德文化　季度考核　十佳评选　岗位练兵　诚信

一、引言

青银高速河北段于 2003 年 4 月开工建设,2005 年 12 月 28 日投入运营,2006 年 3 月 26 日全线通车,全长 180 千米。管理处下设 10 个职能科室,10 个收费站,两个养护工区,两个监控调度中心,现有干部职工 900 多名,主要负责青银高速河北段的运营管理。近年来,河北省高速公路青银管理处以社会主义核心价值观为引领,传承青银厚德文化,围绕运营管理中心工作,抓住养护和收费两条主线,积极探索新形势下做好职工思想政治教育工作的新途径、新方法,加强职工队伍建设,全处上下呈现出风清气正、团结拼搏、昂扬奋进、干事创业的良好局面。

随着高速公路事业的快速发展,思想政治教育工作作为高速公路运营管理部门的重要生命线,在树立职工价值导向、营造良好发展氛围、提升团队凝聚力等方面发挥越来越重要作用。新形势下,思想政治教育工作面临许多挑战,如何开拓新思路、寻求新载体、开创新优势,河北省高速公路青银管理处做出有益尝试。本文拟结合工作实际,就新形势下做好职工思想政治教育工作进行粗浅探讨。

二、新形势下做好高速公路职工思想政治教育工作的意义

高速公路一般点多、线长,职工远离居住地,工作四班三运转,准军事化管理,这些行业特殊性决定了收费工作是一个十分艰苦的职业,劳动强度大,文化精神生活贫乏,在这种环境下,必须要求职工有一种吃苦耐劳、无私奉献的敬业精神,而这种敬业精神的培育和形成,只有依靠细致入微的思想政治工作。近几年,各种体制改革也直接冲击着人们的思想,对自身价值实现、物质待遇高低等问题如何认识也成为影响职工思想的主要因素。面对新形势,

如何加强高速公路职工思想教育和引导,做到解疑释惑、理顺情绪、化解矛盾、凝聚人心,充分调动职工的工作热情和劳动积极性,成为高速公路运营管理者研究、探讨、创新的一个重要课题。高速公路要持久健康发展,就必须造就一批思想过硬、作风优良、素质高强的职工队伍,有的放矢地做好职工队伍思想教育和引导工作,开创高速公路跨越发展新局面。

三、新形势下做好高速公路职工思想政治教育工作路径探索

近年来,河北省高速公路青银管理处以社会主义核心价值观为引领,传承青银厚德文化,围绕运营管理中心工作,抓住养护和收费两条主线,积极探索新形势下做好职工思想政治教育工作的新途径、新方法,加强职工队伍建设,全处上下呈现出风清气正、团结拼搏、昂扬奋进、干事创业的良好局面。

1.树家风、立规矩,为做好职工思想政治教育工作提供精神支撑

国有国纪、国法,家有家风、家规。在青银这个大家庭,"家风"就是全体青银职工一致认同的厚德文化体系;"家规"就是涵盖各岗位、各环节的规章制度。

2011 年 9 月,经过反复研究和广泛征求干部职工意见,青银处发布了以"厚德载道、止于至善"为核心价值观、以"大道为公、安全畅通、效力社会、成就职工"为青银使命、以"人文青银、和谐青银、卓越青银、品牌青银"为愿景、以"以一当十、责尽心安、以十当一、创新有为"为青银精神的厚德文化理念体系,发布了《青银厚德文化手册》,编印了《工作礼仪规范手册》和《公共礼仪规范手册》,发布了 VIS《视觉识别系统规范手册》,并对厚德文化理念体系进行宣贯,使青银厚德文化得到广大职工的一致认同和践行。在广大职工中开展"立德、忠诚、敬业、奉献、感恩、包容""好读书、读好书"等一系列主题教育活动,使厚德文化在职工中落地、生根、开花,并发自内心地践行与传承,全体职工在优秀的文化氛围中通过"内省"和"慎独"规范约束自己,厚德文化真正内化于心、固化于制、外化于形。青银厚德文化统一了思想、凝聚了人心,成为全处职工的前进动力。

近年来,为提高工作效率,确保各项工作有序开展,青银处初步形成了具有青银特色的精细化管理体系。通过"三标一体"认证,编制完成了《管理文件汇编》,分八册、五大类共十篇,涵盖全处所有岗位,做到有制度规范、有操作流程、有检查考核、有奖惩兑现、有改进完善,实现了 PDCA 循环,逐步实现了管理工作制度化、管理方式程序化、管理部门和人员责任化、管理过程信息化。目标管理全面推进,绩效考核体系日臻完善,定置化管理全面覆盖。组织精干、制度精密、考核精准、绩效精良,细分目标、细化权责、细密控制、细致全程,把精密细致的管理落实到每个人、每一天、每件事。

2.重考核、兑奖惩,为做好职工思想政治教育工作提供制度保障

有了规矩,就有了约束机制,青银处在工作实践中采用约束机制与激励机制紧密结合的办法,对每一个基层单位、每一位职工的工作情况,定期进行细致考核和客观评价。

自 2010 年开始,管理处坚持"三标一体"内部审核与绩效考核相结合,建立横向到边、纵向到底的考核体系,以各项规章制度和岗位操作规程为支撑,统领全处运营管理,年度所有工作管理目标内容,都是通过绩效考核来落实。

一是成立考核组织机构,由考核领导组、考核工作组和专业考核小组三部分组成。考核领导组负责审定、批准绩效考核办法等相关制度文件。工作组负责编制、草拟考核办法等相

关制度文件;组织实施考核活动,汇总各专业小组意见,草拟考核通报。专业考核小组负责具体考核内容所涉及部门职责范围内的运营管理业务考核工作,共 10 个小组,每小组科室负责人带队,科室内审员参加考核。

二是制定下发综合绩效考核细则。在每季度第二个月中旬,管理处下发季度综合绩效考核细则,细则内容分重点部分和非重点部分,其重点部分包括结合管理处年度工作目标、各科室工作目标分解落实情况;体系文件中与本季度工作结合紧密的相关内容;各科室近期出台的各项规定等。非重点部分是“三标一体”体系文件中未列入上述重点部分的其他内容。根据当前工作重点适当调整分值和权重,考核细则每季度内容分为 10 大部分,274 小项,内容覆盖整个运营生产全过程。

三是被检单位开展自检工作。为完善单位自检自查,由被动考核变为主动管理,管理处下发《基层单位自检工作实施方案》,要求各单位严格落实站区周检和月检工作,并通过日常工作的巡检及各类日常巡查的落实,与月度考核自检工作做到有效结合,将自检工作覆盖全体职工的各个环节和工作行为,查找制度漏洞,完善工作措施,惩处违纪行为。

四是下发季度综合绩效考核安排通知。考核工作组将草拟的考核时间、行程等安排,报考核领导组批准后实施,一般考核时间定在每季度的末期。

五是制定考核纪律。按照考核领导组要求,全体考核人员身穿统一工装,班子成员无特殊情况全程参加考核,各专业考核小组组长无特殊情况不得缺席,集体乘车按照行程安排到达被考核单位。被考核单位不得为考核人员准备香烟和水果,考核组用餐全部按规定在被检单位食堂,每餐每人 20 元标准。

六是实施考核全过程。

首先,考核组听取被考核单位领导本季度自检自查情况和隐患整改情况,考核组根据汇报内容提出建议。

其次,各小组通过内业检查、外业检查、提问和调取录像等多种形式进行检查,发现问题当场打分,对存在问题当场提出意见,开具绩效考核情况通知/回馈单,并提出整改建议及时限。

最后,召开总结会。根据考核日程安排,检查最后一天召开末次会议,与基层单位交流意见,不断改进工作,各单位一把手参会,各小组组长根据检查情况进行汇报,将考核共性问题进行分析、研究,并探求解决办法。

七是考核成绩汇总。各专业考核小组 3 个工作日内将本季度绩效考核情况对处属各单位进行评分,组织考核的安全管理科根据考核情况进行数据分析,对收费站、监控调度中心、养护工区进行综合排名,发布考核成绩通报。

人劳科根据综合排名情况确定考核基准分值,处属各单位根据基准分值计算奖金分配情况,确保绩效与奖金挂钩。

八是加强绩效考核监督机制。为有效促进各单位之间的良性竞争,保证绩效考核的公平、公正、公开、透明,处属各单位、机关各科室,有权对绩效考核扣分统计情况进行监督检查,每季度绩效考核扣分统计情况随时供各单位查询。

九是整改验收。被考核单位对在考核中发现的问题进行整改后,按照整改时限,向开具问题回馈单的考核小组申请验收,专业考核小组收到申请后对存在问题整改情况进行复检,验收合格后在回馈单上签字验证并销号。

每年度开展四次综合绩效考核工作，以管理处季度考核为统领，形成了各单位每日巡查、每月自查、每季度绩效考核的三级检查制度。

3.强素质、育品行，为做好职工思想政治教育工作提供活动载体

有了家风的陶冶，有了规矩的约束，重要的还是不断提高全体职工的素质，增强执行力。为不断提高职工队伍素质，培育职工高尚道德品行，青银处采取五项措施：

一是提升思想道德素质。为树立正气，激发全处职工向上、向美、向善、向和的工作热情，青银处从2010年起，每两年开展一次"感动青银"十佳人物评选活动，目前已进行四届。按照政治品德优、职业道德高、社会公德强、家庭美德好、工作实绩佳的标准，全处职工投票选举产生。通过职工选、选职工，使这些同志成为职工身边实实在在的学习榜样，把"感动青银"十佳人物作为职工评先评优、职务晋升的依据，推动职工队伍工作作风的转变。

二是提升业务技术素质。为调动广大职工的工作积极性、主动性和创造性，激发全体职工的工作热情和争一流的使命感，青银处自2011年开始，已连续举办了三届岗位练兵技能比武活动，做到了全员参与、全岗位覆盖，岗位练兵技能比武活动已形成长效机制，每一届评出十二名状元、十四名标兵、六名能手。对在活动中产生的状元、标兵、能手在两年内每月给于500、300、200不等的奖金奖励。

通过两年一届常态化的"岗位练兵、技能比武"活动，激发广大职工岗位学习、岗位成才的热情，本着"干什么、学什么、练什么"和"学以致用、以用促学"的原则，积极营造在工作中学，在岗位上练的良好氛围，培育青银处的优秀人才，建设高素质的职工团队，打造出一批高级蓝领。通过"练"和"比"，真正使全体职工的业务技能得到提高，岗位知识得到积累，工作能力得到提升，服务意识得到增强，形成"比、学、赶、帮、超"的工作新局面。

三是提高自身综合素质。尽力为职工读书学习创造条件和氛围，实现"要我学"向"我要学"的转变。在全体职工中开展"好读书、读好书"活动，在处机关和基层单位开设图书阅览室，书目涉及业务、管理、励志、人物传记等各方面，根据职工读书需求定期补充图书，定期组织各单位进行图书交换，为职工专门印制读书笔记本，在青银网站开设"读好书、好读书"栏目，对在网站发表的文章给予稿费奖励，年终把优秀文章编辑成网站文集——《往事如歌》。将读书学习情况与评先评优、提拔任用、星级考核等工作挂钩，职工读书学习的热情高涨，自读书活动开展以来，全体职工共发表读书稿件4600多篇，增长了写作本领，提高了自身综合素质。

四是提高新入职人员素质。青银处为提高新入职职工培训效果，在处、站、班三级培训的基础上，探索出"师傅带徒弟"的新办法，出台《青银处师傅带徒弟管理办法》，严格师傅选拔标准，规定师傅教授的内容，明确师傅和徒弟的责任义务、双方考核标准。师徒一对一签订《师傅带徒弟协议书》，活动有记录、有考核。选拔出业务技能、职业道德、思想品德、工作作风等综合素质强的优秀收费员，比如岗位状元、标兵、能手、"无差错收费状元"、五星级收费员、收费班长或副班长当师傅，每个月给予师傅50元补贴。实现了老职工对新职工"一对一"的指导，为青银打造优秀的高级蓝领发挥传帮带作用。

五是提高诚实守信素质。为弘扬社会主义核心价值观和践行青银厚德文化，青银处启动了以职业诚信、品德诚信、家庭诚信为主干，兼顾其他诚信内容的诚信建设活动，活动宗旨

是为了建立起激励诚信、惩戒失信的长效机制。管理处出台《青银处职工个人诚信档案管理办法》，对涉及诚信的良好及不良行为作出规定，共涉及岗位诚信、个人品德诚信、家庭诚信三个方面的22项内容。职工个人诚信档案由所在基层单位设立和管理，包括个人基本信息，分正册和另册两方面记录，正册记录职工在诚信方面的良好表现及行为，另册记录职工在诚信方面的不良表现及行为。对列入正册的人员将在评先评优中优先考虑，对列入另册的人员，将在评先评优、提职重用中一票否决。

开展诚信建设活动以来，涌现出孙哲同志成功为上海患病少年捐献骨髓的事迹。在孙哲带动下，青银处110名同志自愿参加中华骨髓库的事迹，多名同志主动要求到离家较远的邢台段工作的事迹，以及时时涌现的急司乘人员所急、雪中送炭服务司乘人员的事迹，充分体现了青银人以诚待人、关爱他人、奉献社会的良好精神风貌。

4.动真情、聚人心，为做好职工思想政治教育工作提供人文关怀

青银处在注重“刚性”严格管理的同时，更注重“柔性”的人文关怀，事事处处善待职工，尊重职工，帮助职工解决工作、生活等方面的后顾之忧，用真情打动职工，使职工安心工作，快乐工作，提高执行力，达到严格管理与人文关怀的和谐统一。

①合理的分配制度，为一线职工添动力

为建立公平合理、公开透明、有效激励的内部分配机制，青银处实施绩效工资分配办法。将月度考核、季度考核、年终考核结果作为绩效工资分配的依据。为调动广大职工的工作积极性和创造性，让职工利益最大化，制定青银处奖励性绩效工资分配系数方案，方案原则向一线岗位倾斜，增加一线职工的收入。经过试运行，效果良好。

②坚持定期轮岗制度，给每个人提供公平的工作机会

青银处收费站和监控调度中心划分石家庄、邢台两个片区，由于人员构成地域间的不均衡，居住地为石家庄的职工较多，一部分石家庄属地的职工必须轮流到异地工作。为解决好这一问题，使轮岗工作真正做到公开、公正、公平、透明，青银处坚持以人为本，实行“三不”——夫妻双方有一方在外片区工作的、另一方不轮岗；有特殊困难的职工(严重疾病等)不轮岗；怀孕、休产假职工不轮岗。

轮岗分为摸底、定编定制、人岗匹配、现场抽签、集中办理调动手续五个阶段。管理处对收费站、监控中心的人员编制、休假情况、车流量和平均工作量进行摸底调查和调研，制作电脑程序软件随机抽取保证人人机会均等，每次轮岗的条件、过程和结果全部公开。

青银处轮岗办法实施以来，得到广大职工的认同和肯定，多次涌现出品德优秀、道德高尚的职工自愿放弃离家近的工作机会，主动把留岗机会让给有困难的同事，充分展现了职工们共同遵守管理制度的敬业精神和相互理解、互相支持的和谐理念。

③以红旗食堂为抓手，打造职工“如家食堂”

在全处15个食堂中开展红旗食堂评选工作，制定《青银处红旗食堂评选办法》，对食谱制定流程、采货验货流程、食物制作流程、收支管理流程等方面做出详细规定，从卫生管理、营养搭配、服务水平等方面每季度对红旗食堂进行评比，对取得前四名的食堂颁发流动红旗，对评选上红旗食堂的主厨、副厨分别给予200和100元的奖励，极大提高了食堂人员服务职工意识和工作积极性，全线食堂工作呈现出“比、学、赶、超”的浓厚氛围，打造职工“吃得放心、吃得舒心”的“如家食堂”。

④从职工的切身利益出发,解除职工后顾之忧

与全体职工签订《劳动合同》,"五险一金"按期足额缴纳,工资等福利待遇定时发放;每年夏天,及时为职工发放防暑用品;定期为职工配发床单、被罩等生活用品,组织全处职工每年进行健康体检;加强女职工特殊权益维护,连续七年为全处女职工购买"女职工团体重大疾病保险",女职工参保率达到100%。

⑤开展"送温暖、献爱心"慰问困难职工活动

职工办理婚、丧事或因病住院时,管理处和基层单位的领导都前去慰问。处工会积极做好帮扶工作,为职工排忧解难,建立困难职工档案。截至2016年,处工会累计发放困难救助金32000元,为全处困难职工申请上级工会困难救助金31000元,帮助困难职工渡过难关,让他们切实感受到青银大家庭的温暖和关爱。

⑥制定善待职工的各项制度

一是制定了女职工预产假、哺乳假延长制度。由于高速公路点多线长、工作远离居住地和倒班的工作性质,造成部分怀孕女职工产前不能正常工作,以及生育后无法给婴儿哺育的实际困难,青银处制定了女职工预产假、哺乳假延长制度。规定怀孕满七个月以上的女职工,经本人自愿申请被批准后,生育前可享受最多两个月的预产假;生育后,在国家规定的产假结束后,可以延长哺乳假至婴儿一周岁。休假期间"五险一金"正常缴纳,工资待遇按照一定的比例照常发放。此举彻底解除了女职工的后顾之忧。

二是建立职工生日祝福制度。为凝心聚力,让职工感受到集体暖、同事爱,青银处制订了职工生日祝福制度,积极开展"为职工集体过生日"活动,建立职工生日档案,每个月为当月生日的职工举行生日聚餐,营造和谐、融洽的工作环境,让职工感受"家"的温暖。

三是关心家有考生职工。自2010年开始,青银处连续六年在高考、中考期间专门下发通知,要求各单位、各科室关爱家有考生的职工,从细微之处入手,在考前和考试期间,合理安排和调整他们的工作,尽最大努力为家有考生的职工提供便利和必要保障,使家有考生的职工能够有更多时间陪孩子一起度过孩子人生中最重要的一段时光,共同迎接"高考、中考"。

5.搭舞台、助梦想,为做好职工思想政治教育工作提供智力支持

"问渠哪得清如许,为有源头活水来"。人才是一个单位可持续发展的不竭源泉。青银处为职工成长、成才搭建了梦想舞台,从三个渠道成就职工:一是行政晋升之路。坚持公开、公平、择优的原则,以德为先、德才兼备、群众公认、注重实绩为用人导向,通过本人申请、单位按照选拔条件审核、统一笔试、民主测评、参考平时工作表现等程序选拔,将民主测评、日常工作业绩(星级考核和绩效考核排名,收费班长在星级考核前2名不低于5次,办公室内主任绩效考核排名前三名不少于1次)、学习情况(青银网站发表文章数量)、综合成绩(获得"感动青银"十佳人物,或在青银处岗位练兵中排名前10名、局系统岗位练兵前10名或团体前七名)等项按照权重比例,计算分值,成绩优秀者胜出。真正将德才兼备、政绩突出、精通业务、群众拥护的人才选拔到领导岗位上。

二是技术晋升之路。因为行政职务数量是有限的,为了鼓励职工积极进取,不断学习进步,在养护、财务、机电等岗位开展了技术职称评选工作,在平时工作中,加强课题研究,积极为符合条件的职工创造有利的评选条件。每年职称评定前,都统一对职称评定人选进行统

计,统一上报职称评定资料,积极做好服务。将职工职称资格与待遇挂钩,不同职称享受不同的待遇,让没有领导职务的职工从待遇上得到满足,保护职工的进取意识。

三是高级蓝领之路。每月在收费岗位开展“微笑之星、无差错收费状元”评比活动,自下而上,层层选拔,客观公正,“无差错收费状元、微笑之星”评选活动是青银处深化创先争优活动,落实省交通运输厅《关于深入开展“向郭娜陆地航空班学习、全面提高行业服务保障水平”活动的决定》的重要举措,它和收费岗位星级考核管理是长期贯穿于收费管理的两项重要工作。

参选范围为青银管理处全体收费岗位人员;“无差错收费状元”“微笑之星”评选周期为一个月。考虑到全处的无差错收费状元是收费额累积出的,一般都由收费额较大的主线站产生,所以又建立了站级“无差错收费状元”评选。评选结果的产生使得青银一批服务标兵脱颖而出,“无差错收费状元”“微笑之星”挂牌上岗,亮牌服务,在青银路上成了一道亮丽的风景线,得到社会各界的广泛好评。

四、结语

厚德引领锻造队伍,刚柔相济凝聚人心。良好和谐、风清气正的环境,锻造了一支素质优秀的职工队伍,也赢得了上级和社会各界的好评。几年来,青银处先后荣获河北省先进单位、河北省“五一奖状”、河北省 AAA 级劳动关系和谐单位、河北省服务质量奖、河北省省直“文明单位”、河北省交通系统先进党委等荣誉称号;“厚德青银”服务品牌荣获河北省服务名牌。基层单位中,4 个获得省级青年文明号,5 个获得省直级青年文明号,1 个获得全国巾帼建功先进集体,2 个获得省级巾帼文明岗,7 个获得省直级巾帼文明岗,3 个获得省直工人先锋号,并涌现出全国交通运输行业精神文明建设先进工作者、中国最美路姐、河北省十大杰出青年、河北科技杰出青年等一大批先进模范人物。

一等奖

利用现代远程教育开展公路职工教育的实践与思考

程国美

(山西省公路局晋中分局)

摘　要　现代远程教育作为一种全新的适应“终身教育”需求的教育模式,最大限度满足社会各界求知的需求,同样对公路系统职工教育起到了积极的引领作用,并将体现出其巨大的发展潜力和发展前景。本文以山西公路电大利用现代远程教育手段开展公路职工教育实践为研究对象,在专业设置、资源建设、教学模式、支持服务等方面积累了一些经验。并就存在的一些问题、可持续发展的建议等进行了思考。

关键词　现代远程教育　公路职工教育　人才培养

一、引言

随着社会的发展,公路行业开始进入有史以来重大转型时期,面临着改革、竞争、生存、发展的新环境和巨大的压力。知识创造、知识更新速度的大大加快,路面等级的不断提高,现代科学化管理、养护技术含量的高要求,新材料、新技术的推广应用和科技化的作业等,对公路行业职工提出了更高的要求。公路行业内部和外部因素的双重压力要求我们必须构建适应新世纪发展需要的公路人才体系,不断创新人才培养模式,才能满足“十三五”公路大建设大发展的要求。

现代远程教育是以网络传递为优势,以开放性和多媒体化为教学特色,具有教学方式多样、教学手段先进、教学内容实用、教学成本低廉等特点,在对在职人员教育中优势显著。山西公路电大所开展的以现代远程教育为主的学历教育和职工培训,正是通过探索现代远程开放教育形式,将高等教育资源与公路职工教育相结合,为公路系统培养应用型人才的成功实践范例。

二、山西公路电大开展现代远程教育的基本情况

2001 年 6 月,为适应山西公路系统在职人员提高学历层次和提高整体素质的需求,经山西省公路局研究,并向山西省教委和山西省电大提出申请,被批准成立山西电大公路系统分校(以下简称山西公路电大)成为中央广播电视大学(现已更名为国家开放大学)的一所分校。利用现代远程教育技术手段,为山西公路系统培养“留得住、用得上、懂技术、会管理”的专门人才,使他们成为山西公路系统改革创新发展的中坚力量。2015 年,山西公路电大又与

国家奥鹏远程教育中心合作，设立奥鹏远程教育学习中心，与大连理工大学、东北财经大学、吉林大学、中国人民大学、西南大学等十多所高校合作办学，使山西公路系统广大职工有了更多选择优质教育资源的机会。截至 2016 年，已累计招生 2 万余人，毕业本、专科大学生1.6万余人，为山西公路事业的快速发展做出了突出的贡献。

1.专业设置

山西公路电大的办学坚持“立足系统，培养应用型人才”的办学宗旨，开设了符合公路系统需求的特色专业，如道路与桥梁、路政管理、会计学、法学、行政管理、现代企业管理、计算机等学科门类齐全的专业 40 多个。其中道路与桥梁、路政管理两个专业为山西公路电大为笔者所在系统专门开设的专业。教学计划设置合理，完成适合在职成人培养目标。课程内容突出实践性，注重学生实践能力培养。根据学生课程的完成情况，可取得相应的培训证书及高等教育学历毕业证书。

2.学习者主要特征

①学员年龄差距较大。25～45 岁的学习者比例较大，占到 80%以上，目前有年轻化趋势。

②第一学历层次差距较大。中专、技校、高中、大专到本科二学历甚至到全日制研究生，水平参差不齐，对教学管理增加了个性化的要求。

③一线职工比例占 70%以上，工学矛盾较为突出。

④上网学习条件具备，从计算机或手机终端学习都较方便。

三、山西公路电大开展远程教育实践的主要经验

1.教学的系统组织

中央电大（国家开放大学）、各合作高校对全国电大系统或奥鹏远程教育系统学习中心采用“五统一”的教学管理模式。即“统一教学计划和统一的教学大纲、使用统一的教材、统一组织命题和统一评分标准 ”所有专业的教学和教学管理进行统筹规划、指导、管理和服务，其主要职责包括专业开设、人才培养方案制定、资源建设和教学辅导；为全国各教学点提供教学服务，并对教学业务和教学管理工作进行指导、检查、监督与评估等。省级电大的主要职责是为所辖地区的电大分校、教学点提供教学服务，对教学工作进行指导、管理、检查、监督与评估。电大分校主要职责是按照中央和省级电大的教学计划和教学管理等规章制度组织实施教学和教学管理工作，聘请兼职辅导教师开展教学，并指导县级电大的教学和管理，按照中央、省级电大的教学计划直接面对学员开展教学及相应教务活动，包括招生、教学、教务、考试、毕业实践、论文指导等。

2.教学管理模式

山西公路电大根据公路系统学员“点多、线长、流动、分散”的工作特点和学习特点及远程教育规律，由按班级管理向学生个别化管理、从传统的约束型管理向支持服务型转变，逐步构建和形成了以“学生自主学习”为中心、教师“导学”和“助学”为基础，教学监督与评价相结合的教学管理模式，形成了山西公路电大特有的“13321”教学管理模式，即：一个中心（学员学习）、三种学的方式（集中学、自主学、协作学）、三种教的方式（导学、助学、促学）、二项考核（形成性考核、期末考核）、一项监督（平时学习过程监督）。体现了对学员学习的服

务、管理、监控和评价的全过程,体现了线上与线下相结合的远程教育特点,体现了理论与实践相结合的特点,坚持"培养留得住、用得上的管理型、实用型、技术型人才"这个基本点,所有教学及教学管理工作均围绕这个基本点和"学生及学生的自主学习"这个中心展开。

3.优质的教学资源

开展现代远程教育,不仅要有足够的远程教学设备,还要有优质的远程教学资源。

①网上资源。根据在职成人学习特点及远程教育特征,为了便于学生个别化自主学习,学员的课程资源主要以网上学习资源为主,利用计算机或手机 APP 就可以不受时空限制,只要有网络的地方就可以随时随地学习、看资源、做作业、与老师交流与沟通等,实现"知识像空气般无处不在,学习像呼吸般轻松自在"的网络学习。

②文字教材、音像教材(学习指导 DVD 光盘)、课程学习指南、形成性考核册、考核说明等。文字教材是适合成人自主学习的专用教材。

4.教学支持服务

①师资队伍建设

远程教育教师不仅是教学资源建设的主体,也是连接学生和教学资源的桥梁和纽带,同时也是远程教育教学的实践者。他们不仅要具有丰富的学科专业知识,也要具备一定的远程教育教学理论知识和实践经验。而对于现代远程高等教育,教师素质的高低不仅直接决定着教学资源质量的好坏,更影响着学生学习的积极性和主动性,是决定远程教育教学质量的核心要素之一。

全国电大系统和奥鹏远程教育系统在利用现代远程技术发展高等教育的实践中,不断强化师资队伍建设,逐步建立起专兼结合、相对稳定、水平较高、多级联动的教师队伍。中央电大和各高校的教师负责课程教学资源的建设;省级电大课程教师根据各自课程、学生特点进行课程教学设计,编制课程教学实施细则;分校级电大课程教师根据课程教学实施细则,编制课程教学执行方案,组织学生学习。在课程教学中,灵活采用学生自学、集中面授、网上答疑、小组协作学习、送教等多种方式教学,各级教师随时进行线上和线下辅导答疑,保证学生自主学习的顺利进行。

②学习支持服务

公路系统的学员多在生产一线,学习背景不同,基础不一,对计算机、网络等新兴媒体和技术的掌握程度和应用水平不一,对现代远程教育在心理、教学方式等方面都表现出不同程度的不适应。所以,学员的学习困难相对较大,这就需要为学员提供更为细致认真的、全方位的学习支持服务。

山西公路电大本着"以学生自主学习为中心""一切为了学生,为了学生一切"的思想,通过各种手段和方式构建从入学前的宣传咨询服务、学习过程中的学习支持服务到毕业后的持续追踪服务的全方位、全过程、多样化的支持服务体系。学生在学期间的学习支持服务是支持服务体系的关键,远程教育教师在其中起主导作用。教师不仅要充分利用远程教育网络平台、课程论坛、QQ、E-mail、电话、微信群等为学生提供及时多样的线上线下学习辅导、答疑,更要通过各种形式为学生提供人文关怀,帮助他们克服心理、学习形式等方面的不适应。充分发挥远程教师导学、助学、促学功能,协助学生制定和完善学习计划,改善学习方法,监督学习过程,实现从"教"到"导"、从"管理"到"服务"的转变。同时,学生毕业后,教师也要通过各种形式和方法维持和加深通过几年的学习建立起来的师生感情，为毕业生提供后续学习和工作上的帮助和服务。

③送教服务

公路系统行业特点是点多、线长、流动、分散、施工季节性强，学员分布在全省各地、县的公路分局、公路养护段、路桥公司、收费站等单位，有的学员的施工地点甚至在省外，而且施工工地也在不断地变动。这样的行业特点，使学员学习不易集中学习，有的地方甚至没有网络，学员适合以小组、以个别化、自主化的分散方式进行学习。为此，山西公路电大独创了以“送教”为特点的学习支持服务方式。

一是送设备。如在学员相对集中的地方为学员送电脑、DVD 机和电视机等。二是送资源。将文字材料、音像资料等送到党员手中。三是送技术。组织教师送教到一线、到工地，教会学员上网学习的技术。四是送导学。组织教师为学员送去导学服务，使学员免去来回往返学习的不易。

四、主要问题分析

1.学习的目的性分析

公路系统学员对学历的需求，大概有三，一是时代的发展对职工学历的提升有硬性要求；二是工作岗位需要职工提高能力和水平；三是个人生活品质的提升需要职工提升个人素质。学员学习的目的，简单地说就是“学知识、提素质、拿文凭”。但对于一些学习目的不纯、基础较差的学员来说，不能排除“混文凭”的现象，这就给教育教学带来了新的课题。

2.学员对远程教育的适应性分析

对于公路系统学员，一方面，长期接受传统面对面式的教学，学习以教师主导型为主，对教师的依赖性较大；另一方面，有的学生离开课堂的时间比较长，基础相对较差，而远程教育的优势和特点之一是师生分离、时空分离，以学生自主学习为主。要从传统的“要我学”变为“我要学”，学员难免会对通过远程教育接受高等教育这种学习方式和方法有一定的“畏难”情绪，学习观念上的转变确实是一个难题。要养成一个自主学习的良好习惯，需要在整个学习过程中导学教师的精心指导。

3.学员对学习资源的适应性分析

当今社会科技发展日新月异，人们的思维方式和观念也在不断变化，而随着高科技和现代化步伐的加快，学员的思维和诉求也越来越多样化。因此，学员面对网络资源、文字教材、音像教材、IP 课件等学习资源的选择、搭配和应用有一定的困惑。他们的思想一般都比较活跃，有一定的实践经验，渴望学习新知识和新技术，渴望自身能力和素养的提高。因此，如何有针对性地建设相应的学习资源，以适当方式推送给学生，满足不断变化的多样化需求，是面向公路系统职工进行现代远程教育者需要关注的重点之一。

五、公路系统现代远程教育可持续发展建议

1.加强资源建设，完善支持服务

开展现代远程教育的核心是教学资源建设。只有立足系统，以公路系统职工的实际需求为导向，不断建设和完善更为丰富、多样、实用、可选择、易利用的多种媒体教学资源，才能

真正实现学有所用。在信息技术和网络通信飞速发展的今天,通过建立多种媒体资源,适应职工学习环境和学习习惯的多样性和差异性,是提高学习效率的有效途径。

建立以"学生为中心"和"学生个别化自主学习为中心"的完善的教学支持服务体系,是远程教育教学质量的重要保证。针对公路系统学员学习特点,要做好支持服务,首先,要做好入学教育,把握新生的心理特征,细致耐心地帮助其调整心态,做好人文关怀,循序渐进,使其逐渐适应"大学生活",适应"远程教育"的学习环境及方式。其次,要遵循远程教育规律,研究学习者特点,提供丰富多样实用的学习资源,以多种方式开展形式多样的学习辅导,注重理论联系实际,以通俗易懂的语言和形式与学生交流,以增强课程的吸引力。最后,要以多种方式组织教学,线上与线下相结合,以学生开展小组互助学习、集中辅导答疑、送教等活动为依托,增加集体活动,增强其归宿感和认同感。

2.促进内涵发展,提升办学实力

目前,公路系统职工现代远程教育的可持续发展主要面临生源减少和政策持续两方面的压力和挑战。而要解决这两方面的问题,首要的是增强内涵发展力,以教学质量提升作为主导发展模式,正确处理好规模、质量、成本三者之间的关系。以职业教育为导向,从教学资源建设,即课程教学内容改革入手,以师资建设带动系统建设,创新教学模式,以教学质量和人才培养质量的提升带动办学实力的提升,提升现代远程教育系统服务公路系统的能力,打造公路系统远程教育品牌,服务好系统,从而争取更多的政策支持;同时根据市场及需求的变化适时调整专业和课程设置,加快课程体系和人才培养模式改革,提升吸引力。

3.发挥系统优势,推进办学发展

山西公路电大经过16年的发展,已初步建成了以开放大学为主体、以奥鹏远程教育为辅助的覆盖全省公路系统的远程开放教育办学系统。其办学优势首先是系统办学的整体优势,公路正是通过和利用这样的系统优势,重心下移,以普通高校覆盖不到的公路系统广大职工作为主战场开展面向职工的远程教育。现代远程教育在多年的办学实践中形成的统筹规划、分级办学、分级管理、分工合作的办学体制得到有效发挥,保证了教学的有效组织和实施。要充分发挥国家开放大学和国家奥鹏远程教育中心的系统优势,强调系统协调运作,调动各方积极性,继续发挥现代远程教育的优势,持续深入推进公路系统远程教育各项工作,保障公路系统远程教育的健康发展。

六、结语

现代远程教育作为一种"互联网+教育"的全新教育方式,正在改变着传统教育模式,使更多优质教育资源得到共享,使学习者学习过程变得更加灵活自如。正如一个远程教育机构所说,"让知识像空气般无处不在,让学习像呼吸般轻松自由"。现代远程教育正在以其强大的功能和先进的教育理念满足社会各界求学者的需求,也必将对公路系统职工教育产生深远的影响。

参 考 文 献

[1] 黄昀.现代远程教育对教育发展的启示[J].教育技术通讯,2013(6).

[2] 于长生,王瑞林.流动导学群是开放教育模式的新突破[J].山西广播电视大学学报,2009(6):7-8.

一等奖

公路系统构建“一家人”文化的实践和思索

——以苏州市公路管理处为例

李海峰

（江苏省苏州市公路管理处）

摘　要　在一个团队之内推行“一家人”文化，用共同的理想、价值观念和行为准则把员工紧紧捏合在一起，补位不缺位、补台不拆台，能够形成统一意志、统一行动，最终取得预期成果。本文以苏州市公路处为例，在分析“一家人”文化内涵的基础上，梳理了该处近年来实施“一家人”文化的举措和成果，剖析了不足之处，并提出了整改路径和努力方向。

关键词　公路系统　“一家人”文化　实践

一、引言

“十二五”以来，苏州市公路管理处（江苏省高速公路交通运输执法总队苏州支队、苏州市公路路政支队、苏州市高等级公路管理中心）“一套班子、四块牌子”的体制格局需要完善，各种改革的冲击需要应对，同时还要率先开展苏南公路管养现代化示范市建设、迎接“十二五”全国干线公路养护管理检查，任务艰巨、使命光荣。如何提振全系统精气神，破难而进，再创辉煌？苏州公路处党委立足于“快”，服从于“好”，着眼于“新”，致力于“本”，着力推进了“一家人”文化，取得了丰硕成果，全系统形成了上有号召力、下有战斗力、内有凝聚力、外有影响力的和谐局面。

二、“一家人”文化的提出

作为苏南公路管养现代化示范市，近年来，苏州公路系统在加速发展的同时，也面临着高速公路交通行政执法体制改革、预算法改革、绩效工资改革、事业单位分类改革等一系列改革，同时，也面临着福利发放规范、薪酬与物价上涨不呈比例、职工思想波动等新情况和新问题，这些新情况和新问题使得职工队伍的思想观念、价值取向、职业操守、利益诉求等方面呈现个性化、多样化、复杂化的趋势。在“待遇留人”存在瓶颈的情况下，只能思索“事业留人”“待遇留人”的路径，针对这种趋势，苏州公路处积极寻找破解问题的“金钥匙”，坚持因时制宜、因地制宜，推行“一家人”文化，统摄全员心神，激发干事激情，奋力开创公路事业发展新局面。

三、推行“一家人”文化的意义

1.历史意义

相较于西方文化而言,中国传统文化非常注重家庭,中国人浓厚的家庭观念来源于《易经》,因为《易经》本身就是一个大家庭。而且《易经》中还有一个卦,叫家人卦(离下巽上),就是专门讲应该如何治家。儒家文化特别强调修、齐、治、平,就是“修身、齐家、治国、平天下”。也就是说,只要把自身修炼好,就可以把家管理好,而把家管理好,就可以出来治国,乃至平天下。“家和万事兴”,中华民族自古以来就重视家庭、重视亲情。家和万事兴、天伦之乐、尊老爱幼、贤妻良母、相夫教子、勤俭持家等,都体现了中国人的这种观念。“慈母手中线,游子身上衣。临行密密缝,意恐迟迟归。谁言寸草心,报得三春晖。”唐代诗人孟郊的这首《游子吟》,生动表达了中国人深厚的家庭情结。

2.时代意义

长期以来,我国领导人高度重视“家文化”,在多种场合进行了精彩的阐述。譬如,在2015年春节团拜会上,习近平总书记指出,不论时代发生多大变化,不论生活格局发生多大变化,我们都要重视家庭建设,注重家庭、注重家教、注重家风,发扬光大中华民族传统家庭美德,促进家庭和睦,促进亲人相亲相爱,促进下一代健康成长,促进老年人老有所养,使千千万万个家庭成为国家发展、民族进步、社会和谐的重要基点。2016年1月21日,国家主席习近平在埃及开罗的阿拉伯国家联盟总部,发表了题为《共同开创中阿关系的美好未来》的重要演讲,演讲一开始,他就引用了我国古代先贤管子的名言:“未之见而亲焉,可以往矣;久而不忘焉,可以来矣。”强调中阿两个民族彼此真诚相待,就像密不可分的家人一样,让这份信任牢不可破。党的十八届五中全会提出了“创新、协调、绿色、开放、共享”五大发展理念,其中,共享发展的理念与“一家人”文化高度契合。

3.现实意义

内观公路行业,随着各项改革的推进和“八项规定”的实施,职工队伍的思想观念、价值取向、职业操守、利益诉求等方面都呈现个性化、多样化、复杂化的趋势,而与此同时,大家所承担的工作任务越来越重,事情杂、要求高、风险大、责任大,因此,亟待激发动力、整合内力、融合外力、形成合力,营造齐心协力干事创业的良好氛围。要形成此氛围,有必要推广“家文化”,以路为家、人在路上、路在心上、心在行上,凝神聚力,同创伟业。此外,推行“一家人”文化能够有效加强廉政工作,实现“小家”与“大家”互动,最终达到家庭助廉、个人促廉、单位倡廉、共同保廉的目标。

因此,从上述三个意义来说,在一个团队之内推行“一家人”文化正当其时,用共同的理想、价值观念和行为准则把员工紧紧捏合在一起,补位不缺位、补台不拆台,能够形成统一意志、统一行动,最终取得预期成果。

四、苏州公路“一家人”文化的内涵

在推广“一家人”文化的过程中,苏州公路处党委充分汲取省内外同行、系统外企事业单位的先进经验,经深入研究,确定了如下内涵:

1.基本释义

“一家人”:从本义看,它是和“外人”相对的概念,一家人就表示既有血缘关系,又有亲情关系。“外人”就是外姓他人。一家人就应该和睦团结,互相帮助,就应该比外人亲近,遇事就应该以家族利益为重。而“外人”遇事帮助是人情,不帮是本分,情有可原。

从单位层面看,它要求大家心往一处想、劲往一处使,时刻把团队利益、集体利益放在首位,发挥主人翁作用。

2.具体内涵

主要包括五个方面:①步调一致的共同愿景;②和合力行的团队精神;③竞相奉献的担当品质;④崇德向善的道德情操;⑤儒雅不凡的文化素养。

3.终极目标

争做一个有信念、有本领、有担当、有正气、有文化的现代公路人,幸福生活、快乐工作,实现个人梦、家庭梦、公路梦和中国梦的同频共振,建成具有强大战斗力、创新力、凝聚力的和谐魅力团队。

五、苏州公路推广“一家人”文化的举措和成果

1.坚持以“形成一家人”为出发点,提升全员大局意识和整体意识

“一荣俱荣,一损俱损”,苏州公路处党委充分利用各类会议、QQ 群、微博、微信等载体,强调每个员工都是大家庭中的重要一员。一方面,要求班子成员补台不拆台,主动从“大局”思考,从“大我”出发,通过各种方式加强班子成员间、各部门科室间的沟通协作力度,发挥好各自优势,实现资源有效整合,形成集聚效应。充分发挥好集体智慧,推行重大事项集体决策和公示制度,努力营造和谐共事、轻松活泼、百花齐放、百家争鸣、百川归海的干事创业氛围;另一方面,推广“木桶”理论,发挥“雁阵效应”,通过拓展、演讲、文体活动、技能竞赛等形式,引导职工以路为家、以路为荣,不做“短板”。目前,苏州公路处全员通过70 余万粉丝(截至 2017 年 6 月 30 日)的微博、近 2 万粉丝的微信、数百人加盟的微信群(群名为:“一家人”),大家畅所欲言、其乐融融,实现沟通零距离。此外,处领导班子深入开展“三带三访三问”“处领导公开接访月”等活动,“带政策访公众问建议、带感情访职工问困难、带虚心访基层问良策”,与高速公路路政员、收费员、养护工人等面对面谈心,及时释疑解惑,为相关改革的顺利推进夯实基础。

2.坚持以“上下一条心”为着力点,培养全员积极向上的价值理念

“一条心”,强调政令畅通、步调一致。为此,汲取“张家港精神”“昆山之路”“园区经验”和“苏州城市精神”为代表的宝贵精神财富,结合行业实际,初步形成苏州公路行业核心价值体系,行业核心价值观为“自强不息,业精于勤,同铸伟业,创新致远”;行业使命为“大道吴行,心路为民”;共同愿景为“建设一个创新、协调、绿色、开放、共享的现代公路行业,为经济社会率先发展、人民群众幸福出行提供坚强支撑”;公路精神为“勤于创业、勇于创新、善于创优、精于创造”;职业道德为“爱岗敬业、诚实守信、服务群众、奉献社会”。同时,两次修订《苏州公路员工文化手册》,制订、落实“十二五”公路文化规划;印发《苏州公路养护管理现代化“文化公路建设工程”实施方案》,为“十三五”文化公路指明方向。其中,“文化公路建设工程”主要包含 6 个主题年活动,其中,2015 年是“文化建设深化年”(与“文化建设年”活动相衔接),2016 年是“服务品牌打造年”,2017 年是“儒雅公路推介年”,2018 年是“制度文化提升年”,2019 年是“文化成果梳理年”,2020 年是“人文苏路展示年”。通过 6 年的持

续努力,最终将实现文化有特色、成果有影响、职工有信仰、整体有涵养、发展有力量的目标。苏州公路处还大力推进了“大道吴行”品牌集群的建设,确立“大道千里眼”“大道急先锋”“大道护航员”“大道创新者”等系列子品牌,通过各个领域的品牌建设来撬动活力。此外,定期开展“道德讲堂”等活动,全面提升广大干部职工的社会公德、职业道德、家庭美德和个人品德。

3.坚持以“凝成一股绳”为共振点,构建全员奋发有为的美好愿景

“一股绳”,就是要全员拧成一股绳,大家团结一致、万众一心、众志成城,为了共同的梦想而努力奋斗,“让人们看到美好、看到希望、看到梦想就在前方”。为此,一方面要求处领导班子勇于直面发展过程中遇到的难题,与其他班子成员一道不断研究新问题,找到新方法,落实新举措,以上率下,以改革创新的成果来引导全员建功立业。另一方面,通过各种竞赛活动、“创新年”“质量年”活动,每季度开展“大道创新者”论坛,并不断完善奖惩激励体系,激发大家创新创业的热情。同时,处工会开展“率先现代化,我该怎么办”等“金点子”征集等活动,健全职工的协商、参与机制,促动大家爱岗敬业、振兴行业的自觉性、主动性和创造性。坚持德才兼备、以德为先的用人标准和崇尚实干、注重实绩的用人导向,注重选拔任用经过关键岗位锻炼和一线实践考验的优秀干部,尤其注重对年轻干部基层工作经历和岗位的培养锻炼,让他们尽快成长起来,涌现出越来越多的“大道创新者”。

4.坚持以“劲往一处使”为落脚点,营造全员冲刺现代化目标的良好氛围

“一处使”,就是要全员勇于担当、善于担当、勤于作为。为此,苏州公路处始终把公路放到整个苏州交通、江苏公路行业内来看待,甚至放眼长三角、全国来寻找定位。以成为苏南养护管理现代化试点示范市为契机,牢固树立“率先中先行、跨越中引领”的发展定位,高质量、高规格地推进公路事业率先现代化,推进“六大工程”(路网快速通达工程、安全风险防控工程、绿色高效养护工程、智能管养服务工程、应急处置提升工程、公路文化建设工程),打造现代公路新样板,全力勾画“十三五”公路事业科学发展新蓝图。在“十二五”全国干线公路养护管理检查过程中,苏州公路的发展水准和发展成果得到了交通运输部检查组的一致好评。

六、苏州公路推广“一家人”文化的再思考

全面反思苏州公路处推广“一家人”文化的历程,我们也发现有些不足和瑕疵,有待今后进一步调整。

1.不足之处

①格调提升不够。一家人,不可能是一个人,也不是人云亦云、盲目附和,而是要建立“和而不同”的团队。在实际操作过程中,如何把握分寸,不落“一团和气”的窠臼,使得全员胸襟开阔、融洽友好且又不乏思维碰撞、头脑风暴、创新火花,需要进一步努力。譬如,少部分人在称呼“一把手”过程中,依然是“老大”“老板”。

②创新程度不够。推广“一家人”文化期间,具体操作者更多地关注实施过程、氛围,更多地思考“我们想怎么样”,没有考虑“他们要怎么样”,对职工的多样化需求缺少换位思考和全面真实把握。同时,缺少与时俱进的创新手段,对增进职工的“获得感”方面考虑欠缺。特别是决策层在“移情服务”方面做得还不够,如何把自己转换成职工的角色,用职工的情

绪、情感体验其需求，向其提供更贴心、暖心的关怀。

③推广深度不够。“一家人”文化的推广仅仅局限于苏州公路处（路政支队、苏州支队）层面，未能深入到县级公路部门，真正意义上形成集聚效应和整合优势，建成强大的战斗堡垒。

④推广广度不够。“一家人”文化的推广应该“跳出公路看公路”，与社会上的相关部门、社会公众多沟通、多交流，赢得他们的认可，通过提供更多的公路服务产品让他们满意、惊喜，甚至感动。

⑤总结借鉴不够。“一家人”文化推广以来，缺少对相关经验的总结、后评估，未能全过程跟踪，缺少对国内外先进企业文化的借鉴，从而对“一家人”文化路径的适时完善等方面还做得不够。

2.整改路径和奋斗方向

①进一步提高“一家人”文化建设工作的重视程度。始终将“一家人”文化建设作为“一把手”工程，在制订年度工作重点任务、分解计划过程中，把文化建设作为首要内容；在日常管理中，把“一家人”文化理念渗透其中；在对外服务中，不断地丰富、拓展文化内涵，提供更加优质的服务产品。

②进一步加大“一家人”文化推广力度。在打造“大道吴行”品牌集群的过程中，要同步打造“一家人”文化品牌，借助各种现代化载体，创新推广手段，扩大推广范围，增强推广效果。在推广期间，通过实实在在的举措，为职工提供帮困服务、普惠服务、精准服务，增强其“获得感”“幸福感”，真正使得“一家人”文化植于员工头脑之中，“内化于心，外化于行”，从而将其转化为切实的行动，为社会公众提供更加优质的服务。

③进一步加强信仰体系的传播。信仰问题是一个根本性问题。历史和现实表明，一个政党、一个民族，如果没有坚定的理想信念，就如同一盘散沙，没有凝聚力，就会失去奋斗目标和前进方向。同理，对于一个组织而言，最重要的就是要处理好信仰问题，传播良好的信仰体系。目前，信仰体系主要分为三个层次。第一层次：宏观层次，共同奋斗目标，社会主义、共产主义；第二层次：中观层次，中国梦建设，社会主义核心价值观；第三层次：微观层次，不同时期的路线、方针、政策，特别是重大民生问题。宏观是引领，如旗帜；中观是路径，如桥梁；微观是行动，如抓手。微观层次，就行业而言，就是行业核心价值观，大力弘扬“人便于行，货畅其流，服务群众，奉献社会”的交通行业核心价值观和“大道为公、心路为民”的江苏公路行业核心价值观。与此同时，要正确对待传统文化的馈赠，充分汲取其营养，积极发挥传统文化的能量，并主动吸纳西方文化和当下文化的先进因子。

④进一步加强“三个共同体”建设。“上下同欲者胜”，要进一步推进利益共同体、事业共同体、命运共同体等“三个共同体”建设，利益共同体是基础，事业共同体是深化，命运共同体是深化。如何从基础，到深化，再到升华，需要领导者做大量的工作，强化领导力和感召力，使得全员同心同德地去奉献，最终实现共同愿景。其中，命运共同体，与所谓的“灵性共同体”相类似，即以组织成员的灵性发展为根本目标，组织成员体验内心的平静，共享深度的反思，追逐共同的希望，感受彼此的关爱，凝聚成一个相互认同、信任和支持的有机体。这与习近平总书记提出的共享发展理念有一定的相通之处，“生活在我们伟大祖国和伟大时代的中国人民，共同享有人生出彩的机会，共同享有梦想成真的机会，共同享有同祖国和时代一

起成长与进步的机会。"通过"灵性共同体"建设,使得干部职工在内心平静中体验静谧,在深度反思中领悟真理,在共同愿景中看到希望,在彼此关爱中感受快乐,达到灵性提升、以德治路的共同目标。通过三个共同体建设,把干事创业的激情内化为"上下同欲者胜"的恒久动力,把追求卓越的精神变成一个个创新求变的具体举措。

⑤进一步加强人文机制建设。要在完善人才机制的基础上,切实加强内部、外部的沟通机制建设,加强横向沟通、纵向沟通的力度,畅通投诉、监督的渠道,消除单位内部的运转"肠梗阻"和"孤岛",形成"积极开展监督、主动接受监督"的良好氛围;切实加强定期评估机制建设,适时掌握文化建设乃至其他重点工作的节奏和落实程度,及时予以整改;切实加强激励创新机制建设,鼓励职工多出"金点子"、多提合理化建议,激发职工干事创业的激情,对突出的个人和部门进行大张旗鼓地表彰宣传,营造"人人都可成才、人人都是实干家"的良好氛围;切实加强团队机制建设,充分发挥工会、共青团等组织的作用,积极探索有利于把职工组织起来的形式、方法和途径,在扩大覆盖面上抓突破、在基层组织建设上抓规范、在激发基层活力上抓深入、在活动开展上抓深化、在打造"互联网+"工作新模式上抓创新,坚决克服机关化、行政化等脱离职工群众现象,最大限度地把广大职工凝聚到组织中来,引导他们不断增强政治意识、大局意识、核心意识、看齐意识,自觉投身公路现代化建设。同时,抓好党风廉政建设,为广大职工成长发展护航,确保他们想干事、能干事、干成事、不出事。

⑥进一步倡导"同志"称呼。近年来,党内称呼出现了4种不好的倾向,即党内称呼官职化、党内称呼市场化、党内称呼江湖化、党内称呼亲戚化,为此,党的十八届六中全会通过的《关于新形势下党内政治生活的若干准则》中再次明确指出:党内一律称同志。改称同志,是对党员干部正确思想观念和行为的进一步明确。"同德则同心,同心则同志。"在我国,"同志"一词自古就有志同道合的意思。早在1965年12月,中央就党内称呼问题发出通知,要求"今后对担任党内职务的所有人员,一律互称同志"。"称一声职务隔一层",清清爽爽的同志关系,规规矩矩的上下级关系,不仅有效避免党内同志间的庸俗之风,还可让党内关系更简单、更纯洁、更坚强。叫一声"同志",既是当前强力反腐、从严治党的体现,也是拉近领导干部与普通党员感情距离、密切联系群众的需要。为此,在行业内部要大力倡导"同志"称谓,让"同志"称呼成为自觉、成为现在时和将来时,让"老板""老大""某处长""某科长""某领导"等称呼成为过去时。

七、结语

文以载道,化以兴路。回眸"十二五",苏州公路处全力推广"一家人"文化,幸福生活、快乐工作,真切提高了干部职工队伍的素质和单位的核心竞争力、凝聚力和向心力,振奋着苏州公路人现代化的梦想车轮奋勇前行。瞻望未来,面对现代化征程中的挑战和良机,苏州公路处将秉承"勤于创业、勇于创新、善于创优、精于创造"的公路精神和"大道吴行 · 心路为民"的行业使命,坚持文化兴路,弘扬团队精神,进一步发掘"一家人"文化的溢出效应,为夺取公路事业"十三五"新辉煌鼓劲加油。

一等奖

试论中国古代廉政思想对当代公路廉政文化建设的借鉴作用

林　趣

（广东省公路管理局科技教育中心）

摘　要　廉政文化建设情况是衡量一个行业从基础上预防腐败程度的重要标志，一直以来都是党和国家强调的工作重点。党的十八大报告提出：反对腐败、建设廉洁政治，是党一贯坚持的鲜明政治立场，是人民关注的重大政治问题。本文通过深入分析公路行业廉政文化建设面临的困境，挖掘古代廉政丰富的主要内容，探索其对当前我省公路廉政文化建设的借鉴意义，从而进一步推动我省公路事业的科学和谐发展。

关键词　公路　古代廉政　廉政思想　廉政文化　借鉴意义

一、引言

公路廉政文化建设作为我国廉政文化的有机组成部分，是一种以价值观念、精神意识为核心内容的公路思想文化，其目的在于通过提升公路系统全体干部职工的政治素养及思想素质，形成以廉为荣、清正廉洁的良好风尚，为公路事业的又好又快发展提供坚强的政治保证。而中国传统廉政思想是中国古代的思想家、政治家和社会大众在长期历史发展过程中，逐步实践并创造出的关于廉政制度建设、廉政行为规范以及廉政传播方式等内容的总和。中国历代王朝为维护其统治，重视“以俭助廉”，提倡“增俸养廉”，主张“以重典治吏，以严法惩贪”等，这些思想对当前公路廉政文化建设及丰富具有重要的借鉴意义。

作为广东经济社会发展的“先行官”，改革开放 30 多年以来，广东公路人发扬“敢为人先，务实进取，开放兼容，敬业奉献”的精神，通过“贷款修路、收费还贷”开启了公路建设投融资体制改革的先河，至今，公路通车里程、高速公路、一级公路、水泥路面等指标均居全国前列。目前我省公路通车总里程达 20 万千米，公路网密度达 112.98 千米/百平方千米，已逐步从大规模建设转变为规范化运营管理期。要进一步扩大通车里程规模，全面提升我省公路服务质量，推进“四个交通”建设，加强公路廉政文化建设成为当前面临的一项重要任务。

二、公路行业廉政文化建设面临的困境

公路事业既是公路交通经济发展的基础性、先导性产业，也是联系各方、服务百姓的公益性、服务性行业。当前，我省公路廉政文化建设形式多样，内容丰富，取得了一定的成效，但公路行业工作分散、任务繁重、职工素质不均衡等特殊性、区域性特征，导致行业内腐败现

象易发多发,给公路廉政文化建设、发展及创新带来了不少困难。

1.公路廉政文化建设的动力匮乏

公路行业特别是部分基层单位,存在“重养轻教”的现象。首先,廉政文化建设主体缺失,存在“牵引力”不足现象。公路行业上级单位党委、纪检机关等制定的公路廉政文化建设计划年年重样,不求创新,自身动力不足,也难以充分调动各单位的积极性,逐渐由牵头角色转变为负责承担角色,使下属单位误以为廉政文化建设只是上级党委、纪检机关的职责,不求参与;其次,基层单位对公路文化特别是公路廉政文化的建设缺乏科学、系统的计划,仅单纯地按照上级部署做好“规定动作”,缺少或根本没有“自选动作”,以“上有政策,下有对策”的态度对廉政文化建设敷衍了事,未将廉政文化建设切实放在应有的地位和高度,对于廉政文化建设“是什么、抓什么、怎么抓”等存在盲目状态;再次,廉政文化建设特别强调作为主体的人的高度自觉参与。公路行业工作分散,任务繁重,职工素质参差不齐,职工干部特别是部分领导干部,既是廉政文化建设的主体,又是客体,既是参与者和改造者,又是改造对象,自愿加入到廉政文化建设中的内驱力不足,缺少热情及积极性。三方的动力匮乏及认识误区使得廉政文化建设无法与党风廉政建设、思想道德建设等有机结合起来形成统一格局,廉政文化建设难以取得实效。

2.公路廉政文化建设追求形式主义

公路行业是交叉千行、通联万家的服务性产业,在大规模建设到规范化管理的转型升级过程中,公路行业仍然是高危行业,豆腐渣工程、半拉子工程等腐败问题依然不断涌现,严重损害了人民群众的根本利益,为此公路廉政文化建设应更注重实效性。但当前部分单位对公路廉政文化建设界定简单,将廉政文化等同于社会文化、企业文化等普通文化建设,孤立于精神文明建设、党的建设,甚至直接等同于廉政文艺,注重艺术形式,歌曲、格言、对联、标语、书画展等创作显得乏力,脱离公路实际,内容反复没有说服力和感染力,忽视了廉政文化的精神实质和精髓,使得廉政文化建设的教育、宣传效果大打折扣,难以发挥其“促廉反贪”的实际作用。过分追求形式主义致使公路行业廉政文化建设难以形成特定的文化形态,教育的针对性和实效性不强。

3.公路廉政文化建设的体制疏漏

公路廉政文化渊源于中华民族先进的廉洁文化,不断推进公路建设、养护、路政及行业管理的廉政文化建设,需要法规制度的坚实保障。在实际工作中,廉政文化建设往往注重文化及活动层面,制度的发展和完善相对滞后,特别在激励、惩戒、长效机制等方面的理论研究不深入,存在明显的缺陷和制度漏洞,导致实践操作性不强。如纵观我国廉政人物及廉政文化史,包公、海瑞等名垂青史的清官皆两袖清风,生活清贫甚至难以维持生计,不完善的物质激励机制在追求利益的市场经济时代并不能更好地起到榜样带头作用,甚至让部分腐败分子甘愿冒身败名裂的风险追求利益。因此,消除腐败应更好的完善各项制度,确保廉政文化建设有规可依。

三、古代廉政思想对当代公路廉政文化建设的借鉴作用

1.中国古代廉政的主要内容

“廉”作为中国封建社会传统道德的重要组成部分及治国为政思想,在历朝历代的发展

中逐渐成熟，并产生了大量丰富而深刻的廉理、廉说、廉论、廉洁格言、警句等，至今仍富有强大生命力。

①以俭助廉

古人习惯于“廉俭”并称。孔子强调：“奢则不孙，俭则固。与其不孙也，宁固。”古代生产力低下，物质贫乏，倡行节俭则成为统治者治理国家的客观要求。作为统治者，若能约束自我，提倡勤俭节约，不仅能消除自身贪欲，杜绝贪腐行为发生，还可以“以廉养身”，为清廉创造精神条件，稳固国家的长治久安。从历朝历代的得失利弊中，不难得出“勤由节俭败由奢”的结论，统治者若以身作则，提倡勤俭节约，则国家强盛，否则，过度的奢侈腐败则国必将灭亡。孔子的节俭思想，对统治者自身以廉治国思想的树立具有重要启示，这也是我国古代廉政文化建设的重要内容之一。

②勤政为民

勤政为民的思想是中国古代政治思想的重要组成部分，爱民、富民、利民、教民中所体现出来的“民为邦本”意识，是古代以民为本思想的集中体现，亦是廉政思想的基本规范之一。我国古代民本思想内容丰富，孟子云：“民为贵，社稷次之，君为轻”，其认为“得民心者得天下”，治理国家首先要重民、惜民。清代王夫之有曰：“夫为政者，廉以洁己，慈以爱民，尽其在己者而已。”此论述表明勤政爱民与廉政是为政者必须遵守的原则。勤政为民的思想，丰富了后朝代统治者的治国策略，为社会的和谐稳定发展提供了重要的思想保障。

③为政以德

要做到勤政为民，则必须为政以德，相同的，只有官吏的官德修养和从政能力不断提高，才能更好地服务于民，以民为本。“廉”作为中国传统道德的核心，对执政者治国提出了更高的要求。正如晏子所说：“廉者，政之本也。”廉洁是官吏行使权力的基础和根本，只有统治者在执政过程中切实以人民利益为重，不以职务便利谋己私利，才能正确认知自身执政角色，才能把勤政为民作为工作职责，才能从根本上杜绝贪污腐败。廉洁奉公、勤勉为政，是一个国家政治清明、稳固发展的必要保障。

④见利思义

我国古代见利思义的利义观是古代廉政思想在现实中予以贯彻和施行的实践准则，廉政思想和廉政建设正是利义观念在政治领域的集中体现，可以说，利义之辩为我国古代廉政思想奠定了基础。孔子曰：“君子喻于义，小人喻于利”，“富与贵，人之所欲也；不以其道得之，不处也。”孔子并不反对个人通过正当途径取得利益，但反对个人见利忘义，作为从政者应拒收不义之财，廉洁自好，但当利义发生冲突时，应见利思义、舍利取义，要有“富贵不能淫，贫贱不能移，威武不能屈”的节气，这样才能杜绝贪污腐败，保证清正廉明。

⑤任人唯贤

任人唯贤是执政者治国安邦的重要途径及方略，治民先治吏，选用贤能人才辅佐君主、维护王权形成了我国以重才、选才、用才为主要内容的特色人才观念。周公认为，选拔人才是直接关系到政权安危、国家命运的大事，其推行任人唯贤思想，并对人才的鉴别、考察做了系统的分析总结，对后世产生深远的影响。孔子是第一个提出“举贤才”观念的人，其曰：“为政在人”“其人存则政举，其人亡则政息。”其主张选择德才兼备之人，并做到才尽其用。古人重德，尤其崇廉，廉洁是一个人官德的本质体现，选贤任能这一做法对促进官员的廉政建设一起到很大的促进作用。

⑥奖廉惩贪

在中国古代廉政思想中,奖廉惩贪也是其中一大内容。在道德规范中,“增俸养廉”有助于提升官员的精神境界,有效预防腐败;而在面对腐败行为发生时,严明的律法则为养廉提供了制度保障。先秦时期,法家代表管仲提出“国多财则远者来,地辟举则民留处,仓廪实而知礼节,衣食足而知荣辱”,普通百姓要在“仓廪实”“衣食足”后方可“知礼节”“知荣辱”,官吏也不例外。宋太祖认为“俸禄薄而责人以廉,甚无谓也;与其冗员而重费,不若省官以益俸”,曾多次颁发“增俸诏”,这一举措在预防腐败问题发生上产生了重要作用,然而,贪腐问题却不因此遏制。“贪者,民之贼也。”倡廉必须反贪,而反贪需有制度保障。隋文帝认为,为政者赏罚分明,方可稳固朝政;宋太祖则把严惩贪官污吏作为治吏的主要措施。从奖惩两方面着手,对官员加强约束,极大鼓励了官员为政清廉的积极性。

2.古代廉政思想对当代公路廉政文化建设的借鉴作用

公路廉政文化以廉政为思想内涵,而中国文化中蕴藏着丰富的廉政文化遗产:廉说、廉论、廉诗、廉戏、廉洁格言、廉洁故事等等,创造出了如包拯、海瑞、于成龙等名垂千古的清官廉吏代表,形成了牢固的民族文化心理和精神纽带。因此,要构建优良的公路廉政文化体系需对传统廉政文化的精髓加以传承,以古代廉政思想丰富公路廉政文化理论,创建出具有公路行业特色的公路廉政文化体系,不断推动公路事业的科学发展。

①倡行节俭,形成良好的社会氛围

勤俭节约是中华民族的优良传统。“俭,德之共也;奢,恶之大也”,节俭对于修身养的来说是不无裨益的。历史表明:历代王朝凡是穷奢极欲必将导致政权的灭亡。公路建设是人力、财力、物力高度聚集,内部运行机制复杂的行业,奢侈浪费、贪污受贿案件时有发生。在公路行业内倡行节俭,是预防腐败的必要措施之一,不仅有利于领导干部打消贪腐的念头和动机,有效制止贪腐行为的发生,同时也能让全体职工自觉接受节俭廉政思想的熏陶,养成节俭的习惯,进而影响广大职工干部的世界观、人生观和价值观,以勤俭节约的美德创造清廉的公路建设、发展氛围。

②注重官德,引导领导干部树立廉政意识

古人云:“为政以德则治,不以德则乱。”当今官德的核心正是我们党的宗旨——全心全意为人民服务。“得道多助,失道寡助。”要建设“阳光公路、和谐公路、清廉公路”,加强领导干部的官德教育,引导广大领导干部树立廉政意识,解决公路廉政文化建设过程中动力匮乏问题,可以从以下几个方面入手:一是“学”。中国古代的“官德”内容丰富,公路行业的领导干部首先要从自身工作实际出发,学习先贤树立“德政、廉政”正确的世界观、人生观、价值观,不断提升自身的道德修养,廉洁自好,自觉远离贪污腐败,廉政为民,自觉增强自身的公仆意识,这样才能将精力更好地放在如何建设好公路、发展好公路事业上;其二是“思”。道德是一种软约束力,要充分发挥道德的约束作用,加强自我反省,认真查找自己与服务人民相悖的观点、思想、做法,加以修正,培养“慎独”品质;其三为“行”。在实际行动中,要以“学”和“思”作为指导和动力,养成奉公尽职,杜绝贪腐的良好行为习惯,切实做到执政为公。

③培养正确“义利观”,增强公路职工廉政作风的氛围

在市场经济利益本位的思想下,公路建、养工程资金投入大,在管理、执法过程中潜伏着

巨大腐败的可能性,不少领导职工干部在义利衡量中失去了清醒意识,走向违法犯罪的道路。因此,培养广大干部职工形成正确的利义观,正确处理义与利之间的关系成为重要任务。为此,可吸收借鉴儒家的“以义制利”廉政思想,一方面,要求广大职工干部要“清心寡欲”,减少对物质的贪恋及过度追求,自觉抵制拜金主义、享乐主义,防止卷入贪腐的漩涡;另一方面,要深刻认识到儒家思想中“鱼与熊掌不可兼得,舍身而取义也”这种“舍利取义”的廉政文化精髓,在物欲横流中要保持清醒的头脑,不滥用职权,不收受贿赂,正确认识个人利益与国家利益之间的关系,严于律己,奉公尽职,进而不断增强公路职工廉政作风的氛围。

④选贤用能,从用人方面预防贪腐行为的发生

腐败现象的出现,腐败者本身素质问题是根源。因此,选拔任用廉洁奉公的好干部,才能从根本上保证公路行业的廉洁。古代以德治国尤其提倡贤人政治,周公旦“一沐三捉发,一饭三吐哺”、孔子“举贤才”这些尊贤惜才的思想值得借鉴。在广东省公路人才选任中,通常采用的是公务员录用考试制度,通过公平、公开、公正的考试、考核引进高素质符合行业需求的人才,为壮大我省公路行业队伍提供了制度保障。但我们也应该看到,走上腐败犯罪道路的,往往不是因为工作能力不行,而是政治觉悟、廉洁意识观念差,为此,我们应该在增强选人用人的透明度、把好选任关的基础上,对人才进行全面深入的考察,把干部职工的政治素质和廉洁自律情况放在首位,对于那些党性强、作风正派、敢于坚持原则的人要敢于使用,大胆提拔,确实做到知人善任。

⑤加强监督,从客观上遏制贪腐行为

在中国历史上,出现了狄仁杰、包拯、海瑞等清正廉明、克己奉公的官员,然而,历史发展到今天,能否保持廉政已关系到公路事业能否顺利发展的大问题。公路行业中贪污受贿,私吞公路工程建设资金,滥用职权等贪腐行为时有发生,我们得出一个共识:不受监督的权利必然导致腐败。因此,加强对公权力的监督,完善监督制约机制,最大限度地遏制腐败行为,可以采取措施如下:一是完善廉政考核制度。《周礼》中以“六廉”作为古代考察群吏政绩的手段,我们亦可合理采用,对职工干部的思想观念、行为作风等加以监督约束;二是完善政务公开制度。凡是公路建、养工程等涉及人民群众利益的重大事项,都应严格实行事务公开制度,充分发挥人民群众及媒体监督的力量,提升职工干部的廉政意识;三是完善民主生活会制度。通过党内监督、内部监督深入了解领导班子的思想、作风建设,通过及时查摆问题改正不足,达到自我认识、自我完善的目的。对犯错的职工干部要及时进行诫勉谈话,避免其走向贪腐之路。通过建立健全廉政监督制度,从客观上遏制贪腐行为的发生。

⑥健全法制机制,从制度上保障公路反腐倡廉建设

其一,反腐。我国古代政治思想在德与法的关系处理上,主张“德法并治”,儒家提出的“德主刑辅”思想延续千年,对后世产生了深远影响。乱世用重典、重典惩贪治吏的法治思想对遏制腐败发挥了重要效力。在今天,加强公路反腐,也必须从制度上提供坚强保障。第一,必须树立法律的权威。这就要求公路行业的执法人员要切实做到“有法可依,有法必依,执法必严,违法必究”,形成完备的法律实施监督机制,建立违法责任追究制度,不断提升执法人员的素质,切实做到严格执法。第二,要建立科学的符合公路行业的惩治和预防腐败体系,并根据公路行业发展实际适时进行立、改、废,提高反腐力度及质量。加强重要单位、部门的政务信息公开,对信息公开不作为的单位、部门及职工,需加大惩处力度;严格实行财产

申报制度,对领导干部合法取得的财产如实登记,并向全社会公开,自觉接受监督,减少腐败行为的发生。

其二,倡廉,即通过完善职工干部激励保护制度,不断提高广大公路职工干部的生活保障,激发和调动起廉政积极性和主动性,降低腐败发生概率。一般来说,较高的工资收入和生活保障能让职工干部更加珍惜自己的名誉、前途,保持清正廉洁,因此,要重点做好以下几个方面的工作:一是完善实绩考核制度。在职工干部的实绩考核中,以德廉考核为重点,分清优劣,激励先进,鞭策后进;二是完善升降奖惩制度。根据职工干部的实绩考核结果,实行优胜劣汰、奖勤罚懒,大胆提拔有能力者,严厉惩罚庸劣者,建立起领导干部能上能下的良好机制;三是完善权益保障制度。要全面考核领导干部的实绩,将责、权、绩、利有机结合起来,完善权益分配制度,"增俸养廉",提高领导干部的工作效率,保证其恪尽职守,防止贪污腐败的发生。以此,通过完善职工干部激励保护制度促进公路廉洁。

四、结语

反腐倡廉事关人民幸福,公路健康发展,国家稳定安康。中国古代的廉政思想内容丰富,对今天公路廉政文化建设仍然具有重要的借鉴意义。当下,反腐倡廉的号角吹响,我们要在吸收借鉴古代优秀廉政思想的同时,结合公路发展实际,从思想上、体制机制上推动我省公路廉政文化建设的有序进行,消除腐败滋生的土壤和条件,为实现我省公路事业的发展提供有力保障。

参 考 文 献

[1] 田志闯.当代中国廉政文化建设研究[D].大连:大连理工大学,2012.

[2] 陈平.中国古代廉政思想研究[D].北京:清华大学,2004.

[3] 赵秀月.推进中国廉政文化建设研究[D].长春:东北师范大学,2010.

[4] 童康胜.中国古代廉政思想与当代反腐倡廉建设[D].西宁:青海师范大学,2011.

一等奖

浅议在事业单位改革背景下推进公路部门体制机制改革对公路职工的思想情绪影响及其对策

姚　俊

（安徽省芜湖市公路管理局）

摘　要　在全面深化事业单位改革新形势下，为适应公路部门体制机制改革，确保公路事业持续、快速、健康发展，更好地服务于经济建设和满足人们出行需要，必须加强新形势下公路职工思想情绪研究，并寻找其对策，以确保公路部门体制机制改革得以稳妥推进和如期完成。

关键词　公路改革　职工　情绪影响及对策

一、引言

《中共中央国务院关于分类推进事业单位改革的指导意见》（中发〔2011〕5 号）的出台，为全国事业单位改革拟定了总体目标和阶段性任务。近年来，芜湖市公路部门体制机制改革时有提及，现虽未正式启动，但在公路系统可谓人人皆知，由于长期以来职工在只听脱靴不见落地之中度过，职工内心可谓五味杂陈，各种情绪交织，目前已影响到单位的稳定和工作的正常开展。因此，在事业单位改革背景下推进公路部门体制机制改革进程之时，认真研究公路职工的思想动态及其对工作的影响，并寻找出正确的应对之策，对于推动“两学一做”学习教育常态化制度化，夯实基层党组织建设，增强党组织凝聚力，促进和谐社会建设，保持社会稳定，推进公路事业的全面发展，无疑具有十分重要的意义。笔者就此谈一点浅见。

二、芜湖市公路系统人员组成及机构设置现状

芜湖市公路系统正式职工有 541 人，其中 50 岁以上干部职工占 36.4%，50 岁以下干部职工占 63.6%。除市局机关外，芜湖市公路管理局尚有 11 个下属单位，其中从事养护工作的公路分局 5 个；承担治超任务的超限超载检测站 4 个；因商合杭高铁建设而停航的汽车轮渡所 1 个；经营性事业单位公路工程处 1 个，另 5 个公路分局各下辖 5 个具有部分经营性质的养护公司，并保留为数不多的道班。

三、公路部门体制机制改革可能的趋势

从全国来看，事业单位改革因涉及面广，近年来推进步伐相对较慢，但交通运输系统大

规模的建设与发展已将公路部门体制机制改革推向前沿,所以说,推进公路部门体制机制改革,是适应新形势、落实科学发展观的重要体现,是改进现行公路行业工作的需要,是不以人意志为转移的客观趋势,为此,要敢于直面改革,而积极预测改革模式,有助于了解公路职工的思想动态并寻找对策。笔者认为,公路部门体制机制改革不外乎有以下几项内容。

①交通运输综合执法体制改革。按照行政许可职责与监督处罚职责相对分开和“权责一致、分级管理”的原则,整合公路路政、道路运政、港航海事等方面的行政监督处罚职责,并交由新组建的同级综合行政执法机构负责。

②公路养护体制改革。按照“政事分开、事企分开、管养分离”的要求,道路养护职能从芜湖市公路局和公路分局的管理职能中剥离,组建国有公路养护独资企业,管理职能由公路分局承担,养护作业任务由政府继续委托新组建的国有公路养护企业承担,政府采取市场化模式购买服务。

③公路分级管理改革。按照“简政放权和责权统一”的原则,地处县域的公路分局和超限超载检测站整体下划至所在县,理顺市、县公路管理关系,扩大县级政府公路管理权限。

四、当前公路职工的几种忧虑

为了解在全面深化公路部门体制机制改革新形势下的公路职工思想情绪,我们结合“两学一做”学习教育,深入全市公路系统不同工作性质的基层一线开展调查研究,摸清职工思想情绪。从调查情况看,当前,公路职工中普遍存在着以下几种忧虑,应引起决策者们的高度重视。

①担心交通运输综合执法体制改革给自身带来不利影响。从事路政执法的公路分局和从事治超工作的超限超载检测站职工,除地处市区单位的人员外,其他地处县域的单位职工普遍担心下划到所在县,从而影响到自身的市属编制身份以及工资福利待遇。

②担心公路养护体制改革给自身带来不利影响。公路养护体制改革将是公路系统一次颠覆性改革,影响极为深远,其目的是将道路养护作业从公路管理部门剥离,养护作业由政府采取市场化模式购买服务。目前,公路分局是一个较为独立的核算单位,而因工作需要,分局内部却存在有相对明晰的分工,一方面是具有“建、养、管”等管理性质的分局机关;另一方面是从事道路养护作业的养护公司和养护道班,届时,养护公司和养护道班将自公路管理部门剥离,组建国有公路养护独资企业,这部分职工担心身份的转换和工资福利待遇的降低,内心存在有对改革的担忧和恐惧。

③担心公路分级管理改革给自身带来不利影响。分级管理是公路系统一次完全彻底的重组,地处县域的公路分局及超限超载检测站将有可能成建制下划到所在县,一方面由于担心下划后与所在地方政府及其管理部门对接交流有一个磨合过程,影响工作开展,部分单位可能会过早将工作重心向地方倾斜;另一方面依据“编随事走、人随编走”的原则,人员编制将由市级下划至县级,由于改革尚未实施,职工无法预测编制下划会带来何种影响,因此,普遍存在莫名的担心,同时,还担忧下划后执行县级工资标准会使待遇大幅下滑。

④担心生产经营性事业单位改制给自身带来不利影响。与全额拨款事业单位相比,从事生产经营非财政拨款的公路工程处自始至终都处于事业单位边缘,在多年事业单位改革的舆论氛围中,内心积压了太多的担忧,害怕一旦改革,单位自事业单位剥离,个人身份买断,转为企业职工,一是担心工资福利待遇降低,老来经济无保障;二是恐惧转为企业后被

“优化”掉工作岗位,甚至被迫下岗。

⑤担心因汽渡停航人员去向未明给自身带来不利影响。2014 年 3 月,因商合杭高铁建设需要,芜湖市公路管理局汽车轮渡所全面停航,自此,原整天忙忙碌碌的公路船员瞬间失去了工作岗位,只能轮流安排值班护所,由于复航无望和新建渡所渺茫,再加上无所事事,一方面内心充满了失落感;另一方面在职工中弥漫着担心长此以往将失去工作岗位的悲观情绪。

⑥担心年龄、能力和技能无优势给自身带来不利影响。部分年龄偏大、能力缺乏或从事服务性部门的非专业技术人员,由于无竞争优势,有的担心在改革时竞争不上岗位而期盼有好的政策办理提前退休,但又担心待遇下降,内心充满矛盾,有的担心因竞争落岗而分流到企业,失去事业单位稳定的工作和收入,内心充满担忧。

⑦担心亲和力无优势给自身带来不利影响。改革势必要重新定编定岗、裁人减员,而裁人减员又必须竞争上岗,而竞争上岗又必须要有强有力的选票支撑,届时,有可能出现具有相近年龄、工作能力和技能的人员,因亲和力差异而落聘,或在年龄、能力和技能方面具有优势的人员落聘,这也是职工所担忧的。

五、当前公路职工几种忧虑给工作所带来的负面影响

受公路部门体制机制改革的影响,公路职工思想中逐步出现的诸多担心必然要在工作中体现出来,并进而有可能给工作带来负面影响,这值得认真分析和研究。笔者认为,对工作的负面影响主要表现在以下几个方面。

①分灶吃饭,人心浮躁。即将实施的综合执法体制改革,为既年轻、又有执法证,同时又有一定工作经验和能力的干部职工提供了可供选择的平台,由于部分职工对综合执法部门工作性质等不胜了解,期望值过高,他们往往翘首以盼,想尽快划转到综合执法部门工作,其表现有二:一是人在曹营心在汉,对工作三心二意;二是对组织安排的工作岗位因担心影响划转而拒不接受,妨碍工作的正常开展。

②惧怕改制,抵触改革。由于惧怕改制,生产经营性事业单位职工对改革从内心有着强烈的抵触情绪,这体现在部分职工要么停薪留职,另谋发展,造成部分有一定工作能力和技能的人才流失;要么觉得前景堪忧,发展无望,因此不思进取,消极怠工。这会严重削弱单位的竞争力,阻碍企业的发展,同时,也给公路部门推进体制机制改革产生一定的消极影响。

③工作敷衍,忧失待遇。无论是综合执法体制改革还是养护体制改革,都涉及单位整体下划,于是乎部分单位负责人在工作中有意或无意地向地方政府倾斜,出现本末倒置,其表现为对芜湖市局的工作指令不予上心,敷衍了事,执行力弱化,妨碍市局政令畅通,影响工作的推进和落实;同时,面临编制的转换和待遇的下滑,涉改职工要么不想改革,尽量维持现状,混一天是一天,要么等待优惠政策办理提前退休,这种心理很容易挫伤职工的工作积极性,影响日常工作进程。

④留守分流,患得患失。汽车轮渡所职工对自身今后的去留充满矛盾,三十多人留在渡所值班,长此以往似乎并不可能,同时,整天无所事事也不是长久之计,而分流安置到各治超站,又担心下划到县域工作,其表现为患得患失,焦虑悲观,职工中弥漫着的迷茫情绪,严重影响社会的稳定。

⑤优势无存,得过且过。因年龄、能力和技能无优势,这部分职工要么不愿学习、停止追求、不求有功、但求无过;要么对工作缺乏应有的热情和积极进取精神,不主动或不愿做事,遇事能放则放,能等则等,能推则推,影响工作推进,造成工作积压,成为一些不求上进或意志薄弱者的标杆。

⑥丧失原则,怕得罪人。因担心竞聘时无选票支撑,在工作中不能坚持原则,主持正义,遇矛盾绕着弯子走,遇事做好人,把处理好人际关系作为第一要务,将做好工作放在次要位置,其在工作上表现为软弱涣散,缺乏正能量。

六、当前克服职工思想障碍的对策

事业单位改革对公路行业的影响是深远的,亦是势在必行的,因此,我们要以党的十八大及其系列全会精神为指导,及时把握职工思想情绪,多方谋划、寻找对策、化解担心,从而减少负面影响,以便于各项工作积极向前推进。

①制定方案,按步实施,避免消极思想滋生漫延。公路部门体制机制改革在公路系统可以说是一次重大变革,因涉及和影响到每个职工的方方面面,其影响之深远是历次改革所无法企及的,其错综复杂程度和难度也是不可同日而语的,笔者认为这是公路部门体制机制改革久拖不决的根源,更是造成公路职工负面消极思想不断滋生和漫延的直接原因,因此,公路部门体制机制改革如何改,怎么改,哪些改,哪些保留,均应早拿方案,早做决断,不能久拖不决。

②加强学习,摆正姿态,提高适应改革的综合素质。公路部门体制机制改革涉及整个公路行业,对每个公路人或多或少都可能产生一定的消极心理,因此,提高自身适应改革的综合素质,抵御负面影响很有必要。一是要加强政治理论和相关政策的学习,以顾全大局、服务大局的姿态,积极迎接、支持和参与公路部门体制机制改革;二是要反省自身不足,不断加强业务知识学习,逐步提高业务能力,努力成为一名复合型人才,以适应改革的新要求;三是要加强良好心理素质的培养,坦然面对改革,避免消极情绪给工作带来消极影响。

③加强领导,杜绝敷衍,确保“建、养、管”等各项工作稳步推进。强化对所属基层单位的领导,预防芜湖市局领导力的削弱。制定和完善各项考核、监督和督查管理机制,用制度约束人、用规范管理人,使所属各单位在制度和规范内开展工作,从而使公路事业的发展仍在健康的快车道上奔驰。

④合理安排,慎重分流,完善渡所停航善后工作。充分利用公路部门体制机制改革和汽车轮渡所政策性停航等有利条件,争取相关优惠政策,合理拟定人员安置方案,一是对符合提前退休条件的人员,经个人申请,组织同意,办理提前退休;二是加强渡所领导班子建设,择优选择部分符合相关条件的人员留守,维护办公区域及码头秩序,确保国家财产安全,防止国有资产流失;三是对富余人员实施分流,笔者认为,各治超站是较为理想的分流去向。

⑤宣传解释,争取政策,维护职工合法权益。对于职工所担心的问题,在制定改革方案时就应加以慎重考虑,争取更多相关优惠政策,维护职工利益,化矛盾于无形,从而使改革顺利推进。一是要认真组织学习和讲透综合执法体制改革相关政策,避免过高期望值,使职工保持一个平和的心态,安心做好本职工作;二是为改制单位争取改革过渡期间的相关保护政策,以增强职工对企业发展的信心,努力营造一个只要勤勉工作就能确保人人有岗位、人人

能发挥专长的良好氛围,从而调动职工的工作积极性,以确保新组建的国有公路养护企业健康发展;三是要做好宣传解释工作,说明市、县编制并无太大差异,化解心中疑惑,避免因编制划转给职工带来无端烦恼;四是要做好符合办理提前退休人员的政策宣传,使他们在改革未正式实施前安心工作,认真履职;五是针对分级管理、单位下划等改革,要争取"老人老办法、新人新政策"等政策,确保下划职工待遇不减,标准不降,消除职工担心。

⑥思想引导,端正态度,脚踏实地做好本职工作。充分发挥党组织的思想政治教育功能,对丧失原则,怕得罪人的现象在思想上加以引导,在制度上加以约束,使他们端正态度,脚踏实地做好本职工作。一是加强对该现象的摸排,发现苗头及时掌握;二是对有以上倾向的人员尤其是领导干部要加以思想引导,杜绝此类现象的发生和漫延;三是制定和完善相关制度,从制度上避免此类现象的发生,不予心术不正之人以可乘之机,从而营造一个工作等一、风清气正的工作环境,起到端正工作作风的示范作用。

七、结语

总之,由于公路部门体制机制改革是在新形势下面临的一项全新的课题,又是一项较为复杂的系统工程,在改革尚未启动、发展趋势又不胜明朗之时,笔者只能就在事业单位改革背景下推进公路体制机制改革对公路职工的思想情绪影响及其对策作一些初步的预测和探索,但随着改革的深入,这样那样的问题还会不断出现,这需要我们积极面对、深入研究、寻找对策,将改革对公路行业的影响降至最低。

一等奖

公路职工职业倦怠的归因分析与对策研究

李炜耀

(宁夏公路管理局石嘴山分局姚伏养护中心)

摘　要　随着我国经济发展和技术的进步,社会巨大的竞争使得职工的压力与日俱增,而公路职工的职业倦怠问题严重威胁着职工的身心健康,也给政府的工作效率带来巨大的危害,因此关注公路职工的职业倦怠问题迫在眉睫。为了提高公路职工整体工作绩效,更好地实现构建人文和谐的目标,本文通过文献研究的方法分析公路职工职业倦怠产生的原因,并探讨如何有效预防和干预。

关键词　公路职工　职业倦怠　归因分析

一、引言

公路职工是国家建设中的重要承担者和重要队伍,关注公路职工的心理健康是政府工作有效开展的前提条件。以往关于公路职工心理健康的研究较少,大都是关于思想教育工作的开展等。本文根据大量的文献研究以及相关数据、整理公路体系中几大部门的研究,得出公路职工职业倦怠的原因。虽然各行各业都存在职业倦怠的现象,但是公路职工的职业倦怠关系到公众对于政府工作效率的信任。本文通过公路职工产生职业倦怠原因分析研究得出如何应对职业倦怠的现象,采取什么样的措施预防职工产生职业倦怠。

二、问题的提出

职业倦怠是由于工作者长期处于压力中表现出来的情绪耗竭、人格解体和个人成就感降低的一种综合征。该词最早由 Freudenberger 于 1974 年提出,他认为职业倦怠是一种最容易在助人行业中出现的情绪性耗竭的症状。随后以 Maslach 和 Jackson 为代表的研究者把对工作上长期的情绪及人际应激源作出发应而产生的心理综合征称为职业倦怠。一般认为,职业倦怠是个体不能顺利应对工作压力时表现出的极端反应,使个体长时期处于压力体验下而产生的情感、态度和行为的衰竭状态。

中国人力资源开发网 2010 年开展了一次网络调查,调查显示被测评人员的 82.5%具有不同程度的职业倦怠现象,这说明职业倦怠已经非常普遍和严重。因为公路职工涉及政府运行的效率和纳税人在享受公共服务上的产出比的大问题,应该对其给予足够的重视,着重探讨由于职业倦怠产生的种种问题。从公路工作性质上看,随着公路建设工程和养护工程的市场化加快,仍然处于尝试性阶段的公路部门及其所附属的部门,因竞争力有限而面临着挑战。从社会层面上看,公众对政府的监督更加全面,这些导致公路职工的压力逐渐增大,社会的发展迫使对公路职工的能力有了更高的要求。从工作性质上看,公路职工所扮演的工作角色与家庭角色的冲突导致了职工职业倦怠。公路系统的养护工作者、路政执法人员和收费站职工等工作人员都是公共事业的承担者,他们的工作成效涉及政府。而有关于职业倦怠方面的研究主要集中在教师和医护人员等,对于公路职工的心理健康方面涉及的较少,公路职工产生的职业倦怠有待更进一步的研究,产生这种心理的具体原因以及产生这样心理的公路职工需要对公路职工产生职业倦怠源头进行有效干预和预防。

三、文献回顾

目前职业倦怠与角色冲突、年龄差异、社会支持的关系有以下研究:王颖等在《中国公务员职业倦怠的产生过程》一文中指出,公务员的工作压力与职业倦怠之间存在显著的正相关关系,他们通过研究得出职业倦怠程度越高,情绪耗竭、人格解体和成就感症状就越明显。社会支持水平越高相应的职业倦怠水平就越低。曾艳在《交通施工企业员工心理契约违背对工作倦怠的影响研究》一文中得出结论,即在工作倦怠方面,35 岁以下年轻员工的衰竭水平较高。梅云海在《铁路行业职业倦怠实证研究》一文中通过量表以及访谈的方式得出在工作角色上说明研究对象做工作角色跨度要求不大,工作交际要求和工作自主性不太高,职工认为自己从各个渠道得到的工作反馈信息一般;在组织方面的感受说明大部分职工感觉自己发展机会少,发展空间小,职工对自己的职业发展不太满意;在社会支持方面说明大部分职工对上级支持、同事支持和亲友支持比较满意。姚小林在《解决高速公路收费站职工心理健康问题》一文中从以问卷方式得出的结果来看收费站员工心理产生不健康因素的原因是多方面的,或来自于社会,或来自于单位,或有来自于家庭。贺湘红在《探讨新时期思想政治工作中的职业压力问题》一文中认为,职工心理压力的产生原因有管理因素、人际因素、工作因素、生活因素及自身因素等。公路管理体制的改革压力、加班的压力及其部分部门或者岗位的人员长期处在养护生产的一线,工作环境的恶劣导致职工的工作倦怠。资源保存理论(COR)指出,既有资源无法满足需求时,会使人产生工作倦怠。角色压力的感知,必然会对其角色行为产生影响,导致工作效率的降低。资源的缺乏,即是造成角色压力的原因,也是造成工作倦怠的原因,可能直接导致工作倦怠,也可能通过角色压力影响到工作倦怠。

四、公路职工职业倦怠的归因分析

1.社会价值体系扭曲了员工的成功价值观和职业价值观

随着社会各个方面的巨大的改变,导致了处于文化核心地位的社会价值观的变迁,这些变化使得人们的价值取向、择业观念产生重要的影响。工作价值观是价值观在工作领域的体现,是理解职工心理与行为的核心概念。年轻一代员工在工作中对物质价值的过分追求,不仅降低幸福感,而且也提升焦虑、抑郁等心理症状的水平,这些是时代因素造成的。

2.职业性质是导致职工产生职业倦怠的客观因素

随着科学技术的发展,公路的组织和作业方式也有了彻底性的变革。随着职工年龄的增长,技术和知识不能及时的更新顺应发展的要求,基层公路的养护职工的工作环境有些地处偏远,环境恶劣,工作单一、乏味且存在一定安全风险。公路建设中的农村公路的建设养护管理经费不足,养护技术水平低,路政管理的缺位等问题导致职工对偏远地区公路的养护工作产生厌倦的心理。

3.人际关系压力

在公路单位内部当中,有一些职工往往无法处理好与上下级和同事以及交际过程遇到的人,不擅长于在工作和生活角色转换的过程当中与其他人建立良好的人际关系网络,从而导致心理上的焦虑。表现为不信任他人,关系淡漠,甚至在团队合作中不能很好地与他人合作发挥自己的优势。

4.家庭压力

公路职工不仅在工作当中扮演重要的角色,在家庭中同样要承担一定的角色压力,子女的成长教育、与配偶亲属的矛盾、亲属的疾病和死亡,加上工作带来的压力使得个人生活不能安排得顺心,也没有除了工作以外充足的时间与家庭成员交流等等,都会导致职工的工作效率下降,服务质量降低,工作的积极性不高。

五、对策

公路职工的职业倦怠的现象,首先应从根源处入手,减少工作产生的压力,同时加强职工自身心理防御机制,有效利用社会资源来预防和降低职业倦怠的现象。

1.减少公路职工的压力产生的源头,缓解职业倦怠感

针对产生工作压力的源头,应该加强公路职工工作量的把控,在提出一定工作要求的同时,了解职工所适合的工作,减少上级领导的干预,赋予一定的职权使其能够更有效率地开展工作。"工作性质"体现了公路职工的特殊性,根据公路的养护、路政管理和收费等不同部门的职工在工作压力表现方式有所不同,完善职工队伍的绩效考核体系,设立绩效考核的标准,参考职工的能力和专业表现,激发职工工作的内在动力,提升工作的效率。

2.积极引导职工工作价值观

在工作中重视利他价值的实现,有助于提高心理的健康水平。因此针对职工定期开展树立正确价值观的活动,活动可以以沙龙交流或者网络交流等方式开展,同时配合思想政治活动的学习,积极响应我国的社会主义核心价值观。

3.加强职工之家的建设,丰富职工的业余生活

职工之家是当前推行的一项丰富职工业余文化生活的方式,配备必要的设施如健身房,图书阅览室等,开展一系列的文体娱乐活动,如拔河、下棋、篮球、唱歌、跳舞等,使得职工在工作之余得到放松,缓解心理的压力。同时上级领导对职工定期进行视察和关心,让职工感受到对他们的关爱和重视,得到自我价值的满足,促进心理健康。

4.定期对职工进行心理辅导培训

公路部门可以专门请心理方面的专家或者企业社会工作者通过问卷调查,个别访谈等的方式定期对全体公路部门的职工进行心理健康的测评,同时根据这些测评的结果具有针对性地对不同部门的职工制定一定的心理辅导方案,开展心理辅导,让职工正确认识自己的心理现状,建立自我防御机制,通过情绪转移、自我宣泄、改变认识、寻找支持等方式将压力转化为动力,实现工作效能的最大化,平衡生活与工作的角色转换。

六、结语

公路职工职业倦怠问题的存在不仅需要工作单位的重视同时也需要职工自身对来自各

方面的压力有效应对。工作单位应该不仅仅是职工产生职业倦怠等心理健康问题以后才采取干预策略,而是能够积极有效地预防职工的职业倦怠现象产生,避免工作效率的降低以及离职等现象的出现。只有预防和干预同时进行才能够减少职业倦怠,促进工作效率的提高,使得政府的工作得到更多公民的认可。

参考文献

[1] 王颖,倪超,刘秋燕.中国公务员职业倦怠的产生过程:社会支持与应对方式的调节效应[J].中国行政管理,2015(4):118-122.

[2] 曾艳.L 交通施工企业员工心理契约违背对工作倦怠的影响研究[D].南昌大学,2016.

[3] 梅云海.铁路行业职业倦怠实证研究[D].青岛:中国海洋大学,2012.

[4] 姚小林.解决高速公路收费站职工心理健康问题[J].管理观察,2014(25):28-30.

[5] 贺湘红.探讨新时期思想政治工作中的职业压力问题[J].新闻天地,2010(7):56-57.

一等奖

新形势下公路行业廉政文化建设的策略选择

王雪莲

(重庆市车渡管理站)

摘　要　“十三五”是国家加大对公路建设的又一个黄金时期,公路行业要积极适应公路发展的新业态。必须奋力开创黄金时期交通发展新局面,动员全行业抢抓机遇、攻坚克难,不断提升交通内畅外联互通水平,更好地服务经济社会发展和民生需求。各级公路部门必须严格党风廉政责任制,加强公路行业廉政文化建设。笔者从以责定人、建设队伍,深入宣传、突出特色,虚实结合、相互促进,科学考评、监督逗硬四个方面提出具体建议,希望推进公路行业廉政文化建设。

关键词　公路　廉政文化　建议

一、引言

公路行业是支撑国家经济协调发展、促进生产力合理布局、沟通城乡、保障国家安全和社会稳定的基础性、先导性行业,贯穿于社会生产、流通、消费各个环节,与人民群众的生产生活息息相关。“十三五”是国家加大对公路建设的又一个黄金期,公路行业必须奋力开创黄金时期交通发展新局面,动员全行业抢抓机遇、攻坚克难,不断提升交通内畅外联互通水平,更好地服务全市经济社会发展和民生需求。各级公路部门就必须严格党风廉政责任制,加强自身建设,通过整改公路行业廉政文化建设过程中的问题,推进全系统营造以廉为荣、以贪为耻的良好风尚和浓厚的廉政文化氛围,进一步筑牢公路系统干部职工的思想防线,提高拒腐防变能力,从源头上预防和治理腐败,以要适应公路发展的新业态,满足国家交通发展的需要,满足职工和群众的新期待、新要求。

二、新形势下公路行业廉政文化建设存在的问题

1.定位偏差,贯彻不足

蠹众而木折,隙大而墙坏。廉政建设关系着党的生死存亡,廉政文化是廉政建设的重要一环,其重要性不言而喻。廉政文化包括人们关于廉洁从政的知识、思想、行为规范,以及与之相适应的生活方式和社会评价的总和。部分党员和干部狭隘地将廉政文化建设等同于廉政主题的文体活动、展览等物质层面的表象,没有抓住廉政文化建设的制度层面建设和思想层面的内涵,进而没有把廉政文化的思想观念和实践不折不扣落实到工作、学习和生活中。表现在以下三个方面:一是对行业廉政文化建设的地位和作用定位有偏差。部分同志觉得

廉政文化既“虚”又“软”，走形式主义，没有站在政治的高度看问题。二是认为廉政文化教育的对象应该是行政机关实职领导，而普通干部、工勤人员、技术人员等无职权，或职权小，就无腐败空间，便被动应付。三是将廉政文化工作与业务工作和政治教育工作割裂开，贯彻落实不彻底。

2.条件有限，投入不足

巧妇难为无米之炊，没有人力和物力支持，好政策好愿景也只能“停工待料”。廉政文化建设是党风廉政建设与文化建设的结合点，是公路行业软实力的体现，持之以恒方能厚积薄发。原交通部公路局局长李彦武指出，中国公路行业的发展面临着路网完善任务十分繁重、公路建设和养护资金十分紧张、公路服务水平亟待提升的三大挑战，这些挑战都亟须大量的人力和物力投入。因此笔者认为廉政文化建设方面的投入从总量上来就难以保证充足，分量上又难以与各地区各级公路系统统筹安排资源，就专业人才队伍、资金投入、阵地建设三方面来说，条件都比较有限，一定程度上制约着廉政文化建设健康发展。

3.个体差异，引导不力

人上一百，形形色色。每个人、每个群体都有其特性。廉政文化建设的主体是全社会，公路系统的廉政文化建设离不开每一位干部职工，要将廉政文化建设好，就不能“一刀切”，必须因材施教，否则就是“上面九级风浪，下面纹丝不动”。就公路行业来说，干部职工人员类别复杂，包含行政岗位、事业管理岗位、专业技术岗位、工勤岗位、聘用岗位等五类人员，各类人员文化素质参差不齐，政治性由前到后依次递减，给廉政文化建设的推广带来一定难度。例如公路养护职工文化水平普遍偏低，他们更多地关注工作量、收入和家庭生活，部分职工政治意识不强，甚至出现政治冷漠现象，导致廉政教育引导工作常常事倍功半，影响着公路廉政文化建设的成效。这也助长基层系统成为廉政文化建设“鞭长莫及”的真空地带，腐败案件频发。据网络新闻报道，2015 年四川省高县交通局原局长白某利用修路机会贪污受贿 230 余万，“致富路”变“不归路”；2016 年广西阳朔公路局原副局长贪污 73 万，获刑 4 年 6 个月罚 30 万；2017 年广东省佛冈县某公路养护所所长出纳贪污公款 15 万，获刑 1 年 3 个月……此类公路系统的基层腐败案一定程度上折射出公路系统内部对基层的监督和引导乏力。

4.缺乏特色，创新不够

习近平总书记在中共中央政治局第五次集体学习时强调积极借鉴我国历史上优秀廉政文化，不断提高拒腐防变和抵御风险能力。中国是文化大国，在五千年的历史长河里蕴含着诸多治国理政的高超智慧和廉洁奉公的宝贵品质。廉政文化建设需要在传统文化中、在行业领域、在身边人身边事中挖掘特色。然而廉政文化建设是项严肃的政治任务，内容严谨，具有政治敏锐性。实践中许多单位存在畏难情绪和盲目心理，怕犯错误，怕出纰漏，所以不敢、不善于大胆实践、勇于冒险尝试，致使廉政文化建设缺乏足够的创新驱动力。另外，加之部分党员和干部认识上存在偏差，对廉政文化建设的定位不清，导致在具体操作过程中创新意识不够，以套用以往反腐倡廉宣传教育的方式方法为主要手段，停留在听宣讲课、学习通报文件、看警示教育片上，照本宣科，不能与时俱进地创新，不善于挖掘行业特色文化传统，缺乏时代精神。

三、公路行业廉政文化建设的策略选择

如何让公路行业廉政文化建设具有可操作性与价值性,让广大干部职工以廉洁作为自我约束、自我警醒、自我提升、自我肯定的手段,从根本上提升全行业的作风效能,形成良好的人人知廉、崇廉、尚廉、守廉的氛围。笔者认为总体上可以从以下四方面着力。

1.以责定人,建设队伍

①完善责任机制,压力层层传导。习近平总书记曾指出,各级党组织必须明白,加强党风廉政建设,加强对干部的监督,是对干部的爱护。放弃了这方面责任,就是对党和人民、对干部的极大不负责任。首先,公路系统各级党组织全面落实党风廉政建设主体责任,结合自身实际完善责任机制,同时保障履职尽责措施到位,切实取得成效。其次,各级纪检组织同步履行监督责任。习近平总书记强调抓纪律,就要敢于板起脸来批评。不要等犯了大错误才去批评,平常有问题就要及时批评。公路系统各级纪检组织要准确把握尺度、方式方法得当,旗帜鲜明地惩处违纪者、问责不为者、支持干事者、保护担当者,最大限度调动广大干部的积极性、主动性、创造性。其余干部职工严格落实党风廉政责任"一岗双责",并明确廉政文化建设中的职能职责。再次,结合实际提升廉政文化建设在党风廉政建设考核中的比重,加强各级领导对该项工作的重视,争取得到尽可能多的支持与配合,并且对没有提供满足廉政文化建设基本保障的单位和个人予以追责。

②培养人才队伍,打造干部品牌。人尽其才,各司其职,则天下垂拱而治。公路系统的全体干部职工是廉政文化建设的主力军,每一名干部职工都不可懈怠。一要提振全公路系统团队精神,发扬民主,团结班子,服务大局。明确每一个职位的廉洁自律要求,让基层、一线干部职工提升主人翁意识,意识到自己岗位的重要性和廉政风险防控点;二要提倡全公路系统奉献精神,将"铺路精神"升华,与廉洁、高效结合起来,用作风指数、辛苦指数换取公路行业的发展指数和人民群众的幸福指数;三要严把人才关,提升整体素质。一是注意打破论资排辈的陋习,营造尊重知识、公平竞争、人才辈出、人尽其才的良好氛围。二是注意精准引进人才。要把公路行业切实需要的、具有创新意识的品学兼优的人才充实到职工队伍中去,带动整体素质的提高。最终打造出公路行业"想干事、能干事、干成事、不出事"的干部品牌,树立良好社会形象。

2.深入宣传,突出特色

公路行业的廉政文化建设宣传教育工作要适应公路行业改革发展的需要,深入和贴近基层,要坚持加强领导与依靠群众相结合,解决好廉政文化建设全员参与、上下联动的问题。

①深化条块结合,增强网络互动。除了将公路行业的廉政建设要与各级党委、政府的廉政文化建设部署统筹结合,协调推进外,还必须充分依靠群众,让廉政文化在全行业"全面开花"。在公路行业内务必把握思路,要向一线延伸,不断扩大覆盖面,如向干部职工和群众发放印有党风廉政知识的生活用品,把违纪违法举报热线电话、邮箱、地址公示到站、段、所、重要路段,让职工和群众主动参与监督党员干部廉洁自律情况,并做到有举报,必调查、必回应。另一方面"互联网+"思维有助于拓宽宣传渠道,增强行业内部及干群关系的互动性与渗透性。除了传统宣传方式外,灵活利用微信公众号、微博、官网等平台,搜集职工与群众的意见和建议,以生动的漫画、微视频、3D 体验等创新方式宣传廉政文化,架起与干部职工、群

众的连心桥。

②丰富宣传内容，提升文化品质。公路行业在廉政文化的宣传上要明晰权属，真抓实干，不能简单发文、开会、贴标语了事。一要以理想信念教育为核心准则。要坚持标本兼治，坚持共产党人价值观，不断坚定和提高政治觉悟，依靠文化自信坚定理想信念。二要以党纪法纪教育为基础内容。组织全系统党员干部深入开展“两学一做”，还要学习各级廉政规定和廉政制度，学习公路行业、系统、部门的廉洁规章，真正做到学全、学深、学透。三要深入调研，梳理公路行业的党风廉政建设、脱贫攻坚、工程建设、品质服务等方面取得的直观成绩及先进做法，并连同广大干部职工和群众代表性的党风廉政建设正面评价和中肯建议等内容展现出来，加深广大干部职工和群众对公路行业的廉政文化建设的理解，让公路廉政文化入脑入心。

③挖掘行业特色，学习先进经验。一方面要充分运用公路行业的基础和优势，要把握规律，总结经验，将好的做法用制度固定下来，形成长效机制。另一方面借鉴同地区同行业成功做法，结合当前实际问题找准廉政文化建设新的突破口，创造性地实践，体现自己的特色，深入挖掘公路行业廉政文化特色，公路精神内涵。比如时下比较新颖的3D反腐倡廉警示教育模式，采用场景模拟、视频影像、实物展示等形式，可以使廉政教育更具吸引力、冲击力和震撼力，公路系统可以结合自身实际，打造公路版3D反腐；又如让“修路先修身”“养路养作风”“路品看人品”等与时俱进的铺路精神，成为公路行业全体干部职工的行为遵循与工作目标。最后，公路网的全方位建设是公路行业的立足根本，建设好、管理好、维护好每一条路，便是公路行业廉政文化建设宣传最好的名片。公路部门的工作是十分艰苦的，承担着“要致富，先修路”等重任，出行道路建设得好，相关服务做得好，就会得到老百姓的称赞和感激，反之则会招骂。

④用真情打动人，延伸至8小时外。习近平总书记在中央纪委六次全会讲话中明确指出：“每一位领导干部都要把家风建设摆在重要位置。”建设好廉政文化离不开家庭的支持。公路系统廉政文化建设要积极争取干部职工家属的配合与支持。一方面可以邀请党员干部家属参加廉政座谈会、道德讲堂，帮助大家树立正确的世界观、人生观和价值观，促进家风建设，倡导亲人们常吹“廉政风”，争当“廉内助”，做到“家庭设防线、常敲廉政钟”。另一方面，除了亲情，友情也是廉政文化建设重要一环。反腐专题片《永远在路上》第五集《把纪律挺在前面》中原北京市委副书记吕锡文爱打网球和养生，丈夫做红酒生意，家里定期办品酒会，逐渐形成网球圈、养生圈和品酒圈，此类唯利是图的朋友圈，并非君子之交，而是权力的腐蚀剂。这就警醒我们的干部职工，要真诚关怀干部职工，团结队伍，吸取吕锡文案教训，提醒全公路系统干部职工净化朋友圈，慎重交友、交廉友。

3.虚实结合，相互促进

廉政文化的抽象性必须与实践相结合才能得以贯彻，廉政文化建设不能脱离具体的业务工作，努力把廉政文化建设渗入公路行业各项具体工作，才能真正做到融入中心，服务全局，为公路行业的改革与发展提供有力的组织支撑和政治保证。一方面公路行业各级党组织第一负责人，高度重视廉政文化建设工作，将其纳入重要议程，纳入“三会一课”，纳入中心组学习，并对新情况予以研判，对整个廉政文化建设予以人力物力财力保障。另一方面统筹业务工作与廉政建设同部署同落实，将党风廉政要求融入重点项目推进中，让党风廉政建设为公路行业改革与发展保驾护航。比如美观大方、富有内涵的廉洁宣传日用品,提醒让干部、职工及其家属心莫贪、手莫伸;贴合实际岗位、发人深省的警示教育,如同利剑高悬,警示干部职工对权力、对职责、对人民要有敬畏之心。

4.科学考评,监督逗硬

中纪委第七次全体会议上明确指出:"信任不能代替监督,要把纪委的自我监督与党内监督、社会监督有机结合起来,自觉接受党和人民考验。"廉政文化建设必须坚持"实事求是、客观公正、突出实绩、注重效能"的原则,使监督与考核都硬。一要在日常业务督察中重过程。如从资格预审、编标、开标、评标等环节进行全过程的监督;还要坚持深入到重点公路工程建设现场,对工程质量、进度以及合同的执行等情况进行现场督察。二要对公路行业廉政文化建设过程中的形式主义、以学代做、内容单一等问题进行明察暗访,并将结果予以通报。三要跟踪回访重成效。做好廉政文化建设工作痕迹抽查、廉政建设过程中整改问题"回头看",得到干部职工和群众的认可或征集到意见和建议,巩固廉政建设取得的实效。四是评分考核重奖惩。廉政文化的建设评估考核要制定切实可行的量化指标,借助暗查、抽查等手段,对党风廉政责任制履行实际状况情况进行把握,综合考评,以分评人、以理服人,与单位和个人评优等挂钩,奖励先进、鞭策后进。

四、结语

正党风,肃党纪,锲而不舍纠"四风",赢得党心和民心。2016 年党风廉政建设和反腐败斗争满意度、信心度、重视度、遏制度再创历史新高。但目前反腐败斗争形势依然严峻复杂,全面从严治党任务依然艰巨繁重,须臾不可松懈。在新的形势下,公路行业更需上下一心,团结奋进,必须严明纪律规矩、划出行为底线,积极探索公路行业廉政文化建设新路径,以廉政文化培育廉洁自律精神,以廉洁自律精神内化规范,以规范提升品质服务效能,打造公路清风,凝聚好民心,建设好家园,服务好大局,向党的十九大交上改进作风、严明纪律、惩治腐败的优秀答卷。

参 考 文 献

[1] 方顺祥.浅谈新形势下公路行业职工教育培训[J].东方企业文化,2014(18):121.

[2] 胡伟.腐败文化透视力与廉政文化建设[N].香港大公报,2001-03-05(10).

[3] 中共中央文献研究室.十八大以来重要文献选编(上)[M].北京:中央文献出版社.

[4] 何淑慧.浅谈对创建石化企业特色廉政文化的认识[J].中国科技博览,2013(19):74.

[5] 陈志化.浅谈如何做好基层公路廉政文化建设[J].科技与企业,2012(18):207-208.

[6] 中国纪检监察.2016 年全国党风廉政建设民间调查报告:党心心极大提[J].中国纪检监察,2017(1):10.

一等奖

保山公路局职工培训体系优化研究

刘　东

(云南省保山公路局)

摘　要　本文以保山公路局职工培训为研究对象,根据当前公路职工的培训现状和存在问题,重点运用系统培训理论,对公路职工培训体系从制度及组织机构设计、需求分析、目标设置、计划制定、实施培训、效果评估六个环节进行优化设计,并提出每个环节具体的实施方法。对公路职工培训的优化设计,是对处于转型期的公路行业职工培训的一个探索与创新,希望对培训工作的开展有一定的借鉴意义。

关键词　培训　公路职工　公路管养　优化设计

一、引言

当前,云南公路养护行业进入迅速发展的重要时期,人才的支撑是行业发展的关键。保山公路局作为以干线公路管理养护为主业的事业单位,加强职工培训是不断提高职工素质、提升公路管养水平、实现公路事业持续健康发展的需要,而对于职工而言,参加有效的培训,是适应行业和社会发展、提升自身素质的重要途径。从目前国内外对培训的研究来看,系统培训理论是比较先进的培训理论,对培训工作的开展具有较强的指导意义,但行业内相关论文较少。本文基于对保山公路局职工培训的调查,结合系统培训的理论和方法,对保山公路局职工培训体系的优化进行探索。

二、基础概念及理论

职工培训是指单位有计划地实施有助于提高职工学习与工作相关能力的活动,这些能力包括态度、知识、技能和对工作绩效起关键作用的行为。根据系统培训理论,培训的组织实施是一个系统工程,一次完整的培训开发活动必须经过的一系列的程序步骤,这些步骤主要包括培训需求分析、培训计划的制定、培训活动的组织实施以及培训效果的评估四个环节。培训的每一个环节都是一个有机的系统,通过一系列符合逻辑的步骤,使培训更加科学规范,系统培训理论对培训的组织实施具有很强的指导作用。系统培训模型为培训工作的开展提供了具体的操作指南,结合系统培训理论,根据实际科学设定职工培训的流程,更便于实现职工个人、工作及单位三方面的协调,使培训工作更加科学规范。

三、存在问题

从实际情况看,保山公路局积极组织干部职工参加云南省交通运输厅、云南省公路局的各类培训,提高干部职工的技能水平、业务能力和思想政治素质,然而每年只有少部分管理干部、业务骨干和技能人才有机会参加外送培训。各单位虽通过培训班、讲座、会议学习研讨、师带徒等形式,经常性地对职工进行在职培训,但在实际工作中,培训工作的开展还是存在一些问题。笔者结合系统培训理论,从培训管理及培训的四个环节进行分析,认为主要有以下一些问题:

1.组织机构及制度不够完善

保山公路局职工培训工作由党委工作部统一管理,负责培训资料的收集、培训材料的上报等工作,无专职培训管理人员。培训工作实行归口管理,各职能部门根据上级文件要求和业务需要组织培训。由于没有相应管理制度的规范和约束,没有专门的培训机构或部门统筹培训各项工作,使得各部门组织培训的随意性较大,培训缺乏系统性,信息在传递、沟通、整合上缺乏统一的渠道和管理,培训管理总体较为凌乱。

2.缺少培训需求分析

在保山公路局的培训项目中,除安全生产管理"三类人员"证书培训、机械操作人员安全技术换证培训等部分取证培训由上级主管部门规定培训项目和内容外,其他的各类培训,如养护技能提升培训、各部门业务培训、干部教育培训等,都是由相关部门牵头,根据单位主要领导意见确定培训项目和内容后,即组织培训。培训项目主要通过工作经验、与职工的接触及上级考核要求进行确定,没有明确的培训需求分析意识。由于缺少必要的培训需求调查分析,致使很多培训项目年年重复,培训内容缺乏创新性和针对性,一些培训流于形式,造成培训对象参与积极性不高、培训质量不高、效果不理想。

3.培训计划的指导性不强

每年年初,保山公路局按照省公路局培训主管部门的要求,上报本年度《职工培训项目表》,党委工作部根据各部门提交的项目表,进行汇总上报,汇总后的《职工培训项目表》即为新一年的培训计划。各部门填写培训项目主要依据以往经验,参照往年的培训项目填写,没有进行充分的讨论和完善,导致计划制定较为简单,指导性不强。

4.培训内容及方法陈旧

在培训内容上,政治理论培训内容会根据每年的理论热点有所变化,养护技术技能培训也会随着一些"新材料、新技术、新设备"的运用,新增对应培训内容。但总体来看,职工培训内容重复的多,更新的少,一些培训内容空泛,主要以条条框框的理论为主,很少结合工作中遇到的新情况新问题进行分析,每年的培训内容都没有太大变化。培训多以讲座和会议形式进行,主讲人或是领学人一人主讲,一言堂、满堂灌,培训过程缺乏互动,培训气氛较为沉闷,职工的参与意识较差。尽管是现场演练的培训,也只是采取观摩的形式,由技术能手进行演练,演完即散,缺少参与,培训的效果也有待提升。

5.培训评估基本空白

对培训进行有效的评估,能挖掘出学员的真实感受、培训的真实效果和提升改善空间,将评估结果反馈到培训计划的制定中,最终能实现培训的良性循环。保山公路局开展的大多数的培训项目,在培训课程结束后整个培训工作就结束了,少部分培训以书面考试、持证情况等做简单评估,缺少对培训效果的总结和跟踪评估,对培训内容的实际掌握和运用缺乏了解。

四、公路职工培训优化设计

1.完善培训制度及组织机构

培训制度及组织机构是培训流程化、规范化、持续化的保障,应优先于其他设计内容。

培训制度设计主要从制度的可行性方面进行考量，制度要用于指导工作的开展，在设计过程中要尽量具体，有较强的针对性和可操作性。现行的培训制度大多是指导性的，具体实施细则不够完善，因此需要在现行培训管理制度的基础上，制定更为详细的培训制度细则，进一步明确培训的实施主体、对象和培训经费等。

①制定职位与培训挂钩制度

在现行制度体制下，培训仅作为一般性的行政行为来操作，无法引起职工的重视。因此可考虑建立职位与培训相挂钩的制度(表 1)，即任何一个职位的晋升都需要通过相关的培训及培训考核。

培训与职位挂钩表 表 1

项　　目	培 训 关 系		
培训对象	新入职人员	技能人员	管理人员
培训内容	入职培训	技能培训	业务培训
	通用知识、行业文化、技术技能、政策理论		
考核	考核通过才可任职，考核不通过则重新培训		

②组织机构设计

组织机构是培训的重要实现抓手，科学合理的组织机构设计能够有效地避免培训存在的无专职、各自为政等问题，提升培训组织效率。根据现阶段的实际，可由党工部牵头联合各核心业务部门成立培训工作领导小组，由党委书记或局长担任组长，总体负责制定全局培训制度，制定培训计划，统筹组织实施，培训考核、管理讲师，总体评估培训效果。局下辖的各个分局、养护中心可成立培训工作办公室，负责衔接培训工作及组织本单位培训。各基层单位指定培训专员，负责培训的实施、反馈，并参与培训资料的收集整理。

③培训讲师组织内化培养体系

培训讲师作为培训的主体，是培训效果的关键。目前，大多数的培训主要是通过外请讲师进行授课，外请培训讲师不了解行业实际，一些培训内容难以适应公路工作发展的要求。而单位内部的业务骨干和技术能手，熟悉公路工作的现状和行业发展的需要，在授课内容的把握上更接近公路职工的实际需求，如保山公路局成立的“杨绍军技能大师工作室”就是讲师内化的一种有效方式，但目前对培训讲师的内部培养方面的引导、开发、利用还很少。根据公路管养工作实际，内部讲师的培训内容分为安全生产、养护技术技能、政工技能和通识教育四个方面。基本涵盖了公路局的各项基础业务知识，在此范围内的可由内部讲师进行授课，超出此范围的道德修养、心理健康等方面的培训和内部讲师无法完成的一些专业培训，采取外聘讲师的方式来进行培训。同时，局培训工作领导小组可设置讲师资源库，由各级管理者、专业技术骨干以及对培训感兴趣的职工纳入讲师资源库，通过书面公示、互联网查询等方式向全体职工公示，并依据相关年限、级别设定讲师级别，定期对讲师进行考核、晋升。培训时，直接从对应的资源库中选取培训讲师。

2.培训需求分析

科学完善的培训需求分析，是培训工作能否有效开展的前提，通过组织、工作、个人三个层面的需求分析，确定培训的目标和重点。从组织方面分析，保山公路局属公益类事业单位,主要从事公路养护管理,属服务型行业,核心任务是提升公路建管养能力,养好公路,保障畅通。因此,培训工作就要紧紧围绕单位核心战略,不断适应公路养护行业改革发展的要求,通过培训,提高管养水平和服务能力,提升单位的核心竞争力。从实际工作分析,保山公路局主要设有围绕公路管养为核心的专业技术岗位、管理岗位和一线养护工勤技能岗位。综合近年来管养实际来看,存在人路比大、养护压力大、养护科技化水平较低等问题,需要以提升个人效率为核心开展培训工作。政工管理岗位主要需要提升政工工作能力、创新能力。从职工个人分析,在以往的培训中,很少考虑职工个人的培训需求,职工都是被动参加学习培训。因此,可对职工个人培训需求进行意向调查,通过培训专员需求搜集、工作会商、交互式培训需求搜集等方式,切实分析个人培训需求。

3.设定培训目标

培训目标的设置,要紧紧围绕单位主业并结合岗位职责,考虑培训对象的主观意愿,最终要落实为结合岗位的具有明确指导意义的标准。培训目标可以主要从技能培养、知识传授、思想态度、工作绩效改善等方面去设置。保山公路局的培训目标可设置如表2。

保山公路局职工培训目标 表2

	培训目标层次				
培训对象	技能培养	知识传授	态度转变	绩效改善	培养目标
技术人员	技术创新能力,“三新”运用能力	专业技术知识	技术、安全和效益一体化	养护管理绩效提升	创新型技术人才
政工人员	管理能力,沟通协调能力,公文撰写及宣传技能	政策理论	管理与效益的促进关系	工作绩效提升	生产经营复合型政工
工人	技术技能运用	基本技术和安全知识	接受新技术、新政策	养护效率提升	高技术职工

4.制定培训计划

培训计划的制定是对培训目标的具体和细化。根据保山公路局实际,培训计划可分为全局性培训计划和具体的培训实施计划。全局性的培训计划是单位全年的培训发展计划,一般于每年年初制定。培训工作领导小组办公室根据培训需求分析,收集各科室、基层单位培训计划表,梳理汇总形成年度培训计划,并对培训计划初稿进行意见征集,修改完善后交党委会审议批准。党委会审议通过后,由培训工作领导小组安排实施。具体培训实施计划根据全年培训计划确定的培训项目,由培训工作领导小组指定相关的实施机构或者实施责任主体,由相关机构制定具体的分项实施方案并报领导小组办公室备案。具体培训方案要实现培训计划的具体化和可实现化,要以全局培训计划为纲领,确定培训对象、时间、课程内容、培训教材、师资选配、教学方法、培训方式、费用预算、考核方式、奖惩规定及培训项目管理的责任划分、事务安排等。

5.组织实施培训

①多样化培训方式

在以往的培训中,培训方式主要采取集中授课、现场演练和网络学习等方式,结合公路管养工作实际,除以上培训方式外,还可以进行导师培训,通过建立导师制度,实现一对一的帮扶，在日常工作中进行相关知识、技能灌输；开展多媒体互动培训，借助多媒体平台，进行模拟式的培训，主要适用于技能性培训。

②严格按计划，精心组织实施培训

各项培训工作的开展，要严格按计划实施。各培训项目要明确负责人，统筹考虑培训前的教具购置等事务性准备及与培训讲师的对接、下发培训通知等工作，要对培训实施过程进行全流程跟踪，维持培训纪律，确保培训能够达成预期的效果。

6.培训效果评估

培训组织者可根据实际，对新开展的和一些特殊的培训项目进行评估。培训评估的核心是对培训效果的评估，通过培训行为追踪、培训满意度调查、培训后岗前考试以及绩效结果导出等方式对培训结果进行评估。培训行为追踪，即在培训过程中，通过打卡、考勤等方式追踪学员培训行为，同时要求培训讲师对学员培训期间的学习进行评估，主要内容包括积极程度、互动程度等。培训满意度调查，由参加培训的学员填写满意度调查表，对培训教材、培训课程内容、授课讲师以及培训组织情况进行评估。培训结束后，应根据培训内容采取笔试、技能操作、工作模拟等不同形式对培训学员进行培训考试。考试应针对培训重点，同时结合培训与职位挂钩制度，应有相应的奖惩。还可要求受训者书写培训心得，以此来对培训行为影响进行评估。培训效果最终应落实为绩效的提升，结合现行的绩效体系，对培训前后的绩效进行对比，形成培训对绩效提升与否的评价。

五、结语

组织的发展核心是人的发展，人员的管理水平和相关的技术能力将决定行业在竞争中的立足与发展。行业的发展需要与之相适应的先进管理理念和方法，因此，对职工培训的探讨和分析将是一个持久的论题。本文抛砖引玉，期待行业同仁对此问题有更高的关注和深入探讨。

一等奖

职工情绪管理是公路职教工作的新课题

龚　雪

(湖北省襄阳市公路管理局)

摘　要　随着交通公路事业的不断发展,行业改革、企业改制已是大势所趋,生活节奏加快、竞争压力加大以及大部分职工长年在野外工作的行业属性,难免会给职工们带来紧张、沮丧、压抑、焦虑等不良情绪,由此产生的士气低落、缺乏活力、创新力不够、集体意识弱化、执行力不强等问题给行业发展也造成了不可低估的负面影响。本文从情绪管理的含义和重要性谈起,探讨在公路职教工作中引入情绪管理教育的方法路径。

关键词　情绪管理　公路职教　新课题

一、引言

情绪既有积极的一面,也有消极的一面,它与一个人能否很好地适应社会、享受生活以及获得事业的成功有着密切的联系。近几年来,职工的情绪管理已逐步成为现代人力资源管理的流行趋势,积极处理好职工的情绪问题将会产生良好的管理效果,进而创造更大的发展效益。因此,情绪管理教育也应是公路职工教育的应有之义,注重基层情绪管理工作、加强管理知识教育、普及情绪管理知识、创造良好工作环境、营造良好文化氛围,使职工情绪得到充分发展,价值得到充分体现,情绪控制的自觉意识不断提高,进而实现行业和谐发展的大目标。

二、情绪管理的含义

情绪是指个体对本身需要和客观事物之间关系的短暂而强烈的反应,是一种主观感受、生理反应、认知互动,并表达出一些特定行为。比如喜、怒、哀、乐、悲、忧、惊等就是情绪的几种呈现形式。情绪管理就是将这些感受、反应和特定行为挖掘并驾驭的一种手段。

简单来说,对个人而言,情绪管理是指提高自身对情绪的控制能力,从而增加快乐、减少烦恼,与他人相处融洽和谐。对组织而言,情绪管理是指通过研究个人和团队的正面和负面情绪,制订措施,增加正面情绪,减少负面情绪,确保个人和团队保持良好的情绪状态,产生良好管理效果的一种管理手段。

三、推行情绪管理的重要作用

据有关研究显示,职工的情绪问题或是导致缺勤率、离职率、事故率增加,工作人际冲突频发,管理成本增加,职工工作士气下降,效率低下等问题的主因。当前,交通公路行业改革正逐步推进,职工的社会心理和思想领域方面呈现出了不同于以往的多样性和活跃性,这种变化启示我们在职教工作的方式方法上也要实现改变,把情绪管理引入并运用于职工教育工作,通过对职工的心理特征和行为特点的分析,有的放矢地做好职教工作,是体现以人为本、和谐发展的重要途径,也是公路职教工作从经验型走向科学型的有效路径。

1.推行情绪管理,减少职工压力,提高工作效率

随着公路行业改革、企业改制的不断深入,部分职工对改革依然存在模糊认识,失落感、危机感、忧虑感有增无减,这种态势引起的情感波动致使职工注意力分散、逆反心理和抵制行为不断增加。在这种情况下,推行情绪管理,不但可以提高职工们对情绪的认知和调控能力,也可以促使他们以更饱满的情绪状态投入工作。

2.推行情绪管理,提升职工素养,积淀发展后劲

职工情绪问题的产生,通常是社会环境、行业管理、利益分配、个人发展困惑等诸多内外因素共同作用的结果。推行情绪管理,可以引导职工对自己进行准确评价,对单位形成合理诉求,能够正常对待工作和生活中的挫折和困难,及时调整控制不良情绪,进而最大限度地激发进取心、创造力和执行力,公路事业发展才能获得更加深厚的发展后劲。

3.推行情绪管理,改善内部关系,营造和谐氛围

情绪管理与传统思政工作中的单方面"说教"模式有本质区别,主要崇尚"以人为本",通过充分尊重人的情绪,用情绪去感染和教育,最终目的是转变管理方式,畅通管理者和职工的情绪疏导和思想上的双向沟通,营造团结和谐发展的浓厚氛围,为公路事业改革发展提供更加坚实的组织保障。

四、公路职工情绪管理的现状

由于社会经济环境变化及生活压力增大,人的情绪容易受管理因素、工作因素、人际因素及自身因素等多方面的影响,情绪失调的现象时常发生,若得不到科学疏导和正确引导,不仅会影响到个人心态,也会对单位管理效益产生较大影响。襄阳市公路部门是负责全市公路建管养的管理机构,下辖 9 个县(市)区公路管理局,5 个直属单位,管养 3014 千米线路,具有点多、线长、面广的行业特点,干部职工 3984 人,以建管养一线职工居多。目前在职工情绪管理上存在的问题主要有以下几个方面。

首先,从单位角度看,主要有以下三方面原因。

①基本依赖职工的情绪自我调节。公路行业体制改革在深入推进,公路职工的思想观念和价值取向发生了深刻变化,部分干部职工出现归宿感缺失、心理失衡、不思进取的现象。同时因为养护、建设公司化、市场化,公路行业职工构成复杂,尤其是签订劳动合同的非事业在编人员占据基层单位职工多数,知识结构层次不一,职工利益诉求的多样性、多变性和差异性日趋明显。目前来看,公路部门对职工的思想疑惑和负面情绪,能做到及时关注回应,但在情绪认知和疏导上仍是基于党建和思政工作的一种常规化教育,忽视心理需求,认为在改革的大环境下产生负面情绪是自然的事情,可以通过自我调节慢慢就能适应。然而,职工的情绪控制和调节能力的提高不仅需要时间,更需要具有专业知识基础的管理者在管理和职工培训过程中的科学疏导和正确引导。

②对情绪劳动引发的后果关注不足。公路建设、管理、养护一线的干部职工大多分散在

野外,工作环境比较艰苦,一方面工作任务随机性强、劳动强度大、时间要求紧、质量要求高,工作任务繁重时经常加班加点,容易造成心理紧张、情绪失控。另一方面由于职称职务晋升、专业知识更新速度加快、工作节奏加快等压力,容易心生倦怠,情绪劳动便由此产生。长时间的情绪劳动会使职工付出较多的身心能量,如果持续处于这种紧张状态又得不到及时调整和修复,极易让职工产生缺乏自控和丧失耐心的行为,工作效果可想而知。目前,公路行业对情绪劳动的关注还比较薄弱,针对建设养护管理一线的岗位主要是通过调整工资福利待遇,稳定队伍,而没有考虑情绪上的安抚和激励。

③对与情绪管理相关的管理“内耗”缺乏科学认识。“内耗”是指领导之间、职工之间以及领导和职工之间,因价值关系不同或者为了现实利益的争夺而形成紧张和对抗性的冲突,最终导致集体意识弱化。研究显示,人际冲突的结果易引发冲突各方的感知偏见,特别是受损方的不满情绪。公路部门在行业改革的过程中会面临公路施工企业改制剥离、劳动力重新分配、职工利益的再分配等等一系列的调整,触及职工的个人利益,致使部分职工以不信任、阻挠、对抗甚至报复等方式来宣泄不满情绪,产生管理“内耗”。当前,公路部门仅把这种“内耗”当作改革的派生品,单纯从政治思想教育上引导职工认清形势、接受改革现实,认为冲突和不理解只是时间就能解决的问题。

其次,从个人角度看,其原因主要有以下几个方面:

①对情绪管理的认识参差不齐。职工的综合素养和道德修养水平与情绪管理有一定的关联性。公路行业尤其是一线职工中非事业在编人员占据多数,知识结构层次不一。思想觉悟高的职工能有效地调节自己的情绪,而部分职工缺乏文明内涵和思想修养,遇到冲突就暴跳如雷,碰到困难就垂头丧气,消极情绪不能及时自我调整。

②简单认为情绪管理就是进行自我压抑。现实生活中,因为行业发展环境改变、生活压力加大等多方面原因,导致大多数公路职工对情绪或多或少存在着惧怕心理。特别是工作地点多数分布在野外的工程施工人员,由于长时间与家人分离,容易产生孤独感和疏离感,他们把情感表达与情绪管理对立起来,片面地认为情绪管理等同于一味地对情感进行压抑和隐藏。

五、在公路职教工作中引入情绪管理教育的方法路径

新形势下,不管是单位还是个人都面临改革、转型和突破的竞争压力和发展困惑,更加期待职教工作在提升业务实力、激发工作热情和凝聚发展合力上彰显成效。当前,公路部门的职教工作局限在以政治教育增强理论素质、以业务培训提升技能水平上,把提高思想觉悟和业务能力作为职教工作的重点,对职工情绪管理涉及较少,基本以单方面“说教式”思想政治教育作为替代,缺乏双向沟通渠道和情绪疏导机制。针对前文所述公路部门在情绪管理上存在的一些问题,就如何在公路职工教育中引入情绪管理教育的方法路径作以下探讨。

1.从了解和满足职工需求入手,加强对基层管理者情绪管理知识教育

研究人的需求是为了了解和掌握人的思想和行为方式的变化规律,调动人的积极性。因此,承认并满足人的合理需求是在职教工作中引入情绪管理教育的基本立场。

首先要分析职工的心理需求。由于社会经济环境和行业发展形势的变化,公路职工的心理需求,概括起来讲主要有安全的工作环境、合理的薪酬待遇、完善的福利待遇、平等公正

的升迁机会、令人期待的发展前景、提升能力的培养机制、家庭生活的和谐美满等,不同职工对这些需求和愿望的着重点会有所不同,因此基层管理者首先要做到换位思考、想人所想才能与职工产生共鸣,情绪管理才能因人施策、精准疏导。

其次要引导职工形成相对科学合理的心理需求。人的需求是多方面的,不同群体的思维模式、生活方式、关注和需要解决的问题不同,所以对职工的需求研究一定要立足实际,因人而异。面对当前公路职工对改革改制的理解误区和纷繁多样的个人诉求,基层管理者应该果断出击、解疑释惑,对合理的、积极的需求应充分肯定,对不合理的、不现实的要求,要敢于否定、介入疏导。

最后要加强基层管理者情绪管理知识教育。管理者对情绪管理知识匮乏,是导致管理方法滞后、职工情绪问题难以疏解的直接原因。因此,加强基层管理者情绪管理基础知识教育使其充分认识情绪工作的作用机制,成为引入情绪管理的基本前提。要从职能落实、制度保障、人员分工、物质设施、活动经费等方面给予保证,通过专家授课的方式加强基础知识教育,形成情绪管理机制的科学认识。对于公路行业管理部门来说,要充分发挥局党委、行政、工会、共青团和各党总支、支部的合力作用,强化培训力度,选拔培养一批专业素质和协调能力过硬的工作队伍,关注弱势职工和"问题"职工,逐步建立思想动态汇集、分析、应对机制。对于工程和养护一线的基层管理部门来说,要把情绪管理与思想政治教育相融合,组织政工干部培训学习情绪管理工作方面的知识,畅通职工诉求机制,及时响应、主动回应、积极化解、妥善处理,做好情绪疏导和引导工作,充分发挥表率、榜样的力量,在一线彰显人文关怀。

2.从搭建职工成长平台入手,在全体职工中普及情绪管理基础知识

良好的工作、成长和生活环境可以有效避免消极情绪的产生。而情绪问题,除了由于自身局限和客观原因难以有效解决之外,大部分问题都是可以通过自身努力来得到缓解的。因此,情绪管理的关键还在于职工的自我心理调适。

首先要以科学的选人用人机制来调动积极向上的乐观情绪。公平公正的晋升机会、公开透明的薪酬制度是调动全员积极向上、奋勇拼搏的最直接有效的手段。公路行业的改革发展关键还是在于人才智力的支持,要破除论资排辈的用人制度,建立科学选人用人机制和薪酬激励机制,达到"外有竞争力,内有公平性"的良好状态。同时通过建立典型培树的激励机制,把工作突出者培树先进、提拔晋升,有效提高忠诚度和信任度,激发爱岗敬业、创新创造、甘于奉献的正能量,形成和谐发展的强大气场。

其次要以科学的心理素质培训来克服消极被动的负面情绪。公路行业点多、线长、面广的行业属性,很容易让职工产生孤独感、危机感和烦躁抑郁的情绪。这种情绪问题的产生多半是由于人际关系中情绪表达和沟通不畅所导致的。因此,在职工教育中,要以职工们都能普遍接受和理解的方式普及心理科学、心理健康类基础知识,有针对性地开展心理咨询服务,消除心理常识盲点,提高观察自己和他人情绪、战胜压力和焦虑的能力,进而引导职工在如何积极交往、如何与同事共享成功和营造信任感、如何激励自己和他人等问题上做进一步思考。情绪问题产生后,要通过建立情绪宣泄室、心理健康活动室等方式,进行情绪的适度宣泄和自我激励,确保不良情绪"平稳着陆",从而消除职工在人际沟通中所产生的不必要的情绪问题,破除消极情绪的负面影响。

3.从发挥公路文化的凝聚力入手,创造良好作业环境,营造健康向上的从业氛围

个人渴望集体成员在心理上协调一致,和谐融洽,心理学上称之为"心理相容",促成

"心理相容"的有效载体就是团体的潜意识文化,具体到公路行业来说就是行业文化。在职工教育中引入情绪管理,发挥行业文化的凝聚力,就是要重塑群体价值观,传播职业正能量,激励全体职工共同以高度一致的积极情绪与公路发展同甘苦、共命运。

一要强化职业道德引导。职业道德直接影响党群关系、干群关系、职工与单位的关系、行业与社会之间的关系。如果长期在以个人为中心、拉帮结派、钩心斗角、人与人之间冷漠疏远等不良环境中工作生活的职工耳濡目染,不仅个人职业观念容易"跑偏",其最终结果将是阻碍公路的持续健康发展。强化职业道德引导,要充分发挥局党委、党(总)支部、工会、政工队伍的力量,通过全方位宣教,领导干部率先垂范,在全体职工中倡导"诚信正直""忠诚友善""助人为乐""敬业奉献"等道德观念,使之成为凝聚和谐发展的巨大能量。

二要创造良好工作环境。职工的工作情绪在一定程度上是受物质环境影响的,这个物质环境包括工作环境、安全环境、生产设施、文化娱乐设施等。公路养护、修路架桥作业地点基本都在野外,有的甚至在荒野山村,位置偏僻、环境艰苦,长期在这种环境下工作生活,远离城市的热闹繁华,一旦产生情绪问题,不是仅仅能靠个人的精神意志就能疏解的。因此,公路部门应将提供心理咨询服务、开展文体活动等情绪疏导措施多向一线倾斜,帮助他们放松在紧张工作中积累起来的紧张情绪,以此来增进职工对工作的热爱,身心愉悦地工作。

三要构塑公路群体价值观。经济新常态下,公路部门在经济社会发展中挑大梁的作用越来越突出,社会关注度也持续走高。构塑新常态下的群体价值观就是要精心培育、大力倡导"工匠精神"。把弘扬爱岗敬业、担当奉献、精益求精的工匠精神作为公路工作的精神气质和内在支撑,坚持认真负责的工作作风,立足襄阳公路实际,保持高昂斗志,于细微之处见精神,在细节之间显水平,砥砺品质、增长才干。2016 年,被湖北省交通运输厅验收通过的"游巍工作室"是一个以市级劳动模范游巍命名的创新团队,是襄阳市公路管理局以"工匠精神"锻造技术创新团队的有效尝试。工作室成立以来,先后完成橡胶沥青同步碎石封层、开普封层、彩色沥青砼等创新项目,实施沥青拌合站"油改气",累计节约成本 366.2 万元,创造经济效益 2262 万元,为"四新"技术应用、绿色公路建设做出了积极贡献。

六、结语

公路职教工作是促进新时期公路事业持续健康发展的必然要求和重要途径,而情绪管理是培养职工驾驭情绪、建立和维护良好情绪状态的有效手段。因此,在职教工作中,我们必须坚持"以人为本",推行情绪管理向职工教育逐步渗透,从职工的心理特点出发,从正确引导职工保持健康向上的心理需求做起,使职教工作既能教育人、引导人,又能激励人、鼓舞人,从而达到促进行业改革、企业改制平稳过渡、稳定发展的目的,为提升襄阳市现代化交通枢纽功能担负公路使命,体现公路担当,展现公路形象。

二等奖

新形势下如何加强公路行业廉政文化建设

洪立发

(河南省交通运输厅公路管理局)

摘　要　本文论证了新形势下加强公路行业廉政文化建设的重要意义,分析了当前廉政文化建设面临的形势,提出了加强公路行业廉政文化建设的对策:转变观念,落实责任,推动形成廉政文化建设合力;深学理论,大胆创新,打造廉政文化建设精品工程;健全机制,明确标准,不断将廉政文化建设引向深入。

关键词　公路行业　廉政文化建设　问题　对策

一、引言

廉政文化是人们关于廉洁从政的思想、信仰、知识、行为规范和与之相适应的生活方式和社会评价,廉政文化建设是拒腐防变的基础工程。公路廉政文化是廉政文化在公路行业的发展和延续,是推动公路事业不断发展壮大的强大精神动力,是指引公路干部职工树立正确的世界观、人生观、价值观,始终加强廉洁自律,做一名合格公路人的重要保证。公路全体干部职工都应深刻认识加强行业廉政文化建设的重要意义,正视当前廉政文化建设中存在的问题,为行业廉政文化建设尽一份力。

二、新形势下加强公路行业廉政文化建设的重要意义

公路行业点多、线长、面广,与老百姓切身利益息息相关。公路干部职工能不能做到廉洁从政,不仅事关公路建设、养护、管理等能否科学、有效实施,还关系到整个行业在老百姓心目中的形象。加强公路行业廉政文化建设,具有全局性的战略意义。

1.加强公路行业廉政文化建设是筑牢拒腐防变思想道德防线的内在要求

习近平总书记强调,要坚持从教育抓起,教育引导广大党员干部坚定理想信念、坚守共产党人精神家园,不断夯实党员干部廉洁从政的思想道德基础,筑牢拒腐防变的思想道德防线。加强廉政文化建设可谓是深入推进反腐倡廉教育、从源头上预防和治理腐败的基础性工作。文化具有很强的渗透力和感染力,文化的力量直接影响人们的价值准则、伦理道德、行为规范、思维模式。一方面通过总结、归纳、提炼,形成适合干部职工思想实际、容易被干部职工接受的廉政文化;另一方面运用廉政文化,教育、熏陶、感染干部职工,占领思想高地,抵制腐败文化的影响和侵蚀,这样就能在公路全体干部职工心中构筑起一道拒腐防变的思想道德防线。

2.加强公路行业廉政文化建设是营造风清气正政治生态的现实需要

政治生态是政治生活现状及政治发展环境的集中反映,是党风、政风、社会风气的综合

体现。党的十八大以来,在新一届党中央坚强领导下,公路行业各级党组织和全体干部职工一道,深入推进党风廉政建设和反腐败工作,扎实开展党的群众路线教育实践活动、“三严三实”专题教育和“两学一做”学习教育,在工程建设、养护管理、路政执法等各领域下大力气进行源头治理和规范管理,取得显著成效,行业形象和群众满意度稳步提升。加强公路行业廉政文化建设,就是进一步为反腐败斗争摇旗呐喊、鸣锣开道,对预防腐败和廉洁从业进行舆论引导,努力在全行业塑造和强化“以廉为荣、以贪为耻”的浓厚文化氛围,激发积极向上“正能量”,营造风清气正“好生态”。

3.加强公路行业廉政文化建设是打造过硬干部队伍、实现黄金时期大有作为的重要保障

习近平总书记指出:“十三五是交通运输基础设施发展、服务水平提高和转型发展的黄金时期,要抓住这一时期,加快发展,不辱使命,为实现中华民族伟大复兴中国梦发挥更大作用。”总书记的指示充分体现了对交通运输发展的殷切希望,为我们当前做好一切工作指明了方向、提供了遵循。新形势下交通公路要想科学健康发展,迫切需要一支在思想上、政治上、作风上全面过硬的干部队伍来发挥引领带动作用。加强公路行业廉政文化建设,就是用先进的廉政文化理念武装头脑、滋润灵魂、指导实践,打造一支信念坚定、为民服务、勤政务实、敢于担当、清正廉洁的交通公路干部队伍,带领广大从业者勠力同心、苦干实干,真正在黄金时期实现黄金般的作为。

三、当前公路行业廉政文化建设面临的形势和问题

近年来公路行业各单位在廉政文化建设上做了大量工作,也取得了一定成绩,对公路事业的发展起到了积极的促进作用,但从整个行业来看,廉政文化建设依然存在着一些问题。

1.思想认识不够,主体失位错位

在推进廉政文化建设中,各级党政部门及主要负责同志应负主体责任,但在实际操作中,由于业务工作繁忙,很多地方和单位往往没有把廉政文化建设作为重要内容纳入议事日程,而是直接交给了党群或纪检部门,且没有给予必要的指导和帮助,这就造成了廉政文化建设主体的失位和错位,工作力度大打折扣。廉政文化建设是一项全局性的工作,牵涉的部门和单位比较多,党群或纪检部门只是廉政文化建设的组织协调机构和具体办事机构。以某个部门一己之力来领导并具体负责廉政文化建设工作,显然会心有余而力不足。

2.创新动力不足,方式方法单一

廉政文化建设是项新事物,处于初级发展阶段,有关责任部门对其科学规律把握得不够,不敢也不善于大胆实践、勇于尝试,导致廉政文化建设缺乏足够的创新驱动力。有的地方和单位每年都搞不少的主题教育活动,但基本都是同一种模式、同一个套路,内容雷同、方法单一、缺乏新意,这也削弱了广大干部职工参与廉政文化建设的积极性。尤其是在一些公路业务工作发展不均衡的一些地方,干部职工往往面临着更繁重的建设任务,很难坐下来深入学习,因此廉政文化建设针对性不强,效果难以体现。

3.建章立制滞后,后劲动力不足

廉政文化建设是一项全局性、系统性工程,需要及时出台严密科学的制度,从更高层面规范约定各项工作内容。但是当前公路行业廉政文化建设的各项实践还停留在“就事论事”“就工作抓工作”的层面,缺乏顶层设计,造成廉政文化建设后劲乏力。而且由于缺乏有效的

评估机制和量化标准,有的同志表示不知道做了那么多工作到底对反腐倡廉建设的作用有多大,不知道这项工作的价值和理念能否被广大党员干部和群众真正接受,这也使得廉政文化建设的实际成效往往不被人重视,工作也就难以深入持久开展。

四、新形势下加强公路行业廉政文化建设的对策与建议

在近几年公路行业廉政文化建设实践中,各地各部门都进行了有益的探索,我们要在取得成绩的基础上再接再厉,也要正视存在的问题,深入剖析根源,找出合适的破解之道。

1.转变观念,落实责任,推动形成廉政文化建设合力

一是要转变“重业务工作开展、轻廉政文化建设”的观念。要充分认识到,廉政文化建设是党风廉政建设和反腐败斗争的基础性工作,是从源头上有效预防腐败的重要举措。只有不断加强廉政文化建设的实践探索,才能为党风廉政建设和反腐败斗争增添助力,才能为公路行业科学健康发展提供良好外部环境和强大精神支撑。二是要统筹推进廉政文化领导机制和工作机制建设。既构建完善党委统一领导、党政齐抓共管、纪委组织协调、各部门各负其责的领导和工作机制;又充分调动社会各方面的力量,形成群众积极参与的良好局面。公路行业各级党政部门要切实担负起领导廉政文化建设的主体责任,带头把廉政文化建设纳入整体工作,统一安排,统一部署,统一检查,统一考核。纪检监察部门要充分发挥组织协调作用,党群、组织、宣传等部门要高度配合,主动作为,既各司其职,又通力协作,合力推动行业廉政文化建设。三是在实践中要坚持面向社会,面向基层,面向项目建设一线,充分调动基层广大干部职工的积极性,提高参与度。要广泛开展调查研究,认真听取基层干部职工意见建议,针对基层所需、所想、所愿,开展方便基层参加、深受基层欢迎的廉政文化建设活动,推动良好的社会氛围和环境的形成。

2.深学理论,大胆创新,打造廉政文化建设精品工程

一是要加强廉政文化理论体系的学习研究。要批判地继承我国传统优秀廉政文化成果,借鉴国外廉政文化的有益成分,特别是要广泛宣传党的廉政方针、政策、要求,以廉政文化理论武装广大干部职工头脑,培养其廉洁理念,丰富其精神内涵,提升其思想道德境界,增强公路职工参与廉政文化建设的信心和信念,扩大廉政文化建设的群众基础。二是要创新廉政文化建设工作理念。要把廉政文化建设放到先进文化建设的总体部署中,放到廉政建设和文化建设的大框架中去谋划、去推进。坚持因人施教、分类施教,注重人文关怀和思想引导、心理疏导,坚持以理服人、以情感人,把廉政文化建设贴近广大干部职工的思想实际,做到入脑、入心、真学、真信、真用。三是要丰富廉政文化建设活动载体。要围绕构建“大宣教”格局,突出廉政文化建设的制度化、经常化、大众化和阵地化,积极开展多种形式的廉政文化活动,讲廉政故事、唱廉政歌曲、写廉政家书、拍廉政短片,让廉政文化进机关、进家庭、进工地、进道班,促进廉政文化的传播。近年来,笔者所在公路管理局把开展“党风廉政教育月”活动作为加强廉政文化的重要抓手,通过组织全局党员干部上廉政党课、参观廉政教育基地、组织廉政知识竞赛、开展廉政警示日等措施,在全局营造了人人思廉、谋廉的浓厚廉政文化氛围,取得了明显成效。

3.健全机制,明确标准,不断将廉政文化建设引向深入

一是要建立多元的投入保障机制。加大廉政文化建设的投入,核算廉政文化建设所需

经费,列入年度财务开支预算中,并做到专款专用、应支尽支、优先划拨。同时,还应努力拓宽廉政文化建设资金筹措渠道,积极向上级争取廉政文化建设经费,保证日常活动的正常开展,廉政工作有序进行。二是要加强人才队伍建设。对廉政文化建设相关人员定期进行业务培训和经验指导,不断增强其对廉政文化建设规律的把握,提高其从事廉政文化建设所必需的组织、协调和策划能力。三是要建立健全考核奖励和惩戒机制。将廉政文化建设结果纳入年度考核,对工作业绩突出的要及时给予表彰和奖励,鼓励创新;对不能完成工作或工作不力的,要给予适当的惩戒,促使引起重视。廉政文化建设的评估标准主要包括:是否遏制了腐败意识和腐败文化的蔓延;是否形成了以廉为荣、以贪为耻,崇尚廉洁、反对腐败的良好风尚;是否提高了党员干部的政治素质、道德素质;是否促进了业务工作的落实。只有建立长效机制和评估标准,廉政文化建设的各项工作才能有序开展,廉政文化建设的现实作用和意义才能突出、彰显,廉政文化建设才能得以持续推向深入。

五、结语

廉政文化建设是党风廉政建设和反腐败工作的基础性工作,是从源头上有效预防腐败的重要举措。只有不断加强廉政文化建设,才能为深入推进公路行业党风廉政建设和反腐败工作增添助力,为营造行业风清气正的良好政治生态提供强大的精神支撑。我们要充分认识公路行业廉政文化建设的重要意义,正视当前行业廉政文化建设中存在的问题,转变思想观念、健全体制机制、打造精品工程,不断将公路行业廉政文化建设引向深入。

二等奖

以“新视角、新方法、新评估”探究公路职工教育条件改善路径

汪　磊

(江苏省南通市公路管理处)

摘　要　公路职工教育历来受到行业的普遍重视,却常苦于陷入多种困境,难以达到预期的教育效果。与公路事业的快速发展不匹配,在一定程度上影响了公路的高质量发展。本文尝试用新的视角、新的方法和新的评估方式探索公路职工教育的改善路径,从理念上转变教育思路,从方法上更新教育方式,从效果上评估教育成效。

关键词　公路职工教育　新视角　新方法　新评估

一、引言

公路职工教育是一个老生常谈的问题,却又是一个常谈常新的问题。说其“老”,就在于公路职工的教育问题确实很多,甚至有许多都是老大难问题;再者是,探索公路职工教育条件改善的前期著作着实不少,但主要都是从常规性举措的角度去试图改善职工教育。说其“新”,就在于职工教育的新形势、新需求、新目的在不断变化,迫切要求我们进一步推陈出新,探索更好的路径去改善职工教育条件,更好推动公路事业发展。基于此,本文尝试从“新视角、新方法、新评估”的角度探究新的教育路径,借以为公路职工教育提供切实可行的操作思路。

二、“老”+“新”看公路职工教育普遍存在的问题

公路职工是公路事业发展的坚强后盾和支撑,其教育管理更是公路发展密不可分的重要组成部分。然而,多年来,公路职工教育复杂多变,新老问题紧密交织,教育成效往往不尽如人意。分析总结,我们发现,职工教育存在的问题主要集中在两个方面,即“人”的问题和“教育”的问题,这两方面又存在“老”+“新”的问题。

1.公路职工群体长久累积的人才困境

由于历史原因,公路部门职工人员素质、能力水平参差不齐,综合性培养提升难度大。加之人员年龄分布不均衡,新鲜血液供应不够充足。此外,人员思想较为落后,保守心理强,主动学习意识较差。

2.公路职工群体现期存在的技术瓶颈

随着社会经济技术的发展,新材料、新工艺、新技术在公路部门普遍应用,相应对职工技

能提出了更高的技能要求。与此矛盾的是,公路职工掌握"三新"技术的人才严重不足,远远不能满足公路发展的需要。

3.公路职工教育长期存在的痼疾顽症

职工教育习惯于"炒冷饭",热衷于把上级精神、书本知识直接灌输给职工,人员抵触心强。此外,教育形式较为单一,创新性不强,职工参与积极性不高。限于教育资金压力,教育条件更是有限,往往不能提供更高质量的教育。

4.公路职工教育面临"互联网"时代的冲击

传统型的职工教育局限在面对面的说教讲堂,面对"互联网"时代的虚拟化、大众化和普及化,职工教育迫切需要引进"互联网",开辟新型教育途径。与此格格不入的是,公路部门利用互联网进行再教育的方式方法不够深入。

三、"新视角"看公路职工教育的"新"理念

理念是决定一件事情成功与否的关键所在,思路新颖,眼光长远,高屋建瓴,方能取得更大的突破。因此,笔者尝试从"新视角"看公路职工教育,旨在跳出传统教育圈子,吸收当前先进的管理和教育理念,促进公路教育推陈出新,以期达到更好的教育成效。

1.公路职工教育要牢固树立"以人为本"的核心理念

早在春秋时期,齐国名相管仲就提出"以人为本"的理念,他写道,"夫霸王之所始也,以人为本。本理则国固,本乱则国危。"一国如此,公路发展,更要以人为本,才能得到职工的充分拥护。当前公路教育需要将人才作为公路发展的最重要财富。

2.公路职工教育要与时俱进,开展互动式教学

传统的职工教育模式强调简单的灌输式教育,老师主动,学生被动,形式单一,教育结果往往收效甚微。而互动式教学可以有效改变这种现状,真正做到"老师主动"和"学员主动",双向输入,从内心获得职工认同感,实现教育的"走心"意图。

3.公路职工教育要平等互信注重参与管理

在公路职工教育上实行参与管理,是互动式教学的延伸。它让职工亲自参与到单位教育管理中来,征求职工意见,获得职工信任,进而促进职工热衷于学习,变被动学习为主动参与,实现从"要我学"到"我要学"的转变。

4.公路职工教育要互利共进,实现路畅人和

公路职工教育收效甚微的一个重要原因在于,没有将公路需要与职工需要有效结合,导致职工缺乏学习动力。因此,职工教育需要将单位期望与个人需要尽可能地聚集起来,找到最佳结合点,最终实现路畅人和。

四、"新方法"探公路职工教育的新途径

探究职工教育的新途径,解决新老问题,促进公路事业的发展,才是我们研究职工教育的意义所在。基于此,"新方法"必须是实用的、可操作性强的。据此,笔者尝试提出四条路径。

1.在综合教育中学以致用,提升职工的岗位本领

坚持学以致用这个总原则,打破教育务虚的认识误区,开展全员性的综合能力培训,将

师资的专业性和教育内容的全面性作为教育重点,频次可设定为一年两次。邀请业务精英和专业教师授课,涵盖业务知识、党风廉政、安全管理、心理辅导等。业务培训老师选取公路一线精英,创造平台,零距离传授公路管理经验,为其他职工树立标杆;专业培训老师选取院校研究专家,讲授更易引人入胜,深入浅出。以此为契机,日常碎片化教育围绕综合性教育补充改进,频次可设定为每月一次。两者相辅相成,提升职工的岗位本领。

2.在专项教育中专项提升,培养职工术业有专攻

坚持分类教育的原则,针对管理型岗位、技术型岗位、工勤型岗位开展专项教育。在部门教育条件允许的情况下,内部开展个性化的岗位职工培训,分别提升三类人员的管理能力、技术能力和勤务能力,满足职工个人化教育需求。鼓励支持职工参加国家级、省级、市级层面重要性的专业化教育,开阔眼界,学习新知识、新成果,借鉴先进经验将其运用到公路发展中,为公路转型跨越升级提供新动能。

3.在常规教育中互动教学,强化职工的参与意识

引入互动教学方法,把职工放置在教育培训中的主人翁地位。采用主题探讨的方式,该方式主要适用于党风廉政教育,遵循“抛出主题—提出问题—思考讨论—寻找答案”的规律,由职工对党风廉政教育提出问题,教育者(领导)和职工围绕如何将业务工作与党风廉政教育有效融合共同讨论,确定主题教育的实际意义,凝聚全员共识。采用问题归纳的方式,由职工针对实际工作存在的问题发问,建立业务管理问题库,教育者(领导)对提出的问题根据实际一一解答落实,凝聚人心,确保部门各项政策决定始终获得职工拥护。采用典型教育的方式,对身边的先进职工、先进党员事迹进行宣传教育,营造“比学赶帮超”的干事氛围;对违规违纪案例进行剖析,以身边人说身边事,达到全员警示的目的。

4.在创新教育中兴趣引导,培养职工的学习意识

教育创新是职工兴趣引导的重要路径,其重要途径就是载体创新和方法创新。载体创新可分为线上创新和线下创新。当前公路部门需要充分利用“互联网+”这个智能平台,开发公路党建 APP、公路微博、公路微信等智能载体,同时不忘结合线下教育平台,开展职工喜闻乐见的活动,激发学习兴趣。智能载体不能照搬照套,要立足问题、征集意见、解决问题,实现职工“指尖”轻易参与,在兴趣培养中提升学习渴求度。

五、“新评估”检验公路职工教育的“新”成效

教育评估是公路职工教育的最后一环、关键一环,也是最受关注的一环,而准确的评估内容和有效的评估方法是决定评估成败的关键所在。基于此,我们尝试从人力资源管理学的角度对评估的内容和方法进行重新界定,“估”后而“查”不足,不足而知后进,形成链式循环的教育改进路线。

1.找准对象,从人的角度选取最佳的评估内容

采用层次评估管理模型,分层级将评估内容确定为反应、学习、行为和投资收益反应五个方面,层层递进。用反应评估查看职工对教育活动的主观感受和看法,能够第一时间收集职工对教育活动的评价。用学习评估查看职工在教育活动中学到什么,能够反映职工是否能够把受教育的内容学以致用。用工作行为评估查看教育是够带来职工行为上的改变,能够反映职工的整体工作氛围变化情况。用结果评估查和投资收益评估查看教育培训投资给

单位发展带来的整体收益。

2.把握时点,从教育本身选取最有效的评估方法

(1)教育培训结束时找到有效的评估方法:第一,利用知识测验来评定培训效果。第二,设计相关工作态度调查问卷来评定培训的效果。第三,利用调查表来征询职工与培训的改进建议。第四,记录培训期间职工的出席情况。第五,根据培训人员的测试成绩来评估培训效果。

(2)在教育培训结束一段时期后采取回任的评估方法:第一,在培训结束一段时期后,调查职工工作绩效的改善情况来评估培训的效果。第二,实地观察职工工作实况来评估培训效果。第三,调查职工部门负责人或同事来评估培训效果。第四,分析职工工作效率来评估培训效果。第五,比较职工之间的工作效率来评估培训效果。第六,根据职工是否达到工作标准来评估培训效果。第七,根据培训的目标来评估培训效果。

3.形成报告,在评估总结中建立链式教育循环路线

待评估结束后,形成综合性的评估报告,对好的教育方法翔实记录,作为经验进行推广;对反复出现的问题归纳概括,剖析原因,明确改进措施。评估报告反作用于今后的职工教育工作,实现“新理念——新方法——新评估——再改进”的链式教育循环路线,持续优化公路职工教育条件,逐步打造一支拿得出手、能打胜仗的公路铁军队伍。

六、结语

需要指出的是,从“新视角”到“新评估”的探究路径,不是为“新”创“新”,而是为服务公路发展寻找教育新路径。因此,在探索“新”路径的同时,不能舍本逐末,更要从实际出发,在组织保障、资金保障、师资保障、载体保障等“老”的基础上,形成“新”“老”相辅相成的良好局面。领导的重视、较为充足的资金、高水平的师资和受欢迎的载体平台,这些都是公路职工教育最坚实的基础。我们要做的是,在这些基础之上更进一步,更深创新,收获更好教育成果,促进公路事业走上发展快车道。

二等奖

公路系统职工教育市场化探索的实践与思考

——以重庆市合川区为着眼点

贺友平

(重庆市合川区公路局)

摘　要　本文以合川区公路职工教育现状为基础,对职工个人基本情况、职工教育情况的分析,指出其不足之处,并对不足之处的原因进行了解析。在查阅部分公路职工教育研究资料后,从国内外公路职工教育形势和社会主义市场经济的发展规律中得到启发,探索性地提出了公路职工教育市场化的理论。本理论分别从可行性论证、概念、内容、具体措施、未来展望等方面进行了阐述,是对新时期、新形势公路职工教育的新探索。

关键词　公路　职工教育　市场化

一、引言

公路是国民经济发展的动脉,公路行业的发展直接关系到经济的兴衰。公路职工作为公路行业人才的重要组成部分,是公路行业赖以发展的基础。开展公路职工教育是提升公路职工素质、加强职工管理的最主要渠道,如何利用有限的资源把公路职工教育开展好,使职工学有所获,新技术、新理念得到实践,成了当前公路职工教育亟待解决的问题。本文以合川区公路职工教育情况为基础,对公路职工教育进行了思考和探析,以期为公路职工教育探出一条新路。

二、合川区公路职工教育概述

1.公路职工基本情况

合川区现有在职在编职工 233 人。其中,男性 199 人,女性 34 人;中青年(39 岁及以下)17 人,中年(40~49 岁)121 人和中老年(50 岁以上)95 人。文化程度方面,初中及以下文化(含同等学力)78 人,占 33.48%;高中及同等文化 83 人,占 35.62%;大专及以上学历 72 人,占 30.9%。政治面貌方面,党员 53 人,占 22.75%;非党员 180 人,占 77.25%。技能方面,管理人员 32 人,占 13.73%,专业技术 21 人,占 9.01%,工勤 181 人(初级工 1 人,中级工 73 人,高级工 104 人,技师 23 人),占 77.26%。

2.公路职工教育现状

近年来,合川区公路主管部门严格落实相关部门关于职工教育工作的要求,结合本地区职工教育实际,扎实有效推进公路职工教育。主要内容分为以下三部分。

一是自我组织的全员教育。合川区公路局根据职工年龄、学历、工种等综合情况,聘请专业技师、行业能手、实践经验丰富的工匠师傅,采取分批次、分层次、突出重点的集中与分散相结合的教育方式,共开展思想政治学习、安全管理、日常纪律等教育70余次,涉及职工人数600余人次,实现了公路职工基础教育的全覆盖。

二是选派业务骨干外出交流学习。由交委和公路局联合选派30多个批次110余人参加机械操作、路面挖补、灌缝、路桥梁安全检测、财会实务等实作技术学习和日常事务规范运作、法律法规、学历提升等基础知识补习,旨在解决职工技能欠缺和知识短期内不足的问题。

三是参加市公路局、区交委等部门组织的相关教育。按照有关文件要求,派遣分管领导、科室负责人、业务人员150余人次参加短期、中期学习和培训200多场,完成规定的学习任务。

3.存在的问题

①各层级对职工教育的重要性和必要性认识不足

上层领导往往不了解基层职工受教育的具体情况,对职工教育的重要性和必要性认识有偏差;本层级的领导,尽管历届都在不同程度上加强和改进职工教育,也逐步形成了一些好的职工教育机制,但受职工教育周期长、立竿见影效果不明显等现实问题影响,往往存在着“学条款”“走过场”等问题,在对待职工教育上的耐性不足;公路职工因工学矛盾突出、个人家庭和年龄影响、安于现状思维等多种因素,无心参加职工教育或是不能主动、深入参加职工教育。

②职工教育模式存在弊端

职工教育模式包括集中教育和自我学习。这两种原始的职工教育模式,既不能完全抓住重点,也不能建立职工教育长效机制;既难以调动职工学习的积极性和主动性,又缺乏必要的教学交流与互动、深研深讨。

③职工教育内容不能满足现实需求

主要是开展思想政治教育和纪律作风教育,对职工的情商教育、生活教育、技能技术教育开展少,加之时间短、内容多,致使其只是一种基础教育。而专题性的教育,重在对某块业务知识和专业技术技能的深入学习,忽略了对思想、政治、情商、生活等的综合性教育。

④师资力量配置不合理

担任职工教育的教师,很大部分是邀请或聘请的部门领导或某个领域的专业研究人员,他们的个人成就和能力毋庸置疑,但在公路职工教育方面还存在不足。此外,对理论知识传授、实际操作教学、心理辅导等师资力量配备也不合理。

⑤教学结果管理存在问题

不管是合川区的公路职工教育,还是市级或其他区级组织的职工学习,绝大多数都没有对教育过程、结果进行评测和反馈研究,以至于出现“学和不学都一样”“学后即忘”“考试走过场”“教学经费沉海洋”等尴尬现象。同时,职工教育没有与绩效管理、激励政策相挂钩,没有形成职工教育长效机制。

⑥存在的其他问题

合川区的公路职工教育还具有和其他地区公路职工教育一样的问题,如职工教育缺乏系统性、创新力度不够、固有教育思维难以转变，职工自身文化水平普遍不高、老龄化问题突出、缺乏与时俱进的思想、信息化与技能化未及时更新等。

4.产生的原因和带来的影响

①原因——既有历史的遗留问题，也有诸多现实原因

过去，公路行业职工换代主要采取单招、内招、子承父业等方式，致使公路职工文化程度高低不一，业务技能参差不齐。尽管大部分职工在工作中积累了丰富的经验，有的还去参加了“学历提升教育”，但随着公路行业的不断发展及新技术、新设备的大批运用，再加上“学历提升教育”只提升了表面的学历，没有真正学到应学的知识和技能，原有的公路知识和技术体系早已不能满足现实需求，在一定程度上给职工教育工作带来困难，限制了整体素质的提高。再者，公路职工教育长期得不到应有的重视，短期也没有有效的改进措施，致使小问题累成了大问题，小矛盾演化为“拦路虎”。

实际工作中，合川区公路局 233 人要负责全区 788 千米普通国、省、县道公路的日常养护和管理、大中修工程及公路改造、安全管理、公路应急抢险和汽车渡口管理等工作。这类工作面广，线长，任务重。公路属于公益性项目，公益性、专业性强，大批量组织职工开展长时间的系统教育不切合实际。职工教育需专人负责，经费高，过程长，见效慢，不可控因素多。

②影响——关系行业兴衰、国家战略和民生福祉

人才是事业的基础。正所谓：基础不牢，地动山摇。公路职工教育，直接关系到本单位业务执行和人员管理，直接影响本地区公路的建、管、养，牵涉到公路行业发展的兴衰、国家战略部署和民生福祉提升。因此，公路行业的职工教育改革刻不容缓。

三、公路职工教育及其市场化探索

1.公路职工教育概述

①公路职工教育概念

欲言公路职工教育，就必须先对职工教育有所认识。职工教育的权威解释为：“为成人教育的主要部分，是对在职的党政机关、企事业单位劳动者（包括工人、行政干部、技术人员等）实施的以政治、文化、经济、管理、科学等知识、技术的各类教育和再教育。”其具体内容包括文化补习、业务培训、专题教育、业余进修、补修等各类教育。目前，职工教育已在我国普遍开展，部分已经发展为较为正规的教育，是思想素质、技术技能再提升的重要渠道。至于公路职工教育这一概念，目前国内还没有一个明确而完整的解释，但得到公认的是：公路职工教育是对公路系统的在职职工实施的以知识、技能等为内容的各类教育和培训的总和。

②公路职工教育发展情况

就全国而言，公路职工教育起步晚，发展快；区域发展不均衡，地区差异大；教学时间长短不一，教育效果总体不佳；多为计划类培训，行政行为多于自发组织；专题性培训较多，缺乏持续性；主要为技术技能、思想政治学习，缺乏对公路职工综合素质的总体提升；多是个别参与，不能兼顾全体职工；公路系统工种繁多，对全体职工开展教育难度较大；职工文化程度、年龄结构等差异大，差异化教育难度大。

重庆市的公路职工教育主要由重庆市公路职工培训与信息服务中心（前身为重庆市公

路局职工培训中心)统一牵头组织和实施,定期举办专题职工教育。各区县按要求和单位实际情况上报参训人员,参训人员按程序参加学习。师资力量多是聘请相关领域专家、工作经验丰富的人员,教育内容由以前的理论教学逐步转向以技术技能培训为主、兼顾思想政治教育,经费由派遣单位按规定报销。

各区县公路主管部门仿照市级公路职工教育模式,对本单位(以思想政治、管理知识等教育为主)和辖区内各镇街负责公路管养的相关人员开展教育(以政策、法规、技术技能教育为主)。

2.公路职工教育的市场化探析

公路职工教育的市场化,目前在国内的提法还较少,而在西方国家,早在二十世纪七十年代就已兴起。起初,芬兰、挪威等政府为了降低财政支出,缓解财政危机,把财政每年直接下拨到主管单位的公务员(公路职工属于公务员行列)培训经费,调整为通过在市场上购买培训成果、招投标、与高等院校合作等市场化的方式支付培训费用,从而削减公务员培训经费。这一举措使公务员培训经费骤然降低了7.9%,而培训质量却提升了20%。

①公路职工教育市场化概念

根据市场化和公路职工教育的基本定义,可把公路职工教育市场化概念概括如下:以公路建、管、养等实际需求为核心,遵照市场理论,用市场作为解决公路职工教育领域问题的手段,通过发挥市场优化资源配置、提高生产效率、促进技术革新等作用,全面提升公路职工的思想政治理论、技术技能、情商等综合素质的一种手段。主要特征有:着眼于公路建、管、养和公路系统建设的实际需要,是一种刚性需求;目的在于提高公路职工教育质量,降低教育成本;是一种以市场调节为主,政府监管为辅的综合管理方法;是对公路职工思想政治、专业技术技能、职业素养等的综合教育,是一次全方位的提升。

②具体内容

a.公路职工教育主体的市场化

即公路职工教育的具体组织者和实施者的市场化。具体内容是:一是扩大公路职工教育主体范围,将单一的由某个公路职工教育培训中心或培训学校拓展到符合公路职工教育的所有教育机构和企业。通过公开招标、对比、评测、选优的形式,选择"物美价廉"的教育机构,降低职工教育成本,提升教育质量。二是推动跨区域性教育主体的引进,增强职工教育主体竞争性。不局限于本地区的公路职工教育机构,努力吸引其他地区优秀的公路职工教育机构到本地竞争,增加职工教育可选性和市场竞争力。

b.教学内容的市场化

这里的教学内容属广义,教学内容的市场化包含转变公路职工教育模式、优化教学计划、丰富教学内容三方面。

破除固有公路职工教育模式,探索多样化的公路职工教育模式,是推动公路职工教育改革的前提。原有职工教育模式多属于上级指标性、命令性、任务型的被动教育模式,时间偏短,效果较差,走过场情况严重,没有充分发挥职工教育作用。采用业务发包式、需求订单式、外派学习式、师徒带动式、培训与绩效考核结合等多形式的主动教育,不仅可以降低职工教育费用,提高职工教育质量,充分发挥职工教育功效,还可以加强公路行业内外交流,便于引进公路先进技术和优质管理经验。

制定教学计划是实施职工教育的第一步。教学目标必须着眼于全局,要有大有小、有粗有略、有远有近;班级情况要深入分析,全面掌握;教学措施要把公路职工教育实际情况与教学目标和内容相结合,提升教学的针对性和科学性。

教学内容是职工教育的核心。教学内容的丰富程度,很大程度上决定了职工教育的成败。公路职工教育因其独有特性,需要兼顾职工的思想政治教育和技术技能,要更加注重公路系统专业技术的教育,特别是财会、人事、综合管理、公路建管养、机械维修等基础性业务教育;要把纪律作风建设与职工素养提升相结合,打造一支清新廉洁、作风优良、爱岗敬业的团队;要融入情商、世界观、人生观、价值观教育,努力提升公路职工工作与学习兴趣,不断提高技术技能,培养乐观的生活态度和平和的心态,引导他们树立正确的世界观、人生观、价值观,甘为路石,甘于奉献。

③师资力量的市场化

以往的公路职工教育存在着“蜻蜓点水”、缺乏系统性和连续性、过多的政治倾向、与实际结合不够等问题。师资力量的市场化就是继承原有的公路职工教育成果,拓宽教师来源渠道,不断优化教师队伍,有针对性地弥补师资力量短板。可通过在市场上有偿聘请交通类大中专院校教师、公路和桥梁方面的科研机构专家、具有丰富公路实践经验的一线专业技术人员充实教师队伍,解决教学不深入、教学水平不高等问题;也可与市场化的专业教育机构签订中长期合作协议,解决公路职工教育缺乏系统性和连续性问题;还可以加强与相关单位交流与合作,探索无偿交换师资的可能性,实现资源的优势互补。

④教学成果考评的市场化

主要是采取引进第三方直接负责公路职工教育考评的方法,提高职工教育成效。

具体操作方法为:将公路职工教育机构的教学成果交由业主(公路职工教育主管部门)与教育机构共同委托的独立的第三方,按照业主的目标和要求,采用质化和量化方法逐一考评;独立的第三方将考评结果报与业主审核,三方均通过后,方可结算经费。之所以要把教学成果考评市场化,主要是由于教学成果考评市场化能更好地满足不同利益主体的需求,对市场需求反应迅速,评估过程不受行政行为的直接干预,评估结果较为客观,责任也更加明确;同时,对于提升公路职工教育质量利远大于弊。

四、公路职工教育市场化的可行性

芬兰、挪威政府的公务员培训改革实验成功后,美国、加拿大、新加坡等国纷纷效仿,不断开拓,大胆创新,逐步形成了职工教育制度,成效明显,成果显著。可见,公路职工教育的市场化,在国际上已成为一种趋势。

现阶段,我国正探索公路养护市场化改革,各地区根据自身实情采取多种适宜本地区公路养护的措施,从实际行动上拥护改革。对于公路养护市场化的研究也如雨后春笋般涌现,公路养护市场化要求公路职工教育的市场化。可以大胆地说,公路系统的大变革正悄然萌芽,公路职工教育的市场化亦是大势所趋。

随着公路里程的不断增加,经济社会发展对公路的要求越来越高,现存的公路职工教育的诸多弊端,致使公路职工教育长期不能适应公路新的发展需要,公路职工反而成了公路工作创新的阻力,既不利于公路事业的长期发展,也不利于单位自身的管理和建设,公路职工教育改革势在必行。

五、公路职工教育市场化未来展望

“十三五”是全面建成小康社会的决胜阶段,是推进结构性改革的攻坚之年,公路职工教育也势必会打破原有束缚,不断向前发展。公路职工教育的市场化是公路职工教育的新探索,受现实影响,在短期内还难以全面推进。但伴随着改革的洪流、社会主义市场经济的快速发展、公路技术和管理模式的不断创新与运用,大力推进公路职工教育教育市场化,建立现代公路职工教育制度,不断提升公路职工素质,是公路行业变革的重要内容,也是实现公路事业跨越式发展的强力助推器。

六、结语

公路系统职工的教育问题是历史遗留问题和现实原因双重挤压的产物,严重阻碍了公路事业的长远发展,亟待解决。职工教育的市场化能有效解决公路职工教育的教学师资、教学内容、教学场地等实际问题,教学成果也能得到一定的保障,具有灵活多变、前景广阔、成本较低等特点,值得深入探索和实践。但须科学规划,合理引导,精心组织,全面考评,持续推进。

上文仅是结合合川区公路职工教育的工作实际,对公路系统的职工教育进行了粗浅的总结和探索。受知识有限、经验缺乏、调研不深入等的影响,提出或总结的观点难免有不妥和不足之处,热切希望能够得到批评指正,以期共同为公路职工教育事业探索出新的、科学的发展路子。

二等奖

对公路廉政文化建设五个要素关系的认识与思考

邮路轩

(江苏省扬州市公路管理处)

摘　要　认清并把握好公路廉政文化建设要素及要素之间的联系和作用,对于从本质上认识公路廉政文化建设内涵,增强要素的融和与配合,创造文化建设良好的内外部环境,更好发挥其在公路部门党风廉政建设和反腐败工作中的功能和作用,具有至关重要意义。本文联系公路廉政文化建设有关理论成果、实践探索、建设经验及存在问题,对公路廉政文化建设中的五个关系进行粗浅阐述和分析,以抛砖引玉,推动这一重要课题的研究与探索。

关键词　公路　廉政文化　建设　关系

一、引言

公路廉政文化要素客观存在于廉政文化建设之中,认清并把握好各要素之间的联系,对于从本质上认识公路廉政文化建设内涵,增强要素的融合和配合,营造文化建设良好的内外部环境,更好发挥廉政文化在党风廉政建设和反腐败工作中的作用,具有重要意义。本文联系公路廉政文化建设的实践,对公路廉政文化建设的五个要素关系进行粗浅阐述和分析。

二、廉政要素与文化要素的关系

公路廉政文化是公路行业关于廉政知识、信仰、规范以及与之相适应的生活方式、社会评价的总和。在公路廉政文化建设中,廉政要素与文化要素的关系是诸多关系中最重要、最基本的关系,研究公路廉政文化建设要素关系首先要研究廉政要素与文化要素的关系。

由于廉政、文化是构成公路廉政文化的两大基本要素,有人就把“廉”“文”关系看成单纯的并列关系,用“廉政+文化=廉政文化”来解读廉政文化。这是从“有”的视角,静态地认识和把握廉政文化。“廉”与“文”两大要素还有更深层次的相融相依的动态关系,这就是“廉”依托“文”而展开,“文”贯穿于“廉”之中。“廉”是公路廉政文化建设的目的,是其区别于其他公路文化的特质;“文”是廉政的魂,离开“文”,公路廉政文化建设就成为空壳。

廉政要素与文化要素相融相依的关系要求公路廉政文化建设必须把着力点放在两者深层融合上。这就是廉政文化建设不只是体现在“廉”与“文”相混合的形体上,更重要地体现在“廉”与“文”相融合的效能上。简单地在廉政要求上涂抹一层鲜亮文化色彩,或在文化载体上贴上一张醒目的廉政标签,都不是真正意义上的公路廉政文化建设。

有人用“不出事,未违纪,零查处”来评价公路廉政文化建设的效能,这是从“廉”的视角考量的,这一点非常重要,但仅有这一点还不够,还要从“文”的角度来考量。行为是道德表征,道德是行为内核。只要“廉”在心中没有生根,廉政就有不确定性。今天不出事,不等于今后不出事。在公路行业,我们看到一些贪腐者起始还曾拒腐,后来由于道德迷失经不住利的诱惑,不经意间陷入腐败泥沼。从深层看,廉与腐、清与贪的斗争,也是围绕道德文化展开的“心”战。因此,廉的思想有没有扎根,恰恰是评价廉政文化建设效能的关键所在。

人们经常称赞位于北欧的丹麦。根据“透明国际”公布的全球清廉指数排行榜,丹麦以9.3分被评为“世界最清廉国家”。这个欧洲童话之邦是怎样炼成“世界最清廉国家”的呢?该国驻华大使裴德盛一语中的:“在历史传统上,我们也没有腐败问题,这是植根于我们文化中的,我们的文化不相信贿赂、敲诈和腐败。”丹麦人认为,没有腐败才是正常的社会和政治现象,一旦有人要行贿,人们会感到很惊讶,因为这不是他们的思想方式和办事方式。丹麦“清廉国家”的实践表明:反腐倡廉建设需要“软硬兼施”。重典惩腐、铁腕肃贪是硬的一手,旨在震慑贪腐者,构建“不敢贪”的思想壁垒;文化尚廉、道德润廉是软的一手,旨在培植廉的土壤,弘扬“耻于贪”的道德追求。与被动式惩治相比,文化润廉更具积极防范、主动拒腐的意义。因为有了强有力的文化驱动,廉的正义与崇高才得以伸张与弘扬。

三、廉政文化建设内外部环境的关系

公路廉政文化建设有内部外部两个环境,外部环境是其所处的社会、政治、经济大环境,内部环境是行业、单位自身小环境。廉政文化建设的内外部环境相互影响、相互作用。一方面,公路廉政文化建设的小环境存在于大环境之中,接受大环境的辐射、传导、带动;另一方面,大环境是由一个个小环境组成的,没有一个个廉洁奉公、文明健康的小环境,也就没有公正廉明、气正风清的大环境。

公路廉政文化建设内外部环境在相互作用中不断发展变化,从大环境看,按照全面从严治党的战略布局,党和政府对党风廉政建设、反腐败工作越来越重视,惩腐力度越来越大,舆论和社会监督越来越给力,然而“不收手”“不收敛”的前“腐”后继现象却依然存在,且贪腐手法越来越隐蔽,反侦查能力越来越强,查处难度越来越大。从贪腐案例看,腐败已严重侵蚀了机体,一方面揭出的“大老虎”令人触目惊心,“群蛀”现象严重;另一方面腐败毒瘤也在基层蔓延,向非领导人员侵袭,近年公路部门就出现“小‘官’巨贪”的案例。反腐败斗争的新变化,要求我们充分发挥环境变化的积极因素,努力克服消极因素,形成大小环境良性互动。

在对待大环境与小环境的关系上,当前存在两种错误偏向。一种是“见大不见小,见外不见内”,片面把行业和单位思想作风和经济方面问题,归结于大环境不好;一种是只顾“小环境”,看不清大环境变化,看不见大环境对小环境的要求。要充分认识和把握公路廉政文化内外部环境相互作用机理,利用大环境建好小环境,抓好小环境优化大环境。首先,要正确认识和评判反腐倡廉形势,利用全面从严治党营造的党风廉政建设和反腐败斗争的有利大环境,切实搞好公路廉政文化建设,树立反腐倡廉的信心和决心。不要因为公路部门发生一些贪腐案件,就把公路领域看成一团漆黑,觉得腰不硬、腿不直,不敢讲廉,怯于倡廉。决不能因为一匹白马身上有几撮黑毛,就把这匹马看成黑马,一筐水果有几只烂果,就说这一筐果子全烂了。在党风廉政建设和反腐败斗争不断深入的情况下,信心比金子还重要,因为失去信心、失去信念,势必失去加强廉政文化建设的定力。同时,克服“唯环境”论,把所有小环境问题都归咎于大环境,被动顺应大环境,片面依赖大环境,要勇于创新,敢于担当,努力打造良好的廉政小环境。这些年笔者所在公路站大力强化领导干部党风廉政责任制、职工廉洁从政承诺制,弘扬廉政文化,主动防范廉政风险,形成以廉为荣、文明服务的新风尚,四次被省厅公路局表彰为省“优胜公路站”,被扬州市纪委命名为廉政文化建设示范点,站党总支连续两次被高邮市委表彰为先进基层党组织。实践证明,小环境对于大环境不只是被动适应,完全可以大有作为,对于一个单位廉政文化建设环境来说,单位自身起决定性作用。

四、廉政文化活动的频度与深度的关系

公路廉政文化无限活力在于积极创造,在于行之有效的活动。公正廉洁、健康向上的公路文化不会从天而降,要靠廉政实践,靠培育灌输。廉政文化活动的过程就是廉政灌输的过程,廉政文化建设的力度与文化活动的频度呈正相关,有频度,才有氛围,才有张力。

然而,公路廉政文化活动不是为活动而活动,其出发点是用“廉”教育人,引导人,感化人,最终体现在被人接受上。这就要求,开展廉政文化活动要注意方式,讲究方法,要有创意,有深度,如果只讲频度,忽视深度,粗制滥造,热衷作秀,不但直接损害活动本身,而且损伤廉政文化圣洁,当廉政文化教育活动沦落成沿街叫卖时,廉政宣导也就失去了其价值和意义。

实践证明,廉政文化活动频度与深度体现了活动的量与质的关系,也体现了活动成本与成效的关系。廉政文化活动的“质”存在于“量”中,有“量”才有“质”;文化活动的“量”最终实现在“质”中,有了“质”,“量”才有意义。因此,廉政文化活动追求的是有质的量、有深度的频度。同时,文化活动需要投入,每搞一次活动都有一定付出,存在成本的问题,而活动的成效却取决于能够感化人、打动人的活动质量,并非投入得越多价值就越大,活动成本越高作用就越大,从一定意义上讲,廉政文化活动也应考虑成本,注意成本效益相统一的问题。

当前,在公路廉政文化建设中,存在一种过多重视活动次数而忽视活动质量的倾向,表现在对活动的组织形式讲究较多,对活动的效能研究较少,片面追求活动的数量及规模,而落入简单化、形式化、程式化俗套。在这样缺乏亲和力、感染力、渗透力的文化活动中,人们多半处于一种“被活动”的状态,其结果是普遍感到厌倦和反感,与廉政文化活动的初衷背道而驰,努力探索一条质量效益型公路廉政文化建设之路是一个重大而紧迫的课题。

频度和深度是公路廉政文化建设相辅相成的两大要素,在这两大要素中,提高活动质量不仅比增加活动频度更为重要,难度也相对更大。首先要努力提高活动的针对性、多样性和有效性,紧密联系廉政文化建设的工作实际和干部职工的思想实际,有的放矢开展有声有色的活动,防止和克服“大而空”“多而散”“通而泛”的现象,让干部职工从关心、关注、关切的廉政议题中,获取知识、感悟文化、汲取力量。同时要大力进行活动方式创新,一方面利用会议、板报、宣讲、报刊等传统媒介开展廉政文化活动,另一方面利用手机、互联网等新兴媒体开展廉政文化活动。近年,笔者所在公路站利用“微”平台,打造可读、可视、可互动的“掌上党建”,开展“5 分钟廉政教育”活动,迅速及时,图文并茂,文章短小精悍,知识性、趣味性、可读性强,深受干部职工欢迎,取得了较好的宣传教育效果。

五、古代廉政文化精髓与现代廉政文化成果的关系

中华文明作为人类历史四大古文明中唯一未断裂的古文明,蕴藏着取之不尽、用之不竭的文化财富,其中治国治家、为政为人的至理箴言至今闪烁着智慧光辉。2000多年前,古人就有“太上立德,其次立言,再次立功”之论。宋代学者吕本中著《官箴》一书,开篇言:“当官之法,惟有三事,曰清、曰慎、曰勤”。北宋包拯官居要职,刚正不阿,以严厉“家规”警示后世仕宦家人。高邮清代名士王念孙、王引之故居的内壁上,镌刻的“戬毂”二字,至今依然醒目,该二字主要警醒家人尽除心中邪念,注意修养品格,以臻于至善,几代人父行子效,身体力行。这些都是古人留给我们的珍贵廉政文化遗产。西方在累积廉政文化资源的同时,运用现代社会学、政治学、心理学、法学、行为科学等现代学科知识,极大地丰富了廉政文化内涵。

然而,对于古代廉政思想和现代廉政文化,我们却存在知之不多及认识不足的双重欠缺,总以为古代的东西离我们太远,现代的东西论述太多,文化的东西讲得太玄,在物质文化生活日益丰富的同时,正在失去一种古典的清正、诚挚与情怀;面对异彩纷呈的现代廉政思想、观念、理论,因不甚了解而头晕目眩。在处理古代廉政文化精髓与现代廉政文化思想的关系上,看不清当今廉政文化中蕴含的古代文明基因,看不清当今中国廉政文化与西方廉政文化交流交织的关系,在探究廉政文化时,或割断历史而言必称希腊,或把西方廉政文化对个人价值的尊崇看成异端,不加分析地简单排斥。其实我国古代廉政思想和现代廉政文化尽管思维路径不同,但对文明进步、对廉政目标的追求是一致的。

汲取古代廉政文化精髓和现代廉政文化思想,既是公路廉政文化建设的薄弱点,也是亟待加强的重点。首先要按照“古为今用,洋为中用”的方针,正确认识我国古代廉政文化和西方廉政思想,扫除思想障碍,借鉴古代廉政文化,汲取西方先进廉政思想,提高廉政文化建设水平。同时,广泛深入开展学习读书活动,帮助干部职工解决古代廉书难懂、西方廉著难解的问题,让职工从读书中获得真知,享受乐趣。近几年,笔者所在公路站在廉政文化建设中,开展了“经典精读”“廉书荐读”活动,在职工书屋设立廉政书架,方便职工借阅,举办“邮路学堂”,加深干部职工对廉政思想、观念、理论的理解,提高了公路文化活动的品位和廉政文化建设水平。

六、廉政文化建设的长期性与阶段性的关系

公路廉政文化建设是一个长期性任务,同时又有阶段性特点。其长期性在于廉政文化建设是一个日积月累、润物无声的系统工程,不可能一蹴而就,慢不得,急不得,浮不得,躁不得,需要长浇灌、细滋润;在于公路领域的“廉”与“腐”之争的长期性、复杂性、反复性,廉的阵地稍有缝隙,腐的东西即乘虚而入,廉政文化建设永远在路上;在于公路廉政文化建设尽管取得丰硕成果,但仍存在一系列问题和缺失,有些问题甚至带有根本性,全面系统解决这些问题需要时间。廉政文化建设的阶段性在于一定阶段反腐倡廉工作都有重点任务、重要议题和亟须解决的突出问题。处于经济转型期的公路部门反腐败斗争相当复杂,在被称为“金桥银路”的公路交通工程中,面对四面八方射来的“糖弹”,有一些人明知贪腐是一条不归路,却在偷偷地前“腐”后继,由于道德失范、错位,而中弹落马,其中不乏颇有政绩的“能人”,这些既令人扼腕,又令人警醒,公路廉政文化建设任务依然紧迫。

廉政文化建设的长期性任务与阶段性工作各有重点。长期性任务重在进行廉政文化的基础性、系统性、全面性建设，旨在“治本”；阶段性工作重在紧扣一段时期代表性、突出性、迫切性的廉政问题进行“治标”。在一定意义上，廉政文化建设的长期性与阶段性反映了治本与治标的关系。当然，公路廉政文化建设的长期性任务与阶段性工作是不能截然分开的，长期性任务中有短期性目标，短期性突出问题中有长期性因素。只讲阶段性治标，忽视长期性治本，一味头痛医头脚痛医脚，不仅标的突出问题难以真正治好，即使取得一些成果也难以巩固；只讲长期性治本，忽视集中治标，廉政文化的突出问题未能很好解决，不但长期性治本难以推进，而且直接影响对党风廉政建设和反腐败斗争的信誉和信心。

当前，公路廉政文化建设中较为普遍地存在表面性、短期性工作搞得较多，长期性、系统性工作做得不够的问题。阶段性工作与长期性任务“两张皮”，习惯于运动式开展，追求轰动效应，热衷浅表动作，结果在形式主义中走形式，在热热闹闹中走过场，这些对于公路廉政文化建设十分有害。解决廉政文化建设长期性与阶段性关系的失调失从，要从增强两者的互动性、找准契合点入手。一方面深入探索公路廉政文化建设的规律，对廉政文化建设进行“顶层设计”，通盘运筹廉政文化的中长期建设规划和阶段性安排，大力进行机制、制度创新，为实现阶段性建设目标提供政策支持和制度保障，并加强对阶段性工作考核评估，提高阶段性工作效能。另一方面，把阶段性廉政文化建设工作置于长期性、系统性目标之下，加强阶段性成效的巩固拓展及阶段之间的衔接，提高廉政文化建设的综合性、连续性和可持续性。被誉为古文明四大摇篮证明人的苏格拉底，2500 年前，就在古希腊德尔菲神庙前竖了一块石碑，用铁锤和钢钎雕刻了一行字：人们啊，认识你自己吧！这行字，如今已跨越 25 个世纪，联想这行字，公路人应扪心自问：在名利面前，我认识自己了吗，我能正确对待金钱、权力吗？公路廉政文化建设任重而道远。

七、结语

综上所述，公路廉政文化建设存在表面性、短期性等问题，长期性、系统性存在欠缺，需从五要素之间的关系加以辨析与思考，进一步增强要素间的融和与配合，创造廉政文化建设良好的内外部环境，更好发挥其在党风廉政建设和反腐败工作中的功能与作用。

二等奖

公路系统基层组织廉政文化建设路径分析

——以重庆市梁平区公路局实践为例

谢文平

(重庆市梁平区公路管理养护所)

摘　要　伴随社会经济高速发展,基层公路行业也持续蓬勃发展。基层公路行业工作环境改变、经济条件改善的同时,拒腐防变已成为工作中凸显的课题。本文从全面推进依法治国的背景出发,论证公路行业廉政文化建设的重要性和紧迫性。并以重庆市梁平区公路局开展公路行业廉政文化建设实践为例,提出基层公路行业廉政文化建设须加强组织建设,形成行业廉政文化建设格局;应创新活动载体,丰富廉政文化建设内涵;要善抓重点对象,引导职工群众广泛参与;须着重制度建设,不断夯实廉政文化基础;有针对性地开展调研工作,提升行业廉政文化建设理论水平。

关键词　基层公路行业　廉政文化　建设途径

一、引言

伴随中国社会经济的高速发展,公路行业也呈持续蓬勃发展之势。近年来,基层公路行业工作环境改变、经济条件改善、物质生活水平提高的同时,拒腐防变已成为日常工作中凸显的课题。廉政文化是引导领导干部修身正心、保持思想警惕的外在动力,也是营造风清气正的社会生态、行业生态的文化支撑,还是保证各行业从业人员形成廉洁奉公、爱岗敬业的精神牵引。可以说,廉政文化建设是拒腐防变的一项基础工程。早在2005年,中共中央颁布的《建立健全教育、制度、监督并重的惩治和预防腐败体系实施纲要》,就明确提出要大力加强廉政文化建设。在全面依法治国的宏观背景中,习近平总书记也一再强调,要积极借鉴我国历史上优秀廉政文化,大力加强反腐倡廉教育和廉政文化建设。本文主旨,就是在明确公路行业廉政文化内涵的基础上,分析加强基层公路廉政文化建设的重要性,并以重庆市梁平区公路局开展公路行业廉政文化建设实践为例,分析提炼基层公路行业廉政文化建设的具体路径。

二、公路廉政文化的概念分析

所谓公路行业廉政文化,是指廉政文化在公路行业中的反映和表现,是公路行业各部门以及干部职工在一定的政治、经济、文化环境中所形成的关于廉政方面的思想理念、思想道德、精神品位、生活观念和行为规范的总和。公路廉政文化的内涵包括三个层面。一是公路行业的干部职工对“廉政”思想的认知程度、干部的廉政文化素质、生活观念和价值取向等精神层面。二是廉洁从政、公开工程招投标、依法治路、优质服务的规章制度、行为规范等制度层面。三是公路行业部门廉政文化教育场所、专栏、文字及影像资料、公路廉政文化景观等物质层面。

三、加强基层公路行业廉政文化建设的重要性

基层公路行业点多、线长、面广、量大,工作服务范围涵盖了人们社会生活的各个领域,是与人民群众日常生活联系紧密的基础行业。加强基层公路行业廉政文化建设,是行业发展的内在要求,更具有全局性的战略意义。

首先,加强基层公路行业廉政文化建设是形成公路行业拒腐教育长效机制的内在要求。党的十七大报告中指出,全党要“坚持深化改革和创新体制,加强廉政文化建设,形成拒腐防变教育长效机制、反腐倡廉制度体系、权力运行监控机制”。党风廉政建设的基础是教育。加强廉政文化建设,说到底,根本在于抓好廉政文化教育。当前,公路违纪违法现象时有发生。从披露的腐败案件可以看出少数党员干部抵制腐败思想和腐朽文化侵蚀的能力不够强,意志不够坚定。基层公路行业是全行业发展的根基。只有加快基层公路行业廉政文化建设的步伐,不仅为反腐败斗争摇旗呐喊,鸣锣开道,而且要对预防腐败和廉洁从业进行舆论引导,形成党员干部“思廉不思贪”的思想保障,营造“以廉为荣、以贪为耻”的浓厚文化氛围,基层公路行业的干部职工才能真正做到抵制腐败文化的影响和侵蚀。

其次,加强基层公路行业廉政文化建设是构建和谐公路的重要保证。一个行业的发展,离不开行业内部的凝聚力与向心力。基层公路干部队伍必须具备“政治坚强、公正清廉、业务精通、作风优良、纪律严明”的基本素质,必须具备职工群众认为“可亲、可敬、公道、正派”的良好形象,才能发挥好领导、带头作用,才能在行业内部形成和谐的党群关系、干群关系,各项日常具体工作的开展才能事半功倍。反之,若没有廉洁勤政的党员干部队伍,就难以保障职工队伍的思想稳定,行业内部就难以形成和谐的党群、干群关系,各项工作任务的完成就会受阻。因此,加强公路行业廉政文化建设,不仅是党风廉政建设和反腐败斗争的需要。也是构建和谐公路,促进整个公路行业快速、健康发展,适应新形势,面对新挑战的需要。

四、基层公路行业廉政文化建设的具体途径分析

基层公路行业廉政文化建设具体途径的分析是一个宏观的命题。重庆市梁平区公路局高度重视公路行业廉政文化建设工作,注重发挥行业廉政文化的作用,近年来,在加强组织领导、培育核心理念、推进制度创新、引导群众参与、营造反腐倡廉氛围等方面进行了积极探索和实践,取得了阶段性的进展。笔者以此为典型案例,提炼分析基层公路行业廉政文化建设的具体途径。

1.加强组织建设,形成行业廉政文化建设格局

组织建设,是开展廉政文化建设的首要任务。领导要高度重视,积极组织开展基层公路行业廉政文化建设。重庆市梁平区公路局在基层公路行业的廉政文化建设中,通过党组织制定具体活动方案,集中开展推优学模、读文思廉、警示教育、家庭助廉、上廉政党课、办廉政专刊和宣传栏、理论征文和编写格言警句、廉政文化演讲和知识竞赛、廉政文化书画摄影展

等活动,落实廉政文化"进机关、进基层、进家庭、进工地"等"四进"活动,逐步形成廉政文化长效建设格局。

2.创新活动载体,丰富廉政文化建设的内涵

创新活动载体,是丰富廉政文化建设的重要途径。重庆市梁平区公路局在推进廉政文化建设过程中,通过树立"以项目带活动"的理念,着重以开展廉政文化主题教育、以各种艺术形式的文化实践和廉政文化阵地建设为活动载体,注重指导、加强引导、鼓励创新;紧扣工作实际,以干部职工是否容易接受、喜闻乐见,活动项目是否具有较好的参与性、趣味性、实效性为判断标准,设计系列廉政文化建设活动项目,策划项目活动的具体步骤和实施程序。通过开展廉政文化建设系列活动搭建"廉政教育工程"。在活动的具体形式上,做到"三个结合"。一是集中教育与日常教育相结合。即在坚持经常性的理论教育和反腐倡廉教育的基础上,结合中心工作制定教育计划,开展生动活泼的廉政主题教育活动,通过建立廉政宣传网站、开展访贫问苦、组织廉政知识竞赛、演唱廉政歌曲、征集廉政格言、开展廉政专题书画摄影比赛、组织廉政勤政典型宣讲、反腐倡廉友情提示等一系列专题活动,营造良好的激励和自律氛围。通过教育倡廉、典型导廉、文艺颂廉、读文思廉、躬行践廉、谈话促廉等活动,提高廉政文化建设的吸引力、感染力、互动力和渗透力。紧扣"树廉政交通新形象"的主题,开展一次警示教育、一次廉政座谈会、一次知识竞赛、一次歌咏晚会等"十一个"系列活动,运用文化特有功能,拓宽宣传教育领域和空间。二是警示教育与典范教育相结合。针对典型案件联系本单位实际进行反思和对照检查,推选工作中各方面的先进典型进行现身说法,树立典型。邀请纪检工作人员向全体干部职工上党课,深入剖析近年来公路系统发生的案例,以案释教,向干部职工提出具体的廉政要求,让党员干部从中得到启迪,思想灵魂得到净化,做到"责任扛肩上、廉政记心中"。三是党内教育与家庭教育相结合。国如车,家是轮。传承好的家风,必然能促进形成好的政风和社会风气。习近平总书记就曾提出"领导干部要把家风建设摆在重要位置,廉洁修身、廉洁齐家"。梁平区公路局将基层公路行业的党风廉政教育向党员干部的家庭延伸,广泛开展家庭助廉、争当"廉内助"等活动,构筑牢固的家庭反腐保廉防线。通过开展"廉内助"座谈会、家庭健康生活讲座、"文明家庭"评选等系列家庭助廉活动,营建良好的家庭廉政氛围。

3.抓住重点对象,积极引导职工群众广泛参与

职工群众的广泛参与,是廉政文化建设取得成效的重要保障。基层公路行业的廉政文化建设,第一要结合实际情况,把廉政文化建设活动与贯彻落实党风廉政建设工作相结合,与推进各项公路工作相结合,与治理商业贿赂专项工作相结合,通过抓项目促活动,抓机关带基层,有重点、全方位、多层次地开展对广大干部、职工群众的廉政宣传教育。第二,基层公路行业开展廉政文化教育活动,要以职工群众为主体,充分发挥领导力量较强、职工素质较高、党员比例较大以及相应机构较为健全等组织、行业文化优势,调动各方面的积极因素,动员基层广大职工投入到廉政文化建设之中,通过适时举办廉政摄影书画展、廉政文化理论征文等活动,以点带面,充分调动广大干部职工的积极性、主动性。通过活动,强化广大干部职工廉洁自律的意识,营造"以廉为荣、以贪为耻"的氛围。第三,在开展廉政文化活动中,从领导到一般干部、从党员到一般群众、从职工到家属,既是活动的教育对象,也是活动的组织发动者,要通过"上下互动",拓展廉政教育的深度和广度,促成每一位干部职工在潜移默化

中产生对廉政价值核心的集体性认同。以梁平公路局的具体实践为例,其围绕服务一个中心(公路工作中心)、建立两个机制(责任、考评机制)、实现三个推进(推进廉政建设、推进思想政治工作和推进公路工作)统筹建设,取得明显效果,通过深入开展三项主题教育(展示廉政交通新形象,做党的忠诚卫士、当群众贴心人和社会主义荣辱观主题教育),营造“人人参与、不断深化”的廉政氛围,逐步形成“面向机关、面向基层、面向家庭、人人参与”的倡廉保廉立体工作模式。

4.强化制度建设,不断夯实廉政文化的基础

制度建设,是夯实基层公路行业廉政文化的基础保障。基层公路行业须将廉政文化建设作为构建惩防体系的制度建设的一项重要内容。只有把廉洁从业的要求纳入各项行政管理规章制度之中,贯穿于治理商业贿赂工作的全过程,才能有效规范行政管理行为,提升行政管理水平,规范工作责任、程序,发挥制度在惩治和预防腐败中的关键作用。以梁平区公路局为例,其在公路建设方面,严格执行行业相关要求, 进一步简化普通公路建设项目的审核审批,加强对农村公路的建设管理,用制度来约束和预防腐败行为的发生;在机关管理方面,建立健全效能建设制度,强化工作纪律、作风,制定《机关车辆管理制度》《机关考勤管理办法》等制度,通过规范从业行为,使廉洁从业各项规定成为各项管理工作制度建设的重要内容;同时,把廉政文化融入工程建设管理,围绕人、财、物的权力运行,加强监督检查和考核,不断完善谈话制度,建立外借人员一年一次廉政教育预约谈话制度;另外,还制定工程管理人员廉政规定,建立“不合格工号”档案,实行工程质量与技术干部职称评聘、评先评优等挂钩。正是有了这些制度的构建,廉政文化的基础才真正得以真正夯实。

5.加强理论研究,提升行业廉政文化建设理论水平

在开展基层公路廉政文化建设活动中,必须重视开展廉政文化理论研究工作,提升行业廉政文化建设理论水平。应积极开展廉政文化理论调研和征文活动。调动广大干部职工探索廉政理论、行业文化理论的积极性,鼓励他们撰写有一定理论性、实践性和探索性的文章。在实践方面,引导他们深入总结公路廉政文化建设实践的经验。在理论方面,引导他们对廉政文化的内涵、结构、特征、功能、载体,廉政文化建设的原则、规律、特点、评估等,进行深入研究和探索创新。鼓励广大干部职工,在积极做好实际工作的同时,注重总结实践做法,提炼各种新鲜经验,对如何建立健全领导体制和工作机制,加强规划和组织协调;如何树立廉政文化理念和规范广大职工廉洁从业行为,营造廉荣贪耻的廉政文化氛围;如何将廉政文化有机融入管理工作,发挥促进和保障作用;如何加快建立企业廉洁文化长效机制等,提出比较有价值的对策和建议。

五、结语

加强基层公路行业廉政文化建设是构建和谐公路的有效手段,也是在依法治国背景下,公路行业深入开展反腐倡廉工作的内在要求。只有紧紧抓住这一重点环节,以廉政理论为统领,着力提高干部职工的认识水平;以廉政思想为核心,着力构筑预防腐败体系;以文化活动为载体,着力营造廉政文化氛围;以廉政制度为基础,着力强化遵章守纪意识,才能确保公路行业廉政建设取得实实在在的成效,公路行业的发展才有思想和制度的双重保障。

参考文献

[1] 本社.建立健全教育、制度、监督并重的惩治和预防腐败体系实施纲要[M].北京:方正出版社,2005.
[2] 胡锦涛.高举中国特色社会主义伟大旗帜　为夺取全面建设小康社会新胜利而奋斗——在中国共产党第十七次全国代表大会上的报告[N].人民日报,2007-10-15.
[3] 习近平.借鉴历史上优秀廉政文化　不断提高拒腐防变能力[EB/OL]. http://news.xinhuanet.com/politics/2013-04/20/c_115468016.htm.
[4] 习近平.把家风建设摆在重要位置[EB/OL].http://www.chinanews.com/gn/2016/05-11/7867115.shtml
[5] 谢箭.关于加强公路行业廉政文化建设的思考[J].新西部,2011(13):57-58.
[6] 金卫明.努力营造公路行业廉政文化氛围[N].驻马店日报,2010-04-07.

二等奖

"互联网+"背景下的职工教育培训的创新

王志杰

(湖南省永州市公路局)

摘　要　在"互联网+"时代,如何利用大数据推动职工教育培训?本文对如何构建职工教育四种新模式,如何正确处理好相关关系,进行了有益探索,旨在开创交通运输事业的新局面。

关键词　"互联网+"　职工教育　创新

一、"互联网+"的概念的提出

李克强总理在 2015 年《政府工作报告》中提出了"互联网+"的概念,要求制订"互联网+"行动计划,把"互联网+"提升到国家战略层面,这是对互联网化理念的一次拔高,也是对各行各业互联网化思路的具体落地。

"互联网+"是把互联网的创新成果与经济社会各领域深度融合,推动技术进步、效率提升和组织变革,提升实体经济创新力和生产力,形成更广泛的、以互联网为基础设施和创新要素的经济社会发展新形态。将互联网作为信息化发展的核心特征,与各行各业连接,这不是简单的相加,而是利用信息通信技术以及互联网平台,将互联网技术应用于传统行业,并进行深度融合,改变思维模式,创造出更多价值。

二、"互联网+"职工教育新变化

"互联网+"背景下给学习带来了很多变化,也给职工教育带来了重大变化 。"互联网+"职工教育,说到底是大数据驱动,实现信息流的数据化流通。在教育培训各项流程中防止信息不对称,提供信息传导效率,借助大数据技术完成数据分析,让数据驱动产品的价值创造和价值传递。如何实现"互联网+"职工教育与时俱进、守正与创新,笔者认为主要有以下几个方面。

一是互联网时代职工学习资源的丰富、学习方式的多元。互联网时代的职工教育是多维度的,学习资源是海量的。学校已成为没有围墙的大学,职工学习没有了一劳永逸的可能,终身学习越来越重要。每一名有特长的职工都可以成为教师,教师也应该向优秀职工学习。教师有问题搞不明白,也要向学生请教。总之,职工教育培训要以道者为师,能者为师,贤者为师,会学习者为师。

二是互联网时代职工教育与培训变得更加开放。过去,人们靠看书看报、靠一台收音机接收外界的信息,现在的传播方式越来越广泛,从电视到电脑、手机、平板、网络图书馆 ,已经深入到人们生活的各个方面,自然包括职工教育培训领域。

三是互联网时代职工教育更加包容,个性兴趣更加突出。每名职工都能找到自己的兴趣爱好。互联网给予每名职工成为独立的个体学习者的机会。大数据、人工智能的支持,使每名职工的学习都可以做到“量体裁衣”。

四是互联网时代对职工教育的教学组织形式带来了变革和挑战。比如,人们可以通过微信交流教育培训的相关信息;依托新技术进行资源共享,实现职工教育的均衡发展;职工在网络上的学习时间越来越多,网上课堂成新常态;尽管隔着遥远的距离,仍旧可以上一堂远程课。如果没有互联网,这样的职工教育方式既不可能存在,也不可能节约教学成本。

三、“互联网+”职工教育培训的四种模式

1.网络大学与 MOOC 模式

一方面,上级主管部门通过打造网络大学平台,整合职工教育培训的课程资源与知识资产,实现职工自主学习的电子化和多样化。职工教育与培训不仅仅可以依靠自己独立开发的网络大学,还可以借助大型开放式网络课程——慕课(MOOC,massive online open courses)培训平台。在慕课平台培训中获得相应的学分及学习能力认证。MOOC 的开放性为终身学习理念及学习型社会提供了有力支撑。在 edX、Coursera 及 Udacity 的带领下,各国 MOOC 平台也逐步形成。2014 年 5 月,爱课程网携手云课堂打造的在线学习平台——中国大学 MOOC。学员不仅可以自行选学各类优质课程,还可获得相应的认证证书。如何将 MOOC 上的学习与实体培训中的学分互认,做到学校与企事业单位合作,互利共赢,如何规范课程获取,保证培训质量,商业模式、技术服务等都是 MOOC 运营的关键,也是促进 MOOC 稳定发展需要思考的问题。

2.O2O 闭环转型模式

一些网络教育培训机构凭借互联网技术上的优势,积累了丰富的用户体验经验,能迅速进入一种“浸染式”教学模式。一些老牌的传统培训机构,早已大力开发在线培训模式,如新东方的 Koolearn、新东方 TV 学堂等。一些在线教育机构,如沪江网,在互联网的冲击下,为提高用户黏性,由主场“线上”转至“线下”。2014 年 7 月,沪江网成立在线教育体验店,正式对外开放。显然,O2O(online to offline)的线上线下闭环模式成为企业培训转型的重要法宝。这是“互联网+”的一种尝试,也为在线职工教育培训 O2O 模式发展带来希望。

3.翻转课堂与 C2C 模式

在“互联网+”时代影响下,也可以把 C2C(customer to customer)与翻转课堂相结合。让学员与学员先在线互动交流,学习在线课程,相互解答疑问,分享所学知识,然后再共同进行课堂学习。从单一的网络直播转为翻转课堂的模式,结合直播、录播、在线学习、在线答疑等多种模块,让学员自主学习,增强学习的兴趣,实现培训的个性化、自主化、社交化。

4.移动学习与微课模式

在移动互联网影响下,移动学习也在职工教育与培训中流行起来。如今低头族、拇指族的数量越来越庞大,大家更习惯在手机上获取信息。在公交车上、沙发上,甚至喝咖啡时都可以进行一个小知识点的学习,将碎片化的时间有效利用起来。加上微信、微博等 APP 的

广泛应用,使得手机成为人们生活中必不可少、极度依赖的伙伴。移动学习寓教于乐,更符合现代人的学习习惯,也成为大家获取知识的新方式。

移动学习平台以自主学习、社区式学习相结合的设计理念,将传统的职工教育培训应用到手机等移动终端,是移动技术与 E-learning 相结合的产物。在职工教育培训中,移动学习的推广和应用能解决培训中职工"不愿做"的难题,促进单位学习型组织的建设。移动学习将是未来组织学习的趋势,是最好的管理提升工具和管理资源库。

四、"互联网+"职工教育培训面临的新挑战

互联网改变了我们的生活、学习方式,给我们带来惊喜的同时也带来更多挑战。职工教育在线培训与传统培训并不矛盾,也不存在哪一方将会被取代,而是一起探索一个共同的新模式,并争取主动权。但如何整合线下线上资源,如何使两种培训模式相互配合又不相互制约是一个重难点。

O2O 是职工教育培训的转型必经之路。但在零售业 O2O 做得风生水起之时,职工教育培训也面临着巨大挑战。仅将传统的培训内容搬到网上并不是一件复杂的事情,但网络培训不仅需要课程内容做支撑,更需要成为让职工变被动为主动的多功能平台,也需要完善的评价系统。

"互联网+"时代下的移动学习,无疑拓宽了信息的广度,但对信息的深度发掘不够。信息化与商业化的结合,促使服务商将服务对象也就是学习用户视为了上帝。所传递的信息也为贴近用户而变得更为碎片化、网络化、通俗化,用户也相应地满足于这种快餐式的信息获取。随着 4G 网络升级,多媒体(视频、图片等)信息更为普及,各种订阅推送层出不穷,扫一扫随处可见,用户的黏度、行为习惯都在发生改变。在企业的移动学习平台中也同样存在着以上问题。广大职工由最初的新鲜,到后来的麻木,获取知识容易,但思考减少。便捷的学习使得思维变得懒惰。泛娱乐性质的移动平台培训(例如游戏闯关、角色扮演)等,使得所培训的干货不足,也开始让信息本身的生命周期越来越短。如何将这些碎片化的知识点整合,如何在众多推送中选取有价值的进行学习,如何将从快餐式方式学到的知识点进行深度消化都是移动学习所要思考的问题。

五、以结合促"互联网+"职工教育培训的创新

在互联网背景下,职工教育培训的理念、内容、方式、体制、机制,必须不断创新,关键要在结合上"做文章",才能满足职工教育的新要求,开创交通运输事业的新局面。

——坚持长短结合。即要开展一年以上的长期教育培训,也要开展数天、数周、数月的短期教育培训。根据教育内容的难易、职工的接受程度进行灵活安排。

——坚持远近结合。远近结合,就是既要有超前的科学谋划,又要有当前的周密安排。要有深谋远虑,对未来三到五年的职工教育培训要提前研判,提早准备,科学制定规划。同时要着眼当前职工教育迫切需要解决的问题,有针对性地制定年度计划,分阶段推进,按步骤实施,通过当前与未来有机衔接,统筹推进,形成平衡、有序的局面。

——坚持新老结合。新老结合,就是既要用好传统的我讲你听的课堂讲座模式,又要发挥好新兴媒体的技术优势开展职工教育培训,提高教育培训的质量和效果。

——坚持内外结合。一方面要结合工作岗位,在单位内开展职工教育培训,用好体制内的各项资源,同时,要"走出去"开展职工教育培训。如湖南永州为提高干部的执行力,与高校开展合作,干部到高校轮训,并到现场观摩,教学效果很好。

——坚持雅俗结合。就是在教育培训表达方式上细分职工,精准把握不同层次的职工文化层次、能力素质,不能"一锅端",要因材施教,既要有"阳春白雪",也要有"下里巴人"。教育培训时,要多使用那些群众易于理解、易于记忆的语言,采取深入浅出的教学方法,这样才能取得好的教育培训效果。

六、结语

不日新者必日退。"互联网+"时代下,职工教育培训模式多种多样,为了达到更好的培训效果,选择适合的培训模式并将多种模式打破界限,融会互通才是明智的选择。作为职工教育培训工作者,唯有始终保持思想活力、探索动力和创新张力,才能不断增强职工教育培训工作的生命力、创造力、感染力。

二等奖

准确把握并正确引导公路养护职工消极情绪之我见

许　磊

（安徽省淮北市公路管理局直属分局）

摘　要　本文对当下公路养护职工消极情绪的类型和产生的原因进行分析，就及时准确研判消极情绪，提出"望""闻""问""切"四种办法，继而就如何正确引导消除公路养护职工的消极情绪提出了五个措施，即：改善工作和生活条件、科学编制公路养护年度奖金计划、加强公路文化建设、开放沟通渠道、开展情绪知识培训。

关键词　把握　引导　公路养护职工　消极情绪

一、引言

生活节奏的加快导致职工的压力越来越大。当前一些企业，尤其是一些大型国企或外资企业开展了职工情绪管理或职工心理调适工作，取得了一定的成效，促进了职工的身心健康和企业的发展，但公路行业目前基本没有开展这项工作。面对公路养护体制改革的来临和深入推进，养护职工的消极情绪会越来越多，开展职工情绪管理工作很有必要。笔者认为公路行业的管理者应学会分析消极情绪成因，学会如何准确研判，学会采用不同的方法去正确引导或消除职工消极情绪。

国人常说：人有七情六欲。何谓七情六欲？一般认为：喜、怒、忧、思、悲、恐、惊为七情；食欲、性欲、情欲、占有欲、求知欲、成功欲（出类拔萃欲）为六欲。七情六欲为人类最基本的心理情绪和生理要求，也是人间生活的最基本色调。在人类最基本的情绪中，有些是积极的、有些是消极的。积极的情绪可以提高人体机能，促进人的活动能力，形成动力，激发人奋斗。而消极的情绪会使人感到纠结抑郁，抑制人的活动能力，通常表现为反应迟钝、动作缓慢、效率低下，在工作和生活中易感到劳累、精力不足、没兴趣，甚至是抵触一些正确的东西。积极的情绪受社会、行业和单位的认可和鼓励。我们现在所要探讨的是消极情绪，其主体是公路系统最基层的养护职工。职工出现消极情绪是正常现象，但问题关键是如何积极应对。否则，任由其加深加剧，则对职工身心健康不利，对公路行业发展不利。

二、公路养护职工消极情绪类型及产生的原因

随着公路行业改革的不断深入，公路建设市场的全面开放和养护市场的逐渐开放（目前，部分省、市大中修养护工程已市场化），公路养护部门职工利益在市场经济条件下受到前

所未有的冲击。绝大部分养护职工已习惯了计划经济体制下抱着“铁饭碗”,拿着“铁工资”的状况,但当新体制来临或即将来临的时候,面对公路行业一些历史存量问题,养护职工的思想难免产生这样或那样的消极情绪。细究其根,这些消极情绪的主要类型和产生原因大致如下。

①人生迷茫感。一些公路养护职工初入公路部门工作的时候,也曾有过较高的理想和追求目标,认为自己年轻健康,只要肯学肯干,肯定能在这个行业中干出一番成绩。经过多年奋斗之后,一些职工发现自己当初的目标(政治、经济和荣誉)并没有得到实现,自己的付出并没有得到自己设想的回报。加之看到身边不少熟悉的人取得的成功,心理落差大,失落感产生,于是对自己的命运和前途产生怀疑,情绪低落,深感人生迷茫。

②岗位艰苦悲观感。公路养护职工工作在生产作业一线,条件艰苦。“晴天灰、雨天泥、三九迎寒风、三夏晒脱皮”是公路养护职工工作状态真实写照。公路行业本身具有点多、线长、面广的特点,大多数道班地处偏远,文体活动较少,班内生活单调,工作性质单一,枯燥乏味。一些职工逐渐产生了“养路不如修路,修路不如收费,收费不如执法”的想法,甚至一些养护职工产生了职业自卑感。

③市场经济条件下的焦虑感。当前,一些省市公路部门推行了“事改企”“管养分离”“建养分离”等改革措施,这引起了相当一部分养护职工的恐慌。笔者曾经多次和养护职工交流谈心,相当一部分养护职工会问:我们淮北的养护什么时候推向市场?推向市场以后我们这些人怎么办?收入会不会降低?有提前退休的政策吗?这些疑问说明随着市场的开放,一部分职工的思想产生了严重的波动,尤其是随着改革进入深水区,引发的利益冲突和矛盾会不断增多,公路养护职工思想误区会加大,心理压力大,充满着焦虑感。

④“寄人篱下”感。有一部分养护职工总感觉自己是在替单位干事,替领导干事。“单位好坏与我无关”“行业兴衰关我何事,反正单位不是我的”,有“寄人篱下”之感。产生这种消极情绪的职工,当面对工作方法简单粗暴的领导时,更易加剧不良情绪。“寄人篱下”感其实就是无归属感,找不到做主人的感觉。

⑤收入落差感。当前在经济发展较好的大中城市务工的普通农民工日薪在150元左右,年收入5万元;有一技之长的农民工日薪在220元左右,年收入7万元。而目前属事业单位编制的公路养护职工(中西部省份)平均日收入只有150元,相当于普通农民工的收入,和同系统、同地区的公务员相比有一定差距,若与金融、烟草、税务、电力、移动、电信等行业比,差距更大。一部分职工认为:工作环境不“体面”就算了,关键是收入不“体面”。面对住房、教育、医疗等日益增高的生活成本,员工产生了很大的收入落差感。

⑥孤独寂寞感。有些职工常在背后议论某某职工不合群。不合群固然与家庭环境、文化程度和个人性格有关,但同时也受工作和生活环境的影响。如果一个单位人际关系紧张,和谐状况不佳,甚至有不正之风存在,受到这些因素影响,部分养护职工会对单位丧失信心,情绪不佳,不愿意和其他人沟通交流,怕惹是非,把自己封闭起来,久而久之,产生了孤独寂寞感。

在实际的工作环境中,养护职工除了产生上述的这些消极情绪之外,还产生了其他的一些消极情绪。总之,这些消极情绪的存在,很大程度上影响了单位的团结和谐,影响了工作的推进和行业的发展。同时,它更不利于养护职工的身心健康。

三、如何及时准确研判养护职工消极情绪

出现消极情绪是在所难免的，但从事政治思想或职教工作的人应该知道职工什么时候出现了消极情绪、应该如何准确研判消极情绪的具体内容。

传说中医治病救人采用“望”“闻”“问”“切”来判断患者病情。及时准确研判公路养护职工消极情绪，我认为可以借鉴上述方法。

①多观察。我们可以称“观察”为“望”。多观察职工的精神状态、学习状态、工作状态和工作执行力以及在群体生活中的表现，了解其情绪走向，及时把握公路养护职工情绪状态。

②多感受。我们可以称“感受”为“闻”，即通过感知来提高研判的准确性。要真正站在公路养护职工的立场上，把自己当成是其中一员。通过换位思考，切实把握职工对单位工作制度规范、工作环境、劳动强度、绩效奖惩、人际关系等实际体会，了解职工的真实感受和内心世界，就更容易研判其消极情绪的产生缘由和类型。

③多交流。我们可以称“交流”为“问”。要针对公路养护职工在工作中易产生的抱怨、紧张、忧虑、烦躁等消极情绪，广泛地开展交流谈心活动，不回避矛盾和问题，以对待亲人的心态谈到心里，谈到灵魂深处，让职工敞开说、说真话，这样就能更精确定位消极情绪的特征，具体细致地对职工消极情绪进行了解。

④量化评估。我们可以称“量化评估”为“切”。可以聘请情绪管理专业人士，针对公路行业的工作特点，设计专门的情绪评估手段和评估指标，进行量化评估，并对评估结果进行综合分析，精确定位职工消极情绪的特征。

四、正确引导公路养护职工的消极情绪

正确引导公路养护职工出现的消极情绪，首要的原则是实行人本管理。从“尊重职工、依靠职工、完善职工自我”出发，提高职工对消极情绪的控制，以利于保持乐观的心态，不断进行自我激励和完善。针对公路养护部门的行业特点，不妨从以下五个方面着手进行引导，减少或消除养护职工消极情绪，甚至是把消极情绪转化成积极情绪，以营造部门或单位良好的情绪氛围。

1.改善工作和生活条件

工作环境对职工情绪影响很大。在实际工作中，要将工作和生活条件与工作性质匹配。对于公路管理者而言，要尽可能地把“以路为业，以班为家”变成现实，而不是喊口号。要让职工在这个环境中能吃好、休息好、娱乐好。事实证明，安徽公路系统近几年在全省道班推行的“五小建设”（小食堂、小运动场、小图书室、小宣传栏、小健身房），改善了职工的工作和生活条件，很大程度上减少了一线职工消极情绪的产生。

2.科学编制公路养护年度奖金计划

要按照市场经济原则，实事求是编制年度养护计划。要将养护职工人头费单列，而不是单纯地从当前养护经费中分离。要根据物价指数等因素，客观合理地调整养护定额标准，而不是一成不变或多年不变。同时，鉴于现阶段公路养护仍为较重体力劳动和在污染环境中作业的特殊情况，可以适当发放或增加防尘防毒津贴。

3.加强公路文化建设

文化对职工有很强的号召力,能产生凝聚力,而且对职工情绪调节起着重要作用。文化建设的目的是通过物质、制度、行为和精神建设,促进职工的综合素质提升,增加凝聚力和向心力,更好地推进工作。通过文化建设,职工对单位和行业如果产生了认同感,这也就意味着他愿意为行业或单位远景使命而奋斗,产生消极因素的概率会大大降低。

4.开放沟通渠道

以人本为出发点。一是要广泛与职工交心谈心,让职工产生信任感、温暖感、成就感,在交流中要坦诚,要达到彼此信任的状态。二是在开展思想政治工作的时候,要避免“填鸭式”的说教,思想政治工作要贴近职工、贴近社会实际、贴近最真实的生活。三是要营造积极向上、团结协作、宽容友爱的工作和生活氛围,给职工提供展示才华、交流情感、锻炼能力的机会和空间。要让公路养护职工在这个环境中真正体现自我:工作顺心、生活舒心、群体活动开心、无后顾之忧烦心。

5.开展情绪知识培训

情绪知识在决定人的行为结果时可以起调节作用。基层公路管养部门可以通过针对性的情绪知识培训,促进公路养护职工对行业管理的理解,激发职工动力以适应行业发展的需要。同时,通过情绪培训可以引导职工学会管理情绪、控制情绪、转变情绪。不断提高公路养护职工心理调节能力,正确地对待自己、对待他人和社会、对待困难挫折、对待名利得失,从而逐渐达到了解自我、认识自我、接纳自我的境界。

五、结语

公路养护职工消极情绪的产生有社会原因、行业原因、自我因素,作为行业的管理者一定要能及时发现并正确引导,要最大限度地减少、消除或转化这些消极情绪,激发工作和生活热情,团结广大公路养护职工为建设和畅公路而奋斗,更好地做好“三个服务”,践行行业宗旨。

二等奖

"互联网+"公路文化建设研究

何金贵

(广东省茂名市高州公路局)

摘　要　本文研究的公路文化是指公路职工在公路建设、养护、生产经营管理中逐步形成的价值观念,且被全体职工所认可的、遵循行业发展目标的一种文化体系。文中主要分析了在"互联网+"的新时代里,公路部门应如何创新性地利用"互联网+"这一新渠道建设公路文化体系的可行性方法,及公路部门在依托"互联网+"这一新手段深入开展丰富多彩的公路文化品牌建设活动时发挥出的独有优势。

关键词　互联网+　公路文化　文化建设

一、引言

本文基于新时期公路部门思想文化建设的热潮而展开分析研究,紧跟当前先进的科技前沿,密切联系公路文化建设的实际情况。创新性地提出了运用"互联网+公路文化建设"的模式,充分展示了今后公路文化建设的新颖性、可行性、价值性。本文通过详细分析公路文化建设的过去、深入探讨公路文化建设的当下和未来,凸显了从理论中来到实践中去的公路职工教育工作之新思路、新战略、新观念。本文先结合一系列现实问题进行合理而全面的分析,后从分析中提炼出丰富的新型职工教育措施。问题剖析深入,实例丰满,内容充实,举措创新,对于新时期进一步加强公路文化建设提供了较坚实的理论和措施支撑,为新时期公路职工教育指明了方向,也有利于新时期公路职工思想教育方式的深度转型和升级。

二、公路文化建设的意义分析

公路文化作为当今公路事业发展所必备的软实力,是促进公路行业健康发展的精神食粮,从公路行业秩序维持的层面而言,公路文化是紧密公路职工、公路系统团结拼搏的精神纽带。公路文化建设是推动公路行业全面发展、协调发展、可持续发展的重要前提,对公路事业的意义一直以来都不容轻视。公路文化建设是一项长期的、系统的并具有探索性的工作,贯穿于公路行业各项工作和日常管理的各个方面。结合当前"两学一做"学习教育大浪潮,如何加强公路文化建设,是新时期公路建设工作中的一个重要课题。

因此,先进的公路文化可以最大限度地激发公路职工的积极性、主动性、创造性,使广大公路人员精神风貌更加昂扬向上,公路文化软实力进一步提升,进而形成推动公路事业发展的强大内在动力。

三、当前"互联网+"公路文化建设背景阐述

当前已进入到 21 世纪,世界格局发生了翻天覆地的变化,经济社会发展不断向前推进,

世界各地文化相互交融,而公路文化建设也必须与时俱进。目前公路文化建设需要追赶的恰恰就是“互联网+”这个时代。通俗地说,“互联网+”公路文化建设就是利用信息通信技术以及互联网平台,让互联网与公路文化建设进行深度融合,建立新的公路职工思想观念发展生态。即充分发挥互联网在公路文化建设中的优化和集成作用,将互联网的创新成果深度融合于公路文化建设之中,提升公路文化建设的创新力和生产力,形成更广泛的以互联网为基础设施和实现工具的文化建设新形态。

例如,2006 年交通部颁发了《交通文化建设实施纲要》,首次详细地阐述了交通行业文化建设的基本内容、重要意义及指导思想和总体目标等; 2007 年在全国开展“五个一文化工程” ;2008 年在山东召开的全国公路职工思想政治工作研究会第十九届年会以“文化引领与行业发展”为主题,探讨了在发展综合运输体系这一新的时代背景下,加强公路行业的行业文化建设在引领行业发展方面的重要性;2011 年颁布了《全国交通运输行业精神文明建设规划(2011—2015 年)》;接下来全国各地更加深入、多层次、全方位地开展公路文化建设工作。当时间进入到 2016 年,一方面,十八届五中全会上明确表示,扩大贫困地区基础设施覆盖面,因地制宜解决通路问题,会议精神首次提出,把精准扶贫结合到公路交通建设上面来。另一方面,“十三五规划”提出 2016 年要继续大力推进“四个交通”建设,切实加强供给侧结构性改革,着力推动交通运输治理体系和治理能力现代化,着力推动综合交通基础设施加快成网,着力推动运输服务提质增效升级,着力推动行业软实力持续提升,全力当好经济社会发展先行官,努力实现“十三五”规划发展的良好开局。当前公路交通行业文化建设背景见图 1。

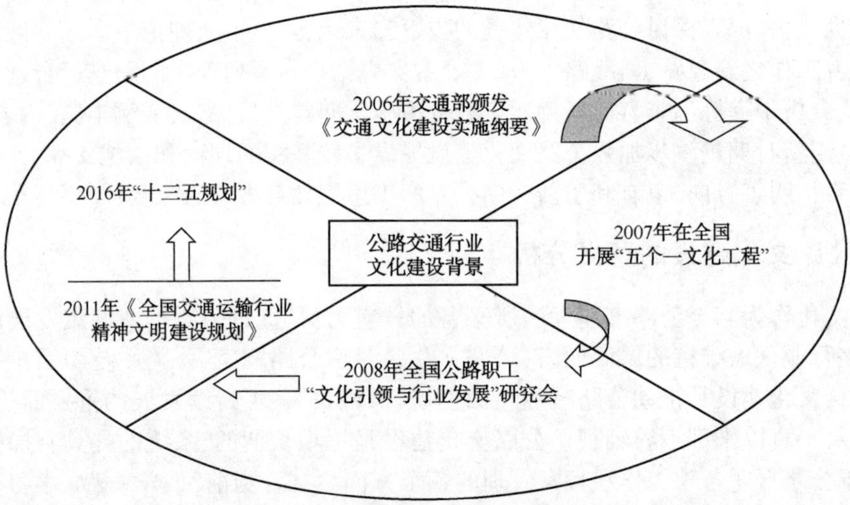

图 1　公路交通行业文化建设背景

在这个大背景下,一方面公路文化建设的渠道面临了多种抉择,另一方面,公路职工思想观念在受到互联网的冲击后,文化观念的接受方式、接受程度、接受种类必然受到深刻影响。面对“互联网+”这个特殊而又新潮的文化建设背景,公路部门在公路文化建设过程中只有充分发挥互联网技术和互联网对于文化建设、文化传播的便捷性、广泛性的优势,才是适应大背景、顺应历史新潮流的正确做法。

四、"互联网+"公路文化建设的优势

互联网潮流的迅速崛起和发展壮大对于公路文化建设无疑提供了许多新方法、新途径、新内容，为公路文化建设创新式推进提供了更大的可能。综合来看，"互联网+"公路文化建设的优势主要体现在其具备的以下几个特别的功能，且这几个功能之间存在一定的逻辑联系(图 2)。

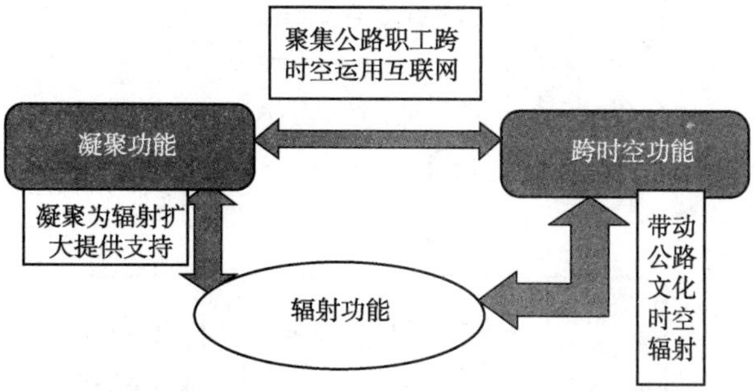

图 2　功能间的逻辑联系

1.凝聚功能

由于互联网社交的迅速发展，以社交聊天软件、手机电脑等通信设备、互联网即时信息沟通为主要特点的公路文化传播手段极大地增强了人人参与公路文化建设的凝聚力，促使公路职工在公路文化建设过程中上下一条心，团结一致，共同促进公路文化事业的健康发展。

2.跨时空功能

"互联网+"具有实时联动性，同时具备跨时空、跨地点沟通的特点。这些特点使公路文化建设不再局限于面对面的交流，而是可以随时随地展现优秀公路文化，实时采取语音、视频、甚至现场直播等新的互联网式方法来分享公路系统的感人事迹、感人场面；使公路文化建设不再只是局限于某一个公路人集体、某一个区域的公路人，而是可以与相邻区域的公路集体、外省的公路系统甚至是世界各国的公路部门来分享交流公路文化建设的新做法、新心得、新进展，更广泛地调动公路职工参与文化建设的积极性和独创性，从而激发了公路文化建设的创新思想，调动了人们参与公路文化建设的活力。

3.辐射功能

公路文化通过广泛的互联网传播功能，以自身的公路事业发展价值观、精神文化和形象影响到其他公路职工乃至整个社会人群，促使个体文化建设的环节不断进行调整，从而促进公路文化建设朝着规范化、法制化、科学化发展，这就是"互联网+"对公路文化建设带来的辐射作用，对于个人、企业、行业、社会都会产生重要的带动性作用。

通过以上几个功能的阐述，充分体现了"互联网+"背景下公路文化建设的优势，也证明了通过互联网可以更加高效率、高质量、高标准地建立起被广泛公路职工认可的公路文化体系。

五、"互联网+"公路文化建设新做法

结合"互联网+"所具有的优势,根据公路系统、公路职工所实际需要的文化建设内容,充分利用社会资源、人才、科学技术等一系列优势和条件,"互联网+"时代下公路文化建设的有效做法主要应该从平台搭建、以人(也就是公路文化建设参与者)为本、文化建设的内容、第三合作方等方面着手(图3)。

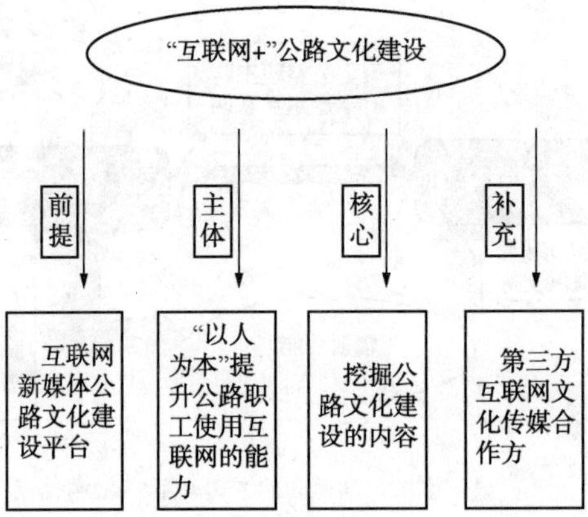

图3 "互联网+"公路文化建设主要的四方面工作

1.加快互联网新媒体公路文化建设平台的搭建

在互联网时代,公路的文化建设也应该及时推陈出新,加快互联网新媒体平台的搭建。因为"互联网+"公路文化建设的前提是要有一个互联网新媒体平台。应该做好以下几个方面的工作。

①公路部门需要完善常规媒体平台也就是官方网站的建设工作。及时在自身的官网上更新公路文化建设的新成就,在官网上登一些公路文化建设的宣传内容和推广视频等。

②公路部门应开辟公路文化论坛、微博和微信公众号、微信群等新型网络传播平台。通过公路文化论坛、微博和微信公众号、微信群宣传先进公路文化。现在大部分职工都使用了微信等社交通信软件,因此做好这项工作对于"互联网+"公路文化建设将起到有利作用。

③企业还应加强内部资源网络共享平台的建设。例如OA网络办公系统、内部会务系统,让公路职工及时了解公路的发展动态、时事资讯等,进一步扩宽公路职工的视野,为内部快速传达先进公路文化提供网络交流工具的支撑。为干部职工提供海量的学习资源,缓解工学矛盾,降低培训成本,真正搭建成更为广阔的适应职工学习需要、便于职工交流互动的互联网平台,对干部职工运用网络资源加强学习产生强烈的吸引力。

2.以人为本,提升公路职工利用互联网加强公路文化建设的能力

人是"互联网+"公路文化建设的主体。应为广大公路职工设立提升利用"互联网+"加强公路文化建设能力的课堂,加强对公路职工合理合法合规使用互联网的教育。要"以人为本",营造良好的内部发展氛围,使公路职工觉得自己的行业不仅是谋生职场,通过让人们看到他们为了公路文化建设而展现出的个人能力和对公路文化建设做出的贡献,让公路职工从内心深知公路部门更是自我理想目标和自我价值实现的场所。公路行业的进步与人的进步在某种意义上说是同步的,公路的灵魂在于人,人的灵魂在文化。公路人和公路事业的结

合靠的是公路文化。落实以人为本的理念,就是要在实际工作中贯彻以人为本的重要原则,把以人为本体现在实际工作的指导思想、基本思路和工作方法之中,体现在实际的工作成效上。

①专门开设让公路职工认识“互联网+”、学习使用互联网的课堂。通过开设这类专门的课堂,向公路职工深入细致讲解什么是互联网、怎么样使用互联网进行公路文化建设,提高他们对互联网对于公路文化建设的认识和其中的重大作用。

②不定时组织结合“互联网+”公路文化建设的集中性活动或者竞赛。例如,可以在网络上征集公路文化建设的宣传语,在互联网上开展公路文化建设主题征文活动,在微信上开展公路系统先进个人的网络投票活动,在网络上进行参加知识竞赛活动抽奖励等。

通过组织丰富多彩的公路文化建设网络活动,一方面展现公路职工可以有效地利用互联网优势进行公路文化建设,另一方面也促使公路职工熟练运用“互联网+”参与公路文化建设,让广大公路职工潜移默化地深入学习和接受公路文化。

3.大力挖掘符合“互联网+”公路文化建设需要的内容

内容是核心。利用“互联网+”进行公路文化的建设过程,是一个从实践到认识,从认识到实践,到再认识、再实践的过程。互联网的发展对公路文化建设提出了新要求,赋予了公路文化建设新的内涵。当前公路文化建设应融合更多的时代元素、未来元素、多国元素等,使公路文化更具时代性、前瞻性、开放性、适应性。

因此,平时除了要加强对“务实、耐劳、敬业、奉献”的公路精神和“服务、责任、价值”的公路核心理念的宣贯,使这些公路文化内容成为广大公路职工的价值理念和行为规范。还要注重挖掘符合“互联网+”公路文化建设需要的内容,此类内容一般呈现新颖化、科技化、易于传播化、大众接受程度高等特点。

①通过互联网渠道树立典型,推广宣传模范职工先进事迹。比如,把身边的优秀模范公路党员先进事迹、感人工作画面、公路职工全心全意服务群众出行的日常工作岗位动态等制作成视频、宣传片等,上传至互联网,给广大公路职工观看学习。

②鼓励广大公路职工在空闲时刻充分利用微信、微博、宣传网站等互联网工具搜索、挖掘网络上优秀的公路文化内容。通过微信群、QQ 等互联网途径进行及时分享,发现互联网上只要是有利于公路文化建设的思想观念、文化摘录、积极向上的公路文化精髓都要做到及时传播,广泛探讨。

③互联网式的公路文化也要讲究“潮流”。在互联网背景下的公路文化,不仅仅是鼓励公路职工死干活、干死活,也要适当关注时代潮流走势。例如,可以把公路系统倡导的公路人甘为铺路石的精神文化内涵、公路人应该遵守的规章制度等编成一首动感十足的“公路文化大宣传”广场舞曲,然后组织公路职工根据这首特别的舞曲编一些广场舞蹈进行集体表演,再录制成 MV,然后放到微信等互联网公众平台上进行宣传推广,让其他公路职工甚至社会老百姓也一起来跳这个带有“公路文化建设”内容的广场舞。

④学习外国的先进公路文化思想内涵,去其糟粕,取其精华。以更开放包容的态度去融合国际文化元素,对于公路部门建立起生态的、全面的文化体系同样起到举足轻重的作用。

在建设公路文化进程中,切记不能将公路文化看成是公路行业的一种口号或标签,也不能把它看成是部门的一个外包装,只有赋予它深刻的内涵,它才会有旺盛的生命力。只有形成众人行动起来深入利用互联网手段挖掘符合"互联网+"公路文化建设需要的并且符合互联网传播特点的内容,才可以在"互联网+"的新时代下快速形成公路文化。

4.引进第三方互联网文化传媒公司共同推动公路文化建设

经济发展合作求共赢,文化建设也可以求合作达到共赢的境界。相比于公路部门,第三方的互联网文化传媒公司对于互联网的发展方向、发展机遇和路线更加明确,它们在互联网技术、互联网人才培养和储备方面占据先天优势,在文化建设的经验和方法领域远远胜过公路部门;而对于第三方互联网文化传媒公司来说,它们的发展需要经济业务的支撑,通过与政府部门合作,又可以拉近社会营利性事业和公益性事业(公路文化建设是影响公路部门做事的行为价值观建设,有利于促进社会发展,带有公益性内涵)的距离,为公司提供良好的社会宣传作用。

因此,谋求和第三方互联网文化传媒公司合作共同推动公路文化建设也是极为有效的补充方法。

六、"互联网+"公路文化建设过程中需要规避的几点问题和建议

公路文化建设除了要充分发挥眼前和未来优势,更要规避可能要面临并且需要在任何环节都必须快速解决的几点问题。下面针对可能出现的一些比较核心的问题,给出相关的建议。

1.切实做好传统公路文化建设方式向"互联网+"公路文化建设方式的转变引导

新时代就有新机会,同时也带来了新挑战,用传统手段来进行公路文化建设的历史悠久,而"互联网+"作为新兴的文化建设渠道,公路部门文化建设参与者对此有一定的陌生感,这就要求公路部门要做好传统公路文化建设方式向"互联网+"公路文化建设方式的转变引导,就要从宣扬"互联网+"公路文化建设的优势、便捷、有效等各个方面来引导和说服公路职工从思想观念、行为方式、内心态度上接受"互联网+"这一创新高效的公路文化建设方式。

2.加强防范"互联网+"带来的负面文化冲击

互联网在为公路文化建设发挥着重大利好作用的同时,不排除网络上存在一定的不规范、不提倡、不科学、不实际的糟粕内容。因此,公路部门必须加强防范"互联网+"给公路文化建设带来的某些负面冲击。

①通过健全各项文化建设需要严格遵守的制度、规范文化建设的各个程序和公路职工倡导公路文化的行为,保证组织的协调、高效运转,并使职工在制度的规范和文化的熏陶下充分发挥自己的能力。实践证明,只有以健全的制度作基础,"互联网+"公路文化建设才会有坚强的后盾和旺盛的活力。

②培养公路文化建设参与者良好的职业道德,增强敬业爱岗意识。近年来,由于受社会上不良想想的影响,队伍中也出现了一些消极因素,在这样的情况下,加强职业道德建设尤其显得迫切和必要。要进行行业责任教育,使大家认识公路交通在经济建设和社会生活中重要地位,增强责任感和荣誉感,敢于向负面的互联网文化发出坚定的抵抗信号。

③加强基层文化建设。公路行业80%以上的员工分布在建、管、养的线路上,公路行业的价值观、宗旨、信念等,要得到全体员工的认可,就必须在建、养工作的一线中推进,让广大员工在日常的生产中,在自己的岗位上都能深切感受到良好的公路文化氛围的影响。

3.加快建立"互联网+"公路文化建设的长效机制

"互联网+"公路文化建设历程是在曲折中不断前进的,思想文化建设本就不可能一蹴而就,公路文化建设这项任务任重而道远。这就要求公路部门必须建立长效机制,在困难中丰富公路文化,在长久历程中向公路职工灌输正确的思想观念。

比如通过设立专门科室负责,落实专人责任,拟定好"互联网+"公路文化建设的阶段性做法、阶段性成果目标、中长期发展规划等,真正建立起公路行业文化建设的长效机制,推动公路行业文化建设工作的深入持久开展。

4.结合广东省公路文化建设的特色

即使当今强调"互联网+"公路文化建设,但是在广东省公路行业近年来文化建设实践的基础上,还要总结广东省公路文化发展历程中的优秀文化积淀和优良文化传统,并通过整合、升华与创新,更深入地开展广东省公路文化建设实践,探索新时期广东省公路事业发展要求的物质文化、制度文化、行为文化和精神文化。为彰显广东公路文化建设的特色,主要着力点有：一是要突出广东公路文化建设的主体地位；二是要弘扬广东地域特色文化;三是要提高广东公路文化建设的针对性与有效性;四是要注重公路文化建设的实践性,符合广东公路发展实际需要。

七、结语

通过本文对"互联网+"公路文化建设研究,可以肯定的是公路文化建设并不是绝对脱离传统文化建设方式,也不是完全否定传统公路文化体系,其应当是刚柔结合、新旧合一、推陈出新的一个重要文化建设进程。

在"互联网+"背景下,必须高举中国特色社会主义伟大旗帜,牢牢记住社会主义特色理念和重要思想,坚持在正确的社会主义轨道上继续前进。结合公路行业改革发展、行业前进方向、行业核心价值体系建设等方面,不断研究、探索公路行业干部职工的思想政治建设和精神文明建设的新方法、新理念、新战略。

参 考 文 献

[1] 李琼琼.浅议思想政治工作与高速公路企业文化建设的有机融合思路刍议[J].经营管理者,2014(11):276.

[2] 张艳.公路行业思想政治工作存在的问题探讨[J].青年与社会,2013(06):286.

[3] 申长盛.论公路职工教育与公路文化建设[J].西部交通科技,2009(7):117-120.

[4] 严明.浅析公路文化的内涵及建设重点[J].甘肃科技,2010,26(3):140-142.

[5] 龚晓高.论构建和谐公路文化的有效途径[J].企业家天地,2010(1):30-31.

二等奖

构建廉政文化体系　塑造勤政交通形象

——以河北高速公路廉政文化建设为例

王会鹏

(河北省高速公路管理局服务管理中心)

摘　要　随着京津冀一体化建设的推进、雄安新区的设立,河北高速作为城市、地区间的快速交通纽带,其作用显得尤为重要,未来数年将迎来难得的历史机遇期和大跨步的发展阶段。由于高速公路工程建设中工程资金额度大、工程款支配环节多,行业廉政建设也将面临严峻的考验和挑战。因此,构建系统、全面、科学的廉政文化体系,塑造清晰明确的廉政、勤政交通从业形象迫在眉睫。

关键词　高速公路　廉政文化体系　塑造勤政形象

一、引言

当前,我国正处在新的历史发展机遇期,以习近平同志为总书记的党中央带领全党全国各族人民朝着实现"两个一百年"奋斗目标、实现中华民族伟大复兴的中国梦奋勇前进。面对复杂多变的国内外局势,党和国家把党风廉政建设提升到关系党和国家生死存亡的高度。因此,加强新形势下各行各业廉政文化建设的体制机制研究,显得意义非凡。

中国共产党作为执政党,代表着中国先进文化的发展方向。在中国先进文化体系中,廉政文化是社会主义先进文化不可或缺的重要组成部分,廉政文化建设是对马克思主义执政党建设理论的重要传承和发展,是解决党风廉政建设和反腐败斗争薄弱环节的重要方式,是一种从"文化反腐"到"精神反腐"的有效途径,伴随改革开放的加大、京津冀一体化战略发展的稳步推进和雄安新区的快速崛起,河北高速事业必将蓬勃发展,与此同时,行业的廉政工作及廉政文化建设也将面临诸多挑战。

二、河北高速公路行业廉政文化建设面临的问题与挑战

高速公路是一个国家交通的重要组成部分,也是国民经济发展的重要基础设施,在国家综合交通运输体系中占据重要地位,对沟通城区联系、促进城区经济、巩固国防建设、方便人们生活具有十分重要的作用。我国处在经济建设的重要发展时期,高速公路建设事业蓬勃兴旺,行业廉政建设面临严峻的考验和挑战。尤其是在河北高速公路工程建设领域的项目管理中,由于建设点多、线长、面广,涉及的工程资金额度大,工程款支配环节多,而且还与供应商、包工头等多方打交道,廉政风险很大;在收费、养护、维修等重要岗位和环节中也都存在诸多廉政风险;在日常工作中,个别领导干部对具体业务抓得紧、看得重,对廉政文化建设

缺乏认识,思想上重视不够;多年的工作惯性和思维定式,使全行业在人才储备和培养上,偏重各类专业人员的培养和选拔,忽视廉政文化建设队伍人才力量的选拔和使用,致使廉政文化建设队伍人才不足、队伍不精、声音不响,因此,突破多年的桎梏,解放思想、更新观念、强化公路行业的廉政文化建设显得重要且紧迫。

三、构建河北高速系统、全面、科学的廉政文化体系

文化是精神,是内在魂魄。廉政文化建设是以促进廉政建设的文化形成和发展为核心内容的文化体系构建,是适应时代发展和变化的治理文化建设,是使廉政建设通过文化的形式在行业内进行渗透和施加影响的探索、积累和实践。河北高速公路行业多年的运行,积淀了行业特有的文化基因,需要我们在新的时代、新的形势下赋予新的时代特征。河北高速公路廉政文化建设是高速公路行业文化建设重要的组成部分,是开展党风廉政建设和反腐败的新途径和新载体,是时代赋予高速行业的使命和责任。构建行业廉政文化须重点在以下几个方面着力推进。

1.制定行业廉政文化建设的目标方向

廉政文化建设对于任何行业而言都是一项长期和艰巨的任务,是一项量大面广的系统工程,涉及方方面面,需要整体规划、统筹协调、科学部署,必须做好顶层设计。行业的领导者需要高瞻远瞩,未雨绸缪,制定行业廉政文化建设的目标。

河北高速廉政文化建设方向目标从三个维度进行考量。首先是认真贯彻党和国家关于廉政建设的总目标、总要求、总体布局;二是要对高速公路行业廉政文化建设客观、全面、系统的分析,在此基础上,条分缕析,总结经验、发现问题,肯定成绩,梳理不足,从而确定廉政文化建设的重点目标和工作方向;三是突出自身行业特点特色,发挥优势,挖掘高速公路行业历史积淀的廉政文化元素,整合资源,确定有共识、有针对性、有实效性、方向明晰的目标。

目前,河北高速廉政文化建设以“为民、务实、清廉”为主线、以“树交通新风、建廉政行业”为主题,不断将廉政文化建设融入河北高速公路建设的每一个时期、每一个部门、每一个岗位,贯穿于河北高速发展的始终,借用文化的力量来促使反腐倡廉建设,保证工程优质、干部廉洁、队伍优秀。河北高速公路建设推行的“十公开”制度,得到了中纪委河北省和交通运输部领导的充分肯定,并向全国推行。在抓好“十公开”制度的基础上,又明确提出了“三延伸、四拓展”工作思路。

2.明确廉政文化核心价值理念

加强行业廉政文化建设,首先要明确行业的廉政文化核心价值理念。党和国家反复强调要坚定不移反对腐败,建设廉洁政治,努力实现干部清正、政府清廉、政治清明。要求党员干部按照“为民、务实、清廉”的要求,以身作则、勤政廉政。廉政文化建设与行业文化建设是一脉相承的,它是行业文化建设重要的组成部分,高速公路行业文化是广大干部职工共同遵守的思想理念和行为规范,是高速公路系统职工通过长期社会实践的积淀自发形成的精神财富。确定行业廉政文化核心价值理念必须体现廉洁清明的思想内涵,充分体现社会主义核心价值观,和高速公路行业文化的核心价值理念有机结合。在此基础上,结合河北高速自身运行的特点以及在实施廉政勤政方面的重点领域、

关键部位、薄弱环节确定体现廉洁公正内涵的核心价值理念,如"廉洁、守则、勤俭、公开"等,并通过文字描述进行诠释,形成行业内一致的共识,并以统一的理解和标准形成文件,进行迅速、有效、一致的推介和传播。

3.建立配套的制度体系形成对廉政文化建设的重要保障

明确了廉政文化建设的目标方向和核心理念,必须建立与之配套的制度体系方能确保文化的内涵落实在行动层面,促使文化理念内化于心,外化于行。

河北高速廉政文化的制度体系是高速行业制度体系的重要分支,应纳入行业管理制度体系之内。它涵盖廉政建设制度也包括廉政文化建设制度,如廉政文化教育制度、学习培训制度、职工廉政守则、廉政文化宣传制度,也包括廉政文化的考核激励约束制度以及廉政文化建设预算制度、廉政文化人才储备制度等。制度体系的建立,其目的是在行业内部,以制度形式把廉政文化精神层面的廉洁意识、廉洁价值观、廉洁理念的教育、学习、传导系统化、规范化,把行业从业人员的廉政行为规范写在纸上、挂在墙上、记在心中,最终落实在日常行为上。同时,通过制度的激励与约束作用,进一步明确高速公路行业在廉政文化建设中要倡导什么、反对什么,从而以制度强化理念、以制度诠释文化。

四、塑造清晰明确的河北高速公路行业廉政、勤政从业形象,使廉政文化具象化

廉政文化体系构建需要在廉政文化建设的具体内容和形式上不断充实、丰富,使廉政文化具象化可从以下方面齐头并进、稳步推动。

1.上下同心塑造廉政文化形象

一是领导重视。廉政文化建设是一项系统工作,没有领导干部的积极带头,廉政文化建设就会失去应有的功效和有力的组织保证;没有广大群众的积极参与,廉政文化建设就会缺乏生机和活力。因此,河北高速各级领导从思想意识及实际行动上须把廉政文化建设纳入全局、统筹谋划、精心布局、形成合力。要站在高速文化建设的高度、站在新时代的起点上,规划全局、身体力行、率先垂范、严格落实。其中,河北高速局党委书记、局长与局直属各单位、局机关部室一把手签订廉政责任书,处以上干部做出廉政承诺,并在网上进行了公示。

二是河北高速扎实开展了廉政文化建设"五平台、五标准" 活动,搭建起了廉政文化展示、廉政文艺渗透、廉政文化宣传、廉政党课教育、廉政文化教育"五个平台";明确了有建设规划、有活动场所、有专门载体、有活动内容、有建设成果的廉政文化建设"五标准",使廉政文化建设目标更明确,工作更规范。尤其是在涉及廉政文化建设的物质投入上,将资金、人力的投入纳入全局的统筹盘子,给予持之以恒的支持,通过制度进行系统规范,从而筑牢了拒腐防变的坚固防线。

三是通过宣传、教育、激励、约束,加大培训力度,引导教育高速职工以实际行动参与到廉政文化建设的活动当中,使每个人明确廉政文化建设的目标方向,清楚廉政文化建设的核心理念,在工作岗位上践行制度规范,把看似无形的文化化于行业全体职工自觉有形行动之中。

2.内外并举加大宣传教育力度

文化更多的是在形而上的精神层面来呈现。但在宣传教育上需要有更具体的形式作为载体,这样才能更生动、形象地把文化的核心理念进行传递。河北高速公路行业廉

政文化的践行主体是行业内部的干部职工，因此对于廉政文化的内涵、制度、行为等要内外并举进行宣传引导，促使廉政文化更清晰明确地在本行业内进行渗透、传导、实践。

廉政文化的精神内核首先传导认同的对象是行业内的领导和干部，这个关键群体对于传播、实践、创新行业的廉政文化起着至关重要的作用。因此加强领导干部队伍的学习、教育、培训是廉政文化建设的重要前提。多年来，在河北高速系统内举办各种廉政文化教育会议，购买《职务犯罪败鉴录》、收看廉政警示教育片《欲盖弥彰—刘志华腐败案警示》《忠诚与背叛》《真水无香》《贪途末路》《溃穴》以及示范教育片《第一书记》《杨善洲》《郭明义》等积极有效的传导和深入人心的教育；其次，在职工中开展寓教于乐、丰富多彩、喜闻乐见的廉政主题教育活动是促使广大群众积极参与的有效形式。活动的开展与行业文化建设有机结合，汲取传统文化和地域文化的精华，用文学、艺术等鲜活的文化形式进行推介和传播。如以演讲、书画、摄影、演唱等方式，把行业廉政文化的理念、灵魂、具有代表性的形象人物进行有效传播，最终形成具有品牌效应的行业廉政文化形象以及品牌标识。

此外，通过河北高速公路行业廉政文化建设与行业关联的外部进行有效的引导宣传，来营造良好的社会环境。这些组织和群体包括相关监管部门、服务的驾乘、职工家属及所在片区、社会大众、公众传媒等。通过开展家庭助廉、廉政文化进社区、共建廉政文化平台等方式，以清晰、明确、简单、有效的形象和方式进行廉政文化的传递，增加宣传的亲和力、吸引力、感染力和感召力，这是促进行业廉政文化建设不可或缺的举措。

多年来，我们在廉政文化建设工作实践中，通过深入开展"高速之家"品牌文化建设，着力培育和发扬"用规范作准则精心管理，视形象如生命点滴做起"的企业精神，塑造河北高速廉政服务的良好形象；通过树立标杆，努力发挥香河、元氏服务区等廉政文化建设的示范效应；通过"两创建两打造"即创建一个《廉政文化专刊》和一个"廉政文化园"，积极探索以文化兴区的新途径；通过廉政文化作品、格言警局、漫画等宣传版块，强化廉政文化建设，倡导廉洁自律、弘扬清风正气，营造人人思廉、倡廉、促廉的廉洁氛围；通过打造一个廉政文化长廊和一个廉政短信发布平台，面向内外部人员，发布廉政文化信息，助推了廉政文化建设的深入开展，成为全力打造廉政文化建设品牌的示范基地。

3.传统与现代手段相融合传播廉政文化理念

廉政文化展现的载体是宣传。有效、快捷的传播手段对于文化的传导、渗透起着至关重要的作用。我们处在一个快速发展和不断变革的时代，网络的发展改变的人们的生活方式，也影响了各行各业的营运模式。在推进河北高速廉政文化的建设中，我们不摒弃传统的宣传方式和媒介，注重利用报纸、广播、书刊、墙报等传统方式及时、有效地对行业内的廉政文化内容进行传播，同时更紧跟时代的脚步，借助互联网、手机等现代传媒手段进行宣传引导，通过设立微信公众号、运用系统内的短信平台、进行网络直播等手段，把廉政文化建设的内容以漫画、微电影等轻松、幽默、快捷、易接受的方式进行宣传，以更加开放、务实、文明、谦卑的态度，以正确、真实的信息引导舆论，创建公路行业勤政廉政的社会形象。

五、结语

高速公路廉政文化建设是需要长期积淀、在潜移默化形成的，非一朝一夕能够完成。要坚持不懈,要细水长流,用制度保证理念的落实,用活动促进行为的惯性。要通过顶层的规划设计持续、系统、稳进地推动文化的渗透和落实。要透过上下一致的领会认同融入点点滴滴的日常之中,要一步一个脚印,走过一个又一个阶段,并不断优化,方能形成表里如一、内外一致的形象认同。高速公路廉政文化建设对于廉政建设的教育、熏陶和导向作用毋庸置疑,对高速公路廉政文化建设的探索与实践永远在路上。

二等奖

人本视角下的职工情绪管理研究

徐佳宁

（辽宁省沈阳市公路管理处）

摘　要　本文从人本主义理念谈起，认真分析了情绪的概念及影响情绪的几大因素，并援引马斯洛的需求理论阐释了做好职工情绪管理工作的重要性和必要性，最后，从组织层面和个人层面分别提出了加强职工情绪管理工作的几点建议。

关键词　人本主义　职工　情绪管理

一、引言

近年来，因压力过大导致的抑郁自杀行为屡屡出现，这其中既有明星高官，也有普通的企业员工。特别是某台资企业连续出现的年轻员工跳楼自杀事件，已经为整个社会敲响了一记警钟。有人的地方就会产生情绪，无论是面向群体还是个体，情绪管理都是一项不可或缺的工作。然而，就目前来看，情绪管理理论研究方面还存在着重视程度不足、研究深度有限、指导性不强等问题，因此，从人本主义视角出发研究情绪管理这一课题，具有理论和实践的双重意义。

随着现代管理学的广泛传播与应用，人本主义管理理念开始受到越来越多的关注。事实上，中国古代的人本主义思想起源要比西方早得多，无论是孔子提倡的“仁者爱人”还是孟子所言“民贵君轻”，其实都是人本思想的某种表现。从人本主义视角来看，职工的心理健康和情绪调节逐渐受到社会重视，因此，职工情绪管理成为摆在我们面前的一个全新的课题。

二、情绪及情绪波动产生的原因

情绪是人对客观事物是否符合自身需要的内心体验及其相应的行为反应，包括主观体验、生理上的唤醒和外显行为表现三个组成部分。人的情绪十分复杂并且多变，但从其产生的影响效果来看，基本上可以将其分为正面情绪和负面情绪两大类。而管理学中所说的情绪管理，就是通过对个体或者群体的情绪进行引导、控制和调节，从而建立和维护健康情绪状态，并由此产生良好管理效果的一种现代管理方法。情绪管理强调从人性出发，其重要理念之一就是“以人为本”。具体说来就是尊重人，突破以往只把人当作被管理的客体的观念，认为人也是管理的主体；服务人，提供各种保障措施，通过满足个体的合理需要去调动其积极性；发展人，克服只把人当作手段的思想局限，视人自身为发展的根本目的。从这一理念出发，想要做好职工的情绪管理，首先应该分析情绪波动产生的原因。

一是环境因素。环境因素可以分成自然环境和社会环境两大类。从自然环境的角度来看，晴朗的天气里人们常感到精神愉快，阴雨连绵时则可能压抑烦闷，同样，城市的喧嚣和田野的宁静对人情绪的影响也是截然不同的。而社会环境就更为宽泛,既包括某种社会氛围也包括一些特定的社会事件,比如房价居高不下使青年人容易感到悲观失望,再如世界杯期间人们对国足出线抱以极大的热情和期待。环境因素往往具有不确定性,需要个体进行自身调整来适应。

二是组织因素。组织因素既包括“硬”环境,如工作场所的整体布局、卫生状况等,更包括“软”环境,即内部管理、规章制度等一些容易对职工情绪产生较大影响的因素。特别是职工的角色压力和人际关系压力,往往给其带来超过工作本身的心理负担,进而,在组织内部产生无必要的“内耗”。这种情况在日常工作中十分常见,也是情绪管理需要重点解决的问题之一。

三是个人因素。身处复杂多变的环境和日益激烈的竞争之中,每个人都需要面对属于自己的种种压力和问题。这种压力和问题可能是身体状况,可能是婚恋家庭,也可能是子女教育。然而,由于人们不同的性格特质、文化素养、思想境界等,其所承受压力、掌控情绪的能力也不尽相同。如果长期受到负面情绪影响,职工的生理和心理状况便会逐渐恶化,不但影响日常工作,更有可能导致极为严重的后果。

三、人本视角下情绪管理的重要性和必要性

美国心理学家马斯洛最早在其《人类激励理论》一文中提出著名的需求层次理论,即把人的需求分成生理需求、安全需求、爱和归属感、尊重和自我实现五类,依次由较低层次到较高层次排列。按照这一理论,人们必须首先满足最基本的生理需要和安全需要,这在管理学上主要对应的是制度层面;而一旦基本需求得到满足,归属感、尊重和自我实现等进一步的需求就会自然而然地产生,事实上,这也是职工情绪管理工作所要解决的问题。作为人本主义心理学的重要内容之一,马斯洛需求埋论能帮助我们更好地认识做好职工情绪管理的重要性和必要性。

从正面来看,有效的情绪管理对组织和个人都大有裨益。首先,在情绪管理的过程中,管理者可以及时发现组织管理中存在的问题和不足,特别是那些使大部分职工情绪受到影响的因素,可以适当进行改进;其次,良好的情绪氛围有助于增强组织凝聚力,提高职工的归属感和责任感,使职工能够全心全意投入工作;最后,对职工个人来说,保持健康的情绪状态和良好的人际关系,也是提高自身生活质量、充分享受生命的重要保证。

从反面来看,如果不注重职工情绪管理,则有可能会产生各种问题甚至导致情绪型群体事件的发生。2010 年的富士康“十四连跳”事件就是一个典型案例。该事件所涉员工多为“80 后”“90 后”,入职时间不长,面临的生活和工作压力较大。而企业方面,简单粗暴的管理方式和毫无人文关怀的等级分化制度无疑大大加速了悲剧的发生。更值得注意的是,自杀事件发生后,企业方面并没有对其他的员工进行积极有效的心理干预,而自杀行为本身又具有一定传染性,由此导致了类似事件接二连三地发生。这在某种意义上正是情绪管理工作的缺失所付出的“血的代价”。

四、加强职工情绪管理工作的两点建议

人本主义管理学视“人的发展”为根本目的,因此,从这一理念出发,就要求我们不能只

是停留在行政管理的水平上，只关注职工应当怎样遵守制度规定，工作任务完成的情况如何，而没有或很少关注职工的待遇怎么样，是否能看到工作前景，是否需要改善工作环境等等。针对普遍存在的职工情绪管理缺失这一问题，笔者认为，可以从组织层面和个人层面共同进行完善，以达到“标本兼治”的效果。

1.组织层面

①坚持人本理念，营造良好氛围，增强职工归属感

一方面，要从源头进行把控，在各项管理制度建立的过程中，首先要把“人”作为最核心的要素来考虑，充分征求职工意见，并在实施过程中保持良好的组织沟通，创建和谐的人际关系；另一方面，可以从文化建设入手，确立一个共同的、广大职工愿意为之奋斗的愿景使命，进一步强化职工对组织的认同感和归属感，这不但能激发正面的工作情绪，更能实现个人与组织的共同进步。

②构建情绪问题干预机制，及时疏导和处理不良情绪

打个比方，情绪管理就如同大禹治水，宜疏不宜堵，否则只会带来更大的隐患。作为管理者，不应该害怕职工产生消极情绪，而是应该通过建立科学合理的情绪干预机制来帮助职工进行疏导，比如定期开展职工座谈、成立心理咨询部门、设立情绪发泄室，甚至适当引入EAP（员工帮助计划）等等。其中，特别要注意保证沟通渠道的畅通，因为职工往往出于各种原因不愿意轻易敞开心扉，而只有获得足够的安全感，一个人才能比较真实地袒露自己内心的想法，这样，不良情绪才能得到有效的疏导和控制。

2.个人层面

①提升情绪觉察能力，培养情绪智力

情绪觉察是指透过心理或生理状态来觉察自己或他人的情绪，认清情绪对个人的影响，它是情绪管理的基础。我们要认识到，情绪没有好坏对错之分，只要是我们真实的感受，就应该正视它、接受它。只有认清情绪，才有可能掌控情绪。

②注意力转移法

一是培养适合自己的兴趣爱好。健康有益的娱乐消遣活动，如散步、聊天、下棋、体育锻炼等，不但能丰富人们的生活，更能使人从不良情绪中较快地解脱出来，释放压力和紧张情绪。

二是转换环境。一成不变的生活环境很容易让人感到枯燥沉闷，这个时候就需要适当地制造一些新鲜感，调整一下生活节奏。比如花点心思，对自己的生活和工作环境进行重新布置；或者是到景色优美的大自然中放松身心，特别是面对浩瀚无垠的宇宙，更会深感个人的烦恼是多么微不足道。

③适度宣泄法

中医有云“郁者，结聚而不得发越也”，西方也有实验证明，人类在愤怒郁闷时呼出的气体可以使小白鼠中毒。因此，我们要学会用合理的方式宣泄自己的情绪。比如心情烦闷时，可以找要好的朋友吐露一下心声，或者咨询专业的心理医师；也可以选择打打拳击沙袋，甚至是大哭一场。这些方式都有助于排解负面情绪，保持健康的心理。

五、结语

综上所述，无论对于群体还是个体来说，情绪管理的重要性都是不言而喻的。从人本主

义视角出发研究这一课题,能够有助于我们突破思想局限,从更深层次分析情绪管理的必要性。也只有真正将“人的发展”视为根本目的,职工情绪管理工作才能得到其应有的关注和重视。

参 考 文 献

[1] 邱蕾.人本主义理念下的员工情绪管理[J].企业科技与发展,2009(10):169-170.

[2] 王晶.人本主义视角下的员工情绪管理[J].现代商业,2010(29):196-197.

[3] 韩晶.注重员工情绪管理　深化思想政治工作[J].现代企业文化,2015(21):49.

二等奖

浅议“互联网+”的公路职工教育

唐　克

（广西壮族自治区河池路政执法支队）

摘　要　本文主要针对当前公路职工教育培训“互联网+”应用现状、当前公路职工教育培训“互联网+”存在的主要缺陷、推进公路职工教育培训“互联网+”的重大意义、推进公路职工教育培训“互联网+”的构想等 4 个方面着重论述公路系统要开拓创新、与时俱进，跟上“互联网+”的潮流，运用新技术、新兴媒体的力量推进职工教育培训健康发展，切实提升公路系统职工的素质与能力。

关键词　公路职工　“互联网+”　教育培训

一、引言

习近平总书记在首届世界互联网大会上指出：当今时代，以信息技术为核心的新一轮科技革命正在孕育兴起，互联网日益成为创新驱动发展的先导力量，深刻改变着人们的生产生活，有力推动着社会发展。党的十八大报告中也明确把“信息化水平大幅提升”纳入 2020 年全面建成小康社会的目标之一。作为国民经济发展的基础性、服务性行业，公路系统要着力提高职工教育培训的实效性，就必须开拓创新，与时俱进，跟上“互联网+”的潮流，运用新技术、新兴媒体的力量推进职工教育培训健康发展，切实提升公路系统职工的素质与能力。

二、当前公路职工教育培训“互联网+”应用现状

一是干部职工依托互联网接受教育普及率逐步提高。在公路系统内部，大多数干部职工，尤其是新生代干部职工，早已习惯过“网上生活”。特别是单位官网、OA 办公系统、微信、QQ 等，早已成为上传下达、信息通报、沟通交流、互联互通的主要途径，一些干部职工甚至感叹：如果没有互联网，现在真不知该如何开展工作！可见，干部职工依赖互联网学习政策理论、接受教育培训已逐步养成一种习惯。

二是公路职工参加互联网在线教育进入新常态。在公路系统内外，一些单位利用互联网开展干部职工在线学习，实现了干部职工教育培训的云课堂服务，无论是在办公室还是出差途中，都可以使用设备连接网络，使得“白加黑”和“5+2”的全天候实时、跨平台学习成为可能，实现了培训目标地点碎片化、时间碎片化。当前，公路系统干部职工参加的在线教育主要有：领导干部的网络学院在线教育、财务人员在“会计网校”的在线业务培训、专业技术人员的公需科目在线教育等，依托互联网参加在线教育逐步进入新常态。

三是依托互联网进行教育培训管理初具规模。随着互联网的普及，智能手机的普及，一些单位越来越重视依托互联网来推进教育培训方式的创新，如一些单位以微信为基础搭建

职工教育培训交流平台,开展微服务、微讲堂、微沟通、微行动等,实现了师资、教育培训管理人员与学员职工相互之间的零距离沟通联系;一些单位通过建立教育培训信息管理系统,在教育培训成果评价和测试、接受教育培训的计时统计等,逐步实现了职工教育的信息化管理。

三、当前公路职工教育培训"互联网+"存在的主要缺陷

1.依托"互联网+"开展职工教育培训认知度低

从公路系统内部部分单位领导和从事职教管理的人员,墨守于面对面授课式的教育,还不习惯于互联网教育,仍然习惯于沿用传统的教育培训思维方式和工作模式。要全面推行在互联网上接受教育培训、在网上开展学习辅导,各单位和教育培训管理人员的认知和习惯还有待转变。

2."互联网+"教育培训平台不完善

由于公路系统内部互联网教育培训工作总体处于探索和起步阶段,各单位在互联网平台上的教育培训内容不生动、形式单一,单向浏览多、互动交流少,文件资料多、鲜活内容少,陈年旧事多、更新维护少,内部信息多、热点话题少。

3."互联网+"教育培训资源整合不足

公路业务课程资源总量不够,无法为职工学员通过互联网接受培训提供充足的资源;互联网课程资源类别相对单一,无法满足教育培训工作要求和职工学员个人需求;一些课程资源时效性不够强,尤其是关于政治理论学习的新要求、宏观形势的新动向、公路管理体制改革的新进展、具体业务的新规定等方面的内容,不能及时跟进,从而直接制约了互联网教育培训的持续开展。

4."互联网+"教育培训工作缺乏统一的协调机制

网络教育培训平台开发技术性强、工作难度大。由于公路系统内部缺乏沟通协调机制,各单位各自为战,工作进展不平衡、平台建设标准不统一,致使一些教育培训管理者孤军奋战,系统内部协作配合不够,导致无论在网络硬件设备上,还是在软件维护服务上都缺乏必要的技术保障。

5."互联网+"教育培训工作缺乏必要的人才保障

通过"互联网+"进行教育培训需要以网络等硬件设施作为支撑,需要专门人才进行课程设计、课件开发和网络培训的组织管理,必须配备相应的网络培训、信息技术方面的人才来保障这项工作的顺利开展。但是目前公路系统教育培训管理人员少、工作任务重,往往是一身兼多职,研究互联网教育培训人员与时间不足。再加上从事公路职教工作的人员,对互联网教育培训基本都是边学边干,通过互联网开展教育培训难以深入推进。

四、推进公路职工教育培训"互联网+"具有重大意义

当前我国互联网基础日趋坚实,进一步发挥互联网优势,加快"互联网+"在公路职工教育培训更广范围、更深程度、更高层次的融合创新,既是大势所趋,也是发展所需,其中的重大意义和深远影响是划时代的。

1.推进公路职工教育创新的重要举措

习近平总书记在十八届五中全会上的讲话中强调,我们必须把创新作为引领发展的第

一动力。面对公路交通运输工作的新形势和新任务，只有通过全面深化职工教育培训为引领，才能站在全局和历史的高度谋划公路事业的发展。通过创新公路职工教育培训途经、方式、方法与手段，引导公路干部职工解放思想、开拓创新，树立创新意识、焕发创造激情、激发创造活力，不断推进公路职工认识创新和实践创新的良性互动。新常态下，仅靠传统的职工教育培训方式已不能适应公路事业发展的需要，必须寻求新的教育培训途径，而利用互联网加强培训就是一种最好的培训方式。

2.提高公路职工教育培训效益的必要手段

随着互联网的快速发展，人类传播已进入了一个崭新时代，互联网带来的影响正深刻地改变着国家和社会的面貌，而互联网无疑是最有效地了解新情况、接受新事物的高效窗口，通过互联网来传授公路职工所需的各种法律法规知识、政策理论信息和公路发展的各种新技术，无疑是最快捷的途径。

3.适应公路职工素质能力建设形势的迫切需要

互联网具有覆盖范围广、传播速度快、不受时间和空间的限制等特点，要提升公路系统干部职工的素质和能力，必须充分利用好互联网这一现代传播手段。而公路作为经济社会发展的基础性、服务性产业，广大公路干部职工必须学习掌握更多的知识和技能，但在实际情况中却存在着诸如工学矛盾突出、学习渠道较窄、自主选学较少等问题，而充分利用“互联网+”来推动公路干部职工教育培训更能切实解决这些问题。

五、推进公路职工教育培训“互联网+”的构想

1.完善“互联网+”公路职工教育的顶层设计

从公路系统整体角度出发，建立一套统一的互联网培训系统平台，允许多人同时在线学习。系统可以分级使用，从省、自治区到市、县公路系统职教管理机构分层对系统进管理，组织干部职工接受在线教育培训。具体来说，可以以省、自治区负责公路职教管理部门或者委托的社会教育培训机构为一级平台，搭建互联互通一级平台，负责职工教育互联网的系统开发、总体架构、管理监督、资源调配，同时根据职工教育培训规划安排授课老师、制作授课视频课件以及有关收听收看的练习题库等，丰富整合一级平台的教育培训资源。各地级市公路管理部门的职教管理机构为职工教育信息管理系统二级平台，根据当年的教育培训计划安排培训科目，选定培训科目，并对职工党员的教育培训绩效进行评价。各基层单位为三级平台，负责组织干部职工学员根据需求通过登录系统在网上接受教育培训工作。当然，公路职工教育培训可以通过社会采购服务的方式实施“互联网+”工程的实施，毕竟社会上专门从事“互联网+教育”的机构比比皆是，他们更加专业，资源更广泛，通过购买服务也许会收到更好的教育培训效益。

2.完善“互联网+”公路职工教育的配套资金投入机制

不管是公路部门自行搭建互联互通的职工教育培训系统，还是通过社会采购的方式推进“互联网+”职工教育培训系统建设，都需要投入相应的配套资金。因此，各个平台上的相关单位都应根据教育培训需求逐年在部门预算中安排配套资金进行解决，只有完善了配套资金的投入机制，诸如开发系统、提升服务器性能、存储设备扩容、资源维护，优质培训资源购买等，才能得到有效保障。

3.完善"互联网+"教育培训资源共享机制

当前在公路系统职工教育培训资源短缺特别是优质资源短缺的问题依然突出,职工对优质资源的渴望也很迫切。互联网的发展和普及为解决教育培训资源短缺问题、满足职工接受教育培训的需要提供了有利条件。但只有互联网还不够,还必须有好的共享机制。而公路系统各地区、各单位的教育培训相对独立,各自办学、各自为政,致使一些优质教育培训资源浪费极大。作为公路系统职教部门,应该通过"互联网+"模式,建立资源共享机制,把这教育培训资源整合起来,通过数字化、网络化让这些教育资源互联互通,不受时间空间限制,实现系统内教育培训、管理研究、改革创新的纵向横向深度合作,促进教育培训内容的开发与重复利用,提高培训的针对性和有效性。同时,还可以在"互联网+"职工教育培训系统中配套相关联的 APP、QQ、微信和在线互动平台等,使专家、职工学员之间能相互交流,发表学习心得体会。

4.完善"互联网+"教育培训绩效评价机制

"互联网+"职工教育培训主要是依托互联网,对职工学员自觉接受教育培训的约束性较差。因此,研究制定"互联网+"教育培训绩效评价机制、制定考核评估标准非常重要。特别是在"互联网+"职工教育培训信息管理系统中,应研发出职工学员参加学习结果分析模块,对职工接受教育培训情况随时进行统计,使职工学员的学习成绩、学习内容实现直观化、动态化和个性化,通过这些可视化的结果分析为教育培训绩效评价提供参考依据。同时,还要建立职工学员个人学习档案,对个人接受教育培训、在线学习、互动答疑、练习及测试等情况进行即时记录,实行积分制管理,个人可以登录终端或相应网站查阅"学习档案",对自身学习培训状况及积分情况有个直观的把握。另外,要将个人学习教育及考评情况计入职工学员个人成长档案,与个人业务能力提档升级相挂钩。还可对纵向横向数据比较和分析,定期评选出参加教育培训先进典型予以表彰激励。通过构建科学合理的考评体系,使职工学员钻研和提升政治理论水平、公路法规知识、个人业务素质能力,达到"学与不学不一样"的效果。

六、结语

综上所述,依托"互联网+"推进公路职工教育培训工作,是适应时代发展潮流的需要,是公路事业健康协调发展的大势所趋,是进一步深化职工教育培训改革、全面提高教育培训质量的必然选择。我们必须迎接新的机遇和新的挑战,充分利用"互联网+"推进教育培训的模式创新,切实为提升公路职工教育培训管理效率,全面提升公路职工的素质与能力。

二等奖

新形势下如何加强公路行业廉政文化建设

刘艳玲

(云南省保山公路局腾冲公路分局)

摘　要　公路廉政文化是廉政文化在公路行业中的反映和表现,对整个公路行业的健康和谐发展有着至关重要的作用和意义。本文将立足行业实际,适时结合单位实践,从加强学习教育、融入行业核心价值体系、五种文化有机结合、丰富文化活动、打造廉政文化硬环境、强化制度建设、以人为本等方面对公路廉政文化的建设进行探索和思考,力求有所创新和借鉴意义,使廉政文化更好地促进公路行业的健康持续发展。

关键词　公路廉政文化　建设　思考

一、引言

随着国家反腐力度的增大,各行业的廉政文化也随之向纵深推进,并形成了各具特色的行业廉政文化。但不难发现,在“依法治国”的大背景下,国家的确以“猛药去疴、重典治乱”的决心和“刮骨疗毒、壮士断腕”的勇气在进行着党风廉政建设和反腐败斗争,但由于公路行业“养好公路,保障畅通”的使命决定了其行业和工作的特殊性,这无疑给公路廉政文化的建设带来了一定的阻力和困难。目前看来,整个公路行业都尚未形成系统化和明确化的公路廉政文化,无论是概念还是具体内容方面都处于模糊和边缘化的状态,这在一定程度上制约着公路廉政文化建设的进程。因此,深入剖析公路廉政文化的现状并以此为突破口探索其解决之道是实现公路行业风清气正刻不容缓的任务,对于加强公路廉政文化建设,反腐倡廉,促进公路行业健康和谐发展都具有现实的意义。

二、公路廉政文化的内涵

“廉”字释义为:当政之要在于兴一方,为政之要在于敢创新,治政之道在于求民安,施政之本在于洁自身。“廉政”一词则最早出现在《晏子春秋·问下四》:廉政而长久,其行何也?晏子的回答是:其行水也。而所谓公路廉政文化就是以廉政为思想内涵,以公路行业文化为表现形式的一种思想意识形态,是廉政文化在公路行业中的反映和表现,是廉政建设和公路文化建设相结合的产物。其内涵丰富,主要包括:公路干部职工的廉政意识水平、廉政文化素质、“三观”取向等精神层面;廉洁从政一系列规章制度和行为规范等制度层面;廉政教育软硬件设施等物质层面。只有三个层面的有机结合和相互支撑,才得以构筑完善的、常态化的公路廉政文化。

三、加强公路廉政文化的意义

新时期,尤其是十八大以后,“坚定不移反对腐败”成了党风廉政建设的总基调,公路廉政文化也随着公路行业的党风廉政建设的加强而逐渐累积,对全面推动公路事业健康和谐发展有着潜在的、重要的作用。

1.加强公路廉政文化是反腐倡廉的源头治理工作

一切行为的根源在于思想。只有通过廉政文化占领公路职工的思想阵地,让干部职工在公路廉政文化长期的熏陶、感染、教育下,从思想上形成“以廉为荣、以贪为耻”的意识,真正上升到“不想腐”的境界,反腐倡廉的源头工作处理好了,拒腐防变的长城也就牢固了。因此,加快建设公路廉政文化,尽快形成公路行业统一明确的廉政理念,是当前公路行业廉政建设的当务之急。

2.加强公路廉政文化是当前反腐败斗争的迫切要求

从当前披露和通报的腐败案件和违法违纪情况来看,公路行业领域虽算不上重灾区,但情况也不容乐观,应引起高度重视,尤其是因涉及公路的管、养、建各个环节,若干部职工党性不够强,抵挡不住权利关、金钱关、美色关等,稍有不慎就误入歧途,沦为权力的阶下囚,这样的案例比比皆是。因此,加强公路廉政文化建设,是抵制腐败文化侵蚀的利剑,是当前反腐败斗争的迫切要求。

3.加强公路廉政文化是行业文化先进性的表现

一个行业的文化只有和当前的主流文化相互融合、共同发展,才能体现出行业的先进性和文化的先进性。只有与时俱进,不断更新思想观念,用科学的、先进的理论武装头脑,单位才能跟上时代的步伐,实现可持续发展。因此,在公路文化中融入廉政文化是当前形势下提升公路行业文化先进性的关键之举。

4.加强公路廉政文化建设是公路行业健康和谐发展的保障

公路行业的理想状态应是“风清气正、路畅人和”,而“廉”字是实现这一愿景的唯一支柱。试想,如果没有一支廉洁高效的干部职工队伍,是不可能在养好公路的同时还能廉洁自律、和谐发展的。因此,加强公路廉政文化是在当前形势下确保公路行业健康和谐发展的重要举措。

四、公路廉政文化的现状分析

通过以上分析,不难看出加强公路廉政文化具有重要的现实意义,但经仔细研讨和分析,目前公路行业的廉政文化建设仍存在不同程度的问题,结合具体实例,列之如下。

1.观念意识有待提升

之所以会形成廉政文化建设观念意识不强的局面,是由历史和现实二重因素综合造成的。公路行业属生产型单位,其行业使命是“养好公路,保障畅通”,一切工作的中心都是养护生产,这一点,我们可以从各级部门的工作方针和工作理念中明显看出,“廉政”至此都未融入其中,再加之目前各单位生产任务的加重,“轻党建、重生产”的思想观念一直延续至今,没有真正从思想上树立党建也是生产力的观念。

2.实际行动有待深入

以腾冲公路分局为例,目前在职职工为 108 人,文化程度参差不齐,管养的公路里程为 384.85 千米,且为六个不同方向的二级路,加之常态化的预防性养护和迎国检等工作的火热开展,公路管养工作呈现出"里程长、分散、辐射面积大、任务重"的特点,这的确给廉政文化在公路行业中的建设带来了不小的阻力。基于此,腾冲公路分局在进行廉政文化建设过程中,无论是在思考还是行动方面都还或多或少存在着一定的形式主义,如有时仅停留于文件的传达层面,对其具体贯彻执行的思考还不够深入;有时因考虑到职工体力劳动过重或因人员分散等原因,活动开展的频率不高、时间不长、涉及面不广、层面不深。

五、加强公路廉政文化建设的探索和创新

本文就目前公路行业廉政文化的建设进行了粗浅思考,力求从以下七个方面简而论之。

1.加强学习教育,提高廉政意识

人具有主观能动性,只有内因才起决定性的作用。只有加强学习教育,让廉政意识入脑入心,占领职工的思想阵地,职工才会自觉地遵纪守法、廉洁自律。具体到公路工作中,应加强以下几个方面的工作:一是要深入学习贯彻习近平总书记系列重要讲话精神,特别是视察云南时的重要讲话精神,严格对照自身进行反省,切忌流于形式;二是加强学习型党组织的建设,严格落实学习制度和考评机制,形成"读好书、好读书"的浓厚氛围;三是加强普法力度,形成依法治路的良好局面。无论是在公路的管养还是建设以及治超工作方面,都要形成依法依规办事、严格廉洁自律的好习惯;四是深入开展"三严三实"和"忠诚干净担当"专题教育活动,使其形成常态化机制,达到人人践行三严三实,个个争当忠诚干净担当的好干部的氛围;五是强大宣传阵地,加强意识形态的引领和管理。从正反两面开展学习教育活动,如组织职工向杨善洲等先进人物学习,同时加大对违反中央八项规定等违法违纪案件的通报。

2.融入公路行业核心价值体系中,常态化发展

公路行业的核心价值体系浓缩为"四个特别",即特别能吃苦、特别能战斗、特别能负重、特别能奉献,以至于后来无论是交通部的"畅通主导、安全至上、服务为本、创新引领"的十六字方针还是交通厅的"交融交谦诚、养路养人品"的交通行业理念,又或者是腾冲公路分局提出的"我们养好公路,公路养活我们"的单位理念,其实都没有跳出之前的思维,没有真正跨越出实质性的一步,都只是在此基础上有所充实,核心依然只强调"服务"和"奉献"。当然,我们并不是说目前公路行业的核心价值体系和各部门的理念在新时期不适用,相反,目前的社会主义核心价值体系和社会意识意识形态中更加需要公路行业吃苦耐劳的"铺路石"精神,这更加显得难能可贵。只是在继续发扬"铺路石"精神的同时,不妨将当前的廉政理念融入其中,提炼出更加全面和精炼的行业核心价值体系和指导方针及单位理念。只有将廉政升华到此高度,并广加推广,在整个公路行业形成人人皆知的行业理念,廉政文化也才能得以常态化的发展,对公路行业的发展也更加具有现实指导意义。这一方面,腾冲公路分局下属毛家营公路管理所就有所创新,其在 2012 年成立之时就提出了"以学为先、以路为业、以干为重、以廉为贵"站所理念,将廉政文化和公路行业有机结合,值得借鉴。

3.五种文化相结合,着力构筑完备文化体系

简而言之,就是要让廉政文化本土化。在与行业文化融合得以"行业化"的同时,将地方

文化也融入其中,实现其“地域性”。以腾冲公路分局为例,众所周知,腾冲是一座有着悠久抗战历史的名城,不仅如此,腾冲的侨乡文化也历史悠久、远近闻名,和顺古镇就是典型代表。在进行廉政文化建设时,就应该将廉政文化和行业文化、党建文化、抗战文化、侨乡文化有机融为一体,这不仅有利于构筑完备的文化体系,同时更加接地气的意识形态也更容易让职工和群众接受,达到事半功倍的效果。

4.丰富文化活动,营造浓厚廉政文化氛围

将严肃的廉政课题融入职工喜闻乐见的活动中,让职工在轻松和谐的氛围中得到廉政教育,是廉政文化建设过程中应当加强的一大板块,这不仅能丰富职工生活、陶冶情操,还让廉政理念更加深入人心。如腾冲公路分局以省公路局开展的“廉政文化进机关”和“廉政文化进站所”活动为契机,创新思路搞活动,廉政文化演讲比赛、廉政歌曲大家唱、人人争上善行义举榜、道德讲堂大家讲等形式多样的有意义的活动的开展不仅让腾冲公路分局和毛家营公路管理所摘得了“云南省公路局廉政文化示范点”荣誉的牌匾,还在全局切实形成了思廉不思贪、风清气正的好风气。

5.打造廉政文化硬环境,培育廉洁正气土壤

环境对人的影响是潜移默化和不可估量的,一个廉政氛围浓厚的环境对于职工的廉政意识的培养也是极其重要的。如建设廉政文化长廊、开办廉政食堂、加大党员学习室和廉政书籍的投入、增设廉政展板,再细节到电脑桌面统一设为与廉政文化有关的背景,无处不在的廉政文化总会在有形无形中渗透到职工的思想中,从而影响到其行为,引导其向此趋势发展。

6.制度建设作保障,形成规范有效的权力运行机制

没有严格的制度作保障,所有的理论都将只是纸上谈兵,没有任何意义。毕竟,当前还达不到仅靠个人自觉就能不存在腐败的阶段,还需依靠制度这个刚性尺度来营造不敢腐和不能腐的高压态势。无论是在制度的制定修订完善阶段还是落实监督环节,都应该从严从实,绝不姑息放纵。尤其是在落实监督环节,对于违反中央八项规定、一岗双责、政务公开、重大事项报告制度、三重一大等民主管理制度都应采取“零容忍”的态度,将其扼杀在萌芽状态,从而树立制度的权威性,否则再完善的制度体系都只是形同虚设。

7.以人为本,切实达到不想腐的境界

我们暂且不去讨论其他国家的“高薪养廉”是否科学,对中国是否适用,这毕竟涉及国家差异和历史文化及人性等深层次的复杂的问题,不妨转换角度和思维,将“高薪养廉”转化为“高兴养廉”又何尝不可?若职工都处于工作顺心、家庭和顺、身体健康的安居乐业的富足状态,就不会再有心思去动违法违规的歪脑筋,更不会铤而走险地去触廉政纪律这根带电的高压线,毕竟到此阶段,他将考虑到“成本”问题。要想使职工的精神层面处于富足状态,我们可以采取类似的“怀柔政策”,如加大机械化投入,减轻职工的劳动强度;实行交通车接送上下班,减少安全隐患;美化绿化办公环境,打造花园式单位;用心用情关爱职工,为职工解决后顾之忧;从为职工过生日、组织职工体检等小事切实为职工办好事、办实事,让职工感受到单位这个大家庭的温暖。打造人人认可的模范职工小家,将会使职工在思想上从“不敢腐”和“不能腐”升华到“不想腐”的境界,这也就是廉政文化最终的理念状态。

六、结语

公路廉政文化的建设是大势所趋，但其过程是因循渐进和日积月累的，不可能一蹴而就。因此，我们要积极进行探索和思考，并不断丰富和提升其思想内涵，加快公路廉政文化建设的步伐，让其更好更快地促进公路行业的健康和谐发展。

二等奖

浅议公路行业工程建设领域反腐建设

汪玉田

(安徽省铜陵市公路管理局)

摘　要　当前公路工程建设领域反腐形势依然严峻,从公路全行业范围来看,公路工程建设领域发生腐败案件数量所占比例较高,涉案金额较大,加强反腐建设刻不容缓。近几年来,随着国家整体经济增长速度放缓,各行各业发展都承受了很大压力,但公路工程建设项目投资却在不断增长,工程建设又是极易滋生一些腐败现象的领域,对它进行有效治理直接影响着整个公路行业的健康发展,同时也关乎整个公路行业在人民群众心目中的形象。本文就当前公路工程建设领域反腐面临的新形势、产生腐败的原因、治理对策与建议进行粗浅探讨。

关键词　公路行业　工程建设　反腐建设

一、引言

腐败现象是寄生社会健康肌体中的“毒瘤”,它具有很强的传染性和蔓延性,如果得不到及时有效“治疗”,就会不断感染和侵害社会上其他健康肌体,从而严重影响国家机关权力的正常运行,损害相关行业与公职人员的社会形象。特别是近几年来,党和国家治理腐败现象力度空前,并取得了较大的成效,但是反腐败工作“永远在路上”。对待公路行业工程建设领域的腐败现象,我们更要保持清醒的认识,既要看到当前公路行业工程建设领域反腐的严峻形势,又要树立治理腐败现象的信心。它不是不可战胜的,只要不断地总结积累反腐败工作经验,积极探索新的科学反腐败治理方式,一定能遏制住腐败案件的增量,减少腐败案件的历史存量,逐渐铲除腐败现象滋生和蔓延的土壤,腐败问题才能标本兼治。现今随着国家经济发展进入新常态,反腐败工作也逐渐进入新常态。所以公路行业也要适应这种新常态,在当前和今后相当长的时期,公路行业反腐工作中心都要围绕新常态而改变,并主动适应这种新常态。

二、当前公路行业工程领域反腐面临的新形势

1.整个社会的反腐工作模式从“抓贪官污吏”向“制度化反腐”转轨

“抓贪官污吏”就是一场大大小小的“权力反腐”,虽然在短期内能在整个社会中起到立竿见影的效果,但往往不可持续,只有建立起系统的、科学的反腐制度,借助制度的力量,反腐才可持续,才可能成功。

2.反腐败工作重点由查处“大小老虎”转向“拍蝇打蚊”

老虎要打,但苍蝇和蚊子也更要打,它们离人民群众太近,严重影响人民群众的获得感。

因而积极查处发生在群众身边的“四风”和腐败问题,着力维护群众切身利益,是现在反腐的主要方向。

3.反腐败重点工作由“重案件查处”向“查处与预防并重”转轨

各级纪检监察部门都在积极探索建立反腐工作预警机制,将反腐败工作“关口”前移。对在日常工作中发现的党员干部身上的苗头性问题,在其还处在萌芽状态时,就及时采用谈话函询等方式进行处置,给当事人当头一棒或一语惊醒“梦中人”。防止党员干部身上的小问题演化为大问题,轻违纪逐渐演变为重违法。这种“咬耳扯袖、红脸出汗”现已逐渐成为反腐工作的一种常态。

4.公路工程建设的各个环节都存在发生腐败现象的土壤

由于公路工程建设投资大、周期长,在项目立项、决策、设计、招标、施工、监理、验收、材料采购、工程款拨付等任何一个环节都容易滋生腐败现象。

5.公路工程建设领域腐败方式越来越隐蔽化

随着中央反腐倡廉力度持续高压,腐败分子违法违纪手段越来越隐蔽,形式越来越多样化。如以咨询费、评审费、劳务费、考察费、交通费等形式收受钱物;本人不经手钱物,而是通过自己的特定关系人收钱收物;不直接收受钱款,却暗地里持有相关单位的股份、红利;明里不收钱物,暗里却以“借用”名义长期占有管理相对人(单位)所提供的贵重设备、房屋、车辆等财物。

三、当前公路行业工程领域产生腐败现象的原因

1.少数干部职工政治学习严重缺失

现今一些干部职工日常工作中不喜欢学习,尤其是政治学习,放弃对世界观、人生观的改造,从而让自己的价值观慢慢偏离正确轨道,在享乐思想和金钱万能观念的影响下,面对社会上各种利益的诱惑,道德防线一点点坍塌,最终跌入腐败的泥沼。

2.公路工程建设管理体制方面存在先天缺陷

当前公路工程建设立项、设计、招标、投标、施工、监理、竣工验收等工作流程基本上都是在“大交通”系统内部运行,普遍存在政企不分、事企不分、权责不清、职能交叉的问题。在实际工作中,不可避免会产生地方保护主义和行业保护主义,市场经济的竞争性、公正性不能很好地发挥出来,加之监管制度不完善,容易滋生腐败。大多数工程建设项目办是一个从各个单位抽人组建的临时机构,通常一条新路修好后,机构就撤销,人员就解散,以后公路在使用过程中出现什么问题时,对相关人员责任追究难以落实,同时项目现场负责人和现场管理人员手中权力过分集中,又缺乏有效的监督制衡机制,如果自身缺少过硬政治素质,把持不住自己,稍有不慎,就会产生腐败行为。

3.公路工程建设监督机制不完善

在公路工程建设领域,尽管国家出台《招投标法》及其配套的一系列法律法规和行业规范性文件,对于预防腐败现象的发生确实发挥了重要的作用,但所规定的内容比较原则和宽泛,缺乏清晰准确的界定,有的条款只定性不定量,还有的条款已经不适应当前公路建设的新情况,因而在实践中操作性不强。所以在实际工程建设过程中,很多单位采取“变通”操作,这就让一些腐败分子有了可钻的法律法规的空子,得以权谋私。加之上级主管单位和公

路部门对工程项目具体管理人员手中权力的监督存在一定程度的缺位,公路工程建设领域具体监督制度跟不上起当前形势,这为腐败现象产生留下一道“豁口”。

4.坚决铲除公路工程建设领域腐败现象的决心不够

在一些人看来,腐败现象就是受贿行为严重,适用重处分或者要被判刑法,而对发生在身边的“微腐败”现象,熟视无睹。对发生在群众身边“四风”和腐败现象的查处力度还不够,党纪国法的严肃性、权威性没有充分发挥出来,对违法违纪干部没有起到应有的震慑作用,导致一些腐败分子抱着只要“蝇贪”就不会受到处分的侥幸心理。

四、治理公路行业工程领域腐败现象的对策与建议

1.加强干部职工的廉洁自律教育

当前我国正处于社会转型期,人们思想的多元化、差异化明显增多,面对社会上不健康思想的侵蚀和形形色色的诱惑,一些干部职工很容易地受到腐败病毒的“攻击”,思想防线一旦溃破,就会导致思想蜕变、行为腐败。这就要求我们必须持之以恒地抓干部职工的党纪国法和职业道德建设,提升职业操守和增强廉洁自律意识。

2.加强反腐制度建设

一是建立健全反腐相关制度。扎好制度“笼子”,让权力在“笼子”里运行,但要防止出现两种极端情况,一种情况是好像扎了“笼子”,但却是“牛栏关猫”,关不住权力。看起来好像什么有制度都有,但实际又等于什么制度都没有,有时甚至比没有制度还要坏,起反作用。另一种情况,“笼子”扎的太密,有点密不透风的感觉,窒息了权力的运行,权力运行规范性有了,但权力运行灵活性没了,最终也会导致行政效率低下。二是严格落实反腐各项制度。制度的生命力在于执行,单位制度一经制定,不能朝令夕改,要保持长期的稳定性,同时对事不对人,对单位每位职工都有约束力,绝不容许有凌驾于单位制度之上的人。三是对工程项目建设过程中腐败易发多发的重点环节与领域,进行制度再设计和流程再造,既注重制度在理论层面的严谨性,又注重制度在实际工作中的可操作性,最大限度压缩个人自由裁量权的空间,从制度上杜绝权力权钱交易、权色交易的可能性,尽量减少权力寻租的机会。

3.进一步规范和完善公路工程建设管理体制

一是要进一步明确区分投资、监管责任,真正实现政、事、企分开,充分发挥好政府对市场的监管作用,让公路工程建设全过程都在“阳光”下进行,减少地方保护主义和行业保护主义干扰,为公路工程建设营造一个公平、公正的市场环境。二是进一步完善公路工程招投标流程。现在公路工程招标已进入公共资源招标中心,形式上已经做到“完美无缺”,但在实质内容上还存在不少问题,如评标专家抽取、评标过程打分,各项分值设置是否合理、工程量变更等方面都存在重大风险点。现在越来越多的施工单位为了低价中标,在投标书中尽量压低工程造价,经常出现只有微薄利润或没有利润还要竞相投标,究其原因是招标合同中工程量是可以变更,从而达到变相增加工程造价,这也为工程相关管理人员无形中增加了一项重要“自由裁量权”,同时也为工程管理人员手中权力提供了“寻租”空间。三是建立健全公路工程建设过程中各种建设材料采购统一交易平台,做到公开透明。现在一些施工单位为了迎合某些领导和管理人员,为了保证工程施工的顺利进行,将材料采购权送给他们,由他们决定材料采购,这等于提供隐形的“好处费”。同时也有一些项目管理人员利用手中权力,暗

示施工单位进行指定采购，这也是重要的风险防控点，材料采购现在也是“各路大仙”心中的一块“唐僧肉”。四是加强公路工程施工质量监管力度。一些项目管理人员自身质素不高（自身从事业工程建设管理所需资质不够），对工程建设过程中存在问题不敢大胆管理。还有的接受施工单位钱物或某种隐形好处，对工程建设质量睁一只眼，闭一只眼，导致施工单位为节约成本，不按流程施工，未经相关单位检验合格进入下道工序，这为将来公路工程质量带来重大安全隐患，甚至是责任事故。

4.进一步完善公路工程建设监督机制

首先，要完善内部监督机制，交通行政主管部门在公路工程建设的每一个环节都要认真履行“总监管人”职责，公路部门要当好“现场管理者”的角色，让公路工程建设投资项目企业按照市场规则履行好市场主体的责任。在工程建设现场项目办要设置纪检监察派出人员（或兼职纪检监察员），现场纪检监察员要参与重大问题决策的相关会议，避免内部监督失控。其次，要完善外部监督机制，政府审计部门对建设项目要认真履行好审计监督职责，要在工程项目建设的全过程中进行跟踪审计，防患于未然。最后，公路工程建设的整个过程要对社会公开。要让权力运行公开透明，确保公众的知情权、监督权得到落实，充分发挥相关媒体（特别是新媒体如微信）、公众舆论的监督作用。

5.扎实推进公路工程领域的反腐惩防体系建设

要把教育、制度、监督、惩处各环节有机结合起来，串成一根完整的“铁链”，要保证每个环节都做到位，因为整条铁链的强度，取决于每一节链条的强度，如果其中一节链条不够结实，整根链条强度将会受到严重影响。所以在公路工程建设领域不能搞“头痛医头、脚痛医脚”，必须整体推进反腐各方面工作，把教育的说服力、制度的约束力、监督的制衡力、惩治的震慑力结合起来，形成一个体系化的防腐败强大合力。

6.持续保持对工程建设领域的腐败现象打击力度

严肃处理工程建设领域中滥用职权、以权谋私等行为，以维护党纪国法的严肃性，发挥应有的震慑力。一是严惩工程建设领域中“蚁贪”行为。这些人像蚂蚁一样，一点点地蚕食公私财物，又并非一两个，而是成窝成群，不仅具有很强隐蔽性，而且容易被其他职工效仿，同时他们又处在工程建设一线，直接影响整个行业在人民群众中的形象。二是要重视和发挥查办案件的治本功能，通过查办案件，查找出工程建设领域制度方面的漏洞，及时拾遗补漏，完善制度，杜绝类似案件的发生。三是善于使用谈话函询的提醒方式。对工程项目管理人员的“吃拿卡要”行为，要大胆、及时、灵活运用谈话函询的提醒方式进行处置，有些虽然看起来不是“大事”，但经常发生在职工群众身边，大家感受最直接，因此，要及时进行警示提醒，避免相关人员在错误的路上越走越远，最终积小错酿成大错。

五、结语

当前工程建设领域产生腐败的土壤仍然存在，反腐败相关机制尚没有完全建立健全，腐败具体形式已演化出许多新的“变种”，所以公路工程建设领域的反腐工作仍然任重道远。

二等奖

新形势下如何加强公路行业廉政文化建设

——“四明四小”打牢基层单位廉政文化建设基础

陈新广

(陕西省安康公路管理局)

摘　要　本文通过分析在全面从严治党、越往后执纪越严的新形势下,公路行业基层单位廉政文化建设不同程度存在“重上轻下、重人轻事、重说轻处、重制轻执”等“四重四轻”现象,个人常存在“与我无关、与我无益、我之无责、我之无为”等“四无”误区,指出可能面临的“责任不明风险、执纪不严风险、基础不牢风险、信访稳定风险”等“四个方面风险”,提出了“明责任、明执纪、明导向、明载体”等“四明”廉政文化建设工作推进对策,并注重“从小事做起、从小钱管起、从小节抓起、从小家建起”等廉政文化建设日常工作“四小”措施,为公路行业基层单位加强廉政文化建设提供了的现实借鉴和方法参考。

关键词　廉政　文化　风险　执纪　稳定　载体

一、引言

文化建设的核心是影响人、引导人。公路行业中,人的重头在基层单位,抓好基层单位廉政文化建设,对于打牢公路行业廉政大厦第一层基础十分重要。为此,笔者就如何加强公路行业基层单位县区公路管理段廉政文化建设,进行了较全面、深入的调研思考,以期引起对基层单位廉政文化建设的重视,引起对廉政文化建设从日常“小处着手”的重视,从而采取有效措施打牢公路行业廉政文化建设的基础。

公路行业线长、点多、面广,廉政风险大。在全面从严治党、越往后执纪越严的新形势下,加强廉政文化建设,在日常工作中强化倡廉机制,塑造“风清气正”的行业风气,对于公路事业稳定、健康、协调发展有着十分重要的现实意义。分析县区公路管理段这一级公路行业基层单位廉政文化建设现状,笔者以为,宜从“四明四小”着手,打牢公路行业廉政大厦“基石”。

二、公路行业基层单位廉政文化建设现状分析

近年来,在认真贯彻全面从严治党,着力推进公路行业党风廉政建设的新形势下,县区公路管理段这一层级廉政文化建设不断深入,廉政工作得到显著加强,廉政文化具体活动显著增多。但通过深入调研分析,发现还不同程度地存在“四重四轻”现象。

一是重上轻下。对上级廉政文件、纪律规章落实十分重视,传达学习、安排部署、督

办回复一般比较及时、主动、到位。但在自下而上方面，有些单位对群众反映的与廉政建设、廉政文化有关的一些意见、建议或信访事项等，重视不够，存在办理迟缓、被动、滞后的现象。

二是重人轻事。在日常廉政文化建设中，比较常见的是重视抓人的思想、抓人的学习，有的片面加强了抓人的教育。到开展具体工作、办具体事过程中，往往又忽视廉政建设、廉政文化重要性，存在廉政教育学和做“两张皮”现象。

三是重说轻处。现实工作中，对犯了错误的干部职工，大多觉得批评教育就够了，没必要处分。甚至出现较重错误时，碍于老交情、老情面，常常是想方设法减轻处罚，对处分的警示意义重视不够。一味强调做过的贡献，没有从历史、发展的角度，看待其错误的不良影响，没有从更高层面看待处分的积极意义，“重说教、轻处分”的习惯思想难以消除。

四是重制轻执。在廉政建设工作中，为解决根本问题，防范廉政风险，总是强调加强制度建设。有些单位还汇集了全面的制度汇编，几乎囊括了所有的人、财、物管理。但有的制度制定之后便束之高阁，有的制度操作性不强而无法执行，有些能执行的制度在平时工作中往往又因事小、钱少、人熟等多种原因没有实际执行，重制轻执现象比较常见。

廉政文化建设离不开干部职工的参与，但现实工作生活中，个人往往存在“四无”误区。一是与“我”无关，认为廉政文化建设是单位的事、组织的事，与自己没有太大关系。二是于“我”无益，认为单位搞廉政文化建设自己又得不到什么实惠，甚至还认为廉政文化活动过多、过细，会影响到一些业务工作的正常开展。三是“我”之无责，认为廉政文化建设是领导的责任、纪检部门的责任，自己不在其位、不在其岗，没有具体责任。四是“我”之无为，在无关、无益、无责的意识下，在廉政文化建设中，不愿为、不会为、不作为现象不少。

三、“四重四轻”“四无”可能带来的风险

公路行业基层单位由于存在廉政文化建设“四重四轻”现象、“四无”误区等原因，可能带来四个方面的风险。一是责任不明风险。有些基层党支部认为支部不管钱、不管人，廉政风险主要在工程、养护、路政等行政管理方面，廉政风险防控、廉政文化建设应当以行政负责为主。有些行政负责人认为，自己抓好业务工作就行了，廉政建设、廉政文化都是支部的责任。班子成员中如果有这种思想，就会存在责任不明的缺位风险，可能导致廉政工作、廉政文化建设出现空白。二是执纪不严风险。由于思想认识的偏差，有些单位很可能对违纪行为执纪不严，这样对违纪当事人惩戒不够，对他人警示不够，引发其他不良影响或发生类似问题的可能性增大，后果严重的还会受到上级责任追究。三是基础不牢风险。如果没有广大职工的参与，没有形成良好的遵章守规习惯，没有旗帜鲜明的“风清气正”倡廉导向，廉政文化的基础不牢，很可能会出现防不胜防的现象，发生廉政风险的不确定性会很大。四是信访稳定风险。廉政安全是单位稳定、健康、协调发展的保障，一旦哪个单位出现廉政案件，对当事人、对单位、对职工都将产生极大的影响，有些影响可能会“臭名远扬”，可能会持续很长时期，直接关系到单位内部的信访稳定局面、外部的整体行业形象。

四、加强公路行业基层单位廉政文化建设的对策

1.加强公路行业基层单位廉政文化建设,要高度重视单位的主体、主导作用,突出抓好“四明”

一要明责任。要旗帜鲜明地摒弃只管业务不管廉政文化建设的片面思想,认真落实廉政文化建设党政同责、领导班子成员“一岗双责”,可通过签订廉政文化建设目标责任书等形式,逐级明确廉政文化建设目标任务,完善“以明责为推力”的廉政文化建设工作机制,着力消除无责无为行为,引领带动廉政文化广泛深入推进。

二要明执纪。“动员千遍,不如问责一次”,要旗帜鲜明地落实“有错必处”,坚决摒弃“下不为例”“睁只眼闭只眼”不当的现象。科学运用“四种形态”,对一切违纪违规行为,都应及时、快速予以恰当处理,有助于消除侥幸思想,有利于“治小病防大病”,有利于形成纪律严明的廉政文化氛围。

三要明导向。在及时认真学习传达上级政策规章、制度文件的同时,要形成明确的“廉政文化建设为群众”的导向,重视来自道班、工地、一线职工、公路沿线群众的呼声,重视处理信访渠道反映的公路行业工作意见、建议、问题,从而更好地实现廉政文化建设为行业、利职工、促发展的根本目标。

四要明载体。廉政文化建设需要加强廉政学习,但也要注意防止“单纯学、机械学、应付学”的被动学习文件现象。单位应当充分发挥主导作用,积极开展视频学习、党课交流、专题研讨、现场参观、知识竞赛、调研宣传等多种形式的廉政文化活动,使广大职工有更多的机会参与,从而对单位廉政文化建设起到积极重要的推动作用。

2.加强公路行业基层单位廉政文化建设,还应重视从日常工作中的“四小”抓起

一是从小事做起。单位的一切政务事务,在廉政规章面前,没有“大与小”的区别,只有“是与非”的原则,遵章守纪立场必须鲜明。要深入推进政务公开、事务公开,从每一件小事做起,从每一项制度的日常执行做起,树立“廉政无小事”的良好廉政文化氛围。

二是从小钱管起。公路行业项目工程多、资金渠道不一,成本计量、资金使用、费用支出项目复杂,大额支出常见,“小钱”使用容易忽视。因此,有必要针对“用点小钱不要紧”的错误观念,加强项目工地、资金使用等环节廉政文化建设,让相关管理人员自觉从小钱管起,不该花的钱,即便是小钱也不能花。从小钱管起,强化资金源头的廉政监管理念,对于防范廉政风险将起到事半功倍的良好效果。

三是从小节抓起。公路行业基层单位比较分散,中层干部、技术管理干部任务较重,养护管理工作比较繁杂,再加上项目工程管理战线长、事务多,忙了、累了、急了,不注意小节的现象概率较大。有必要根据行业工作特点,重视抓小节,多提醒,防大错,保护公路行业干部健康成长。

四要从小家建起。廉政文化建设需要单位的整体氛围,具体到工地、股室、班组也同样如此。因此,有必要结合文明单位、文明工地、文明股室、文明班组等文明创建活动,建好每一个职工小家。在每一个职工小家中形成倡廉的推动机制,清廉的良好风尚,护廉的团队习惯,必将打牢行业廉政大厦的第一层基石,对于弘扬“干净做人”的廉洁理念,塑造“风清气正”的行业风气,必将产生重要而深远的影响。

五、结语

近年来,陕西省安康公路管理局高度重视公路行业廉政文化建设,基层单位在廉政文化建设工作中,注重消除“四重四轻”现象,主动防范“四无”误区及风险,结合实际抓“四明”“四小”形式多样、措施灵活、成效显著。至 2017 年,局属单位建成陕西省公路行业廉政文化示范点 10 个,累计建成市级以上文明单位 13 个,树立了公路行业的良好形象。公路文化,廉政为本,期望“四明”“四小”能在更深远的公路廉政文化土壤落地生根。

二等奖

新形势下如何加强公路行业职工教育建设

宗　鹏

(内蒙古自治区乌海市乌达公路段)

摘　要　交通运输业是经济社会发展的基础性产业和服务性行业。在如今经济社会高速发展、生产资源高度共享的大背景下,交通运输更是成为连接各区域经济的纽带;因此,加快推进公路行业的人力资源开发,加强公路行业的高素质人才队伍建设,不论是对公路行业本身的建设,还是对于促进区域经济间的交流与合作,都有着巨大的推进作用。而成功进行公路行业人力资源开发的关键,就在于做好公路行业的职工教育工作。

关键词　公路行业　职工教育　新形势　人力资源　发展

一、引言

随着科学技术的推进和市场经济的深化,我国的经济态势已悄然发生改变——知识经济逐渐兴起并开始占据重要位置。在市场竞争日益激烈的今天,开发人力资源和打造团队文化已经成为行业发展过程中必须高度重视的战略任务。如今各行业间的相互激烈竞争,归根结底就是人才的竞争与知识的博弈,谁掌握了知识经济的软实力,谁就占据了竞争的主导权。就公路行业而言,想要在当今重要的战略机遇期里实现新的突破与发展,就必须要打造一支综合素质高、业务能力强、符合时代要求的公路人才队伍——这就对现阶段的公路职教工作提出了更高的要求。作为一项具有先导性与全面性的重要工作,职工教育是促进新时期公路事业发展的必然要求和重要途径;因此,深入进行关于职工教育的研究,就显得十分必要了。

二、公路行业职工教育及其相关概念

1.公路行业职工教育概念阐述

职工教育为成人教育的主要部分,是对政府机关、企事业单位全体职工实施完整而系统的政治、文化、科学技术知识及经营管理知识的教育和培训。它是社会生产力发展到较高水平衍生出的产物,是新时代背景下一种特殊的、崭新的教育形式。

公路行业的职工教育,是职工教育在公路这一具体行业领域上的表现形式,由于公路行业要求职工有较高的实际操作技能,相较于其他行业的职教工作,公路行业的职工教育更加注重教育培训与日常实践的有效结合。

2.关于加强公路行业职工教育的必要性

①从理论意义上来看,加强公路行业职工教育是丰富与完善公路文化的必然要求,也是

推动整个公路行业持续前进的必要举措。在市场竞争日益激烈的大环境下,各企业开始致力于打造自己的企业文化,注重发挥品牌的力量。仍属于事业性质的公路行业,也应当努力打造出能够体现出公路行业特色的公路文化——良好的公路文化,具有强大的凝聚力作用和导向作用,能够让职工们自发团结起来,共同为实现集体目标而努力奋斗。同时,通过公路文化本身的规范作用,可以潜移默化地提高职工的自我约束能力,提升职工目标责任感,让职工了解岗位职责、掌握工作方法,增强公路人才队伍核心竞争力,使公路行业在新形势下取得新突破,实现新发展。

②通过公路职工教育培训,可以促进人才竞争,有效提高职工的业务能力水平与综合素质,为公路事业建设提供可靠的人才保障与智力支持。单位发展的本质是人的发展,而职工教育则是人力资源开发的关键。通过职教培训,既可以丰富职工们的专业技能知识,提高职工业务能力水平,又可以陶冶职工的品德情操,使职工们的素质修养得以升华,让新时代的公路人真正做到“德才兼备”。

③能够培养职工的团队意识,增强职工对公路文化的认同感与归属感。前文已经提到,良好的公路文化有利于增强单位职工的凝聚力与向心力,有利于培养职工的团队意识。通过对职工进行公路文化知识的传输,能够让职工更加深入地了解公路文化内涵,帮助职工走出对于制度管理的认识误区,消除对于单位制度的抵触感,让职工对自己的工作产生自豪感,并拥有较强的团队合作精神,增强公路职工对公路大家庭的归属感。

④有利于各部门间相互沟通与联系,促进各部门进行交流合作,增进职工间的感情。笔者在日常的工作实践中发现:如今公路行业各部门间的沟通交流是十分缺失的,甚至有时处于“各自为战”的状态。然而单位工作任务的开展,往往需要各部门之间能够高度默契地进行合作。通过对各部门职工的教育培训,有助于职工对本部门及其他部门的职责有更加清晰的认识,理清工作整体思路,各部门既能做到各司其职,又能做到密切配合,就可以有效提高工作效率,为单位创造更大的经济与社会效益。

三、公路行业职工教育的现状与存在问题分析

从总体上来看,我国公路行业的职工教育呈现持续向前进步的态势,在职工教育工作开展的过程中取得了极大的突破,为公路文化建设树立起无数座里程碑。可正如马克思主义哲学中的:“事物在曲折中前进,在变革中发展”,在职工教育取得丰硕研究成果的同时,我们也不能忽略现阶段职教工作中依然存在的问题。

1.现阶段公路行业职工教育存在的问题

①在职教工作人员结构上,公路行业职工年龄结构过于两极分化,老龄化问题严重,特别缺乏在公路职教工作中能够起到中流砥柱作用的人才。

这个问题是整个公路行业的通病,以笔者所在的工作单位——乌海市乌达公路段为例:截止到今年2月,该段在职职工共38人,年龄在42周岁以上的有27人,其中有4人将于今年退休,即将退休人员占总体近百分之六十;而新补充的年轻职工普遍工作经验不足两年(乌海市其他两个公路段的职工年龄结构也与此类似)——这就造成了公路系统的人才严重断档,阻碍公路事业发展。

②在职工素质层面,职工的综合素质普遍偏低,文化水平不高,专业技术知识缺乏。

依然以乌海市乌达公路段为例:该段一线养路职工基本均为专科以下学历,个别为专科学历;管理人员多数为专科学历,个别为本科学历;而研究生及以上学历的人数为零。由此而产生的直接问题就是,职工的职业能力素质与公路行业当前实际需求存在差距,公路事业的发展因职工自身的素质而受到影响和限制。

③在培训效果上,职工教育培训过于注重表面形式,对职教工作取得的实际成果重视程度不高。

受传统教育及如今考核机制的影响,目前对职工的教育培训依然存在着“重理论而轻实践”“重过程而轻结果”“重形式而轻内容”的弊病,职工教育往往难以产生实效。

④在培训内容上,培训内容脱离实际需求,培训方法过于单一。

在日常的培训工作中,培训学习的内容经常与公路行业实际需求不符,或培训内容超出了职工的学习接受能力的范围;而且受传统应试教育的影响,目前的培训方式只是简单的“灌输”与“被灌输”,没有形成自主学习的氛围,教育模式缺乏创新。

⑤在培训手段上,职教培训没有充分结合当今信息化的时代特征,对于信息技术应用极度有限,公路文化传播依然主要依靠传统传播媒介。

2.阻碍公路行业职教工作发展的原因分析

在笔者看来,主观原因主要有以下方面。

①职工教育干部自身素质不适应,职教干部在职教工作中扮演着“指挥者”的角色,一定程度上来讲,职教干部的素质高低直接决定着职教工作质量的高低。总体而言,公路行业的职教干部队伍能力素质是过关的,但是也有一部分的职教干部自身综合素质较低、文化程度和教学水平不高、业务能力较差,不能完全胜任自己的工作,直接影响了职教工作的质量。

②思想意识层面,思想过于保守落后,缺乏创新思维与变革精神。受传统思想观念的影响,职教干部往往墨守成规,仅仅按照文件要求开展工作,培训内容一成不变,使得职工教育难以再上新台阶。

客观原因主要有以下方面:

①职工教育体制自身不够完善,存在诸多缺陷,并缺乏系统指导与长远规划。职工教育是一项系统工程,它由人事部门主管,需要各部门之间密切配合、工作人员进行团结协作。但是,当前的职教培训工作大多是由各部门以“单兵作战”的形式来展开,缺少相互联系与整体协调,没有长远战略规划。

②在用人机制上,职工的文化基础薄弱,尤其对管理人员的文化准入门槛不高。前文已经分析过:“职工的职业素质普遍偏低,职工整体能力素质与公路行业当前实际形势存在差距”是如今公路事业发展的严重问题;职工素质整体偏低,就被迫降低职工教育的起点,而使得职工教育发展滞后。

③受传统考核标准的影响,目前的考核机制是以业绩考核为核心,尤其是公路行业,抓紧养护生产工作更容易短期见效,这就让一些单位过于将工作精力投入到具体业务工作上,因此造成精力分散,或轻或重地忽视职工教育培训,直接影响到公路事业的均衡发展。

四、关于进一步加强公路行业职工教育的相关建议

1.加强公路行业职教工作过程中可以借鉴的经验

①充分考虑职工实际需求,立足于公路行业的文化特色

新时代的职工教育不能由负责职教的领导干部“一拍即干”,也不可以再像过去一样让冗杂的学习内容“一锅出”,让职工吃“大锅饭”,而是应当细致考虑到每个单位、每一位职工的需求;开设更多能够体现公路文化特色的课程,由“学得多”转向“学得精”;仿照学校正规教育模式,对培训内容进行学科划分,增强职工对学习内容的自主选择性。

②必须结合公路行业发展的实际状况,对职工因材施教

公路一线职工文化水平普遍偏低,负责职工教育的领导干部及相关工作人员的职业素质亟须提高,这是如今公路行业人才结构的现状。下阶段的职工教育,应当坚持“一切从实际出发”的原则,降低出发起点,切实提高大众群体的综合素质,打好职教工作的群众基础,而不是修造“空中楼阁”。对于综合素质较高、职业能力突出的职工,应当实施“分阶教育”的培训模式,在做好群体职教工作的同时,也能保障高层次人才的输出。

③积极汲取国外的成功经验,注重交流与合作

当今的时代是全球化的时代,各国之间的联系得到空前加强,促进各国间各领域的交流与合作,已是普遍达成的共识。就职工教育领域而言,相较于西方发达国家,科学系统的职工教育在我国推广的时间较短,所以我国的职教培训工作开展水平还是相对落后的,而西方国家的职教体系则相对更为完备,且有着丰富的相关经验。近年来,西方一些发达国家为适应新经济形势的发展,以迎接新产业革命带来的挑战,各国都十分重视深化职工教育改革:欧共体各国联合建立教育培训交流协会、美国为职工教育成立的私人院校、新加坡的社会资金融资模式都是十分经典且较为成功的案例。

2.新形势下加强公路行业职工教育培训的有效途径

①创新职工教育培训的模式、方法与内容,与时俱进,注重培养职工的创新思维,营造勇于创新的工作环境

事物在变革中发展,创新则是促进产生变革的原动力。目前来讲,公路行业的管理人员的创新意识是十分薄弱的,基层养护单位每年职教工作的开展其实就是简单的“上传下达”,依据上级文件办事。培训方式上,就是简单的课堂讲授,缺乏新颖亮点;培训内容上,虽然每年都有更新,却变化不大;培训载体上,仍然依赖于传统媒介,电子化办公与信息化授课水平极低。墨守成规,可以保证不出差错,却不可能实现突破,因此,要让公路行业永葆生机与活力,公路行业就要务必贯彻“科技兴交”战略,增强本行业自主创新能力。深入进行对于工作模式、工作方法的探索,重点培养职工创新思维,努力创造积极创新的整体环境,建立开放、高效的创新机制。

②调整对职工培训的考评标准,更加重视职工学习能力的提升,为公路行业的职工教育注入新时代的先进教育理念

目前基层养护单位的职教培训成绩,仅仅表现在一张试卷上,然而漂亮的分数往往不能体现实际取得的成果。在信息化时代的今天,新的学科知识层出不穷、知识更新周期不断缩短,所以要求当代的年轻人要有迅速吸收并掌握新知识的能力。传统的“说教”式教育方式,仅仅是把现成的学术理论强行灌输给培训对象,这已然不能够符合当今时代的潮流。新时代的职教培训,应当由“授人鱼”转向“授人渔”,由“说教”式教育转向“启迪”式教育,更加注重对职工自主学习能力的培养。比如:引入全日制高校的“学分制”,对职工的培训考核成绩进行分阶段评估,累计学分,避免以纸面分数为唯一标准;鼓励职工走上讲台,让职工去培

训职工,对走上讲台的优秀职工给予相应奖励。

③新时代公路公路行业的职工教育,应该符合新时代潮流,充分掌握应用现代信息化技术展开工作,依靠各种新型网络融媒体进行宣传

21 世纪是科技化、信息化的时代,伴随着信息化革命与网络技术的飞速发展,出现了微信、微博、博客等各类新型网络媒介,可以说,这些新型网络媒介的出现改变了人们对于世界的认知方式——一篇报纸的阅读量可能是几千次,可是,一条微博的浏览数则是数以万乃至百万计。反观我们当前的职教工作,依然主要依靠报纸、广播等传统媒介进行宣传,而忽视了网络媒介的"威力"。再联系到日常职工培训方面,对于信息技术的应用也是极度有限,如一次电话视频会议其实就可以取代一次集体外出学习,既节约了出差所需的人力、资金,又节约了路途浪费的时间。

④更多地开展"先进事例报告会""优秀职工座谈会"等传播正能量的活动,加强对职工特别是年轻群体的思想教育

如今,公路行业的各个单位,基本已经完成了新老交替,以 80 后、90 后为主的年轻一代已成为各基层养护单位的主力军。高素质、高学历是这代年轻人的优势,可是,作为"温室里的一代",如今的年轻人并没有自觉肩负起传承老一辈养路工沿袭下来的不畏艰险、艰苦奋斗的公路精神的责任,缺乏老一辈公路人踏实勤干的工作作风。日常的培训工作里,我们总是想找一些好的教材来讲课,其实,我们身边优秀职工的先进事迹就是职工教育最好的教材。单位应当更广泛地举办先进典型报告会,用身边的先进典型去感染职工、教育职工、凝聚职工,用最真实的案例去培养年轻群体的职业道德素质。

⑤鼓励单位的各部门之间、公路系统的各单位之间、公路行业与其他行业之间进行关于职教工作的交流、学习与合作

五、结语

职工教育是一项系统工程,它需要各部门之间、各单位之间甚至各行业之间进行配合与合作。对内各单位、各部门要主动承担起自己在职工教育中的职责,做到统筹全局,协调合作;对外,公路行业更应该走在人才培养的前端,积极主动地向其他行业汲取职教工作开展过程中的相关经验,多方位、深层次地与其他行业进行关于职教的合作,以实现公路行业职教工作在新时代下的新发展,从而促进公路事业的持续前进。

公路职教工作注定是一项长期而艰巨的任务,而且受诸多因素的影响,它的改革之路注定是不平坦的。但是,事物的发展就是在曲折与前进中进行,只要坚定推进公路职教工作建设的决心,在结合自己实际行情的基础上,更加主动汲取其他行业关于职教的成功经验,始终坚持着正确的改进道路,就一定会迎来属于公路职教工作的光明之道,为公路事业在新时期的建设,打下坚实的基础。

三等奖

浅谈在公路体制改革中如何做好基层单位职工的思想教育工作

陈　杰

(云南省昆明公路局昆明公路分局)

摘　要　结合目前公路职工思想教育的现状,笔者对开展公路职工教育存在的问题和困难进行分析,浅谈在公路体制改革中如何做好基层单位职工的思想教育工作。

关键词　公路　改革　思想教育

一、引言

面对当前的新形势、研究新问题,从事职工思想教育的职能部门必须改进新思路、采取新对策来解决新课题,唯有创新和发展,思想政治工作才能有生命力,才能更好发挥出优势和作用。

我国的经济体制步入市场经济之后,这些既定的体制同市场经济的规则特征,在很多地方会发生冲突,要想适应市场经济的发展特点,就必须对现有的公路体制进行改革。随着新时期公路改革的不断深入,公路养护、公路建设、公路收费和公路管理等必然要与市场接轨,对外进行合作交流,引进资金、技术和管理经验,力求在竞争中发展和提高。在这种新形势下,广大公路职工的思想必然会受到各种外来观念的冲击而不断发生变化,使思想政治工作面临新的形势、新问题。而公路行业基层单位的思想政治工作在公路体制改革进程中尤为重要,不仅仅是一项基础性的工作,随着社会的发展慢慢转变为长期性的工作。面对新形势、研究新问题,从事职工思想教育的职能部门必须改进新思路、采取新对策来解决新课题,唯有创新和发展,思想政治工作才能有生命力,才能发挥出更好的优势和作用。

二、目前公路职工思想教育的现状

目前,云南公路事业的发展,离不开一支稳定可靠的职工队伍,要想保持公路系统职工的稳定性,就要充分掌握当下公路职工的思想动态。这也是针对公路系统职工进行思想政治工作的重要依据。随着我省公路体制改革的逐步引向深入,公路系统职工的思想状况也发生了较大的变化。原来的公路职工身上所体现出的深深的自豪感随着体制改革逐渐褪去。比如,在公路行业起步之初,从事公路收费的职工身着制服、头戴大檐帽是何等的威风与自豪;随着市场竞争的需要,公路收费由执法性质转变为服务性质,紧接着,国家二级公路停止收费所有职工划为事业编制人员继而从事公路管养工作等等一系列改革,单位性质的改变让大部分公路职工大大降低了对公路事业的期望值,与此同时职工的荣誉感、责任感以及使命感也随之大大减弱。实际的工作中表现为,对于工作的态度较为消极,工作较为浮躁,对工作缺乏热情,工作散漫、拖拉、推诿,不愿意主动分析工作中遇到的实际问题,对工作主动改进的意愿不是很强烈。由于公路工作岗位分工不同,职工的工作分工存在轻重缓急程度不一的,在工作过程中就更容易产生比较和厌言,这种抱怨情绪长期存在将会极大影响职工的工作积极性。在公路体制改革的过程中,部分职工的观望情绪较为严重,在工作中遇到问题以后总是想先观望然后再进行处理,或者是相互推诿,有问题最先想到的是找领导解决,长此以往不仅仅大大降低了工作的效率,同时形成了较强的依赖心理。

目前,云南省公路行业的职工主要由职工家属子女、复转军人和应届毕业大学生构成,而应届毕业大学生报考公路行业也是自2009年才开始实行的,占比不足10%,专业技术人员不足30%,由此可见,云南公路行业职工的文化素质偏低,这是一个历史遗留问题。有的职工参加工作后积极参加各种学历提升的考试并取得了相关毕业证书,也有一些职工积极加入党组织,但绝大多数是为了工资晋级或职务升迁,真正利用继续教育或入党来提高自身素质和人格修养的人不多。

目前针对公路职工的思想教育形式较为单一,主要依靠公路行业的一些日常会议、简单的文件、提出的一些号召、口号类的宣传内容对职工进行思想教育。往往忽视了思想政治工作中真正受教育者的感受,偏离了职工思想动态的真正需求,与职工的实际工作结合得不够紧密,不能够引起职工的兴趣,甚至是产生一定的逆反心理。在进行思想政治教育之前对职工的思想动态没有进行有针对性的调查,无法通过思想政治教育解决公路职工在实际工作中间遇到的实际困难或困惑。

三、开展公路职工教育存在的问题和困难

1.思想观念没有彻底转变

一是忧患意识差,自二级公路取消收费后,公路管养部门的全部职工划转为事业编制人员,此后,大部分职工认为自己端上了“铁饭碗”,进入了保险箱。面对外来的挑战和冲击没有应对能力,缺乏危机感。二是竞争意识差。各工种之间未达到按劳分配,不能有效激发职工竞争意识,继而倾向于相对轻松的岗位。三是学习观念差。大多数职工对业务学习和理论学习不感兴趣,认为对自己没有用处,被动学习观念普遍。

2.弱化现象不同程度地存在

思想政治工作是我党取得革命胜利的重要法宝,是几十年来实践总结得来的宝贵经验。现在有些地方和单位忽视思想政治工作,政工干部配备少,经费没有保障,不组织活动,对职工的思想、生活和工作很少关心,单位内出现不稳定因素,职工的积极性调动不起来,缺乏生机和活力,这都与不重视思想政治工作有直接关系。

3.业务素质偏低

一是理论基础薄弱。公路行业基层单位职工大部分是职工家属子女、复转军人,甚至有的养护工人只有小学文化,其文化素质和专业知识与受过正规中、高等职业技术学习的专技人员相比存在较大差距。二是对基本规章和作用规程不理解,不能合理运用,培训效果不明显。

4.利益分配不均引发不满情绪

在有些公路基层单位,如治超站点,由于体制原因,出现了编内与编外人员之分,由此在薪酬福利上不能按同工同酬分配,编外人员心理上自然会产生不满情绪。干同样的工作得不到同样的酬劳,一些政策性的待遇也不能同等享受,思想政治工作即使做了,现实问题还是得不到解决。此外,在人员与人员之间、单位与单位之间,收入分配中的差距存在,容易造成职工思想上的波动。心理上的不平衡、分配上的不平等,使思想政治工作的开展困难重重。

5.传播手段多样化带来的新挑战

随着现代信息技术的普及和发展,人们获取信息的渠道更广、更多,由于信息来源真假难辨,会对人们的思想产生很大的影响,有的还左右着人们的判断。这对传统思想政治工作的方式方法提出了严峻挑战。

6.职工思想情绪波动大

在体制改革过程中,由于很多职工面对前途的不确定性缺少信心,在处理问题的过程中过于急功近利。职工队伍不同程度地存在党员不相信组织、职工不相信单位的现象,导致基层单位开展职工思想教育工作困难重重。

7.开展职工教育工作形式单一,缺乏针对性

过多停留在表面,对一些简单的浅显的大道理进行口头宣讲,很难被职工所接受。

8.考核手段不严肃

单位组织考试,大多是上班发试卷让职工答下班时收回来,而且试卷多是附带答案的,职工基本就是以抄代考,敷衍了事,有的职工甚至连试卷内容是什么都不清楚,这种普遍的考核方式根本达不到考核的基本目的。

9.激励机制缺乏

在思想教育过程中缺少相应的激励措施以及必要的考核措施。

四、基层单位开展职工思想教育工作的几点思考

1.立足实际,将职工教育同生产工作有机结合

在云南公路行业飞速发展的今天,公路行业的基层单位除了完成繁重的生产任务,同时还要兼顾职工思想教育工作,施教者在开展职工思想教育过程中要注重理论与实际相结合,发现问题及时解决,边学习边探索边总结,深入了解职工所想所知,真正驾驭一线职工的思想动态。

2.拓宽思路,实现职工思想教育多种形式并存

在开展思想政治工作过程中,不要局限于原来的教育形式,枯燥的说教和无说服力的文件并不能够充分解决职工在工作中遇到的困惑,职工教育的形式要多种多样,要寓教于乐。要紧紧抓住现代公路职工思想活跃、思维跨度大、敏锐、富有创新等特点,针对职工对新文化、新知识的渴求,有针对性地开展读书会、诗朗诵、阅读交流会等活动,在职工书屋开展各种有效的交流活动,加大职工书屋存书量,同时鼓励职工捐赠内容健康的书籍,利用职工书屋积极拓宽学习各种领域的知识,努力营造良好的学习氛围。根据职工思想动态,借助网络、现代社交场所等,加强制度建设,规定职工定期按要求开展活动,使之成为常态化的工

作,杜绝职工教育活动走过场,流于形式。

3. 单位有正气、领导有担当,不断为基层职工输送正能量

单位领导、干部、党员在工作生活学习中要积极起好先锋模范作用,做好单位的"领头羊"。遇到任何突发事件不惧困难,勇于担当,积极为广大职工特别是基层一线职工做出引领示范;领导班子要进一步提高决策能力,政务公开透明,确保"三重一大"事项在阳光下运行。分工明确,办事公道,在单位内部树正气、讲和气,通过开展各种有益职工身心健康的活动,不断营造风清气正、廉洁高效的良好氛围,使广大职工对组织、对单位重拾信任与信心。

4. 强化考核,进一步巩固学习成果

对职工参加职工教育活动辅之以考核,确保活动取得成效。针对有些急功近利的现象进行相应的考核,促使其端正态度,同时设置相应的激励政策,以提高学习的积极性。要根据各岗位的工作职责、技能标准以及岗位目标管理考核的要求,按照从严要求、好中选优的原则,科学地制定创先争优考核标准,将模糊的要求变成可量化考核的指标。根据单位实际情况,制定切实可行的激励措施,并将考核结果作为本年度绩效考核的重要参考指标。

五、结语

公路要持久健康发展,就必须造就一批思想过硬、作风优良、素质高强的职工队伍,而作为公路管理的各级领导者,必须清醒认识到当前职工队伍的思想现状,高度重视政治思想工作的全面开展,深入职工队伍中摸底,查找各种消极、颓废、浮躁和不思进取思想产生的根源,从而有的放矢地做好职工队伍思想教育和引导工作,为交通事业改革和发展打造过硬的职工队伍,全面开创公路事业跨越性发展的新局面。

三等奖

如何加强公路行业党员干部理想信念教育

曾若兰

（浙江省湖州市公路管理局直属分局）

摘　要　公路行业是一个关系国计民生的特殊行业，一头维系社会经济发展，一头联结老百姓的安全便捷出行。作为公路职工，特别是党员干部，必须牢记党的宗旨，坚定理想信念，奋力扛起“秉持浙江精神，干在实处、走在前列、勇立潮头”新使命，全心全意为社会主义经济建设服务——养好公路，保障畅通。

关键词　公路行业　党员干部　理想信念　教育

一、引言

习近平总书记说：理想信念就是共产党人精神上的“钙”，没有理想信念或理想信念不坚定，精神上就会“缺钙”，就会得“软骨病”。不可否认，大多数党员干部的理想信念是积极的、向上的，但在改革发展的新时期，党内少数党员干部却存在着一些问题，比如，贪图安逸享受，价值取向物化；角色意识颠倒，宗旨观念淡化；组织纪律涣散，党员意识弱化；思想道德滑坡，党性修养退化等。这些问题的出现，说到底还是理想信念不坚定。理想的动摇是最根本的动摇，信念的滑坡是最致命的滑坡。所以，在当前和今后一段时期，基层党组织必须把加强理想信念教育作为一项根本任务抓紧抓好。

二、重视理论学习，让理想信念入脑入心

习近平总书记强调，“有的干部自己认为最缺的是新知识，但事实上他最缺的是理想信念、党性修养。现在干部特别是年轻干部，相当一部分人最需解决好的是理想信念问题，最缺的是马克思主义基础理论教育和道德品行教育。”理论的灌输和理论的教育分三个方面。

第一，对原典的教育，对马克思主义经典的教育。这个科学理论不是一般人能掌握的，正是因为不是一般人能掌握的，所以党员干部特别是中高级领导干部要深入学习、真正掌握，这样才能培养出一大批马克思主义政治家。由此，建议对一些领导骨干特别是青年干部适当开设一些马克思主义理论培训班，比较系统地进行理论教育。

第二，对思想政治的教育。要以迎接学习贯彻党的十九大精神为主线，全面学习宣贯彻十八届历次会议精神，深刻领会精神实质，进一步增强政治意识、大局意识、核心意识、看齐意识，在思想上、政治上、行动上同以习近平同志为核心的党中央保持高度一致，通过领导干部的示范引领带动广大党员干部深入学习，凝心聚力、开拓创新，把浙江省委赋予浙江公路的使命和打造浙江干部铁军的要求不折不扣落实到公路工作中，砥砺前行，全力推进万里美丽经济交通走廊，打造美丽公路中国样板以及浙江交通铁军的公路团队。

第三,教育者要首先接受教育。如果宣传者本身对马克思主义一知半解、将信将疑、半信半疑,如果他们自己都不相信,又怎么让听众去信呢?我国四大古典名著之一的《三国演义》向来是兵家必读书目,它一向被尊为兵法的案例,可是易中天教授却用幽默风趣的语言描绘他心目中的三国,受到追捧。例如,在讲到空城计时,司马懿不敢上城,因为诸葛亮在上面唱"卡拉 OK",司马懿想:我上去卡拉,你还不把我"OK"了呢!怎不令人捧腹?易教授用平民化的语言,生动形象地解说严肃的历史事件,不仅使大家了解了历史,而且还懂了很多道理。如果宣传马克思主义也能这样通俗易懂、生动有趣,效果就会更好。

三、训练行为规范,让理想信念有模有样

孟子说:"不以规矩,不能成方圆"。可见,行为的训练是非常重要的。比如一个年轻人站没站相,坐没坐相,但是到了兵营以后,经过新兵连一两个月的训练,出来以后是标准的军人。他怎么做到的?他是训练出来的。《弟子规》中的"步从容、立端正、揖深圆、拜恭敬、勿践阈、勿跛倚、勿箕踞、勿摇髀",对人的行为举止做出了明确的规定。中国是一个礼仪之邦,"礼"要通过"仪"来表现出来,仪式很重要。党对党员的要求,也要通过具体的仪式来表达和不断强化。比如军人有军服,警察有警服、医生有白大褂,而党员,没有党服,只有党旗、党徽。党旗如何挂?是否应该挂的地方都挂了?而党徽,平日佩戴的人又有多少?可以说,除了特定的时间和场合,几乎没人佩戴。可见,于党员而言,现在有仪式感的东西很少,党员的意识也弱化了。有的人组织上入了党,思想没有入党。所以,必须通过党组织严格的行为训练,把党的理想信念在训练中强化,内化于心,外化于形,慢慢改造思想,强化理想信念。

四、营造红色环境,让理想信念有声有色

近朱者赤,近墨者黑 。环境改造人,环境影响人,但是我们的环境怎么样呢?据悉,日本的每一个町疃(社区)都有一个纪念他们所谓的英雄、武士的地方,他们的孩子从小耳濡目染,在这个环境里面长大,自然而然地灌输武士道精神、军国主义思想。英国许多地标性建筑上都刻有历史英雄的事迹、英雄人物的浮雕,或是文字,或是图像;而在中国国内,很多大城市只有一个纪念碑,公路部门几乎没有。所以,必须营造有利于理想信念教育、充满正能量的红色环境。比如,在机关办公大楼、基层站点等人员集中的地方搞一些纪念公路先烈或英雄事迹的实物,作为永恒的理想信念教育的教材。或者,通过标语口号、图片视频、党员代言人公益广告等有效形式,全面覆盖公路窗口和单位内部网站、板报、橱窗。再如,开设"每日一歌",精选 100 首健康向上、奋发励志、爱国爱党的歌曲在单位上下班时间准点播放,唤醒广大职工的红色记忆,净化党员干部的思想,在潜移默化中,激发党员干部爱岗敬业、改革创新、担当奉献、建功立业的责任感和使命感。

五、开展主题活动,让理想信念落地落实

理想信念不是空中楼阁,它是无数共产党员革命实践的精神结晶,是作用于具体的生命的,不能仅用抽象的说教和口号来灌输。因此,要通过开展形式多样的主题活动,来提升和锤炼党员干部的理想信念,推动理想信念在党员心中落地生根。

近几年来,党中央每年都开展主题活动。如,2014 年开展了党的群众路线教育实践活

动,2015 年开展了“三严三实”主题活动,2016 年开展了“两学一做”学习教育,党员进社区、党员奉献日、双千万结对帮扶、认领微心愿、走红色路线、看红色经典、百名书记上百堂党课、手抄《党章》100 天、党纪党规知识测试、党性体检、重温入党誓词等一系列活动精彩纷呈。这些活动的开展,无一例外都是为了使广大党员经常打扫思想上的灰尘,校正行为上的偏差,端正思想,坚定信念,始终保持共产党员的先进性本色。此外,我们也要结合实际,开展一些具有公路特色的活动,如,公路文化月、“5.26 爱路日”“美丽公路人”演讲活动、路政保姆、“爱你一路”志愿服务、“向身边的先进典型学习”“鲜花献模范”等活动,实现在奉献中彰显党性、提升素质。同时,要把日常工作与党建结合起来,针对突击性、重要性工作,成立党员突击队,工作中勇挑重担、敢破难题,有意识地让党员在业务工作一线“亮牌、亮绩”,实现党员在一线起作用、受教育,增强基层党组织的凝聚力和战斗力。

六、创新教育方法,让理想信念如火如荼

在继承一切行之有效的传统理想信念教育方法的同时,要与时俱进、不断创新方法,融严谨的理论学习于鲜活的学习活动中,为理想信念教育提供手段支撑。比如用现代科技的手段加强马克思主义传播,再如建立微信群、公众号,主动设置网络讨论热点话题,开设“美丽公路论坛”等,深入解析党员干部思想困惑,正确引导舆论,增强党员对理想信念的认同感和责任感,提高教育活动的吸引力、感染力。再如,推进“智慧党建”,在年轻党员多的基层党组织中,推广建立“网络 e 支部”,探索开展在线学习教育、网上组织生活、网络民主议事,增强党内组织生活吸引力。强化新媒体融合运用,推进远程教育,用好各级党建官方微博、微信公众号、手机 APP,加强互动交流,让理想信念教育如火如荼。

“问渠那得清如许,为有源头活水来。”理想是人生的太阳,信念是命运的主宰。

七、结语

总而言之,坚守理想信念是一项系统工程。加强公路行业党员干部理想信念教育,需要各级公路部门的共同努力,需要每位党员干部的积极参与和监督。要加强党员经常性教育管理,严把党员“入口”,疏通党员“出口”,对理想信念动摇、党性观念不强、宗旨意识淡化的党员,及时进行谈话提醒和跟踪帮扶;对于经过帮扶仍没有改正提高的不合格党员,按照政策程序,清出党员队伍。只有胸怀忠诚、心存敬畏、行有坚守,才能以坚实的工作业绩成功托举起“公路梦”和“中国梦”。

三等奖

发挥榜样优势　深化公路行业作风建设

杜坚毅

(广东省公路管理局科技教育中心)

摘　要　榜样具有重要的教育功能,通过身边的榜样对社会公众和特殊群体进行教育,形成你追我赶的生动景象,是社会教育的重要手段。榜样在作风建设中具有独特的作用和功能,是深化党的作风建设可以依凭的重要工具。利用好行业先进模范,以身边的榜样力量,推进和深化行业作风建设,既是公路行业的优势所在,也是其责任所在。

关键词　作风建设　公路行业　榜样

一、引言

榜样是各行各业中涌现出的、被广泛肯定的先进模范。榜样具有重要的教育功能,通过身边的榜样对社会公众和特殊群体进行教育,形成你追我赶的生动景象,是社会教育的重要工具。英国学者菲尔丁曾说过一句名言:"典范比教育更快,更能强烈地铭刻在人们心里。"公路交通行业是一个历史悠久的行业,也是一个榜样辈出的行业。在全面从严治党的新形势下,作为公路人,利用好行业先进模范,以身边的榜样力量,推进和深化行业作风建设,既是公路行业的优势所在,也是其责任所在。

二、榜样在作风建设中独特的功能和作用

党的作风建设,是指端正党组织和党员干部的思想作风、工作作风和生活作风,树立与党的性质和宗旨相适应的良好风尚的工作。作风建设在党的建设中具有基础性的地位和关键性的意义。习近平总书记强调:"党的作风关系党的形象,关系人心向背,关系党的生死存亡。领导干部特别是高级干部作风如何,对党风政风乃至整个社会风气的走向具有重要影响"。中央政治局常委、中央纪委书记王岐山深感作风建设的重要和困难,提出了"作风建设永远在路上"的重要论断,强调"持之以恒改进作风,坚定不移惩治腐败""使作风建设落地生根、成为新常态"。

作风建设的方法和路径是多种多样的,如思想教育、纪律约束、制度处罚、政治生态建设等。榜样在作风建设中具有独特的作用和功能,是深化党的作风建设可以依凭的重要工具。榜样在作风建设中的功能和作用主要有四点:一是方向指引。榜样展示的是作风建设的前进方向,能够为周围的人进行方向指引。比如,拒腐防变是每一个共产党人的底线,也是最基本的作风,廉洁榜样能够为身边的人指出廉洁的方向和要求。二是激励鞭策。榜样在前,周围的人团结在榜样周围,榜样的精神就能够起到激励和鞭策的作用。三是反思对照。榜

样在身边,周围的人更容易产生反思的意识。对照榜样的思想和言行,周围的人就能够更直观地发现自己的差距,找到努力的方向,激发前进的动力。四是习惯养成。榜样作用的发挥不是单靠高声宣传,而是润物无声,让周围的人在日常生活和工作中感受到榜样的精神指引和推动力量,从而让自己也养成良好的习惯和作风。作风建设要求润物细无声,要实现常态化,恰好是发挥榜样作用的好地方。

榜样的作用主要是通过榜样教育来实现。榜样教育是根据教育目的和受教育者的身心发展规律,以生活实践为基础,以榜样为中介,通过教育者引导和榜样示范,激发学习者内在道德动力,调动主动认知,引起情感共鸣,增强心理认同,通过言行模仿,促进行为表现,最终实现“内化榜样所蕴含的精神品质,生成自我道德人格”的教育活动。榜样教育的理论基础是美国心理学家班杜拉提出的观察学习理论。观察学习理论认为,教育者借助榜样这一媒介影响受教育者心理和行为的教育活动,受教育者通过观察、模仿、整合、内化等一系列心理过程,获得榜样所代表的精神品质和价值观,最终指导自己的行为,最终将榜样的特质内化为学习者稳定的品质,外化为学习者的日常行为。

三、公路行业榜样教育的优势和挑战

公路行业榜样教育优势突出,是作风建设可以有效利用的途径和方式。公路行业榜样教育优势主要有三点。

1.榜样众多,为榜样教育提供了良好的基础条件

公路行业职工人数多,涉及的具体行业、具体工种也多,特别是公路行业中不少具体工种工作条件艰苦,公路职工历来讲究奉献,相应地,公路行业是先进模范相对较多的行业。在广东省交通运输厅评选的 2016 年“十大感动交通人物”中,公路行业有两人入选,他们是广东省公路行业的代表,是广东省公路人艰苦奋斗、奉献牺牲的缩影。如果要查找的话,我们身边就有不少默默奉献的公路人可以成为榜样教育的资源。比如,今年广东省公路局推荐参加广东省交通系统“最美爱岗敬业交通人”的候选人,事迹都非常感人。如广州市道路养护中心东城养护所金盘岭机养护站的潘秀雄,敢于吃苦、敢于钻研、敢于创新、敢于奉献,拥有精湛的技术,又精于管理;德庆县养路工莫锡文、新兴县养路工涂佰养等,事迹均具有代表性。

2.公路行业有优良传统,职工对榜样教育认同度高

交通行业历来重视先进模范的评选,几乎每年都要进行评选,行业内部对榜样的认同度高,党委也有意识地利用榜样开展教育。作为交通行业的一个重要组成部分,公路行业也形成了评选先进模范、利用先进模范进行行业教育的传统,行业员工对榜样及榜样教育的认同度很高。化州公路局宝圩镇养护站的吴文贵,受父亲影响,19 岁就当上了公路养护工,工作 31 年来,吴文贵凭借爱岗敬业、扎实工作的优良作风,赢得职工的认同。同志们称赞他用一步一个脚印书写 31 年风雨养路史,诠释了一名共产党员全心全意为人民服务的宗旨,用实际行动谱写了一曲曲动人的时代养路工之歌! 江门市市区公路局养护中心的周志威,用他 30 年的踏实工作,书写一块“铺路石”朴实的人生情怀,先后获得“江门市公路局优秀共产党员”“公路养护岗位标兵”“广东省公路养护管理模范养护工”“南粤公路红旗飘扬百佳人物”等荣誉。

3.榜样事迹感人,可资利用的资源丰富多彩

由于行业自身特点,公路人在艰苦奋斗、奉献牺牲上非常突出,模范带头作用非常明显。如我们日常所见的养路工,不管是繁华的大都市还是边远地区,都是在日晒雨淋的环境下工作,晴天一身灰,雨天一身泥。而且,公路行业涉及的具体工种比较多,覆盖面广。榜样除了艰苦奋斗、奉献牺牲等具有共性的先进性之外,还有各自不同的先进性,比如技术创新的先进性、企业管理的先进性、党务工作的先进性、廉洁自律的先进性等。多种不同的先进性,能够为榜样教育提供更多的资源选择和教育方式。广东中山公路局的徐汝扬,从一名普普通通的养护工人成长为养护机械能手、养护业务骨干,充分体现了公路人"爱岗敬业、甘当铺路石"的奉献精神,他将青春和热血倾注在公路养护岗位,哪里需要哪里现,以高度的责任心和团队精神,以娴熟的公路养护机械操作技能,尽职尽责完成好每一项工作任务特别是出色完成每一次公路抢险任务,在平凡的岗位上做出不平凡的成绩。青海省道203平赛线同仁工区养护工贺生兰,身处青南高海拔严寒地区,她始终以"养好公路,保障畅通"为宗旨,带领着青南养护工区中唯一全部由女职工承担公路养护任务的"女子工区"的女工,数十年风雨无阻,寒暑不避,以崇高的敬业精神,维护着道路的安全畅通,保障着地方经济发展大动脉的四季通畅,谱写了一曲养护工人扎根高原、无私奉献、团结和谐的新篇章。广东阳茂高速公路路政员黄海军、陈金华,用自己年轻的生命深刻地诠释了公路人"心系群众、忠于职守、勇于奉献,面对危难舍生取义,总是把人民群众的生命财产安全放在第一位"的精神,不惜牺牲自己的利益、甚至生命,舍身成仁,展现了新时期交通人忠于祖国、服务群众、奉献交通的高尚道德情操和崇高精神,用自己的青春和生命谱写着公路人的赞歌!

然而,就榜样教育在党的作风建设的运用上来看,公路行业虽然有不少经验,但也存在一些不足和挑战,主要有:第一,榜样选择相对单一,没有将榜样教育的优势完全发挥出来,特别是在党风建设上,榜样教育的开展还有很大的发展空间;第二,榜样教育的面相对较窄,途径还需要进一步拓展和扩张,内容还需要进一步充实,同时,要警惕一些形式主义的成分;第三,党员领导干部是党的建设的"关键少数",作用非常突出,公路行业党员领导干部在榜样教育中的作用还有进一步发挥的空间。

概而言之,在党的作风建设中,公路行业的榜样教育具有良好的基础和优势,是可资利用的重要资源,但也存在一些不足,面临着不少挑战,需要在工作实践中加以克服。

四、以榜样力量深化公路行业作风建设的路径

在公路行业中推进榜样教育,深化作风建设,必须明确方向,找准问题,选择合理的路径。

1.高标准遴选榜样

公路行业先进人物、先进事迹众多,榜样的选择面也相对较大,但在作风建设的榜样选择上,一定要保持慎重,精益求精。一是要结合党风廉政建设的原则要求选择榜样,将党性要求放在第一位;二是要在体现公路行业榜样特色(艰苦奋斗、奉献牺牲)的基础上,找准作风建设与行业特色的结合点;三是科学制定和把握榜样的具体标准,特别是作风方面的具体标准,能够量化的要尽量量化,榜样的选择一定要坚持高标准、严要求,不能有丝毫放松。

2.改进榜样教育形式

榜样教育不同于我们常见的灌输式教育,它有较为独特的心理接受规律和教育要求。

要改变大水漫灌式的灌输式宣传方法，采用符合榜样教育的方式。比如，榜样教育比一般的思想教育、道德教育包含更多关于价值、态度和情绪体验的内容，在榜样教育中，情绪、情感对学生接受榜样的影响作用更加突出，这就要求榜样教育充分重视情、情感因素，真正做到动之以情。要以轻松愉悦的方式让受教育者认知榜样的情况和特点，突出榜样人物与受教育者之间的感染和情感共鸣，激发和强化受教育者模仿的动机，让受教育者将情感转化为动力。在互联网时代，要更多地利用互联网的技术和力量，将榜样的事迹制作成精巧的、易于互联网传播的网页、视频等，在降低榜样教育成本的同时，提高榜样教育的效率和效果。

3.促进道德品质内化

作风建设总体上属于道德品质的范畴，道德品质的内化是榜样教育的重要要求和目标，品质的内化不足是榜样教育存在的重要问题。公路行业榜样教育同样要在内化上下功夫，才能真正取得预期的效果。学习心理研究指出，道德内化包括三个环节：一是客观的社会道德规范，个体通过学习，在思想上和心理上产生认知和认同，进而掌握这些道德规范的知识和要求；二是个体在多元化价值观的冲突中，学习道德判断和道德选择；三是个体积极参与社会道德实践，做出由内而外的、发自内心的、自觉自愿的道德行为。公路行业榜样教育的对象是党员干部和职工，是具有明确的思想道德认知的成年人，要结合行业工作特点要求和作风建设的要求，根据对象的实际情况，探索更好地促进道德品质内化的有效方法。比如，通过对榜样事迹的细致剖析，让广大干部职工进一步认知作风建设的内容、意义、要求，形成认知基础；通过对榜样精神的精当概括和表述，引发心理共鸣，激发模仿动机；通过榜样的现身说法，对广大干部职工进行价值观层面的引导和强化，形成内在的驱动力。

4.科学制定外化考核标准

品质的内化和外化是有机统一的，内化是基础，外化是表现，内化要通过外显的行为来呈现，否则就很难证明实现了内化。外化和内化不同，外化是可以通过设计科学的指标体系进行测量的。公路行业开展榜样教育，可以根据党的作风建设的要求，结合公路行业作风建设的重点和特点，设计科学的系统的指标体系进行有效的测量，衡量榜样教育的效果，同时以测量为手段和动力，进一步促进榜样教育的开展，取得实实在在的效果。

五、结语

总的说来，公路行业榜样人物典型的事迹和精神都是有形的正能量，是我们推进公路事业改革和发展的宝贵精神财富，是加强行业作风建设的宝贵资源。榜样在作风建设中具有独特的作用和功能，是深化党的作风建设可以依凭的重要工具。利用好行业先进模范，以身边的榜样力量，推进和深化行业作风建设，既是公路行业的优势所在，也是我们的责任所在。

参 考 文 献

[1] 习近平论党的作风建设——十八大以来重要论述摘编[J].党建，2014(7).

[2] 王岐山.在中国共产党第十八届中央纪律检查委员会第四次全体会议上的讲话[J].中国纪检监察，2014(21):24-27.

[3] 袁文斌，刘普.榜样教育的理论依据与心理机制[J].河北大学学报(哲学社会科学版)，2010，35(1):122-127.

三等奖

新形势下如何加强公路廉政文化建设

袁经文

(湖南省永州市公路局)

摘　要　本文阐述了公路行业廉政文化建设的概念,分析了公路行业廉政文化建设的存在动力弱、阻力大、体制不健全、力量不强等方面的不足,提出了加强公路廉政文化建设措施:夯实着力点,让公路廉政文化固化于制;把握住要点,让公路廉政文化建设内化于心;处理好难点,让公路廉政文化外化于形;找准重点,让公路廉政文化建设升化于新。

关键词　公路　廉政文化　建设

一、引言

廉政文化建设是拒腐防变的基础工程。习近平同志强调,要积极借鉴我国历史上优秀廉政文化,大力加强反腐倡廉教育和廉政文化建设。廉政文化建设是对马克思主义执政党建设理论的重要传承,是毛泽东思想、邓小平理论和"三个代表"重要思想的重要发展,是我党的优良作风,是解决党风廉政建设和反腐败斗争薄弱环节的重要方式,是一种由"文化反腐"升格到"精神反腐"的有效途径,其作用在于"标本兼治",如果不注重廉政文化的建设,党风廉政建设和反腐败工作就会因为缺乏先进文化的支撑,而失去应有的战斗力量和积极作用。因此,对于公路部门而言,加强廉政文化建设是公路系统加大预防腐败工作力度的重要举措,也是推进公路行业反腐倡廉的重要智力支持和精神动力。本文就新形势下如何加强公路廉政文化建设,谈点粗浅的认识和看法。

二、公路廉政文化释义

公路廉政文化,是社会主义廉政文化在公路行业的发展和延续,是公路干部职工思想观念、理想信仰、社会风尚、行为规范、价值取向的总和,是对廉政型公路、阳光型公路的总体认识和评价。公路廉政文化作为一种无形的、潜在的力量,具有引导人、教育人、塑造人、激励人、鼓舞人的作用,是党风廉政建设和反腐败工作不断取得进步和发展的内在动力。

近几年,我国的公路行业有了很大的发展,公路行业的快速发展要求加强公路行业的廉政文化建设。这符合当前中央提出的保民生、促和谐、反腐败的文化建设要求。公路行业廉政文化是新时期具有社会主义建设事业特色的廉政文化,是中国特色廉政文化在公路行业的体现。它具有鲜明的行业和时代特征,同时也吸收了我国传统文化中廉洁、清正、以人为本等优秀因素,体现了社会政治文明和精神文明的要求。从公路行业开展廉政建设工作的实际情况出发，重视廉政文化建设，形成清正廉明的核心价值评价体系和敬廉崇廉爱廉的高尚氛围是从源头上有效预防腐败的重要内容。大力加强公路行业廉政文化体系建设，对于全面推进党风廉政建设和反腐败工作，全面推进公路事业又好又快发展，具有非常重要的意义。

三、公路行业廉政文化建设存在的不足

1.廉政文化建设的动力弱

“重视并切实加强对党员干部特别是领导干部的理想信念、修德律己教育，切实提高领导干部‘管住自己’的能力，始终是廉政文化建设一项十分艰巨的任务。”公路行业廉政文化建设存在的一个首要问题就是廉政文化建设的动力不足，主要表现是：一是廉政文化建设主体缺失。廉政文化建设存在着事实上“单打独斗”的偏颇。党委、纪检监察机关等单位并没有将廉政文化建设作为社会主义先进文化建设的重要内容纳入议事日程，以致削弱了廉政文化建设的动力。其次参与者认识缺位。廉政文化建设特别强调作为主体的人的高度自觉性，廉政文化建设在发动主体方面主要有两个问题。一是难以让每一个职工、特别是领导干部自觉自愿、身体力行地加入到“内驱”的队伍中来。目前领导干部的廉政形象摇摇欲坠，员工参与廉政文化建设的自觉性、积极性和参与的广度和深度更难以令人满意。二是廉政文化建设正处在从“盲目”走向“自觉”的艰难征途上。

2.廉政文化建设的阻力大

腐败文化与廉政文化对立，成为廉政文化建设的主要阻挠。可以讲，廉政文化与腐败文化根本对立、水火不容，而廉政文化的空间被腐败文化挤压。一定程度来讲，公路廉政建设进入文化建设的视野正是由于在文化建设方面出现了问题，其根源在于腐败文化的蔓延。廉政文化建设往往陷入“说一套，做一套”“推一推，动一动”的不良文化圈子中。廉政文化的理论研究探讨和实践经验总结为文化建设积累了不少富有新意和创造性的观点或思想。但好的经验或观点是否在很大程度上转化为社会民众、特别是公职人员，尤其是领导干部的自觉理念或追求，有待探究。廉政文化建设要注重克服自身的固有缺陷，即在实践中“物化”为物质力量的问题。要将精神成果转化为巨大的物质力量，“物化”到实践中去，推动廉政文化建设的健康发展。

3.廉政文化建设的体制不健全

公路行业廉政文化建设的体制制度不健全。体制相对滞后是公路行业廉政文化建设面临的一个严峻现实问题。推进廉政文化建设需要法规制度的保障。在实践过程中，廉政文化建设往往侧重文化层面和活动层面，在制度、体制上不够健全和完善，缺乏刚性约束，设计和安排缺乏系统性。制度建设显得相对滞后，在行业发展的过程中，制度的发展和完善没有跟上步伐。特别是在激励、惩戒机制、长效机制等方面理论研究不深入、存在明显缺陷和漏洞，导致实践操作性不强。

4.廉政文化建设的力量不强

公路行业点多、线长，这种特点导致了廉政文化建设进班组、进工地和进职工家庭存在一定的难度。而目前各区县公路局对基层廉政文化建设没有配备专门的队伍，许多只是兼职，即便有也是“人丁单薄”，廉政文化建设的力量不够。

四、公路行业廉政文化建设的措施

1.夯实着力点,让公路廉政文化固化于制

要保证公路廉政文化规范运行,加大公路廉政文化建设力度,实现公路廉政文化建设任务和总体工作目标,促使各项管理制度和措施落到实处,有力推进公路廉政文化建设向纵深方向发展,必须健全机制。

一是要强责任。将廉政文化建设纳入公路机关党风廉政建设责任制的内容,明确职责和任务,按照分级负责、分工负责和分项负责的原则,做到分工明确,措施到位,夯实责任,狠抓落实,使公路机关廉政文化建设目标由"软指标"变成"硬任务"。

二是要重保障。将公路廉政文化建设纳入全体公路人员思想教育培训的范畴,统筹谋划,建立规范的培训保障机制,明确培训目标,创新培训载体,丰富培训内容,加大公路廉政文化建设力度,培养复合型公路人才,为廉政文化建设提供人才保证。

三是要严考评。围绕廉政文化建设任务和总体工作目标,制定科学的具体的系统的检查考核方案,明确检查考核的内容、检查方式、考评标准、奖惩办法等,使廉政文化建设力求做到年初有安排,年中有检查,年底有考核,确保廉政文化建设开展。

四是要重激励。建立健全检查考核长效机制,狠抓落实,强化管理,规范执法行为,在定期检查考核的基础上,采取多种方式,营造良好氛围,加强廉政文化建设,建立奖励制度,充分调动广大公路人员的主观能动性,促进廉政文化建设稳步推进。

五是要重协作。建立统一领导、齐抓共管、统一协调、密切配合、各展所长,积极参与、内外结合、定期交流、资源共享的领导体制和工作机制,加强同纪委、司法、检察等部门的沟通与配合,借助他们的不同优势,不断加快廉政文化建设的步伐。

2.把握住要点,让公路廉政文化建设内化于心

加强公路机关廉政文化建设,要针对公路工作的特定性和公路监督执法的特殊性,结合工作实际,因地制宜,积极探索廉政文化的有效载体,不断增强廉政文化的吸引力、辐射力和感染力,做好"三项工作"。

一是抓好正面宣传。广泛开展反腐倡廉宣传活动,发挥廉政教育的主渠道作用,让公路人员在浓厚的文化氛围中受到熏陶;运用现代信息技术,宣传廉政方针政策、先进事迹、成功经验,大力增强宣传教育的吸引力,扩大覆盖面。积极开展"读书健脑""读书修德""以德律己"活动为主题的"读书思廉"活动,让公路人员在阅读中感受和领悟廉政,在参与中益智养廉;积极开展"廉政承诺、廉政签名、廉政宣传及述职述廉"活动,广泛接受组织和群众监督,自觉做到言行一致,表里如一。

二是抓好重要节点。要利用传统节日、重大活动之机,定期对公路人员进行廉政教育,教育公路人员常怀律己之心,常戒非分之想,常念贪欲之害。特别是在节假日,更加注重公路人员廉政教育和提醒,对公路人员实施节假日全方位监督,严禁公路人员借节日及其他原因收受财物。

三是抓好警示教育。要在开展正面教育,广泛树立和宣传勤廉兼优先进典型,辐射带动、整体推进的基础上,不断深化反面警示教育,坚持组织公路人员学习警示案例、观看警示教育片,定期到警示教育基地,现场说法、以案说纪;利用身边的事教育身边的人;积极开展

警示教育,让廉政文化贴近全体公路人员,贴近现实生活,增强反腐倡廉效果,增强廉政文化的亲和力、渗透力和感染力,使清正廉洁之风吹进公路队伍的每个角落,使廉政文化渗透到公路队伍日常工作、生活的各个方面,使廉洁从政观念深入人心。

3.处理好难点,让公路廉政文化外化于形

加强公路廉政文化建设,必须广泛传承廉政文化理念,提升廉政文化效果,达到陶冶情操、增长知识的目的,使廉政文化深入人心、潜移默化,为廉政文化建设注入新的活力,正确把握“三个关系”。

一是要正确处理内容与形式的统一。没有好的内容,再好的教育形式和再大的教育范围,不仅毫无意义,反而“劳民伤财”;有了好的内容,如果不重视形式、载体和途径,也可能使廉政文化的效果大打折扣。所以,要结合公路机关的实际情况,高度重视加强公路廉政文化建设的形式、载体和途径,不断挖掘廉政文化素材,经过精心筛选、提炼,形成包括形象、内涵、实质为主体的廉政文化体系,并通过网络、媒体、培训、宣传、研讨、报告等多种形式,广泛传承廉政文化理念,提升廉政文化效果,使廉政文化深入人心、潜移默化。

二是要正确处理教育与娱乐的关系。教育性和娱乐性是廉政文化活动功能的两个方面。没有教育性,廉政文化建设就会失去灵魂和方向;没有娱乐性,教育也会显得枯燥乏味,很难引人入胜,深入人心。抓公路廉政文化建设,必须根据公路工作的独特性和前瞻性,抓住公路人员的特点,找准切入点和突破口,突出反腐倡廉建设主题,深入开展一些公路人员喜闻乐见、生动有趣的文化活动,吸引公路人员踊跃参加,做到寓教于乐,使公路机关廉政文化融思想性、艺术性、知识性和趣味性为一体,真正达到陶冶情操、增长知识的目的。

三是要正确处理继承与创新的关系。廉政文化建设是永远没有止境的,要紧跟时代步伐,不断进行创新。加强公路廉政文化建设,既要广泛吸收以前的廉政文化精华,继承公路机关多年来积累的廉政文化成果,为廉政文化建设提供充分的思想资源,又要根据公路机关实际,提高文化品位,体现行业特色,将行之有效的廉政文化内容融入其中,使廉政文化在传承传统文化精髓的基础上,不断创新,全面发展,为公路廉政文化建设注入新的活力。

4.找准重点,让公路廉政文化建设升化于新

加强公路廉政文化建设,必须以提高公路人员廉政意识为宗旨,以促进公路机关和谐健康稳定可持续发展为目标,以不断增强公路机关的凝聚力、向心力和战斗力,准确把握好“三个重点”。

一是要把握廉政文化的深刻内涵,形成共同的价值理念。加强公路廉政文化建设,要全面理解廉政文化的深刻内涵,准确把握公路人员的内心需求,形成“以廉为荣,以贪为耻”的廉政理念;要大力倡导关心人、理解人、尊重人和鼓舞人的新风尚;增强凝聚力、提升文化品位、促进和谐发展,使公路人员的思想进一步充实、道德境界进一步升华、集体荣誉进一步增强,展现出更加旺盛的生命力。要对公路人员政治上关怀、生活上关心、工作上关注、人格上关爱,创造人人受重视、人人受尊重的良好氛围。让无形的廉政文化理念在公路人员内心深处扎根,成为树正气、促廉政的精神动力和智力支持,不断增强公路机关的凝聚力、向心力和战斗力。

二是要把握廉政文化的主导作用,构建科学规范的管理机制。加强公路廉政文化建设,必须以提升公路人员廉洁意识为宗旨,以规范公路人员从政行为为目标,建立健全公路人员

廉洁从政管理制度、述职述廉、责任纠错等制度,认真落实执法责任制和执法过错追究制,强化对执法监督工作事前、事中、事后的监督,规范执法行为。同时,加强对公路人员业余生活的监督。不仅加强对公路工作的监督,而且把监督延伸到工作以外,延伸到八小时以外,延伸到公路人员家庭、家属,使公路人员的家属“不参政、不收礼、不攀比”。努力构建科学规范的管理机制,让无形的廉洁理念固化为有形的廉洁制度,通过认真学习制度、严格落实制度,强化执法监督等方式,不断规范公路人员从政行为,促进公路机关各项工作。

三是要把握廉政文化的重要特征,营造文明健康的公路机关形象。加强公路廉政文化建设,必须围绕廉政文化建设的先进性、传承性、群众性、广泛性、实践性和实效性的特点,积极开展实践活动,将廉政文化建设与培养职业道德相结合,与精神文明建设相结合,把廉政文化融入公路的神圣事业之中,使廉政文化理念通过一定的载体外化为看得见、摸得着、感受得到的东西,让公路人员在环境中感受、在生活中体验、在参与中践行、在创新中提高,积极营造健康向上的文化氛围,全面展现公路部门的好形象。

三等奖

浅谈公路行业职工情绪管理

——从改善外在环境来积极影响职工情绪

陈　艳

（湖北省恩施州公路管理局）

摘　要　当今时代的高速发展，不同行业的劳动从业者的情绪体验趋于丰富，在求"利"、求"比"与求"速"的社会大环境下，公路行业职工的情绪体验趋于负面化、复杂化。情绪管理成为公路行业职工教育管理工作需要深入研究的新课题。情绪管理的主体是职工的生命个体，但通过有效的优化和对职工生活、工作环境的改善，可对职工的情绪管理产生有利的、积极的影响。从外在环境入手，以人文关怀为要旨，通过精细化、人性化的手段和方法开展外在引导和刺激，有利于促进公路行业职工情绪管理产生积极效应，有利于公路行业文明的健康发展。

关键词　职工　情绪管理　外在环境影响

一、引言

伴随中国社会经济的高速发展，改革开放的巨大红利开始惠及每一个人，作为个体的人，在享有更多物质馈赠的同时，也开始从传统小农经济"日出而作""日落而息"的闲适和满足中，衍生出更多匹配现代社会高速发展及城市化进程的精神状况和情绪体验。

传统文化中"己所不欲，勿施于人""子非鱼焉知鱼之乐""吾将曳尾于涂中"等无欲恬淡的生活理念与精神追求沁脾入骨，却与当代社会高效能、高速度的创造力要求格格不入。现代社会的本质是竞争，不同群体，不同阶层的劳动者同时赛跑，既要争取时间也要积累财富，虽然更能人尽其才，更能让劳动者最大限度创造劳动价值，却与劳动者所需要的成就感、获得感、满足感不成正比。由此带来的生活压力、工作压力、情感压力所造就的负面情绪体验更加让人难以喘气。社会趋于急躁、个人趋于急躁，负面情绪带来的不良影响在不同行业和人群中初见端倪。

"抑郁症""焦虑症"……近些年这些词总是不断出现在我们视野中，种种关乎情绪的词一次次成为新闻头条，成为大家关注的热点。通过有效手段和方式改善劳动者的生活水平和改变职工的工作环境切实可为。关注他们的情绪体验，了解、引导和排解他们的负面情绪，加强职工情绪管理是必须要得到重视的新课题。

二、情绪的分类及情绪管理的衍生

情绪属心理学范畴，通俗来说就是指人有包括喜、怒、忧、思、悲、恐、惊等七种心理体验，这种体验是人对客观事物的态度的一种反映。情绪性质分肯定和否定两种。能满足人的需要的事物会引起人的肯定性质的体验,如快乐、满意等;不能满足人需要的事物会引起人的否定性质的体验,如愤怒、憎恨、哀怨等;与需要无关的事物,会使人产生无所谓的情绪和情感。积极的情绪可以提高人的活动能力,而消极的情绪则会降低人的活动能力。

角度不同,情绪分类也不同,常见的分类有以下六种。第一类是原始的基本情绪,往往具有高度的紧张性,如快乐、愤怒、恐惧、悲哀。第二类是与感觉刺激有关的情绪,如疼痛、厌恶、轻快等。第三类是与自我评价有关的情绪,主要取决于一个人对于自己的行为与各种标准的关系的知觉,如成功感与失败感、骄傲与羞耻、内疚与悔恨等。第四类是与别人有关的情绪,常常会凝结成为持久的情绪倾向与态度,主要是爱与恨。第五类是与欣赏有关的情绪,如惊奇、敬畏、美感和幽默。第六类是根据所处状态来划分的情绪,如心境、激情和应激状态等。

情绪管理,最先由丹尼高曼 (Daniel Goleman)在《情绪智商》一书中提出。情绪管理(Emotion Management)就是善于掌握自我,善于调节情绪,对生活中矛盾和事件引起的反应能适可而止的排解,能以乐观的态度、幽默的情趣及时地缓解紧张的心理状态。在书中他甚至将 EQ 与情绪管理画上等号。

如同亚里士多德所言:“任何人都会生气,这没什么难的,但要能适时适所、以适当方式对适当的对象恰如其分地生气,可就难上加难。”所以,通俗来说,情绪管理指的是要适时适所、对适当对象恰如其分表达情绪。以此实现情绪智慧的 5 种能力,即情绪的自我觉察能力、情绪的自我调控能力、情绪的自我激励能力、对他人情绪的识别能力、处理人际关系的能力,而这也就是我们通常所说的提高情商。

三、公路行业职工负面情绪由来及体验

公路行业的职工是国家基础设施建设的从业者和管理者,也是社会发展大潮中具体的劳动者,伴随经济高速发展,公路行业职工的“金饭碗”不再显得耀眼,养老金并轨新政的实施,使机关事业单位职工的优越感不再强烈,加之公路建设向公路管养的模式过渡,许多公路行业职工短时间内难以合理调节自身工作方式,收入趋于偏低、工作压力增大、晋升空间缩小、竞争力不足等诸多问题都能够导致广大职工情绪体验的复杂化、负面化、消极化。

1.薪金收入偏低,经济负担过重

公路部门作为国家事业单位的一环,享受财政拨款,公路行业的职工薪金标准由人社部门参照当地经济发展水平核准,基本处于当地人均收入中等,俗称“饿不死人也致不了富”。但是,伴随社会高速发展及他人“参照”效应的影响,买房买车成为年轻职工的生活刚需,子女教育开支及父母健康开支成为中年职工的沉重包袱。本地区公路行业职工薪金在扣除各项社会保险、住房公积金、个人所得税后,在岗在编职工人均月收入 3000 元左右,年收入增幅同比不足 5%,远低于当地社会消费水平的增长率,且身负房贷及车贷职工占 80%,而 2017 年上半年当地商品房均价已达到 4500 元一平,远远高于公路职工收入水平,加上日常生活开支、人情往来开支等,经济消费能力及储蓄能力捉襟见肘。

除此之外,公路部门在国家税费改革的过程中,也面临着新的问题。从 2009 年开始,湖北省开始逐步有序取消还贷二级公路收费站(含二级公路桥梁、隧道),由于公路收费站人员

庞大,政府针对收费站工作人员采取逐步安置的措施,待安置人员数量多,人员身份长期得不到认同,工资也游走在边缘地带。

2.业务工作繁重,困难挑战增多

公路部门作为事业单位,属于中国特有的参与社会公共服务管理但却不承担行政管理职能的部门,既要参照行政组阁部门强化单位行政管理又要保证社会服务的高效能、精细化,日常工作的严肃性、政治性不断强化,业务工作持续繁重,党建、思想文化、廉政教育等工作也不断强化,由此带来的规范化、制度化、法制化及政治规矩政治纪律的严守,固然是事业单位强化服务的有效保障,但也带来行业内文化趋于固态和停滞。

公路系统庞大,所承担的职责也相当巨大,公路职工在工作中也面临种种困难。“2016年感动交通十大年度年度人物”一线公路养路工孙卫东就是一个鲜活的例子,因沙漠气候条件恶劣,他曾晕倒在戈壁滩,被当地的牧民发现,才幸运得救。基层还有很多这样的养护工人,工作地点偏远、工作强度大、工作危险系数高。除此,还有路政执法人员,面对不理解不配合的执法对象,路政执法人员的工作难度可想而知。这些举不胜举的例子,都直接反映公路系统广大职工工作压力不小。不断加大的工作压力,却缺乏适时的调节机制,“白加黑”“5+2”成为工作新常态,广大职工个人可支配时间不断压缩,双休日无保障,年休假成为奢望。

3.晋升空间狭小,行业转型加快

公路行业的干部职工不同于行政单位的干部职工,由于事业单位人事管理的局限性及“能上能下”体制的不健全,行业职工职务晋升渠道狭窄,干部流动的毛细血管常年堵塞。交通、公路系统职工老龄化现象严重,存在着论资排辈的现象,干部交流轮岗基本停滞。加上目前处于行业管理转型期,公路部门从过去承担大量基础设施建设的工作转变为指导协调国省道以及农村公路的建设、养护、安全维护等工作,整个行业的发展向行政强化和管理强化转变,很多职工难以适应现行的工作环境,尤其是技术专业能力比较强的员工,不能及时适应从“动手”到“动脑”的转变,难以承担从“路上”的工作转变为“桌上”的工作,信心不足、能力不足所导致员工不断否定自我价值,存在感不断降低,成就感不断消磨等情绪体验愈加突出。

以上种种问题使广大职工情绪趋于消极,“孙连城”式干部不断出现,工作的高强度高压力带来的“焦躁症”时常猝不及防,“宝宝不开心”等网络流行语成为广大公路行业干部职工的真实体验。长期的情绪困扰得不到解决,除了会降低个人的生活质量,还会使个人丧失工作热情,影响个人与同事的人际关系,并且影响个人的绩效水平,甚至造成难以挽回的后果。

四、从改善外在环境来积极影响职工情绪

在心理学上,情绪管理的最基本形态有四种:拒绝、压抑、替代和升华。无论哪种方式,情绪管理的主体毋庸置疑是具有个体生命意志的职工本人,这需要职工本人具有良好的心理素质、道德修养、抗压能力和意志控制等。通俗来说,情绪管理是“求人不如求己”“谁也帮不上忙”,这符合内外因的辩证法,但情绪的形成是外在环境的深刻影响和现实反射的情感体验,公路部门单位作为职工工作环境营造的主体,有必要从改善外在环境入手,引导和刺激职工产生积极的情绪,从而实现通过外部干预改善职工情绪体验,帮助职工情绪管理,

有效提高工作效益。

1.深化职工工资改革,提高职工薪金净收入

2016 年 12 月 29 日,人力资源和社会保障部部长尹蔚民在全国人力资源和社会保障工作会议上提到,2017 年的任务有三:一是深化企业工资收入分配制度改革,二是完善公务员工资制度,三是完善事业单位工资制度。机关事业单位工作人员养老保险制度改革已启动实施,国务院办公厅为了配合这次机关事业单位养老保险改革已经转发机关事业单位公务员工资调整的三个实施方案。公路部门作为具有较高代表性的“老牌”事业单位,要积极探索、敢于尝试,率先在行业内落实国家工资改革各项政策,一是逐步提高基本工资的标准;二是将部分津贴补贴或者绩效工资纳入到基本工资中。通过“两手并施”及津补贴和基本工资的“此消彼长”,实现工资结构的优化。进一步清理整顿津补贴,规范分配秩序的过程,进一步解决好历史遗留问题,做好人员安置以及待遇的落实。切实提高公路行业职工收入,同时深化养老金制度改革,改变收入与劳动价值不成正比状况,为广大职工解决后顾之忧和根本问题,由此从情绪上提升职工的个人存在感和价值获得感。

2.健全行政工作机制,优化职工承载工作量

公路部门作为事业单位,要进一步建立健全能上能下、能出能进的人事机制,施行可晋升可淘汰的用人规范,打破“铁饭碗”壁垒,激发职工干事创业精气神,提升行业服务管理新水平。要进一步完善机关效能,建设各项制度,加强内部控制管理,合理引入竞争机制,实现不同职能部门、不同工作岗位、不同工作性质职工工作效能的量化考核,保证考核工作趋于公平,保障绩效工资分配合理。同时要合理设置职能部门,强化工作性质分工,探索职工业务能力层次划分和分工,实现人尽其才,各有所用,不能让“能干事的总是干事”“不干事的总是不干”成为常态。要充分考虑到不同岗位的工作差异性,从人性化角度合理分配工作,在保证工作效果的前提下,充分考虑职工的个人需求。要积极落实国家年休假制度,教育职工想休息、鼓励职工去休息、创造条件让职工能休息。

3.建设多样公路文化,造就职工身份认同感

在现代管理中,行业文化已经逐渐成为新的组织规范。事实上,单位或企业文化对员工不仅具有强有力的号召力和凝聚力,而且对员工的情绪调节起着重要作用。公路部门应该尝试建立具有舒适型情绪体验的单位文化,破除事业单位文化氛围固化和呆板的现象,从开拓职工兴趣、拓展职工社交圈、关照职工业余生活为切入点,充分利用团组织、工会、妇委会等部门的特殊性质积极开展职工活动,强化单位人文关怀和生活关照,拓展职工情绪反馈和宣泄渠道,迅速把握职工情绪动向,及时制定职工情绪疏导策略,从第一时间、第一对象、第一感受出发,以真切的关怀和舒适的机关氛围来培植积极情绪产生的土壤。

4.开展情绪管理教育,充实职工情绪正能量

情绪心理学家伊扎尔指出,情绪知识在决定人们的行为结果时可能起到调节作用。情绪知识是员工适应单位的关键因素,单位应当就职工所展现出来的比较突出的情绪问题,进行针对性的“情绪知识”培训、经常性的情绪管理培训和适时的心理辅导,增强职工对单位管理实践的理解能力,激发员职工的工作动机以适应组织的需要,以潜移默化的方式提高职工强化自身情绪管理的能力,以助于职工应对各种环境下的情绪体验,保证职工更加优化地实现自我情绪调节和控制。同时要充分利用谈心谈话机制,各行业各层级各部门,上下级之

间、普通同事之间要实现经常性的谈心谈话,及时把握职工生活、工作、思想动态,把握职工情绪体现和发展方向,能够迅速发现负面情绪苗头,及时正确引导职工消化负面情绪,实现情绪管控。

五、结语

情绪管理是公路行业职教工作的重要内容和研究新课题,通过改善外部环境积极促进和引导职工情绪的管理,是一种切实可行的方法和手段,有利于改善职工的身心健康,有利于职工更好地开展工作,也有利于实现公路行业文明的健康发展。同时还要注意,从外在环境去主动影响职工的情绪管理,从方式方法上来说是解决情绪问题的外部手段,在执行和实施的过程中还要更多地把握相关数据和信息,深入开展调查研究,不可统而化之,也不能急于求成,要在符合行业特色、尊重单位历史和充分了解职工个体不同情况的前提下,以人文关怀为要旨,以精细化、人性化的理念开展对职工情绪管理的干涉和影响。

三等奖

浅析新常态下情绪调节与控制对公路系统一线养路职工思想教育工作的重要性

农　琨

(广西壮族自治区西林公路管理局)

摘　要　本文以西林公路管理局为例,探析当前边远山区一线养护工的心理情绪状况,以及如何在思想政治工作中开展情绪疏导和调控与广西公路系统政工人员进行广泛探讨。

关键词　养护工　情绪调控　积极情绪

一、引言

新常态下的养路工,不仅业务能力要过硬,而且心理素质也必须过硬。身处于艰苦边远山区的生活、工作环境中,承担着繁重的公路养护生产任务,部分职工消极情绪不断滋生、蔓延,对工作、生活及个人造成了不良影响。笔者对当前广大一线养护职工心理情绪的基本状况及产生的原因进行剖析,权衡新常态下公路系统职工思想教育工作的情绪调节与控制的利弊,反思公路部门进行的机制体制改革中产生的一些问题并探讨对策。

二、基本情况分析

西林公路管理局位于桂西北革命老区百色市西林县,隶属于百色公路管理局。截至2017年4月,该局承担S321、X804、X327共115.173千米(未含西八路三期路网工程冻结管养的73.76千米路段)省道和县道的管理养护工作。截至目前,西林局现有在职职工47人,其中:机关管理人员19人,一线养护职工28人;在编在岗28人,编外聘用19人;除去抽调市局机关轮训2人、县局机关轮训3人,一线养护职工实际在岗仅23人(含二级公路收费站撤站安置6人)。按上级下达的养护生产指令任务,目前西林局一线职工人均养护里程为4.83千米,这仅是当前的实际管养里程,在不久的将来西八路三期路网工程73.76千米的二级路完工交付管养后,按现有人员计算,人均管养里程将达到8.22千米。实际上,在一线养护工23人中,在编13人,占56.5%;编外聘用10人,占比高达43.5%;编外聘用职工中收费站撤站安置6人,占了一线编外职工的60%。从上述数据来分析,西林局人员紧缺,也是一线职工管养里程最多的基层县局之一,这个数据放在整个广西公路系统可以说是屈指可数的。从数据状况的分析中,我们大致看到了公路事业近年来不断改革发展的趋势,同时也发现了新常态下一线养护职工各种矛盾心理交织呈现的新现象。

三、当前一线养护职工心理情绪的基本状况

面对西林局当前错综复杂的形势，笔者从职工的思想情绪调查着手，通过对一线的养护工走访、交流以及观察，将他们的心理和情绪状况相对比，得出以下分析结果。

1.自我认知与角色转换互相适应的状况

自我认知主要是在编职工对本职工作的认知，角色转换较大程度是撤站安置的收费站职工和编外人员的思想认知。首先，一线养护工受教育的程度相对于机关管理人员来说比较低，对事物的看法、人际关系的处理比较直接，对自己满意的事情就高兴，对自己不满意的事情就抱怨，情绪波动比较大。其次是撤站安置的收费站职工对工作岗位认识也不够到位，自 2016 年 4 月正式转岗以来，角色转换较慢，有的职工还不适应。收费站职工原来从事工作的性质是较轻的体力和脑力相结合的工作，与办公室管理人员相比，普遍认为养护工的工作就是体力劳动，名声不好，地位不高，容易产生自卑、抑郁的心理情绪。从另外一个角度来观察，他们都对情绪的表现行为缺乏认知和调控，遇到不舒心如意的事情就大发脾气，采取不配合、钻牛角尖的态度；遇到开心的事情就欣喜若狂，导致情绪发展失调，致使积极情绪极易转化为消极情绪。最明显的事例就是，2016 年起公路系统职工姗姗来迟的绩效工资得以兑现，本应是值得高兴的大事，但随后要求清退 2013 年以来发放的高温、取暖补贴以及态度不十分明确的防尘津贴，各种不理解、消极对待的态度充分暴露了职工们心理情绪的各种问题。关心自身利益无可厚非，但消极情绪穿插其中，则使本来十分融洽、和谐的职工干群关系陷入负面情绪的恶性循环之中。

2.环境及工作条件转变之后的心理差异

分析西林局一线职工的心理素质差异产生的原因，工作环境是影响养护工心理情绪的主要因素。西林公路管理局所辖路段地处山岭重丘地带，沿线边坡较陡峭，雨季极易产生水毁塌方，工作环境相对比较艰苦，经济条件相对落后，这些特殊环境状况对养护职工的心理情绪产生了较大的影响。处在条件相对较艰苦的工作环境，尤其是在西林至八大河新接管路段、隆西线、那劳站等水毁塌方严重的路段，由于工作时间长，与原来在收费站整洁的办公、生活、居住环境形成反差，养护工作任务繁重等，可使职工产生畏惧、痛苦的心理情绪；工作量大，地处离县城更偏远的养护站可使职工产生厌倦、排斥的心理情绪；公路上车来车往，轰鸣不断，可使职工产生焦虑、烦躁的心理情绪。据统计，2012 年以来，西林局一线职工中，因承受不了上述工作压力，辞职或转行的有 5 人，通过考试转变身份的仅有 2 人，大部分职工通过请带薪年休和加班补休假来规避繁重的养护生产任务，有 5 人寄希望通过调回原籍或养护生产任务相对较轻的兄弟单位养护站来减轻工作压力。

3.指导思想和工作情绪的差异化对比

公路系统大致的指导思想和方针是“养好公路，保障畅通，坚决完成上级下达的任务”，而现实的情况却是，县局按照上级的养护管理指导纲要和下达的工作计划指令，结合新出台不久的绩效考核机制来评价一个单位的工作实绩，初衷是让职工的工资收入随工作质量的高低自行调节的新机制，更好地发挥工资和绩效的杠杆作用，避免干多干少一个样、吃“大锅饭”的痼疾，履行奖优罚劣、奖勤罚懒的分配原则。看似非常正常的工作任务分配，但在编正式工与聘用工同在的养护站内部就产生了分歧：绩效考评仅针对在职人员，聘用工完成工作

任务与否均不能参与绩效奖励工资的分配,甚至是评先评优的奖励分配。最让他们不理解的是目前的管理模式,单纯地以聘用人员的身份和工作性质来说,聘用职工认为,他们自身职责承担的本应是辅助性、短期性、临时性的岗位工作任务,而现实的管理办法和指导思想却与之背道而驰,尤其体现在岗位的分工协作方面,面对人少路程长的局面,聘用人员承担着与在职职工同样甚至更多的工作任务;在待遇方面,同样岗位的一线编外聘用人员的实际月收入是1700元左右,仅够维持个人基本生活,与在编职工动辄5万左右的年收入相比竟差将近3倍。更值得关注的是,一些职工甚至对于利益的分配方式抱有质疑的态度,就是对公路系统一线工作的分配模式不直观地体现"按绩取酬""多劳多得"的社会主义按劳分配制度,不免抱有抵触甚至消极的心理,这些矛盾心理和情绪的存在,或多或少地都在影响公路系统体制机制的改革进程的发展。

四、培养积极情绪,充分发挥情绪调控在基层思想政治工作中的重要作用

人都是有感情的,是情绪化的动物,对消极的情绪要正确认识,学会调节和控制,在生活、工作中,我们要培养积极的心理情绪,扩大积极情绪的作用,疏导和调控消极的心理情绪,降低消极情绪的影响。

1.坚持群众路线,培养积极向上的正能量

党的十八大以来,习近平总书记在党的群众路线教育实践活动工作会议上强调指出,党只有始终与人民心连心、同呼吸、共命运,始终依靠人民推动历史前进,才能做到坚如磐石。公路事业要实现可持续发展,就要把职工作为发展的第一资源、第一主体,激发职工群众的积极性和主动性,以清正廉洁的浩然正气、健康向上的公路部门良好形象取信于民,使广大基层职工群众发自内心地愿意与党和政府保持一条心,真正激发职工群众干事创业的巨大热情和强大正能量。

2.感悟初衷,不忘初心,把情绪调控融入工作和生活

在工作中,与同事加强团结,支持、配合、协助同事完成工作;对遇到的问题与困难多与领导、同事沟通交流,不断提高自己的自信心。业余时间多与同事交流,积极参加同事们的集会、娱乐活动,以释放内心的压抑感,焦虑感,提高自己的集体感、愉悦感;离家较远的职工,可以利用手机、电脑等终端平台与亲朋、妻子、孩子多联系,多谈心,多分享工作中的体会和乐趣,以减轻孤独感,达到提高幸福感和归属感的初衷。一些消极情绪的体验也是可以通过倾诉来减弱的,一些积极的情绪是可以传递和濡染的。业余生活,可以选择以看影视、听音乐、种菜、钓鱼、养花、唱歌、打篮球、书画、写日记等方式度过,尽可能选择形式多样的休闲娱乐方式,激发自己的兴趣爱好,丰富自己的生活,以激活和保持自己更多的积极情绪,疏导和调控自己的消极情绪,让自己对生活、工作、人生充满热爱、激情、自信的初心得以实现。

3.人文关怀,成就自我

一线养护工所面对的自然环境、工作环境相对比较恶劣和艰苦,工作任务比较繁重,难免会产生抱怨、压抑、孤独的消极情绪,通过适当的调节和控制是可以降低甚至是可以化解的。自身能够意识到的情绪体验,可能会对他人、对工作造成不利影响的,就要学会克制,学会转移,如心情烦躁时,可以在短时间内加强工作力度,使自己的注意力转移到工作上来,以缓减消极情绪的影响。为此,基层公路管理部门更应发挥情绪调控在思想政治工作中的主

导作用，与业务生产结合起来，不搞“两张皮”，不搞“一手硬，一手软”，增加思想政治工作中人文关怀方面的投入，围绕公路建管养这个中心形成强大的推动力，使广大职工进一步感受公路大家庭的温暖和社会主义制度的优越性，才能促进公路事业的蓬勃发展。

五、思考与探析

从上面反映出来的表象及问题，不难联系到公路事业近年的养建管各项中心工作实际。如何做好新常态下一线职工的情绪调控，不仅仅是对公路职工的思想政治工作和心理素质能力的考验，也是对新常态下基层公路部门管理者智慧的综合考验。

1.做好职工情绪调控是对领导执政能力的考验

管理好一个大集体并能使之正常运转是现代化管理水平的体现，但对于类似西林局的情况而言，却是对一个基层管理者执政能力的考验。在经费投入维持现状的情况下，管养里程逐年增加职工逐年减少是整个公路系统的发展趋势，如何让有限的财力、人力充分发挥作用，创造国内公路养护行业的新标杆，是值得继续深入思考的问题，也只有这样才符合新常态下公路行业可持续发展的执政和管理理念。

2.一线职工面临公路养护市场化综合能力的考验

当前，公路养护体制机制正处在市场化改革的关键节点，不仅需要基层管理者主动适应，一线养路职工也应积极做好自我情绪的调节与控制，以积极健康的心态来迎接挑战，不断适应形势发展，找出一条适合自我职业生涯的发展规划，对于促进公路事业适应新常态下的发展十分必要。

3.顶层设计与基层实际矛盾相交织融合的考验

这个问题是一直以来困扰公路事业发展的瓶颈，笔者认为，在公路养护体制机制改革过程中，在不违法违规的情况下，应充分发挥现有资源的最大化效益，尽可能最大限度地解放一切生产力，这考验管理者的智慧，也符合公路事业未来的发展趋势。

六、结语

总而言之任何平凡的岗位，同样可以创造不平凡的事业，可以成就不平凡的人生。作为新常态下的一线职工，树立正确的世界观、价值观和人生观，积极培养和发挥积极情绪的主导作用，及时调控消极情绪的影响，对工作、美好生活充满热爱和向往，不仅能推动公路养护事业的发展，也能成就人生的美丽与精彩。

参 考 文 献

[1] 苗元江. 积极心理学视阈下情绪的五大作用[J]. 劳动经济，2015.

三等奖

职工情绪管理是单位职教工作的新课题

高　峰

(陕西省汉中公路管理局洋县公路管理段)

摘　要　洋县公路管理段作为主要从事公路养护管理、公路施工管理、公路路政管理等工作,其一线公路养护职工每天都面临着重复、单调的操作程序,一线道路职工情绪的自我调节能力相对较低,此时,对一线道工实施职工情绪管理显得尤为重要,如何正确管理一线职工的情绪已成为公路管理段管理者亟待解决的问题,也是本论文将要重点研究的内容。本论文介绍了情绪管理相关概念,提出了公路管理行业进行情绪管理的必要性。在对公路行业背景分析和调研的基础上,概括了影响因素并就此展开讨论,最终提出一系列针对性较强的解决方案。

关键词　洋县公路管理段　公路职工　以人为本　情绪管理　应对策略

一、引言

职工情绪管理是未来公路管理的必要手段,是洋县公路段良好发展的内在基础,其中文化管理更加注重精神层面的管理,即坚持"以人为本"的人性化管理模式,以人为本已经不仅仅局限于温饱健康,而是进入到人力资源管理的全新篇章。人力资源是最积极,最活跃,最富有的创造性因素,包括单位文化,职工心理健康教育等。实践证明,职工情绪的变化直接影响其工作和服务质量以及潜能的发挥,对职工个人和组织发展都具有重要作用。因此,如何管理好职工的情绪,使其工作积极性、创造性和主观能动性转换为单位的核心竞争力已经成为管理者亟须重点解决的问题。

洋县公路段的现状及发展前景如何、职工与领导之间关系融洽与否、薪资水平的高低、奖金发放是否合理以及职工个人的家庭状况、生活状态等都会影响职工的情绪。调查显示,情绪低落的职工因其心理状态相对消极,容易产生暴躁、抵触情绪而影响职工的工作态度,其工作效率会大幅度下降。此外,情绪还具有快速的传染性,在情绪问题严重时,会造成职工忠诚度低、人才流失率高等不良后果。所以,越来越多管理者认识到了情绪问题的影响性和重要性。因此,情绪管理的研究、使用和推广势在必行。

二、情绪管理概述

在公路工作中,难免因为工作事宜与同事领导产生误会,在沟通中传递出不良情绪,产生消极怠工的情绪,会降低工作效率。而自高自大、自以为是的伪积极情绪也很容易破坏团队合作,所以针对如何识别负面情绪,将负面情绪转化为正面情绪等问题,情绪管理应运而生。

情绪管理是针对人的情绪的管理,每个人情绪的形成和产生与诸多因素有关。情绪是指伴随着认识和意识过程所产生的个体对外界事物态度的体验,是人脑对外界客观事物与主体需求的感受和反应,是以个体需求为中介的一种心理活动。从心理学角度讲,情绪对人有两个方面的影响:积极影响和消极影响。积极情绪使人积极、阳光、向上、传递正能量,有利于快速的提高工作效率,有利于职工自身形成健康的心理素质;而消极情绪使人感到伤心、忧郁、甚至抑郁,从而抑制人的思维过程,使人的自我控制力大幅度降低,上班时往往心不在焉,不利于自我正常水平的发挥,从而会降低工作效率,甚至造成不安全事故的发生。

三、情绪管理的核心、本质和目的

情绪管理关注的是职工的内心世界,其核心是坚持"以人为本",通过管理者与职工之间感情的双向交流和沟通激发职工的正向情绪,消除职工的低沉情绪,实现有效的管理。从而使人的价值得到充分体现。

情绪管理的本质是在"以人为本"的基础上,尊重职工的个人意愿,情绪管理旨在更好实现职工的自我管理,促进单位和职工共同发展。作为公路行业的管理者,要加强以人为本的思想,从关爱职工入手,进行职工教育革新,紧跟时代的步伐。如前所述,由于产生于内心世界的情绪力量引导和支配着职工的行为,因此,可通过管理职工情绪改善其行为。情绪管理的目的就是希望从内心深处激发每位职工的主动性、创造情绪和内在潜力,使他们能够心情舒畅地投入工作,在自己的岗位为单位创造优良业绩。作为一种新事物,情绪管理是一种管理理念上的升级和革新,真正做到了"以人为本"的人性化管理。

四、公路段职工情绪管理因素中存在问题及原因分析

人处于社会当中,无时无刻不受到诸如身体健康状况、夫妻不和、孩子教育、单位竞岗、工作压力大、人际关系紧张、晋升与工资的差异、目标、业绩的压力等各种来自生活、工作和社会外部因素的干扰,任何人的情绪总难免起起落落,而这些情绪会直接或间接影响到职工的工作情绪。除了受到外界环境因素的影响之外,每个人的情绪反应还取决于包括健康状况、心理成熟度、思维状况、性格特征、生活习惯、个人素质等在内的个人因素。作为个体行为的基础,这些外部环境因素和个人因素都会对情绪产生影响并将以职工特定的行为结果在生活或工作中表现出来。

对于从事一线公路段养护工作人员,其工作情绪除受到上述因素的影响之外,还会受到施工途中产生的困扰及与公路沿线居民的纠纷等问题的影响。由于职工个人素质存在差异,情绪的变化也会出现不同,甚至是天壤之别。对于个人素质很高的职工,即便是面对挫折也能坦然处之;而对于个人素质低的职工,即使遇到稍稍的不愉快,也会暴跳如雷,甚至会产生过激行为。对于不同的路段,职工的情绪也会因受到如单位所在地的地域因素、当地习俗、单位职工的来源地、性别、年龄、文化层次等人员结构因素、单位文化氛围、管理者的管理风格、单位发展战略等诸多主、客观因素的影响而呈现一定的群体性差异。负面情绪引起的惨剧为单位的情绪管理工作敲响了警钟。只有处理好一线职工的情绪问题,才能使职工心情愉悦,从而增强对公路事业的归属感,为公路事业创造出更大的利益。因此,对职工进行情绪管理,培养职工进行自我情绪调控是公路段管理者必须掌握的技能。

然而,在一些公路段工作中,有时由于管理者对职工的情绪以及情绪管理认识不足,而

仍然沿用传统的管理方法,出现了管理者在注重战略大局的同时忽略了对职工的细节管理,忽视甚至是漠视职工的情绪变化问题。抑或者,在一些公路段中,管理者不考虑单位的具体情况,盲目借用其他单位情绪管理方法而导致情绪管理“水土不服”等现象。这些长期存在于公路管理中的问题使得单位的情绪管理因不能对职工的情绪进行有效管理而失去效能。职工的情绪,特别是消极或不良情绪得不到正确引导就会影响到其工作态度、服务态度和工作质量。在消极或不良情绪的影响下进行道路养护,路政路权维护时很容易因人为的差错事故而给单位集体和职工造成不必要的损失。

通过以上分析可以看到,提高管理者对一线职工情绪管理的能力、提高全体一线职工自我情绪管理的能力,在提升公路养护、公路施工管理、公路路政管理,公路应急和建设全面协调和可持续发展的公路建设事业中显得尤为必要。

五、改善公路行业一线职工情绪管理中工作环境因素的对策

在此笔者认为,良好的工作环境有利于一线道路养护职工积极情绪的形成。积极的情绪有利于一线职工提高工作效率,增强对单位的认同感。一方面,加大资金投入,给一线职工购买配置机械机具(绿篱机、打草机、扫路车、铲车等),解放劳动力,能促使一线职工轻松地完成工作,从而提高工作效率;另一方面,通过各种创建活动及时改善职工居住环境和生活环境(如创建龙亭道班温馨职工之家)有利于一线职工减少负面情绪。相反,恶劣的工作环境会使职工因安全感缺失,产生心理负担和工作压力,导致工作效率下降甚至影响工作的正常进行。此外,当一线道工心理预期与工作心理环境一致时就会产生积极的情绪,从而积极热情地投入工作中并主动提高服务质量和效率;反之,当道路职工心理预期与工作心理环境冲突时其消极情绪也随之而来,会表现出各种不满与抱怨,甚至严重影响周围同事的情绪,直接影响到工作质量。另外,由于行业特点、性质的不同,分工不同,都会出现不同程度的工作压力,从而产生负面情绪。通常,以上这些因素都会影响到职工与同事、上下级之间的关系。

针对以上问题,管理人员应观念转变,多角度、多途径、多方法、多方式建立有效疏导机制,使道路职工具备和谐的心理。为此,公路管理者可以从尊重职工、关心职工、理解职工和激励职工四个方面消除职工的负面情绪。具体对策如下:

1.尊重职工,营造民主、平等的工作氛围

第一,单位应尊重职工的平等权、知情权和发言权。第二,通过执行科学民主决策制度、事务公开等制度,保证段上、各道班管理的公开与透明度,使得职工及时了解段上、各道班的管理,进而搭建职工参与管理的平台。第三,管理者应以身作则、率先垂范遵守纪律和执行制度,不以管理者自居,而是以管理者自律。第四,对职工的考核及奖罚不偏袒,要按照统一制度、流程、标准执行。确保用制度管人、流程管人、标准管人。

2.关心职工,创造舒适的工作和生活环境

第一,段上应积极改善道路职工的工作环境,公路段管理人员应积极了解一线道路职工对生活环境的要求,加大资金投入,购买机械化设备,提高效率,节省人力;第二,段上应积极改善职工的生活环境,使硬件设施达标。例如为职工宿舍配备家具、热水器等必要的生活设施。第三,要积极改善道班职工业余活动环境,加大图书室、阅览室、健身器材、活动室等设施建设力度。第四,为道班职工创造积极、阳光、向上、正能量的氛围,组织并开展丰富多彩

的联谊活动和传递正能量的公益活动，以增强职工心理正能量。第五，管理者，特别是直接上级要勤于观察道班职工的工作表现，留意其心理动态，做到防患于未然。第六，管理部门应经常对职工进行心理健康培训，对职工普遍存在的心理问题进行有针对性的咨询或辅导；了解并引导职工的心理预期，改善心理环境，防止心理预期与工作心理环境发生冲突；对有心理困惑、心理障碍的道路职工进行重点援助。

3.理解职工，保持顺畅的交流渠道

管理者应积极开展谈心、家访活动，让职工倍受关心和爱护，让职工看得见、感受得到单位的关爱，单位领导应经常性地深入到基层，广泛开展与一线道路职工的谈心交流活动，通过贴近职工的工作和生活，倾听他们的呼声，了解他们的困难，及时帮助处理。

4.激励职工，帮助职工成才

以“铺路石”精神为信仰，是公路人的精神财富，更是管理者激励公路人的重要武器。管理者通过对“铺路石”精神的总结、提炼、传播，加大一线道路职工的理想、信念追求，激励职工奋发图强、爱岗敬业。同时，段上可以通过其他渠道对职工进行精神激励，例如，管理者应该在考核机制上加强公平、公开、公正竞争的环境建设。奖优罚劣，稳定职工情绪，鼓励职工全面发展。

5.领导管理者的情绪管理

作为领导者，则更要进行情绪管理。因为领头人的情绪将会影响职工的情绪。合格的领导者应收敛负面情绪，把控工作时的气氛，营造良好向上的工作环境。在职工犯错误后不能一味指责，不仅要让职工认识错误，还要引导他们走出负面情绪，不要将消极情绪带入工作中。职工出色完成任务，也要适当奖励表扬，形成积极奋发的良性循环。

六、改善公路行业一线道工情绪管理中个人因素的对策

解决职工情绪问题离不开单位管理，更离不开职工个人，既然选择了道路养护这一岗位，就应正视它所带来的负面影响，因此，在日常工作中要不断提升自我情绪调节能力。具体对策如下：

1.树立正确的工作意识和服务理念为基石的情绪管理

作为公路行业这个大家庭中的一分子，自然要认清楚自己的角色，以正确的价值观为基石，通过完成本职工作，给国家做贡献，实现自我价值。很多负面情绪的产生在于混淆工作角色和个人自我，一味因他人对自我在工作角色上的批评而受到伤害。事实上，只要扮演好工作角色，把他人的批评和意见都当作对工作角色提出的要求，而非对自我的非议，负面情绪自然会很快消散。我们应在日常生活中端正自己的工作态度，学会控制自己的情绪，做事情应该理性，不应情绪化。

2.工作中应懂得换位思考

设身处地的替他人的处境多着想，将自己代入群众或者领导的位置考虑，或者从第三方的角度仔细思索自己的工作是否做到尽善尽美，多问几个为什么，多给自己几次“我很平静”与“我可以把一切都做得很好”的心理暗示，就会达到转换心情的效果。

3.善于调控自己的情绪

不可否认，有时候的确会发生因为他人失误或领导误会而被误会批评。这个时候，合适

的情绪表达可以合理捍卫自己的正当权益,但是任由情绪失控,一味指责抱怨并不能对事态有任何的助益。所以其中的度需要职工自我把握。对绝大多数人而言工作都占用生命中大量的时间,善于工作的人,一定是善于在工作中寻找快乐的人。一线道工应该尝试体验做好工作给自己带来的各种快乐和幸福感。此外,在面对各种不如意的时候,职工要始终坚信自己能做情绪的主人,有驾驭情绪不受消极情绪传染的能力。职工可以通过多种对情绪进行积极暗示的方法,降低疲劳感,放松心情,使自身始终保持积极、阳光、向上的工作情绪,时刻传递正能量。即使面对愤怒的人,也能坦然面对并始终保持微笑。

七、结语

早在春秋时期,管子就曾在向齐桓公陈述霸王之业的进言中提到:"夫霸王之所始也,以人为本。本理则国固,本乱则国危。"意为霸王之业之所以能成功也是因为以人民为本,这个本理顺了,国家才能稳固。习近平总书记也曾在中共中央政治局会议上提出"健康中国2030",习总书记在会上强调要坚持以人民为中心的发展思想,以提高人民健康水平为核心等要点。情绪管理是"以人为本"管理理念的细化,是以人的情绪特点为出发点,通过对职工的情绪进行有计划、有目的地引导、调整和控制,使之向着有利于职工身心健康和单位发展的方向转化的过程。笔者认为,虽然已经有越来越多的公路管理者注意到了职工情绪管理的重要性,但是能够被借鉴和灵活运用于单位管理的情绪管理方法还非常匮乏,仍然需要不断探索和研究。在以"以人为本"的理念进行管理时,首先要承认,人是有思想、会产生情绪的高级生物,人只有在积极健康情绪下,才会以主人翁的精神看待自己的单位,以发挥自己的聪明才智回报公路行业。而要使"人"转化成"人才"并发挥其巨大的创造性,就必须对其加以正确的引导和管理,特别是对职工的情绪进行引导和管理、充分调动职工积极情绪、避免消极情绪。公路工作如行船,情绪则是航行之风,逆势而为只会不进反退,趁势而起则能一路顺风。因此,职工情绪管理是单位职教工作发展的新课题。

三等奖

新形势下公路行业职工思想政治教育的创新设想

冯　超

(重庆市丰都县公路局)

摘　要　深化全面从严治党,协调推进"四个全面"战略布局,有效解决党内存在突出矛盾和问题,加强和规范党内政治生活、加强党内监督,全面提高党的建设科学化水平和党的创造力、凝聚力、战斗力提供了根本遵循,是保持党和国家事业发展正确方向的根本保证。"十二五"以来,在交通供给侧结构性改革创新驱动背景下,公路建设力度持续加大,公路里程大幅增长,公路养护市场化体制改革深入推进,公路行业发展态势日新月异,有力实现了"从会战式建设向集中攻坚转变、从注重连通向提升质量安全水平转变、从以建设为主向建管养运协调发展转变、从适应发展向引领发展转变"。于此,对照全面从严治党、严肃党内政治生活、强化党内监督等《准则》《条例》有关规定,公路行业在体制改革深入推进、建设进程全面发力、养护管理日趋常态、文化建设富有特色等过程中,不同程度地存在着一些重建轻养、重建轻管、文化建设有待加强等突出问题,特别是职工思想政治教育还存在着诸多薄弱环节。

关键词　新形势　公路行业　职工思想政治教育

一、引言

为全面加强新形势下公路行业职工思想政治教育,积极应对第十三个五年发展规划面临的全面建成小康社会、一带一路等诸多挑战和历史机遇,浅谈以下几点看法。

二、公路行业职工思想政治教育工作现状及存在问题

经调查统计,"十二五"末全国公路行业职工(含退休)人数约 200 万人,行业从业人员超过 1000 万人。全国公路总里程 457.73 万千米,公路密度 47.68 千米/百平方千米,公路养护里程 446.56 万千米。全国等级公路里程 404.63 万千米,等级公路占公路总里程 88.4%,其中,二级及以上公路里程 57.49 万千米,占公路总里程 12.6%。各行政等级公路里程分别达到国道 18.53 万千米(其中普通国道 10.58 万千米)、省道 32.97 万千米、县道 55.43 万千米、乡道 111.32 万千米、专用公路 8.17 万千米。全国高速公路里程 12.35 万千米,其中,国家高速公路 7.96 万千米,全国高速公路车道里程 54.84 万千米。全国农村公路(含县道、乡道、村道)里程 398.06 万千米,其中,村道 231.31 万千米,全国通公路的乡(镇)占全国乡(镇)总

数99.99%,通硬化路面的乡(镇)占全国乡(镇)总数98.62%,通公路的建制村占全国建制村总数99.87%,通硬化路面的建制村占全国建制村总数94.45%。全国公路桥梁77.92万座、4592.77万米,其中,特大桥梁3894座、690.42万米,大桥79512座、2060.85万米。全国公路隧道为14006处、1268.39万米,其中,特长隧道744处、329.98万米,长隧道3138处、537.68万米。以重庆为例,"十二五"期是公路"发展最快、通行最好"的历史时期,公路事业实现平稳较快发展。普通公路累计完成投资866亿元,其中,国省道395亿元,农村公路471亿元;公路总里程从11.7万千米增加到14万千米,公路密度居全国前列,西部第一,全面形成"干支联通、覆盖城乡"的普通公路网络。主要表现在:一是公路建设实现新增长。新改建农村公路4.8万千米,农村公路总里程超过12万千米,新增1.8万千米,在西部率先实施300户以上撤并村通达工程,提前两年完成1万千米建设任务,实现2606个撤并村通达,153万群众安全出行。二是公路养护实现新跨越。改造普通干线公路6000千米,完成示范工程建设410千米;实施预防性养护3000千米,路面灌缝430万延米,挖补350万平方米;国省道路面使用性能指数达到90以上,优良路率达86%,在交通运输部"十二五"路况年度检查中名列前茅。三是依法治路达到新高度。路政管理高效便民,安全防护整体覆盖,公路安全保障水平全面提升。四是智慧公路集成新动能。创新建设数字公路,积极推广"四新"技术,行业科研不断创新。五是行业文明形成新品牌。"四好农村公路""扶贫攻坚保畅年"等主题活动常抓不懈,全力打造"畅通、舒适、安全、智慧、文化"公路,行业形象整体提升。

"路好地流金,路通财源来"。公路是富裕文明的标志,也是经济发展的先行,作为社会经济发展的大动脉和加速器,新形势下公路行业全面进入"五位一体"布局发展的黄金时期,社会经济发展对公路质与量的需求也更加迫切,公路行业生产力布局分散、战线长、任务重等工作性质更加突出,公路行业职工年龄结构大、文化程度低等思想政治问题更加凸显,主要体现以下几方面。

①工学矛盾突出。一是工作压力大。公路行业职工是一个庞大群体,工作任务重,点多面广战线长,安全保畅压力大,基层单位普遍分散,集中学习和教育培训难度大,工作与思想政治教育矛盾突出。二是随意性较大。思想政治教育缺乏针对性、系统性和规划性、主动性,对其重视程度还不够高,缺乏分类指导、统筹推进。三是参训率不高。缺乏长期坚持,浅尝辄止,泛泛而教,基层单位普遍存在着"重生产、轻职教;重技术教育、轻思想政治教育,重建设、轻养护"等突出问题。

②基础设施薄弱。一是教育平台短缺。区县级公路管理机构普遍没有职教培训基地,基层单位使用功能不够完善,无法提供教育培训场所和教育平台。二是师资力量薄弱。缺乏专职教育培训队伍,主要以聘请或由会议传达为主体,泛泛而谈的多,亲力亲为的少;缺乏实际教学经验,无法保证教育质量,一定程度上影响了教学效果。三是培训教材欠缺。与其他教育培训相比较,公路行业职工思想政治教育培训的教材编订与制度设定都不很完善,职工没有吸引力和参与度,达不到传达贯彻、应用推广之功效,学了就学了,培训就结束了,没有很好地与理论实践相结合,缺乏针对性和指导性。

③内生动力不强。一是体制制约。为顺应公路养护"管养分离"体制改革,大多数公路管理机构不再引进人才,个别地区实行"只出不进"模式逐步减员,直接导致年龄结构"老年化"。二是素质不高。一线职工总体文化水平较低,年龄结构大,"吃老本""凭经验"现象突

出,甚至仍然存在“公路部门仍然是生产型单位”的落后思想,心理素质、政治素质、思想品质良莠不齐。三是本末倒置。基层单位普遍存在“重职称、轻能力,重理论、轻实践,重学历、轻水平,重待遇、轻技能”等现象,“一手硬、一手软”的“两张皮”问题没有得到根本性解决。

④内容形式单一。没有主动从行业核心价值体系开展内容丰富、形式多样的思想政治教育活动,停留于应付检查、评比等阶段,缺乏对思想政治教育活动载体的创新,使职工认为思想政治教育就是呆板生硬的“政治说教”。没有与加强公路文化建设有机结合,各个地区在公路文化提炼总结上层出不穷,有待统一规范,形成行业特色。宣传引导力度也不大,机关宣传不到位,公路沿线资源利用不充分,路域环境打造差异化明显。

⑤理论实践脱节。一方面,表现在联系群众不够密切,联系、沟通、监督等群众参与机制不尽完善,思想政治教育和业务工作存在较强的依赖性,自主性较差,按部就班,循规蹈矩。另一方面,随着我国政治经济体制不断变革,社会结构和思想观念深刻变化,特别是公路行业职工的工作性质、劳动强度、收入差距、社会认同感、自身荣誉感、群众亲切感等一些突出问题,难免对职工生产生活产生一定的消极影响,对新情况、新矛盾所导致的思想摩擦和观念撞击难以适应,对新形势下的思想政治教育较为滞后。

⑥保障体制不力。主要表现在行业指导性不强,没有真正形成“一级抓一级,层层抓落实”的体制机制,属地管理得多、行业指导得少,对接交通主管部门得多、对口公路管理机构得少,并且没有纳入地方政府综合目标考核,也没有具体考核激励机制,导致从事思想政治教育工作的政工干部工作热情不高,职工参与度不高。

三、加强新形势下公路行业职工思想政治教育工作的重要性和必要性

第一,加强新形势下公路行业职工思想政治教育工作是规范党内政治生活、加强党内监督的迫切需要。思想政治教育是《关于新形势下党内政治生活的若干准则》《中国共产党党内监督条例》的根本遵循,有利于严肃党内政治生活,强化党内监督,规范制度建设,全面落实从严治党新要求,加强党风廉政建设,转变行风政风作风,坚定理想信念,加强党性修养,增强宗旨意识,形成教育常态化、经常化,统一思想认识,营造“风清气正、风正劲足”的良好政治生态环境。同时对进一步深化对主观世界改造与客观世界改造的辩证统一关系认识,深入推进“五观”“四个认同”“三个离不开”学习教育,切实增强“四个意识”“四个自信”,具有重要的推动作用,是全面加强公路行业基层党组织建设的迫切需要。

第二,加强新形势下公路行业职工思想政治教育工作是加强公路文化建设、提升队伍素质的迫切需要。思想政治教育是进一步加强公路文化、行业核心价值观体系和队伍素质建设的有效途径,有利于打造富有行业特色的公路文化和核心价值观体系,增强公路行业职工自身荣誉感、社会认同感,营造良好路域环境和人文环境。对加强职工素质教育和自身建设,进一步坚定马克思主义的信仰和中国特色社会主义的信念,保证公路工作和其他一切工作的社会主义性质和方向,保证党的路线、方针和政策的贯彻落实,是全面加强公路行业职工队伍建设的迫切需要。

第三,加强新形势下公路行业职工思想政治教育工作是提升内生动力,促进长足发展的迫切需要。思想政治教育是深化体制改革,提升内生动力,激发新动能,促进社会经济持续健康发展的得力举措,有利于进一步凝心聚力,增强主人翁意识,形成强大合力,充分发挥公

路行业职能优势和自主创造能力,创新驱动发展,推动社会经济发展。同时,密切联系群众是思想政治教育的根基,而思想政治教育的本质在于思想掌握群众,更加有利于公路行业建立完善密切联系服务群众体制机制,为人民群众服好务,为社会经济发展服好务,是公路工作全面落实“五位一体”战略布局的迫切需要。

四、新形势下公路行业职工思想政治教育工作的创新设想

当前,公路行业正处于转型升级发展“黄金期”,社会经济的变化必然带来思想文化的变化,唯有解放思想,勇于创新,才能切实抓好职工思想政治教育,有效提高教育的针对性、实效性,推动公路行业持续健康发展。

1.创新教育载体

改变“会议式”“板板式”等传统教育方式,积极探索“体验式”“菜单式”“主题式”等教育方式,采取“片区化”“小组化”“送学下乡”等集中学习形式,确保学习教育时间和质量,形成常态机制,切实加强职工思想政治教育。比如:重庆市丰都县公路局创新开展的“换位劳动”并形成长效机制,每月定期让机关职工深入养护一线生产劳动,让养护职工到机关体验学习,有效达到了增进沟通、增加感情、相互学习的目的。

2.搭建教育平台

全面加强道班、养护站、战备渡等基层公路机构规范化建设,统一服务区、中心站、一般站建设标准,加大资金投入力度,切实提高一线职工生产生活条件,落实办公电脑、网络多媒体等设施设备,完善学习配套功能,推进职工思想政治教育信息化管理,“留得住人、留得住心”。比如:丰都县公路局结合全县旅游产业布局,加快推进集教育培训、物流集散、休闲购物、旅客换乘、住宿餐饮以及汽车加油、汽车修理等为一体的国省干线公路综合服务区建设,全面完善“十三五”公路养护站布局,切实加强公路文化和行业核心价值体系建设,形成了富有行业特色、地域特色的人文环境,营造良好路域环境。

3.强化人才保障

引进思想政治教育管理专业人才,充实师资力量和干部队伍。大力推行干部内部交流或挂职锻炼机制,落实职工深造激励机制,开展专题培训教育和交流学习,着力提升干部政治素质和综合素养。当前,一些公路管理机构为顺应公路养护体制改革,执行“只出不进、逐步减员、管养分离”的人才管理模式,导致专业技术人员匮乏,为破解人才难题,丰都县公路局大胆创新市场化养护,将县道交由专业养护公司承养,实行市场化养护管理,与国省干线同检查、同评比、同考核,加大检查指导和技术培训力度,有效解决了人员缺乏、经费有限等实际难题,确保了县道日常养护的责任落实。

4.规范组织生活

党的组织生活是党内政治生活的重要内容和载体,是党组织对党员进行教育管理监督的重要形式,也是全面从严治党的基础。通过建立健全党的组织生活的各项制度和监督机制,“三会一课”、主题党日活动、双重组织生活、警示教育、党性定期分析、民主评议等,这些好制度、好做法,都要真正坚持下来、严格起来,做到全覆盖,切实增强组织生活质量,使各种形式的党内生活都有实质性内容,针对性地解决问题,使党员干部受到深刻的党性检视和灵魂洗礼。要着力改进和创新党的组织生活方式,以新的经验指导新的实践,不断增强党内政

治生活的吸引力、感染力。比如:重庆市公路局每年定期组织开展公路养护技能竞赛,纳入综合目标考核,既成了党性教育载体活动,又形成了长效机制,为规范组织生活注入了新的内生动力。再者,丰都县公路局自 2007 年成立以来,始终以“感动养路人”为主题,把公路做成文化,坚持开展“感动养路人”主题实践活动贯彻始终,切实提升了养护职工的社会认同感、自身荣誉感、群众亲切感,取得了良好效果,借助机械化养护作业水平的不断提高,“远看像收破烂的,近看是养路的”群众看法已然不复存在。

5.密切联系群众

结合行业特色及资源优势,围绕中心工作服务大局和产业布局,建立健全密切联系服务群众长效机制,深入调查研究,倾听群众心声,顺应群众期盼,让群众参与、让群众知晓、让群众受益,赢得群众支持和理解。比如:重庆市公路局创新开展的以服务脱贫攻坚为主题的攻坚保畅专项行动,既有力推进了中心工作,又实实在在惠及民生福祉,让群众共享发展成果,社会反响良好。以此为契机,丰都县公路局充分发挥行业优势,帮助该县七星寨村发展苗圃基地 20 亩,硬化公路 12.8 千米,新建村委活动室,扶持双孢菇、土鸡、红心柚等特色种养产业,累计投入帮扶资金 97 万元,并采取委派驻村干部、与贫困户“结穷亲”等方式,加大扶贫攻坚力度,取得了真实效。

6.落实保障机制

逐级建立督导组,加大行业指导力度,结合形势发展需要,扎实开展思想政治教育检查、指导,形成“属地管理与行业管理”齐抓共管的良好局面。建立行业考核管理激励机制,给重视程度高、工作成效好的地区予以一定政策倾斜,重点在于核实公路养护实际里程,提高补助标准。要总结经验亮点,进行全面推广,着力提高职工的工作积极性和创造性,让思想政治教育工作入心入脑入行,规范行业文化建设及管理标准,达到“基础扎实、形象规范、思想统一、步调一致”的目的,比如在养护站(道班)和公路文化以及行业核心价值体系建设等方面,从上到下或区域性形成统一规范的建设标准,为公路事业持续、健康、快速发展提供强有力的思想政治保障。

五、结语

“落红不是无情物,化作春泥更护路”。此借 14 年前初生牛犊、踌躇满志、意气风发之年纪,幸遇写作启蒙导师,也是参加工作的第一位领导——陈俊先生的一句话与全国公路工作者共勉陈先生时常教导,“把公路做成文化不易,让精神传承更不易”,能有此师此悟,幸甚至哉。同谢《重庆公路》杂志总编李彦一先生的悉心指导,此文方才完整可读。

“学如弓弩,才如箭簇。”习近平总书记反复强调“事业发展没有止境,学习就没有止境”,大力 “劝学”“促学”,大兴学习之风,不学习就不会进步,具体到学什么、怎么学,也不厌其烦,诲人不倦。也必须清醒认识到,当下已迈入新时代,背负“交通强国”之重任,肩负“乡村振兴”之使命,担负“四好农村路”之责任,须正确认识、准确把握公路行业主要矛盾就是人民日益增长的出行需求与发展不平衡不充分之间的矛盾,牢记把人民对美好生活的向往作为奋斗目标,凝心聚力,破题攻坚,补短板、强弱项,以新担当奋力新作为,不负新时代,不愧公路人。

“站位高则视野宽,方向准则落点实”。党的思想路线是一切从实际出发,理论联系实际,实事求是,在实践中检验真理和发展真理。随着公路事业的发展、行业形象的塑造、社会地位的提升,党的思想政治建设重要性不言而喻,职工的政治素质建设责无旁贷,必须牢牢把握运用习近平新时代中国特色社会主义思想指导工作实践这一主线和灵魂,以最高的政治站位、最高的政治担当,用心用情、脚踏实地,真正让公路工作经得起历史检验、经得起人民评价。

"风雨不改凌云志,振衣濯足展襟怀。行方智圆煅内蕴,海阔天空铸宏图。"笔者坚信,在新时代新思想引领下,公路事业必将如涅槃之凤、浴火之凰,实现新的腾飞、新的跨越;更加坚信,在党的坚强领导下,公路事业必将如开山之斧、破竹之势,创造新的奇迹、新的辉煌。

三等奖

运用"互联网+"思维开展思政工作的思考

海春华

(云南省玉溪公路局)

摘 要 互联网给当前思想政治工作拓展了新的空间,成为一种新型实用的网络载体。如何利用互联网提升公路职工队伍素质,运用"互联网+"思维开展好当前思想政治工作,全面加强意识形态工作是值得思考的问题。

关键词 "互联网+"思维 思想政治工作 新媒体

一、引言

习近平在主持召开的网络安全和信息化工作会中指出,我国有7亿网民,这是一个了不起的数字,也是一个了不起的成就。现在国家经济发展进入新常态,在这样的新常态下,具有新动力的互联网发展空间不可限量。

"十三五"是公路行业转型升级加快发展现代公路的战略期和矛盾凸显期,智能交通系统(ITS)理念已经提出20多年,并得到普及,改变着每个人的生活和思维方式。尤其在国家发展改革委员会和交通运输部联合发布了《推进"互联网+"便捷交通 促进智能交通发展的实施方案》后,明确了新一代ITS的发展框架、服务内容和产业重点,这与身处当中的每一个人息息相关。

显然,互联网给当前思想政治工作拓展了新的发展空间,笔者认为这是每个做思想政治工作者是必须面对和跟进的。如何通过网络,全面提升公路职工队伍素质,运用"互联网+"思维开展好当前思想政治工作,全面加强意识形态工作是值得思考的问题。

二、以互联网为载体加强思想政治工作的利弊

互联网的出现改变了世界的每一个角落,人们的工作学习、生产生活方式随之变化较大,尤其是手机,已成为大多数人的必需品,靠它购物、出行、交流……大概吃穿住行的问题都能解决,这无疑为开展思想政治工作提供了平台。

将一种传播媒体推广到5000万用户,报纸用了200多年,收音机用了15年,而互联网只用了5年。互联网诞生以后,这种"人造空间"通过低成本或零边际成本,以开放的共享性、互动的快捷性、鲜明的草根性,渗入生活的方方面面,实现了一种新型的文化共享,已然变成了一个思想文化交流的"沙龙",有利于迅速普及人类共同发展和进步的理念。例如,通过微博、微信等新媒体宣传平台,越来越多的人群接触到更多的政治理论,通过互动交流,政治思想工作获得更多、更广的持续关注,利用好这些媒介,可大大提升思想政治工作的效率。

对于公路行业的职工而言,工作环境较为分散、战线又长、条件艰苦,表现为日常集中学

习难度大,知识水平程度不一等,传统思想政治宣传工作宣贯存在面不广、不及时、深度不够,互动不多的问题。运用“互联网+”思维,可使每一个个体有思想表达的舞台,可单独“量身定制”适宜公路职工的思想政治工作的平台,构建思政工作的阵地。看到互联网时代的特点和优势,玉溪公路局开始探索,于2015年7月开通了微信公众订阅号“玉溪公路”尝试运用新媒体激发思想政治工作新的生机。经过一年多的运行实践,目前已拥有超过400名用户。按照目前在职职工人数为854人计算,假设关注用户多为职工的话,已经占据总人数的47%左右。同时,依据统计图文分析,可以看出喜闻乐见的消息点击率就会很高。例如,一条“国道213线改建工程开工在即”的消息,7天内的点击率达到2035人/次,分享人数达114人。类似的案例还有很多。可见,运用“互联网+”思维推动思想政治研究工作是现代工作方法的值得深入探索的渠道。

但“互联网+”思想政治工作也有弊端。

互联网既带来了全面而快捷的思潮,同时又表现出差异化,复杂且丑恶的思想文化随之而来。许多新兴媒体迅速崛起,发布的文章、图片或视频,也并不规范和全面,难免断章取义。如此大的信息量,同一事件的文章读者未必会阅读完整,也未必会思考,仅仅接受的是作者提供的信息。如果说好的导向可以化解矛盾,给读者正能量。那么,错误的导向则会放大矛盾,为意识形态工作埋下隐患。且现在人们的阅读往往倾向于短小、碎片的文章,网民舆论有时缺乏理性,陷入“人云亦云”的状态中。所以,“信仰缺失、看客心态、审丑心态、娱乐至死……”成为当今社会的十大病态之一,思想政治工作空前面临冲击。

另外,因互联网负面信息杀伤力大的特点,使政治思想工作容易出现偏差,有与实际脱离的倾向。比如,为吸引眼球,许多“恶性标题党”会注明“出大事了!”等等甚至更为夸张的字眼,充斥暴力与罪恶。这种行为会使网友“受骗”,放大其中的某一过程,而错过真正有价值的信息。相反,运用新媒体平台加强思政工作,就会有所顾忌,怕多给信息、怕多给互动,给人把柄,会有不同的解读,使得应用起来畏首畏尾,只敢提供一些动态的、浅层的信息,缺乏互动性、深入性,使思政工作没有吸引力。比如,玉溪局微信公众订阅号“玉溪公路”发布的关于“两学一做”的微课堂信息,阅读量就不高,累计阅读数量从未有超过百次的。这也给改进创新运用“互联网+”思维提出了新的课题。

三、以互联网为载体加强思想政治工作的思考

作为兼顾宣传工作党委工作部的工作人员,更应把握职责目标与方向定位,将互联网思维与传统思政工作相互补充调整,通过包括新媒体在内的平台,提高意识形态舆论工作的质量水平。

一是准确把握意识形态工作与自身职责的导向与定位。“笔下千钧重,肩头万斤担”,要坚持党性原则,确保喉舌地位,加强意识形态工作。记录时代风云、推动社会进步、守望公平正义,永远是舆论工作者的天职。作为公路行业的思想宣传工作者,通过讲好身边的“公路故事”,让社会主义核心价值观更闪亮是义不容辞的责任。不管是用传统思维,还是用网络思维来做思政工作,都必须强化政治意识、阵地意识。思想上,坚持正确政治方向;在行动上,增强“看齐意识”“责任意识”;在工作中,要践行正面宣传为主,用“积沙成塔,集腋成裘”的决心,当好意识形态领域斗争的生力军。

二是树立大局观，牢牢坚持正确舆论导向，宣传正确的价值观。应在玉溪公路局党委的领导下，理论联系实际，自觉将思政工作融入局党委总体工作部署中。时时处处从总体上把握事实，多做一些有利于化解矛盾、解决问题、维护稳定、提供咨询、反映诉求、凝聚人心、鼓舞干劲、理顺情绪的工作，从而真正把握主流、服务主流。只有把宣传思想工作同行政工作更加紧密地结合起来，才能形成合力，推动发展。玉溪电视台《身边的感动》栏目曾将玉溪公路局一线所站的刘伟、杨晓陆、杨开军等养路事迹搬上荧屏，他们身上的爱岗敬业被强烈放大，在职工心中引起广泛影响，他们代表的是整个玉溪公路人群体，是社会认同的生活信念和价值体系，彰显社会主义核心价值观。

三是提升自身能力水平，灵活善用互联网推动实际工作。工作中，加强与官方媒体互联互通的能力，灵活运用媒体宣讲工作，从而引导职工工作，推动社会认知度。首先，重在强化与职工的联系，做好“命题作文”有针对性的舆论引导，就要建设性地开展舆论监督。比如，做实做活重大主题新闻宣传，加强对社会及交通运输行业热点、焦点以及媒体关注重点问题的分析研判。其次，要及时、准确地传递厅、省局党委的方针、政策，捕捉和反映玉溪局在方针、政策执行过程中的各种信息，促使局属各单位及时修正偏差，更加健康地发展。

四是规范互联网的新闻服务行为，不能出现误导公众的情况。纵观目前的互联网新闻信息服务提供平台，许多民间自媒体有时“一通乱拳还打死了老师傅”，让人哭笑不得，尤其是对某一突发事件的宣传报道，应该从中深刻吸取教训，但也要看到这种运作抓住了公众的心理且反应迅速，这方面值得学习。厅党组书记王云山在全系统意识形态工作座谈会上对搞好新闻宣传工作提出了新要求，即“三多三少”和“三个更加注重”。其中，“三多三少”即多宣传事、少宣传个人，多宣传基层职工、少宣传领导干部，多宣传基层、少宣传领导机关。而“三个更加注重”为：更加注重凡人善举、更加注重示范引领、更加注重载体创新，这为我们指明了方向。再次，对舆论要加强监督，反馈工作中存在的问题，做到客观分析，讲求策略。把握好宣传思想工作的时、度、效。把握好“时”，解决好说不说、什么时候说的问题；拿捏好“度”，解决说多少、说多久、怎么说的问题；求最大“效”，解决好说了要管用的问题。

四、结语

习近平总书记指出：“要运用新媒体新技术使工作活起来，推动思想政治工作传统优势同信息技术高度融合，增强时代感和吸引力。”新时代，想做好思想政治工作，“互联网+”的运用是绕不开的课题。互联网时代搭建了广阔的平台，成为思想政治工作发力的沃土。与此同时，互联网中也存在不同思想文化交流交融交锋。当前，既要用好传统思维优势，又要充分发挥互联网作用，着力推进二者在平台和内容上的共享融通，更好地服务思想政治工作，服务主流意识形态的培育和巩固。因事而化、因时而进、因势而新，将互联网思维和互联网手段真正贯穿到价值引领全过程。

三等奖

微信公众号助力公路行业文化建设新跨越

李明卉

(广东省公路管理局路桥中心)

摘　要　随着近年我国互联网的高速发展,以微信公众号为代表的新型传播途径逐渐融入人们的生活。面对新时期新常态,公路行业文化建设也要紧跟时代的步伐,革故鼎新,开拓进取,用新思路新方法进入时代的快车道。本文结合现阶段公路文化行业建设存在的问题,就利用微信公众号助力公路行业文化建设新发展进行可行性思考。

关键词　微信公众号　文化建设　新途径　思考

一、引言

21 世纪,互联网时代革新了信息传递的方式与方法。时代的变迁改变着学习和生活的方方面面。微信作为即时通信领域现象级的产品,它的出现改变了现代人获取信息的习惯。微信公众号的出现更是承载着信息传递及知识分享的诸多可能。由此可以设想:借助这样一个新兴媒体,将微信公众号打造成一个公路文化网络课堂,成为公路行业里大有可为的新型学习平台,在这个平台里,不仅可以不受时间和地域的限制,学习到行业内最新的知识,还可以借助其丰富实用的功能对授课内容进行即时的反馈,作经典案例分享,加强线上线下互动与交流。同时,这种创新的公路行业培训模式,符合现代公路人的阅读习惯,将有力促进行业内人员公路文化素养的提升。

二、微信公众号对公路行业文化建设意义重大

1.公路行业文化的分类

随着近年我国市场经济高速发展,公路事业的发展也在不断加快,公路文化也逐步形成具有行业特色的新兴文化。正确认识、理解现阶段公路文化的内涵,对于把握整个公路交通行业规律、促进公路事业发展具有重要的意义。总的来说,公路文化包括公路观念文化层、行为制度文化层和形象文化层三个层面。展开来说,公路文化的内涵是公路行业在建设、养护、生产、经营、管理的长期发展过程中所形成的物质财富和精神财富的总和,包括公路交通基础设施的物质形态、行业规章制度、行业精神理念、行业核心价值观,涉及管理思想、管理方式、管理理念、群体意识以及与之相适应的思维方式和行为规范,还有公路职工开展的文学创作、艺术、教育、科研等活动成果。根据“文化”的内涵,公路文化也可延展为物质文化、制度文化和精神文化三个层次。公路文化的核心价值观是公路文化的灵魂, 是在公路行业

的具体实践中逐渐形成并经提炼而成的,是公路行业自觉倡导、普遍认同和共同遵守的价值观。公路文化的核心价值观将指导公路事业的发展。它们既是公路文化的外在表现形式,也代表着行业的内在精神。作为一种行业文化,融汇在公路经营管理活动中,造就了公路行业独特的精神风格,增强了公路行业的内在活力,促进了公路行业的发展。

2.公路行业文化建设的现状研究

公路行业文化建设意义重大,研究和解决好公路行业的文化支撑有着十分重要的现实意义。但是,随着经济的发展,公路行业文化的建设也出现了不少问题。由于公路养护在平面空间上路长面广、在劳动环境上人员分散、在劳动性质上重复单调,长期以来,文化基础薄弱,行业部门缺乏内在的教育和引导,因此文化的支撑层面尚未全面形成,具体表现在:①效性不足,文化内涵认识不到位,文化的产生不是立足于行业的需要,把文化的主体误当为管理者,干部职工对行业文化缺乏心理认可和接受; ②行为效果不明显。行业文化偏重于表现形式,多体现在思想道德教育和文体活动里,多停留在简单的授课和深度不够的宣传报道上,实质性东西少,侧重表面化,往往是组织者主动发起,干部职工被动地接受,更有些干部职工由于工作的原因不积极参与,这都对行为效果产生不利的影响;③持续性不强,因养护经费的制约,干部职工的再教育参加人次数较少、再教育学习形式单一、上课地点与工作地点冲突、再学习缺乏激励机制、交流气氛欠佳,这些现象都导致干部职工不能真正地做到学以致用,缺少厚重的文化内涵,有些干部职工的道德观、人生观、价值观影响了行业的进步。④缺少突出独特的个性,不立足行业的实际,一味盲目套用一些外来文化模式作为行业的支撑,做法雷同,照搬通用、千篇一律,缺少独特性,没有较好地凸显出本行业的文化特色。

3.引入微信公众号是对公路行业文化建设的思考和探索

这么多年以来,公路行业文化的建设到今天为止从来没有停止过创新的步伐。然而,以上存在种种问题由来已久。新时期新常态,以微信为代表的移动互联网产业正深刻地影响我们生活的方方面面, 在政府“互联网+”的引领下,许多行业“触网”,由此迸发出新的活力和强大的影响力,同时也深刻地改变着行业的规矩和效率。在信息爆炸性增长的今天,公路行业文化的建设也亟须变革和创新,不妨把眼界放开,另辟蹊径,借助以微信为代表的移动互联网技术,助公路行业文化建设转型升级一臂之力,以此来带动行业更大的发展。

由浅入深,我们来做更加深入的思考。

现在智能手机已俨然成为我们普通老百姓日常生活的一部分。微信的主要作用是沟通交流, 其特色——微信公众号也是普遍使用较为频繁的一个功能之一。仔细观察可以看出,微信公众号也起到类似于传统传播渠道的作用,并且在某种程度上,有比传统媒体更为优秀的传播效果。其中,其多种多样的表现形式是传统宣传途径所不能比拟的,只要有手机,就可以查阅。手机本身的可移动的特性就更能紧贴人们的生活和使用习惯。以上关于微信公众号的特点对于拓展公路行业文化的建设有非常重要的参考意义。笔者认为,如果能够将这种方式运用到公路行业文化建设中,这将大有裨益。“有了百花,才有争鸣”。正是微信公众号的灵活高效、使用方便、贴近生活、符合潮流,在操作层面上完全可以将平时有关公共文化建设方面的培训课程和案例分析移植到行业的微信公众号上,然后倡议行业职工关注并学习。同时考虑到微信公众号有可以二次开发的优势,可以借鉴图书馆的做法,将会员管理、资料查询、信息登记、问题解答等功能融合到微信公众号里,实现更为高效的公路文化行业信息传播和信息反馈。而管理层也可以通过微信公众号的后台信息了解到历年来公路文化建设开展的成果,帮助其思考和决策下一阶段开展工作的方式和方法,同时也可以起到监督的作用。笔者认为,这种方式灵活且高效,是以前的传统媒体所不能比拟的。

下面从微信公众号对公路行业文化建设等各个方面所引发的有益变化出发,选取某一角度以具体的方式方法来讨论他们之间到底能发挥什么“有益”的效应。

三、微信公众号与公路行业文化建设之间的化学反应

1.大众参与,增强活力

微信公众号从诞生开始,就不断地挑战我们的神经,它能产生如此大的影响力确实与大众的积极参与密不可分。在使用微信的同时,也可以借助关注微信公众号的方式来获取自己感兴趣的知识和资讯。针对公路行业文化建设这方面需求,上级主管单位也可以尝试“触网”和“办号”,以统一的口径和途径来宣传公路行业的文化。

在建立上层架构的同时,也可以尝试号召行业职工和待培训的人员关注此公众号,这有利于破除地域和工作时间的限制,达到信息的传递和信息及时更新的持续效果。即使出门在外,只要手机在手,就可以进行浏览和学习。

近年来,在开展公路行业文化建设的同时,发现除了有必要在本行业内开展深入的工作以外,如果倡议让其他行业的从业者也一起关注、共同学习、逐步形成良好的群众基础,互相理解和包容,这对于更好地开展公路行业文化建设会是一个良性的循环。纵观微信公众号的特点,它既可以打破行业间相对封闭的现状,也可以以统一的口径向关注该公众号的关注者传达一致的信息,方便培养公路行业文化基础和舆论基础,为建设和谐高效的公路行业文化出一份力。

2.形式灵活,传播有序

在网络如此发达的今天,每天都有许多新鲜的资讯产生。可以看到,在网络上传播这些资讯的同时,许多新鲜的表达方式也让其传播效果增色不少。反观针对如何加强建设公路行业文化的传播效果,也可以酌情参考网络上好的做法,拓展新的传播方式。例如在公路建设和养护方面的讲授方面,可通过在微信公众号里放入图文并茂的文章—视频,又或者使用HTML5技术作前端展示,通过每天的消息定向推送到关注者的手机上。也可以将微信公众号作为一个微型的教育平台,倡议员工在微信公众号上注册账号和密码,而开展教育的主体也可以通过微信公众号的平台发布课程资源,并且开通在线技术答疑区。这种参考网络教育实施的做法可以打破空间和课程的限制,关注者(这里特指行业的职工)可以根据自己的时间安排学习,主办方可以在上面建立考核制度,监督职工的学习情况,同时还可以组织网络考试、评分、评价、纠错和再学习。

新时期新常态下,如果推广使用微信公众号这种新型方式来实现公路行业文化建设新发展落到实处的话,在很大程度上会对公路行业文化建设中存在的问题有一定程度的纠正,会再一次激发职工的参与感和增加职工的归属感。这也对公路行业健康发展起到不可磨灭的作用。

3.提升效率,自发参与

互联网的出现使得“连接”在成为新的解决问题的思路和方法。笔者发现,“行业文化偏重于表现形式,多停留在简单的授课和深度不厚的宣传报道上。实质性东西少,侧重表面化”这一行业现状,多年来一直成为行业内部的“痛点”。那么思考如何解决这些问题将是推动行业文化往更好的方向发展的必由之路。

以上存在的问题,是宣传方与接受方信息不对称和传播效率不高所致的。正所谓“一个巴掌拍不响”,如果宣传方在信息传达的过程中提前知道接受方的需求,主动推送适合现阶段亟须的知识和拓展新的表达方式,号召更多人参与进来,做好需求的收集、整理和汇总工作,再根据所得出的结果有条不紊地开展工作,笔者觉得这样就可以做到有的放矢了。

而微信公众号就可以为宣传方提供这方面的服务和技术支持。宣传方可以借助微信公众号的后台开发,分省份和地区将一个类似“信息汇总”的版块整合在公众号里,具体可包括如下领域:“工作问题的提交”“公路建设规范指引”“我想说的话”等,分别解决职工在实际工作中具体问题的提交;官方的作业流程规范讲授和职工的个人思想表达等。这能为公路行业文化建设提高效率,特别是针对性地解决当前最突出最紧迫的问题提供参考信息。

另外,也可以倡议许多有经验有能力的同志,以投稿的形式在微信公众号上分享自己的工作经验, 供行业同仁参考。

当职工诉求积累到一定程度时,针对诉求的重点,管理者也可以在线下发起一个见面会,关怀慰问、解决问题、联系感情、互通有无,破除上级与下次等级之间的心理隔阂,给予让广大职工互相学习的机会,达到共融的目的。

4.加强监督,统筹管理

当关注微信公众号的职工人数开始增多,互动开始频繁,必然存在着信息的规范处理和监管的问题。以前在公路行业文化建设的过程中,未能很有效地将这些鲜活的信息固化、分析,从而整理出有参考价值的消息以指导下阶段的工作,致使出现了文化建设效果不当和问题突出等现象。就微信公众号的可开发的特殊性而言,可以搭建一个服务器和微信公众号配合使用,服务器用以储存和分析公众号在运行过程中产生的后台信息。与此同时,如果将这些信息汇总,分门别类做出图表,管理者便可以在此基础上,对职工进行统筹管理,以便及时发现问题并予以解决。如果在汇总的信息中找到现阶段职工的诉求,也可以展开针对性的处理动作。可以预见,这种贴合时代需求的工具能大大拉近企业与职工之间的距离,增强职工的认同感和归属感。

四、结语

时代在进步,公路行业的文化建设也要与时俱进。信息洪流汹涌而至,考验的不仅是管理者的智慧,更重要的考验是如何将这种趋势更好地运用到具体的工作中,公路行业文化建设也是其中之一。全民的互联网时代,带给普通人自由表达意见和机会,更为重要的是,在需求表达的同时,反馈信息的效率也在加快,有效的对接也在增加。同时,由于信息的高效流动,信息与信息之间还可以互相产生关联性。这是以前所不能想象的。

互联网与公路行业文化建设的有机结合,将成为大势所趋。让我们迎接时代,赋予行业的新的生命和新的气息吧。

参 考 文 献

[1] 马海燕. 探讨公路行业文化建设[J].科技与企业,2012(12):279-280.

三等奖

新形势下如何做好职工的思想政治教育工作

郑晓莱

（四川省南充市公路管理局直属分局）

摘　要　毛泽东同志曾经讲过，政治工作是军队的生命线。在我国经济积极转型关键时刻，思想政治教育为我国与世界经济发展同步接轨，全面实现"两个百年计划"和"中国梦"奋斗目标提供了坚强的政治保障。由此可见，在新形势下，做好职工的思想政治教育工作对单位的健康发展将起到举足轻重的作用。做好职工的思想政治工作，能为单位带来活力，营造出积极健康、团结向上的氛围，能充分发挥职工的主人翁精神和干事创业的热情，为单位持续发展提供源源不断的动力。现结合公路养护实际谈谈如何做好职工的思想政治教育工作。

关键词　思想政治　教育　对策

一、引言

思想政治教育工作是职工队伍建设的灵魂，要寻求中国梦的宏伟目标和中华民族的伟大复兴，统一思想、凝心聚力是实现目标线路的"中轴线"，物质上的强大需要紧紧依靠精神上的引领，因此，抓好职工思想政治教育工作是推动单位各项目标实现、更强队伍塑造的"引擎"和"后推力"。建设一支强有力的职工队伍，加强职工思想政治教育工作成为刻不容缓的任务。

职工的思想政治教育有别于具体业务知识的培训，重在用一定的思想意识形态指导职工进行实践，从而达到凝心聚力、共促发展的目的。新形势下，各种思潮、网络文化、现实中复杂的社会问题给职工原本不够牢固的思想意志带来更大挑战。

二、新形势下职工思想政治教育面临的挑战

1.职工墨守成规，缺乏思想活力

笔者所在单位多数职工是由从父辈手中接班而来，上岗年龄偏小，教育程度不高，文化素质偏低，且应征岗位仅凭父辈关系而非公平竞争，缺乏竞争意识，轻视思想工作的重要作用，对接思想政治工作不及时、不到位、有偏差。更有甚者，由于个人的思想出现偏差，工作时会掺杂负面情绪，思想政治工作不能发挥实效。尤其是年龄偏大、工龄较长的职工几十年如一日地从事基层简单体力劳动，对新知识、新技术接受慢或者不愿接受，造成部分职工对工作"懒、散、拖"，坐等退休回家养老，思想缺乏活力和进取精神。

2.教育形式呆板，未能因人施教

在职工年龄结构跨度大的单位里，不同的人、不同年龄层次、不同生活环境，决定了兴趣

爱好、思维方式、理想追求的不同,面对这样的群体,单位在做职工思想教育工作时,依然延续老的工作思路,未能与时俱进。开展职教工作从单一角度出发,采取统一授课模式,就像一个课堂,听课的学生有低年级的有高年级的,而老师教授的知识内容统一,简单了高年纪的没兴趣听,深奥了低年纪的又听不懂,没能做到"因材施教、因人而教",职教工作做了却达不到理想的效果。

3.职工偏重利益,精神意志弱化

改革开放推动了我国的社会进步和经济繁荣,但市场经济体制下夹带着各式各样的思想,部分物质主义和利己思想弱化了职工原有的精神意志。受购房、物价、就医、教育等客观原因的影响,职工对经济收入十分敏感,而工资是其唯一经济来源,且因社会分工不同导致的差别化收入,使职工产生了不满情绪,对单位的信任感和归属感逐步弱化。

三、职工思想政治教育问题原因分析

新形势下,思想政治教育工作存在以上问题的原因除职工本身的主观原因外,缺乏合理的激励机制也是这些问题的诱因。

1.用人机制问题

①职工难进和难出,职工缺乏竞争。笔者所在单位从 1998 年至 2013 年,除了转进几名复转军人外,从未直接招聘员工。从 2013 年至 2017 年,本单位通过军转、考调、公招的途径招录 27 名事业人员,才稍微缓冲了后备人才不足的情况。笔者所在单位单位在职干部职工从当初的 328 人减为目前的 281 人,未来 5 年退休职工将进一步增加。"流水不腐,户枢不蠹",受事业单位编制体制影响,定编定人,部分业务不突出、工作懒散的职工安于现状,惯于凭借过去经验处理工作,面对新形势、新情况,不学习、不分析,反之,大量学历高、能力强的优秀人才却得不到及时引进,职工队伍缺乏"能上能下"的活力和相互竞争的激情。

②职工职称的晋升问题。本单位职工由管理岗、专业技术岗、工勤技能岗构成,大多数工作多年的干部职工受岗位设置的制约,仍处在职级较低的位置,晋升高一级职级途径狭窄,这极大地挫伤了职工的工作热情,进而事业心减退,职工队伍整体积极进取的精神不足。

2.重业务、轻教育

单位在强大的竞争压力下,一味强调业务工作实绩,疏于对职工思想的分析和预测,应对措施不够及时、到位。基础不牢,地动山摇,单位的健康发展,离不开一支高素质的职工队伍,只有职工队伍稳定了,单位的根基才更加牢靠。然而现在很多基层单位忽视了职工思想教育工作的重要性,没能做到事务性工作与思想政治教育工作同时抓、两手硬。因为职教工作与其他事务性工作相比,花的时间长,投入精力多,是一个周而复始却又难见成绩的工作。目前,笔者所在单位的思想教育工作大多由党支部组织,这就要求支部书记具备过硬的思想政治觉悟,还要带头加强理论学习,提高党性修养,能及时将国际、国内的重大事件及政治政策变化与单位实际相融合,找到职工能接受、能理解的融合点。

3.职工思想基础不牢

现行事业单位收入分配机制下,职工的工资以职级和工龄长短为分配依据,而不是以工作实绩为标准,缺乏合理的薪酬激励机制,这导致"干多干少一个样,干好干坏一个样",职工缺乏"想干事"的热情,在思想上对现行收入分配机颇有微词。

4.培训活动较少

近些年,单位受经费、政策层面的限制,较少开展各项培训活动,职工工作技能、思想素质不能得到提升,领导与职工,职工与职工缺乏深层次了解,相互信任、沟通交流不足。思想政治教育多以领导口头宣讲、文件下放的形式开展,缺乏职工反馈的平台,职工的所诉所求得不到及时解决,造成领导与职工产生距离,缺乏信任,让职工对领导灌输式教育反感加深。

四、加强职工思想政治教育的方法

针对当前职工出现的种种思想问题,领导应率先垂范,立足基层,开展深度调研,掌握职工最关心、最敏感的热点问题,用科学的理论、灵活的方式,解决职工的实际困难,让职工感受到单位的人本关怀,从而信任单位、融入单位,进而产生主人翁意识,为单位的发展稳定贡献力量。

1.提高领导素质,发挥表率作用

优良的示范是最好的说服。领导班子的整体素质决定着单位发展水平的高低。提高领导班子素质,首先是带头学习,做到勤学习、勤思考、勤钻研,在学习中不断提高个人修养,切实增强服务意识,才能让思想政治教育工作具备说服力;其次要带头做好工作,树立高标准工作要求,勤勤恳恳,踏踏实实,抓出实效,在业务上能给职工指导性意见,帮助职工成长进步;尤为重要的是为人正直、处事公正,"公则生明,廉则生威",领导处事公正与否,关乎领导班子权威和公信力的建立,关乎职工团体精神的塑造。因此,领导班子要树立勤奋好学、积极上进、公正廉明的权威形象,才能更好地引领职工实现个人理想,推动行业发展。

2.强化思想教育,打牢思想基础

①加强形势任务教育。给职工讲清单位目前的经营状况和发展方向,更要讲清国家的方针政策对行业、对单位、对个人的影响,引导职工用发展的眼光看待单位遇到的复杂情况和挑战,发动职工献计献策,参与解决问题,从而增强职工的集体观和大局观。形势教育不能一蹴而就,应该细水长流,通过不间断地教育,对职工产生持续性影响,从而带动职工积极参与单位的建设发展,逐步建立主人翁的责任感和使命感,打牢思想政治教育的理论基础。

②加强职业道德教育。用道德示范、道德影响、道德实践促进职业道德的形成。道德力量得影响远比法律的约束来得更深远,每一个职工都代表着一个行业的形象,其个人品行的好坏影响着社会对行业的评价。一是通过召开道德演讲,观看道德讲堂、道德模范事迹宣讲等方式,逐步建立职业道德意识。二是开展业务技能大赛、优秀养护站评比等,让爱岗敬业、服务群众的精神深入人心,用道德实践促成道德品质形成。

3.壮大组织力量,增加共同利益

经济基础决定上层建筑,思想政治工作不能离开物质利益这个原则,思想观念的转变要以物质利益的实现为辅助手段,在实际工作中要不断发展壮大组织力量,充分发挥党支部、工会、团支部的职能作用,多头并重,多管齐下,做好纽带作用,增加职工的共同利益。

4.完善考核制度,重构新型用人构架

结合实际,明确岗位职责与考核细则,坚持纵向考核与横向考核、过程考核与结果考核并重的原则,完善绩效奖惩制度,建立"能上能下"的用人机制。依据工作实绩对想干事、能干事、干好事的优秀人才升职加薪。对消极怠工、玩忽职守、不讲工作实绩的职工,降级降薪。坚持赏罚分明,做到公平、公开、公正。

5.注重人文关怀,坚持真情化雪

通过保护职工切身利益、助力职工成长、关爱职工身心健康三项具体举措,扎实做好人文关怀工作,切实解决职工困难,着力增强广大基层职工的认同感、归属感和幸福感。

①开设保密邮箱了解职工的心声,并及时将职工提出的困难和问题做出反馈。

②会同工会开展定期或不定期交心谈心活动,宣讲实时政策,了解职工心声,认可并积极采纳职工的建设性意见和先进做法,让职工感受到组织的关心和关爱。

③定期财务公开,宣讲政策新变化,对职工最关心、最敏感的收入问题和分级医疗、工伤、福利等问题讲得明明白白。

④开好职工代表大会,充分发挥职代会的职能和权威。会前要广泛征求,梳理职工诉求,深谋单位发展远景,凸显单位实际,经过充分调查和科学求证,经职代会形成制度,使一切工作、行为在制度框架内运行。对于一时解决不了或政策方面的问题也应做好解释工作,让职工代表大会成为职工发声和解决问题的有效平台。

⑤对职工提出的关于加强劳动保护、改善生产环境、提高生活待遇等方面的合理要求应想方设法收集依据,向上争取。

⑥充分利用各种节假日开展各种文体活动和送温暖、送清凉活动、组织职工体检,增强职工的凝聚力,架起单位与职工之间沟通和消除隔阂的桥梁。

⑦紧密联系职工家属,通过职工工作日家属体验,携家属集体学习,获得家属的理解和认同,解除职工的后顾之忧。

⑧开展感恩教育,大力弘扬社会正能量,分清事物的因果关系,倡导职工要善待单位、善待领导、善待同事、善待自己,形成一种风清气正、政通人和的工作氛围。

6.丰富实践载体,教育注重实效

打破枯燥乏味的说教,迎合当代职工的口味。吸收传统文化精髓,借鉴锐意创新、自由平等的普世价值观念,将客观实际与思想文化的影响相结合,指导思想政治工作的发展与成长。

①开展一些形式新颖、职工喜闻乐见的活动,如开展健康游戏竞赛、户外生存竞赛,引入阅读活动、读书心得评选,时事评论等方法,丰富他们的文化生活,陶冶思想情操。

②开拓一些新形式,如通过开展自拍工作情况短片评比,开展有益身心的桌游比赛、户外生存能力竞赛,组织和引导干部职工开展羽毛球兴趣小组、乒乓球兴趣小组、徒步兴趣小组、钓鱼比赛、职工文体活动室、爬山、书画、剪纸、拔河等一系列有益于职工和谐相处的活动,通过多种活动增进同事间的互动,培养职工广泛的健康兴趣爱好。

③建立落实家访制度,坚持做到干部职工家庭发生重大纠纷、死亡职工慰问,由分局领导带领同科室人员到职工家中探访,及时解决职工的实际困难,让职工感受到组织的关怀。

7.选树先进典型,发挥示范引领

近些年,本单位精心组织、严格筛选,先后推选出多名省部级劳动模范,全省公路系统"双十佳"(十佳养护单位、十佳养路工)先进集体和先进个人、省党代表、市级党代表、市级道德模范,市级最美交通人,通过先进典型的评选,渲染干事创业、公而忘私、恪尽职守的浓厚氛围,激发职工争先创优的热情。

8.探索网络教育,形式与时俱进

针对现代群体“无人不网、无日不网、无处不网”的特点,探索“互联网+”思想政治工作新模式,开发微信公众平台,鼓励基层职工坚持理性思辨、理性发声,畅享网络好声音,传递网络正能量。通过网络为基层职工搭建平台,开展志愿服务行动和社会服务,让职工亲身参与其中,感受亲手创造的精神愉悦;尝试在南充公路网站建立职工思想政治教育园地,将单位发展历史、劳模事迹、各类活动照片、书画摄影作品等上传,增加职工之间接触和交流的机会,为他们提供发表见解、展示特长的平台。提高他们对单位的忠诚度,激发职工工作积极性、主动性、创造性。

五、结语

总之,新形势下的职工思想政治工作,要立足高远,也要躬身力行;要理论创新,也要形式新颖;要政策引领,也要制度保证,不断提升职工的工作积极性和责任感,提升向心力和凝聚力,充分发挥其主力军作用,为单位的发展保驾护航。

三等奖

公路职工教育现状分析及其对策研究

班文娟

(贵州省公路局清镇公路管理段)

摘　要　伴随着改革开放的步伐,一场文化的、社会的、经济的革命不断改变着现今的社会,在科学技术不断进步的新形势下,公路部门也逐渐加快发展的步伐,然而,当今的公路职工队伍还存在很多问题,尤其是在公路职工教育方面。公路职工传统的思维方式和技术已经不能适应当今社会。不断完善科学有效的培训教育机制,不断提高公路职工岗位技能刻不容缓。本文对公路职工教育现状进行了全面阐述,对出现问题的原因进行了分析,并提出了相应的对策。

关键词　职工教育　公路　现状分析　对策研究

一、引言

公路职工队伍的技术水平和知识能力直接影响着公路行业的发展和振兴。在科学技术突飞猛进的新形势下,加大公路职工教育培训力度,建立一支精专业、懂技术、会操作的人才队伍,既是顺应历史潮流发展的趋势,也是当今知识时代对公路职工的必然要求。

二、目前公路职工教育现状及存在的问题

1.职工文化水平参差不齐,缺乏"高尖精"技术人才

受历史原因影响,公路部门大多数一线职工都是"子承父业",文化水平偏低,大多数只拥有中小学文化,职工管理能力、文化水平和业务技能等综合素质总体偏低。近几年来,公路系统虽然通过省人社厅公开招考方案引进一部分大专以上文凭的管理人员,但是高学历职工人数占职工总人数比例仍旧偏低,公路系统职工水平参差不齐,而其中高级工程师这样的"高尖精"技术人才更是少之又少。就比如清镇公路管理段,在职职工 91 人,其中大专以上学历仅 37 人,小学初中学历的占总人数的 59%,现有高级工程师 2 人,中级职称干部 2 人,专业高职称技术人才占职工总人数比例为 0.04%。公路职工文化水平总体偏低,专业技能偏弱,跟不上公路行业日新月异的发展步伐。

2.公路职工自身意识不到位,缺乏主观培训能动性

由于公路系统的事业单位性质,公路职工不会参与到市场优胜劣汰的竞争中,公路职工缺乏岗位竞争意识,对培训教育认识不到位。公路职工误以为自身的工作是日复一日的机械化重复,目前所掌握的知识和技能足够处理自己工作岗位上遇到的事情,不需要参加过多的培训教育。因此,存在公路职工把教育培训当作任务来完成或选择放弃,缺乏主观培训能动性。例如,在清镇公路管理段随机抽取调查的 65 人中,就有 53 人表示不愿意参加上级或

公路部门组织的教育培训班，占调查总人数75%的职工认为，将参加培训上的理论知识转变成实际操作知识很困难，参加教育培训就是在浪费自己的时间。

3.职工教育培训形式单一死板，效果欠佳

目前公路系统职工教育培训主要采取上级办班培训和公路部门自行培训学习两种方式。培训内容以理论知识为主，培训形式过于单一。一是目前的授课方式以传统的课堂授课方式为主，导致职工在培训过程中被动地接受培训，存在只听授课老师讲解、盲目摘抄笔记的现象，缺少互动性和趣味性，以至于没有达到预期培训效果，严重影响到职工的学习积极性。例如，2016 年 6 月 1 日至 6 月 3 日，由贵州省公路局主办的“贵州省公路局 2016 年《贵州公路》通讯员（初级）培训”，三天的培训全都在教室进行理论知识的授课，学生与老师间缺少互动性交流，盲目摘抄笔记现象严重。二是上级办班培训具有极强的系统性，针对不同年龄、接受能力和个性差别的职工培训很少，对职工的技能和素质提升效果不大；公路部门自行培训学习缺少实地操作培训内容，培训知识面不够深入，培训效果欠佳。三是培训时间不合理。总体而言，公路系统的教育培训时间集中在夏季，由于夏季公路系统工作量巨大，公路职工参加培训后，会影响单位工作的进度；就公路职工个人而言，平均一年参加三次培训，每次培训时长较短，不利于培训知识的吸收。以清镇公路管理段 2016 年培训情况为例，全年共计参加教育培训 31 次，5 月至 7 月总共教育培训 19 次，占全年的 61%。清镇公路管理段职工平均一年参加上级或公路部门组织的培训班 3 次，培训时长为 3 天。总体培训时长短、培训形式单一，影响培训效果。

三、加强公路职工教育的对策

通过分析，笔者认为，要摆脱传统观念和思维方式的束缚，大力搞好职工教育工作，提升职工教育达到预期目标，切实建立一支作风过硬、业务过硬、政治过硬的公路职工队伍，以适应公路发展的需要，要从以下几个方面着手。

1.开展不同层次的教育培训，重点加大对“高尖精”专业技术人才的培训力度

一是根据单位实际情况开展分批次分层次教育培训，根据不同岗位和不同学历制定不同的培训计划，管理人员倾向于思想道德方面的培训，专业技术人员倾向于新技术和新工艺的培训，一线养护工人倾向于现场实际操作的培训，要让每个岗位的职工都能接受适合自己的培训教育。二是加大“高精尖”专业技术人才的技能的培训，对新技术和新工艺及时培训，加大专业技术人才的资金投入力度，加大专业技术人才的培训时长和培训次数，提高教育培训效率，多方面全方位培养“高精尖”技术人才，为我国的桥梁事业和公路事业储备贡献出巨大的人才力量。

2.营造良好的教育培训氛围，积极提高职工参与教育培训的主动性

一是加大培训宣传力度，积极营造“人人爱学习、人人会学习”的浓厚氛围，倡导“终身学习、终身受教”的观念，充分利用宣传报道、单位电子内刊、公路报纸等宣传载体，让培训的目的、意义和任务等深入到每一名职工的内心，促进职工参加教育培训由被动参与变为主动参与。二是完善公路内部岗位竞争机制，多手段多渠道增强职工的强烈危机意识，促使公路职工不断提升自己的工作能力和业务技能，增强自己的竞争能力，以避免在岗位竞争中被淘汰。同时，建立一定的奖惩制度，对学有所成者予以重奖，激发公路职工主动参与教育培训

的主观能动性。

3.完善职工教育培训方式,提高职工教育培训效率

一是丰富培训方式,除了传统的课堂授课培训,还可以增加互动式的培训,多方位多角度灵活培训。比如,通过读书活动等方式培训相关法律法规、通过辩论赛等形式培训相关技能业务理论知识,鼓励职工多翻阅多查找学习培训。二是创新培训模式,将上级办班培训、内部自主培训和委托机构培训相结合,针对不同的培训,选派不同岗位的人员参加,内部培训注重专业技术知识的培训,外部培训注重选派专项技能人员参加。三是合理安排培训时间,定期培训和临时培训相结合。培训时间尽量不安排在工作量巨大的夏季,职工参加培训既能学习到新知识、又不影响单位工作的正常开展。同时,定期举办业余培训班,提高公路职工知识业务水平和综合能力。也要根据职工思想素质的高低和生产工作的实际特点,利用淡季和职工业余时间,临时制定出相应的培训计划和方案,解决实际工作中遇到的各种难题。四是鼓励职工增强自学意识。在网络科学技术飞速发展的今天,鼓励职工通过手机、电脑和电子书籍等先进载体,加大网上学习力度,不断提高自身知识能力和业务能力。

四、结语

公路部门作为国家经济快速发展的重要支柱,全面提升公路职工教育水平,培养高素质高技能公路人才队伍,是一项具有高度历时使命感和责任感的大事。要想充分调动公路干部职工创造性、积极性和主动性,就要全面提高对公路职工教育的重要认识,转变领导落后陈旧的思想观念,加大对公路职工教育的资金投入力度,并抓好培训管理和教训方式模式的改革创新,从培训管理体制、长远培训教育规划和教育培训方式上入手,提高教育培训效率,培养高素质高技能公路人才,更好地为社会主义现代化建设做出贡献。

参考文献

[1] 黎梦雨.新形势下如何做好公路养护职工教育培训工作[J].企业科技与发展,2011,9(19):48-49.

[2] 杜丽伟.公路职工教育创新初探[J].企业科技与发展,2011(21):79-80.

[3] 蒋发龙.探析加强公路职工教育的必要性[J].科技与企业,2011(12):162.

三等奖

加强公路职工教育的必要性分析

汪继顺

(河南省漯河市公路管理局)

摘　要　“十三五”期间,公路交通事业进入一个基础设施发展、服务水平提高和转型发展的黄金时期,公路系统职工素质的高低,直接影响到公路交通事业的跨越式发展和经济社会发展大局。本文对加强职工教育的必要性进行了阐述,同时就如何做好公路系统职工教育培训工作进行了研究探讨。

关键词　公路职工　教育　必要性

一、引言

我国进入第十三个“五年规划”以来,公路交通事业正进入一个基础设施发展、服务水平提高和转型发展的黄金时期,公路交通基础设施建设依然需求旺盛,并且呈长期趋好状态。公路行业为适应新形势、抓住新机遇、迎接新挑战,更好地服务经济社会,就必须在职工教育方面使狠劲、出实招,打造一支思想政治素质过硬、专业技术精良的职工队伍。

二、深刻认识加强公路职工教育的重要性

加强职工教育是践行核心价值观、凝心聚气的需要。习近平总书记指出,构建具有强大感召力的核心价值观,关系社会和谐稳定,关系国家长治久安。我们这一代公路人正处在一个伟大的时代,从事着完善优化我国普通干线路网结构、加快推进交通运输现代化的伟大事业。伟大的时代呼唤伟大的精神,全体公路职工必须切实把思想、精神、理念、行动聚焦到实际行动上来,树立行业文明新风尚。坚持通过思想政治和理论教育这根纽带,培育共同价值追求、孕育共同道德文化,把不同层次、不同性格的职工有机地引导到公路“高效便民服务”的核心价值理念中,把全体职工的思想认识高度统一到党和国家的大政方针政策上来,切实增强全体公路职工的归属感、自豪感、荣誉感、责任感和使命感,进一步提升公路行业的凝聚力、战斗力、向心力,把公路建设发展的巨大成就与时俱进地转化成社会的认可度和行业的美誉度,树立公路系统的良好形象。

加强职工教育是推动公路行业持续发展、改革创新的需要。随着经济社会的深入发展,人民群众对道路通行的要求不断提高,不仅要求路网方便快捷,更要求路域环境“畅舒安美”。人民群众的需求就是公路行业持续健康发展的动力和源泉。公路建设事业要发展就必须依靠广大科技人员、管理人员尤其是领导干部的创新意识和创新能力,需要他们的创新知识和技能,需要他们的创造意识、创造激情和探索精神,要有开拓的思维和敏锐的洞察力,甚至是奇异的想象力。只有这样才能破旧立新,才能积极探索,在具体实践中创造性地工

作,适应时代需要,保证公路建设事业的健康快速发展。职工教育是强化创新意识和创新能力最行之有效的手段,职工教育工作能进一步提高职工的竞争意识、服务意识、效率意识、创新意识,使职工的业务能力水平更好地适应形势发展需要。

加强职工教育是培养专业技术人才、实现自我价值的需要。公路事业的科学发展必须有一支强大的人才队伍作保障。由于公路工程施工点多、线长、面广的特殊性,部分职工长期奔波在施工一线,提高自身能力素质的条件受限。而科学技术的发展日新月异,新理论与新技术层出不穷,公路职工不加强学习就不能跟上时代步伐。部分职工注重业务知识,轻视政治理论学习和理想信念塑造,自身成长发展的潜力和后劲不足。只有充分挖掘职工教育的潜力,组织职工学习先进的科学技术,开展形式多样的思想教育,不断丰富职工的业务知识、提高业务技能、强化思想道德意识,引导和帮助职工实现自我人生价值。

三、职工教育存在的主要问题

公路事业的蓬勃发展,既给公路职工教育工作带来了前所未有的发展机遇,也提出了新的挑战,这就需要我们清醒地认识当前公路职工教育工作的问题和不足,有的放矢地做好新时期的公路职工教育工作。

1.思维理念存在偏差

在具体职工教育工作中,有职工的思维起点不高,对全媒体时代信息传播方式的深刻变革、意识形势形态领域“拔根去魂”的严峻形势、人才培养的重要性认识不够深刻,存在对职工教育工作不够重视、职工教育可有可无的偏见,甚至误认为“职教工作是虚的,只要年度目标任务完好,职教工作可有可无甚至没有开展的必要”,没有真正认识到职工教育在改革、发展、稳定中的重要作用。在抓教育工作方面缺乏全局上、战略上的考量,只满足于完成任务,局限于就事论事。

2.方法手段相对滞后

教育方法手段跟不上形势,甚至出现“代差”。有的教育模式比较老套,理论学习多,实践体验少,抽象教育多,直观教育少,单向灌输多,互动交流少,不能很好地调动全体职工的参与热情;有的与实际工作和职工的需求贴得不紧,职教方法仅限于读书看报、组织学习文件等老生常谈的方式,缺少针对性和实效性,落后的职工教育方法使职工提不起学习的兴趣,职工往往只是应付差事式地敷衍学习;有的在拓宽渠道搞活教育上成效不明显,不能很好地运用主流媒体资源和“微平台”等现代科技手段,不能很好地整合当地教育资源,一定程度上削弱了职工教育的作用和效果。

3.功能作用发挥不够

职工教育没能发挥应有的激励、导向和技能提高的作用。有的教育内容安排不接地气,针对问题、触及思想不够到位,与职工思想贴得不紧、缺乏针对性和有效性;有的职工教育缺乏说理性,对重大理论和现实问题解读阐释不够,不能旗帜鲜明地抵制错误思想,特别是对似是而非的问题,缺乏有理有据的分析辩驳,使职工的一些模糊认识难以从根本上消除掉。部分职工教育工作落后于公路建设发展的步伐,对职工顾虑的化解、理想信念的培养、业务技能知识更新等方面做得不够。没有从维护职工的自尊心、强化职工的业务技能水平等职工迫切需要解决的问题入手,职工教育工作处于被动滞后的尴尬境地,对职工的吸引力不够。

四、加强职工教育的对策建议

要增强职工教育工作的时代感和感召力，必须坚持抓住根本、聚焦中心、贴近实际，着力在认识上求提高、在解惑上求深入、在队伍上求拓展、在资源上求整合、在创新上求突破，通过“五个强化”为职工教育扬帆助力。

1.强化重教意识，切实把职工教育摆上重要位置

公路要发展，关键在人才，人才的关键在教育。公路管理部门要从战略高度重视教育工作，加快人才培养，发挥人才优势，致力改革，力图创新。把职工教育工作列入各级党委重要的议事日程，专人负责管理，统筹安排部署，要在“舍得拿钱办教育、舍得花精力议教育、舍得派骨干抓教育、舍得抽时间搞教育”上狠下功夫，建立健全完善的教育考评监督体系。

2.强化调查研究，切实增强职工教育的针对性有效性

职工教育工作也要强化调查研究，不能想当然。一方面，摸清底数，通过干部职工思想谈心、信息反馈、民主测评等方式掌握一线干部职工的思想动态和学习需求，把一个时期职工普遍关注什么、期待什么、疑虑什么把握准、研究透，从而明确职工教育工作的重点和方向。另一方面，搞好分析，职工教育不是光靠发几个文件、开几次会、做几个报告、举办几个培训班就解决的。要因地制宜、因人制宜、因事制宜、因时制宜，选定具有前瞻性、基础性、普遍性的问题，进行定性分析，并有针对性地提出对策建议。

3.强化“本领恐慌”，切实调动职工热爱学习的积极性

要让职工明白，学历不等于能力，高学历不等于高能力。在生存竞争日益激烈的今天，如果没有端正的学习态度，不汲取新知识、接受再教育，必将会被时代无情淘汰。使职工有强烈的“本领恐慌”和危机意识，以积极的姿态和良好的心态投入到教育学习之中去。同时，出台相关的激励措施，营造“人人能学习、人人爱学习”的浓厚氛围，使尊重人才、渴望成才良好风气。

4.强化师资力量建设，打造业务精湛的授课辅导队伍

业务水平精湛的授课辅导队伍是增强职工教育时代性和感召力的重要支撑。要借助多方面力量，进一步壮大本单位的授课辅导队伍。要选拔专业基础扎实、理论功底深厚、模范作用突出的职工担任学习教育骨干；要采取以会代训、定期培训、教学观摩等方式，搞好传帮带，提高授课辅导队伍的业务水平。同时，结合单位自身实际开展教育培训工作理论研讨，外出参观学习兄弟单位先进的职工教育经验做法，不断提高授课辅导队伍的自身素质。

5.强化空间拓展，努力营造全方位多层次的大教育格局

在抓好单位职工思想政治教育和业务技能培训的同时，积极拓展新空间、新渠道，营造处处是课堂，无处不教育的生动局面。一方面，努力丰富教育平台，要采取集中授课、专家讲座、交流研讨、观看录像、现地教学、外出参观等形式，组织职工积极参加集体学习和坚持个人自学；同时，注重打造具有特色的公路文化，广泛开展读书演讲、歌咏比赛、文艺表演等群众性文化活动，下大力打造一批具有本单位鲜明特色的文化品牌，并不断挖掘精神内涵、赋予物质形态、吸纳时代新风，让职工在潜移默化中受到教育熏陶。另一方面，组织职工到爱

国主义教育基地、高新企业、新型社会参观见学,让职工感悟党的创新理论的实践威力,通过开展“最美家庭”评选、宣扬富有时代意义的家风家训家书等活动,聚力共教共育,提升教育效果。

五、结语

公路职工教育,意义重大、影响深远。在党的十八届六中全会精神和习近平总书记系列重要讲话精神的指引下,坚持与时俱进,不断创新职工教育的形式、手段、方法、内容,充分调动职工参加学习教育的积极性、主动性,为公路事业跨越式发展提供强大的人才队伍支撑。

三等奖

新形势下加强公路行业职工情绪管理的几点思考

刘祥芳

（山东省临朐县公路局）

摘　要　随着社会大环境和经济形势的不断变化以及事业单位改革的不断推进，各种与公路职工切身利益相关的热点、难点问题不断涌现，公路职工的情绪也受到了不同程度的影响，产生了较大波动。及时了解和掌握职工的情绪状况，切实有效地做好职工情绪管理工作，是当前和今后一项重要工作。思想政治工作者要广泛调研、真正发现问题症结所在，从思想教育引导、心理疏导减压、技能培训、公路文化建设等方面改善公路职工情绪管理，为公路事业改革发展保驾护航。

关键词　新形势　情绪管理　形成因素　有效措施

一、引言

公路交通是经济社会发展的重要基础性和先导性产业，也是关系到国计民生的重要服务性行业。既然是“服务性”行业，那广大的公路职工就是“服务者”，而“服务者”的情绪变化严重影响着“服务”质量，从宏观上看，更是影响着整个公路行业的社会形象和健康发展。近年来，在社会经济发展以信息化、全球化的方式疾速奔跑时，紧张的工作与快节奏的生活，让人们在观念、心理、行为上发生一连串共性与个性变化，随着社会经济进入新常态和全国事业单位改革的深入推进，公路职工的情绪状况也发生了较大的变化。笔者立足公路基层进行了调查研究，本文就推进公路职工情绪管理、加强“三个服务”这一课题进行探讨。

二、什么是情绪

情绪是指伴随着认知和意识过程产生的对外界事物的态度，是对客观事物和主体需求之间关系的反应，是以个体的愿望和需要为中介的一种心理活动。立足本文实际，为方便理解，我们将情绪简单地分为消极情绪和积极情绪。人的情绪总是从兴奋到抑制，从抑制再到兴奋，往复循环。一个人的情绪不可能一直处于低潮，也不可能一直高涨，而是呈现周期性的变化规律。

三、公路职工不良情绪的表现及形成因素

1.生活成本提高带来的心理焦虑

社会生活环境是职工情绪变化的“导航器”。当前，我国正处于社会转型期，经济体制深

刻变革,社会结构深刻变动,利益格局深刻调整,社会思想多元变化。公路职工作为社会的一分子,注定要在这个复杂的环境中求生存、谋发展,同其他各行各业的人员一样,公路职工要面临家庭生活、社会保障、住房交通、医疗教育等涉及衣食住行各方面的问题,这些生活问题能否得到妥善处理,严重影响着职工的情绪变化。

2.社会思潮多元化带来的"三观"错乱

随着社会主义市场经济体制的逐步建立和改革开放进程加速,各种思想文化相互激荡,人们的思想观念和社会价值体系正经历着一个嬗变过程,特别是互联网的普及,给一些错误思想和不良文化提供了新的传播渠道,人生理想的失重与个人主义的抬头,拜金主义渐浓,传统优良美德作用受到冲击……由此种种产生的"三观"错位,使得公路职工的情绪产生强烈的波动。

3.福利待遇规范化带来的失落感

随着事业单位工资、福利的规范化,公路职工的收入变得固定和透明化,那些依然停留于"铁饭碗"优越感中的职工,面对各种生活必需支出的上涨与实际收入的减少,会产生强烈的心理反差,经济和心理上的双重压力,使得昔日主人翁的责任感和使命感逐渐淡化。这些不良情绪会严重影响职工的身心健康。

4.行业变革带来的恐惧感

随着事业单位分类改革大幕的拉开,公路行业改革也箭在弦上。因为改革涉及面广、政策性强,直接与公路职工切身利益挂钩,因此,面对这场重大变革,许多公路职工不能充分认识,产生了许多负面情绪,主要表现在:对改革持有怀疑,对过去怀旧思想严重,对改革将带来的不稳定因素持有担忧、恐惧思想,担心改革后待遇降低或失去工作而产生抵制情绪。这些情绪围绕在职工的心头,会形成较强的不安全感。

5.工作环境严谨化带来的情绪紧张

随着党中央八项规定的出台和公务人员工作纪律、作风建设的进一步深化,但许多职工身上依然残存着以往慵懒散浮的戾气和高高在上的优越感,由于自身的惰性和行为方式的惯化,面对各项廉政政策和规定,一时难以完全适应。特别是在收费、路政大厅、路政执法等与群众直接面对面的岗位,文明服务以及业务办理的各项要求和标准较高,职工因受到纪律制度的约束,而且长期处在重复单调的工作环境中,容易产生紧张、疲劳、厌倦的不良情绪。

6.职工个体性不足产生的孤独感、挫败感等负面情绪

由于公路职工构成年龄差距较大,上至50后、下到90后,加之每个人的"三观"本身就存在差别,因此对事物的认知和处理存在较大的差异性,容易让职工产生一定的孤独感和被排斥感;同时,许多职工存在着或性格急躁、或沟通能力欠缺、或业务水平不高等不足,给正常工作和人际交往带来的一定障碍,使得职工产生强烈的挫败感。

四、改善职工情绪管理的有效措施

1.弘扬主旋律,引导职工形成正确的价值观

坚持以社会主义核心价值体系引领社会思潮,尊重差异,包容多样,最大限度地形成思想共识。通过开展理论宣讲、系列主题实践教育活动、道德讲堂、专家培训、典型选树等方式,增强职工提高职业道德建设的自觉性,引导职工树立正确的世界观、人生观、价值观,进

一步坚定理想信念,强化宗旨观念,提振精神,自觉抵御拜金主义、享乐主义和个人主义思想的侵蚀,形成爱岗敬业、争创一流、艰苦奋斗、勇于创新、淡泊名利、甘于奉献的社会公德和职业精神。

2.化解职工思想疙瘩,引导职工客观积极地面对行业变革

广大公路职工对公路事业都有深厚的感情,精神上、生活上有着强烈的依附感。面对改革,他们的心理还存在着许多矛盾。为此,思想政治工作者应加强基层调研,主动找职工谈心,了解情况,收集干部职工对公路改革的意见建议,准确把握职工的思想动态,向职工大力宣传、防止矛盾激化,把问题解决在萌芽状态;要细解释党和国家关于改革的方针、政策,使其充分认识到公路改革是转变公路管理职能、强化公路行业管理、促进公路事业健康长足发展的需要,引导干部职工正确理解个人、单位、国家利益三者的关系,及时调整心理状态,积极主动地应对公路行业的体制改革。同时,积极引导职工正确对待改革中利益关系的调整,以理性合法的形式表达利益诉求,最大限度地增加和谐因素、减少不和谐因素,保持情绪平稳。

3.加强职工教育培训,提升职工综合素质

加强职工心理健康辅导。把员工心理健康教育和引导作为政治思想工作的重要内容,经常以心理健康培训、谈心交流等职工心理上容易接受、愿意接受的方式开展心理辅导工作,组织职工学习相关心理健康知识,提高职工心理素质,培养积极乐观的生活理念、工作理念、社交理念,促使他们形成高尚的道德情操和健康的生活情趣。通过心理干预,纠正职工在人生观、世界观、价值观上出现的偏差,从而有效控制职工的负面情绪,在工作中保持乐观向上的心态。关注员工中的特殊情况,及时疏导可能产生心理健康问题的矛盾,尽量避免不良情绪的强烈冲击,减少心理创伤,促进情绪稳定。

开展业务技能培训。实施"人才强路"战略,在全行业各个领域开展全方位的培训活动,采取学习、交流、互动的方式,使职工更好地掌握各项业务技能和服务能力,提高人际关系处理、沟通技巧,提高职工应对危机与困难的硬实力和软素质,从而有效地控制自己的情绪。

4.以人为本,营造温馨工作环境

完善职工保障制度,在政策允许的前提下,尽可能多地为职工谋取福利;关心职工家庭生活,及时帮助解决生活难题,帮助他们减少后顾之忧;优化工作环境,全方位关注空气、噪声、光线、整洁、绿化、装饰、拥挤度等方面,给职工提供一个悦目、爽心、舒适的工作空间,使职工适应工作环境,提高安全感和舒适感。

5.加强公路文化建设,增强行业凝聚力

充分发挥公路文化的导向、激励和凝聚作用,将社会主义核心价值观与公路工作融会贯通,加大宣传力度,充分利用精神文明单位、廉政文化示范点、青年文明号等平台阵地,努力形成魅力独特、切合实际的公路文化,引导职工树立正确的世界观、人生观和价值观,充分调动公路职工的责任心、进取心和事业心,不断激发职工的积极性、创造性、主动性。

三等奖

职工情绪管理是单位职教工作的新课题

曾子凡

(内蒙古自治区呼伦贝尔牙克石公路养护管理处)

摘　要　以往公路部门对职工培训主要对政治理论、文化知识、专业技能等方面的内容进行更新和再教育,很少涉及职工心理素质的培养和锻炼。在不断延伸公路文化和提升人文理念过程中不难发现:以往的培训内容还不够全面,心理学方面的培训是一个空白。现实生活告诉我们:情绪的影响力是巨大的,职工情绪的好坏与职工工作生活是息息相关的。因此,公路职教部门应清楚认识到目前迫切需要把职工情绪管理当作职教工作不可缺少的一项新的教学内容来抓。通过职工情绪管理,进一步提高职工心理素质,有效提高职工身心健康和工作效率。职工情绪管理是公路系统基层职教工作所面临的新课题。

关键词　情绪管理　职工教育培训　环境因素　快乐工作生活

一、引言

职工在日常工作生活中产生情绪是在所难免的,重要的是怎样管理情绪。这不仅需要职教部门不断对职工进行情绪管理教育,提高职工管理情绪的能力,还需要职教部门不断研究个体和群体对自身情绪和他人情绪的影响,帮助职工摆脱情绪的牢笼,减少和避免情绪的困扰,进一步提高职工心理素质,使职工在工作生活中始终处于良好状态。

二、情绪的概念

什么是情绪?情绪是对一系列主观认知经验的通称,是多种感觉、思想和行为综合产生的心理生理状态。普通心理学认为:情绪是指伴随着认知和意识过程产生的对外界事物的态度,是对客观事物和主体需求之间关系的反应,是以个体的愿望和需求为中介的一种心理活动。情绪与工作生活环境息息相关。例如:当养路工在下班途中看见刚粉刷一新的示警桩和其他沿线设施完好时心情自然舒畅,工作的疲惫就会骤然减少;相反,当看见沿线公路存在着大量大小不一的坑槽或刚清理完雪,天空又刮起了大风雪时,情绪自然就会沮丧。因此,工作生活环境因素变化是导致情绪产生的主要原因。情绪由生活环境、自然条件以及社会三方面因素引起,也就是说情绪是由于个体受到某种外界刺激以后产生的身心波动状态。知道了情绪产生的原因,就能有效理清情绪,尤其是负面情绪,有助于情绪向良好的方面转化,对快乐地生活、愉快地工作起到积极的促进作用。

在日常工作生活中,人都能遇见这样那样意想不到的事情。在同样遇见一件事或遭受打击时,有的人会暴跳如雷或一蹶不振,有的人却能坦然面对。这就是人对情绪控制能力不同的具体表现。较强的情绪控制能力可以让职工在受到各种因素刺激时能很好地控制情绪,使职工经常处于良好状态或能坦然面对,达到最佳状态与社会大众融合在一起。也就是说为了让职工做到平时不情绪化,必须培养职工驾驭情绪的能力,控制自己的情绪,做情绪的主人。

三、建立职工情绪教育机制

根据公路养护职工产生情绪的原因,首先要解放思想、提高认识,充分发扬养路工的团队精神。教育部门应加大职工教育力度,努力提升职工人生观、价值观,以顾大家舍小家的博大心胸去消除因个人得失而产生的负面情绪,建立职工情绪教育机制。

1.提高认识、转变观念,激发职工工作热情

通过提高职工对情绪和人生观的认识,深刻理解情绪对人的危害和作用以及人生价值意义。激励职工工作热情和发扬团队精神。

①提高职工对情绪的认识。通过对职工情绪教育,使职工深刻理解情绪是内心的可知感受经由身体表现出来的状态,是一种重要的生命资源。因此,对个人来说,管理好自己的情绪就是管理好自己的生命资源。不良的情绪、过度的情绪反应以及对情绪过度放纵导致的不理智行为,都是在单位造成被孤立的根源所在,也是导致身心健康问题的重要原因。所以,通过提高职工对情绪的认识,深知负面情绪对人的影响和危害,进一步提高职工自控能力。

②引导职工正确对待人生观、价值观。把人的生命活动过程看作是认识和改造客观的过程,将为绝大多数人谋利益看作是人生的崇高目的和最大幸福。激起职工对公路事业的忠诚和勤奋工作的动力。教育职工提倡奉献精神,深刻认识自己在岗位上为公路事业所做贡献的人生价值。通过提升对价值观念的认识,进一步提升职工服务理念,为公路事业提供重要的精神追求、精神支柱和精神动力。

③用灵活的四结合教育方式引导职工。例如:开展五星型道班建设、"三创一树好路"杯等活动,激励职工为公路事业努力工作;结合职工个人不同性格分别进行鼓励或刺激,引导职工发挥积极向上、勤奋工作的精神;结合职工不同爱好积极开展各种丰富多彩的文体活动,培养、激发职工的团队精神;结合职工的实际问题,针对职工不同困难进行关心、送温暖,激发、挖掘职工潜在的内在动力。

④激发职工团队精神。随着公路文化的不断延伸和深入,团队精神的作用越发被人们认识和利用。团队精神是整个组织情绪的感情有机体,公路养护道班的组织情绪应该是主动、正直、执着、抱负、挑战等。只要不断培养、激发公路养护职工的团队精神,用这些积极的情绪与个人的情绪产生共振和互动,就能发挥个人最佳的才能,养护道班就能获得最大的潜能。

2.加强检查验收

在职工情绪教育工作中,难免出现一些人认为出现情绪是难免或无所谓的现象。因此,在情绪管理教育过程中要加强检查管理。以教育质量为关键,强化教育和管理,确保教育效果。一是加大教育期间的检查力度,进行定期不定期的检查。二是严格验收;通过检查验收,确定职工接受教育的程度,抽查职工教育后对情绪的认识度。通过实际工作生活,考核

职工对情绪的认识程度和自控能力的大小。

四、给职工营造温馨环境

呼伦贝尔地区受地理环境因素影响,公路养护工作特别是修补工作大多数都靠夏、秋两季来完成,每年从五月一日到十月一日是养护工作的黄金季节。期间,养护道班没有节假日和周六日,养路工几乎没有机会回家。由于养护工作的特殊性,很大一部分职工尤其是年轻职工会出现不满情绪。针对这一情况,可从以下几方面入手。

①亲近职工,让职工感受节日氛围。养护道班的夏、秋季的养护工作几乎都是从五点起床工作到晚上八九点才下班。不管高温天气还是低温阴雨,道班总是闲不着。这种长期紧张的工作导致很大一部分职工感到工作沉重,渴望适当放松。如果职工长期受高压工作影响,就会使职工产生抱怨情绪并降低生产效率。针对这一问题,公路管理和养护部门领导可在节日慰问道班职工,借此机会与职工沟通情感。通过轻松愉快的接触交谈缩短领导与职工的距离;同时,道班职工会对领导产生一种可敬可亲的感觉。这一举措也能把职工的负面情绪引导到轻松愉快的正面情绪上来,激发职工积极工作的热情。

②班长当好职工情绪的调剂师。养护道班按上级要求按时完成修补任务是义不容辞的责任,所以工作繁忙,职工都能理解和支持。但是,作为一个与职工朝夕相处的班长来说,在工作之余给职工当好情绪的调剂师,是非常有必要的。因为职工以道班为家,班长就该像个家长,要温暖呵护职工,减少职工负面情绪的产生。例如:当某个职工的生日到了却回不了家时,就会产生低落情绪,这时,班长可组织大家在工作之余为该职工过一个充满欢乐的生日晚宴,这样就可以把职工从低落情绪中引导到充满欢乐和活力的正面情绪上来。

③创造机会满足职工回家愿望。基层领导应在不影响养护生产的前提下,适当满足职工回家的愿望。例如:在阴雨天气的时候,经过观察或天然预报得知近几天将出现连续阴雨天气,想法采取轮流回家的方式让一部分职工回家;一旦天气要好转,职工立即返回工作单位。这一举措对消除职工因长期枯燥生活引起的负面情绪能起到积极的帮助作用。

五、热爱生活及本职工作是管理好自身情绪的基础

一个为了使自己能成为对社会有所贡献和能充分体现人生应有价值的人,要以积极的人生观、价值观和世界观面对生活、工作,以饱满的热情投入工作,以工作为己任,把工作的成功当作生命的充实,不断扩展自我,获取新知。在艰难困苦面前,要咬紧牙关,排除低落情绪,选择一种健康、快乐、积极、放松、平淡的生活方式,投入到工作生活中去,重新寻找内心的平静和快乐。

1.深刻理解价值所在,给自己减压

人生充满着曲折、痛苦、悲伤和欢乐。不管曲折、痛苦还是悲伤和欢乐都会让人产生不同的情绪反应。曲折、痛苦和悲伤都容易使人产生低落、消极的负面情绪。相反,欢乐会让人产生积极能动的正面情绪。当情绪出现时不要情绪化,任由情绪发展,而是要适当自我控制情绪。

当碰到好事时,要克制自己,不要乐极生悲。当遇见曲折、困难时,便要克制自己情绪,别让负面情绪左右。

①要静下心来，找出原因并进行解决。

②要想办法减压。

③要有正确的价值观。

2.坚定信念，转变情绪

人活在世上不一定样样都随心所欲。当面临困境时，有的人会知难而上，有的人却会面临打击一蹶不振。但只要坚定信念看见希望和未来，就能处理好个人情绪甚至能把即将出现的负面情绪转变为正面情绪。或者说坚定信念能给人营造一种美好的心情，虽然面临困境，只要有坚定的信念和所营造出美好心情就不会被困难所吓倒。

2012 年 7 月 27 日至 8 月 7 日，呼伦贝尔在短短 13 天时间内经历了 4 次大雨和大暴雨的袭击，导致牙克石养护处所辖 302 省道 K155+100～K162+650 共 7.55km 长度内出现一处河坝缺口、11 处路面过水、14 处路肩冲毁。牙克石养护处领导告诫全体职工一定要坚定养路工就是公路的守护神的坚定信念，履行养路工职责。职工们凭着这一信念和养路工朴实、坚韧以及坚不可摧的团队精神，不屈不挠地与洪水展开一次又一次搏斗。工人们在洪水面前没有妥协，深知抢修抢通是养路工不可推卸的责任。在工人们顽强拼搏下，历时 5 天共出动机械 40 台班、90 人次，共拉运土石方 2750 立方米，恢复了水毁路段，保证了行车安全畅通。

在灾难面前，只要坚定了信念，低落的情绪就会高涨起来，就会处于愉快的工作状态，大家就会感觉所向无敌，抢起险来得心应手，甚至会把疲劳忘在脑后。正如马克思所说："一种美好的心情比十服良药更能解除生理的疲惫和痛楚"。

3.摆脱悲伤情绪，珍惜现在美好时光

人生一世不可能事事顺心，生活中总有阳光、风雨。当经历挫折、磨难等打击时往往会出现悲伤情绪。摆脱悲伤情绪，要做到以下几点。

①要树立辩证的人生观。要深刻理解生、老、病、死，悲、喜、祸、福是人生不可避免的。在挫折、磨难中吸取经验教训的同时，要在经受磨难中学会坚强与快乐。要正视不利因素，学会自我安慰。人生没有追求固然是不对的，可是在追求过程中遇到了挫折或失败也是在所难免的。人最大的敌人是自疑和害怕失败，不要把挫折或失败看得太重。得失多少并不重要，重要的是知足常乐。用乐观的情绪满怀信心地去创造新天地。这就是所谓的"置之死后而复生"的道理。

②要树立远大的理想。在经历挫折、逆境时不能因悲伤、磨难出现而消沉。要学习石缝中小草生长的坚忍不拔精神。要深知人生没有追求就如雾海泛舟、不知所往的道理。远大理想的树立会使我们面对挫折时，坦然地接受现实，乐观地迎接挑战，在大风浪中求得生存，直至目标实现。

③要珍惜美好时光。为什么说要珍惜美好时光呢？因为我们度过的每一天都不会再回来，所以，不管遭受多大的挫折和打击，都要让不快乐成为过去时。应立足现在活在当下，从现在做起。如果失败了或错了那就重整旗鼓，用快乐的心情去面对每一件事。不管现在的工作是苦是累，成功也好失败也罢。我们都要面对现实，愉悦地生活，在快乐中尽情地享受当下。人生最有害的两种情绪就是为过去的事而悔恨和为未来的事而担忧。所以只有珍惜今天，以现在为中心，珍视现实，在生命的旅途中积极进取努力工作并享受工作的乐趣，才是

充实的生活。快乐地融入生活,面对现实,去感知生活的无限快乐。让生命与五彩缤纷的世界融为一体,才能真正体验到生命的价值。

六、结语

情绪的好坏对人的前途和命运产生深刻影响。职工情绪管理教育是提高职工心理素质的重要手段。因此,基层职教部门不能墨守成规,要把职工情绪管理当作职工教育工作中一项新的课题来抓。只有不断通过职工情绪管理教育,做到经常纠正职工不良情绪,建立正面情绪的习惯,才能避免负面情绪影响;只有不断通过情绪管理教育,做到妥善运用情绪,驾驭情绪,才能让情绪为我们所用;只有不断通过情绪管理教育,做到不做情绪的奴隶,才能实现自己的情绪由自己做主,去做情绪的主人;只有不断通过情绪管理教育,激发职工团队精神,才能充分发挥道班集体力量。这样,才能全面提升职工身心健康水平,养护工作才能始终充满活力和生机。

三等奖

创新培训载体,加强职工教育,促进单位发展

——公路系统职工培训教育的现状与思考

白晓霞

(甘肃省酒泉公路管理局)

摘 要 随着公路养护事业的不断发展,管理体制和运行模式都发生了较大的变化,面对新挑战、应对新变革、全面构建和谐公路,针对主动适应新形势,创新教育载体、加强职工教育、促进单位发展,结合作者单位实际浅谈一些认识。

关键词 公路养护 职工教育 创新载体

一、引言

当前,随着公路养护事业的不断发展,管理体制和运行模式都发生了较大的变化,培养造就一支政治上靠得住、工作上有本事、作风上过得硬的复合型人才队伍,为公路养护的现实和长远发展提供保证,是公路人必须肩负的重要使命和课题。针对如何主动适应新形势,创新教育载体、加强职工教育、促进单位发展,努力把职工培养成懂感恩、讲诚信、有技能、创新型的职工队伍,本文结合单位实际浅谈一些认识。

二、公路行业职工素质教育面临的现状

1.整体素质不乐观

目前公路系统职工大多是20世纪80、90年代参加工作的,部分职工是子承父业的公路世家,大都是初中文化程度,文化水平不高,对于现代科学技术和现代知识的理解和接受能力相对较差;职工队伍年龄偏大,知识结构单一;公路行业需要的道路桥梁、机械管理、信息化建设等相关专业人才紧缺,知识结构不够合理;懂管理、有技能的复合型专业人才短缺等问题比较突出,已严重制约公路事业的可持续性发展。

2.人才观念不适应

人才资源是"第一资源"的观念还没有真正树立起来,存在"重使用,轻培养""重当前、轻长远"的现象。部分职工片面地认为,只有科研人员、高学历人员才能称之为人才,没有真正认识到具有一定专业岗位经验、熟练掌握业务技能的高技能人员也是人才,致使部分职工自主学习、自我加压的动力不够。

3.思想认识不到位

公路行业各种新技术、新工艺、新设备、新材料广泛应用于养护生产工作中,但是养护职

工不能很快适应,甚至有部分职工还觉得与己无关,满足于现状,事业心、责任心和进取心不强,“出勤不出工、出工不出力”“干活讲条件,责任不沾边”的现象时有发生。加之事业单位分类改革的不断推进,部分职工片面地认为事业单位工作人员相对稳定,部分职工缺乏蓬勃向上的工作激情和刻苦钻研、争创一流业绩的干劲。

三、公路事业发展需要高素质人才队伍

随着公路技术飞速发展,在“互联网+”公路养护的新时代下,公路部门要想在市场激烈竞争中不断发展,就必须有一支素质高、技术强、善管理的管理人员和一支技术精良、能打硬仗的高素质技术工人队伍。公路事业想振兴要发展就必须遵循科学性和思想性教育相结合的原则,必须认识到公路事业的发展一要靠科学技术、二要靠现代管理、三要靠资金投入,但最关键的还是要靠人。公路事业对职工的要求,一是要引领职工努力学习科学技术,掌握真本事;二是要具备高尚的思想品德,才能真正为公路事业做贡献,思想好无本事或者有本事思想差都不可取,两者互为支撑,缺一不可。

四、创新职工培训教育的有效载体及对策

1.适应新形势,改革用人机制是关键

公路事业的发展关键在于人。公路养护单位非常希望拥有一大批能够适应时代和行业发展需要的年轻养护人员。但是,一线养护工人年龄逐渐老化,机械操作人员缺员现象严重。就酒泉公路管理局而言,职工平均年龄42岁,35岁以下职工287人,占职工总人数的26%,公路养护将面临后继无人的局面。因此,公路部门应遵循“优胜劣汰”的自然法则,不拘一格招聘人才,建立科学规范的用人新机制,实现人才良性循环、合理流动。同时,根据事业单位改革发展需要,适时有组织、有计划、有针对性地公开选拔和招聘适合公路行业特点的优秀专业人才,摒弃亲内排外、近亲繁殖的用人机制,把选拔招聘机制全方位引入公路行业。

2.引领新风尚,加强思想教育是基础

加强职工思想素质是职工教育的基础。一是要加强职工队伍的日常学习教育,提高职工的思想素质,充分利用工作之余和冬季养护生产淡季组织职工学习党纪党规及各类知识,提高职工的思想素质。二是加强职工业余的知识学习,鼓励职工学习养护生产知识,提高业务技能。三是充分利用各种平台,引领职工进行学历再教育,如鼓励职工通过参加函授学习,进行学历再教育,通过参加工程、财会、经济等各类资格考试,增加专业知识。四是认真开展“学、树、创”活动,提高职工学先进、赶先进的热潮,在职工中树立先进典型,鼓励职工向身边的先进学习,形成比、学、赶、帮、超的浓厚氛围。五是提高职工的创新意识,使养护职工适应新形势的迫切要求,用创新的思维方式解决新问题。通过新技术、新工艺的学习应用,引导职工从“要我学习”向“我要学习”转变,鼓励职工从小处着手,立足本职工作进行小改小革。六是努力践行社会主义核心价值观,不断引导职工树立良好的思想道德防线,教育广大职工认真履行岗位职责,引导广大职工在爱岗敬业、扎实工作上身体力行,发扬酒泉公路人“扎根戈壁、艰苦创业、甘当路石、服务社会”的行业精神,实现路畅、人和、民富的行业目标。

3.注入新动力,加强教育培训是保障

面对公路行业管理和养护技术理论知识日新月异,过去凭经验、凭体力劳作和“摸着石头过河”的生产及管理方式已不再适用于变革时代公路事业发展需要,应该用专业技术强、科技含量高、智能化程度高的新型生产方式和管理手段取而代之。培训教育作为知识传播的载体,发挥着关键作用。建立一支高素质的职工队伍,对职工进行培训教育是新时期的必然需求,也是根本保证。

①创新职工教育培训机制和体系。建立领导体系,健全明确的责任制度,成立公路职工教育培训工作领导小组,形成党组统一领导、党政齐抓共管、职能部门负责实施、全体职工积极参与的工作格局。确立目标规划体系,本着“统筹长短规划、优化知识结构、提升技能素质”的原则,把教育培训计划与目标纳入单位总体发展规划中,制定出既有总体目标又有阶段目标的有效培训计划。建立资金保障体系,加大对职工教育培训工作的资金投入,经费使用要集中管理。建立考核评价体系,严格进行考试考核,实行培训、用人一体化。

②创新职工素质教育载体。确定学习日(周),组织职工开展读书学习或电教活动;在有条件的情况下开辟网上教育课堂,为职工获取新知识提供学习平台;以活动为载体,积极开展岗位技能比武、关爱养护工专题活动、爱岗敬业讲座、法律法规知识竞赛等。如酒泉公路管理局从 2015 年以来,一是通过“送出去”增长见识,充分发挥路企联盟产学研转化基地作用,抓创新、增活力,全面开启“互联网+公路养护”智能管理新格局,突出自主研发、技术引进、与高校合作三项工作,发挥路企联盟产学研转化基地作用,切实提高机械化养护水平和养护科技含量,通过产、学、研基地,选送一批肯钻研的专业技术人员、不断进行小改小革的技术工人到知名企业或设备生产厂家进行学习;二是通过“请进来”转化成果,邀请专家对公路常见病害、新工艺、新材料进行专家会诊、现场指导,使新产品、新工艺在养护生产中逐渐成熟并应用,对一些技术人员多年研究并期待解决的专业问题,通过邀请知名专家指导,转化为养护生产实践知识;三是通过“以师带徒”引领创新,通过组织具有良好职业道德和一技之长、绝招绝活的技术、技能人才,对新入职或发生岗位变化的职工从思想道德、业务技术和技能等方面进行指导和培训,使广大年轻职工迅速掌握本岗位业务技能,逐步培养一批知识型、专业型、技能型的业务骨干,为全面提升全局整体实力提供人力资源保障;建立考评机制,对达到考核标准的师傅、徒弟给予一定奖励,确保此项工作持之以恒。

③创新职工素质教育方式。培训是职工提升素质,增强本领的重要途径,也是职工提高自身价值的重要途径。对管理人员,主要是抓好理论学习和领导科学艺术教育,提高决策管理素质;对各类专业技术人员,主要是通过举办各类实用培训班,进行基本知识和基本技能的培训,提高专业技术水平;对公路养护人员,通过举办岗位能手培训班,按照“干什么,学什么;缺什么,补什么”的培训原则,以工区、养管站为主开展各种岗位培训,全面提高一线职工的综合素质,提高工人队伍技能。在培训组织上,坚持走出去和请进来相结合,坚持以内培为主、外培为辅,鼓励自学;在培训时间安排上,坚持短期培训为主、长期培训为辅;在短期培训中,突出以岗位培训为主。

④创新培训内容,注重培训实效。一是培训内容要紧跟时代发展,同时围绕养护生产中心工作别出心裁,如培训内容,可以选择与专业相近的理论知识,也可以选择去知名厂家参观交流。二是可以对管理工作和养护生产工作中的薄弱环节,有针对性地选择课题,通过撰

写论文、集中讨论研讨的方式,使职工有重点地进行技术钻研;三是面临年龄大的实际,对于当前一线职工自动化、机械化施工不太适应的现状,注重选派思想觉悟高、业务素质强、工作作风扎实、有发展潜力的年轻职工进行培训,提高他们的技能,使其在重要岗位上充分发扬自己的优势和特长。

五、结语

加强职工培训提升队伍综合素质是一项持之以恒的工作,不是一朝一夕就能做好,需要全体公路职工的共同努力,在工作中不断探索,增强职工的责任感和使命感,更要使职工有归属感,这样才能使职工的整体素质和综合实力进一步增强,使单位更加和谐、健康地发展。

三等奖

如何建立公路职工教育长效机制

申　荣

（宁夏公路管理局银川分局）

摘　要　加强公路行业职工教育工作，提高公路队伍的整体素质水平，建立公路职工教育长效机制，将逐渐成为新时期公路行业发展的重要保障，促进公路管理事业科学、高效、健康发展。结合作者工作实际，本文介绍了新形势下建立公路职工教育长效机制的一些经验，为同仁们提供参考借鉴。

关键词　公路行业　职工教育　长效机制

一、引言

随着公路交通运输行业"十三五"规划的稳步实施，新常态下的交通运输事业快速发展，社会、公众对公路行业服务质量提出了更高的要求，这就要求公路管理要向集约化、精细化、信息化发展，同时对公路职工在政治思想、文化素质和专业技术水平等方面提出了更高的要求。职工教育作为知识传播的载体，是专业人才培养和储备的助推器，是联系个人进步与公路事业发展的桥梁，更是促进公路运输行业快速发展的发动机。因此，我们要进一步建立公路职工教育长效机制，提高职工队伍的整体素质水平，激发广大干部职工干事创业的决心和信心，努力打造一支懂管理、技术强、素质优的公路队伍，促进公路管理事业科学、高效、健康发展。本文结合宁夏公路管理局银川分局职工教育实际，探讨建立公路职工教育长效机制的经验。

二、建立公路职工教育长效机制的重要意义

1.公路事业快速发展的根本保障

从我国公路交通运输发展进程来看，公路运输在经济社会中的基础性、先导性、服务性作用没有改变，继续发挥着稳增长、促投资、促消费的重要作用。但目前公路职工素质还不能完全适应公路事业快速发展，存在人才流失严重、高素质人才短缺等突出问题，迫切需要加强公路行业人才队伍建设。通过对公路职工教育培训，立足于自身培养人才、留住人才，构建一支懂管理、技术强、素质优的公路队伍，是支撑公路事业快速发展的根本保障。

2.新形势下提升服务水平的必然要求

随着社会经济快速发展，车辆保有量逐步提升，社会大众对于公路交通安全、畅通出行的要求更加强烈和严格。只有建立和完善公路职工教育长效机制，提升公路职工整体素质和服务水平，才能满足社会群众对于公路交通运输的新需求。

3.公路行业长治久安的重要保障

通过积极参与教育培训，可以逐步提升职工技能水平和安全意识，增强安全识别和风险

预控能力,从而有效减少各类事故的发生,保障职工身体健康。

4.增加职工获得感

职工通过参加教育培训,专业知识和现场操作水平不断提高,不仅可以提高自身整体素质,同时也可以实现职工自我价值,不断增加职工获得感,提升职工幸福指数。

三、公路职工教育存在的问题

1.教育方式单一

以往教育方式主要以课堂式讲授、观看演示视频、试卷考试为主,或是年年组织开展岗位练兵,培训内容、方式老套,缺乏多样性、趣味性,导致职工学习动力不足,培训成效不明显。

2.培训意愿不高

部分职工对于教育培训认识不正确,存在抵触、厌学等情绪,如部分职工认为工作忙,觉得培训学习占用休息、娱乐时间;部分职工因为年龄大、临近退休,觉得技能提升培训没有意义;部分年轻职工担心学会了新技能,无形当中会增加工作量,从而抵触、逃避培训。

3.教育资源匮乏

各地公路职工教育主要依托于交通学校外培和基层单位自学,由于专业授课老师工作安排或者时间限制,无法进行系统性的全面培训;而本单位的专业技术人员往往又存在"懂技术但缺乏现场经验、有现场经验却又技术水平低"的情况,造成培训的深度和强度不够,理论知识和现场实践结合不够紧密,导致培训效果不理想。

4.激励考核不到位

因事业单位改革、岗位设置、职称晋级等政策的影响,职工在取得相关的职称、证书后,相关的待遇不能兑现,激励机制有所减弱,影响职工培训的积极性。这些都是制约公路职工培训长效机制建立的重要因素。

四、建立公路教育长效机制应做好以下方面工作

1.提高认识,加强对职工教育工作的领导

领导重视是抓好公路职工教育的关键,各级领导是做好公路职工教育的"火车头"和"领头雁"。必须要充分认识新形势下教育工作的重要意义,成立职工教育领导小组,建立职工教育责任体系,明确责任,落实责任,制定完善的职工管理制度。定期召开职工教育例会,听取基层单位职工教育情况,及时掌握教育过程中存在的问题,制定整改措施并积极落实,严格落实教育奖罚制度,形成良好的运行机制,切实提高职工教育实效。

2.牢固树立"以人为本"的教育思想和教育理念

要牢固树立"人才是公路发展第一资源"的教育理念,形成"人人都是人才,人人都能成才"的良好氛围,坚持以人为本,自觉把职工教育放到公路管理事业发展全局中认识、谋划和推进,立足人才培养,着眼职工教育长远规划发展,切实发挥好教育在公路人才体系建设和培育高素质人才队伍中的先导性、基础性、战略性作用,推进公路人才建设全面发展。

3.建立完善职工教育保障机制

公路管理部门要根据职工教育工作的实际情况,认真研究制定公路职工教育计划,严格

落实职工奖惩制度,完善教育激励体系等方面工作,建立一套科学的、权威的、可操作的职工教育保障机制。安排必要的专项经费,用于培养公路专业技术人才、组织开展专题教育活动和改善培训设施设备,确保职工教育常态化、规范化、持续化。

4.因材施教,积极创新职工教育内容

要积极拓展、创新职工教育的有效途径,不断丰富教育的内容和方法,因材施教,提高职工教育的针对性、实用性。一要提高教育质量。如安排部分专业技术人员到西安交通大学、上海交通大学等国内知名院校进行新知识、新技术和新工艺的学习,提升职工的理论素养和创新能力。二要加强专业技术人员培养力度,定期组织开展专业技术人员集中培训、知识讲座、交流会,构建一个专业技术人员交流沟通的平台,切实提高专业技术人员研究、解决技术难题的能力,充分发挥专业技术人员能动性和创造性。三要定期举办现场观摩研讨会,通过现场观摩、研讨会等形式,积极推广公路养护施工中使用的新技术、新设备、新工艺,拓宽教育培训广度和深度,提高教育培训的实效性。四要强化全员安全培训。突出养护施工作业安全培训,提高安全员、作业人员安全意识和风险预控能力,同时联合交警、养护、路政、收费等单位开展安全事故应急演练,提高职工应急逃生和应急抢险能力。

5.与时俱进,积极推网络广远程教育

有效整合交通运输厅、公路管理局网络信息资源,为职工教育搭建良好的培训平台,广泛开展网络多媒体教学,打造新型培训课堂,创新自主学习与集中培训、继续教育相结合的学习方式,不断更新知识,激发学员学习积极性和自觉性,不断提高职工教育科学化、信息化水平。

五、结语

建立公路职工教育长效机制,是一项长期而艰巨的系统工程,始于机制,成于质量。因此,各级公路管理单位要不断提高认识,强化领导牵头,完善教育培训保障体制,创新教育培训内容和形式,切实提高公路职工总体素质和专业技术水平,为公路事业跨越式发展提供坚实人才保障。

2018年度

一等奖

论高速公路品牌创建

潘吉运

(河北省高速公路张涿保定管理处)

摘　要　随着我国改革开放的不断深入和社会经济的快速发展,高速公路作为重要的交通基础设施,取得了前所未有的跨越式发展,同时高速公路的管理也随之日趋成熟,涌现了各种各样的高速公路“品牌”。进入“十三五”后,国家经济加速发展,在各个领域都有了新的突破。高速公路行业面对这前所未有的新形势,国家经济的发展,国民生活质量的提高,都在高速公路这条大动脉上体现。与此同时,随着第三产业的逐步发展,各行各业对品牌的追求也被列入到其各项规章制度中,成为重要的、热门的研究话题之一。对于高速公路行业来说,如何在竞争加剧的行业中,如何在品牌丛生的时代中实现强势突起,如何有针对性地向社会驾乘提供高品质且超预期的出行服务,并在服务过程中逐渐确立品牌,扩大社会影响,提升“品牌”的核心竞争力和综合影响力成为必然选择。笔者认为,在创建高速公路品牌时应深刻理解高速公路品牌的创建初衷,要准确定位高速公路品牌的核心价值,更要用心培育高速公路品牌的文化内涵,这也正是所有高速公路争创品牌的最终目的。

关键词　高速公路　品牌　建设

一、引言

1.高速公路品牌创建的背景

高速公路是交通运输行业的重要窗口,建设一个具有价值内涵和情感内涵的高速品牌,对于传播交通文化、提升核心竞争力、树立行业形象有着重要意义。从 2003 年开始,我国高速公路行业就开始了在品牌方面的探索。这十几年间,随着河北高速“微笑服务、温馨交通”、河北高速“燕赵通衢、上善大道”等多个品牌被驾乘熟知,我国高速公路行业品牌如雨后春笋般展现了强大的生命力。各级高速公路管理者从明确品牌所涉及的内容、标准及流程,到思考管理制度、服务设施、服务技术对品牌的影响,再到如何建立品牌的战略、愿景、理念都有了更为深刻的思考和理解。开展品牌建设,提供高品质、便捷化、差异化的品牌服务,更好地满足经济社会发展需求和人民群众的出行要求,逐渐成为当前高速公路运营管理单位提升行业竞争力的热点和焦点。

2.高速公路品牌创建的概念

广义的品牌是指具有经济价值的无形资产,用抽象化、特有的、新颖的、识别度高的概念来突出某一物质、某一行业、某一服务,使人们更加容易记住。对于高速公路而言,品牌是种无形资产,是种无形的财富,是精神载体,它的目的就是通过最直接的某种概念,使人们一眼记住,不容易忘记。因此,在创建品牌时,要必须有介质,只有将品牌赋予这种介质之上,才能够来表现自己,使自己有形化。高速公路品牌的直接载体主要是路、桥等,而要想提高高速公路的知名度,提高高速公路的美誉度,只能在畅通、安全、服务上做文章。

对于高速公路而言,高速公路的品牌创建要体现整体的核心价值观,要突出高速公路创建品牌的意义,在高速公路的品牌创建过程中,主要目的是让行驶在高速公路的驾乘对其产生好感,能够过目不忘,而且流连忘返;在创建过程中通过不断宣传,突出高速公路自身的独特与鲜明的个性,靠突出的特点,展示高速公路的服务特性、文化背景、经营理念、心理目标,使用户形成对某条高速公路的认识、了解、熟知、信任、拥护、忠诚,更能围绕品牌形成出行经验,存贮在记忆中,在将来出行的某一时刻,能够自然而然地想起这条高速公路。

3.高速公路品牌创建的原则

高速公路的发展,高速公路品牌的创建,以顾全服务大局、提升工作效能为目的,着力在提升服务能力、服务效率、服务质量、服务水平上下功夫,努力实现高速公路的安全发展、稳定发展、协调发展、高效发展、创新发展、开放发展,因此在创建高速公路品牌时必须坚持以下原则。

①坚持前瞻性原则

既积极吸收高速公路在发展过程中沉淀的优秀文化因子,又面向未来,体现出高速公路的前瞻性、创新性,构建支撑高速公路品牌战略发展要求的文化体系,在创建高速公路品牌时,要坚持科学发展观与品牌发展战略紧密结合,通过对品牌认真研究、分析、创建、推广,与高速公路的发展运营相结合,把品牌融入高速公路的发展建设当中,站在全局角度进行考虑,有计划、有步骤地实施,这才是品牌创建的远见。

②坚持以人为本原则

树立高速即人、品牌是魂的理念,重视从高速公路与员工和谐发展以及实现员工价值出发,以人的发展带动高速公路的发展。人是高速公路的使用者,是高速品牌的承载者、传播者,要想将高速公路品牌建设推广到全局层面,就要积极发挥广大干部职工的主人翁意识,努力调动广大干部的积极性和创造性,凝聚广大干部职工的力量,发挥广大干部职工的潜能,将职工与高速公路品牌的创建紧密联系在一起,是品牌创建的关键,更是品牌创建的坚强后盾。

③坚持循序渐进原则

高速公路品牌的创建不是一蹴而就的,也不是只列出方案,按照方案实施就可以顺利创建的,在品牌创建过程中,要综合考虑各条高速公路不同成长背景及处于不同发展阶段的实际,分阶段、分层次地实施,提出想法——实地调研——汇总分析——推进动员——逐步实施,整个过程循序渐进式发展,只有在创建过程中不断地整合、优化,方可促进品牌的长久发展。

④坚持统一性原则

高速公路品牌的创建必须坚持统一的原则,防止和纠正创建初期的目标不明确,以至于在后期研究和推进时各行其是。只有坚持统一性原则,才能树立高速公路统一的形象,对品牌影响形成强有力的推动作用,更能增强单位战略管控力、团队凝聚力和品牌影响力。

⑤坚持突出特色原则

品牌的创建贵在特色，要正确处理共性与个性的关系，在体现行业特点、展现时代精神的同时，要充分突出高速公路特色，打造高速公路品牌。张涿高速是张家口通往涿州的必经之路，在修通之后，可谓天堑变通途，张涿高速的特色就是沿路的景区，十渡、野三坡、百里峡、鱼骨洞、白草畔、崇礼花海等，因而张涿高速创建的品牌为“张弛有度，乐享安途”，突出了自身的特色。

⑥坚持全员参与原则

在高速公路品牌创建过程中，提出创建口号的是管理阶层，但是要付诸行动的是广大干部职工，是高速公路中的全部人员。创建高速公路品牌，必须要坚持领导带头的原则，激发广大干部职工的能动性与主动性，广泛参与其中，因为广大干部职工是高速公路品牌创建的倡导者与推动者，对品牌创建的成败起着决定性作用。在品牌创建的实践中，广大员工是主体，只有充分发动和依靠群众广泛参与，才能使高速公路品牌的创建具有坚实的群众基础，才能化为员工的自觉行动。

二、高速品牌创建的意义

高速公路品牌的成功创建，必然能够满足广大行驶在高速上的驾乘的需求，为驾乘带来愉悦的享受、便利的通行环境、最温暖的服务。那么，驾乘人员想要在高速公路上得到什么样的服务呢？搞清楚这个问题，就抓住了高速公路品牌建设成功的关键。

1.增强高速公路人团队凝聚力

对于高速公路而言，创建一个响亮的品牌是一项荣誉，为了这个荣誉，为了这个信念，将能够团结高速公路中一切人员的力量，可以将他们的理想信念目标、开拓创新精神、埋头苦干品质、团结友爱美德、竞争意识等统统凝聚到一起，努力为高速公路的安全、稳定、和谐发展贡献自己的力量，为实现中国梦起到先锋模范作用。通过让员工亲身参与品牌创建，可以有效地增强员工对企业的认同感和归属感，树立主人翁意识，增强团队的凝聚力与战斗力。员工之间的相互交流、内部培训甚至良性竞争，也能够在一定程度上提升员工的综合素质，打造出一支素质高、业务精、服务优的高水平员工队伍。

2.满足员工日益增长的精神文化需求

改革开放以来，高速员工的工作条件大为改善，但精神文化生活水平的提高却相对滞后。随着人民的物质生活水平的日益提高，人民对精神文化生活的追求更加迫切，在“十九大”召开之后，中国更是高举习近平新时代特色社会主义的伟大旗帜，不断向前方迈进，而高速公路品牌的创建概念也日趋明朗，通过大力培育员工对品牌的认识、让职工认识品牌建设的重要性，把员工凝聚于高速公路事业之“魂”；用品牌效应影响员工行为，使员工受信于理念之“道”；全方位创建高速公路品牌，塑造高速公路优质服务形象之“形”，构架崭新的高速公路行业品牌创建平台。为此，高速公路更要主动地去思考、探索目标受众群体的需求，为品牌的建设赋予广大职工与驾乘思想产生的共鸣，从而更能激发高速公路行业的发展。

3.规范管理模式

高速公路品牌的创建，对于高速公路的发展是一大进步，在人类及社会发展史上，是从温饱到精神世界享受的逐步发展。高速公路由最起初的建设高速公路——收好通行费——

如何保养高速公路——如何提高高速公路的知名度——以及提高高速公路的服务质量,这些都是稳步推进、逐步发展的。高速公路品牌的创建,无形当中为高速公路增加了一项制度、一项条例,甚至是一项工作。品牌创建时便会形成一套行之有效的规定,进一步规范高速公路内部管理,在品牌的引领下,将会形成一种无形的约束力,这便是品牌效应。品牌可以约束单位的行为,可以约束人员的行为,品牌更能形成以制度管事,以制度管人,以制度履责,以制度说事的良好局面,进一步营造了团队学习环境、展示了员工共同追求、打造了文明品牌、提升了管理工作水平。高速公路品牌的创建,一方面要借鉴国内外同行的先进经验,创建自身的品牌运作方案,并引导员工积极投身于品牌创建活动中,夯实品牌创建基础。另一方面,需要制定科学规范的管理体系,创新工作机制,为品牌的成功创建提供制度保障,此举更进一步规范了高速公路的管理。

4.促进高速公路文化可持续发展

高速公路品牌,对于高速公路而言,是一种极其宝贵的精神财富和物态资产。当人们行驶在某条高速公路时,最直接的反应是这条高速公路行驶的车辆多不多,道路平不平,服务好不好,而这些条件便是高速公路的品牌意义,在行驶时,与其品牌意义所联想在一起,这才是对高速公路品牌的最终诠释。品牌的创建能为高速公路文化的发展提供强大的且源源不断的原动力,能使广大高速公路行业干部、职工及社会公众更多了解高速公路文化深刻、丰富的人文内涵和极强的社会哲理,增强实现共同愿景的信心和决心。高速公路品牌还是推进高速公路文化发展的重要载体,有助于高速公路部门和单位内强素质、外树形象,更有利于高速公路行业的可持续发展。

三、高速公路品牌创建的现状

毋庸讳言,高速公路在品牌创建过程中虽然取得了一定的成绩,但在日趋发展的社会中,高速公路的品牌创建还相差甚远,远没有达到风生水起、轰轰烈烈的境界。这主要表现为以下几个方面。

1.品牌创建认识不到位

在品牌创建活动的推进过程中,个别单位缺乏品牌意识,对全局品牌内涵理解不到位,高速公路品牌创建的理念还没有达到人人皆知的局面,没有深入人心,对品牌的创建及经营的概念较模糊。一方面来说,创建高速公路品牌,是一个长期探索、稳步缓慢推进的过程,而且它所给社会带来的效果,并不能在短期内就能有所显现,这就导致少数高速公路行业部门、单位,特别是急功近利的部门、单位在主观上不愿花时间、花精力、花更多金钱去开展这项工作。另一方面,一部分高速公路干部、职工认为高速公路的品牌创建与自身关系不大,特别是对自己没有任何利益,所以本着事不关己、高高挂起的姿态来进行工作,很多人也不是不愿去想、不愿去做,而是本着从众的心态,缺乏主动性,因此其积极性在品牌创建过程中会大打折扣。

2.品牌发展策略不成熟

部分高速公路虽然建立了品牌,但由于品牌定位不清晰,命名和标识缺乏亲和力,让人产生距离感;有的品牌形象不明显,没有制定明确的创建计划和创建措施,导致创建工作在一定程度上流于形式,很多高速公管理局跟国内大多数企事业单位一样,没有认真剖析自身的特色、内在，没有组成研究分析品牌创建的团队，没有邀请或者聘请有资质的品牌规划企业对单位的品牌进行规划、调研、分析以及推进，更没有建立起一套符合自身特点与需求的品牌维护制度，在品牌创建过程中遇到问题只会头痛医头脚痛医脚，盲目地进行创建和发展，最后导致的结果只有失败，何谈远景和规划。

3.品牌辐射效应不显著

高速公路在品牌创建上，各单位出新招、拼实力、创新意，探索出一些可推广、易复制的宝贵经验，但在实际推进过程中存在“就创建抓创建”的现象，未将“品牌”的理念贯穿于全局工作中，尚未对市场、驾乘进行调研，就盲目地开始对品牌进行创建，没有参照自身实际，只是一味地参照其他企业、行业的品牌创建自己的品牌，这样“东施效颦”只会让自己的品牌创建起来更加困难。一个成功的品牌，必然能够满足客户的需求，为客户带来愉悦的享受。那么，高速公路收费站的客户——驾乘，想要在收费站得到什么样的服务呢？搞清楚这个问题，就抓住了收费站品牌建设成功的关键，而在创建品牌的过程中，最大、最快、最便捷的载体就是驾乘，如果连驾乘心中的所需都不了解，那将无法谈高速公路的发展，更无法谈高速公路的品牌创建。

4.高速公路品牌建设重表面轻内涵

在高速公路品牌的创建过程中，有部分高速公路干部、职工在高速公路品牌建设中，纯粹浮于表面，对高速公路个别收费站刷刷漆、插插花、扫扫地，挂挂条幅，自己为自己购置很多锦旗、奖牌、荣誉证书，总是搞一些花架子，弄些面子工程，目的是引起别人注意，吸引驾乘及其他单位的眼球，特别是想通过此举博得上级领导的青睐。他们对高速公路品牌建设的认识缺乏全面性，只是简单化、片面的搞搞过场。还有一些人，他们会将高速公路品牌建设与形象建设混为一谈。其实，部门、单位的形象建设以外在表现形式为主，以展现积极向上、为民务实为主要目的，而高速公路品牌建设不仅涵盖了形象建设，还包括了制度建设、队伍建设、文明建设、作风建设等多方面，囊括了高速公路部门的各方面工作。正如有的同志戏言：品牌建设是个筐，样样东西都可往里装。我们认为，在一定意义上，这种表达未尝不可。

5.高速公路品牌建设还未形成科学有效的体系

在品牌建设中，假如没有科学的依据，没有科学的研判，只会一味按照方案纸上谈兵，理论上说得天花乱坠，没有行之有效的依据，不能结合实际情况对品牌进行创建时，各种问题、各种困难都会一并出现，这就形成了在品牌创建中没有结合实际、没有规范制度、没有形成系统的局面。不可否认，大部分高速公路行业部门、单位在高速公路品牌建设中，费尽心思，百般揣摩，积极探索，有些是做出了一些成绩，如：河北宣大高速的“畅通 365”、保定客运中心的“郭娜陆地航空班”，达到了一体多样、百花齐放的效果。但总体来说，高速公路品牌建设仍然处于劣势，依然在起步探索阶段游走，其表现是布局较为零散，系统化还未形成，体系建设远远不够，缺乏真正的科学管理、科学规划、科学统筹，只有以科学发展观为向导，才可形成一套属于自己的理论体系，才能促进高速公路品牌的创建。

6.品牌建设缺乏持久性和常态化

高速公路的品牌创建，缺乏长久的理论支持和指导。高速公路工作的主要内容是如何收好费、多收费，避免投诉，因此工作侧重点放在收费等各项工作上，对品牌创建缺乏持久性，在高管局、管理处等下达建设品牌工作要求时，可能只是短暂性、突击性地搞创建，只是流于形式,缺乏长久性的理论支持。一方面,部分高速公路管理者缺乏对品牌的认知,上面催得紧,下属单位就组织人员应付一阵子,当上面要求和督促得没有那么紧迫时,或是业务工作任务重了紧迫了,就会将品牌建设弃之一旁"待岗"休息。另一方面,高速公路品牌建设宣传方面也存在欠缺,宣传范围不广泛、宣传力度不大、宣传对象不准确以及没有建立长效机制加以保证等情况,致使创建的高速公路品牌不能较好地融入高速公路的全面工作。

四、深化高速公路品牌创建的措施

1.加强培训力度,提高品牌创建意识

在高速公路的品牌创建中,思想是行动的先导,新形势下深化高速公路品牌创建应全方位、多方面、多形式地开展宣传。首先要从内部做好宣传,提高职工对品牌的认知,创建高速公路品牌,必须要激发广大干部职工的潜能,调动职工干部的主动性,形成广大干部主动作为、敢于作为的局面。在创建高速公路品牌时,对干部职工的教育培训学习要同等重视,不能只是单纯地为品牌做做宣传、做做广告就一了百了,而是要定期组织培训,将品牌建设的长久效益介绍给大家,同时更要积极集思广益,建言献策,统筹规划,凝聚广大干部职工的智慧,发挥干部职工的潜能,提高职工的自觉行动,努力达成高速公路事业持续发展与高速公路干部职工整体水平提升这一双赢目标。大力弘扬"爱高速、做贡献"精神,主动践行"服务人民、奉献社会"的爱岗敬业精神,还要进一步关心爱护干部、职工,要把关心、帮助、理解、发展作为关心干部、职工的精髓落实到行动中,尊重干部、职工的人格、人性和人权,营造健康向上,上下一心,团结一致,开拓进取,温馨和谐的工作氛围。

2.找准品牌定位,明确创建思路

要定期研究提出开展品牌创建活动的总体思路和推进路径,建立创建活动台账,倒推时间节点,倒排创建任务,提升品牌创建层次。各下属单位品牌建设应着眼于高速公路的长远发展,结合工作实际,精心研究论证,找准品牌创建的目标定位,努力把品牌系列创建过程转化成提高服务水平的过程,把品牌创建效应转化成改革发展效应。在品牌创建过程中,不可以一味地照搬照抄其他企业行业的品牌,要打造一个成功的品牌,起好名字很重要,不仅要响亮,有号召力,还要具有丰富的引申意义,体现出品牌所有的文化内涵。例如石家庄收费站的"春雨"品牌,便引用了唐代诗人杜甫的《春夜喜雨》一诗,将高速人细致入微的服务,喻为及时的春雨,无声地滋润着驾乘人员的心田,不仅契合高速行业的奉献精神,又蕴涵着丰富的文化内涵,让人过目难忘,更能凸显出高速公路的特色。

3.结合工作实践,扩大品牌辐射效应

将品牌创建贯穿于后勤服务保障工作全过程,与协调推进高速公路日常工作紧密结合起来,与事务管理改革发展重点工作任务紧密结合起来,与扎实推进收费站建设紧密结合起来,将品牌创建思路复制推广到基层,充分发挥品牌的辐射和带动作用,切实提升创建活动的成效。在品牌创建过程中,要牢牢把握品牌建设的核心任务,推进品牌创建必须把促进高速公路改革发展稳定作为着力点和落脚点,真正与社会各项事务紧密结合起来;以点带线、以线带面,拓宽宣传渠道,扩大辐射领域,结合工作实际情况,了解广大驾乘所需;要与时俱进,增加诸如咨询、提供便民用品、建立便民设施等增值服务,为公众出行提供便利。只有脚踏实地,认真研究才能确保品牌建设能落到实处、取得实效。

4.规范管理,完善品牌内容

品牌创建不能只浮于表面,要认真调研、分析、研究,才能做出更加准确的规划,实践出真理,在这里更能真切地体现出来。首先,畅通是第一要务,驾乘行驶在高速公路上,“高速”必然是其核心需求,因此,收费站是否畅通、收费员收费操作是否快捷,就成为驾乘评价收费员服务质量的指标。从驾乘人员角度来说,他们按规定金额缴纳了通行费,便是消费者,自然希望得到“上帝”般的待遇,既需要收费人员专业热情的服务,又想要快速通行。对于某些特殊车辆来说,如何能在政策范围内少缴费、少罚款,更是他们关注的焦点。其次,安全是重要内容,在做好收费站文明征收和保畅工作的同时,还需要保护驾乘和职工的生命以及国家财产安全;创新是关键,在打造品牌建设的同时,也要注重对服务和设备进行创新升级,才能为提升服务水平奠定良好的基础。

另外应加强考核机制,更要规范管理,与科室、个人的年度考核挂钩,细化量化考核指标和品牌创建投入成本,建立长效工作机制,形成纵向目标明确、横向标准清楚的立体型管理体系;另一方面,加强监督检查力度,严格落实责任追究制,对创建工作流于形式、品牌效应不明显的品牌给予批评并要求其及时整改和提高,力促品牌投入效益最大化。

5.把握重点,建立科学有效的品牌体系

一方面,要把品牌融入制度、融入工作。用高速公路的核心理念和管理理念来指导品牌的建设,方可顺利地开展各项工作,在顺利开展工作的同时,使品牌的内涵和要求真正体现在规章制度里、渗透到日常工作中。另一方面,要让品牌创建成为共识。从高速公路发展角度来看,创建一个知名品牌,必须坚持从实际出发,必须把握重点,抓住关键,深挖细剖,逐步实现品牌建设的精细化管理,建立健全高速公路品牌管理、维护、推广、反馈的全套制度,引导职工科学有效地开展品牌创建工作,提升品牌的影响力。科学实策、规范管理,精心培养品牌创建价值观,让员工逐步形成一致的价值认同;通过建立共同愿景,促使员工形成与单位品牌发展方向相一致的价值取向;通过宣贯教育,让干部职工从内心认同并接受品牌理念,认可并遵守行为规范,做到自动遵循、自觉宣传,形成良好的品牌效应,真正把高速品牌内化于心、外化于行。

6.完善机制,促进高速品牌可持续发展

虽说目前部分企业品牌创建及品牌管理能力非常薄弱,但是有些企业的品牌已经异军突起,在品牌管理战略、品牌管理组织、品牌管理制度、品牌管理运营的模式中可谓超前。高速公路体系是我国众多行业当中一个重要的元素,要想高速公路品牌如雨后春笋般屹立于众多品牌中,首先要以学习为动力来创建品牌,充分发挥积极性,并学以致用。在初探品牌创建后,要学会品牌的管理。在高速公路品牌管理层面,必不可少的是做好品牌的管理,建立健全品牌管理机制,行业的形象必须要与品牌价值定位相符合,避免脱节,形成鲜明个性的品牌形象,同时更要注重品牌处于有序,有目标的状态,要设置系统科学的品牌发展战略和运营模式。在完成品牌的创建后,将会实施品牌的运营。在运营管理中,驾乘仍然是高速公路品牌运营中的重要单元,他们是最能反映高速品牌影响力的主体,这是便要以学习为主导、以反馈为手段,以积极的态度吸取先进和科学的管理理念。对于高速公路而言,以“管理一流,服务一流”为主要内容,便可大施品牌战略,通过品牌的科学管理、创新管理,提高高速公路在社会中的影响力,促进高速公路社会影响的持续提高,更进一步促进高速公路品牌在众多行业中长久处于不败之地。

五、高速公路品牌创建的结论与展望

优质的品牌本身就是一种无形资产,可以增强企业的市场竞争力。通过高速公路品牌的打造,可以提升高速的形象,扭转目前社会公众对于整个高速行业的负面印象,具有明显的经济效益和社会效益。

通过品牌的打造,能够进一步提高高速公路在众多行业中的竞争力,增强吸附力。在当今品牌为王的时代里,高速公路行业的"服务品牌"已是百花竞放,这也是交通运输行业从"管理"向"服务"转变后的又一次全新升级。高速公路作为经济社会高度发展的产物,在经历从无到有、飞速发展的过程后,其行业理念和品牌文化也在日渐成熟,并进而提升了高速公路管理和服务水平。成功品牌的创建,不仅完美诠释了河北高速文化体系中"安全畅通,服务至上"的核心价值观,还以自己广接地气、浑然天成的创建过程,使得品牌文化与管理理念高度契合,相辅相成,更能在全国高速公路中异军突起。

参 考 文 献

[1] 杨一杰.高速公路的品牌定位与塑造[J].产业与科技论坛,2012(16):19-19.

[2] 魏帅云.论河北高速公路行业品牌建设[J].石家庄:河北人民出版社,2014.

[3] 王琪.高速公路运营服务标准化手册:陕西省高速公路建设集团公司"微笑服务"品牌建设实践[M].西安:西北大学出版社,2012.

[4] 龙海燕.用高速公路品牌的力量凝聚人心[EB/OL].(2016-10-20).http://news.cngaosu.com/wenhua/whjs/2016/10/52277.html.

[5] 王选仓,石勇民.高速公路管理[M].北京:人民交通出版社,2015.

[6] 王永生.用打造阳光高速企业文化建设高速公路优秀品牌[EB/OL].(2007-02-13).http://www.china-highway.com/news/2007/171231.php.

[7] 龙艳.高速公路服务区文化品牌建设初探——以通驿公司文化品牌创建为例[J].中国集体经济,2013(16):70-72.

[8] 张红刚.某高速公路品牌建设的设想[J].中国水运,2012,12(12):49-50.

[9] 张昆峰.陕西省高速集团品牌建设对策研究[D].西安:西北大学,2011.

[10] 王旭东.公路文化品牌建设在路上[J].中国公路,2014(9):120-121.

[11] 谢京辉.驱动品牌经济发展的制度框架与政策建议[J].社会科学,2015(4):55-60.

一等奖

关于公路行业内刊创新发展的思考

孔　峰

（贵州省兴义公路管理局工程处）

摘　要　公路行业内刊是公路行业宣传国家大政方针政策、指导工作和交流信息、展示公路行业精神面貌的重要载体，在行业文化建设和交流工作中发挥着极为重要的作用。在当今多媒体、自媒体迅速崛起的时代，传统的办刊理念已逐渐失去往昔的吸引力和传播力。公路行业内刊只有坚持创新发展之路，才能担负起自身在公路行业文化建设中的责任，更好地发挥好公路行业凝聚力的作用。在实际工作中，大多数公路行业内刊缺乏创新发展的办刊理念，成了行业“食之无味，弃之可惜”的鸡肋。如何改变这种现状，使公路行业内刊得以更好地生存和发展，是我们每个公路行业内刊从业人员需要冷静思考的问题。

关键词　公路　行业内刊　创新发展

一、引言

随着社会的不断进步、科学技术的迅猛发展以及多媒体和自媒体的普及，人人都是宣传员，人人都是“记者”的时代已经到来。面对新时期、新形势、新时代的环境变化，公路行业内刊如何才能发挥其应有的作用和使命，更好地服务公路行业又好又快、更好更快地持续健康发展，是公路行业内刊从业人员亟待思考的问题。

二、公路行业内刊的概述及特点

1.什么是公路行业内刊

公路行业内刊，顾名思义，就是公路行业主导舆论阵地、宣传系统工作、交流信息动态、展示行业风采、职工创作园地的内部刊物，包括报纸、期刊、杂志、宣传小册子等。它不同于公开发行的社会刊物。社会刊物可以向全社会发行，并标价出售，还可以收取广告费等费用来维持其正常运转，而公路行业内刊则不以营利为目的，只向行业内部职工免费赠阅，或向固定的对象赠阅。公路行业内刊主要服务对象是本行业内部干部职工，编辑时主要登载行业内部新闻稿件和文学稿件，在公路行业内稿件不足或为了提高行业内刊的可读性时，有时也会在文学栏目（版面）适当采用行业外优秀文学稿件。

2.公路行业内刊的特点

公路行业内刊是公路行业文化载体，也是公路行业内部上通下达的重要渠道和思想教育阵地，它必须为公路行业和与公路行业有密切关系的固有群体服务，那么它也必然是围绕涉及公路行业的国家大政方针政策和公路行业的各项工作，这使它带有浓浓的公路“行业味”,从而它的受众也只局限于公路行业内部读者和与公路行业有着密切关系的固有读者群。因此,在行业文化建设愈来愈被重视的今天,加强对公路行业内刊管理和规划,提高其服务公路行业的能力显得尤为重要。

三、公路行业内刊存在的问题现状

笔者多年从事行业内刊编辑工作,发现公路行业内刊普遍存在职能定位“简单”、资金不足、缺乏专业人才等方面的共性问题。

1.公路行业内刊职能低定位,流失越来越多的读者

时下,公路行业内刊采编人员普遍存在这样一个误区,认为公路行业内刊只是一个行业简报,既然作为简报,那么一切采编工作从“简”,简单地采写、简单地编辑、简单地排版,然后交付印刷厂印刷分发了事。这样导致出刊的内容简单单一,可读性不强,读者越来越少,一期内刊的出刊,落下只有寥寥无几读者的下场。投稿的通讯员读,看看自己所撰写的稿件是否得到采用。被宣传的单位读,看看本单位的工作是否得到宣传,以期完成上级下达的目标考核任务。宣传的对象读,看看被采访的各种事迹是否已刊登上。至于其他读者就觉得内刊内容乏味,没有可读性,毫无意义,读这样的内刊简直是浪费时间。

2.行业内刊作用被忽视,认为行业内刊可有可无

公路行业是从事公路建设、管理、养护工作的行业,相当一部人认为把公路建设好、管理好、养护好,那才是“硬道理”,把资金投入到公路建管养工作中,有看得见摸得着的效果。然而作为宣传公路行业工作的内刊,那只是虚无缥缈的东西,把钱投在内刊办刊上,没有多大的实际意义,这种现象在部分基层单位较为突出。有的人认为办刊搞宣传是报社和电台、电视台的事,至于开办内刊,那只是形式上表面上的东西,能完成上级的宣传工作目标考核任务就行,一切工作都是为了所谓的“完成任务”。因此,在这样理念的驱使下,内刊的出刊质量和印刷效果哪能上得去。

3.公路行业内刊无创收,缺乏充足的资金来源

公路行业内刊属于“内部资料”,只能免费交流。“内部资料不得以工本费、会员费、版面费、服务费等任何形式收取任何费用,不得刊登广告,不得搞经营性活动。”因此,公路行业内刊没有任何经济创收,没有充足的资金来源,所需的营运经费完全是靠主办单位“给供”,内刊从业人员基本上是“看米下锅”,有多少资金办多少事。想扩版或改版提高刊物阅读视觉感官体验,可能会因为资金紧张无法实现,那么采编人员再好的建议和想法,也不得不只停能留在设想的层面上。

4.公路行业内刊采编队伍缺乏专业人才

多年以来,公路行业均大力倡导“默默无闻”和“无私奉献”,多数单位认为宣传工作只是额外的、辅助性的,是可有可无的。这就导致不注重内刊从业人员的培养,新进人员时也忽视新闻专业大中专毕业生的招录。加上公路行业目前仍是事业单位,宣传工作成了没有任何技术职称、没有晋升渠道的政工人员,干一、二十年的宣传工作,还被定格在“管理九级”岗位上,和有职称的岗位比,待遇要相差四分之一。因此,采编队伍难以吸引优秀人才,更留不住人才,这些都是影响公路行业内刊提高质量的决定性因素。

四、解决公路行业内刊存在问题的设想

十九大以后，特别是今年的“两会”以来，各行各业都在加强党建工作和行业文明单位创建工作，需要行业内刊来传播行业文化和塑造行业形象，这无疑是给处在低谷的公路行业宣传工作一针强心剂，也让公路行业内刊从业人员看到了一线希望。在新的时代新的征程上，公路行业内刊如何更好地发挥宣传作用主导好舆论阵地？在以后的发展中，公路行业内刊需要大力解决哪些问题？都是摆在公路行业内刊从业人员面前的现实问题。针对公路行业内刊存在的问题及现状，笔者有如下设想。

1.将公路行业内刊高定位，以公开刊物的标准办刊

内容丰富、可读性强的刊物才能赢得市场和读者，公路行业内刊从业人员虽然不用去为赢得市场操心，也不用去考虑采编人员自身每个月的收入问题，但必须要考虑怎样才能留住读者的问题。假若内刊质量上不去，没有可读性，那么行业内刊将没有继续办刊的必要。一些行业内刊因为失去了读者，失去了行业广大干部职工的支持，短短几年间就夭折，成了“昙花一现”。采编人员在约稿、编稿时，必须按照公开刊物的标准进行，对有新闻价值但写作水平较差的稿件，不能囫囵吞枣简单编辑排版了事，而是要花大量的时间和精力按新闻稿件的传播格式要求进行修改。在修改过程中，和稿件原作者沟通交流互动，从而提高通讯员的新闻采写水平，久而久之，稿件质量提高了，以后的编辑工作也会更加容易，形成一个良性的循环。

2.提高内刊地位，让其发挥其应有的作用和价值

宣传思想工作为单位的发展提供精神动力和智力支持，它对行业的发展壮大也起着极为重要的推动作用。习近平总书记曾经指出：“经济建设是党的中心工作，意识形态工作是党的一项极端重要的工作”。既然宣传思想工作如此重要，那么就应该把宣传思想工作当成重要的工作进行安排部署，使公路行业内刊更好地引导公路行业广大干部职工树立正确的理想信念和价值取向，切实增强“四个意识”、转变工作作风。国家新一轮改革工作已经启动，作为贵州改革试点行业之一的公路行业，将面临新一轮洗牌。怎样改，改向何方？国家的改革是什么？贵州的改革又是什么？这些都需要及时向广大公路干部职工作好宣传。“越是公路养护运行体制机制改革时期，越是需要加强党建工作和宣传教育工作。”一位基层党务工作者认识到了宣传工作的重要性。他认为重视宣传工作，可以更好地宣传公路行业，让社会更加了解公路行业，从而支持公路行业的工作。提高公路行业内刊的地位，不仅可以使内刊办得更好，提高公路行业知名度，还将改变公路行业过去“只干不说”或者“干了少说”、社会不了解公路行业的尴尬局面。

3.适当提高公路行业内刊从业人员办刊的自主性

公路行业内刊的特点，决定了其自身的发展必然要受到各种因素的制约，然而一个负责任的内刊从业人员总是想使自己采编的内刊办成能与社会公开刊物媲美，让行业内刊有更好的可读性和刊物视觉冲击力。公路行业在每年的工作安排中，列出专门的宣传教育经费，让内刊从业人员在合理合规的框架下掌握使用。有了这笔专项经费，内刊从业人员可以用来提高内刊稿源质量和刊物的专业排版。一是每年至少举办一期通讯员培训班，请当地党报党刊资深编辑记者前来授课，通过培训切实提高通讯员的写作水平。二是选送具有一定

写作功底的通讯员外出参加全国性的公路新闻写作培训班培训学习,让他们开开眼界,和宣传工作开展得好的兄弟单位交流,学习他们好的办刊经验和好的宣传工作方法。三是与时俱进加大办刊的资金投入,采用专业排版、将视觉较差的黑白版改版成彩版、将普通的印刷纸材改成较好材质的铜版纸,从而从内容和形式上双向提升内刊质量和视觉效果。

4.加强公路行业内刊从业队伍建设

众所周知,任何一个行业要得到更好的发展,首先必须抓好人才队伍建设。要有计划地招录一批新闻专业大中专毕业生到分配到各基层单位的党群部门工作,对于有写作爱好且能独立在公开刊物上发表稿件的,优先调整到宣教部门工作。同时让内刊从业人员有相应职称晋升渠道。通过多种切实可行的办法,建立和储备一支能说会写、想写善写的宣传人才队伍。

五、以创新发展的理念办好公路行业内刊

俗话说"穷则思变",这是一句至理名言。在社会经济飞速发展的今天,不仅要穷才思变,当跟不上时代、不适应社会发展时,也要好好思考转变观念的问题,这样才不会落后,不被时代所抛弃。"随着形势的发展,党的新闻舆论工作必须创新理念、内容、体裁、形式、方法、手段、业态、体制、机制"。公路行业内刊作为为公路行业文化建设和行业精神文明宣传的刊物,更需要创新发展。以发展的理念办刊,积极创新公路行业内刊内容形式和方法手段,增强行业内刊吸引力,内刊才能更好地为公路行业服务。

1.积极改进公路行业内刊的传播模式

在智能手机普及的今天,人们获取的新闻资讯也不再仅限于报纸、杂志、电台、电视台,拿着一部轻便的智能手机,时时刻刻都可以获取大量的新闻。因此,行业内刊应跟进时代,在办纸媒的同时,也兴办数字电子刊物,让读者在手机终端上也能阅读公路行业新闻。把杂志做成数字电子版上传官方网站,用鼠标翻页即可阅读,就像用手翻开书页一样,不仅十分方便,而且还很有趣,让人乐于阅读。

2.公路行业内刊要分时段分别和通讯员约稿

行业内刊的出刊周刊均较长,期刊一般是每季度、双月或每月出刊一期居多,报纸因其编辑、排版、印刷较为灵活,且少了装订这一烦琐环节,一般以月刊或半个月刊的形式出刊。不管是期刊还是报纸,出刊的时间长,就意味着所刊登的新闻,都已不再是"新闻",而是成了已过时的"旧闻",如果过多地编辑半个月或一两个月前发生的事实,说不定读者早已在互联网上看到,这样过多的"旧闻"会让读者反感。内刊编辑人员应有意识地进行分时段约稿,在待编辑期间的早期和中期,多约通讯员撰写一些具有深度和广度的新闻通讯报道稿件,在接近收稿编辑时,约通讯员撰写具有时效性很强的新闻消息稿件。这样,在"旧闻"上做深做广,在新闻上做快做及时,让读者既能读到具有深度和广度的新闻事件,又能阅读到新近发生的新闻事实。

3.以传统内刊为基础创办具有时代特色"数字内刊"

数字和刊物,本来是两个完全不同领域的东西,但是在科学技术发展的今天,很多工作都被"大数据"化,政务服务、交通出行、金融分析、医疗健康等等与人们工作生活息息相关的领域都已经用上"大数据",可以说"大数据"已经无处不在,谁能利用好"大数据",谁就占有

无尽的先机。作为服务行业的公路行业,宣传工作不仅要在“纸”上谈好“兵”,还要利用好互联网在网上快谈“兵”。很多媒体都在做传统媒体和互联网数字技术有机结合的新兴媒体——官方微信公众号,它兼具传统媒体和互联网媒体各自的优点。因此,有人说微信公众号是“数字刊物”,这种说法虽然有点笼统,但还算比较贴切。公路行业内刊从业人员要用更多的精力经营好这一新兴宣传媒体,能把当天发生的新闻事件,甚至刚刚发生的新闻事实,以“数字刊物”的形式快速传播,让读者在第一时间内收到新闻信息。

六、结语

随着全媒体时代的到来,公路行业内刊要继续为公路行业发挥好主导舆论导向作用,从业人员必须以创新发展的理念时刻审视行业内刊,有了创新变革才能让行业内刊有足够的发展和生存空间,只有不断开拓创新,公路行业内刊才能永葆生机和活力。

参 考 文 献

[1] 畦海霞.新形势下企业内刊发展的现状与问题[J].中共成都市委党校学报.2011(2).

[2] 习近平.在全国宣传思想工作会议上的讲话[N].人民日报,2013-8-20.

[3] 习近平.习近平新闻舆论思想要论[M].北京:新华出版社,2017.

一等奖

新形势下做好公路职工教育工作浅析

程国美

(山西省公路局晋中分局)

摘　要　本文根据新形势对公路职工教育提出的新要求,以调研结果为依据,通过对目前公路职工教育的现状、存在的问题及原因的分析,对如何做好公路职工教育提出了合理化的建议及对策。

关键词　新形势　公路职工教育　对策

一、引言

党的十九大的胜利召开,为中国决胜全面建成小康社会,夺取新时代中国特色社会主义伟大胜利,实现中华民族伟大复兴的中国梦做出了全新布局,也为中国各项事业发展绘就了宏伟蓝图。公路事业跨入新时代,要为全面建成小康社会做出新贡献,这就对提供人才保证的职工教育工作提出了新的、更高的要求。

十九大报告明确提出,我国社会的主要矛盾已经发生了变化。以此为依据进行分析,公路事业的快速发展对高质量职工教育的需求与职工教育发展不平衡不充分之间的矛盾已成为影响公路事业发展的一个重要因素。为此,掌握公路职工教育现状、存在的问题及对各类人才的需求,将为有针对性地开展职工教育提供合理依据,并能提出有针对性的建议和对策,更好地为公路事业在新形势下实现新的发展提供人才支持服务。

二、公路职工素质情况及职工教育现状

2017年,笔者及调研团队对某公路分局及基层各单位职工教育现状和人员素质情况进行了调查研究,现状如下。

1.人员超编与人才短缺成为基本矛盾

通过调查发现,50岁以上职工占24%,41-49岁职工占54%,40岁以下职工占22%,30岁以下职工几乎为0。年龄结构明显老化,但编制数量有限,所以引进人才受到了很大限制,正式职工数量及素质不能满足现有岗位需求,人员超编与人才短缺矛盾突显。

2.基层人员整体素质整体偏低

调查结果显示,基层干部身份人员偏少,占18%;高级职称比例偏低,副高以上占2%,中级以上占8%;第一学历结构层次偏低,大专及以上占6%,人员基本文化素质整体偏低;最高学历结构层次有大幅度提高,专科以上占到72%,但仍有提高的空间;职工最高学历专业与特殊岗位(如财务、工程技术、文秘)有不对口现象存在。

3.一些重要岗位人才短缺严重

各基层单位不同程度地存在各种人才短缺的情况。公路段普遍缺少文秘专业、财会专

业、工程、养护技术专业人才和机械操作手;超限站与收费站缺少文秘专业、行政执法专业人才;企业缺少文秘专业、财会专业、营销专业、特种技术(工程、机电、地质等)人才。同时,存在管理知识落后和计算机应用技能不足现象。

4.培训教育效果不够明显

通过分局组织和自行组织的培训起到了一定的效果,但有些培训效果不够明显。存在问题主要有以下几个方面:一是培训时间短,特别是对人才短缺的岗位培训内容不够系统;二是培训人员的广度和培训内容的深度不够;三是培训方式单一,实操性不强;四是培训缺乏考核机制;五是理论与实践结合不够紧密。

三、存在的问题及主要原因分析

通过对职工教育现状与需求的调研分析,公路职工素质及职工教育方面产生问题的原因分析如下。

1.自我成长意识不强,缺乏干事创业的激情

一是由于职工年龄结构老化,大多安于现状,创新意识不强;二是从职工第一学历结构状况分析,职工整体文化基础较为薄弱,学习能力不强,所以普遍缺乏学习的自觉性;三是由于体制原因,缺乏有效的激励机制,所以造成职工自我成长的自觉性和积极性不高。四是职称评定指标有限,制约了专业技术人员成长的机会。如工程师只有具备干部身份的员工方可申报,造成一线专业技术人员技术职称偏低。

2.缺乏激励机制,人员岗位配置存在不合理现象

各种岗位人员专业不对口现象较多,如有工程技术职称的人员在办公室岗位,正式职工有专业技术职称,但不愿意去养护工程一线等。由于缺乏有效的激励机制,造成专业技术与岗位配置不合理现象,这也是造成专业技术人才显性不足的重要因素。

3.一些重要岗位人才短缺严重,单位的正常运行和良性发展受到影响

文秘、财务、工程技术、市场营销、机械操作手等重要岗位人才严重短缺,而人员超编的矛盾突出。一是没有合理的人才引进渠道;二是各种专业人员配置存在不合理现象,没有做到人尽其才;三是组织培训的效果有限等原因,造成一些重要岗位人才短缺的问题,成为制约多数基层单位的事业发展的重要因素。

4.职工教育长效机制缺失,职教职能得不到充分发挥

职工教育没有完善的组织保障,缺乏人才培养的长期整体规划和年度计划,缺乏有效的职工教育管理制度,缺乏职工教育运行的长效机制,如考核激励机制、创新机制等,致使职工教育某种程度上出现了无序状态。如职工学校学历教育和非学历教育发展出现不平衡性,各职能科室组织职工培训出现“单打独斗”现象,缺乏部门间的协调配合,不能有效整合优质培训资源,影响到培训设计方案的合理性,从而影响到培训的效果,使职工教育职能没有充分发挥其应有作用。

5.教育培训创新不足,培训效率有待提高

从培训方式看,目前培训主要以集中课堂式共性内容培训为主,对各类培训及各种岗位人才需求和技术性质没有做深入研究,致使培训方式单一,缺乏个性化和创新性。从培训的内容看,系统性、新制度、新规范、新工艺等内容及时性不强,某些培训内容和方式针对性不

强,影响了培训效率的提高。

四、做好职工教育的建议及对策

随着公路现代化事业的高速发展,对各类人才的需求越来越迫切,公路要发展,人才是基础,公路事业发展对人才的需求对职工教育工作提出了更高的要求。针对公路职工素质现状和职工教育存在的各种问题,我们必须下大力气做好职工教育工作,提升公路职工的整体素质,为公路事业的发展提供有力的人才支持和人才保障。

1.完善职工教育组织保障,形成职工教育联动机制

完成职工教育的五个要素是单位、职工教育部门、各职能部门、基层用人单位、职工。五个要素应形成完善的组织系统,各负其责,形成"五环联动"的教育长效机制。

单位从制定人才培养中长期规划、用人政策导向、职工考核激励机制等方面出台职工教育的方针政策,将职工教育列入年度工作计划,做好总体的统筹规划。

职工教育部门作为具体承担职工教育职能的部门,要起到以下作用:一是制度保障作用。完善职工教育各项管理规定,使职工教育工作有章可循,为职工教育提供制度保障;二是统筹计划作用。在调查研究的基础上,根据单位政策规定,作好年度职工教育工作计划,有规划、有步骤地开展职工教育活动。三是组织协调作用。在单位的统一部署下,协调各部门、各单位进行合理安排职工教育活动。要明确组织各个层面人员学习的责任人和主要职责,明确各个层面人员在职工教育活动中的作用和要求,明确将学习任务完成情况与各个层面人员的考核、奖励、晋级和处罚相结合,使学习教育活动落到实处;四是支持服务作用。要为职工学习教育活动的开展提供坚强后盾,在学习教育场地、师资、网络、考核等方面配合各职能科室、各基层单位完成各项职工教育工作,为职工教育工作的实施提供强有力的支持和服务;五是考核检查作用。要根据单位职工教育总体规划和要求对各单位和部门的职工教育工作分阶段进行检查和评价,并将职工教育的落实情况作为对各单位总体工作的一项重要指标列入年度工作考核评价体系中。

单位各职能部门要制定专项教育培训计划,起到组织实施作用。对所分管专项工作人员素质和业务知识技能需求做到及时摸底、及时掌握,制定合理的专项教育培训计划,并具体组织实施,保证各专业人员的素质能与公路发展事业要求相适应。

各基层用人单位要根据上级主管单位职工教育工作的统一安排,组织参加各类培训,并根据各单位具体情况,自行组织切合实际的教育培训,起到补充作用。

职工个人要根据单位用人政策,作好个人成长规划,积极主动利用各种方式提高自身素质,为公路事业发展做出贡献。

各层级、各要素各司其职,相互协调,有机配合,就会形成充满活力的"五环联动"的教育长效机制,形成公路职工教育的组织保障。

2.加强职工思想道德教育,提高职工干事创业激情

把思想道德教育当作全面提高职工队伍素质,加强管理水平的大事来抓。用社会主义核心价值观和公路文化凝聚人心,形成合力,树立职工爱岗敬业和主人翁责任感,全身心投入到公路养建事业中。

3.创新职工教育方式组合,有效提升职工教育效果

改变以往以大课堂培训为主的教育培训方式,职能科室要与职教部门、用人单位认真分

析培训的性质、内容、人员的素质、需求等,利用多种形式组织职工学习教育,做好每年度职工教育的详细方案,保证各类人员素质和技能提升符合单位对职工培养规划的整体要求。具体采用的培训方式为如下。

一是学历教育与非学历教育相结合。对学历层次相对较低或与岗位专业不对口的职工,要鼓励参加系统的专业知识学习,参加学历教育的学习。

二是中期培训与短期培训相结合。对于专业知识能力薄弱的职工的培训要以进行 10 天~3 个月的中期封闭式集中培训为主;对于容易理解接受的理论培训可采用短期集中或视频集中方式进行,尽量增加培训人员的广度。

三是理论培训与实践操作相结合。对操作性强的技能性培训要采用理论和实践相结合的方式。如试验员、机械操作手等。

四是共性培训和个性化培训相结合。在对共性化知识技能培训的基础上,还要注重个性化长期的量身定制的培训方式。如对实操性强,技能不易一时掌握的专业财务、工程技术、机械操作手等采用“师徒式”培训方式,鼓励有较高理论和实践水平和能力的专业技术人才,承担“双师型”教师,为传、帮、带培训人才做出贡献,更有效地提高学习的效果。

五是“远程送教”与集中培训相结合。在集中培训方式容纳人数有限的条件下,对于实操性强、培训人数多的培训项目,可采用远程送教的方式进行,培训组织部门和培训教师采用流动教学培训的方式,下到各基层用人单位进行实地培训。这样既降低了培训成本,又能增加参加培训的总人数,对各单位个性问题的解决也增加了针对性,可提高培训的效果。

六是线上与线下相结合。在互联网时代,网络在线学习和利用手机终端的微课程学习已经成为常用的培训学习手段。在个性化学习的过程中,可利用单位网站,开设职工教育在线学习平台,以这种方式解决职工学习的工学矛盾,又增强培训内容的系统性和培训的长期性。对于需要及时掌握和更新的新知识、新规定、新标准等,内容重要但容量不大的内容,可制作微课程,利用手机终端随时随地学习,及时解决问题。

七是“走出去”和“引进来”相结合。单位要加大职工教育的资金投入力度,除“引进来”聘请专家学者进行讲授搞好内部职工培训外,采用“走出去”的办法,分层次、分批次走出去接受最新前沿理论和技术的培训,拓宽视野,提高管理、生产的能力和水平。

采用以上七种学习培训的方式或多种方式相结合,形成立体式、多层次、多方位的培训体系,既注重培训的质量和效果,又注重培训成本的投入合理性,为今后搞好职工教育提供参考。

①强化重点岗位技能培训,着力解决人才严重短缺岗位问题。

针对重要岗位人才严重短缺的问题,建议利用工闲季节,采用中期集中培训的方式缓解。具体措施如下。

一是针对机械操作手人才短缺和无证上岗存在的隐患问题,可与相关技校建立合作培训关系,利用其场地、师资、机械等进行封闭式集中培训。由职教部门和职能科室共同协调联系,各基层用人单位分批派出人员参加培训。使机械操作人员熟练掌握机械的操作、保养、维护等方面的专业技能,同时取得国家承认的资格证书。

二是对财务人员、文秘人员和工程技术人员的培训,可利用附近高校的资源,各用人单位选派具有一定专业基础、爱岗敬业的人员参加培训,与高校共同制定培训教学计划,进行集中封闭培训,使以上三类人员较为系统地掌握专业知识和专业技能,为今后的工作打好基础。

②建立健全人才保障机制,为公路事业发展提供后发力量

在调查中发现职工学习自觉性不强、缺乏自我成长的意识问题,人员专业与岗位配置不合理的问题等,被动学习势必影响教育的效果。所以应建立一系列人才培养、考核、使用、待遇的长效机制,保证人才的持续增长,为公路事业发展提供持续的内在活力和后发力量。

一是建立人才选拔任用机制。建立人才库,切实加强对高素质人才的管理和培养。采取岗位聘用、竞争上岗等办法,实现人才合理配置和人才合理流动,选拔高素质人才进入重要岗位和后备队伍岗位,做到人尽其才。

二是建立职工教育考核激励机制。对职工培训及学历教育确定个人目标,制定对职工参加学历教育的奖励制度,形成激励机制。把参加培训和学历教育情况作为对职工考核评价和岗位聘用的重要依据,并为单位用人决策提供重要参考。

三是建立人才成长机制。与上级人事劳资部门协调,增加各种等级职称的职数,降低不同身份职工取得专业技术职称资格的门槛,为职工自我成长创造上升空间。鼓励职工通过自主学习,主动提高素质和专业技术水平,获得专业技术职称。增加聘任的比例,相应地提高待遇,使职工实现自我成长,也为单位人才结构的改善提供源源不断的动力。

四是建立人才引进机制。出台人才引进的政策措施,采用向院校和社会公开考核招聘的方式,引进各类严重短缺的高素质专业人才。对用得上、留得住的人才,选入单位人才库。在人员超编的情况下,先以合同制方式聘用,随着现有正式人员逐渐减少,特别是退休高峰到来时,将进入人才库的合同制人员优先纳入正式编制,为单位发展提供人才后发力量。

通过以上各种机制的建立,使职工的学习动力转化成强烈的学习欲望,使学习成为职工的自觉行为,使职工教育活动充满生机和活力。所以,用好"培养、考核、使用、待遇"相结合的激励机制,充分发挥它的整体效应,才会充分调动职工接受学习教育的积极性,为单位的发展提供强有力的人才支持。

五、结语

总之,职工教育是一个永恒的话题。面临新形势和新任务,加强职工教育工作比以往任何时候都更为重要和迫切。要使职工教育充分发挥其引领先行的作用,全面提高公路职工的理论素养、业务水平、专业技能和整体素质就是我们面临的新任务和义不容辞的责任,应以高度的责任感和使命感实现公路事业的新发展。

一等奖

新形势下如何推动公路行业内刊创新发展

宗　鹏

（内蒙古自治区乌海市乌达公路段）

摘　要　公路内刊作为公路文化的重要载体，在新时期公路事业变革中扮演着重要的角色。尤其是在知识经济日益繁荣、文化软实力成为战略发展制高点的今天，加快推进公路行业的内刊创新，不论是对公路文化建设自身，还是对于公路行业高素质、高能力的人才队伍的培养，都有着巨大的理论意义与现实作用。

关键词　公路文化　公路内刊　新形势　知识经济　创新

一、引言

在市场竞争日益激烈的今天，知识经济迅速崛起，文化建设已逐渐成为行业竞争力的决定性因素，各企事业单位都已经将打造行业品牌文化列入自己团队的长期战略规划之中。如今，公路行业的传统体制也正受到巨大冲击，在这个体制与观念都亟待更新与解放的非常时期，建设属于自己的、与时俱进的公路行业核心价值体系和行业特色文化显得尤为迫切。作为公路文化承载的独特载体——公路内刊，是公路文化的外化宣扬形式；优秀的内刊是创造企事业单位无形资产和社会资源的重要手段，在企事业单位文化建设和发展中具有十分积极的影响作用和价值意义。在新形势下的今天，企业内刊如何才能积极有效地发挥出其历史价值和使命，是现代内刊发展创新的首要问题。

二、公路内刊相关概念阐述及其作用

1.公路内刊概念阐述

内刊，是指在本系统、本行业、本单位内部，用于指导学习、工作、交流信息的单本成册或连续性（刊型、报型、半月期、三印张以上）非卖印刷品，不包括机关公文性简报等信息资料。它与市面上公开发行的报刊的根本区别是不能公开销售，但可以公开赠阅。

公路内刊，顾名思义就是公路系统中的内部刊物，不具有正式刊号的内部交流刊物，它服务于公路文化建设和发展，对于公路系统而言，在公路文化权重日益凸显重要性的时代发展背景下，加强公路内刊的管理和规划具有十分重要的现实价值和意义。

2.推动公路行业内刊创新的必要性

①在与公路文化关系上，公路内刊，是公路文化前进、发展的推进剂；公路内刊，是公路文化的外化宣扬形式，优秀的公路内刊是创造公路行业无形资产和社会资源的重要手

段,在公路文化建设和发展中具有十分积极的影响作用和价值意义。加强公路文化建设,是现代公路事业全面协调可持续发展的大势所趋,对规范和推动公路事业又好又快发展有着重要的现实意义和深远的历史意义。在日益重视公路文化建设的今天,推动公路行业内刊创新,既是有效促进公路文化发展的有效途径,也是公路文化自身适应如今客观实际的必然要求。

②促进公路行业内刊发展,可以有效提高公路行业工作人员写作能力和语言表达水平。职工的综合素质普遍偏低,文化水平不高,专业技术知识缺乏。以笔者所在的工作单位——乌海市乌达公路段为例:该段一线养路职工基本均为专科以下学历,个别为专科学历;管理人员多数为专科学历,个别为本科学历;而研究生及以上学历的人数为零。由此产生的直接问题就是,职工的职业能力素质与公路行业当前实际需求存在差距,公路事业的发展因职工自身的素质而受到影响和限制。细化到公路内刊上,受教育经历影响,职工们的表达能力和书写能力是亟待提高的。“熟能生巧”,多参加公路内刊的撰写,是提高公路职工自身书写水平的最为有效的途径。

③推进公路行业内刊创新,有利于公路系统内各部门、各科室之间的信息传递,达到资源共享、信息共用。根据笔者在乌海市公路管理局乌达公路段——公路系统最基层单位——两年的工作经历,虽然公路系统是养护生产单位,可系统涉及的工作是很多的:养护生产、党务工作、公路文化、精神文明、职工教育、工会、计生、劳资等等,都涵盖在日常工作之中。那么,每项工作的动态、始末及成果又如何能形象地反馈到上级部门那里,并让整个公路系统的职工周知呢?公路内刊无疑就是最好的手段,它以文字表达的形式,将各项工作在一定时段内取得的进展进行详细表达,是公路系统内部信息传递最实用、最快捷的方式。而且,每期公路信息的出刊,往往需要各部门、各科室间的相互配合;每项工作都是相互交织相互合作完成的,因此公路内刊信息的上报,也需要了解其他方面工作的信息;公路信息出刊后,也会在单位内部进行传阅,有助于部门间相互了解工作信息,实现资源共享、信息共用。

三、公路内刊现今存在的问题分析

首先,公路系统内刊的制作必须有专业化、完整化的编辑团队,这极大地增加了公路系统内部人力资源的调度难度。基层公路养护单位的部门设置通常为办公室、生产办、财务室三个主要科室,可无论哪个科室,都没有专职的内刊编辑,对内刊的相关专业知识掌握有限。包括内刊文章编写、审阅、校验和刊物排版、编辑、策划、美工等诸多方面,都没有经过专业培训,从而增加了公路内刊发布的前期工作难度。

其次,公路内刊并没有职业通讯员供稿,基本是依靠公路员工自发写作投稿,且公路内刊供稿对员工并无强制力,这使得公路内刊稿源极为缺乏。公路系统不管哪个部门的工作人员,往往都身兼数职,以基层养护单位公路段的办公室工作人员工作职责分配为例:通常一个办公室有两到三名工作人员,一人负责党务、计生、工会,一人负责精神文明、职工教育、公路文化,另一人负责劳资、老干部、后勤。这当中负责公路文化的这位职工负责公路内刊的出刊,而这位负责公路文化的职工本来就已经因为冗多的工作“心有余而力不足”,至于其他不负责公路文化的工作人员,更是“事不关己,高高挂起”,不用说公路周刊的投稿要求,职工们一两个月投一篇半篇已是常态。

最后,从职工业务能力素质层面分析,公路系统虽然不缺个别文笔能力突出、知识储备丰富的人才,可从整体上看,公路系统基层单位职工的综合素质普遍偏低,文化水平不高,专业技术知识缺乏。以笔者所在的乌海市乌达公路段为例:该段一线养路职工基本均为专科以下学历,个别为专科学历;管理人员多数为专科学历,个别为本科学历;而研究生及以上学历的人数为零。由此而产生的直接问题就是,职工的职业能力素质与公路行业当前实际需求存在差距,公路事业的发展因职工自身的素质而受到影响和限制。文笔水平不高、知识储备匮乏、表达能力差,连普通的文稿都难完成,何谈公路内刊这类正式的文稿撰写。

四、新形势下推进公路内刊创新的途径

在如今新形势下如何实现公路行业内刊的创新,它所包含的,并非仅创新一个方面的内容;而是包含着"办好"和"创新"两个层次的内容。办好公路内刊,是公路内刊创新的基础;实现公路内刊的创新,则是新时期下公路内刊取得新突破、实现新发展的必然要求和唯一途径。

1.关于如何办好公路内刊的相关建议

①办好公路内刊,首先要提升对公路内刊的重视,增强公路内刊的投稿强制力,让如今的"自发性"投稿转变为"强制性"投稿。

前文提到,如今的公路内刊的投稿方式是公路系统职工自发进行投稿,稿件来源仅仅依靠职工的自觉性。而如今的现状则是,当公路系统领导拿到一份公路内刊,简单阅览之后就了无于事,只看到这份内刊的成品,却不了解它的投稿过程;负责公路文化的职工,对其他职工又没有指挥权,更没有强制职工投稿的权力,收稿仅仅依靠那些"自觉"的职工,而现实则是,自觉的职工少之又少,而且存在着惰性,投稿数量、质量均不理想。公路内刊,出的就是公路信息,如果连最基本的投稿都没有,怎么出内刊?如何谈创新,因此,办好公路内刊,必须将公路内刊投稿制度化,具体可以仿照公路一线养护职工的行车路单管理制度,将每人投稿的数量定量定额,使投稿具有强制性。

②办好公路内刊,应建立相应的奖惩机制,多投多奖,少投不奖,未完成定量任务则适度惩罚。

如今公路系统的投稿,完全凭靠职工的自觉,因此导致信息上报数量质量极差。除了公路内刊投稿强制力不够,还有就是因为如今的公路内刊投稿缺乏正规的、明确的奖惩机制。经常会听到职工抱怨:干活的是就那几个,不干活的是从来不干;公路内刊投稿亦是如此——积极投稿的人往往就是那几个。也正是因为有这几个积极分子,才保证公路内刊可以如期出刊,从而让领导觉得不存在问题。积极投稿的人得不到半分奖赏,从来都不投稿的有惰性的职工却相安无事,没有任何惩罚,长期如此,这会大大打击这些"积极分子"的投稿热情——反正不投也没惩罚,何必多做工作之外的事,从而逐渐在单位里形成相互观望的惰性氛围,消磨认真工作的职工的上进心,甚至不利于各项工作的有效开展。唯有建立"多投多奖""少投不奖"和"未完成定量任务的适度惩罚"的公路内刊投稿奖惩机制,才可鼓励更多有投稿意向的职工去踊跃投稿,收到更多高质量的稿件。

③办好公路内刊,务必加强各部门、各科室之间的联系,增强相互理解,促进团结协作。

公路内刊的出刊,需要完成信息收集、撰写、编辑、排版等环节,其中,最重要的就是前期信息的收集,即投稿。公路行业虽然为养护单位,但日常所涉及的工作是诸多方面的大大小小有十几个方面;这么多的工作,显然不可能由一个部门去全盘完成,更不可能由一个人去完成,因此,才会有分工,每个人有着自己的职责。这在提高工作效率、优化精细管理的同时,却也带来了一定的弊病——每个人只负责自己的"一亩三分地",各自为战。尤其在公路系统,不同部门职工间特别缺乏相互协作、相互理解的精神。而公路系统的工作往往大多都需要各部门间的紧密配合完成。具体到公路内刊上,往往因为生产办重生产养护而轻信息报送,因而使得公路内刊信息资料不全、不准,养护生产方面信息匮乏。

2.新形势下实现公路内刊创新的有效途径

①利用新时期互联网功能实现公路内刊价值。

21 世纪是信息技术飞速发展的时代,互联网的快速发展对各行各业突破传统性发展的影响是有目共睹的。利用互联网优化内刊编辑环境是新时期下内刊编辑发展的根本趋势。互联网网络平台是一个比纸质报刊环境更大、更快、更高效的信息发布平台,网刊的融合和互动能够极大程度地降低公路内刊的营运成本,并且妥善解决了内刊编辑组稿困难、受教面窄、互动匮乏的问题,依靠互联网发展,公路内刊可以实现公路信息的快捷化、准确化传递,有利于公路文化的建设与宣传;而且互联网网络平台凭借超大的信息存储环境,可以将内刊文本信息进行分类化的存储管理。利用互联网信息共享的特点可以摘录相关的博文、帖子来丰富公路文化的内涵。因此,内刊的发展要充分利用时代资源进行创新变通,通过网络、电子杂志等新媒体平台加快内刊和网络的融合发展,实现网刊多元化传播的理想效果和模式。

②公路信息报送、发布,应当与电视台、报社、电台等各大新闻传播媒介挂钩,拓宽公路信息的宣传渠道。

如今的现状是:一份公路内刊出版,阅读的人群仅仅局限于公路系统内部;单位主要领导一人一份,上级机关的主要部门各报送一份,一期的公路内刊"任务"便完成。可是,这份公路内刊的价值却还丝毫未被挖掘——从出版到被读者阅览,始终未曾面向社会公众。在公路行业的日常养护工作中,往往有很多很好的新闻素材,而且这些素材来源于一线,宣传、利用的价值非常大,可却就因为缺乏相关的宣传渠道,这些素材被生生浪费,公路信息的价值未曾得到彻底体现。基于此现状,务必要建立一条公路系统与各媒体单位相连接互通的渠道,是实现公路信息面向社会、面向大众的必然要求和有效途径。

③重视公路行业优秀人才培养,挖掘职工的文笔潜力,以各种活动方式来丰富公路内刊的形式和内容,把公路内刊办得有声有色。

马克思主义哲学认为:"事物在曲折中前进,在前进变革中发展,发展的实质是创新"。创新,就要有不破不立的勇气;那么什么是不破不立?破的是什么?破的是传统,是墨守成规。公路内刊的传统模式,就是单调的收稿、编辑、出版、发布,无奖励、无活动、无特色。因此,实现公路内刊的创新,归根结底还是要回归到"人"和人才的概念上;通过举办类似于"公路赛诗会""公路优秀内刊评选""公路年度内刊"等活动来调动职工们的投稿积极性,赋予公路内刊新的活力,并充分挖掘职工写作潜力,各单位都要着力打造一支综合素质高、业务能力强、文笔写作突出的人才队伍。

五、结语

加强公路文化建设,是现代公路事业全面协调可持续发展的大势所趋,对规范和推动公路事业又好又快发展有着重要的现实意义和深远的历史意义。作为公路文化的重要载体,内刊在新时期公路事业变革中扮演着重要的角色地位。随着科技和经济社会的迅猛发展,公路内刊若想取得新突破、实现新发展,就必须与时俱进、不断创新;同时公路内刊的创新变革仍有很大的发展空间,仍需要公路人脚踏实地、不断探索。

一等奖

公路职教工作的发展环境和发展策略浅析

李 敏

(安徽省高速公路路政支队合淮阜大队)

摘 要 新时代要求公路职教工作有所新作为,以为公路行业的持续发展提供动力。本文从公路职教工作面临的社会环境和行业内部环境入手,提出新时期加强公路职教工作需要从供给侧结构性改革入手,转变公路职教供给理念,优化供给内容和质量,丰富供给方式,推动公路职教工作新发展。

关键词 公路 职教工作 发展环境 发展策略

一、引言

公路职教工作关系着公路行业的持续发展。目前我国已进入中国特色社会主义新时代,公路职教工作如何适应新时代,开创新局面,做出新贡献是摆在公路人面前的大事情,不得不察。笔者对当前公路职教工作的发展环境作浅要分析,并提出相应发展策略,以尽一名公路人的责任和义务。

二、公路职教工作发展环境分析

1.社会环境分析

①我国社会主要矛盾的转化对公路行业提出新要求

当前我国社会主要矛盾已经转化为人民日益增长的美好生活需要和不平衡不充分的发展之间的矛盾。公路作为人民群众出行的重要载体,随着消费需求结构日益升级,人民群众对公路的要求从之前的希望有路走发展到希望得到更加舒适便捷、安全畅通、经济高效、节能环保的综合型公路服务。公路行业要积极响应社会主要矛盾的转化,就要不断提升公路行业的整体水平,不仅要提升公路基础设施的水平,更要提升公路人的水平,归根到底还是要提升公路队伍的水平。公路职教工作作为提升公路人的综合素质的重要途径,在新时代社会主要矛盾转化的背景下更要有所作为。

②交通强国战略对公路行业发展产生深远影响

十九大报告提出交通强国的宏伟目标,“要想富,先修路”,公路行业作为交通运输事业的重要组成部分,它的发展事关地方经济振兴和能否打赢脱贫攻坚战,新的历史时期,人民对这个行业抱有更高的期望。未来的公路行业将向“高科技支撑、高品质服务、高素质队伍”的方向发展。公路职教工作要在交通强国这个大的战略目标的指引下将具体工作落到实处。

③改革的不断深化对公路行业的重塑

十九大报告指出要“深化机构和行政体制改革”,改革是大势所趋,公路行业属性多样,通过改革将呈现行政职能、执法职能、公益服务职能、市场经营业务分离的局面。但无论怎么改,公路行业的发展始终离不开“人”这个关键因素,职教工作是做“人”的工作,通过提升人的素质,练好行业的内功,才能在改革的浪潮中经受住各种考验。

2.内部环境分析

①对职教工作重要性认识存在两面性

说起职教工作,上到单位部门,下到公路职工个人普遍觉得很重要,但落实到行动上就是“雷声大,雨点小”了,忙起来甚至连个小雨点也没了。为什么?公路行业改革时期,不少职工甚至领导的思想观念还未完全适应新形势的发展要求,缺乏竞争意识、市场意识、风险意识、服务意识、效率意识、创新意识等,反映到现实层面就是单位职教工作出现形式主义,不能脚踏实地地制定出职教工作的长远规划,不能及时有效地掌握职工的职教需求,造成职教工作不连续,针对性不强,不能有效解决实际问题,致使本来属于职工丰厚的职教“福利”成了食之无味的“鸡肋”。有的职工安于现状,不思进取,受教受训意愿不强烈。双方在职教方面不能和谐共鸣,职教工作难有起色。

②职教工作供需失衡

一是供给缺乏深入的需求分析打基础,导致部分教育培训内容不符合基层公路职工的发展需求;二是供给质量有待进一步提升,传统的台上讲台下听、填鸭式的教学模式亟待更新,缺少一批有影响力的精品课程;三是后续跟进服务不力,缺乏有效的教育培训效果评估环节,影响了下一轮教育培训的改进。职工需求没有得到很好地满足。

③公路职工产生职业倦怠,亟待职教工作跟进

不少职工在一个岗位上一干就是多少年,加上社会多元化思想的冲击以及本身面临的一些现实问题,职工的行业归属感和认同感降低,工作热情被消耗,产生了职业倦怠,导致公路人力资源流失。公路行业的持续发展需要公路人的持续热情和智力的注入,职教工作应与时俱进,及时把握公路人的思想动态,通过扎实有效的工作开展来激活公路人的激情与潜力。

三、职教工作发展策略——注重“供给侧结构性改革”

公路职教工作一头连着公路部门,是为供给侧,一头连着公路职工,是为需求侧。公路职教工作的发展可从供给侧或需求侧发力,需求侧发力要求通过激发职工参与教育学习培训的积极性来成就,而这个积极性最终还是要通过供给侧来激发和实现的,所以公路职教工作中面临的问题主要在于供给侧,因而做好新时代条件下的公路职教工作,应注重供给侧结构性改革,就是要从服务于公路行业发展这个大的战略出发,科学、合理、高效地配置相关资源,推进公路职教供给结构的战略性调整,增加有效供给,增强供给结构对需求变化的适应性和灵活性,实现有效开发公路人力资源,促进公路行业持续发展的目标。

1.转变供给理念

思想是行动的先导,在进行公路职教供给侧结构性改革的过程中须优先转变理念,围绕

着服务公路行业发展大局的目标,树立起服务公路职工、满足公路职工的发展需求的思想,将目标导向和问题导向有机结合起来,不断升级优化职教的课程结构、师资结构、考评结构,变单一灌输式的职教模式为双向互动良性循环式职教模式,重点放在有效提升公路职工的核心素养上,包括践行公路文化和系统思考解决问题的能力、创新的精神、团结合作的态度等。

2.优化供给内容,提高供给质量

①做好需求分析

有效的供给始于清晰的需求分析。需求既有组织需求,也有职工需求。就组织需求而言,公路行业的不同领域需要引进、培养、使用不同的人力资源:工程建设养护领域需要专业技术过硬的技术人员,执法领域需要能公正精准的执法人员,服务领域需要细致周到的服务人员,而各领域都需要的有思想政治信念坚定、管理理念先进、管理技巧高超、管理成效显著的管理人员。就职工需求而言,主要包括对知识、技能和精神三方面的需求:知识方面的需求关注的是知识的多样性、实用性以及获取知识的渠道和途径;技能方面的需求关注的是立足岗位,解决具体问题的技巧和能力;精神需求关注的是职工对行业的认可度及对自身发展的满意度。而不同类别的职工需求的重点亦有不同:新进职工急于在岗位上一展身手,他们更多关注的是获取岗位相应技能和单位领导同事的认可;青壮年职工已有了相当的工作经验和工作年限,他们更多关注的是自身职业生涯的规划与实现,希望在职位职级上有所提升;老职工的职业生涯基本定型,但他们也希望发挥余热,在传帮带中起到一定作用。需求不同,职教重点亦有不同,要分类对待,有所区别。工作中,不同需求不可能同时被满足,应依据单位部门的发展目标、规划、阶段重点、发展短板加以选择。需求调查是需求分析的基础,要在日常工作中建立健全职工档案,通过问卷法、访谈法、观察法、讨论法、自我分析法开展需求调查,并在此基础上加以整理、分析,以便因人制宜、因事制宜、因职制宜。

②做好实施工作

一是根据需求分析来确定职教主题,科学拟定计划方案,设置好教育培训课程,配备好师资力量,要结合行业发展和职工队伍发展打造出一批系统性的精品课程和品牌师资,精品课程要有战略思维、国际视野、创新角度,能涵盖前沿的科学理论、时事政策解析、行业技术成果、经营管理之道、行业文化建设、心理健康教育等方面。师资可统筹行业内的领导、专家、骨干、模范力量和外部的高校、培训机构的力量,可以探讨以招投标的方式对外部师资力量进行筛选,以便为职工扩宽受教受训渠道。二是革新教学模式,综合运用讲授式、辩论式、案例讨论式、情景再现式、实地考察式等多种形式,变台上独角戏为上下互动式,让教学生动活泼起来,碰撞出新的思想火花。三是多方位进行结业考核,教育培训进行中及结束时,综合运用笔试、讲演、模拟测验、提交学习心得等方式进行,以加强教学反馈,互为促进。四是制定相应的激励政策和制度,主要是奖惩机制和升迁机制,把受训者所得的知识、技能的提升与待遇和机遇相挂钩,形成职工竞相参训、积极实践的局面。五是预留充足的职教经费,保障职教工作顺利开展。

③做好后续跟进服务

职教部门要跟进考察职工受教受训后在实际工作中的表现,可由其直接领导、同事、服务对象等对其进行评估,要看经过教育培训后,职工的士气是否振奋了,服务水平是否提升了，单位的运作效率是否提高了，人才流失现象是否减少了，投诉比例是否下降了。各单位部门要根据自身的综合评估，及时与职教部门进行反馈，以便职教部门对下一轮的教育培训做出改进，促进教育培训的良性循环。

3.丰富供给方式

公路行业点多线长面广，职工众多，集中式的教育培训已不能充分满足职工的受教受训需求，需要多渠道开拓职教供给方式，方便职工随时随地受教受训。目前公路行业的现代传媒设备配备较为齐全，可实施多媒体教学、网络远程教学，手机普遍人手一部，可开通微课堂等。职教部门要保证线上课件质量，加强在线管理。要与公路行业的文化建设、劳动竞赛等有机结合起来，促使公路职工在良好文化氛围中加强自我教育培训，不断改进和提升自我。

四、结语

公路职教工作是一项长期的、动态的、系统的工程，事关公路行业的发展前景和每一个公路人的前途，必须提升到公路行业发展的战略层面上考虑。供给侧结构性改革是经济发展新常态下的战略思路，对公路职教工作的长远发展亦有着重大的指导作用，应加强研究与实践，实现公路职教工作新的发展与突破。

二等奖

公路职工教育市场化的管理学思维

——以重庆市合川区为例

贺友平

(重庆市合川区公路局)

摘　要　近年来,公路职工教育(以下简称公路职教)研究如雨后春笋般出现,这表明公路职教工作越来越受到各级层领导的重视。但在改革的实际进程中,公路职教还存在诸多不足。如何有效解决这些实际问题,探索一条符合本单位乃至推广到全国的公路职教新路成了当前研讨的主要课题。本文以作者先前撰写的《公路系统职工教育市场化探索的实践与思考——以重庆市合川区为着眼点》一文中的公路职教市场化的基本理论为前提,对公路职教的计划、组织、领导、控制、反馈和创新等管理过程的进行了分析,从管理学的视角对新形势下的公路职教市场化实践进行了再探讨与再思考,力争进一步论证公路职教市场化的科学性和有效性,从而不断丰富和完善公路职教市场化相关理论。

关键词　公路　职工教育　市场化　管理学

一、引言

21世纪是知识经济世纪,21世纪的竞争是综合国力的全面较量,综合国力的竞争归根结底是人才的竞争。公路作为国民经济发展的动脉,其重要性日益凸显。在公路的全面发展中,公路人才(特别是各级层的公路职工)的发展成了重中之重。笔者曾在《公路系统职工教育市场化探索的实践与思考——以重庆市合川区为着眼点》一文中,对公路职教的现状和存在的问题及市场化实践做过解剖分析和索性地思考。虽然该理论暂时还没有得到广泛认可和全面有效实践,但在经济市场化、规范化和国际化不断加强的背景下,公路职教的市场化是大势所趋。本文以公路职教市场化的基本理论为前提,通过对公路职教的计划、组织、领导、控制、反馈和创新等过程的管理,从管理学的角度对新形势下的公路职教市场化实践进行了再探讨、再思考,力争为相关研究者和决策者提供一些参考。

二、公路职教市场化简述

1.相关概念

根据市场化和公路职教的相关定义,综合国内外相关研究理论,笔者将公路职教市场化归纳如下:以公路建、管、养等公路事务实际需求为核心,依照市场经济理论,用市场作为解决公路职教领域问题的手段,通过发挥市场优化资源配置、提高生产效率、促进技术革新等,全面提升公路职工的思想政治理论、技术技能、情商等综合素质的一种委托性教育手段。

主要内容包括公路职教主体的市场化(即具体组织者和实施者)、教学内容的市场化、师资力量的市场化和教学成果考评的市场化。

2.发展情况

从全国来看,公路职教的市场化,受经济发展不均衡和各级层重视程度不够等综合因素影响,现阶段在我国的提法还较少,相关的研究理论也不多,没有形成一种体系,可谓是先天发展不足,后天发展乏力。

而重庆市合川区的公路职教市场化,亦与全国的发展情况相同。虽然探索出了公路职教市场化这条新路,但受诸多因素的影响,却只有部分理论得到了真正实践。

3.存在的问题

重庆市合川区的公路职教市场化,在实践中主要存在市场化层度不够和市场化管理严重不足两大问题,表现在以下几个方面。

①各级认识有偏差,推进缓慢

国家级和重庆市级的公路机构和领导往往能洞察、把握公路职教市场化的最新发展成果、存在的不足和未来的发展趋势,基本也都能做到职工教育的顺势而为。但在职工教育市场化过程中,对基层职工受教育的具体情况、存在的实际问题等问题上认识偏差较大。合川区级的领导,尽管能按照上级要求落实和加强职工教育,但并非完全是在公路职教的改革上下功夫,导致公路职教市场化探索推进缓慢;加上资金不足等问题,往往让本级的领导出现“有心栽花、无心保成长”的尴尬现象。公路职工受工学矛盾突出、激励措施没跟进、个人负担重、思维安于现状等因素的影响,无心参加职工教育或是不能主动、深入参加职工教育,对公路职教市场化认识还停留在“休假和疗养”的层面上。

②市场化实践过程中“内忧外患”

重庆市合川区公路局将公路职教推向市场后,一定程度上提高了公路职教的针对性和有效性,调动了部分公路职工学习和工作的积极性、主动性;也为200余名不同背景、不同经历、不同需求的公路职工提供了新的提升自我知识技能的学习机会,让他们拥有了更加灵活的学习方式和丰富多彩的学习内容,一定程度上满足了他们日益增长的文化需求和心理需求,更是充分发挥了市场的作用和有效利用了社会资源。

然而,由于市场化程度不够和经验严重不足,重庆市合川区的公路职教工作存在如下问题:一是学习内容针对性不强,大多是基础性的通识课程或是针对个别理论泛泛而谈;二是在学习时间上没有延续性,部分学员的学习时间得不到保障,不能建立和形成固定的职工教育机制;三是学员在年龄、学历、技能等方面差异较大,教学难度大,缺乏学习耐心;四是教育的成果不能兑现,完成任务的被动学习多于积极主动学习,学习积极性和主动性受到严重影响;五是教师与学员之间缺乏必要的教学交流与互动研讨环节等,理论与实践脱节严重。六是偶尔出现“拍拍照”“合合影”等走过场现象,教育成果大打折扣;七是公路职教市场化这种新的模式,还没能得到上级和职工的真正理解和大力支持。

③市场经济规律影响推行进度

市场经济具有自发性、盲目性和滞后性。公路职教向市场化发展,定会受到市场经济规律的影响。在重庆市合川区,市场经济的自发性驱动了工商培训学校等部分教育机构为了牟利而提供一些质量较差的服务,影响了公路职工教育市场化教学质量和成果。市场经济盲目性则会诱导多个教育机构进入职工教育的行列,然而这些教育机构在公路职教的专业性和可靠性上还存在不足;市场经济本身的滞后性,没能反映出合川区公路职教供需的趋势,影响了公路职教市场化长效机制的建立。此外,区政府没有充分发挥宏观调控手段作用,优化教育市场资源配置。

④监管不到位

监管不到位主要表现在两个维度。一是对公路职教培训市场的监管不到位。合川区的部分职工教育培训机构的办学证件资质、硬件设备、教师管理、消防安全和卫生等状况还不够规范,虚假或夸大的宣传较为严重,市场监管部门监管力度不足。二是对公路职教市场化过程监管不到位。合川区交委和合川区公路局均没有专门的公路职教监管机构或科室,没有专人负责公路系统的职工教育,对公路职教疏于常态化管理;在教学内容、教学目标的审定上没有严格选择,对教学环节等缺乏有效监督;所邀请或聘请的担任公路职教的教师,很大部分是部门领导、某个领域的专业研究人员,缺乏具有研究型和实用性的“双资”教师;教学成果考评及成果运用形式大于内容,没有充分发挥教育的激励作用。

三、管理与管理学基本理论

1.概念

管理是指在一定的环境和条件下,机构为了实现特定的管理目标,动员和运用有效的资源进行的计划、组织、领导、控制、反馈和创新等社会活动。管理学是一门系统研究管理活动基本规律和一般方法的综合性、交叉性科学。管理是管理学的内容,管理学是关于管理的一门系统科学。

2.管理的职能

管理的职能在不同的发展阶段,其内涵和外延均有所不同。目前得到广泛认可的职能有:计划、组织、领导、控制、反馈和创新六大职能。

3.管理的基本原理

①人本原理

人既是管理的主体,又是管理的客体。即管理活动的核心和主体是人,它强调在管理过程中采取多种手段,对人的需求、思想和情感进行满足和激励,充分发挥人的主观能动性和创造性,为组织创造更大、更多的价值。

②激励原理

“人的需要产生动机,动机决定行为,行为取得成果,成果使人的需要得到满足。”激励原理是以人的各种需求为前提,通过满足需求来刺激人的主动性、积极性和创造性。包括生理激励、安全激励、社交激励、尊重与自我实现激励、物质与精神激励。

③系统原理

管理是一门系统的科学,必须进行深入细致的系统的分析、设计、优化、决策、实施和评价;以实现管理最优为原则,统筹协调处置管理的内外部因素,推动管理系统整体功能的发挥。

④效益原理

管理要求按照既定目标，用尽可能少的资源投入获得尽可能多的产出。虽然不一定是追求效益的最优，但都在向着追求效益最大的方向前进。

⑤动态原理

管理系统及其各要素之间的相互关系是运动变化的，应在动态中协调好各方面，动态抓好管理。

⑥能级原理

能级原理又被称为能级相称原理，是指根据人的能力大小，让不同才能的人处于相应的能级岗位，各尽其能，从而发挥组织的整体效能。

四、公路职教市场化的管理学思维

公路职教市场化的管理学思维是指用管理学的思维去推动公路职教市场化的实践和思考。公路职教市场化管理的实质就是对公路系统的职工开展教育的情况进行全方位监督管理的过程。随着公路职教越来越受到各级组织机构和领导的重视，而以当前的条件来看，绝大多数组织机构却都无相应的实力（包括软件和硬件实力）来开展此项工作，市场化应运而生。

合川区的公路职教市场化在探索实践中，存在的不足，需要用管理学的相关理论来加以规范和改进，使公路职教工作得到充分有效落实，为新形势下的公路事业打下坚实的人才基础。

1.可行性分析

①管理学是推动社会发展的"车轮"之一

现代科学普遍认为，"科学技术进步决定了社会生产力水平，从而推动社会发展的进程。但是，仅有先进的科学技术，没有先进的管理水平，没有相应的管理科学的发展，先进的科学技术无法得到推广和有效运用。先进的科学技术和先进的管理科学是推动现代社会发展的'两个车轮'。"由此可见，管理学作为一门基础性的学科，不管是在哪个系统都适用，而且应当全力推进其融合，提升工作功效。

②管理学是社会资源有效配置的手段

随着社会共同劳动规模的日益扩大，劳动分工协作更加精细，社会化大生产日趋复杂，科学有效的管理愈发重要；社会的高速发展需要将社会资源以更加科学的管理方式进行有效调动和配置；公路职教改革浪潮中，如何在复杂的环境下，将现有的人力、物力、财力的作用发挥出来，管理学将提供有效帮助。

③公路职教市场化过程实质是公路职教管理改革的过程

公路职教工作是整个公路系统工作赖以生存和发展的基础，深化公路职教工作改革是解决现行公路职教模式弊端、提升工作效率、顺应社会发展潮流的主动之举。公路职教的市场化正是在这样的背景下而产生的，它本身也是对公路职教管理工作的一种革新方式。公路职教改革与管理学相互促进，相得益彰。

④公路职教市场化发展需要融入管理科学

以往的公路职教模式受制于多种因素，不能满足公路事业发展的需要，服务也较为滞后,而公路职教市场化也还处在萌芽的状态,其理论和实践还需用管理科学来改进和完善;十九大后,机构改革全面拉开序幕,建设“四好”农村公路如火如荼,公路系统变革处于大有可为时期,管理科学融入公路职教市场化有现实契机。

2.具体运用

①计划

“计划是对行动的预先设计,在决策目标的指导下,以预测工作为基础,对实现的途径做出具体安排的一项活动。其过程是组织机构决策制定的过程。”

合川区的公路职教市场化按照“5W1H”模式制定教育计划:What——职教目标与内容的确定;Why——原因和意义;Where——职教地点;When——职教时间;Who——工作主体、实施单位和参与者;How——具体做法。

计划制定步骤:一级班子成员研讨和估量机会→研究设定公路职教目标和内容→拟订备选方案→二级以上班子民主讨论、评价和选择方案→预算和确定后勤工作。

计划制定要求:需要公路系统各领导、负责职教管理的科室、具体操作人员共同研究制定,计划必须要有弹性,要科学可行、符合实际情况和市场规律,内容要有粗有细,期限要有长有短。

②组织

合川区的公路职教市场化的组织是在综合优选确定具体教育机构后,由局属组织人事科负责实施(履行职工教育职能),将符合参加学习条件的各基层公路职工(包括临时工),按批安排起来参加学习教育。

组织程序:围绕教育目标,确定责任单位和组织机构→根据职责、权限,选拔专人负责职工教育工作→筛选和组织参训人员→监督、考核和服务受训者→成果整理和反馈。

组织要求:一是组织机构的选择综合考察参与竞争机构的基础设施设备、职教及管理能力、工作行为规范程度等多方面;二是组织实施中坚持了目标一致、分工协作、简单高效、动态适应的原则,要采取多种举措搞好综合协调和服务;三是后期工作注重了职工受教育情况的收集和反馈,注重学习活动的总结和改进,着眼于组织机构文化的不断积淀。

③领导

“领导是指引导和影响人们实现组织或群体的目标而做出努力与贡献的过程。”合川区的公路职教市场化的领导有两层含义:一是公路职教市场化工作的领导者,包括区交委和公路局主要领导、负责工作实施的分管领导;二是领导者对公路职教市场化工作施加影响、激发和挖掘公路职工潜力、营造公路系统良好气氛、实现公路职教目标、构建公路系统文化的过程。

合川区在选任公路职教市场化工作的领导者时,更加注重以下素质:良好的身体素质,心理素质(包括意志力、控制力、注意力、自信心等),业务素质(包括分析、综合、组织、沟通协调、决策、表达、创新等),政治素质,前瞻性、远瞻性,大局观和全局意识。

在领导公路职教市场化工作过程中,更加讲求创造性、应变性和沟通协调性,讲究受教育的公路职工、教师、教育机构等多方面的考察与比较。

④控制

控制是根据既定的标准,检查和衡量管理工作是否按照计划进行,若有偏差就查找分析原因并做出改进,以确保组织目标顺利实现的管理活动过程。合川区公路职教市场化的控制过程中,综合采用了预先控制、过程控制和事后控制。

控制的操作要点:确定控制对象→选择关键控制点→制定控制标准→衡量实际工作→鉴定偏差和纠正偏差。

控制的要点:突出重点,强调例外;具有灵活性、及时性、适度性、客观性、精确性和具体性;避免出现目标异变或扭曲;着力培养公路职工的自我控制能力,充分发挥控制的监督、纠偏、协调和激励功能。

⑤反馈

主要指信息反馈,即"由控制系统把信息输送出去,又把其作用结果返送回来,并对信息的再输出发生影响,从而为目标决策和工作改进提供有效信息。"

合川区的具体操作是:在公路职教市场化工作完成后,收集教育成果、存在的问题等资料,经过加工整理后,形成图表与文字结合的反馈报告,再将反馈报告作用于公路职教市场化工作。

反馈的重点:一是信息反馈真实、准确、全面、有效、有力;二是尽量缩短反馈周期;三是信息反馈多渠道、多信息反馈;四是注重反馈信息的细加工、深提炼、价值发掘和有效运用。

⑥创新

我国著名的管理学家周三多教授认为:"创新是一种思想以及在这种思想指导下的实践,是一种原则以及在这种原则指导下的具体活动。"

合川区公路职教市场化工作的创新,包括工作目标创新、组织形式创新、监管制度创新和环境创新。目标创新,着眼于深化改革和有效探索实践;制度创新包括职工教育市场化体制创新、监管制度创新、激励制度创新和保障制度创新;组织形式创新主要是推行公路职教服务外包与公益性培训组织合作等方式;环境创新侧重于积极创造新的公路职教市场化外部环境(主要是营造全民学习的氛围)和优化原有的市场化内部环境(包括公路文化打造、设施设备完善、教育机构选择等)。

具体步骤:培养创造性思维→创造条件,寻找和把握创新机会→提出创新构想→创新实践→持之以恒创新。

五、未来展望

公路职工教育市场化是重庆市合川区公路局对公路职教工作的一次积极的探索,是一种新的思维模式。虽然现阶段还存在诸多不足,但伴随着经济的快速发展、改革的大洪流、公路技术和职教工作管理模式的不断创新与实践,用管理学的思维全面改进公路职工教育教育市场化,将使公路职工教育市场化生机勃勃。新时代,新思想,新目标,新征程,公路职工教育的市场化和全面深化改革,是公路职教事业科学可持续发展的必由之路。

二等奖

公路行业文化建设的实践与探索

王子江

(内蒙古自治区公路局通辽奈曼旗公路段)

摘　要　党的十九大报告指出,文化是一个国家、一个民族的灵魂,文化兴国运兴,文化强民族强。当今世界,文化地位和作用日益凸显,它不仅是一个国家和民族凝聚力和创造力的重要源泉,也是提升大国地位和形象的重要标志之一。公路行业文化历经半个世纪摸索,形成了独特、先进、系统的公路文化,有效地提高了养护职工的综合素质,为推动公路发展和社会进步起到了积极作用。

笔者从部队回到地方,始终没离开公路养护部门,且从事党建、思想政治工作、精神文明创建等工作多年。本文结合多年工作实践,从定义、内涵、特征和遵循原则等方面探讨公路行业文化建设问题,阐述公路行业文化在事业发展中的重要性和巨大作用,通过对公路行业文化建设的分析展开论述,提出公路文化建设的发展策略。

关键词　公路　行业文化　建设

一、引言

中国特色社会主义文化,源自于中华民族五千多年文明历史所孕育的中华优秀传统文化,是党领导人民在革命、建设、改革中创造的革命文化和社会主义先进文化,它根植于中国特色社会主义伟大实践,是中华民族的精神之根,而对于一个行业,文化则是发展的活力之源。一个行业的发展必须要有先进文化的引领才能砥砺前行。加强公路行业文化建设,既是三个文明建设所需,也是公路职工提升思想道德水准所需。建设公路行业文化,首先应了解什么是公路行业文化。

二、公路行业文化的定义

公路行业文化是公路职工在公路建设、养护、管理等实践活动中所创造的物质财富和精神财富总和,是社会文化的有机组成部分,主要包括物质文化、精神文化、制度文化、廉政文化等。它通过公路交通的物化成果、公路行业的组织形态和公路职工的精神面貌诠释公路人的价值观念。公路行业文化是公路事业综合实力的集中体现,与公路事业相辅相成、相互促进、共同繁荣。

三、公路行业文化的内涵

从广义上讲,公路行业文化是社会文化的—个子系统,是一种亚文化。公路行业文化通过公路部门建、养、管等活动,不仅反映养护特色、组织特色和管理特色,更反映出在养护、组织、管理活动中的战略目标、群体意识、价值观念和行为规范,它既是了解行业三个文明的窗口,又是展现公路行业价值的平台。从狭义上讲,公路行业文化体现为人的精神和素养,强调的是文化软实力,它以文化力量促使公路职工增强责任感和使命感,从而激发他们的积极性和创造性,为公路事业发展献计献策。

四、公路行业文化建设的目标

公路职工是公路行业文化建设的主体,也是公路行业文化建设的参与者和受益者。公路行业文化建设只有同公路职工的切身利益结合起来,职工才会全身心地投入到公路行业文化建设中来。在公路文化建设过程中,要坚持以人为本,科学、合理、有序地制定公路行业文化建设目标,在执行过程中鼓励职工不断积极探索创新,探索新方式、新方法、新措施和最佳途径,建设具有丰富的公路元素、高质量水准的公路行业文化体系。其具体目标如下:一是促进职工整体素质的不断提升,包括道德修养、职业技能等所应具有的行为规范;二是促进行业(单位)的整体形象的高度提升,通过文化建设及其相关活动,创造优良环境,凝聚力量;三是促进与社会文化的进一步融合,在突出行业特色的同时,与社会文化相融,与全国及所属地区的文化建设同步。

五、建设公路行业文化遵循的原则

公路行业文化建设受起步较晚、建设步伐较慢,以及较为普遍存在的认识不够清晰、特色不够鲜明、模式不够统一等因素的影响,发展不平衡,在建设内容、形式和方法上存在着较大的差异。特别是基层公路部门,受地域、管理模式、文化层次等限制,在文化建设中,较大投入用于形式方面,因此效果欠佳。从这一基本认识出发,在具体工作中,我们要从实际出发,立足实际,大胆实践,推陈出新,积极探索最佳路径。具体应重点遵循以下原则。

1.把握时代脉搏,让公路行业文化充满正能量

当前,我国社会和经济发展日新月异,全国人民在以习近平为核心的党中央的坚强领导下,为实现中华民族伟大复兴的中国梦努力奋斗。伟大的时代、伟大的人民、伟大的实践孕育了新时期的宏伟目标,开启了新的征程。公路行业文化要在当今交通运输不断变革的情况下,以传播社会主义核心价值观、实现“中国梦”和投身交通改革的伟大实践为己任,在继承和发扬优秀传统文化的同时,坚持新时代中国特色社会主义先进文化前进方向,紧跟时代步伐,弘扬主旋律,讴歌新风尚,坚持以人为本,选准主题,设计活动,让新时代文化引领公路建设,成为凝心聚力、提神振气的法宝。

笔者所在的奈曼旗公路管理段在公路行业文化建设中,立足公路本业,围绕创新、绿色、发展主题,以文化促动发展,用发展带动文化,实现了文化建设与事业发展同步。在努力加强基层单位文化建设方面,取得了一些成效。昂乃道班坚持环境育人,打造良好环境,提升文化建设水平。2016 年开展公路文化建设年活动,围绕社会主义核心价值观、中国梦和“两学一做”等主题,加强文化硬件建设:制作安装 8 块悬挂式玻璃展板,在假山、天然石上雕刻道德、清廉等经典语句,大力宣传社会主义核心价值观和新时期发展目标与任务等,营造了文明健康的文化氛围;在公路醒目处设立宣传墙 150 平方米,用蒙汉两种文字宣传爱岗敬

业、服务社会、无私奉献的行业精神;举办读书日活动,充分利用职工书屋的1800多册政治、业务、文学、历史等图书,培养职工爱读书、读好书的良好习惯。2017年,在全区交通运输工作会议上,昂乃道班被授予"全区最美道班"荣誉称号,公路文化建设结出了硕果。

2.打造精品特色,让公路行业文化激发正能量

长期以来,各地公路部门在机关(工区)、所属道班、工地积极培育和发展公路行业文化建设,努力形成具有浓厚公路行业特点、体现公路行业精神、符合时代发展要求的机关文化、班组文化和工地文化等,并开展了一系列丰富多彩的公路文化进机关(工区)、入道班、驻工地等建设活动。纵观这些文化,大多只是停留在通俗和大众化的局面上,没有形成特色和亮点,这也阻碍了公路行业文化建设的发展和质量的提升。因此,建设精品公路行业文化刻不容缓。

打造精品就要在树立品牌上下功夫。这里所说的精品就是公路部门结合自身行业特点,借鉴先进经验,整合部门资源,培育、挖掘、提炼、创新公路行业文化的内容,围绕"精"字,突出"特"字,落在"新"字上,抓好具有现代题材、主题鲜明、内容向上的公路文化创建活动。如黑龙江省鸡西市于1991年将每年的6月19日设立为养路工人节,这一做法促成了1994年黑龙江省设立养路工人节。设立养路工人节,对提高养路工人的整体素质起到了积极作用,同时极大地提升了养路工人的社会地位,激发了养路工人的奉献精神,展现了行业的风采,升华了行业精神。

内蒙古奈曼旗公路管理段注重精神传承,突出优良传统教育,突出特色,创建精品,形成了三个宣传教育品牌。2016年倾力打造建成的段史馆,展出珍贵物件和资料100余件,再现了曾经的奋斗与辉煌;内容丰富的机关文化走廊,用版画、国画、摄影等作品,展现养护职工风餐露宿、不畏严寒酷暑的奈曼养路精神;同年编纂制作的《记忆——奈曼旗公路管理段变迁史影像纪实》,用珍贵的历史图片配以翔实的文字,记载了奈曼公路段的发展奋斗史,成为创业育才的好教材。

除了打造精品特色,还在整合行业文化资源上迈出步伐。公路养护的特点是点多、线长、面广,沿线的每一个道班都是对外宣传的窗口和展现行业文化的主阵地。为此,在建设行业文化过程中,在实施一路一景、一班一品上做文章,使之各具特色,既相对独立,又相互联系,构建公路行业文化精品工程。

3.讲好身边故事,让公路行业文化传递正能量

习近平总书记在党的十九大报告中强调:"发展社会主义先进文化,不忘本来、吸收外来、面向未来,更好构筑中国精神、中国价值、中国力量,为人民提供精神指引。"这里所提到的"不忘本来"和"中国精神"涵盖了各行各业积累的优秀传统文化和行业精神。先进典型、模范人物是社会主义核心价值观的鲜活体现,更是公路行业文化的生动教材。以选树先进典型为着力点,用典型故事教育职工、感召职工、带动职工,不断增强公路行业文化的感染力,是引领行业建设和发展的有效捷径。

讲好身边故事,就是注重发现、培养身边的先进典型,充分发挥示范带动作用,形成浓厚的先进文化氛围。奈曼旗公路管理段所属八仙筒道班是全国十佳道班、全国文明道班、全国两个文明建设先进集体,原班长马坤是内蒙古自治区党代会代表、人大代表,区级劳动模范。多年来,管理段始终把八仙筒道班作为社会主义核心价值观强基固本的灵魂工程来抓,并把

该道班作为“育人荐贤”基地,先后选派 19 名养护骨干分期分批去学习和锻炼。如今,这些骨干已全部走向管理岗位,并在各自岗位屡建奇功。

坚持事业发展与文化建设同步,立足精神塑造不断完善文化建设机制,从实际出发加强文化建设,打造过硬团队。突出做法是用身边的人与事教育和影响职工立足岗位、甘于奉献,用看得见的人和事教育感染职工。如奈曼管理段连续多年开展“星级职工和最感人事迹”评选表彰活动,季度评星级职工、年度评最佳星级职工和感人事迹已成常态,先后推选出最佳星级职工 16 名,年度好事 24 件。加大力度宣传身边先进人物的事迹,在内网和微信群定期刊出专栏宣传典型事迹。八仙筒道班在文化建设做出的新尝试、老典型的新突破,对深入进行公路文化建设具有很大的教益。通过对老典型做法进行总结推广,在全旗各道班形成了讲好身边故事和创先争优的良好氛围,全段公路行业文化建设如火如荼。

六、结语

公路行业文化是一项内涵丰富、结构复杂的长期性系统工程,它不可能一蹴而就,必须要有强烈的建设意识,在遵循其固有的发展规律的前提下,与时俱进,不断创新,积极实践,才能构建成优秀的公路行业文化,推动公路事业的可持续发展。

二等奖

新时代基层公路职教工作的发展环境和发展策略之刍议

李　强

(广西壮族自治区南丹公路管理局)

摘　要　事业要发展,人才是关键,教育是基础。本文借鉴SWOT分析法、PEST分析模型对职教工作的发展环境进行分析,提出强化政治担当,坚持新时代职工教育正确方向;树立人力资源开发战略,服务交通强国战略;建立好用、管用、实用的制度体系,为职工教育提供制度保障;优化职教组织保障体系,提高组织保障效率;完善培训内容;培训策略的创新;建立高素质的师资队伍,强化师资保障。基层公路职教工作必须勇担使命、改革创新、服务全局,不断提升队伍的综合素质和科技文化水平,并提高教育培训机构适应公路事业和服务公路事业的能力,建立起强有力的公路人力资源支持保障体系,才能使公路行业快速和可持续发展。

关键词　新时代　发展环境　发展策略

一、引言

公路是服务、推动、引导国民经济和社会发展的重要基础设施,具有全局性、战略性和基础性作用。能否解决人民日益增长的对公路的美好生活需要,关键在中国特色社会主义进入新时代建设交通强国战略的成败。事业要发展,人才是关键,教育是基础,需要总量充足、结构优化、合理布局、素质优良的人才队伍,因此,基层公路职教工作必须勇担使命、改革创新、服务全局,不断提升队伍的综合素质和科技文化水平,提高教育培训机构适应公路事业和服务公路事业的能力,建立起强有力的公路人力资源支持保障体系,才能使公路行业快速和可持续发展。本文就新时代基层公路职教工作的发展环境和发展策略进行探索研究。

二、新时代基层公路职教工作的发展环境

借鉴SWOT分析法、PEST分析模型对职教工作的发展环境进行分析。

1.优势方面

①职教平台日益丰富。专业培训机构方面,建立起以自治区公路技工学校、交通技师学院为主基地的行业技术培训平台,举行新招录工作人员岗前培训班、评聘职称前的专业岗位继续培训、在编的中高级技术工人岗位培训班;以地方党校、大专院校合作短期培训的管理队伍培训平台,开展形势政策、党纪党规、安全生产资质等方面的培训。日常培训机制方面,形成了每年定期举办路政执法人员集中轮训模式,形成了区、市级公路局邀请行家讲课举办

法律、财会、路桥、养护、国资、安全、劳资、统计、党建、廉政培训班,县级公路局定期组织理论学习、安全生产的培训格局。网络在线教育机制逐渐建立,形成了专业技术人员继续教育信息管理平台、普法学习考试等在线习教育平台。

②建立起职教保障体系。积极多方筹措职教经费,坚持按规定提取职教经费投入使用,做到专款专用,为开展职教工作提供了资金保障。职工书屋建设进机关、进站组,建成自治区交通运输厅网上职工书屋,广西交通党建微信启用,门户网站设置学习专栏,线上线下互动,为广大职工参加学习培训创造便利的条件和途径。

③职教监管机制形成。健全规章制度,建立起职工教育培训制度、考评机制,将职工是否参加培训和培训是否合格与考勤、年度考核相衔接。开展目标管理,将职工教育工作纳入单位年度绩效考核,并推进教育培训档案管理制度化、规范化。

2.劣势方面

由于公路管养及各项政治任务工作任务繁重,基层职工总体素质不高,特别是部分养护职工痞气较重,而职工教育效用周期长,一些管理者急功近利,缺乏为公路事业长远发展服务的战略思维,将职工教育当作软任务或负担,人力资源开发理念淡薄,加之授课教师不了解单位实际,或多或少存在着形式主义,缺乏长远打算,导致在职工教育工作中存在系列问题。

①组织机构及制度不完善

公路基层单位在配备职工教育管理人员上,机构不够健全,有的人身兼数职,没有足够的精力抓职工教育,往往是在上级的要求下被动进行,忙于应付,无法根据自身的实际情况有针对性地开展,更谈不上提高、创新。

②培训工作缺少系统性

由于特种作业及专业技术岗位等相关资质由社会专业机构培训并颁证确认,而基层公路养护规范化不够、机械化不够、专业化不够,技能要求不高,滥竽充数不易被发现或不被淘汰,即便职工教育处于真空状态也不会立即显现负面效应,加之部分管理者缺乏前瞻性和系统理念,缺乏久久为功的恒心,临时抱佛脚现象突出,将教育寄希望于一次或几次培训。诸多因素导致目前的教育工作大多存在盲目性,没有科学合理的教育培训计划,没有明确的教育培训目标,敷衍上级检查(如为完成培训任务而培训)的现象明显。

③培训内容及方法滞后

培训定位盲目化。职工教育办班培训缺乏需求分析,未能充分立足基层公路职工需求、知识空白、经验盲区、能力弱项来开展培训教育,针对性不强,培训效果不佳,不少培训班所讲授的内容,没有多大实用性。对养护工培训缺乏应有重视,依赖技能评定培训或岗位实践学习,转岗安置养护工缺乏规范的专业培训。

培训内容片面化。基层公路单位侧重于党风廉政建设和反腐败教育、形势政策教育、安全生产、法律法规。组织的零星学习培训针对性、实效性不强,泛泛谈理论、炒炒剩饭现象明显,流于形式,培训内容不能很好地指导自己工作,存在为了培训而培训的负面应对。忽视了职工发展潜能的发掘和职工学习精神、学习能力的培养。

培训方式机械化。存在"满堂灌""大锅烩"等问题,"一人讲,大家听"的"填鸭式"教育,缺乏必要的互动和实践,教学方法单一且枯燥,职工参与度不高,职工培训教育工作缺乏受众意识和问题导向,培训教育的内容与实际工作、实际需求不适应,相互脱节。

培训师资临时化。专业培训老师队伍匮乏造成教育资源不足。专门针对公路行业的培训教材相对缺乏、时效性不强,且多理论知识,缺乏对实战经验的提炼,所编学习材料内容分散、缺乏系统性。普遍缺乏既有专业理论知识,又有实践训练能力的专业培训教师队伍。这些都是制约公路职工培训长效机制建立的重要因素。长久推行的传帮带模式下,部分职工会苦干不会身教,这部分职工是目前一线养护职工的中坚力量,他们由于自身综合素质不高、文化水平有限,不能很好地带动新调进的养护工。由于基层公路的职工培训站点相关培训制度不完善,具有相关培训资质的人员少,日常事务繁多,很少有专人静下心来安排基层公路职工的教育培训。

培训形式滞后化。培训对象精英化,如养护培训重点在于领导干部,普及力度不够。培训缺乏电教化、信息化技术保障,培训普惠不够,养护站大都处在偏远乡镇,信息闭塞,环境单调,内部学习设施欠缺,传统的教育模式,势必造成学习时间和工作时间发生冲突,给职工学习造成了一定的困难。基层单位设备设施不足,公路养护小修作业缺乏检测专业设备及技术,摆脱不了传统的"凭经验"模式,路面病害大多根据经验来进行判别。因此培训出来的"徒弟"很难及时、科学、准确地掌握路面的损坏时间、程度及产生的规律,只能依据肉眼的观察和经验判别来制定路面养护计划,难免造成小修保养专项资金和人工工日的浪费,一定程度也影响了路面养护效果。

④培训缺乏有效的激励机制

当前的不少培训,组织者认为只要有人参加培训就行,至于学好学坏、效果如何则不管不问,有的对职工教育考评一般只看办了几个培训班、多少人参加,一些培训班只要参训一般都能及格,训与不训没有区别,职工教育流于形式。

3.机会方面

①政治方面

党的十九大做出了中国特色社会主义进入新时代的重大判断,明确了新时代的社会主要矛盾和奋斗目标,提出了建设交通强国战略,提出了建设高素质专业化干部队伍方略。习近平总书记在2015年庆祝五一国际劳动节暨表彰全国劳动模范和先进工作者大会上的重要讲话中强调:"把提高职工队伍整体素质作为一项战略任务抓紧抓好,要实施职工素质建设工程,推动建设宏大的知识型、技术型、创新型劳动者大军"。2018年全国两会期间,习近平总书记在参加广东代表团审议时再次强调"发展是第一要务,人才是第一资源,创新是第一动力",强起来靠创新,创新靠人才,这为公路行业职工教育工作注入了新动力。

2015年中共中央印发《干部教育培训工作条例》,2017年中共中央、国务院印发《新时期产业工人队伍建设改革方案》,全国总工会2015年制定下发了《全国职工素质建设工程五年规划(2015—2019)》,为加强和改进职工教育工作指明了方向。

事业单位分类改革推进,公路部门政企分开、事企分开,为职工教育带来新的课题。计划经济条件下形成的观念和管理方式、方法大部分已过时,提高认识、转变观念、加强学习、提高素质已是时代的要求。

②经济方面

2017 年 12 月召开的中央经济工作会议认为，中国经济发展进入了新时代，经济已由高速增长阶段转向高质量发展阶段。会议强调，稳中求进工作总基调是治国理政的重要原则，要长期坚持；社会政策要注重解决突出民生问题；改革开放要加大力度；加大对乱收费的查处和整治力度，降低用能、物流成本；实施区域协调发展战略，基础设施通达程度比较均衡；加快推进生态文明建设；完善考核评价机制为干部创新撑腰，要大兴调查研究之风，找准短板弱项，解决实际问题。公路行业是经济社会发展的基础性产业和服务性行业，在促进物流行业发展、增强招商引资能力、促进旅游业发展、打好精准脱贫攻坚战、实施乡村振兴战略进程中具有重大意义，开展公路职工教育是推进公路现代化发展的重要保证。中国经济正处于爬坡越坎、克服“中等收入陷阱”的关键阶段，实现从“中国制造”向“中国创造”的产业转型升级至关重要，这需要劳动形态发生升级转变，在“辛勤劳动、诚实劳动”的基础上，突出“创造性劳动”，推动建设知识型、技术型、创新型劳动者大军。

严格的部门预算管理为职工教育培训提供了保障。继续贯彻执行提取职工教育培训专项经费的政策，多渠道筹措经费，把教育培训作为一种生产性投资，加大对交通职业教育院校和培训机构的投入，实行倾斜政策。

③社会方面

情景学习、合作学习、人力资本理论、全面质量管理等现代职工教育培训的理论以及国内外企业职工教育培训的成功经验都为公路行业职工教育提供了借鉴参考。如华为公司围绕核心战略的组织机构建设、专业化的外设培训机构、讲师队伍建设等先进的培训理念都具有重要的参考借鉴作用。

社会培训机构的蓬勃发展，为公路职工教育带来了更多选择。广西境内的上汽通用五菱汽车股份有限公司员工培训中心、桂林工人文化宫教育培训部、中国移动玉林分公司技能人才实训基地、百色百矿集团有限公司职工教育中心、广西现代职业技术学院、南宁方德商务有限公司培训基地，被中华全国总工会命名全国职工教育培训示范点。

④技术方面

从“中国制造”到“中国创造”需要依靠科技的不断进步，现在劳动内涵中的“技术型、知识型、创新型”的劳动价值取向越来越凸显，劳动已经由过去的苦干、傻干转变为“巧干、会干”，这样才“能干”。

新技术、新设备更新换代的今天，知识的生产、学习、创新将成为重要的活动。如果不能培养职工积极学习新设备、新技术、新方法，再好的设备和方法都没有人去应用，这样就会造成设备的闲置与浪费，影响公路行业的发展。因此，培训教育作为知识传播的载体，发挥着其关键性作用，对职工进行培训教育是当今时代的必然需求。新业务技能要求和改善管理模式所需的专业技术尤显重要，必须通过不断加强职工培训教育工作来提高职工业务技能，只有这样才可能真正做好公路管理工作。

4.威胁方面

①现行体制机制下职工怠学。现有体制把文凭、职称作为晋升工资、提干的主要依据，学好学差一个样、技能高低一个样、干多干少一个样、干好干坏一个样，事业单位“稳定”表象

后存在得过且过的思想,甚至认为学多善做会出现“能者多劳”、不学无术轻松到老,职工学知识、钻业务、精技术没有紧迫感、责任感和危机感,反而将其视为负担。

②对事业单位分类改革认识存在误区。部分职工认为,养护市场化改革、地方交通运输行业承担行政职能事业单位改革等推进,将彻底改变现有格局,养护业务外包交由其他企业养护,学习养护技能无用;有的认为政策交替期间可以放松政策提前退休,认为自己年纪大了只等退休,不愿意学。

③工学矛盾影响教育培训开展。上路作业巡查、保障安全畅通永远在路上、没有节假日,公路行业工作事杂烦琐,很多时候强调完成眼前的工作任务,生产中机械化程度偏低,野外的重体力劳动使职工处在疲劳状态,没有建立一种学习教育与实际工作相互促进的系统方法,加之养护工人居住分散,职工“一岗双责”“一岗多责”的现象普遍存在,基层职工很难或不愿抽出时间参加专门的教育培训。

④职工素质与时代发展需要的差距日益加大。由于历史原因,职工队伍组成来源广泛,职工素质参差不齐,基层公路职工中还有一半左右为高中以下文化程度,人才短缺和人才结构问题突出,学习本领、依法行政本领、驾驭风险本领欠缺,能力不足问题突出,干部职工缺乏战略思维、法治思维、底线思维,责任意识、法律意识淡薄,履责能力不足、法律风险突出,严重制约着公路行业的发展,与时代和行业发展极不适应。

三、新时代公路职教工作的发展策略

1.强化政治担当,坚持新时代职工教育正确方向

《干部教育培训工作条例》明确干部教育培训工作的目标是“培养造就信念坚定、为民服务、勤政务实、敢于担当、清正廉洁的好干部”,要“为不断夺取中国特色社会主义新胜利、实现中华民族伟大复兴的中国梦提供思想政治保证、人才保证和智力支持”。《新时期产业工人队伍建设改革方案》明确提出“造就一支有理想守信念、懂技术会创新、敢担当讲奉献的宏大的产业工人队伍”,要“充分调动广大产业工人的积极性、主动性、创造性,为实现‘两个一百年’奋斗目标、实现中华民族伟大复兴的中国梦更好地发挥产业工人队伍的主力军作用”,这为开展包括干部、工人教育的职工教育指明了方向、明确了目标。职工教育要坚持社会主义办学方向。紧紧围绕党和国家事业发展需要、结合干部职工岗位职责和健康成长需求开展,坚持以德为先、注重能力,思想政治建设与技术技能履职能力并重,着力培养造就党和人民需要的好职工。

2.树立人力资源开发战略,服务交通强国战略

党的十九大提出了建设交通强国的宏伟目标。发展是第一要务,人才是第一资源,创新是第一动力,强起来靠创新,创新靠人才。每一个人的力量和智慧都是有限的,只有把千千万万个人的力量集中起来,才能汇聚成为推动历史发展的巨大力量,因此需要加强和发展职工教育培训,建立人力资源支持保障体系,为公路事业发展提供高素质的人力资源和创新人才。

从战略高度规划基层公路系统职工教育工作。习近平总书记在 2015 年庆祝五一国际劳动节暨表彰全国劳动模范和先进工作者大会上的重要讲话中强调“把提高职工队伍整体

素质作为一项战略任务抓紧抓好,要实施职工素质建设工程,推动建设宏大的知识型、技术型、创新型劳动者大军”。事业要发展,人才是关键,教育是基础,职工教育培训是建设高素质职工队伍的先导性、基础性、战略性工程。解决公路系统当前人力资源短缺问题,须大胆地引进接受过高等教育的人才进行充实,改变基层单位现有干部职工的知识结构和人才结构,更需通过强化职工教育培养来保障。深入谋划公路系统职工素质建设工程,围绕交通强国战略,公路事业发展需要开展职工教育,既要补齐短板满足当前需要,解决现有职工履职能力不足、因孕因病及人事变更导致的补岗难及关键岗位的后备力量缺乏等问题,又要着眼未来推动持续发展,解决个人裹足不前、综合素质一腿长一腿短等难以适应形势发展的障碍,解决整体上年龄结构分布不合理、学历结构落后、学习能力不足、创新能力缺乏等问题,培养造就总量充足、结构优化、合理布局、素质优良的人才队伍,确保单位的均衡发展和可持续发展。

3.建立好用管用实用的制度体系,为职工教育提供制度保障

①严格经费使用管理,保障专款专用。教育花的钱是投资,不是消费,是为了明天和后天更好的发展,要重视对公路职工教育培训的投入,建立健全职工教育经费保障机制,按规定提取,单独列入部门预算。要做到职工教育经费预算一个盘子,支出一个口子,要加强对教育经费使用的管理,实行专款专用,切实发挥教育经费的支撑和导向作用,不断提高使用效益。

②完善并落实职工学习动力、激励约束、考核评价等制度。建立健全职工教育培训登记制度,从严落实学习参与、学习成效与考勤、上岗、转岗、定级、任职、职称评定、评先、晋级、调资等的衔接措施,对学习态度不端正的予以一定惩罚,防治学习、考核方面的腐败,以提高培训效率,促进教育培训与考核使用相结合的良性循环,使教育培训成为职工的自发需要,努力构建学习型行业。逐步推行岗位持证上岗制度。妥善安排、处理干部职工的内培外送工作,完善奖励、激励措施,鼓励职工参加各级各类学历教育、岗位技能培训及竞赛,充分调动干部、职工参与学习教育。

③严肃教风、学风。深入治理和防范职工教育工作中的形式主义等不良风气,防止职工教育中的庸俗化、娱乐化,从严治教、从严治学,保持良好的教学秩序和学习风气,全面提高职工教育的质量和效益。

4.优化职教组织保障体系,提高组织保障效率

①完善顶层设计,形成科学合理、切实可行的分类分级职教模式。立足各级公路单位责权利、人财物事的差异,整合资源,减少人财物的重复浪费,优化建立层级差异化的职教机制,形成省(区)局负责、保障,市局组织执行,县局参加落实,建立起统一规划、分工负责、分级管理、分类指导的机制;形成线上与线下、现场与远程、室内与野外、集中与分散、定期与机动、普遍性要求与分类分层次分岗位的特殊需要结合的针对性强、覆盖面广的机制。

②增强职教工作的主业、专业意识,加强职教工作队伍建设。区域高层级公路部门专职的职教工作者,要从具体事务和直接办班中解脱出来,由办培训向管培训转变,加强调查研究,发现解决问题,加强工作指导,切实做好整体规划、宏观指导、协调服务、督促检查、完善机制,统筹协调职工教育工作科学发展。逐步建立职教工作者岗位资格制,各级公路单位职

教岗位选优配齐具有经济系列人力资源类、职工教育职称的人才,提高职教队伍整体素质。保证职教工作者的相对稳定,加强对公路教育培训工作者的教育培训,不断提高其思想政治素质和业务水平,努力造就一支业务精湛、结构合理、充满活力的高素质专业化的公路教育培训管理队伍。

5.完善培训内容

①准确认识按需培训的"需"。首先是党和国家的需求、行业系统发展的需求,其次是职工岗位履职尽责的需求。满足全局性的、共同性的培训需求,不能迎合职工个人的需要而偏离职工教育的社会主义办学方向与放弃职工教育的教育引导功能。

②加强思想道德教育。要坚持以理想信念、政治理论、政策法规、道德品行教育培训为重点,注重业务知识、科学人文素养等方面教育培训,全面提高职工的素质和能力。职工教育中"要加强理论武装,推动新时代中国特色社会主义思想深入人心",牢牢掌握意识形态工作领导权,培育和践行社会主义核心价值观,加强思想道德建设,加强理想信念教育、职业精神和职业素养教育,弘扬民族精神和时代精神,大力弘扬劳模精神、劳动精神、工匠精神,在新形势下进一步弘扬并创新、发展"两路"精神,教育引导公路系统干部职工为"两个百年"奋斗目标的实现做出更大的贡献,服务于建成社会主义现代化强国战略需要。

③精准开展业务知识、技术技能的教育培训。一是加强宏观研究、规划,根据公路职工的自身特点和公路工作需要,明确管理队伍、专业技术人才、技能人才、职教队伍等不同岗位职工在不同阶段应该学什么、怎样学,如管理层强化现代管理能力、依法行政能力、驾驭风险能力等,技术操作层强化科技知识、岗位技术技能等。二是加强对组织需求、岗位需求和个人需求的调研分析,根据分析策划、设计和实施各类教育培训项目,实现培训工作由按计划配置向按需求配置的转变,达到"缺什么,补什么"的目的,针对性地开展分级分类培训、按需施教,增强教育培训的针对性和实效性。

④职工学习力、执行力的培训。树立"学习就是生存,学习就是发展"的理念,引导职工进一步认识到自身素质与完成新时期公路工作的差距,增强职工的危机意识,树立终身学习理念,使职工认识到需要不断地学习提高自己的职业素养、专业技能以适应改革发展、岗位变动、时代要求。要强化全局观念的认识,让每个人都能聚焦目标任务,鼓励在岗位上成才、在工作中创新。

6.培训策略的创新

①充分利用现有的各种培训基地和办学条件,在传统教育培训模式上,综合运用社会、院校、行业、单位的教育资源,逐步形成多渠道、多形式、分类别、重实效、有活力的教育培训体系。

②依托职业院校(技工院校)、职业培训机构,建立公路职工教育培训基地。

③打造网络学习平台,拓展普惠性服务。由优质行业院校、培训机构牵头,整合开发网络课程,实行网络化管理,使各类人员能以自主学习与集中培训、继续教育相结合的学习方式进行不断的知识更新,建设教育专业资源库,广泛利用网站、微信公众号、手机APP等载体,按照"职工在哪里服务联系跟进到哪里"的原则,打造方便快捷、实用高效的学习新通道。

④出版编印实际操作性强的岗位指南,加强培训教材的出版和改版工作。根据时代的

发展,不断完善和更新符合基层公路职工工作特点的工作指南,从而使得职工教育更加具有可操作性,教育更加贴近工作实际。

⑤拓展交流学习平台。加大基层职工特别是技能人才交流、轮岗、挂职锻炼力度,为那些想干事、能干事、干成事的人提供施展才华的舞台,教育引导技能人才适应新时代公路事业改革发展要求。务实开展岗位技术比赛活动,适时开展不同基层单位相同岗位的经验交流、观摩,组织系统职工进行相互学习,优势互补共同推进公路工作。

⑥建立大职工教育模式与终身学习机制。树立“工作学习化,学习工作化”的理念,拓展职工成长成才空间,把工作的过程作为学习的过程,在学习中工作,在工作中学习,在公路建设、养护、管理等各项工作中向书本学习、向典型学习,并通过学习不断提升自己的综合素质。加强职工文化建设,努力为职工搭建学习平台,有效地开展“职工书屋”建设工作,逐步形成阅读条件较完备、图书管理制度措施完善的职工群众读书、阅览室,为职工就业、岗前培训、学习专业技术提供便利条件,不断提高职工队伍的思想道德和科学文化素质。帮助消除影响学习的因素。把握职工思想动态,积极正确地引导,尤其是加强对二级公路收费站撤站安置人员的思想教育引导。

⑦因材施教,做到精准教育培训。考虑职工个体的综合素质和实际工作需要,实施因材施教,着力提高职工解决问题的能力。根据公路系统各岗位人员对知识的不同需求,分岗培训,如对共性岗培工作,可采取全员轮训;对新进员工、新提拔的干部,可进行岗前业务技术指导,使其迅速适应岗位要求;对一线职工,可采取自学和岗位培训的方式,注重现场讲学,将课堂和工作实际相结合,野外实地说法讲授实际操作、讨论交流,让职工能看得见、摸得着、能操作,使理论知识贯穿到实践中去,增强其感知力和应用力,通过岗位练兵、师傅带徒弟、技术比武等形式,促进其业务水平的提高;对综合办公室人员,则应注重培训公文写作、公文处理以及对基础数据的归纳、分析、预测、判断能力,加强领导艺术等管理知识的培训;对特殊工种岗位职工,可进行特殊岗位送培以提高其专业的技能和管理水平,确保做到持证上岗、规范操作、安全生产及管理。根据公路系统各层次人员对知识的不同需求,分层培训。解决公路系统特殊岗位急需人员的培训,抓好信息网络管理、信息写作等关键岗位、技术岗位和人才奇缺岗位人员的培训,为公路系统后备人才提供更多的优质培训。加强公路系统业务骨干的培训,发挥其带动效应。

7.建立高素质的师资队伍,强化师资保障

加强职教师资队伍建设。选拔优秀人才充实到职教队伍中来,采用多种途径选拔公路行业培训教师,提高教学水平与能力。从大专院校、培训机构、律师队伍、公路系统中选取培训教师,建立公路职工教育与培训师资人员库,以满足公路职工教育培训的需要。推行高级专业技术、技能人才在聘任岗位专业开展教学任务。

四、结语

综上所述,要推进“四好农村路”建设,打造干线“三美公路”,建立内联外通公路网络、畅安舒美通行环境,推进交通运输现代化发展,服务好“两个百年”目标,实现交通强国梦,改进公路职工教育、培养造就新时代所需的公路人才是关键。新时代公路职工教育要强化政治担当,紧紧围绕党和国家以及公路交通事业发展需要,树立人力资源开发战略,打造做得实、过得硬的职工素质工程,建立完善好用、管用、实用的制度体系,优化职教组织保障体系,完善培训内容,建立高素质的师资队伍,提高教育培训机构适应公路事业和服务公路事业的能力,建立起强有力的公路人力资源支持保障体系。

二等奖

在当前新形势下如何建立公路养护职工技能培训长效机制之研究

姚　俊

(安徽省芜湖市公路局)

摘　要　在全面深入贯彻落实党的十九大精神、决胜全面建成小康社会、夺取新时代中国特色社会主义伟大胜利新形势下,为适应公路部门体制和机制改革,确保公路事业可持续、快速、健康地发展,更好地服务于经济建设和满足人们出行需要,必须在当前新形势下建立一套切实可行的公路养护职工技能培训长效机制,这样才能克服存在的问题和不足,最终达到提高全体公路养护职工综合素质的目的。

关键词　公路养护职工　技能培训　长效机制

一、引言

公路养护职工技能培训是公路事业发展过程中一项基础性和全面性的工作,是公路行业管理中不可或缺的重要组成部分,是开发公路人力资源的关键,其意义已逐渐被人们所认识。经过多年的努力,公路养护职工技能培训已取得一定的成效,但同时也还存在着一定的问题和不足,因此,在全面深入贯彻落实党的十九大及其系列全会精神、决胜全面建成小康社会、夺取新时代中国特色社会主义伟大胜利新形势下,为适应公路行业体制和机制改革,确保公路事业持续、快速、健康发展,更好地服务经济建设和满足人们出行需要,必须在当前新形势下建立一整套切实可行的公路养护职工技能培训长效机制,才能克服存在的问题和不足,最终达到提高全体公路养护职工综合素质的目的。本文在对目前公路系统养护职工队伍现状进行分析的基础上,就当前新形势下如何建立公路养护职工技能培训长效机制谈一点浅见。

二、公路系统养护职工队伍现状

自停止大、专院校和技校毕业生分配,再加上退休顶职政策终止实施,公路系统用人制度发生了颠覆性的变化,公路养护人员无法得到有效补充,其后果如下:一是公路养护职工人员结构发生了变化,从整体看,各基层公路分局养护职工人数普遍呈逐渐减少趋势;从局部看,部分公路分局养护职工人员匮乏,已难以为继,目前主要靠聘用编外聘用人员从事道路养护工作。二是虽经公路职教部门多方努力,公路养护职工队伍文化结构偏低的现状得到一定的改观,但由于人员得不到更新,没有新鲜血液补充,若想从根本上解决文化结构偏低现状,尚有一段路要走。三是公路养护职工队伍技术等级结构存在失衡现象,且难以为继。四是公路养护职工队伍中明显存在职工年龄老化现象。以上问题的存在,已严重影响到新形势下公路养护事业的可持续发展,应引起高度重视,并探索出一整套适合公路养护职工技能培训的长效机制,以便对以上存在的问题加以妥善解决。

三、公路养护职工技能培训存在的问题及其原因

1.认知出现偏差,制度建设缺失

经过多年的职工教育建设,公路系统在职工培训方面的各项制度都得到有效建立,各级领导对职工培训也较为重视,专项培训资金亦得到落实,但由于在认知方面存在着一定的偏差,从培训实际情况看,公路系统的业务培训往往侧重于公路工程、路政治超、财务会计和安全生产等方面,而公路部门最基础的养护职工技能培训却往往被忽视,并有逐渐被边缘化的倾向,这主要体现在领导对公路养护职工技能培训重视不够、制度建设有待完善等方面。

2.文化层次偏低,求知欲望缺乏

由于历史原因,公路系统有相当一部分公路养护职工是通过顶职或退养补员等方式进入公路系统的,由于这部分职工没有经过高等学历教育,更有部分职工是从农村直接顶岗补员进入公路系统,从总体看,这部分人员文化水平不高,求知欲望缺乏,这直接影响到公路养护职工对公路养护技能培训的热情。

3.考证晋级无望,技能学习落寞

多年来,作为工勤技能人员的公路养护职工的正常技术等级考证晋级,是人社部门组织实施的,由于与工资福利待遇挂钩,公路养护人员参与热情极高,但随着事业单位改革的深入,工勤技能人员晋级考试已被无限期延迟或已被取消。至此,原唯一的与工资待遇挂钩的官方培训渠道已被阻断,公路养护职工技能培训就此走向落寞,失去吸引力,直接打击了公路养护职工对养护技能培训的积极性。

4.职工队伍萎缩,进取意识淡化

多年来公路部门未能补充新鲜血液,即便是招聘了部分社会在职人员,但主要从事行政和专业技术管理工作。由于没有招聘事业单位编制的公路养护人员的政策依据,现各基层公路分局从事养护工作的人员年龄普遍偏大。这将导致:一是由于没有人员补充,再加上养护职工陆续到龄退休,部分公路分局养护人员已接近消失,养护工作只能由招聘的编外聘用人员完成,现已到了无人可训的状态;二是部分公路分局尚有一定数量的养护人员,但已逐渐达到退休高峰期,职工队伍趋于萎缩,不久的将来养护人员也将难以为继,现已接近无人可训的状态;三是现年龄已达到五旬左右的养护职工进取意识淡化,对参加养护技能培训已无兴趣,如有的养护单位工程机械手退休后已无人愿意参加工程机械驾驶培训,单位只能聘请编外聘用人员从事工程机械的驾驶工作。因此,开展养护职工技能培训无从谈起。

5.强调客观较多,主动进取较少

一是部分公路养护职工对技能培训、提高自身素质的紧迫性和必要性认识不足,认为工作很忙,家庭事务又多,没有时间和精力学习,缺乏钉子精神。二是由于长期从事公路养护,生产任务繁重、工作环境艰苦、学习环境较差以及受经济条件的制约,"工学矛盾"较为突出,影响公路养护职工技能培训的落实。

6.培训断层显现,激励机制缺乏

一是早期公路部门主要通过肩挑人扛等方式从事公路养护,技术含量较低,对提高公路

养护职工队伍的技能素质的要求不是很迫切，重视程度不够，随着社会的发展和公路建设科技含量的提高，虽将养护职工技能培训提上议事日程并付诸实施，但技能断层已出现，青黄不接的窘境已形成。二是没有建立和健全有效和切实可行的激励机制，不同程度地存在着重使用轻培训和重培训轻使用两个极端，无法调动养护职工技能培训的积极性。

四、着力建立公路养护职工技能培训长效机制

针对公路养护职工队伍现状不能适应实现公路跨越式发展和"十三五"公路规划确定的目标对人才的需求，笔者认为，应当从以下几方面入手，采取措施，着力纠正在公路养护职工技能培训中存在的问题，建立培训长效机制，尽快提高公路养护职工的综合素质，以促进公路事业健康、可持续地发展。

1.纠正认知偏差，完善制度建设

公路养护要发展，关键在公路养护职工的技能培训。因此，要以十九大以来各项方针政策为指导，以公路文化建设需求为出发点，从战略高度纠正认知偏差，重视公路养护职工技能培训工作，实现各门类培训齐头并进的良好局面；同时，要完善制度建设，从制度入手，杜绝培训不均衡现象的产生。这是建立公路养护职工技能培训长效机制的根本。

2.强化危机意识，提高参培热情

努力提高公路养护职工技能，是公路建设事业不断发展的根本要求。在市场竞争日益激烈的今天，公路养护职工应清醒地认识到，如果没有良好的养护技能，将会被时代所淘汰。要在公路养护职工内心深处树立起提高自身养护技能水平的紧迫感、危机感和使命感，提高加强自身学习与进步的热情与动力，鼓励养护职工参加养护技能培训，完善公路养护职工技能结构。

3.发扬钉子精神，另辟培训路径

随着事业单位改革的深入，依赖于人社部门组织事业单位工勤人员进行技术等级考证晋级将成为历史，各单位人事组织部门要发扬钉子精神，按照人社部门的要求，积极推进将工勤人员技术等级考证统一到国家职业标准和职业技能鉴定上来，推动从单一封闭的内部评价向灵活开放的社会化评价转变，并完善聘用制度，使公路养护职工对养护技能培训的积极性得到提高。

4.深化体制改革，解决进人渠道

目前，养护职工队伍萎缩已成为公路系统普遍存在的现象，探其根源，是由于养护体制改革不彻底造成的。若要从根本上解决进人机制，尚须从改革入手，深化养护机制改革。实施管养分离，解放企业用人束缚，实行企业聘用制，但是，在现在尚未进行养护机制改革之前，仍须强化公路养护职工对养护技能培训的重视，毕竟改革后的养护企业更需要的是经过养护技能培训的职工，这些职工才是撑起企业发展的脊梁。

5.明确培训目标，正确处理"工学"矛盾

一切工作都要始终紧紧围绕实现公路又好又快发展这个目标来开展，养护职工技能培训更是如此。俗话说，"磨刀不误砍柴工"，养护职工技能培训的作用虽然见效慢，但其对单位的发展和个人事业的腾飞所发挥的作用是非常巨大的。一方面，各级领导干部一定要把养护职工技能培训作为深化改革、转变机制的重要措施来抓，从制度上正确处理好"工学"矛

盾,并加以明确;另一方面,职工本人在完成好本职工作的前提下,一定要利用好业余时间刻苦自学,认真钻研,发扬钉子精神。

6.建激励机制,提高职工学习热情

建立激励机制,是做好养护职工技能培训工作的一项重要环节,应引起高度重视。为此,要提高养护职工对技能培训的主动性和积极性,应有计划、有重点、有目标地选拔和推荐有培养前途的一线职工参加上级和本单位组织的各类培训,对学习认真、态度端正、成绩优秀的职工,在岗位选择、工资晋级和评先评优等方面予以优先,同时给予一定的物质奖励,让养护职工对技能培训从被动接受到主动要求。

7.培育工匠精神,提振技能培训的思想认识、渴望和信心

公路是社会公共产品,是人民群众出行的首选。公路养护则是提供这一优质公共产品的基础,公路养护职工技能的高低更是提供此优质公共产品的先决条件。笔者认为,在日常工作中可以通过对公路养护职工精益求精、精雕细琢,追求极致、追求完美、追求更好的工匠精神的培育,来提振公路养护职工对技能培训的信心。一是要加强对工匠精神的思想引领,以加深公路养护职工对技能培训的思想认识。以文件、信息、会议和微信群等为平台,不断宣传工匠精神和"大国工匠"的先进事迹,大力营造尊重劳动、崇尚技能、鼓励创造的良好氛围,使公路养护职工牢固树立对职业敬畏、对工作执着、对养护负责的工匠精神,从而提振公路养护职工对技能培训的思想认识;二是要加强对工匠精神的政策引领,以加强公路养护职工对技能培训的渴望。对一线职工在工作中摸索取得的技术创新、技术革新以及提出的合理化建议进行评比和表彰,并制定相应的规章制度,使激励措施制度化,使公路养护职工从创新中获益,真正得到实惠,进而唤起创新责任和主体意识,增强职工主人翁意识,激发职工创新热情、创新思维和创新潜力,从而使公路养护职工充满对技能培训的渴望。三是要提升工匠创新引领,提振公路养护职工对技能培训信心。构建职工技术创新平台,建立完善"金点子"征集、先进操作法推广、自主创新成果申报等制度,深入开展"五小"(小发明、小创造、小革新、小设计、小建议)竞赛活动,培养职工工匠精神和创新意识,激发职工参与岗位技能培训的热情,增强技能培训信心,营造"人人支持创新、人人参与培训、人人推动创新和培训"的良好环境。

五、结语

公路养护职工技能培训是一项需要长期坚持、不断健全完善的系统工程,在新时代中国特色社会主义市场经济热潮下,公路部门只有真正贯彻科教兴路和人才强路战略,大力发展养护职工技能培训,建立公路养护职工技能培训长效机制,致力于提高公路养护职工的生产技能,才能将服务经济社会、服务民众出行、服务新农村建设的使命落到实处,才能为实现公路跨越式发展和加快公路建设提供强有力的精神动力和智力支持。

二等奖

坚守传统与适应变革

——职工思想教育工作方式探讨

程　贵

（云南省临沧公路局临翔公路分局）

摘　要　随着市场经济的发展和公路管理养护体制改革的深入，公路行业必须积极思考和探索应对行业改革。在公路行业发展变化大环境下，职工思想动态、思想观念日趋复杂化、多元化，价值取向和行为方式也随之发生变化，给新形势下做好职工思想教育工作带来了新的课题。

关键词　职工思想教育　公路　新方法

一、引言

随着市场经济的发展和公路管理养护体制改革的深入，公路行业必须积极思考和探索应对行业改革。在公路行业发展变化大环境下，职工思想动态、思想观念日趋复杂化、多元化，价值取向和行为方式也随之发生变化，给新形势下做好职工思想教育工作带来了新的课题。如何把传统的工作方法和创新的工作方法相结合，运用到具体的思想教育工作实践中，是职工思想教育工作者需要思考的问题。

二、传统思想教育工作方法的优势和局限

1.传统思想教育工作方法的优势

传统的思想教育工作方式，通过精心组织、系统安排，对提升职工的整体素质和职工的整体精神风貌，确保临沧公路局和谐稳定发展，起到了关键作用传统的思想教育工作方法主要有以下几个方面。

①宣讲报告、思想动员。针对当前的形势任务和工作要求，进行有一定政治高度的、规范统一的政治思想动员，传达上级会议和文件精神，达到统一思想、提高认识的目的。通过理论学习，认真研读文章，交流学习心得。在基层党支部工作中，严格执行“三会一课”制度、党员干部学习制度、组织生活会制度，组织广大党员、干部认真学习有关精神，确保与党中央和上级保持高度一致。

②座谈研讨、交流讨论。针对局发展规划、党政工年度工作安排、重大事项的实施过程，或针对广大干部职工关心关注的问题，为确保各项工作协调推进、问题圆满解决，坚持地位平等，采取相互讨论、相互启发、沟通思想、共同提高的方式。近年来，临沧公路局党委经常开展各种形式和议题的座谈会，如“三严三实”专题教育座谈会、“两学一做”专题教育座谈

会、调研工作座谈会、职代会职工提案座谈会等。每年,局党委都做出安排,党委委员分批次到各分局,与党员、干部和一线职工开展交流座谈,倾听职工心声,收集意见建议,帮助解决基层实际困难,使干部职工的思想进一步统一到临沧公路局发展思路中来。

③谈心交心、基层调研。包括个别谈心、集体谈话,也包括领导干部之间、领导干部与职工群众之间、党员和党员、职工和职工之间。领导干部按照民主生活会制度的安排,开展相互交心谈心、向同级或下级征求意见等方式,达到互相帮助、相互批评、统一思想、增进团结的目的。党员之间按照组织生活会的安排开展谈心交心活动,互相点出不足、互相勉励。支部书记按照党总支的安排,定期不定期与党员、职工开展谈心活动,根据职工思想和工作状况,及时谈心,疏导、化解职工疑惑和矛盾。临沧公路局党政工领导班子成员每年均安排相应时间,定期不定期深入各分局,深入到一线职工中,开展生产工作和政治思想工作调研,掌握各分局工作情况和职工思想动态。

④文体活动、道德讲堂。组织开展文化体育活动是行业文化的一部分,职工喜闻乐见、积极参与、易于推行,能够促进职工形成乐观、积极进取的精神面貌,提升文明素质和身体素质,促进职工队伍和谐稳定,增强公路行业职工的凝聚力。临沧公路局党委充分发挥工青妇组织作用,积极开展演讲比赛、职工运动会、职工文艺会演等活动,并且重视女工工作,认真开展"三八"妇女节系列活动,积极参加临沧市工青妇组织的各类活动。结合省、市、县(区)文明单位创建活动,各分局设立道德讲堂,按照"五个一"流程(唱一首歌曲,讲一个故事或看一部短片,诵一段经典,作一个承诺,送一份吉祥),使职工在思想道德素质方面得到提高。文体活动和道德讲堂的开展,促进了行业精神文明建设,为做好思想教育工作创造了良好条件。

⑤评比表彰、树立典型。建立考核、检查、评比、表彰制度,总结单位和个人在养护生产、政治思想工作等各方面的成果,树立典型和榜样,是思想教育工作取得实效的关键。临沧公路局坚持开展沥青路面预防性养护劳动竞赛、"安康杯"劳动竞赛、巾帼建功立业等各类竞赛活动,每年度对先进单位和个人进行评比表彰,在临沧公路局内刊和网站上宣传,通过鼓励先进、勉励后进,提升职工干事创业的责任感,激发内部活力。

⑥教育培训、参观考察。加强教育培训是提升职工素质、职业道德和工作能力的有效途径,积极有效的教育培训能够启发职工的心智,活跃职工的思维,最大限度地引导职工立足本职岗位进行开拓创新。同时,通过职工的相互感染和影响,积极营造一种创新氛围,提升行业创新能力和实力。临沧公路局注重开展职工教育培训,通过内部培训和外部培训相结合的方式,"走出去"加"请进来",开展党务、工程、财务、安全、材机等方面的专业技能培训,党委书记带领各分局党总支书记和基层党支部书记到曲靖、红河等公路局参观学习。通过开展教育培训、参观考察,逐步培养干部职工的思维方法、业务技能,使干部职工有更多的获得感。

2.传统思想教育方式的局限

随着市场经济的不断发展,人的思想也在经历着变化,传统的工作方式也具有一定的局限性。

①方式方法不够丰富。按部就班地开展思想教育工作,有时凭经验、凭感觉,对现状分析得不够,面对不同思想状态的职工群体采用同一种方式方法做工作,针对性不强,实效性

打了折扣。

②载体运用不足。现代科技发展日新月异,特别是互联网技术和移动终端的普及,为开展思想教育工作提供了很多机遇和良好条件。职工思想教育者对科技信息化认识不充分,运用不到位,时代性不够强。

③感染力和渗透力还不够。传统的思想教育工作在文化氛围营造方面有一定的作用,但感染力不够强,有的思想教育工作者采用硬性灌输的方式,使职工和受众有时产生逆反情绪和厌学情绪。有的职工受"非主流"文化的影响,世界观、人生观、价值观在不知不觉中有了偏离,这对思想教育工作者开展行之有效的工作带来了挑战。

三、思想教育工作新方法的探索

社会在进步,思想教育工作者也要与时俱进。正视客观问题实际,大胆探索实践新方式、方法,职工思想教育工作才会充满生机与活力。

1.用好新媒体,开辟思想教育工作新阵地

互联网已经成为人们生产生活中密不可分的一部分,网络信息技术的迅猛发展,无疑为思想教育工作的开展提供了现代化手段,拓展了存储空间和传输渠道。网络作为新媒体,已经成为继报刊、广播、电视等传统媒体之后的"第四媒体",成为人们思想交汇、情感碰撞、信息传播、情绪宣泄的重要阵地,成为文化交流和舆论争夺的新领域。公路行业要用好新兴媒体,通过建立网站、开设论坛,开发微信公众号、单位内部号,建立不同类型和服务功能的QQ群、微信群等方式,传输思想教育工作信息,使思想教育工作的面更广、速度更快、容量更大、效益更高,使其影响深层次和多方面。同时,通过网络这个渠道,润物细无声地将思想教育工作转化为文字、声音、图像、动画、影视等,使思想教育工作获得声像并茂、情景交融、易于接受的效果,职工的心声也能够及时得到抒发和反馈。

2.利用手机,更高效地服务于思想教育工作

手机的普及和功能应用的推陈出新,大大加强了职工之间和干群之间的沟通交流,让职工时刻和领导干部联系在一起。可以通过手机报、短信平台、行业动态等方式将理论、时事、先进事迹等发送到手机上,丰富思想教育工作的内容,充实职工群众的生活。

3.实行"综合型"策略,"一把钥匙开一把锁"

每个职工的气质、性格、心理、文化基础都不一样,职工的思想也是一个不断发展、变化、充满变数的过程。思想教育工作不可能一劳永逸,一种模式不能管一个人一辈子,政治思想教育工作者只有不断认真分析、总结、调研,熟知干部职工不同的思想状况和工作状况,分类指导,释疑解惑,才能有针对性地开展思想教育工作,取得实实在在的效果。

四、寻找传统方法和新方法的结合点

运用互联网以及各种先进的电子通信和传播手段,为做好思想教育工作提供了有利的条件,使工作更快捷、更方便,也更有效。现代生活的发展越来越离不开这些手段,但也使一些思想教育工作者产生了依赖思想、懒惰情绪,完全依靠新媒体、新载体开展工作,缺少了面对面的情感和情绪互动交流,职工之间、干群之间产生了距离。加之在纷繁复杂的网络环境下,"自媒体"时代,人人都有"麦克风",个个都是信息的传播者和接受者,处处都是舆论场,

各种思想和价值观念存在于网络,职工思想波动性增大,如不加以引导,很容易产生歪曲、扭曲的观念,使思想教育工作环境更加复杂。所以,思想教育工作只有坚持传统与创新相结合,有效整合各类老方法和新途径,才能使新时期的思想教育工作发挥应有的作用。

1.内容要创新,载体服务于内容

围绕中心主业工作,才能体现思想教育工作的服务性。当前,公路行业思想教育工作的根本任务,还是围绕公路养护主业这一中心,用党的基本理论、基本路线教育职工,用爱国主义、集体主义、艰苦创业的精神凝聚人心,用公路行业价值观统一思想,用全面建成小康社会的目标鼓舞干劲,为公路行业的改革发展提供强有力的精神动力和思想保证。思想教育工作必须与公路养护生产管理过程相结合,约束与引导并举,把思想教育工作融入管理制度,让员工在共同目标的激励之下爱岗敬业,在制度机制的约束下努力工作。当前,在公路养护行业面临事业单位改革难点问题时,可以通过抓艰苦奋斗、与行业共发展等主题教育,把干部职工的思想统一到上级党委统一部署安排的步调上来,确保公路行业可持续发展。

2.推进公路行业文化建设,创建公路行业文化品牌

文化建设是思想教育工作的重要方向之一,促进思想教育工作与行业精神培育相结合,并以生动活泼、潜移默化的形式表现出来,通过公路行业文化建设工作的推进,使公路行业文化跟上时代步伐,满足行业发展要求,保持旺盛的生机和活力。可以通过加强安全文化、品牌公路文化、廉政文化、创新文化、服务文化等的塑造,使文化渗透到公路行业发展和职工工作、生活的方方面面,使教育思想工作的土壤更加厚实。

3.以人为本,提高职工的获得感、幸福感

要将单位发展成果与职工共享,不断改善工作环境,建设活动室、食堂、图书室等场所,让职工享受工作、快乐工作。深入开展职工喜闻乐见、形式多样的文体活动,在增强职工体质、陶冶情操的同时,增强单位的向心力。给职工成长的机制和锻炼的空间,创造成才环境,培养人才、留住人才。尽力创新学习培训机制,扩大培训教育范围,开展多种形式的学习教育和培训提升活动,组织职工外出学习参观,拓展视野和思路。同时要关注单位内特殊群体和生活困难职工的生活情况,建立完善困难职工信息库,经常走访慰问,为困难职工申请各级救助和帮扶,让职工感受到公路行业大家庭的温暖。

五、结语

各行业、各单位,都在思想教育工作方面有不少的成功经验,无论传统方法还是新方法,都不能适用于所有人。思想教育工作一定要坚持从实际出发,探索具有公路行业特色的工作思路,创造“坚守传统与适应变革”相结合的方式、方法。

二等奖

新时期如何加强高速公路行业职工教育培训

陈　兰

（贵州省公路开发有限责任公司安顺营运管理中心）

摘　要　当前企业之间的竞争就是人才的竞争，如果没有合理的人才开发体系，那么企业就会面临大量的人员流失，这无疑会提高人才成本，也限制企业的全面发展。因此，完善企业内部的培训机制，提高创新意识，直面当前存在的培训问题，才能实现企业的可持续发展。本文从高速公路行业人力资源培训的问题出发，探讨针对性的措施来改善并且创新培训教育工作，使得人才的能力可以得到施展，潜力得到激发。

关键词　高速公路行业　员工培训　问题分析　措施研究

一、引言

随着社会经济的迅速发展与市场竞争的日渐加剧，我国高速公路行业的生存与发展面临越来越严峻的挑战，高速公路行业领导也开始认识到企业培训的必要性。当前，我国高速公路行业的员工培训工作存在一些问题，员工培训的整体水平较低。员工培训教育工作存在的意义就是帮助员工提高技能水平，更加快速地了解工作细则，同时培养团队意识，提升忠诚度与归属感，降低流失率，对企业的可持续发展有着非常重要的作用。笔者日常的工作是党建、文明创建以及群团工作和宣传工作，强烈意识到培训的重要性，但是现阶段的高速公路行业培训方面存在很多弊端。本文主要目的是分析这些问题，并提出相关的改善措施。

二、职工培训的重要性

完善的培训机制是一个企业可持续发展的表现，也是对新员工的一种尊重，也能有效提高老员工的凝聚力。在高速公路行业中，员工的专业性比较强，而且需要有一定的责任安全意识。通过员工培训，可以帮助新员工更快进入工作状态，也能促使新员工认同企业文化，树立正确的价值观与责任感，从而恪尽职守，激发工作潜力，为高速公路行业的发展创造贡献。此外，员工培训也能帮助人力资源负责人进行合理的配置，对每一个新员工都能有一定的了解，以此来做好妥善的分配安排，防止随意的岗位分配导致新员工不明确岗位职责，与他们的职业规划有所偏差，降低工作效率，提高人才流失率。高速公路企业作为国企，创造的不仅仅是经济效益，更多的是社会效益，高速公路涉及的部门有很多，比如营运管理、质量安全、应急巡查、监控、机电维护、养护管理、党建、行政、宣传等，加强职工的培训，能够让原本不怎么交流的部门拉近关系,确保问题及时被发现和解决。同时,培训也能把全员组织到一起,倾听员工的想法,进而完善管理制度,提高管理水平,提升员工的归属感。因此,职员的培训,既能帮助新员工初步认知新环境,熟悉对工作内容,给企业注入真正匹配的新鲜血液,从而满足岗位需求,又能促进内部交流更加密切,让员工自发提高团队意识。培训中加入党建思想,让全员坚持党组织的领导不动摇,最终实现工作效率的整体提高,促使高速公路行业的快速可持续发展。

三、当前高速公路行业职工培训机制中的问题

随着人们的生活水平不断提高,而且现阶段下新兴企业快速的成长使得市场的竞争愈加激烈,企业只有加强培训,提高人力资源效率,才能保证核心竞争力的全面提高,创造高效益。高速公路行业在生产经营的过程中会发生较多的风险事故,这些都在警示我们要做好培训工作,加强党建工作的实效性发挥,完善宣传体系,提高员工的责任安全意识,树立正确的价值观。高速公路行业要想创造更大的社会效益,推动社会的稳定发展,就需要加强对培训的重视,提高党员干部的责任意识,做好内部的宣传工作,帮助员工树立风险意识与成本意识。但是高速公路行业在追求效益最大化的过程中往往会忽视掉这方面制度的完善。以下着重分析高速公路行业员工培训教育中的问题。

1.重视不够,创新所需要的资金投入不够

高速公路行业作为国企,内部的体制都比较传统,而且当前经济快速发展,员工的物质需求增加,所以行业更多的是为了实现眼前的经济效益最大化,而非其他社会效益。人力资源管理作为企业管理中的核心,如果没能发挥作用,那么人才不一定匹配岗位,或是积极性难以提高,长期如此,人才消极怠工的工作态度就会滋生,这种情感因素也会激发他们内心的不满。当前的高速公路行业中,培训工作需要创新无疑会投入过多的资金,如专业的培训师,培训室的建立,培训体系的完善,培训方式的信息化建设等。企业的管理层认知水平不高,也就造成了他们的错误观念:这些所谓的完善优化措施都是在浪费资金,而且没有不会有太多效果,所以一切从简,实践才是最好的培训方式。这样一来,没有培训也是整个行业存在的最大问题之一,员工进入公司,直接上岗练习,缺乏带领引导,长时间的受挫,就会影响他们的工作积极性。

2.机制不完善,形式主义严重

培训机制的不完善主要表现在高速公路行业,会选择实践过程的培训,因为在管理者看来,生产经营或许是重中之重,这种情形下,培训制度就显得可有可无。另外,行业内部的培训工作是带有敷衍成分,新员工入职,或是老员工的培训,都是简单的交流,然后汇报工作中的问题,现场并不会记录太多东西,而且事后也没有做好针对性的改善,如此形式化的培训,效果肯定是远远达不到预期的。除此之外,还有部分人力资源在实施培训工作时,就是简单地把一些企业基本信息以及未来的发展规划传达到他们思想中,没有和员工一起去思考之后的工作开展方向,或是模式的调整等等,随着十九大的召开,十九大精神的纲领没有在培训的过程中深入,所以党建团队的工作效率也比较低下,党员干部的责任感不强,对内没有做好宣传,因此要创新优化职员培训,任重而道远。

3.没有针对性和计划性,员工无法接受

每个岗位都有其存在的特殊性,以当前发展速度较快的互联网企业为例,技术部门更多

的是借助市场的反馈，不断实现产品的优化，运营部门更多的是做好客情维护，而市场部则是将企业的产品推广出去，并且收集消费者的体验反馈，从而保证企业内部的工作流程清晰明了。但是当前的高速公路行业内部，以一概全，培训的内容千篇一律，而且没有目的性，不会根据所要培训的人员部门进行内容的调整与完善，更多的是将管理层的一些想法单向的传达到员工思想中，没有计划性，不会将培训的内容做好分类，让员工有规划地去落实工作。人力资源管理更多的是要发挥润滑剂的作用，协调各部门之间的紧密交流，促进信息的传递沟通，并且传播一些正能量的思想内容，提高员工的工作责任意识，帮助他们树立正确的价值观，尊重员工的想法，鼓励他们参与到日常的管理工作中，培养主人翁意识，进而提升企业的凝聚力。但是显然当前的培训体系尚未做到这一点，而且培训过程中，党建思想是比较容易忽视的，如此一来，员工的思想状况无法端正，行业的凝聚力也无法提升，最终引发消极工作态度，严重阻碍行业的社会价值实现。同时，基层党组织培训主要是依托上级部门，不能主动走出去参与培训，导致闭门造车现象严重，建议基层在有条件的基础上，自行组织员工走出去学习、交流，扩宽视野。

4.移动支付盛行，收费站员工去留问题必须考虑

当前互联网时代的快速发展，再加上第三方支付平台的出现，移动支付盛行的现状下，收费站的员工去留问题是必须要考虑的，因为不少收费站的员工是无法满足当前移动支付所需的标准，技能水平不过关，熟悉的仅仅只是现金交易，这样一来，如果没有系统完善的培训，收费站的员工就很难操作这些支付工具，也就会增加消极情绪，面临失业的风险。

四、构建与优化高速公路行业职工培训机制的有效策略

1.完善管理机制，提高创新意识，重视培训制度

培训制度一直是人力资源管理部门中非常重要的一项工作，因此为了创新员工的培训教育工作，首先需要转变经营观念，重视培训工作，完善高速公路行业内部的人力资源管理机制，要根据企业自身的实际发展情况，将其他企业的成功管理经验作为创建的灵感，制定出科学的人才选聘、选拔机制，合理的人才竞争机制等等，同时也要做好企业文化的建设，重视人文关怀，依靠培训来与员工进行思想沟通，帮助他们维护权益，从而激发他们的工作积极性，提高忠诚度与归属感，为高速公路行业的可持续发展做出更多的贡献。

2.党建工作方面的职工培训

培训体系的完善与优化需要加入更多党建工作的思想与事宜，高速公路行业是一个流动性大、野外作业时间长、环境条件差且劳动强度大的行业，其企业员工尤其是室外工作人员的工作任务复杂，且工作辛苦劳累。加之高速公路行业市场竞争压力日益激烈，国有高速公路行业凝聚企业员工的思想，使其高标准、高质量地完成施工任务是国有高速公路行业应对市场竞争压力的有效途径。那么，加强党建工作，并且做好宣传，组织全员学习十九大精神，就需要培训体系的优化，丰富培训内容，对党建工作目标进行管理，进而促进高速公路行业的可持续运行，创造良好的经济效益和行风建设显得尤为迫切。当然，在培训过程中融入党建思想，集结工会代表与基层组织一同创建文明，做好行风建设，才能保证党组织发挥战斗堡垒作用，进一步提高在企业中的影响力和权威性。而且这样一来也能严格规范党员的行为举止，体现党建工作的科学效能。实现国有企业的党建工作职员培训，必须基于企业实

际的发展情况,将思想教育内容与日常的经营管理活动紧密地联系起来,来为高速公路行业的稳定发展不断调整工作方式,进一步的强化工作重点。如此一来,党员干部才能发挥效能,提升工作效率,全心全意地深入基层,服务基层,与此同时,员工的主观能动性被提高,而且组织荣誉感使得他们自发地宣传党建思想以及十九大精神,传播正能量,进而培养高速公路行业员工的主人翁意识,从而形成风清气正的企业氛围,建立起更加符合公司发展的企业文化。

3.更新培训内容,制度科学的培训计划,引入信息技术

信息技术的快速发展,给了人力资源的培训工作创造了机遇,通过合理的使用信息技术,将行业不断变化的形式以及管理思想及时的传达到员工心中,让员工享受到知情权。除此之外,更新培训的内容,根据不同的岗位,分析员工的个性特点,做出科学的培训计划,来发挥培训工作的巨大作用。为此,具体的措施可以是在企业内部建立起培训教育管理系统,使用钉钉子或是微信群等平台去随时随地完成培训工作,而且这种方式也更加人性化,培训的资源可以更加丰富多样,员工能够在线下了解行业的发展动态,提出自己工作中遇到的问题,得到及时的回复,不需要再进行长时间的等待去寻求答案,当然,更新培训内容,与时俱进,也和当前党建工作的思想一样,要紧紧跟随时代发展的脚步,切记故步自封,才能体现党组织的先进性,不会造成思想上的脱节,党员干部也会有更多地积极性去落实宣传工作,服务职工。如此一来,培训意义将得到体现,也能获得公司领导的高度重视。

4.强化收费站员工的互联网技能培训,做好岗位安排工作

培训同样需要与时俱进,移动支付的出现提高了效率,而且避免了人工的疏漏,在很大程度上也能降低企业的运作成本,当前环境下,高速公路行业尤其应该做好收费站员工接轨互联网的意识以及技能方面的培训,帮助他们更好地运用这些工具,提高工作效率,同时也要处理好一些年龄稍大的员工的岗位调整问题,确保人才的力量得到最大的发挥。

5.完善评估考核,确保培训意义实现

评估是保证培训工作实效性发挥的重要手段,也是管理机制中最不可缺的一部分。因此,完善当前的评估制度,可以采用及时的笔试或是线上答题的方式去了解员工培训后的掌握情况,这样也不会耽误正常的工作进度,反而会提高他们的工作效率。除此之外,培训的评估体系还要实时的对结果进行统计与规整,掌握每一个员工在各自岗位上的工作发展,奖励优秀员工,同时也要鼓励一些培训内容没能及时领悟的员工进行单独辅导,不能不了了之,培训后的能力提升是需要长时间的评估,如果每次培训后的结果都不认真对待,那么员工的成长是极为缓慢的,也就无法凸显培训的实效性。培训的意义就在于员工通过培训,能够实现更多能力的提升,认同自己的岗位职责,提高工作积极性,进而激发潜能。相信完善的评估,能够进一步实现企业核心竞争力的提高,最终创造效益的最大化。

五、结语

综上所述,交通运输业是经济社会发展的基础性产业和服务性行业,是国家人力资源开发的重点领域之一。发展现代交通运输业,归根结底要依靠总量充足、结构优化、合理布局、素质优良的人才队伍。通过对公路行业职工的教育培训,可以提升交通运输从业人员队伍的综合素质和科技文化水平,并提高教育培训机构适应交通和服务交通的能力,为我国交通

运输事业发展提供了人才与智力支撑。完善公路行业职工教育培训机制,是加快转变交通运输发展方式,推进现代交通运输业发展的重要影响因素。高速公路创造的社会效益也为我们的生活以及工作提供了更多的便利,而新时期下,人才的核心竞争力提高才能推动企业的可持续发展,因此需要加强培训工作的改善与创新,以此来实现全员的责任意识提高,树立正确的价值观,做好行风建设,提升整体的凝聚力,激发工作潜能,创造价值,实现高速公路行业在信息时代的可持续发展。

参考文献

[1] 胡秀婷.高速公路行业员工培训的有效管理与创新分析探究[J].工程技术,2017(01).

[2] 王晓涵.创新培训管理模式提高高速公路行业员工培训管理效果研究[J].经营管理者,2017(29).

[3] 石海勇.创新培训管理模式提升员工整体素质[J].经济技术协作信息,2016(23).

[4] 王金华.加强工会工作促进企业和谐发展[J].价值工程,2010(07).

[5] 郑连辉.浅谈思想政治工作在工会工作中的重要性[J].科技与企业,2013(02).

[6] 王为民.有所思——打造学习型公路网络[C]//中国交通教育研究会2008年度交通教育科学优秀论文集,2017.

[7] 赵俊成.加强人才培养　提升员工素质　推动企业快速发展[J].科技广场,2016(12).

[8] 乌兰少布.公路职业教育在交通跨越式发展进程中的定位研究[J].中国交通教育研究会,2014(13):19-20.

二等奖

坚持六措并举　弘扬廉政文化

刘海峰

(河南省漯河市公路管理局)

摘　要　漯河市公路管理局党委坚持“以廉养德、以廉养心、以廉养路”的工作理念,做实公路文化与廉政文化结合文章,开展一系列廉政文化建设活动,通过“领导重廉、环境示廉、载体宣廉、活动兴廉、制度保廉、家庭助廉”等举措,积极营造了“修路修身,养路养心”的良好氛围,为推进全面从严治党创造了有利条件。

关键词　全面从严治党　党风廉政建设　廉政文化

一、引言

近年来,漯河市公路管理局党委坚持“以廉养德、以廉养心、以廉养路”的工作理念,做实公路文化与廉政文化结合文章,开展一系列廉政文化建设活动,通过“领导重廉、环境示廉、载体宣廉、活动兴廉、制度保廉、家庭助廉”等举措,积极营造了“修路修身,养路养心”的良好氛围,取得了阶段性成效。局党委多次被省委、市委授予“先进基层党组织”,被评为河南省交通运输系统“文明建设先进单位”,并被省、市确定为“廉政文化创建示范单位”。

二、领导重廉,增强廉政文化感召力

局党委坚持把全面从严治党作为首要政治责任,将廉政文化建设作为构建惩治和预防腐败体系的一项重要任务列入工作议程,融入公路事业各项工作中。

一是班子议廉。成立了廉政文化建设领导小组,由局长任组长,党委书记任教导员,副职领导任副组长,各部门负责人为成员,局纪委书记兼任领导小组办公室主任。召开专门的局长办公会议,明确职责,落实专门经费和人员。廉政文化建设领导小组经常研究廉政文化建设课题,印发《廉政文化创建工作台账》,及时解决工作中的实际困难。由于领导重廉,尤其是主要领导以身作则,率先垂范,为全局干部职工树立了廉洁自律的好榜样。

二是集体倡廉。部门负责人以上干部与局长、书记签订了年度工作目标责任书和党风廉政建设责任书;所有党员干部与主管领导签订了廉政承诺书;副科级以上党员干部分别撰写了廉政格言警句;组织开展了全市公路系统纪检监察理论调研活动,收到调研报告46篇,对优秀论文作者进行了表彰。针对领导干部廉洁办理婚丧喜庆事宜、公务车辆使用等廉洁自律有关规定,加大宣传教育力度,在重要节点开展监督检查,强化了行动自觉。

三是公开述廉。坚持“三查三述两报告”制度(即日常自查、半年督查、年底考查,科室及局属单位负责人向分管副职、副职向党组织主要负责人、主要负责人向上级纪委述责述廉,定期向上级党委和纪委报告主体责任落实情况),每半年召开一次述责述廉大会,与会人员当场测评,其测评结果作为年终评先评优和干部任用提拔依据。

三、环境示廉,增强廉政文化感染力

在坚持公路建设的同时,把廉政文化建设作为重要的保障工程,注重软硬件投入,打造有利的廉政环境和工作氛围。

一是打造阵地。结合实际,大力推进廉政文化进机关、进社区、进家庭、进基层、进工地工作。在办公楼各层走廊张贴了不同系列的廉政图画,在各办公室张贴了廉政书法,制作了廉政工作桌牌。指导各施工标段设置了"工程建设廉洁自律'十不准'"公示牌及监督电话,指导施工、监理单位在驻地设置警示牌,依托 S238 常付线郾城区小王庄至漯河周口交界段改建工程、G240 保台线北舞渡至舞钢交界段改建工程施工围栏,建设廉洁文化长廊,以图文并茂的形式增强廉洁文化的吸引力、渗透力和感染力。

二是创新形式。组织党员干部参观"廉洁漯河""献礼十九大　剪纸颂廉风"艺术作品展,集中观看《察盛衰之理　审权势之宜》《巡视利剑》系列教育专题片,达到惩处一案、教育一片的效果。精心选拔 5 名优秀党员干部组成参赛队伍,在全市"《准则》《条例》"知识竞赛总决赛中勇夺三等奖。

三是延伸层面。在坚持全员教育的同时,注重把科级以上干部作为重点,严明纪律、严树规矩,以"关键少数"引领和带动"绝大多数"。组织开展了分管领导同分管科室的每月廉政谈话、《准则》《条例》知识测试、观看"会前一刻钟"专题片,领导干部带头讲廉政党课,局班子成员赴省廉政文化教育馆参观学习等教育工作,将廉政文化渗透到每个角落,每个细节,营造出浓厚的廉政文化氛围。

四、载体宣廉,增强廉政文化渗透力

一是建设"廉政书架"。在机关阅览室专门设立"廉政书架",及时完善《宪法》、《刑法》、《监察法》等法规,让干部职工阅读更多的廉政书刊,在潜移默化中受到感染。

二是设立廉政平台。组织党员干部订阅省纪委《廉政周刊》手机报,关注市纪委"廉洁漯河"微信公众号,组建了"漯河公路纪检监察"微信群,及时发布正风肃纪最新动态。在清明、五一、端午、国庆中秋等重要节点发送微信、短信并发文进行提醒教育,明确提出"八个严禁"要求,警惕穿上"隐身衣"的享乐主义、奢靡之风,坚决防止"四风"反弹,严明党的纪律规矩。

三是加大监察力度。紧紧围绕全局的重点工作,加大对局重点工作执行情况的效能监察,建立了效能监察工作督导台账,强化跟踪问效,切实解决工作中存在的突出问题,确保全局重点工作的稳步推进。组织督察组对局属单位、局机关的纪律执行情况进行了效能监察,定期印发督察通报,点名道姓通报人员到岗到位情况,切实强化了纪律观念,促进了作风提升。

五、活动兴廉,增强廉政文化吸引力

围绕公路建设发展,开展形式多样的创建活动,丰富廉政文化内涵,增强廉政文化的吸引力和凝聚力。

一是坚持标本兼治推进以案促改工作。把以案促改工作作为落实全面从严治党主体责任的重要内容,作为一项重要的政治任务来部署和落实,扎实推进以案促改各项工作。严格筛选系统内外的典型案件,精心组织警示教育会、专题民主生活会,结合典型案件,严肃认真地开展批评和自我批评,深入查找班子和班子成员的问题,深刻剖析思想根源,进一步明确努力方向和整改措施。全市公路部门按照局党委"四个结合"的要求,深入开展岗位廉政风险排查整改活动。全系统参与活动的168名党员干部,共查找出风险点324个。对查找出的个人岗位风险,不回避不推诿、不怕亮丑揭短,相互征求意见建议,科学评估风险等级,累计制订整改措施351条。全局16个机关科室、4个局属企业共查找出83个风险点,制订整改措施226条,计划建立、修订、完善制度55项,有力促进了全市公路系统的风险防控体系建设。

二是扎实开展隐形变异"四风"问题专项治理工作。严格对照专项治理内容,对本单位2016年以来落实中央八项规定精神以及纠正"四风"工作开展情况进行全面排查。坚持问题导向,重点自查变相旅游、公车私养、隐蔽场所吃喝、乱发津贴、借机敛财等6个方面的问题。尤其是对隐形变异"四风"问题,逐项逐人进行自查自纠,并按照规定进行了公开公示,接受群众的监督。对自查发现的问题,及时制定整改台账,明确整改内容、整改措施、整改时限和责任人,实行销号制度,整改一条、销号一条,自查问题全部整改到位。

三是持续开展作风纪律整顿。深入开展落实中央八项规定精神制度建设"回头看"工作,对落实中央八项规定精神相关配套制度制定情况扎实开展自查,形成了以制度规范工作的导向。深入开展懒政怠政为官不为问题专项监督工作。坚持以保障上级党委政府重大决策部署和单位重点工作安排贯彻落实为目标,以严肃查处懒政怠政为官不为问题为重点,以督查和行政问责为抓手,不断加强对各部门人员的监督,重点是各级班子成员和中层以上干部及管理人员,对督查中发现的"不作为""慢作为""乱作为"等问题线索,以及推诿扯皮、敷衍塞责,完不成任务、落不到实处的严肃追究责任,以案明纪、以案促改,震慑警示。组织开展了整治侵害群众利益突出问题专项行动、党员和国家工作人员失联外逃集中排查工作以及违规持有身份证、出国(境)证件的清理后续工作,组织全局126名工作人员认真开展了自查活动,坚持做到"四个一律通报"和"零报告"。深入开展违规公款购买消费高档白酒集中排查整治工作,组织相关部门对机关及局属单位公务接待工作深入排查,驰而不息地纠正四风,不断深化作风建设。

四是大力开展"最美公路人"评选表彰活动。坚持以担当、创新、廉洁为标准,经过精心组织、推介评选、隆重颁奖等环节,对10位最美公路人和一个获奖团队进行表彰,纵览"最美"的这些人,他们坚守在自己的岗位上,用最真实的行动,完美诠释了孝道、智慧、责任、担当、勤劳、奉献、廉洁等社会主义核心价值观要义,是引领行业发展的内在源泉。

六、制度保廉,增强廉政文化约束力

注重发挥制度管长远、管根本的作用,坚持完善制度、宣传制度、落实制度,不断增强制度的执行力,增强廉政文化的约束力。

一是推进制度完善。在坚持落实"两个责任"、履行"两个清单"的同时,不断深化岗位廉政风险排查整改活动,制订了《漯河公路市公路管理局落实"三重一大"集体研究决策制度实施细则》《资金使用审批制度》《工程计量支付监督管理办法》《招投标监督管理暂行办法》等制度，不断完善全市公路系统的风险防控建设。

二是开展制度宣传。通过开展全员的制度学习和宣讲活动，增强制度的认同感、敬畏感。每月制订廉政学习台账，至少组织一次廉政学习，将各项规章制度列入学习范围，促进规章制度的上脑上心。

三是监督制度执行。由局领导班子成员带队，每月对机关人员落实各项制度的情况开展定期、不定期考核督查。每月将考核结果以文件形式下发至各部门、企业，并与工资奖金、业绩评定、年终评先评优和选拔任用挂钩，严格奖罚兑现。同时，开通网上监督热线，公布举报电话，设立举报信箱，聘请政风行风监督员，对服务企业和沿线群众进行回访等，积极主动接受社会各界监督。

七、家庭助廉，增强廉政文化辐射力

为守住“家庭”这个党员干部拒腐防变的重要阵地，持续开展系列家庭助廉活动，筑牢家庭廉政防线，培育良好家风。

一是印发助廉信件。春节前夕，向全局 128 名党员干部家庭发出了《致党员干部家属的一封信》，从加强学习、严格自律、防微杜渐、崇德向善四个方面，呼吁干部家属以德治家、以情暖家、以廉养家，当好廉政法规的宣传员、廉洁家庭的守门员、勤政廉政的监督员。

二是开展助廉提醒。引导党员干部家属树立家庭廉政意识，常吹廉政“枕边风”，经常提醒配偶严格执行廉洁从政和廉洁自律的各项规定，自觉做到拒收礼品礼金。做到“四过问”：配偶收入明显反常要过问，配偶拿回高档商品要过问，配偶经常不在家吃饭要过问，配偶经常晚归要过问；做到“五个习惯”：习惯用自己的钱，习惯坐自己的车，习惯回家吃饭，习惯人走茶凉，习惯接受监督。倡导清廉家风，以德治家，以俭持家，以廉保家，促使干部职工筑牢廉洁从政思想防线，保持警钟长鸣，防微杜渐，共筑家庭廉政墙。

三是开展助廉警示。定期组织党员干部家属参观家训馆、廉政基地，观看《家财莫为子孙谋》等警示教育专题片，宣传领导干部利用职权为子女谋利的危害，引导党员干部家属以实际行动积极投身反腐工作，共同筑牢廉政“后防线”。

八、结语

清风满城劲吹来，千树万树廉花开。通过几年来的实践，廉政文化在凝聚人心、弘扬正气、促进和谐、推动发展中的独特作用正在漯河市公路系统日渐显现。局党委将积极探索新形势下加强党风廉政教育的有效途径，充分发挥廉政文化的教育功能，构筑党员干部拒腐防变的思想道德防线，让崇廉倡廉氛围更浓厚，让廉政文化之花开遍漯河公路每个角落。

三等奖

事业单位分类改革在公路行业暴露出的热点难点问题解析与研究

易大芳

(湖北省石首市公路管理局)

摘　要　本文以石首市公路管理局为调研目标,从单位基本情况、公路工作发展现状、存在的问题及改革的建议四个方面进行浅述,以期对未来公路管理体制改革起到参考作用。

关键词　事业单位　分类改革　公路问题　解析研究

一、引言

近年来,全国公路交通运输事业发展取得了举世瞩目的成就,人们的出行方式有了根本改善。与此同时,普通公路管理现有体制机制不能适应公路发展新形势,矛盾和问题逐渐积累,已经成为制约公路交通发展方式转变、限制公路交通服务能力和水平提高的重要因素。

近年来,全国公路交通运输事业发展取得了举世瞩目的成就,人们的出行方式有了根本改善,公路交通发展目标从最基本的“通达”延伸至“畅通、安全、舒适、美观”。目前,我国已经形成了以高速公路为骨架、普通国省干线公路为主体、农村公路为基础的公路网络,为经济社会发展和民生改善发挥了重要的基础性保障作用。但与此同时,普通公路管理现有体制机制不能适应公路发展新形势,矛盾和问题逐渐积累,已经成为制约公路交通发展方式转变、公路交通服务能力和水平的提高重要因素。深化普通公路管理体制改革,已成为新时期实现公路科学发展的既重要又紧迫的重点任务之一。

本文以石首市公路管理局为调研目标,从单位基本情况、公路工作发展现状、存在的问题及改革的建议四个方面进行浅述,以期对未来公路管理体制改革起到参考作用。

二、基本情况

石首市公路管理局成立于1966年,为差额拨款事业单位,受荆州市公路管理局和石首市交通运输局双重领导,2015年被确定为公益二类事业单位,主要负责本市的公路工程建设、公路养护、三义寺渡口的安全渡运、公路路产路权的维护管理、公路超限超载治理及行业管理。

石首市公路管理局现有在册职工540人,机关设有六科一室一会;下设宏达路桥有限公司、永旺公路养护有限公司、三义寺渡口管理所、公路路政大队、高基庙超限检测站、物业管理站共六个二级单位;全局共拥有各类筑养机械及试验仪器105台(套),固定资产达2500

多万元,具有湖北省建设厅颁发的公路工程总承包二级资质,有市内唯一拥有公路桥梁工程施工总承包二级资质、市政工程施工总承包三级资质的施工企业。

通过几代公路人不懈的奋发拼搏,历经 50 余年的东拓西展、南连北接,石首市公路通行水平和通行环境有了质的飞跃,G234 国道兴阳线 38.737 千米穿境而过改写了石首境内无国道的历史;经新建、改建、提等升级后,列养省道从 3 条增加为 6 条共 142.899 千米,公路路况多年来持续保持荆州前列;另有潜石高速、岳宜高速、杭瑞高速的新建填补了石首境内无高速公路的空白。四通八达的公路网,为石首经济和社会发展打下了坚实基础,改变了石首的面貌,也正在改变着广大石首人民的生活方式。

三、公路工作发展现状

1.公路工程建设

历史数据显示,2006~2010 年,石首市公路管理局公路工程建设累计货币工程量为 9069.9 万元,除完成本市列养公路大修工程任务外,还开展了一部分通乡公路工程建设和部分市政工程建设;2011~2017 年,该局公路工程建设货币工程量年均约 1.5 亿元,在完成本市列养公路大修工程任务的基础上,承接了该市绝大部分市政工程建设任务,另外还承接了少量的通乡公路建设工程。历年来,石首市公路管理局以过硬的工程质量赢得了市领导和公众的一致好评,在公路工程建设领域树立了自己的品牌。

2.公路养护管理

以《中华人民共和国公路法》和《公路安全保护条例》等为依据,对本市 1 条国道、6 条省道共 181.636 千米列养公路进行养护管理,养护资金由市财政拨付;境内通乡公路由市交通运输局负责养护,公路养护管理范围和职责明确,实行各司其职,各负其责;市公路局列养公路路况连续几年排名荆州前列,为过往车辆提供了安全畅通的公路通行环境。近几年来,不断提升公路养护队伍综合素质,利用单位资源优势,重点培养工程建设技术人才,先后几次承接并高质量完成市政工程建设任务,在公路工程建设及公路养护市场争得一席之地。

3.路政治超管理

通过细化制度、加强学习,路政治超严格履行部门职责,与邻近县市路政治超部门、本市公安交警等积极开展联动执法,有效维护路产路权,超限超载率控制在 3%以内;与局属养护公司共建微信平台,加强配合,共享巡查成果,为公路建设、养护工作的顺利开展提供保障;通过广泛宣传,有效提高公路沿线及社会群众知法、守法、爱路、护路的自觉性,为共创平安和谐稳定的公路通行环境打好基础。

4.安全渡运工作

石首市公路管理局三义寺渡口管理所始建于 1974 年,是湖北省最大的公路专业渡口,位于长江"九曲回肠"的荆江险段,承载着连接湘鄂、沟通天堑的重任,被誉为鄂南湘北的交通"咽喉",是促进两省经济贸易和客货物流运输的重要交通枢纽。根据《关于取消和暂停征收部分涉企行政事业性收费和政府性基金项目的通知》(鄂财综发〔2015〕39 号)要求,自 2015 年 10 月 1 日起,该局三义寺渡口管理所停止征收过渡费,公安杨场、石首小河、监利鄢铺等社会收费渡口过渡车辆纷纷涌向三义寺渡口,导致该渡口过渡车辆骤增。经统计,过渡小车年增长率达 16%,载重货车持续增多。为确保渡运工作安全、畅通、便捷、有序,该局采取“四船三运转”工作模式满负荷生产。2016 年共渡运约 2.15 万航次、60 万车次,仅春运期间启动应急预案渡运的航次就达到了 2956 航次、110598 车次,至 2017 年创造了建渡 43 年未发生安全责任事故的好成绩。

四、暴露出的热点难点问题解析、研究及建议

1.岗位设置问题

石首市公路管理局自 2012 年起实施岗位设置,目前各种问题凸显。一是空缺岗位与待进岗位人员比例严重失调。极大部分人员拥有工勤等级证书,但岗位极其有限,尤其是技师岗位全局只设 1 个,而目前持证而未进岗技师达 50 余人,按照上级文件“退三进一”的原则,持证而未进岗位的技师在未来 20 年中都无晋升可能,换言之,现有在岗人员晋升岗位终身无望;专业技术岗位目前大量空缺,但空缺岗位只限于助理级,中级及以上岗位按照“退一进一”的原则,每年最多只能进 1~2 人,如果当年没有人员退休,则没有空缺岗位可进。由于晋升缓慢甚至退休前都无空缺岗位,致使职工失去报考职称的动力,进而严重影响职工工作积极性。二是按照国家相关法规,渡口船舶人员可参照进入岗位设置,21 名此类人员参与专技中级岗位设置,占该局专技中级岗位总数的 28%,该局通过国家考试取得中级职称的同志由于没有空缺岗位而无法进入岗位设置,进而无法享受相应的工资待遇。

全荆州公路系统内仅石首有渡口,针对这一特殊情况,建议根据石首市公路局船舶相关证书持有数量,增加相应岗位,避免船舶工作人员占用其他人员岗位设置;同时,其他人员因此有了充分的岗位设置空缺,可激发其报考中级职称的积极性,从而激发职工工作热情。

2.公路工程建设

问题表现在:一是建设范围受限。从近几年工程建设货币工程量看,石首市公路管理局公路工程建设有了翻天覆地的变化;从建设范围看,仍然滞留于市内列养公路大修、本市市政工程和石首境内通乡公路工程建设三个方面。二是资金回笼迟缓。工程完工后,立即对已竣工的工程验收资料进行整理并送相关档案管理部门归档,申请建设单位组织审计后进行结算,但由于种种原因,资金迟迟不能预期回笼,导致相关工作陷于被动局面。

建议:一是注重培育专业人才,提高公路工程建设资质,积极拓展市场,争取外接工程。二是上级部门加大支持,争取资金及时回笼,为单位承接其他公路建设工程提供充分的资金支持。三是开展工程建设管理体制改革,采取“走出去、引进来”的方式,学习邻近县市工作经验,广拓市场,更大程度上争取经济效益。

3.公路养护管理

问题表现在:一是局限于对本市列养公路的养护;二是公路养护技术人员缺乏,不适应社会发展新形势;三是公路养护设备传统、落后,亟须更新、添置先进设备;四是应急养护中心建设用地落实难的问题。按湖北省公路局要求,各县市区必须建设一个功能齐全、保障应急抢险及公路养护的中心,由于建设用地拟规划于 G234 国道旁征地 70 亩,因 G234 国道正在评审中,应急养护中心建设一时难以开工。

建议:一是拓展公路养护市场。目前石首市公路管理局公路养护队伍、技术力量和养护质量在全市领先,得到了行业和社会的认可,在认真完成列养路段公路养护任务外,可积极拓展市场,参与本市县乡道、市政道路及邻近县市的道路养护建设。二是加强培训,提升公

路养护人员专业水平。近几年,选派了几批优秀员工参加了省、市公路建设、养护技术培训,在水平提升方面起到了较好的作用,建议上级主管部门经常组织类似的培训学习,持续提升县市公路局技术人员专业素质。三是加大投入,根据公路养护工作实际,更新适应公路养护新技术、新工艺的机械设备。四是加快进度,落实用地,以便应急养护中心早日开工建设。

4.安全渡运方面

三义寺渡口管理所自停止征收过渡费后,过渡车辆持续增加导致车辆待渡时间长,群众反响强烈,2017 年 1~7 月涉及该局的信访投诉共 16 次,除其中 1 次为“关于办理不动产权证的手续问题”的信访件外,其余 15 次均为渡口投诉件,由此可见其严重影响了该局社会形象;新建渡运船舶鄂路 5003 号于 2017 年 1 月投入运行后,短时期内一定程度上缓解了渡运压力,其他 3 艘船舶陆续进厂改型大修以从根本上消除人车混渡隐患,但源源不断的车流致使渡口所运力不足的问题始终存在,特别是大型货车一方面宁愿长时间等渡也不取道高速、省道,一方面因货车过多、等待时间过长而导致大量投诉,严重影响该局社会形象,打击了工作人员工作积极性。

针对以上问题,石首市公路局积极采取措施,主动化解矛盾,尽最大努力为过往群众提供最优质的渡运服务。在建石首长江大桥预计 2019 年通车,届时三义寺渡口管理所渡运压力将有极大改善。在大桥通车之前,持之以恒耐心宣传解释,争取过渡群众的理解和支持,减少不必要的投诉;借助多个信息平台及时发布渡运信息,引导群众合理选择出行路线,减少待渡时间;针对船舶改型大修期间产生的运力不足、安全隐患等问题,进一步加强监管,最大程度上保证渡运安全、畅通、有序、优质。

建议上级领导部门更多地关注渡口安全渡运工作,特别是船舶改型大修期间,加大投入,增派人力物力,确保渡运安全畅通;针对渡口全年无休、节假日双休日仍坚持岗位、无法享受年休假等特殊的工作性质,适当提高渡口工作人员相关待遇。

5.政府主导治超问题

石首市境内大型重载车辆绝大部分是本市重点骨干企业的运输车辆,根据上级要求,为支持地方经济发展,市政府主导治超工作于 2017 年 4 月启动,成效显著,但超载现象依然存在。

建议加大力度,提高认识,按照“政府主导、联动治超”的模式大力开展路政治超工作,从根本上切断超限运输的隐患;广泛宣传,提高素质,加强驾乘群众爱路护路教育,共建平安和谐公路通行环境。治理车辆超限运输不仅仅是履行公路管理职责,也不仅仅只是为了保护路产路权、延长公路使用寿命,而是关系到人民生命财产安全,关乎社会,关乎民生,超限超载违法行为必须得到有效遏制。

三等奖

公路行业精神文明建设研究

——浅谈内蒙古路桥集团有限责任公司精神文明建设成效

贾 奖

(内蒙古高等级公路建设开发有限责任公司路桥工程物资有限责任公司)

摘 要 在历史发展长河中,精神文明建设的分量不容忽视。精神文明建设是行业稳定、持续发展的坚定基础,将精神文明建设与行业文化相融合,为其和谐发展提供智力支持。加强精神文明建设是我党的优良传统,也是文化战略部署的重要组成部分,对公路行业建设与发展提供着强有力的精神动力与智力支持。本文分析加强公路行业精神文明建设的重要性并以内蒙古路桥集团有限责任公司精神文明建设为例,总结其成效,分析新时期精神文明建设遇到的问题及对策。

关键词 路桥集团公司 精神文明建设 企业文化 思想素质 激励 发展

一、引言

习近平总书记讲到:“人民有信仰,民族有希望,国家有力量。实现中华民族伟大复兴的中国梦,物质财富要极大丰富,精神财富也要极大丰富。”新形势下精神文明建设是一项艰巨而伟大的事业,加强行业精神文明建设要将领导者管理水平的深度和员工综合素质的提升融入行业的创新发展、思想道德建设、文化建设、企业管理的全过程,促精神文明开花结果。

二、加强公路行业精神文明建设的重要性

1.是规范公路行业的外在要求

公路行业作为经济发展的血脉,在国民经济发展中占有重要的作用,是国内经济往来,国际互通有无的纽带,它的发展成败一定程度上决定着世界经济市场的繁荣与稳定。随着改革开放的逐步深入和公路行业发展方式变革转型,企业成分正逐步扩大,私营业主的队伍也不断壮大,行业内的秩序与政策逐步稳定与规范。加强精神文明建设,牢固各企业树立中国特色社会主义道路的信念,引导他们敬业、守法、爱国、诚信,增强社会责任感,为全面建成小康社会而努力奋斗,是公路行业管理者义不容辞的职责。

2.是企业发展壮大的内在要求

精神文明的教化、引导和激励功能,在增强企业凝聚力、振奋员工精神、促生企业核心战斗力与竞争力方面发挥着重要作用。加强公路行业精神文明建设,是构建和谐社会的内在要求,强调以人为本,以文化为纽带,融思想教育、制度约束和激励机制于一体,是公路思想政治工作服务于建、养、管、征工作的切入点和重要载体。最大限度地构筑以人为本的社会

“软环境”以及和谐共存的“精神生态”,对于维护人民群众根本利益和社会稳定,具有重要意义。是建设高素质干部职工队伍、促进人的全面发展的迫切需要。建设先进公路文化,根本是做人的工作,实施“人才强交”、“人才强路”战略,充分发挥人力资源优势,使行业精神文明建设真正落到实处。

三、浅谈内蒙古路桥集团有限责任公司精神文明建设成效

内蒙古路桥集团有限责任公司(原内蒙古自治区公路工程局),成立于1952年,2017年正式更名为内蒙古路桥集团有限责任公司,企业注册资金超10亿元,内蒙古路桥集团有限责任公司作为全区公路施工的骨干力量,共修建国省干线公路6000余千米,承建大中桥梁500多座,近十年来累计完成施工产值200多亿元。多次获得“公路施工先进单位”“重点公路工程建设质量实绩突出单位”“全国公路建设企业重点工程劳动竞赛优胜奖”“全区五一劳动奖状”等荣誉和奖项,连续12年保持了“自治区级文明单位”称号。

公司自成立以来,始终本着“筑路架桥造福人类”的宗旨,积极参与城市基础设施发展建设,恪守“振兴路桥铸就未来”的核心价值观,遵循“打造交通品质工程、打响内蒙路桥品牌”的发展战略,奋力迈出引领公路崛起的步伐。路桥集团公司在创建精神文明工作中,把创建工作作为工作的重中之重,列入重要议事日程。充分发挥精神文明建设的作用,为促进企业协调发展提供了强有力的精神动力和思想保证,取得了经济效益和社会效益的双丰收。

1.加强干部队伍素质建设

路桥集团集团公司的领导班子是一支久经考验,具有战斗力、凝聚力、向心力的集体,他们创新进取、无私奉献、廉洁从政,处处做好表率,事事当好标兵。多年来,领导班子坚持经济效益创收与精神文明建设协同发展。公司党委领深知精神文明建设的重要性,每年制定详细的学习计划,逐层逐级的组织党员干部进行党内准则规章和文件精神地学习,按时开展“三会一课”“两学一做”专题教育会议、党小组、全体党员大会等,提高党员的理论素养和政治敏感度,2017年,共向党员干部及重点岗位人员发送廉政微信16次,开展谈心谈话697次,了解被谈对象的思想动态,准确把握干部职工的思想脉搏,从而建立健全党群及纪检工作制度,使企业党建工作步入正轨。要求党员干部在工作中发挥好四个带头作用:带头提高思想认识;带头苦练业务本领;带头干好本职工作;带头树立文明之风,领导干部在思想上相互提点、工作上互相帮助、组织上相互监督、作风上相互促进、感情上相互尊重,形成一支业务精炼、清廉勤政、乐于奉献、群众爱戴、能打硬仗的队伍。

2.保护员工合法权益

21世纪,人力资源是第一资源,对公司来说,员工可以称得上是其最宝贵的财富,自觉加强同员工特别是一线员工的联系,全心全意依靠员工,切实为他们谋福利、办实事,真正确立员工的主体地位,保障他们合法权益,才能把公司精神文明建设落到实处。路桥集团公司员工享有民主管理、民主监督、民主知情的权利,公司经营的重大决策、人事任免都向员工报告,做到公平、公正、公开、透明原则,每年召开职工代表大会,征求职工代表合理化建议与意见,鼓励员工积极为公司发展建言献策,对有价值的意见尽量采纳,增强员工主人翁意识,公

司始终把员工尤其是工作在一线的筑路人的生命安全和身体健康作为工作重点,资金上舍得投入,制度上严格保障,不断改善其工作环境和劳动条件。公司还建立相应的激励机制,通过自下而上层层选拔,广泛开展评优评先活动,每年评选"最美筑路人""青年突击队""先进个人""优秀党员""党务工作者"等人员以资鼓励,从而在公司内部形成"你追我赶、共同进步"的良好氛围,每年一次的职工体检,保障员工职业健康,将职工的检查报告建立职业健康信息档案,使职业病防治工作确立的"预防为主、防治结合"原则落到实处。随着工程施工区域进入高温酷暑季节,路桥集团公司采取了一系列防暑降温措施,设置"清凉驿站",为职工提供了绿豆汤,发放藿香正气液等防暑降温药品,做好预防工作。

3.塑造优秀企业文化

精神文明建设,筑牢思想线是关键,员工是主导,要根据公司的生产经营、环境、人文,培育公司共同的价值观,形成企业自己的文化理念。长期以来,路桥集团公司根据自身发展与特点,结合实际,坚持不懈地抓员工思想道德建设,形成了不断进取、积极向上的企业文化。

①狠抓员工学习教育,丰富学习形式,提升员工活力

积极组织员工开展政治理论学习,利用工闲时间开座谈会、讨论会、办学习园地等形式交流学习心得体会。广大党员干部特别是环节以上领导干部能够以身作则带头学习《习近平总书记系列重要讲话读本》《习近平关于党风廉政建设和反腐败斗争论述摘编》《中国共产党廉洁自律准则》《中国共产党纪律处分条例》《关于新形势下党内政治生活的若干准则》和《中国共产党党内监督条例》等内容,组织全体党员参加召开"两学一做"教育常态化制度化专题学习并组织知识答题竞赛,一线员工在工程建设任务十分繁重的情况下,采取以自主学习为主、集体学习为辅的学习模式进行学习,提高思想政治素质和道德水平,激发员工爱国主义情怀。认真观看《建党伟业》《永远在路上》《巡视利剑》《将改革进行到底》等系列教育片,表明路桥集团公司紧跟上级指示,进而从严治党的意志和决心。党中央召开十九大期间组织员工通过观看视频的方式观看十九大开幕式,随后听取了中国社会科学研究院的专家和十九大代表全方位认真解读十九大报告,深入学习理解党的十九大报告内容。其次运用网络抓好党的十九大基本精神的传达学习,通过推送微信文章、报告全文,全方位、多角度地搞好宣传引导,深化学习认识。

②丰富文化生活,增强员工凝聚力

近年来,路桥集团公司各工程处和子公司相继开展丰富多彩的文体活动,如组织了"爱我路桥、我为路桥做贡献""我身边的共产党员"演讲比赛、共产党员挂牌上岗、安全演讲比赛、职工乒乓球比赛等多种群众性精神文明创建活动;组织职工参加高路公司"聚善集美"诗词大会;参加"我的青春我的梦"主题征文活动;每年"五·一"节,开展"庆五一·劳动美·路桥风采展"摄影比赛活动等,这些措施既陶冶了职工情趣,也营造出温馨和谐、积极向上的学习氛围和企业文化氛围,也得到了上级领导的认可。"七一"期间,开展了"升国旗、唱响国歌"、参观革命英雄纪念馆、向革命英雄纪念碑敬献花环、纪念碑前重温入党誓词等一系列活动;参加自治区党委宣传部"草原儿女心向党"宣讲工作;组织参加集团公司工会举办的职工运动会。

③构建和谐社会,扶贫助学

2017 年春节前组织了对凉城县永兴村扶贫慰问活动,为该村困难户送去扶贫慰问金,为蛮汉镇太平寨村、凉城县林业局二龙什台林场修缮了自来水管网、排水渠,受到了当地政府和村民的好评,同时也为施工生产任务的顺利开展营造出了良好的外部环境,践行了路桥人"筑路架桥、贡献社会"的崇高理念和社会责任。工会坚持利用"五・一"国际劳动节、"五・四"青年节、中秋节、春节,慰问奋战在施工一线和生活困难的职工,为他们送去慰问品和慰问金。笔者所在处建立了困难职工档案,每年通过摸排,及时进行更新,每年春节前都组织相关人员对生活困难职工、困难家庭予以慰问,资金虽少,却是代表了路桥大家庭对困难职工、困难家庭和坚守施工一线人员的亲切关怀。"六一"活动期间,大石寨蒙古族学校举办了"快乐童趣,趣味六一"主题儿童节活动,乌阿二标参加了此次活动的开幕仪式及爱心捐助仪式,并号召职工和施工队进行爱心捐助,共筹得爱心善款 6000 元,10 名学生收到了捐助。巴图苏和校长代表全体师生献上了"爱心助学情深,关爱学子意浓"锦旗。

建立学雷锋志愿服务队。路桥集团公司组成志愿服务队,每年多次组织青年员工开展"关爱他人、关爱社会、关爱自然"的志愿服务活动,将"学雷锋、做好事"常态化,优化志愿服务队伍结构,提高志愿服务意识。几年间,路桥公司志愿服务者陆续增多,队伍逐渐壮大,曾先后到幼儿园、小学、敬老院、福利院等地义务劳动,尽己之力帮助和关爱空巢老人、留守儿童、农民工、残疾人等弱势群体,在实践中陶冶情操、提升境界、增进道德修养。

利用网络传播文明风尚。为进一步强大网络阵地,路桥公司组建网络传播文明志愿者队伍,将网络阵地建设纳入工作重点,有效运用 QQ 群、微信群、微信公众号、展板及大屏幕媒体等新媒体渠道,积极传播文明风尚,宣传党政新思想新理念。路桥微信公众号专门开设精神文明建设专栏,为宣传企业精神文明创建活动动态、信息、经验和成果提供了一个正规且广阔的平台和空间,进一步展示了路桥公司在精神文明建设方面取得的工作成效,在净化网络环境的同时,营造了和谐、融洽的新氛围。

4.广泛开展勤俭节约活动,提高干部职工综合素质

①认真贯彻落实中央八项规定,广泛开展资源节约活动,公司广泛开展"节约一度电、一张纸、一滴水"活动,使勤俭节约逐步成为人们的行为习惯和社会风气。

②狠刹婚丧大操大办之风。引导党员干部带头节俭、文明办理婚丧事务。认真进行党员干部廉政档案工作,严格督促落实党员干部办理婚丧事宜的有关规定,让婚丧事务俭约举办、文明举办。

③认真抓好安全工作。加强公司全体职工生产安全和社会治安综合治理意识。

四、新时期精神文明建设遇到的问题

随着社会与经济的不断发展,公司逐步发展壮大,经济实力得到增强,员工收入水平逐年提高,在当今利益金钱充斥的年代里,有些员工存在宗旨观念淡薄、价值观错位、职业道德滑坡,工作主观能动性降低等不良现象。

员工所表现出来的观念、价值、行为等虽然存在许多问题,也反映出作为公司管理层主

导文化宣传、贯彻不到位,正确价值观在公司的倡导不够深入,上下级沟通不到位,部门负责人是否切实做到关心职工、反映职工心声,这些问题值得思考。

五、解决问题对策

1.提高员工综合素质,树立正确人生观、世界观、价值观

企业的竞争归根结底是人才的竞争,培养高素质人才是公司持续稳定发展的根基。促进员工全面发展,首先要尊重员工在公司发展中的主体地位,公司应该从员工成长成才的需要出发,教化、培养、引导员工。在思想上,树立正确的三观,自觉抵制各种腐朽落后思想的侵蚀;在责任心方面,不断加强员工与公司荣辱共存、同命运、共呼吸、齐发展的主人翁意识,切实发挥精神文明建设对员工的积极作用。

2.加强组织建设,形成合力齐抓共管

精神文明建设关键在领导,领导者从自身建设做起,通过班子建设,创建"四好"领导队伍,强化各级管理人员在精神文明建设实践中,发挥引领带头作用。其次,从健全领导体制入手,构建公司共同推进精神文明建设的工作格局。建立、健全党、政、工、团齐抓共管,部门负责人各负其责,全体党员积极参与的共建机制,形成精神文明建设的强大合力。建立长效机制,创建切实可行的措施,把物质文明和精神文明有机结合,层层落实,收到实效。

3.抓好企业文化建设,为精神文明建设提供保障

公司发展要以人为本,提升公司精神文明建设创建水平。企业文化对提高员工素质、加强公司管理、提升公司形象、打响知名度,都具有重大作用。加强企业文化建设,按照先进文化的发展规律与要求,注重培养公司的守法意识和道德意识,做到重质量、重服务、守合同、树品牌、讲法制、讲贡献、讲道德。企业文化建设的灵魂是精神文明建设,它始终为公司经营发展提供力量源泉和精神保障。

4.注重创建活动开展,为精神文明建设提供有效载体

各类活动的组织开展是精神文明建设的重要内容与手段。活动是能把建设目标、重点、形式、效果融为一体的组织行为,要在开展活动上做文章、下辛苦、动脑筋,活动的要求是实际、可行、有效。要认真确定活动的主题内容,既围绕公司的中心工作,又反映和体现精神文明建设本质。要选择最佳的形式与载体,既要有可操作性,又要有群众性,能适合各方面需求,看得见、摸得着、做得到,能促使职工群众积极参加、乐于参与。

六、结语

路桥集团公司在改革中发展,在创新中腾飞。思想领域的变革,精神世界的充实,赋予了路桥集团无穷的力量。路桥人依附的是创先争优精神、团队的力量、重在参与的意识,路桥集团公司将精神文明建设作为有力抓手和有效载体,以强素质、树形象为着力点,内化于思想、外化于言行,在潜移默化中提升了广大员工的道德素养,增强了公司整体的精神面貌,夯实了文明与道德的根基,促使路桥集团公司精神文明创建工作进入新阶段,迈上新台阶。

参 考 文 献

[1] 杨秀治.持之以恒常抓不懈——企业精神文明建设之我见[J].企业家天地,2009(12):73-74.

[2] 罗文国.浅谈新常态下高速公路行业精神文明建设[EB/OL].(2015-04-09).http://gswm.cngaosu.com/a/2015/0409/16.html.

[3] 许国蕊.加强精神文明建设推进企业和谐发展[J].企业文化,2012(3):26-27.

[4] 杨志纯.新时代下的精神文明建设[EB/OL].(2017-11-14).http://theory.gmw.cn/2017-11/14/content_26788508.htm.

三等奖

新形势下开展公路职工继续教育工作的若干思考

章龙胜

(安徽省高速公路路政支队蚌宁路政大队)

摘　要　本文简要阐述了新形势的内涵特点与要求,结合公路行业发展实际,着重分析了新形势对公路行业带来的挑战与机遇,指出做好公路职工继续教育工作是响应新形势的核心要义所在,并就如何开展公路职工继续教育工作提出具体意见建议与对策。

关键词　新形势　公路职工　继续教育　思考

一、引言

开展好公路职工继续教育工作,事关公路职工素质提高与技能提升,事关公路行业能否及时响应和满足社会需要,关乎公路事业持续稳健健康发展,不可谓不重要。因此,任何时候,都要始终坚定不移地做好公路职工继续教育工作。做好公路职工继续教育工作,要积极响应国家和社会发展需要,紧扣新形势特点与要求,做到体现时代性、把握规律性、富于创造性。

新形势下如何开展好公路职工继续教育工作?首先,需要回答什么是"新形势","新形势"都有哪些内涵与要求,都提出了哪些挑战与机遇。其次,要紧紧围绕公路职工这个特定的主体,做到有的放矢,真正紧扣他们思想上、认识上、工作中、生活中真正关心的、急需的内容进行培训教育,做到释疑解惑,增强技能与本领,从而为更好地做好本职工作提供有力支撑。

二、新形势内涵、特点与要求

1.新形势的主要特点

综合我国经济、政治、社会、文化、生态文明等方面发展现状与趋势,当前,新形势最主要的特点有二:

①中国特色社会主义进入新时代,我国社会主要矛盾已经转化为人民日益增长的美好生活需要和不平衡不充分的发展之间的矛盾;

②中国由过去拼资源拼劳动力牺牲环境的低层次粗放式高速发展进入到以科技进步和创新驱动为核心的中高速高质量发展阶段。

2.新形势的内涵与要求

新形势本质上就是国家发展进入新阶段,经济发展进入新常态。进入到科技进步和创新驱动发展这个阶段，经济结构不断优化升级，更加注重体制机制创新、走集约化、内涵化发展道路。这就必然要求我们要向科技进步要动力，要向制度创新要发展，进入精细化管理新阶段。

三、新形势给公路行业带来的挑战与机遇

国家发展如此，公路行业发展亦如此。

1.公路行业发展现状

这些年，公路建设取得长足进步，通车里程屡创历史新高，可以说，现在的公路星罗棋布、四通八达，给人们出行带来极大便利，也为国家经济社会发展提供了强大支撑。

在看到公路基础设施建设取得巨大成绩的同时，还要清醒看到我们的管理与服务还有很多不足，与硬件公路基础设施建设成就相比，软件管理能力发展还很不平衡、也很不充分。当前，公路管理工作与人们的期待还有差距，与服务经济社会发展还不完全适应，通行效率还需进一步提升，社会物流成本还需进一步降低。

2.新形势带来的挑战与机遇

新形势要求更加注重发展的质量与效益，更加注重精细化管理，而不是停留在数量的简单堆砌。那么，具体到公路行业而言，如何改变过去的“重建设、轻管理”“建设强、管理弱”这种现状，如何更好地满足人民日益增长的美好生活需要，切实通过有效管理与服务，给大家出行提供安全便捷优质高效服务，营造“畅、安、舒、美”的通行环境；如何更有效地提高通行效率，进一步降低物流成本，更好地服务国家经济社会发展，是摆在公路人面前亟待回答与解决的问题。这既带来了挑战，又带来巨大的发展机遇。

四、开展职工继续教育工作是响应新形势的核心要义

1.开展职工继续教育，是时代发展的必然要求

当前，科技进步日新月异，经济社会不断发展向前，人类早已进入学习型时代。由于知识更新迅速，之前接受的教育已经不能完全适应发展的新形势，需要及时更新升级。因此，就需要时时学习、处处学习、事事学习，自觉接受继续教育，并树立终身教育的意识。唯有如此，方能不断成长与进步，做到与时俱进，不断提高思想认识，不断增强技能本领，不断增进服务意识，及时响应新形势，实现新发展。

2.开展职工继续教育，是响应新形势的核心要义

如何提升思想认识，更好地把握机遇迎接挑战，化挑战为机遇，关键在人。人，任何时候，都是最富有革命性力量，都是宝贵的财富。因此，要充分发挥公路职工这一群体的主动性、能动性与创造性，更好地完善与提升自我，积极适应新时代、新形势和发展的新阶段提出的新要求，从而及时响应与满足社会需求，实现行业社会价值。这其中，对公路职工的继续教育工作尤为关键，是响应新形势的核心要义所在。

五、新形势下开展公路职工继续教育工作对策与建议

做好新形势下公路职工继续教育工作，关键是要把握新形势这一时代性，体现继续教育的规律性，富于公路行业的创造性。把握时代性，要求继续教育站位要高，从国家政治经济

社会发展的全局出发,认清行业的定位与坐标,服务大局需要,积极响应新形势;体现规律性,就是要遵从继续教育的一般规律,做到循序渐进,常抓常新,真正围绕职工需求解决工作实际难题,做到生动活泼、通俗易懂;富于创造性,就是要结合行业特点,勇于在教育的内容与形式上突破与创新,因地制宜,深度契合行业发展内在需求与精神实质。

那么,新形势下,公路职工继续教育工作如何迎接挑战、抓住机遇,更好地适应国家和时代发展需要,具体对策建议如下。

1.加强思想政治教育,培育职工宏观大局意识

宏观决定微观,国家定位决定公路发展方向。着力加强对职工的思想政治教育,学习深悟透党的十九大报告、政府工作报告等重要文件与讲话,尤其是关于交通运输行业重要指示精神。深刻领会党和国家的大政方针政策,在国家需要和时代发展中清晰厘清公路系统的坐标定位,培育职工宏观大局意识,清醒地理解国家和社会对公路行业的定位与要求,为做好公路管理与服务工作指明方向。

2.强化法制教育,确保职工树立法治意识

当今中国是一个法治国家,且随着经济社会的不断深入发展,法治会得到不断加强,依法行政会落实到方方面面。法治是政府管理的主要载体与手段。当前,政府不断简政放权、提质增效,做好放管服,激发企业与市场发展活力。因此,公路管理更需做到有法可依,法无授权不可为,所有公路管理活动都要有法律依据。要对公路职工持续开展法制教育,培育法治思维,切实做到依法行政,同时,积极做好服务工作。

3.与时俱进,提升继续教育的科技含量与创新元素

当今时代,科技发展日新月异,互联网、大数据、云计算、物联网等新兴技术深入影响和改变着人们的生产生活,也深刻影响着公路行业。如ETC系统的运用,极大地提升了公路通行效率;通过运用全程监控系统,对公路实时监控,实现"网上巡查";通过建立逃费车辆自动识别系统,对逃费车辆进行精准识别,促使当事人主动补缴通行费用,使"非现场执法"成为可能;通过车辆、施工信息联网,曝光违法行为,建立信用不良记录,促使当事人不敢违法、不愿违法。信息科技的广泛使用,极大地解放了公路行业的生产力,显著提升了公路管理与服务的水平。因此,在公路职工继续教育中,要着重围绕科技进步和管理模式创新开展培训教育,着力提升职工继续教育的科技含量与创新元素,从而实现继续教育的与时俱进,与生动的行业实践紧密结合。同时,通过开展职工继续教育,积极培育、储备以信息技术为核心的各方面科技人才,这也是高质量发展、精细化管理在公路行业的具体要求与体现。

4.开展案例教学,提炼精髓,实现"举一反三、触类旁通"之功效,做到"授人以渔"

要围绕公路行业出现的经典案例,开展案例教学,深入剖析好一只"麻雀",多方面解析,提炼出精要之处,增强教育培训的生动性与说服力。要因地制宜,创新教学方式形式,让职工积极主动的参与进来,通过共同探讨,逐步得出答案、提炼出精髓,从而实现"举一反三、触类旁通"之功效,做到"授人以渔",切实提升大家分析、思考与总结能力,更好地指导今后实践工作。

5.以需求为导向,围绕职工普遍关心、关注、困惑之处开展教育,做到继续教育有的放矢

做好公路职工继续教育工作,要求要换位思考,真正将职工的需求摆在第一位。教育培训前,可以通过调查问卷,让职工自己选出最关心的教育选项,根据职工关注度并结合行业、

单位实际，适时优化课程设置，从而实现被动要职工学变成职工自己要学，使课程设置更加贴近实际、贴近基层，更接地气，这也是继续教育精细化管理的具体体现。

6.开展理想信念和社会主义核心价值观教育，打造清正廉明的职工队伍

人终归是需要理想信念的，要有自己的道德操守。要打造清正廉明的职工队伍，核心就是要持续地开展理想信念和社会主义核心价值观教育。在公路职工继续教育中，很重要的一点就是要开展理想信念教育和社会主义核心价值观教育，要教育干部群众要有理想信念并为之奋斗；要履职尽责；要正确对待财富，君子爱财，取之有道，始终做到清正廉明；要爱国爱家，传承中华民族传统美德；要立足岗位，在平凡岗位上做出不平凡业绩。

六、结语

做好新形势下公路职工继续教育工作，意义重大、影响深远。关键是要始终围绕新形势下公路工作的定位与要求，紧扣时代性，把握规律性，富于创造性，全面落实“建管并重、以管为主”公路行业高质量发展的内在要求，实现精细化管理。通过做好新形势下公路职工继续教育工作，打造优秀的公路职工队伍，从而更好地开展公路管理与服务工作，做到快速响应、全力保障、优质服务，以更高的定位、更大的作为全面服务于经济社会发展和百姓的平安、快捷、优质出行，在服务于交通强国战略中做出公路行业新的更大的贡献。

三等奖

浅析公路局在事业单位分类改革中的方向和路径

李　涛

(云南省昆明公路局东川公路分局)

摘　要　事业单位既是一种制度,也是一类组织,随着社会主义市场经济体制的建立和逐步完善,由于受经济体制改革转变的宏观环境和相关管理政策规定以及思想认识变化等因素的影响,事业单位呈现出了明显的分类发展态势。可以说,事业单位分化现象是事业单位进行分类改革的前提。如学者所言:"沿着分类发展的现实基础,我们可以得出改革的基本战略:即已经分化了的各类事业单位按照各自运行机制分别向相应的方向发展,顺应这种发展并有意识推进其发展的自觉行为实际就是分类改革"。

关键词　公益性事业单位　分类改革　购买公共服务　人事制度　收入分配制度　绩效考核

一、引言

目前云南省各州市公路局为省公路局和省交通运输厅下属财政全额拨款事业单位,其下还有各县区的公路分局及一线公路管理站所、超限检测站等基层公路管养部门。在中央全面深化事业单位分类改革的大举措下,云南省公路管养单位正经历着前所未有的挑战。如何在此次改革的浪潮中不断完善自身管理体制建设,建立健全人事制度和收入分配制度,落实绩效考核,提高公路管养公共服务水平,切实为交通运输行业实现"人便于行、货畅其流、服务群众、奉献社会"的承诺保驾护航是本文探讨的重点内容。鉴于笔者水平有限,工作经验浅薄,所述内容难免有失偏颇,存在不足和错误之处恳请各位领导、前辈、同事们批评指正。

二、综述

追本溯源,要探讨云南省公路局在全国事业单位分类改革中方向和路径,首先必须对公路局在事业单位序列中的类型进行解析定位。第一步也是最为关键的一步,直接影响着公路管养部门后续改革进展的快慢和改革成效的大小,事关云南省广大公路养护职工的切身利益。

众所周知,我国现有事业单位按照社会功能划分为承担行政职能、从事生产经营活动和从事公益服务三个类别。但在实际工作中逐步发现云南省公路管养部门的许多单位在承担社会公益服务职能的同时，兼具生产建设行为。因此，为了处理好分类的原则性和灵活性之间的关系，必须从各级公路局的实际出发，本着实事求是、具体问题具体分析的方法，广泛听取社会各方意见和建议，学习他省公路管养单位的改革经验，确保分类的科学性、合理性、可行性。

根据笔者在昆明公路局东川公路分局实际工作情况来看，东川公路分局主要承担着国省干线公路和少量县（乡）（剩余其他大量地方公路由当地交通运输局负责管养）道公路的养护工作。公路等级从一级公路至四级公路都有涉及，以三四级公路养护为主，每年要对辖区内管养的公路开展预防性养护和小修保养工作，同时对因车辆行驶、泥石流、雨季水毁等损坏的路面进行修复整治和应急抢险救援。由此可推断云南省公路局主要工作职能是承担对全省干线公路及部分重要地方公路的管养工作，这也是云南省公路局被分类为公益服务类事业单位的缘由；再者，从财政分配制度上看，公路局养护任务及所需材料设备、职工工资均来自上级部门财政全额拨款。综上所述，从公路局所承担的社会职能及财政制度上看，毫无疑问应该被列入从事公益服务的公益一类事业单位。但实际情况是，笔者于 2015 年底至 2017 年年中参与到国道 213 线改建工程的施工建设中，目前又投身到格巧高速公路的建设工作中，如果说之前的工作内容是公路养护，那这两年半的工作则为公路建设。

事实上，近几年以来为落实云南省“十三五规划”中公路路网建设的发展战略，由各州市公路局（含公路分局）参与新建、改扩建公路施工建设项目（含地方通乡油路等）不在少数，既然涉及生产建设任务，必然需要参与到市场经济活动和资源配置中来，这看似又不符合公益一类事业单位的属性，关于这一点其实可以参考国外日趋成熟的政府购买公共服务的办法加以解决，具体方法和实现步骤在后文进行阐述。最后，在一线超限运输测站和治超堵漏点的工作职责上，公路局又承担着当地政府赋予的部分行政执法职能，这些工作职能暴露出其公益性特点并不纯粹，成为改革必须面对的矛盾。

鉴于以上内容，笔者想要表达的是公路局在其长远的发展历程中承担着保障人民出行及货物畅通、参与公路养护和应急救援的公共服务职能。这些职能都表明了其不能也不宜由市场经济来进行资源配置，在国家全面深化事业单位分类改革的要求下，需要在保持机构精简和人员高效的同时彻底去行政化、市场化，隔离行政权力、经济活动与公共服务之间的联系，逐步还原其公益服务属性。在公路局改革过程中所碰到的困难和阻力都应该本着这个原则来处理，只有这样，改革才能使其区别于其他承担行政职能和从事生产经营的事业单位，使得公路局改革真正落到实处。

三、如何深化公路系统管理体制改革

在确认云南省公路局在事业单位改革中应划为从事公益服务的公益一类事业单位的基调后，第二步就围绕着“深化管理体制改革”“深化人事制度改革”“深化收入分配制度改革，落实事业单位绩效考核”三个方面进行分类阐述。

首先，关于云南省公路局管理体制改革，其面临的主要矛盾与全国其他公益类事业单位类似，主要表现为政事不分、企事不分、管办不分，其中，管办不分在公路局主要表现为管养不分。在今后的改革推进中，必须明确职责分工，对于云南省公路局而言，其主要职责为承担全省公路管养和公路建设。在公路管养的过程中，其公共服务职能由各州市公路局及下属公路分局,广大一线站所逐级细化分解,需要把一线超限运输检测站、治超堵漏点等涉及行政执法的机构逐步撤销,交由当地路政、运政等交通执法部门统一管理。撤销的人员根据实际需要,分配到公路分局各站所从事养护工作或分局机构各股室,实现内部人员自行消化。该举措使基层公路分局和一线站所保持其公益服务属性不变。其次,对以前各州市公路局下属的路桥公司、机械公司等进行分流,帮助其转企改制。对从事生产经营类的单位按照相关办法进行改革,使其成立为独立的企业法人,其工作人员撤销事业编制纳入企业管理,工资待遇、社会保险制度按企业管理办法执行,在此期间要严防国有资产流失以及贱卖国有资产现象的发生,其改革办法不在本文探讨范围内,故不予论述。对于不该改制为企业和应划入公益二类的下属单位,应该按照"去经营化、去市场化"的原则进行改革,使其慢慢转变为公益一类事业单位,重新纳入公路局管辖范围,真正做到企事分离。具体实例可参考昆明公路局下属石林公路分局前身石安公司的转型过程。

对于公路局所承担另一重要职能,国省干线公路改造建设,其所需资金投入巨大,涉及部门机构众多。对此,可以采用前文提到的由政府购买公共服务的方式进行公路建设,一方面既解决了政府与事业单位政事不分的矛盾,使政府与各级公路局各司其职,同时也减轻了政府的行政负担,在保证政府履行行政监管职能的同时,也为社会提供专业化的国省干线公路建设服务。

政府购买公共服务其实在国外来源已久,整个体系的运作已趋于成熟。2013 年 11 月 12 日,中国共产党第十八届中央委员会第三次全体会议通过的《中共中央关于全面深化改革若干重大问题的决定》中提出,要"推广政府购买服务,凡属事务性管理服务,原则上都要引入竞争机制,通过合同、委托的方式向社会购买""加快事业单位分类改革,加大政府购买公共服务力度"。这是中央政府首次将政府购买公共服务上升到国家改革层面,将其作为深化行政体制改革、加快政府职能转变的重点内容和重要途径。在西方发达国家,为政府提供公共服务的多为数量庞大、分工精细的非政府组织,即 NGO 组织(NGO 为 Non-Governmental Organization 的英文缩写),狭义上可理解为非营利性组织,在国外 NGO 组织服务范围涵盖科学研究、公共教育、公共文化、公共卫生等各个领域。在我国,NGO 组织尚不发达,从业人员很少,其公共服务功能可由各类事业单位代为执行。笔者认为借鉴国外政府与 NGO 组织合作的成功范例,有助于推进云南省公路局完善自身管理体制改革。

为保证云南省公路局在不脱离公益服务属性的同时完成国省干线公路改造建设任务,同时避免过多地参与社会经济活动,可将不同等级的公路建设项目交由各级地方政府负责,再由地方政府以合同外包的形式向社会公开进行招投标,组织具备相应资质的交通建设集团、路桥公司或民营工程建筑企业、监理公司、第三方试验检测机构具体组织建设,公路局只抽调专业人员到项目建设单位、施工单位、监理单位、试验检测单位参与管理工作,为项目工程技术、质量督查、试验检测、合同管理、安全管理等提供专业技术支持,其工资和绩效考核奖励由原单位正常发放,与其他企业、单位参建人员分流管理。此举既避免了由公路局直接参与公路项目施工建设,与市场经济活动发生直接联系,又让公路局通过提供专业技术支持的形式服务于国省干线公路改造建设,体现其服务社会的公益性。

最后,在基层公路分局的日常管养过程中,其预防性养护、小修保养、应急救援等各项工作职能继续保留,如涉及各类防护工程、大修油路等施工建设时,同样可采取合同外包的形式向社会组织购买服务,由自己派遣人员参与项目管理而不参与施工,建设资金由上级公路局或主管部门专款拨付到承包合同的社会组织手中。通过上述各项改革举措的实施,可还原各级公路局的公益服务属性,转变参与公路建设的方式和路径,进而真正做到政事分离、企事分离、管养分离。

四、推进公路局人事制度改革

深化公路局人事制度改革,总体目标为面向社会实行公开招聘,依据编制管理差异分类设岗,根据岗位的不同实行不同的考核管理办法,在保证机构精简的同时保证单位组织高效运转。公路局公开招聘必须实现全覆盖,通过人力资源与社会保障部门统一发布招聘信息,经过第三方统一组织考试进行遴选,保证新进人员能够胜任其本职岗位,从源头上防止招聘程序不透明、暗箱操作事件的发生。

所谓"分类设岗",就是各级公路局编制内人员和编外聘用人员按照专业技术人员、管理人员、工勤人员的不同类别全面实行岗位管理,建立竞聘上岗、按需设岗、按岗聘用的机制。对于编外聘用人员在岗位设置、收入分配、职称评定、管理使用等方面与在编人员同等对待,不断缩小收入分配差距,实现同工同酬。在今后的改革进程中,逐步向合同聘用制转变,对于专业技术人员可采用竞聘上岗的方式进行招聘,并制定对应的工资制度、职称评定和社保制度对其进行管理,留住专业人才的同时保持单位编制精简。对于一线部门每年的预防性养护任务,为解决部分站所工作任务繁重、人手不足的尴尬境地,可就近与当地闲散劳动力签订劳务合同,经过相关养护技能和安全教育培训后,由站所职工带领上岗从事生产作业,合同一年一签,每年相应提高其劳务工资。对于技术含量高的岗位由单位职工负责,技术含量低的岗位由劳务聘用人员承担。经过时间推移,随着工勤人员逐步退休,一线公路养护工作由基层公路分局采用合同外包和公私合作的方式进行,养护资金由上级公路局转款拨付给社会组织或合作方,技术指导、人员管理、各类资料台账建立、验收工作交由基层公路分局负责。

对于社会传言将公路局事业编制人员划归或合并同级交通运输主管部门的改革想法,笔者认为并不可取。首先,地方交通运输部门如果属于行政机关,那其工作人员为公务员编制,将全体公路局事业编制人员转为公务员编制显然是天方夜谭。如果不给予编制,采用合同聘用的办法吸收,一方面会大幅加剧行政机关的财务负担,同时导致机构臃肿、人员冗杂、行政效率低下;另一方面可能会导致大量管理人才、技术骨干流失,固其划归合并无法实现。如果是事业单位编制,那依据其承担的职能,应该列入承担行政职能的事业单位,其改革目标与从事公益服务的事业单位大相径庭。其次,云南省各级公路局承担着全省干线公路的管养任务,如果将其全部交给地方交通运输部门,管养资金是否能及时到位,是否会被主管单位挪作他用,管养水平是否会下降,其公益服务的本质属性是否会发生改变都无法保证。所以公路局的人事制度改革应该从内部出发,由上而下完成自我升级,不宜与地方交通部门产生交集,应保持其自身的独立性,目的是为了保证公路局的公益服务属性。

五、进一步明确收入分配制度改革,落实各级公路局绩效考核制度

明确收入分配制度改革,落实事业单位绩效考核制度。收入分配制度与人事制度环环

相扣,相辅相成,只有完成人事制度改革后,收入分配制度改革才能有据可依。现行的收入分配制度是实行岗位绩效工资制度,在推进收入分配制度改革的过程中,树立起以建设公益性事业单位为目标,科学评价职工的德才表现和工作绩效,逐步建立起整体上注重公平、个体差异上体现激励、关系合理、秩序规范的收入分配制度。健全岗位绩效工资制度,使全体职工的收入与其岗位职责和工作业绩挂钩。岗位绩效工资包括岗位工资、薪级工资、绩效工资和津贴补贴四部分,其中岗位工资和薪级工资为基本工资,津补贴包括艰苦边远地区津贴和特殊岗位津贴。

目前公路局绩效考核制度根据各类岗位的特点,在现行各职务序列基础上,分别对专业技术岗位、管理岗位、工勤岗位设置不同的岗位等级,职工根据本人岗位执行相应的工资标准。以笔者所在东川公路分局为例,管理人员奖励性绩效工资按照正科(2.1)、副科(1.8)、科员(1.5)、办事员(1.3)、见习期(1.0)五级系数确定。专业技术人员按照副高级(1.9)、中级(1.7)、助理级(1.5)、员级(1.3)、见习期(1.0)五级系数确定。工勤人员按照技师(1.7)、高级工(1.5)、中级工(1.3)、初级工(1.2)、熟练期(1.0)五级系数确定。在此基础上,各股室负责人、支部书记、女工主任、站(所)长在原系数上增加0.2系数;团支书、副站(所)长、记录员、工会小组长在原系数上增加0.1系数,增加系数不得超过1.7。通过上述绩效考核管理办法,使绩效工资与职工工作业绩、担任职务相联系,合理拉开差距,调动大家积极性。随着改革的不断深入,今后通过对外聘用的专业技术人员和签订劳务合同工人都可以参照该考核办法执行。

推进工资正常调整机制,公路局根据公益性事业单位的特点建立符合自身工资正常调整机制,在运行机制上与行政机关和其他类型的事业单位分类同步进行。根据考核结果,一年或两年增加一级薪资工资,建立基本工资标准和津补贴标准的动态调整机制,使公路局职工收入水平与国民经济社会发展相协调。

最后是完善公路局高层次技术人才和单位主要领导的分配激励约束机制,体现知识、技术、管理等生产要素参与分配的重要性,通过完善各项激励措施,实现管理精英、技术骨干、养护能手获得高于平均水平的薪资,充分调动高层次人才的积极性、主动性和创造性。

六、结语

通过全篇的论述,希望通过上述改革设想将云南省公路局的公益服务职能不断发展壮大,最终实现政事分离、企事分离、管养分离,建立起高效合理的管理体制。在人事制度改革方面敞开大门,采取合同聘用竞聘上岗与签订劳务合同相统一的方式不断为单位吸收新的血液,平衡编内编外人员的薪资差距,统筹兼顾收入分配,严格执行绩效考核制度。公路局在事业单位分类改革中取得的成效,关乎云南省公路运输行业的公共服务水平,既不可畏首畏尾、墨守成规,也不可胡乱冒进导致改革失败,必须不断细化分解改革内容,找准前进方向稳步推进。

三等奖

基层公路路政执法人员培训现状及思考

武帅帅

（贵州省镇宁公路管理段）

摘　要　公路路政执法部门是维护公路路产路权、保障公路行驶安全的直接参与者和行使公路法律、法规的实践者，基层公路路政执法人员的执法水平直接影响了所管理范围内公路及公路附属设施的完整完好，对群众的出行起着至关重要的作用。然而目前基层路政执法人员能力参差不齐、培训力度不够、培训针对性实践性不强等，对有效行驶交通行政执法权带来了很多问题。本文以笔者所在的基层单位为案例，对现阶段基层公路路政执法人员培训的现状逐一分析并提出改善措施。

关键词　基层公路路政　培训　人员　现状　措施

一、引言

近年来，公路作为人民群众日常出行的方式，发挥着越来越重要的作用。随着贵州八横八纵大交通战略的实施，贵州公路里程呈现几何倍数增长，贵州交通日新月异。同时，对交通及附属设施尤其是公路和公路路产路权的保护，也有着更加严格的要求。基层公路路政执法人员作为公路法律法规的运用者，在维护各项公路路产路权方面承担着不可替代的责任。所以，加强对路政执法人员培训、提升路政执法人员各项业务素质对保护公路及附属设施的完好尤其重要。

二、公路路政管理的意义

公路路政，是指国家对公路的公共事务进行管理的活动，属于管理学的范畴，是我国行政管理的重要组成部门。路政管理，是交通运输管理部门或公路管理机构根据国家法律法规和规章，对公路进行的行政管理，其目的是为了保障公路的使用质量，提升公路使用效率。路政管理的对象包括人、社会组织、资源等。

三、基层公路路政执法部门培训的现状

公路执法部门培训，重点以《中华人民共和国公路法》《公路安全保护条例》《超限运输管理规定》等专业法律法规，《中华人民共和国行政法》《中华人民共和国行政处罚法》等法律及公路路政法律案件处理、文书制作、案件学习为主，并伴随有廉政警示教育、政治学习、道德教育等内容。其中廉政警示教育 1 年约 3 次，形式有参加监狱警示教育、参加法院现场庭审等内

容;政治学习主要学习党的历届全会精神和上级单位、领导讲话;道德教育有道德讲堂等。

大多数培训都能有针对性地开展,内容也经过仔细安排,但在培训过程中仍然存在少许培训集中以本部门内部培训为主、培训针对性不强、培训流于形式等问题,致使培训达不到预定的效果。基层执法人员能力提升较慢,在当下依法治国的大环境下,对基层路政执法人员的依法行政要求更高。

四、基层公路路政执法人员的现状

1.基层公路路政执法人员能力参差不齐

基层公路路政执法人员作为交通行政执法的重要组成部分,熟练掌握法律、法规,熟练运用各种法律文书是对路政执法人员最基本的要求。现阶段,仍然存在一些法律运用不当、法律文书制作错误等方面的问题。同时,因分工不同,有些仅熟悉本岗位从事的工作,对本部门其他岗位业务一知半解,不利于综合业务的开展。

2.基层路政执法人员年龄跨度大、学历差别大

在执法岗位上,路政执法单位年龄相差20至30岁非常普遍,刚步入岗位者以大学生为主,年龄主要是23~26岁,年长者50~55岁,对新知识的接受速度和接受能力不一样。新进入的年轻大学生学历以全日制大专和本科为主,年纪稍大者以成人教育或者函授大专为主,专业集中于经济学和管理学,法律专业较少,工作岗位由养护工种转变而来,学历的差异也直接导致了对法律、业务知识掌握程度的不一样。除此之外,年龄较大者以凭经验做事为主,部分存在重经验轻法律运用的情况,增加了路政执法岗位的法律风险。

3.基层路政执法人员对业务技能培训思想认识不够

部分基层单位,存在培训就是走过场、培训过程流于形式等情况。培训单位不能从根本上认识培训对业务技能提升的重要性,存在重业务轻培训的情况。也有部分执法人员,无法认识到培训对技能提升的重要性,对培训的积极性不高,安于现状,对新知识求知欲不足。也有部门存在会的多、做的多、错的多、承担的责任多,一定程度上导致对新知识的学习动力不足。也有少数执法人员,思想出现了偏差,滋生了享乐主义,对新知识的学习采取消极的态度,按经验执法大于依法执法,执法过程僵化僵硬,存在执法不严等情况,直接影响了执法的公平公正,人为增加了管理阻力,不利于培养群众对路政的信任。

4.基层路政执法人员可利用的信息化手段较少

由于基层公路管理单位管的路线较多、线长、面广,加上人员少、执法车辆有限,既要做到每日上路巡查,制止路上的违法行为,又要对超限运输车辆进行检测称重卸载,对基层路政执法人员提出了较高的要求。目前,基层执法人员配备的科技产品仅有执法记录仪等设备,既无法有效监视易发生事故点、安全隐患点,又无法对损害公路路产路权设施的行为及时予以制止,等到发现时,违法行为已经开始产生。同时,在配备电子监控设备、超限检测仪器、交通工具等方面,不能满足现阶段基层单位的需求,无法通过强有力的技术支持弥补执法人员的缺失,对高效全面的基层路政执法带来了很大的挑战。

五、基层公路路政执法部门培训存在的问题

1.基层公路路政执法培训参培人员无法全覆盖

路政执法培训,关系到每一个人追求新知识的权利,也直接影响到路政执法人员准确、

合理、合规行驶职责的能力。现阶段培训,集中于单位领导、部门领导,而一般的路政执法人员除参与本单位组织的培训外,参与其他规格较高的或者由专业授课者授课的培训次数很少,甚至存在几年都未参加过一次的情况,对路政执法人员能力的提升有很大的制约。相较于其他工程、安全、财务等部门培训,路政培训总的次数也严重不足,人数覆盖狭窄。

2.基层公路路政执法培训集中于本单位自己组织的培训

为了完成上级要求的培训任务,基层路政执法单位培训往往以本部门负责人讲课为主。由于讲授者知识储备不完整、不准确,一般参与人员对本部门培训不重视,讲授知识点单一,致使培训时间集中于半天至 2 天,培训工作流于形式,以完成上级要求任务为主,几乎达不到培训的目的。同时,一个单位内讲授者寥寥无几,讲授内容相似,参与者缺乏新鲜感,内部培训事倍功半。

3.基层公路路政执法培训缺乏长远规划

培训应以提升路政执法人员综合业务能力为根本,熟练运用法律法规为依托,尽量避免因运用法律法规不当、错误等造成的损失。基层单位的培训更倾向于临时组织的、缺乏系统统筹规划培训内容的培训,导致每次培训内容相似,达不到提升路政执法人员业务能力的目的。

4.基层公路路政执法培训缺乏因人而异的教学方式

目前,单位培训基本上存在两种情况:一是请专家学者授课,专职教师虽然理论很丰富,教学方法也丰富多彩,但存在对本系统具体工作开展情况不熟悉、存在问题不清楚等问题;二是请本系统人员授课,虽然比较结合实际,但存在授课方法单一、知识点局限,再加上忙于本职工作,对培训准备不足,不了解具体的授课方法,无法调动参与学习人员的积极性。

5.存在部分单位领导对培训不重视的情况

目前,有些单位领导重业务、轻党建、轻培训,认为常规的业务工作好好开展就能顺利完成年度的目标任务,常常忽视对在职人员的培训,在思想观念上对培训产生了认识偏差,直接导致培训流于形式、次数较少等情况。

六、基层路政执法培训改善的几点措施

1.加强路政执法人员对培训思想上的认知

建立路政执法人员主动学、积极学的观念对提升他们综合素质有着至关重要的作用,鼓励路政执法人员在业余时间学习法律法规,自学法律案卷,熟练运用各种法律条款,对业务技能优秀的人员采取绩效方面的倾斜,评先争优上优先考虑,以点带面,树立整个单位积极主动学习的良好局面。灌输能力提升有助于更好保护自己的观念,熟练正确运用法律法规,不仅有助于树立国家法律的权威,还有助于在遇到特殊情况时保护自己,避免法律风险。同时,增强基层路政执法人员的成就感,有助于其更加主动地学习。

2.加强基层路政执法部门对培训重要性的认识

磨刀不误砍柴工,培训是为了使员工更好地开展工作,往往起到事半功倍的效果。当下存在一些单位,认为培训消耗大量人员的时间和精力、业务工作无法及时开展,对参加培训的人员数量、时间安排、培训讲师等不够重视。所以,应从根本上加强对基层单位管理人员的思想教育,把培训作为每年的一项重要任务来抓,必要时作为年度考核的一个重要考核点,增强基层单位对培训的重视程度。

3.加强对基层路政执法人员的考核

路政管理工作是一项系统性的工作,既要了解公路方面的法律法规,又要系统学习行政法、行政处罚法等法律。建立对路政执法人员系统全面的考核机制,任人唯才,树立一整套公正、公平、竞争的选人用人机制对路政执法人员自主学习,有着重大的推动作用。在开展理论学习的同时,也要加强半军事化管理水平,通过军事理论训练,增强团体之间的合作协调意识,让每一个人都意识到自己的一言一行都代表着公路部门的形象,增强责任感、自豪感、使命感。同时,建立服务对象评价考核机制,树立执法人员文明执法、公正执法意识,提升服务质量和依法行政水平。

4.加强对基层路政执法人员的廉政执法教育

基层路政执法人员的执法过程,与管辖范围内的群众直接打交道,执法人员能不能廉政文明执法,直接影响了路政部门在群众心目中的形象。对基层执法单位有针对性地开展培训无疑起着事半功倍的效果。廉政执法培训要结合基层单位的特点,重点寻找本系统或者执法人员滥用职权沦为阶下囚的案例,通过参观警示教育、现身警示案例、警示教育培训班、警示教育大会、廉政教育座谈会等,增强廉政教育培训的震撼力,确保全覆盖。在廉政教育培训中,要发挥党员领导干部的带头作用,领导干部带头遵纪守规、带头践行法律法规、不断树立先进典型,充分发挥先进人员的示范带头作用。

5.创新培训方式,引进培训经验丰富的教师队伍

培训过程中,要根据对象选择适合接受的方式开展培训。在培训中,采取观看典型案例、引入多媒体教学或者第三方学堂等开展授课,增加课程的趣味性和新奇性。同时,要重点引进授课经验和实践经验都丰富的教师,弥补重授课方法轻实践经验或者轻授课方法重实际经验的不足,增加基层执法人员学习的主动性和积极性。邀请经验丰富的教师,还可以避免教学不规范、讲授知识点片面、质量不合格等情况,可以在有限的时间内引导学员学习掌握最有用的内容,增强培训的实际意义。

6.培训中要注重实际效果,严把考试关

学习培训固然重要,但对学习培训成果的检验不可或缺。在每个阶段的培训结束后,学员是否掌握到了具体的知识,还需要通过考试来检验。目前的执法人员培训,考试以开卷为主,考试过程中存在互相交谈、查阅手机找答案等情况,对培训合格证的发放也仅限于考试成绩,培训的严肃性在实践操作中变了味道,达不到培训的效果。久而久之,参加培训的执法人员应付差事,培训的严肃性更无从谈起。

七、结语

基层路政执法培训是一项长期的、系统的工作,必须建立健全长效培训机制,提升师资力量,丰富授课方式,授课要做到逐步深入,避免每次授课不同教师教授同样内容的情况。加强基层单位和基层路政执法人员对路政培训重要性的认识,增强对基层单位培训次数和效果的考核力度,加强对基层单位管理人员的教育,多措并举提升主动参与培训意识。通过培训增强各种技能,熟悉运用各种法律法规,依法办事,才能更好地打造一支作风优良、素质过硬的路政执法队伍,才能在工作中发挥路政执法强有力的作用,才能更好地树立群众主动参与的爱路护路意识。

参 考 文 献

[1] 王治安.路政执法人员培训对策研究[J].中国科技博览,2015(02):200.
[2] 袁宁.关于路政执法队员思想政治工作的思考[J].科学与财富,2017(31):16.
[3] 刘飘慧.路政管理培训教育的重要性[N].现代经济信息,2013(19):144.

三等奖

芒市公路分局行业文化建设的实践与思考

林剑辉

(云南省德宏公路局芒市公路分局)

摘　要　近年,芒市公路分局为申报国家级文明单位,打造"畅、安、舒、美"的道路运输环境,始终把公路行业文化建设作为引领职工塑造文明,提升服务意识的"助推器"和重要"引擎"。通过积极探索实践行业文化建设,现已初步形成了系统的行业精神、管理思想、服务意识和职业规范,为公路养护发展提供了强有力的精神动力和文化支撑。

关键词　行业文化　建设　实践　探索

一、引言

一直以来,芒市公路分局始终秉承"以人为本、以路为业"的工作理念,以"管好班子、带好队伍、养好公路、建好家园、树好形象、服务好社会"作为工作目标,按照政治坚定、业务精通、务实高新、作风过硬、团结协作、清正廉洁的要求,用最科学的管理方式来最大限度调动和发挥干部职工的潜能。其中行业文化建设的力量越来越受到重视。目前,经过一段时间的探索和实践,认为提升干部职工队伍的归属感、成就感和塑造行业品牌形象亦是当前行业文化建设的重要着力点与突破口。

二、行业文化建设的必要性

1.公路职工需要归属感

近几年,职工队伍的思想状况异常活跃,给单位管理和思想政治工作带来很大的挑战。许多新招聘到各个公路分局的职工不同程度存在只把目前岗位当作"跳板"的思想,一旦有更好的机会或工作稍有不如意,他们便选择辞职。甚至许多干了十多二十年的老职工也随着人员的频繁辞职而受到思想冲击。所以,如果职工没有对行业高度的情感认同,就很难站在全局的高度来看待自身的一些想法和问题,这将严重影响工作的积极性和主动性,对行业的改革发展就会产生阻力,从而延缓或影响行业的向前发展。

对此,如何提高职工归属感就成为一个亟待解决的问题。通过不同层面的调研、认真分析,一致认为只有通过行业文化建设,才能让干部职工在心理上高度认同行业、认同所在行业的各个单位,最终做到"劲往一处使""力往一处聚",推动单位不断向前发展。

2.公路职工需要成就感

公路养护职工中绝大部分职工都是通过顶替父辈或通过内招走上养护工作岗位的,他们的文化程度相对偏低,家庭条件比较清贫,从事公路养护工作的目的主要是为了维持生计。而如今,从事公路养护的许多职工,他们具有大专、本科学历,选择工作时已不仅仅在是为了生存,更多是为了获得一种成就感。他们已经无法接受“道班道班,十个九憨。一个不憨,汽车撞翻。”“远看像要饭的,近看像挖炭的,再看是养路段的”以及“领工资的农民工”等恶言秽语。

于是,随着社会的发展,需要通过加强单位行业文化建设,不断改善公路养护职工的工作环境、生活水平、社会地位以及社会形象,要让公路养护职工,特别是年轻的养护职工充满自豪感,在工作中“有成就感”“有尊严”。

3.公路行业需要品牌形象

一直以来,芒市公路分局一直倡导“特别能吃苦,特别能战斗,特别能负重,特别能奉献”的铺路石精神,强调“人在路上、路在心中”“修路修人生,养路养人品”的思想,以此来激发广大干部职工的积极性和创造性,培育优良的公路行业精神和品牌形象。

但是,随着改革力度不断加大,一味埋头苦干的“公路铺路石”精神,已无法完全适应时代发展的要求,必须调整理念,扩大内涵。于是,我们通过行业文化建设来摒弃那些与时代精神不相符的旧传统、旧观念,树立与时俱进、开拓创新的思想意识,不断树立正确的人生观、价值观、世界观,最终把公路职工的思想、意志、技能、力量凝聚在一起,打造新形象。目前,芒市公路分局一直为叫响“情满旅途,畅美德宏”这张名片而努力。

三、探索行业文化建设的实践做法

1.筑牢思想之魂,凝聚文化力量

多年来,芒市公路分局以发展公路文化为出发点和落脚点,以文化兴路为战略,转变文化观念,强化行业文化意识,调整公路行业文化建设思路,加大文化建设力度,使公路行业文化能真正成为兴路的引导者。一是在分局机关内打造了行业文化墙,开辟了文化室,展示了自建段以来芒市公路分局事业取得的丰硕成果。二是在分局办公区、管养路段三台山段均栽设了刻有 24 字社会主义核心价值观的景观石。其中,分局机关办公室区增设了孝、忠、信、礼、义、德等传统文化的景观石,三台山路段增设了“畅、安、舒、美”4 字景观石,实现了与自然景观、文化设施浑然一体的公路文化。三是举办善行义举榜,开展道德讲堂和“我们的节日”以及书香机关、家风家训征文活动及好家训评选、寻找最美家庭等主题活动,并将已建成的职工书屋、党员活动室、健身房、文化长廊以及其他文化景观加以修缮、更新,以点带线,形成特有的芒市公路文化。

2.提升职工素质,凸显行业特色

近两年,芒市公路分局一是结合基层党建推进年活动、“两学一做”专题学习教育活动,不断加强职工理想信念教育。主要开展了“爱读书读好书善读书”和“法制中国、从我做起”等主题活动,坚持开展社会主义核心价值观主题教育、坚持学习党内法律法规及习总书记系列讲话精神。二是给干部职工发放了《党章》《条例》《准则》《习近平系列重要讲话读本》《全面从严治党面对面》等书籍,为各基层单位订阅了《人民日报》《德宏团结报》《中国公路》等报纸杂志,并利用分局公众号开展“微党课”学习教育、组织职工通过大厅电子屏“每天一句学讲话”。三是加强党员的教育管理,制定了《芒市公路分局党员教育管理实施方案》,在局机关在职第一党支部、轩岗公路管理所党小组分别制定了“七个一”实施方案。每年对新招聘大中专学生都要组织岗前培训,专业技术人员必须到基层接受至少3个月的锻炼,接受单位传统教育。四是立足现实,以身边的典型为榜样,发挥典型示范引领作用。选树出了德宏好人、最美德宏公路人等一批优秀典型,不断传承和发扬,努力打造一支“召之即来,来之能战,战之能胜”的职工队伍。

3.优化公路服务,树好公路形象

芒市公路分局一方面充分利用站所现有资源,分别在南天门治超站、轩岗公路管理所、鑫辉隧道管理所设有便民服务台,为驾乘人员提供热水、常用药品、修理工具等。二是在道路沿线设有可变LED情报板适时发布路况信息,便民服务区实现了公共WIFI全覆盖,为过往驾乘人员提供快捷、高效、准确的路况信息。

四、行业文化建设的思考建议

1.构建公路文化建设的良好环境

公路文化建设首先必须坚持以人为本,着眼点在于“人”,在于人的灵魂、人的情感、人的活动和人的主人翁态度。只有把干部职工个人的发展与公路养护事业的发展结合起来,最大限度地尊重人、关心人、依靠人、理解人、凝聚人、培养人和造就人,不断激发干部职工的荣誉感、成就感和归属感,不断满足干部职工日益增长的精神文化需求。其次,要以和谐发展为目标,实现管理制度和谐,实现内部上下、部门左右、系统内外和谐,构建起包括和谐领导班子、和谐干部队伍、和谐制度体系在内的和谐环境。三是坚持以团队精神为重点,充分尊重个人特性和要求,关注个人创造性、能动性和集体创新力、竞争力的整合,激发干部职工的精神状态和工作动力,让每个干部都充满动力。

2.建立健全公路文化建设的激励机制

公路文化的最高境界就是通过制度的约束使价值观贯彻到公路职工的行为中,从而形成习惯,再从习惯变为自觉行为。在公路文化建设中,制度文化建设起着全局性、稳定性和长期性的作用,制度在建立健全和全面执行过程中所体现出来的合理性和认可度,直接决定着公路职工的行为规范和习惯,也直接影响公路文化的发展程度。要把制度创新作为一条主线贯穿在各项工作当中,把制度创新作为提高管理水平的一个重要抓手,作为领导班子决策过程、与其他部门之间内外联系的有效方法和手段。

3.营造浓厚的公路文化氛围

为增强公路文化建设软实力,树立良好的社会形象,在文化建设活动中要不断丰富载体、创新形式,规范文化建设,“润物细无声”,起到潜移默化的作用,营造浓厚的文化建设氛围。一是结合单位实际,形成更加系统、规范、富有浓厚文化气息的行业文化。二是进一步完善各项文化设施,积极开展文化活动,满足干部职工的文体活动需求,使公路文化深入广大干部职工的思想,融入日常工作、学习及生活之中,从而形成“重文化、讲道德、树正气、促和谐”的良好氛围。

五、结语

总之,公路行业文化建设是一个长期渐进的系统工程,需要我们不断探索、不断实践、不断创新、不断吸取其他文化的精华、不断充实并赋予其新的内涵,使公路行业文化建设真正落在实处,收到实效,得到广大干部职工的认同和接受,最终实现公路事业的健康、和谐、快速发展。

三等奖

公路行业文化建设之巴南尝试

谭　艺

(重庆市巴南区交通委员会)

摘　要　当今时代,文化建设逐渐成为体现行业实力的重要因素。公路文化是则是公路行业在长期的发展实践中逐步形成的产物,是体现行业价值理念的各种精神文化、政治文化和物质文化的总和,是公路事业发展的文明成果,是公路行业文明发展的显著标志。加强公路文化建设,对规范和推动公路事业又好又快发展有着重要的现实意义。为此,笔者浅析了公路行业文化建设的重大意义,并结合工作实际,对新形势下公路行业文化建设进行了初步的探索与实践,为公路文化建设提供了具有实际操作性的建议。

关键词　精神文化　制度文化　物质文化

一、引言

党的十九大,习近平总书记明确中国特色社会主义事业要坚定道路自信、理论自信、制度自信、文化自信。文化自信是一个国家、一个民族发展中更基本、更深沉、更持久的力量。作为社会经济发展主动脉,公路行业文化建设仍在存在职工文化素质参差不齐、文化信念薄弱、文化体系不完善等问题。面对新时期、新形势和新任务,加强公路文化建设,构筑具有鲜明行业特色的公路文化体系,促进公路建设地又好又快发展,已成为新形势下公路行业需解决的一个新课题。

二、深入理解公路行业文化建设的含义

广义上,公路行业文化建设是公路行业物质文化、制度文化和精神文化的综合。狭义上,公路文化是公路职工在公路建、养、管等实践活动中逐步形成的,为全体职工所认可、遵循的具有行业特点、发展目标、敬业精神、价值观念、经营思想等物质财富和精神财富的总和,主要包括公路物质文化、公路制度文化、公路精神文化。落脚于公路行业,文化建设就是要培育、总结和提炼鲜明的公路行业核心价值观;要形成以"服务人民、奉献社会"为核心的职业道德体系;要完善相关行业制度,寓行业价值观和行业理念于制度之中,规范职工行为。

三、公路行业文化建设的作用及意义

1.有利于激发干事创业激情

公路文化是在公路行业逐步长期形成的,有着共同价值观、共同理想、共同行为准则、共同价值取向的一个体系。公路文化能使职工在浓郁的文化氛围中得到熏陶,从而规范公路

职工的行为，使公路行业的干部职工提高凝聚力，促使职工队伍爱岗敬业、团结一致，通过学习先进、比学赶超，激发干部职工的干事创业热情，将“铺路石”精神切实融入公路行业发展之中。

2.有利于强化精神文明建设

针对公路管养点多、线长、面广、高度分散的特点，公路文化的辐射功能将对整个行业的精神文明建设起到桥梁纽带作用。通过公路文化对“人的管理”，激发公路职工的主人翁责任感和集体主义荣誉感，促进行业精神文明建设。

3.有利于促进公路行业发展

公路行业中，干部职工多为技术性人才，职工知识化水平参差不齐，尤其是居于一线的养护工人、治超队员学历普遍偏低，却又肩负维护公路路产路权的重大社会责任，是公路行业发展的坚实基础。公路文化作为公路行业发展的内驱动力，将引导干部职工端正思想、摆正位置，认识自身价值，发挥真才实学，更好地确立努力的方向，从而增强职工队伍的整体素质和战斗力，促进公路行业的全面发展。

四、以“精神文化”为核心，筑牢文化建设根基

交通部在《交通文化建设实施纲要》中指出：在整个交通文化体系中，精神文化是交通行业的核心价值理念，是交通行业的核心文化。巴南区紧跟习总书记重要讲话精神，将之作为公路文化的核心导向。

1.提高政治站位，建设公路行业核心价值体系

坚定理想信念。坚持中国共产党的引领，及时传达学习“从严治党”各项决策部署，将政治意识牢固树立在党员干部心中。以“党的群众路线教育实践活动”“三严三实”“两学一做”活动为契机，引导全体干部职工树立正确的理想信念和世界观、人生观、价值观，积极开展党的基本理论、基本路线、基本纲领和基本经验的宣传教育，认真组织学习了党的十九大、习总书记在重庆代表团重要讲话精神，进一步解放思想、坚定信念、树立信心。

树立价值取向。将道德修养、价值取向纳入选人用人的重要考察范围，严把提名推荐关、组织考察关和讨论决定关，坚持民主推荐、民主测评、民主评议。对公路行业发扬“铺路石”精神、雷锋精神的基层一线单位及职工进行通报和报道，共表扬宣传基层一线先进集体2个、先进个人8名，已向区推进先进集体2个、先进个人4名，形成正确的人才引导培育渠道。

规范意识形态。将意识形态工作纳入综合目标考评，全系统意识形态工作领域无责任事故、无负面影响。清理公路系统意识形态场所9处，严格实行借出审批制度，坚持论坛、讲座审批，不定时对意识形态场所开展排查。加强网络舆情巡查力度，定期清理“两微一端”有害信息，实行网络安全月报告制度，制定《巴南交通微信工作群公约》，及时清除涉及的敏感信息，坚持积极向上的舆论导向。

2.强化组织学习，培育公路行业过硬职工队伍

开设课堂集中学。及时制定下发学习文件，对全体党员干部理论教育工作进行了安排布置。定期召开党委扩大会、主任办公会、党委中心组学习、干部职工大会、“主题党日”活动等，并将意识形态工作与党的十九大、习总书记系列讲话精神一并纳入重要学习内容。同

时,系统各级党组织积极做好党报党刊的征订任务,确保学习资料的落实。

针对岗位专业学。以岗位培训、学历培训、继续教育为重点,每年组织参加养护技能、路政管理、质量监督、公文写作、信息宣传等各类学习培训20余次,职工参培率达100%,荣获全市公路养护工职业技能竞赛第二名。举办廉政知识考试、安全知识竞赛、法制知识测试等方式检验干部职工学习成果。2017年,共开展知识考试5次,举办知识竞赛3次,参考、参赛干部职工达850余人次。

丰富形式广泛学。充分发挥“互联网+”快捷便利的优势,提倡干部职工运用手机APP、微信朋友圈、QQ群等新媒体学习党中央和上级党委的决策部署,学习党的十九大精神及党章、党的纪律规定、党的光辉历史。今年以来,共分享信息达150余条。打破领导干部教学制度,有针对性地安排一般干部进行宣讲,充分调动广大党员、干部学习的积极性和主动性,先后开展全国“两会”、区“三会”、精神文明创建、党的十九大精神专题宣讲学习10余次。

五、以“制度文化”为准则,形成文化建设道德规范

制度文化是体现公路行业价值理念,规范交通行业行为的规章制度,即通过干部职工努力将各项制度转化为自觉遵循的行为准则。巴南区结合公路行业特色,创新制定“五方(面)十化”工作理念,完善并创建制度共计50余条。

完善内控制度。完善“全面从严治党”制度汇编,制发《党委议事规则》《行政办公会议事规则》和《三会一课制度》,进一步规范了议事流程,深化了组织生活;重新修订《请销假管理办法》《公车管理办法》《关于进一步规范外出学习培训会议有关事项的通知》,制定了《效能问责办法》《监督巡查办法》等内部管理制度,严格了请销假流程,规范了用车程序,强化了人员效能考核,有效杜绝慵、懒、散、奢现象发生。

制定建养制度。优化农村公路建设模式,由镇街为建设业主按照“一事一议”的方式实施建设,修订完善《巴南区农村公路建设管理办法》,先后创新出台规范施工单位确定程序等方面的文件5个。创新制定乡村道路建控区管理办法,明确乡村道路控制区范围及对违法建设进行强制拆除的主体责任、实施程序等,遏制乱搭乱建现象发生。在全市率先将养护主体下放至镇街,出台《农村公路养护管理考核方案》,将养护考核结果与养护资金安排挂钩,促进“四好农村路”健康有序发展。

创新安全制度。先后创建了公路隐患排查整治联席会、高速公路安全管理联席会、客运企业和客运场站联席会等制度,共同维护辖区公路行业稳定。建立领导干部安全生产工作履职档案制度,按照“一人一档”的原则,对领导干部的日常管理、执法检查、行政审批和备案、事故调查处理等有关安全生产监管的材料进行归档。创新建立公路建设项目“3+1”管理模式,对项目的进度、质量、安全管理等工作开展督查,确保项目建设质量安全。

六、以“物质文化”为形式,展现文化建设形象

物质文化是体现公路行业价值理念、展现交通行业外在形象的工作环境和形象标识。形式多样的文体活动和文化载体不仅能够丰富职工的业余文化生活,更能陶冶职工的情操,满足职工的多层次需要,提升职工的思想境界,凝聚人心。

1.创新文化载体,打造公路行业特色文化品牌

打造生态文化。建成云篆山生态文化路,通过雕塑、励志文化牌、壁画、文化广场等形式

弘扬社会主义核心价值观、中国梦和巴南精神,受到各级领导和社会各界的认可,荣获巴南区 2017 年“最美围墙(围挡)”称号。为更好地传承“忠勇、守德、尚文、崇新”的巴南精神内涵,投入 40 万元在主城 30 辆公交车上开展了为期 3 个月的车身广告宣传,形成精神文明宣传的流动风景线。建成以“路”文化为主题的樵坪山生态文化路,串联 150 幅以“公路”为主题的楹联,教育行人养成良好的出行、驾驶习惯。在圣灯山、丰盛古镇、东温泉等景区公路建成文化招呼站 100 多座,将成语典故、诗词歌赋、励志故事和文化楹联融入文化站台中,让行人在休闲、候车之时,体验巴南地方风土人情。接待交通部、国家公路局及其他省市交通厅、公安厅学习考察 30 余次。

固牢廉政文化。严格落实全面从严治党的要求,探索一条独具交通特色的预防职务犯罪路子,设立廉政举报电话和廉政举报箱,创建预防职务犯罪“五步工作法”、7%廉政违约金制度,主动邀请纪检监察、检察机关全面掌握建设领域相关信息,被全国 10 余家主流媒体登载。近年来,交通系统无一起贿赂违法犯罪情况发生。强化政治纪律、工作纪律、组织纪律、生活纪律,增强遵章守纪意识,在交通系统组建一支 16 人的纪律检查员队伍,专门负责对重大决策、劳动纪律、人事调整及工程建设的监督,通过开展明察暗访和视频监控抽查,严查违纪事件的发生。

推行科技文化。投入资金 500 余万元启动“智慧公路”项目建设,建成集信息获取、信息处理、视频监控、安全预警、应急指挥调度等多位一体的公路指挥信息平台,全面提升路网监控力度和智能化管理水平。采用新技术、新工艺、新设备对公路破损路面实施整治,节约修复时间,保护生态环境。为提高养护效率,引进 37 台公路养护新清洗设备,投入在国省道干线道路、旅游景区共计 20 条道路实现机械化清扫保洁作业,进一步推进了公路机械化养护进程。

2.丰富文化活动,树立公路行业文明形象

大力弘扬雷锋精神。全市率先成立郭明义爱心团队巴南交通分队,将学习雷锋活动与文明出行劝导、城市环境保护、志愿抢险救灾行动等结合起来,共吸纳志愿者近 1000 人,被重庆市青年志愿者协会评为第六届重庆市优秀青年志愿服务组织;郭明义爱心团队巴南交通分队先后开展参与“保护长江母亲河”“夏日纳凉·青年送爽”“樱桃红满天·送爱到深山”——重庆市红樱桃“夏日心爱”志愿行动,时任区委主要领导带领志愿者和留守儿童一起行走云篆山生态文化路,开启了一场别开生面的“爱心之旅”。

扎实开展帮扶活动。开展“村居面对面·民生交通行”走访调研活动,共走访村居 140 余个,解决交通基层困难和问题 80 余个,补助 1070 万元实施贫困村通村通畅工程 13 条共计 34.25 千米,补助 2900 万元。新增 2015 年市级重点扶贫村以外的扶贫农村公路建设 34 条共计 79.5 千米,惠及 15 个镇街、28 个村社。对口帮扶二圣镇,共帮扶留守儿童、贫困儿童 300 余人。对交通系统家庭困难、患重大疾病职工全部建档进行动态管理,在重大节日或特殊时间开展困难职工、重病职工、一线职工、劳动模范等人群的慰问工作,目前,共慰问人员达 750 余人。

丰富职工文体活动。开设“职工书屋”调动职工读书兴趣,提升职工综合素质,交通执法巴南区大队荣获全国工会“职工书屋”示范点称号。成立篮球、乒乓球、登山、钓鱼、摄影五个文体活动兴趣小组,积极参加区运动会,获得广播体操比赛一等奖。开展交通职工徒步拉练暨国防教育活动,100名干部职工徒步行走云篆山生态文化公路,磨炼职工意志。谱写巴南交通之歌——《朝前走》,增强了干部职工工作热情和激情。积极参加纪念抗战胜利70周年歌咏比赛,荣获大赛金奖。

强化思想道德建设。积极开展文明上网、文明出行等宣传活动,结合二环外公交开行工作,引导市民养成良好的出行习惯,共发放宣传手册16万册。在系统内倡导注重家庭、注重家教、注重家风,荣获全区十大"最美家庭"称号。做好行政审批、春运保障等服务工作,开展"梦想驿站"春运志愿服务行动,2014年、2016年荣获全国春运"情满旅途"活动先进集体。

树立精神楷模。树立交通行业"荣誉墙",将历年来在交通事业中做出牺牲和努力的先进人物作为广大交通人学习的典范:全市道德模范——陈培玉、雷锋精神的践行者——秦军、十佳农民工——韦会强、实践"三个代表"好典范——何廷全,何廷全还被评为巴南区建区20周年先进人物,激励交通系统干部职工发扬"铺路石"的奉献精神。树立新一代先进人物:巴南最美劳动者——刘涛、重庆市交通行业青年岗位能手——李鑫、重庆市交通行业"最美青工"——蒲远、优秀共产党员——杨超,每年在治超、养护和客运一线涌现好人好事50余起,2012年起,干部职工共荣获市级精神文明表彰及荣誉15人次、区级精神文明表彰及荣誉100余人次,被交通运输部评为"2014~2015年度全国交通运输行业精神文明建设先进集体"称号。

七、结语

"路漫漫其修远兮",公路行业文化建设是一个长期培养、酝酿、熏陶的过程。当前,中国特色社会主义已进入新时代,公路行业也将面临新挑战、新形势、新机遇,作为基层公路行业,要根据自身特色,不断更新公路行业文化,促进公路事业的又好又快发展。

三等奖

浅谈对公路行业人才队伍激励机制建设及职能绩效考核工作几点认识

袁建强

(贵州省仁怀公路管理段)

摘　要　一个行业的健康发展,首先是人才队伍的健康发展,任何一项伟大的事业都需要人来完成,倘若公路行业涌现一批又一批努力拼搏、勇于创新、积极奉献的行业人才,公路事业的发展前景也一定会更加蒸蒸日上,为把我国建设为富强、民主、文明、和谐、美丽的社会主义现代化强国提供强有力的交通保障,为中华民族伟大复兴保驾护航。

关键词　人才队伍建设　激励机制　职能绩效考核

一、引言

水不激则不跃,人不激则不奋。如果流水不够湍急,也就不可能击起千重浪花;如果没有科学有效的激励机制,即使是人才也很难有持之以恒的向前奋斗的动力。单位、行业也是如此,没有行之有效的激励机制,也难以持续健康发展。

一个行业的健康发展,首先是人才队伍的健康发展,任何一项伟大的事业都需要人来完成,倘若公路行业涌现一批又一批努力拼搏、勇于创新、积极奉献的行业人才,公路事业的发展前景也一定会更加蒸蒸日上,为把我国建设为富强、民主、文明、和谐、美丽的社会主义现代化强国提供强有力的交通保障,为中华民族伟大复兴保驾护航。

为此,本文就公路行业人才队伍激励机制建设及职能绩效考核工作浅谈个人的几点认识。

二、突破吃岗位、行业饭,多渠道提供职工实现人生价值的平台

树挪死,人挪活。树挪动的次数多了,很容易挪死,但是人常常是在不同的环境中成长得更快,成熟得更快,能力提升得更快,见多识广就是这个道理。但是,公路行业,存在家庭几代公路人,子承父业,父亲把养路工作交给儿子,儿子又把养路事业交给孙子,不需要多少专业知识,一把铁锹足以担起一生的事业。一些干部长期在一个岗位上,甚至一生都在一个岗位上,习惯性的思维,习惯性的工作,习惯性的处理各种各样的事,工作总在原地踏步。另外,公路行业面临两难,进公路行业难,走出公路行业更难。要进公路系统,成为正式公路人,一是系统职工子女,二是近些年的统一招聘。其他渠道进入公路行业就太困难了,这和没有源头的一口池塘相似,没有源源不断的活水,何来新鲜的血液,也更难有几分生机和灵

气,极不利于人才队伍的健康发展。

①逐渐探索在行业系统、职工之间各岗位轮岗、部门互动工作机制

单位内部各岗位、各部门互相换岗,培养公路系统领域的行家。一部分职工长期在一个岗位任职,对单位的整体情况极为不了解,各部门之间联系不够密切,协调沟通较少,以至于影响了部分工作正常开展。近年来新进学生因实行定岗招聘,进系统后,各单位按照因才定岗,认为定岗的就是专业的。进来的学生,基本在原聘岗位原地不动。他们守着自己的一亩三分地,自我满足,安于其中,不主动参与其他岗位的任何事。长此以往,逐渐形成惯性思维,为自己画上一道圈,心甘情愿地在圈中自娱自乐。基层公路人形成了很多惯性思维,领导不愿主动换职工岗位,职工也极为不情愿主动换岗,总担心适应不过来,工作干不好。这很不利于公路事业及人才队伍的健康发展,公路系统从上到下理应有良好的岗位互动机制,并应形成从上到下的督促检查,建立健全良好的岗位互动制度。公路系统,需要探索出一套自上而下良性的岗位互动机制,不断培养锻炼综合型、复合型干部队伍。

②逐渐探索行业系统内"人才队伍引得进来、走得出去、领导岗位能者用得上去、庸者请得下来"的用人机制

人才队伍进得来,就是能够把大学里的专业人才,社会上的优秀人才,其他行业的管理型人才引领进来。要积极探索公路行业和其他行业交流单位党政主要领导机制,把勇于担当、积极拼搏、富有改革和创新精神、廉洁奉公、一心为民的领导干部交流进来,为好干部提供良好的干事创业平台及良好的晋升机制。走得出去,就是要为优秀人才提供更多实现自我价值的舞台,建立健全一般干部、领导干部和其他行业、其他系统、国有企业、社会团体的交流学习平台,让好干部能走得出去,为好干部提供更多的成长空间,让好干部独当一面。能用人、会用人、留住人,突破传统式的用人方式,子承父业的用工方式完全不适应新时代公路事业的健康发展。

随着公路养护事业推向市场化,公路改、扩、建提等升级,公路建设的规范化、科学化及公路管养分离,公路日常养护工作量的变化,传统的公路养护方式需求逐渐减少,部分无文化、无技术、无能力的"三无"职工,面临着前所未有的考验,在单位无所事事,碌碌无为,虚度时光。为此,要积极探索走出去的用工环境,区分处理不同年龄、不同能力的职工,鼓励自愿离职创业,支持主动辞职转业,强制解聘不作为、乱作为的行为人。为离职、辞职、不作为职工缴清前期养老保险,按照劳动法理清用工关系。把系统内有知识,有纪律、有能力、有道德、有作为的好干部用起来。当前,一些年龄较大的领导干部,升职条件不够,离岗又心甘不情不愿,工作上被动应付,学习上放松自我,思想上随波逐流。由于一些客观因素使得市、县两级公路部门干部培养青黄不接,以至于一部分干部不懂科学、不懂技术、不懂管理,甚至电脑都不懂的领导干部长期领导、管理着一个基层单位,给一个单位的发展带来了较为严重的负面影响。这样的干部也许非常敬业,但领导一个集体需要的不仅仅是敬业,要果断调整,请得下来,安排他们适当的工作,充分发挥他们的特长,特别是利用好他们丰富的工作及社会经验继续为公路事业奉献智慧和力量,不应逼着他们做超出能力以外的工作,费力不讨好。好干部要用得上去,一些有改革精神、积极进取、乐于奉献、清正廉洁、勇于担当的好干部要选好、用好、发挥好。

③以精准扶贫、脱贫攻坚、乡村振兴战略等工作为契机,把年轻干部派到边远山区锻炼

成长。

大力倡导年轻干部到边远地区支持新农村建设,积极为想干事、能干事、干成事的年轻干部搭建实现人生价值的舞台。让年轻干部到边远的乡村得到实实在在的锻炼,磨炼品质,锤炼意志,发扬艰苦朴素、吃苦耐劳的奋斗精神。使年轻干部在支持边远乡村建设中,学会和人民群众打交道,增强同人民群众的浓厚情谊。一个好干部,首先心中要装着人民群众,情系人民群众,了解人民群众的疾苦,感恩人民群众,懂得老百姓的善良、淳朴、深厚情谊。鼓励自愿申请到支援边远新农村建设的老干部、老职工、老同志,继续发挥他们的智慧,挥洒他们的汗水。把特别能吃苦,善于做群众工作,心中情系着人民群众的好干部用出来。

三、建立健全有效的考核机制,一级考核一级,逐级落实,杜绝吃“大锅饭”

激励机制,绩效考核不科学,大集体生产方式,形成吃“大锅饭”,多干少干,差别不大。一些干部事情很多,事务繁重,有时甚至忙得连吃饭的时间都没有,而一些干部摆老资格论资排辈,庸、懒、散、浮,整天碌碌无为,昏昏然地度过一年又一年。在工作上干得多的,绩效考核不明显,错误往往犯得越多,干得少或者不干的,该有的福利照有,应有的工资照领。原本兢兢业业、踏踏实实干工作的干部逐渐抱怨起来,形成懒人效应。当懒成为一种正常现象的时候,勤劳者也会渐渐丧失斗志。同时,公路系统属直管部门,在监督管理上存在一定弊病和尴尬局面,离上级主管部门里程较远,上级部门监管不全面、不够及时;地方党委政府不便管、管得少;行业人员流动少,几代人、一辈子都是一个食堂吃饭的同事,今天我有求于你明天你可能要我帮忙关照,在制度执行上常常存在好人主义、人情化管理,在监督管理上依靠自身的约束较多,必然使得一些制度长期不能落地生根。因此有效的监督考核和激励机制是行业能否健康发展的必要条件。

①探索有效的考核机制,以系数考核为基础,工作业绩考核为重要依据,坚持多劳多得的分配制度

目前,系统内绩效考核十分注重考核系数,职工和职工之间、工人和干部之间、职工和领导之间绩效分配系数相差甚小,一味地维护职工稳定,在绩效工资考核上虽然对工作量,德、能、勤、绩、廉有一定的考核,但难以具体操作,存在流于形式及好人主义,未达到真正的考核效果。实际上形成了以绩效系数套发绩效工资,形成吃“大锅饭”现象,严重挫伤了部分职工积极性,不利于人才队伍的健康成长。绩效工资考核上,杜绝以系数考核来核算绩效工资的发放。注重工作中的实际业绩和成效,逐步拉大绩效考核差距,真正达到奖勤罚懒的作用。

②绩效考核一级考核一级,层层担负压力,层层压实责任,工作落实和绩效考核切实挂钩。在绩效考核中杜绝当好人主义,形成你好、我好、他好、大家好的不良考核氛围。要动得了真,碰得了硬,敢考核勇考核。在绩效考核中怕得罪部分职工,往往会挫伤一些积极向上、努力工作、勇于奉献的好干部、优秀职工。要努力探索自上而下的良好的绩效考核体系及建立健全监督考核机制。下级领导班子绩效应由上一级党委考核领导小组考核发放,基层单位部门负责人由本单位领导班子根据工作落实情况及其他综合情况进行考核,部门职工绩效考核由各部门负责人提供重要依据自行考核,绩效考核领导小组审核把关。

③重视文凭、政治理论学习、技术创新在绩效考核中的比重,培养一批有知识、有创新、懂管理的职工队伍

因绩效考核系数限制,在绩效考核中,文化知识、政治理论学习、技术创新没有得到应有的重视,没有形成良好的比、超、赶、追的绩效考核机制,对继续教育没有有效的激励措施。当高文凭和低文凭一个样,学习和不学习一个样,积极思索研究和消沉堕落一个样,努力工作和无所作为一个样,也就不可能有一个强大的人才队伍,事业的发展也不可能得到健康发展。近些年,职工自身对继续教育认识不到位。一个文凭守到老,自我满足。系统内博士、硕士高学历人才及高层次管理人才极少。当前,一些职工对文化的淡漠十分严重,这完全不适应公路行业的健康发展,特别是人才队伍的健康发展。

因此,要注重强化干部教育培训,提升整体素质,积极探索干部教育培训新思路新方法,采取"请进来、送出去"相结合的培训方式,提升理论水平和业务能力。同时建立健全职工继续教育激励机制,鼓励职工参加学历教育,提高职工学历层次,不断提高职工的政治素养和业务能力,增强他们的工作责任感和使命感。在工作中有创新发明的职工既要给予精神奖励,更要给予物质奖励。古人云:"重金之下,必有勇夫",在市场经济条件下,有奉献必然也有索取。

四、加快公路养护运营机制改革,积极构建适应公路事业发展的创新管理模式

目前贵州省公路系统既有生产型的运营模式,又有公益性,更有行政执法的公务行为。政企事企不够分明,职工队伍就自身的定位不准、认识不清,超绩效工资渠道来源不明,给职工队伍带来了不稳定因素。同时,随着社会经济的快速发展,特别是贵州省高速公路建设取得的巨大成就,县县通高速从理想变成现实。再过十年,县县通快车,县县建机场,交通干线四通八达,国省干线的提等升级,科学治路,技术兴路越显突出,现行的公路管养模式越来越不适应公路事业的健康发展。

①厘清体制机制,推动公路养护运营机制改革

切实做好公路建设、生产,综合管理,路政执法的调研工作,合理归类,严格区分。公路生产建设应专业化、企业化,综合管理科学化、规范化、事业化,路政执法行政化、程序化。使职工在改革中找准自身位置,明确前进方向,激发工作动力,发挥更大的潜力为公路事业做贡献。

②推动国省干线、县乡道路一体化管理,整合公路机构各职能部门,明确公路管理职责

因高速公路的快速发展,国省干线交通压力逐渐松缓,日常管理力度减轻。公路系统一些专业技术人才、知识分子,他们曾经为公路事业做出了巨大贡献,在公路建管养中取得了宝贵的经验和丰富的财富。目前,这些宝贵的财富没有得到合理利用,智慧没有得到应有的发挥。同时,公路系统的机械品种齐全、设备先进,而近些年闲置现象突出,为能真正运用好这些宝贵的财富、发挥好这些先进设备应有的作用。结合当前农村公路三年大会战,组组通公路工作,应把这部分人才、物资设备派上战场,使物尽其用,人尽其才,充分发挥好应有的作用。把国省干线、县乡路一体化,整合资源,激活活力,发展好公路事业,更好地为地方经济服务。

③积极探索人事机制创新管理,努力营造勇于拼搏、乐于奉献的行业竞争体制

公路系统职工身份属性的限制极大挫伤部分职工的工作积极性,影响了公路行业的健康发展。拥有干部身份的职工无论干和不干,学或不学,进步或落后都依然是党的干部,而

工人(公路养护工人)无论流的汗有多少,学习进步有多大,道德品质有多好,业务能力、技术水平有多高,他们始终都改变不了身份的束缚。常言道:“水往低处流,人往高处走”,这是人之常情,但系统内的职工,他们或许并不清楚心中的高处在何方。所以应积极为乐于奉献、极为优秀的工人身份职工指明高处在何方。同时,如何建立健全在工作上不求进步、思想上不求上进、党性不强、信念不牢、宗旨淡漠、贪图享乐、道德失范的党员干部退出机制,是人事机制创新管理中的重要工作之一,打破干部、工人身份终身制的用人方式,大力培养管理型、创新型人才队伍。

五、结语

总之,人才队伍建设,激励监督机制考核是一项系统的、艰难的、长期的复杂工程,不是一朝一夕就能做得好、探讨得清楚的工作。任何事业都是一项人才的事业,人才战略事关事业的兴衰成败。明朝晚期同样的一批人,在崇祯皇帝手里是忘国之臣;在李自成手里是阿谀奉承之臣;在多尔衮手里却成了开国之臣。天才不可多得,但人才随处可见。一个行业究竟是去淹没人才,还是去挖掘人才,这和行业的激励机制有着莫大的关系,如何做好人才队伍激励机制建设工作是值得大家长期探索和思考的永恒话题。

三等奖

关于公路廉政文化建设的思考

江　瑞

(云南省曲靖公路局陆良公路分局)

摘　要　公路廉政文化建设是我国廉政建设的重要组成部分,加强廉政文化建设对于提高公路行业的效率、增强公路事业服务社会经济发展效果影响深远,公路管理部门通过对广大干部职工进行廉政教育、营造单位廉政文化氛围等方式加强廉政建设是十分必要的。本文通过分析公路廉政文化建设的必要性和现状,以曲靖公路局这一公路管养单位为例,提出新形势下加强公路行业廉政文化建设的对策,为公路管养部门加强廉政文化建设工作提供参考和借鉴。

关键词　公路行业　廉政文化建设　对策

一、引言

廉政文化建设是基于当前反腐败斗争的长期性、复杂性、艰巨性而提出的预防腐败、加强廉洁自律教育、推进廉政建设的新举措。十八大以来,交通系统已成为反腐败的重灾区,腐败大案要案接连发生,全国10多位厅局级领导相继下马,给党和国家造成了巨大损失,对交通行业的负面影响也颇深。公路行业作为交通行业的主干行业,加强公路行业的廉政文化建设成为深化反腐倡廉工作,把全行业党风廉政建设推向深入的重要课题。作为一名公路系统的基层党务工作者,结合行业实际,对公路廉政文化建设进行思考和粗浅的分析,提出自己的看法。

二、公路行业廉政文化的概念

什么是廉政文化?在现有的研究成果中,具有共识性的定义是:廉政文化是指人们关于廉政知识、信仰、规范和与之相适应的生活方式、社会评价的总和,它是廉政建设与文化建设相结合的产物,是社会主义先进文化的重要组成部分。套用这一概念,把廉政文化具体化到公路行业,是指公路行业各部门以及干部职工在一定的经济、政治、文化环境中,所形成的关于廉政方面的思想理念、思想道德、精神品味、生活观念和行为规范的总和。它的内涵应该包括公路行业各部门干部职工对廉政的认知程度、干部的廉政文化素质、生活观念和价值取向等精神层面,也包括廉洁行政、公开工程招投标、规范施工、依法治路、文明收费、严格检测、优质服务的规章制度、行为规范等制度层面,还包括公路部门廉政教育场所、专栏、文字及影像资料、公路廉政文化景观等物质层面。其目的就是以公路行业的廉政建设为主题,开展一系列文化教育活动,教育公路行业广大干部职工树立正确的人生观、世界观、价值观和地位观、权力观、利益观,在行业内部形成“以廉为荣,以贪为耻,风清气正”的社会风尚。要准确把握公路廉政文化的内涵，把廉政文化和公路工作实践有机结合起来，充分发挥廉政文化在公路行业反腐倡廉工作中的基础作用，大力加强公路廉政文化建设，促进公路事业全面发展。

三、加强公路廉政文化建设的必要性

加强公路廉政文化建设，是落实十八大和十九大精神、加大反腐倡廉力度、构建和谐行业的需要。党的十八大指出，反对腐败、建设廉洁政治，是党一贯坚持的鲜明政治立场，是人民关注的重大政治问题。十九大报告着眼于实现新时代共产党的历史使命，对反腐形势作出判断并明确目标："当前，反腐败斗争形势依然严峻复杂，巩固压倒性态势、夺取压倒性胜利的决心必须坚如磐石。""以廉为荣，以贪为耻"的道德观念，正是社会主义核心价值体系的重要内容。公路廉政文化自然也应以"以廉为荣，以贪为耻"为主题，这既与贯彻党的决定、建设社会主义和谐社会有着十分密切的联系，又与建设和谐公路行业密切相关，也是公路行业的特点和反腐败的艰巨性、复杂性所要求的。

加强公路廉政文化建设，是提高公路行业干部职工队伍整体综合素质的需要。曲靖公路局主要担负着曲靖地区国省干线公路的养护管理、超限运输治理和应急抢险保通工作，承担着曲靖市辖区 24 条国省干线、县道共 1291.7 千米的公路建管养任务，点多、线长、面广、人员分散，940 余名职工都是行业内部廉政建设的责任主体，任务艰巨。大多数公路职工都是六七十年代的养护工，文化层次不高，注重公路养护实作。公路廉政文化应以通俗易懂和职工喜闻乐见的形式，使"以廉为荣，以贪为耻"的主题为职工乐于接受，发挥其教化功能和导向功能。加强公路廉政文化建设，用廉政的思想文化教育广大干部职工，有利于陶冶情操，修正人生坐标，形成高尚的思想境界，筑牢拒腐防变的思想防线，在利用廉政文化制度层面加强"他律"工作的同时，积极主动地开展好"自律"工作，增强监督的自觉性和主动性，实现个人综合素质和行业整体素质的全面提升。

加强公路廉政文化建设，是建设文明单位文明行业的需要。曲靖公路局、9 个分局、一个应急中心以及养护站所都是公路行业的窗口单位，公路既是车间也是产品，承担着用公路建设展示文明，公路养护提升文明，超限治理规范文明的社会责任和光荣使命。目前，全局创建有 2 个省级文明单位、8 个市级文明单位（其中 5 个单位正在申报 2018 年省级文明单位），曲靖公路局是国家级文明单位。这些荣誉的获得，离不开以廉政文化建设在内的公路软实力、硬指标作支撑。

加强公路廉政文化建设，是公路文化建设的需要。公路廉政文化是公路文化不可或缺的一个重要组成部分，加强公路文化建设，就是要加强包括廉政文化建设在内的各个层面的公路文化建设。从全省公路交通系统和曲靖公路局的实际情况来看，公路文化建设正处于探索和起步阶段，文化理论的研究、文化理念的形成和实践还不成熟，行业廉政文化建设的现状也可见一斑。因此，公路行业廉政文化建设任重道远，关系着公路行业文化建设的进程和成效。

四、公路行业廉政文化建设的现状

从制度建设层面上看，曲靖公路局实行的工程项目招投标制度、重大工程项目实行的廉洁监督员派驻制度、厂务公开制度、干部任前诫勉谈话制度等都属于公路廉政文化;从物质层面来看,开展的治理公路“三乱”、配发廉政手册、开辟廉政举报信箱、廉廊、廉政书屋和廉政文化活动室等都是廉政文化;从精神层面看,崇尚的“为民、务实、清廉”观念、创建廉政文化示范点、提倡的打造阳光工程、建设廉政行业、开展的警示教育、重要节假日的提醒教育、观看的反腐倡廉专题片等都是廉政文化的重要内容。尽管规章制度都在坚持,反腐倡廉活动都在富有成效地开展,工作痕迹明显,但是当提到公路廉政文化建设时,仍然令不少人感觉还很茫然,这正好可以窥见廉政文化建设方面的现状和问题,笔者认为主要表现在以下五个方面:

一是认识不清,思想上不够重视。从公路行业的管理人员层面看,当前在一些非主流文化泛滥的阶段,对廉政文化的认知仅仅停留在概念层面,至于要建设廉政文化,也多认为是领导层或个别部门的事,思想上不够重视,投入的精力和财力不足,建设工作自然浮在表面。从普通职工层面看,多数人认为自己手不掌权,身不管钱,廉政与己无关,对廉政文化更是疏而远之。

二是廉政文化是近年来提出的新概念,还没有站在廉政文化的高度来指导和考量在公路工作中所开展的一系列廉政建设工作。理解上廉政与文化概念割裂,工作中不能有机结合。

三是在公路廉政文化建设方面零敲碎打的多,不系统、重工作、轻总结、升华少、理论研究不够,没有把廉政从具体工作的层面提升到以文化为教育形式的高度和层次来加强建设。

四是公路廉政文化载体不多,表现形式不灵活,内容欠缺,制度约束多,正反面教育多,在某种程度上把廉政文化建设等同于廉政教育。

五是由于公路行业职工文化水平较低的实际情况,职工的主动性、积极性不够,还没有形成浓郁的廉政文化建设氛围。

五、新形势下加强公路行业廉政文化建设的对策

提高对廉政文化重要性的认识,注重对干部职工的教育引导,为廉政文化建设提供组织保障。廉政文化和其他形式的文化一样,来源于人民群众,它的建设和实践必须依靠人民群众。对于系统而言,局机关和10多个基层单位中,管理人员、财务人员都是廉政文化教育和引导的对象。养护岗位的职工,虽然没身居重要岗位,但参与单位的养护生产和对外服务,也是监督和教育的对象。900多名干部职工都是公路工作的执行者、廉政建设的执行者、监督者,也是廉政文化的建设者、实践者和受益者,每位公路干部职工都是公路廉政文化建设的主体,而不仅仅是少数人和领导干部的事情。因此,都应该站在以人为本,爱护干部职工、爱护家庭的高度,进一步认识加强廉政文化建设的重要性,增强人人参与的自觉性、主动性。各基层单位都应该成立公路廉政文化建设组织机构,建立健全领导机制和工作机制,努力形成公路廉政文化建设的整体合力,加强组织引导,尊重群众的首创精神,加大廉政文化建设投入力度,为公路廉政文化建设提供坚强的组织保证和物质基础,不断把公路行业廉政文化建设引向深入。

借鉴先进经验和做法的同时,积极探索适合公路行业的廉政文化建设,体现公路行业特色和亮点。廉政文化建设具有鲜明的时代性,必须要与时俱进,这要求我们不但要在历史的

继承中汲取营养，而且要积极探索，把更多的现代化的文化元素渗透、融入公路行业的党风廉政建设与反腐倡廉工作之中，积淀具有公路行业特色的廉政文化，比如征集与公路工作相关的廉政警示语、组织廉政文化演讲比赛、进行廉廊建设、公示廉政承诺等，在坚持因地制宜原则的同时，也要善于借鉴已有的优秀成果和做法，缩短探索过程，并结合行业实际和本单位自身特点，不断融合，加强渗透，努力培育公路行业廉政文化亮点，彰显行业特色。

丰富廉政文化内容，采用广大干部职工喜闻乐见的方式，深入开展廉政文化建设。廉政文化是社会主义先进文化的重要组成部分，先进性也体现在廉政文化的教化和导向功能上。因此，在建设公路廉政文化时，要注重创新，在廉政文化建设的机制上、内容上、形式上、方法上，加大创新力度，丰富文化内容，搭建工作平台，通过职工喜闻乐见、易于接受的文学、文艺等不同载体和表现形式，开展思想宣传式教育、良性互动式教育、节日预警式教育、社会家庭式教育、舆论媒体式教育等，构建多层次、全方位的公路廉政文化建设格局，寓教于乐，不断强化、提升、辐射公路廉政文化效能，最大限度地发挥其在促进公路事业发展、构建和谐行业中的应有作用。

将廉政文化建设具体化到行动中，在实践中总结建设经验，做到廉政文化建设出成效。廉政文化建设的过程，每个人都应该广泛应用所取得的成果，把廉政文化融入个人素质的提高上、和谐家庭的建立上、人际网络的净化上，带进单位、带进办公室、带进工地、带进家庭，不断提高实践廉政文化的深入度，不断检验和修正建设成果。同时，要注重总结，加强提炼，加强研究，不断提升，着力形成理论体系完整、结构清晰、内容丰富、特色鲜明、亮点突出、效能显著的公路廉政文化，营造清廉、和谐、文明、务实的廉政文化新风尚。

六、结语

在公路行业有效开展廉政文化建设活动，对于整个公路行业的健康和谐发展有着积极意义。每一位公路人都是廉政文化的践行者，建立健全廉政文化建设机制，结合行业特点创新廉政文化建设载体，努力将廉政文化建设贯穿到整个公路建管养过程中去，是每位公路人努力的方向。

三等奖

如何创建公路文化品牌,推动单位文化创新发展

包俊伟

(内蒙古自治区兴安盟公路管理局第十公路养护管理工区)

摘　要　近年来,兴安盟公路局将公路文化建设提上工作日程,各公路养护工区的公路文化品牌也随之建立。公路文化品牌建设也将成为干线公路养护新一轮原动力,在不长的历史进程中,公路文化与其他社会文化一样,逐渐形成了自己独有的内涵和组成,并逐渐得以丰富。本文将结合阿尔山边防公路机械化养护队(兴安盟公路管理局第十公路养护管理工区)(以下简称阿尔山边养队)"阿尔山公路"文化品牌的创建经验,就如何进行干线公路文化品牌建设进行探讨。

关键词　干线公路　公路文化　文化公路　品牌建设

一、引言

"公路品牌"是公路行业社会形象的标志和象征,是行业文化、行业文明的体现和展示;"公路文化"是指在公路行业的发展过程中,由广大职工创造并逐步形成的能够推动公路行业发展壮大的特有的意识形态总和;而"文化公路"是建立在"畅、洁、绿、美、安"的交通环境之上的,主要体现在先进的管养理念、地域文化、历史底蕴、生态文明和人文理念等等。要逐步建立符合实际的"公路品牌",不断完善"公路文化"体系建设,衍生出丰富内涵的"文化公路"来推动养护单位文化的创新发展。

二、公路文化品牌的建设要具有地域性

什么样的土壤,就会开出什么样的文化之花。养护单位是在一定的地域环境中形成的社会经济组织,由地域环境、文化观念、风俗习惯、经济水平以及历史渊源等方面存在差异,必然导致不同地域的文化各不同。诚然,公路文化品牌建设必须体现地域性,但地域性非公路文化的全部。

阿尔山边养队所管养路段覆盖阿尔山市,阿尔山市是中国面积最小的城市,位于大兴安岭西南山麓,是一座新兴的边境旅游城市,它依托于独特丰富的生态资源和优越的地理条件,提出了"生态立市、旅游兴市、产业强市、口岸旺市"的发展战略,阿尔山市的独特之处在于森林与草原相拥,冰雪与温泉相伴。也就是说阿尔山公路文化品牌的建立要充分体现阿尔山历史文化和地域特点,这也是阿尔山边养队建立"阿尔山公路"的公路文化品牌的初衷,而"法自然之道、循人本之路"是阿尔山公路的核心理念。习近平总书记在中共中央政治局

第四十一次集体学习时强调“像保护眼睛一样保护生态环境,像对待生命一样对待生态环境”。遵循自然界万事万物的发展规律,在维护自然生态平衡、保护自然生态环境、合理节约利用自然资源的基础之上,倡导绿色理念,推进建设绿色、和谐的公路文化品牌。具有独特地域性的“公路文化品牌”才能够更好地增强单位凝聚力,激发员工创造力,提高单位的核心竞争力。

三、公路文化体系的建设要具有系统性

公路文化建设从 90 年代开始兴起,目前仍然处在起步探索阶段,系统化还未形成,体系建设还远远不够。

阿尔山边养队从办公文化、走廊文化、庭院文化、管理文化等诸多方面入手,建设了工区和道班公路文化展厅、文化长廊、文化竹简、传统文化墙、健身广场、果蔬基地、院中花园等等,致力于将基础设施和精神文明建设达到统一。

2015 年初阿尔山边养队开始筹建公路文化展厅,从设计、施工、收集、征集、整理……历时两年,公路文化展厅于 2016 年 7 月份建成,并向广大职工正式开放。展厅以戍边战士——白桦树四季为主题,通过前言篇、简介篇、关怀篇、沿革篇、戍边篇、服务篇、路政篇、养护篇、科技篇、安全篇、党建篇、廉政篇、文化篇、荣誉篇、结束篇等版面展现了公路人风采。

展厅内展示了收集来的原始工具、器具、资料、图片等珍贵实物,深层次地挖掘阿尔山边养队的历史,是为了寻找确立阿尔山公路文化之“魂”。建队初期,前辈们肩挑背扛、徒步丈量,才磨铸了坚韧不屈、默默奉献、积极向上的路之魂。前辈们就是在“路之魂”的强大引领之下,把原车马大道及日伪遗留下的简易大道改建成边防公路,建设成了如今安全、畅通的公路。只有将这份不屈不挠的“路石”精神向纵深发掘、阐发,使它融入当下养路工的工作和生活中,并化为精神的力量指导实践,让前辈们的“路石”精神得以延续和传承。

阿尔山边养队“法自然之道,循人本之路”的文化品牌还算不上系统,还需要不断地挖掘、提炼、总结,目前仍在完善之中,在整合、升华、创新中遇到了一些瓶颈,后文将详细阐述遇到的困难和不足。

四、公路文化建设要具有时代性

新时代的公路文化建设要把握时代需求,围绕文化主题,突出创建特点,坚持把公路文化建设与弘扬时代精神结合起来,提炼和总结一套以核心价值理念为中心的愿景、使命、精神、职业道德等在内的价值理念体系。

在兴安盟公路管理局“兴安公路、大道致远”的公路核心价值理念的基础上,阿尔山边养队提炼出属于阿尔山公路的“法自然之道、循人本之路”公路文化核心价值理念,其中包括符合新时期特点的“人便于行、货畅其流、文明服务、奉献社会”愿景、“节俭勤奋、明礼诚信、精于管理、人本和谐”的管理理念、“勇于创新、不畏风险、积极向上、默默奉献”的精神、“爱岗敬业、甘于奉献、注重学习、技能优良”的职业道德等等。

创新文化载体,弘扬公路文化。只有不断创新公路文化载体形式,不断赋予新的时代内涵和现代表达形式,才能让公路文化深入人心。阿尔山边养队通过开展“学雷锋”活动、“送温暖”活动、“送清凉”防暑慰问活动、“精神文明创建”活动、“争先创优”活动、“机关学习

日”活动以及重大节日庆典活动等,为公路文化建设注入鲜活生动的生命力。

五、从公路文化到文化公路的演变

对于一个已建成的公路来说,要将公路文化理念融入实实在在的文化公路,是把简练、抽象的公路文化具体化、形象化,将是一项长期而艰巨的系统工程。阿尔山边养队创新思维将公路文化付诸行动,大胆实践,开展公路文化景观小品的制作。在制作中突出了养路工职业道德理念以及公路文化理念,展现了公路文化的鲜明特色和独特魅力。养路职工们通过捡拾树根、石块、木材等制作根雕、假山、凉亭、长廊、便民服务亭等,共精心创作了公路文化小品 56 处,其中 S203 线(满洲里—乌兰浩特)51 处、S303 线(五岔沟—乌里雅斯太)5 处。通过多年来的精心维护,不断完善和逐步提高其艺术造型,使之与景区景观相拥而立,与林区自然环境互相映衬,同时将公路文化植入公路,与兴安盟地域文化、人文底蕴、林俗文化完美融合。有力地激发了广大干部职工的行业责任感和使命感,增强了职工的团队精神和合作意识,提高了行业的凝聚力和向心力。这种凝聚力的产生,能使单位上下团结一致,努力为实现单位的目标而奋斗。而对于一个尚未建设的公路来说,应该从设计阶段就考虑历史背景和地域文化,将“文化公路”理念根植到设计之中。在后期的建设和养护中紧紧围绕设计初衷不断拓展。

六、公路文化建设存在的发展误区

在公路文化建设中,公路行业已经取得了不小的成绩,但也出现了发展误区。

①认识上的偏差

职工们普遍认为公路文化建设是领导决策层或者文化人的事,和自己关系不大。且认为公路文化建设遥不可及,远不及物质上的享受和经济上的实惠来得实在。个别领导往往忽视职工的参与作用,漠视基层职工才是企业文化的真正载体,为了“创建公路文化”而“创建”,使公路文化建设成为一句空话。没有真正理解公路文化建设的精髓,更谈不上公路文化内涵的提升和完善。若公路文化不能在各级领导和广大职工中得到广泛的认可,公路文化建设就不能为公路的发展起到导航作用,那么再优秀的公路文化也无法发挥其应有的作用。

②公路文化建设相对滞后,尤其是偏远地区省道、县道、乡道

首先是没有认识到公路文化建设的重要性、必要性,其次是资金投入不足,这已经严重制约了公路文化的建设,成为公路文化建设发展的瓶颈。

③文化底蕴相对薄弱,高素质人才匮乏,导致公路文化建设不全面不系统不深刻

这也是阿尔山边养队开展公路文化建设以来遇到的最大问题,阿尔山边养队 1980 年 4 月建队,不足四十年,文化根基不深,原始资料匮乏。而现有职工文化程度不高,大部分职工只有初中文化,能将公路文化建设的成果整合、升华、创新的人才稀缺。

七、结语

总之,公路文化是公路行业在长期实践中逐步形成并不断积累发展的,因此公路文化建设将是一个长期系统工程,本文以尚未成熟的“阿尔山公路”品牌为例,旨在提出阿尔山公路

品牌建立之初所获得的一些经验和遇到的困难,虽然阿尔山边养队只有 40 年的建队历程,但每一个单位的文化都是独一无二、不可复制的。目前,我国已经进入了中国特色社会主义新时代,继往开来的公路人要通过不断地追求符合时代特征、突出行业特色的文化创新来提升公路文化品牌建设层次和推动公路文化建设的发展。

三等奖

新形势下如何开展公路职工继续教育工作

陈晓宇

(山西省太原公路分局油房堡公路超限检测站)

摘　要　随着社会经济的飞速发展,公路行业面临着新形势、新挑战,要实现公路事业的发展,归根结底是科学技术的竞争,是人才的竞争。要打造一支高素质的队伍并使其保持在较高水平,公路职工的继续教育起着决定性作用。

关键词　新形势　如何开展　职工教育

一、引言

在高新科学技术大量引进、涌现和应用的新形势下,公路行业也面临着新的机遇和挑战。随着公路等级的逐步提高和公路工程及养护管理的技术进步,加上新科技在公路施工、养护及治超方面的应用,就迫使在职人员要不断地摒弃旧知识、汲取新知识,增加与业务相关的知识,才能适应当前公路行业不断发展的新形势。在新的形势下,如何搞好职工继续教育工作,提高职工岗位技能,更好地为公路事业服务显得尤为重要。

二、职工继续教育的作用

坚持把人才培养作为公路事业发展的第一财富,把职工继续教育作为公路事业发展的百年大计,不断强化职工培训工作,加强人力资源开发与建设,为公路事业注入新的血液与活力。

要创造一流业绩,就要靠高、新、尖技术人才,而高、新、尖技术人才的培养,要靠不间断地进行教育培训来保障。只有建立和完善教育与培训体制,逐步构建学历教育与职业教育相结合的终身教育体系,才能够达到提高职工素质的目的。

公路职工由于独特的职业性质与特点,长期奔波在施工一线,技术人员的业务及理论知识都需要不断更新,而公路桥梁新理论新技术又层出不穷。举办高新技术培训班既是提高公路职工素质的需要,也是公路事业发展建设的需要。职工继续教育是开发人才资源的基础,而人才资源则是促进生产力发展的重要途径。只有充分开展职工教育,使科学技术与公路发展结合起来,把知识转化为生产力,才能使公路事业更好、更快地发展。

三、职工继续教育面临的问题

就当前而言,职工的继续教育工作取得了一定的成效,但效果并不乐观,并且存在一些问题,归结起来有以下几点。

1.对继续教育重视不够

当前,加强职工教育虽然已经成为公路部门的普遍共识,但职工教育耗时长,各单位又存在急功近利的思想倾向,使职工出现重经济效益、轻职工教育,重物质文明建设、轻精神文明建设的现象。针对职工教育而言,或多或少存在着形式主义,缺乏长远打算,从而影响了职工教育的延续性。特别是公路基层单位在职工教育管理人员配备上,机构不健全,有的人身兼数职,没有足够的精力抓职工教育,往往是在上级的要求下被动进行,只是忙于应付,无法根据自身情况有针对性地开展,更谈不上提高创新。

2.职工素质结构不合理

公路行业由于历史原因,职工素质结构不尽合理,年老比例多,年轻比例少;低文化程度多,高文化程度少;一般工作人员多,专业技术人员少。公路系统中,管理人员和一线职工受教育程度偏差大。管理人员的文化程度普遍较高,基本都具有大专以上文化程度,这也是管理人员一般起步高,同时为了适应岗位要求等,通过自学函授等形式不断接受教育而形成的。而一线工作人员的文化程度比较低,和管理人员在群体上存在较大教育差距,这种差距也影响了管理工作的顺利组织进行。毫无疑问,现在的这种人才状况已经严重制约着公路行业的发展,与时代和行业发展极不适应。

3.教育对象缺乏接受继续教育的积极性

公路行业群体作业多,个体发挥才干机会少。因工作内容是实用性为主,科学研究性不强而使一些人失去奋斗目标,产生学习无用的心理;另外在分配中实际上的平均主义倾向或过于强调"一线"的倾斜,一些专业技术人员虽然任务重、责任大、贡献多,也得不到相应的奖励,其再学习的积极性必然受挫。

4.激励机制不健全

激励机制不健全,缺少外在驱动力。继续教育在一定程度上与职务、工资、资金等利益关系脱钩,与评比先进、选树典型、深造学习等荣誉待遇脱节,也不参加年终考核,这就失去了正面激励的效果,对继续教育缺少考核就使得继续教育成为无压力的软任务而疏于管理,只是走过场、摆样子而已。此外,还存在不重视对继续教育人、财、物的投入以及大环境缺少对继续教育工作的宣传和理论研讨等问题。综上所述,这些问题的存在势必影响教育工作的顺利进行,只有尽快解决上述问题,才能使继续教育工作深入开展并取得成效。

四、新形势下开展职工教育工作应采取的措施

1.重教意识,把继续教育当作一项重要工作任务来完成

公路行业要发展,关键在人才,人才的关键在教育。公路系统各级领导要充分认识到,随着经济建设的进一步发展,对公路等级的要求日益提高,相应的需要大批懂技术、会管理、适应现代化公路建设与养护管理的专业技术人才。新理论、新知识、新技术大量产生,急需强化专业技术人员的再教育。因此当前主要应抓紧培养尖端科技人才,集技术、管理于一身的领导人才,以及适应市场经济需要的复合型人才,这些人只有通过继续教育并在实践中锻炼才能成长起来。

应提高领导认识,保证把继续教育放在重要位置上,并投入相应的精力抓好继续教育。领导还要带头接受教育,既要做继续教育工作的领导者,也是继续教育的接受者。领导如果对专业知识知之甚少,对人才学、管理学、创造学、决策学、市场经济学、计算机科学等了解不多,将很难做好新时期的领导工作。因此,各级领导干部都要自觉参加继续教育,以自身的良好学风引导继续教育工作落到实处。

2.强化制度,建立规范,形成继续教育的有效机制

随着公路系统体制改革和管理工作的规范化、制度化的日趋完善,要通过建立健全继续教育管理实施细则来使继续教育工作有严格的制度保证,成为各单位、各部门义不容辞的职责,并要主动解决继续教育工作中存在的问题。由于所建立的制度明确规定了职工接受继续教育的权利和义务,从而强化了学习的环境压力,再通过思想教育和政策激励促进主动学习思想的树立。为保证制度的落实,公路系统各级单位要成立继续教育工作领导小组,使继续教育工作认真落实,并且要编制年度学习计划,安排职工进修学习。在选拔领导干部时要同步考核接受继续教育的情况,重点提拔接受继续教育优秀的同志。建立一体化的管理体系就可以解决职教部门与有关部门配合的相关性和紧密性,形成规范、有效的继续教育机制。

完善教育管理,优化资源配置,提高培训质量。要进一步完善教育培训工作的管理制度和实施办法,实行统一计划、统一标准、统一管理,加强制度落实工作。公路系统各单位领导和教育职能部门要强化教育管理职能,落实和规范教育培训管理,加强教育培训的计划性和实用性。

3.要正确处理好职工继续教育工作的“工学矛盾”

一切工作都要始终紧紧围绕实现公路又好又快发展的目标来开展,职工继续教育工作更应如此。对于职工参加学习要从制度上加以明确,鼓励职工在完成好本职工作的前提下利用8小时以外的时间刻苦学习,完成自身技能培训和学历教育。

公路职工继续教育工作要实现培训、学习与工作待遇一致化。培训、学习与工作待遇是否能做到一致化,事关职工继续教育机制是否能正常运行和职工继续教育工作的成败。现代公路职工继续教育要从制度上体现培训、学习与工作待遇一致化,各单位要根据工作实际,制定切实可行、操作性强的制度。只有这样,职工学习才有积极性,才能防止人才培训的浪费和人才的流失。

4.区分对象,确定内容,明确继续教育工作目标

对专业技术人员知识更新补缺,加速新技术、新工艺、新管理方法的开发,全面提高专业技术人员素质,进而增进单位的经济效益和社会效益是继续教育的任务与目的,兼顾普遍提高与重点培养、理论与实际、当前与长远是继续教育的方针原则。为实现继续教育的目的和原则,就要区分教育对象,分别确定内容。初级专业技术人员继续教育的重点是强化实践性,使原有知识与实践相结合,提高实际工作的能力和水平。中级专业技术人员有一定的知识和实践能力,已成为公路系统的骨干力量,继续教育内容要紧密结合公路工程和养管技术的进步、工艺更新和管理现代化的需要来确定,按照以自学为主、自学与脱产培训相结合的方式进行。高级专业技术人员的继续教育,应以上级单位进行为主,单位自己组织为辅,以

解决基层单位对高水平工艺和管理内容学习时学习内容的选择和师资力量寻找的困难。形成上级统一组织、单位自筹经费,重点在研究与创新上下功夫的格局。除了对公路方面相关专业技术知识和管理知识的学习外,还应加强财经、政工等专业知识的学习,抓好其他专业技术人员的继续教育工作,使继续教育工作不留死角,全面推进,重点突破,取得实效。

5.讲究方法、灵活多样地为继续教育的深入开展创造更多有利条件

继续教育工作要尽力避免形式单一现象,要坚持教育的灵活性和多样性。对专业知识较强在专业技术方面处于顶端水平的人员要有目的、有计划地选派到高等院校进行进修学习。对能脱岗的同志可进行脱产集中培训,不能脱岗的同志可采取集中与分散学习相结合、以自学为主的教育方式。对有较丰富实践经验而理论知识缺乏的人员,要以提高理论知识为主,使其对所从事的工作有理论性的认识。对缺少实践经验的同志可以放到对口的实践岗位上,通过锻炼提高技术能力。还可以结合公路工程和养管重点项目、科研攻关课题和管理工作重点来搞继续教育工作,缺什么补什么,结合实际需要培养专业技术人才和复合型人才。

在形式上,可以开展办班培训、专家讲座辅导,组织低学历人员参加高等教育自学考试、脱产或半脱产到高等院校进行高等学历教育,也可以组织参观学习,举办或参加跨地区研讨交流会,到科研机构或先进单位进行短期学习等等。专业技术人员还可以结合工作任务来撰写技术报告、学术论文,使实践经验上升为理论,起到总结经验、反思自己、启发别人的作用。

在科学定岗定编定员的基础上,根据岗位职责和任务来科学选人培养,要根据实际需要来开展职工继续教育培训工作,只有这样,职工继续教育工作才能落到实处,富有成效。

6.加强考核,兑现政策,建立继续教育的激励机制

对教育对象接受继续教育的时间、学习成绩、学习成果在实际工作中的应用、为单位带来的效益等进行考核。对于考核优秀的人员优先提拔使用,解决学与不学一个样的问题。调动人们主动学习的积极性,使人们在学习中更加认真努力,促进人们在学习过程中的自我管理、自我约束、自我发展。

建立职工培训档案和教育考核评估制度。作为现代公路教育制度的一项重要内容就是与劳动人事制度相结合,建立职工培训档案,培训情况作为职工今后晋升和使用的重要依据;建立培训考核评估制度,规定每位参加学习培训的职工都要求一次性取得结业证书或毕业证书以及培训知识必须与本职工作相适应,并报销一定比例的学习费用。

7.加强公路职工的思想政治教育,进一步提高公路系统职工队伍的思想道德素质

要深入开展党的基本理论、基本路线、基本纲领教育,进一步坚定职工理想信念。认真学习实践毛泽东思想、邓小平理论、“三个代表”重要思想、科学发展观的重要思想和习近平新时代中国特色社会主义理论体系。广泛开展科学知识、科学思想、科学方法、科学精神教育,增强道路自信、理论自信、制度自信、文化自信,将自身发展融入公路事业发展和中华民族伟大复兴的中国梦中。

结合公路改革发展稳定的实际,围绕公路职工普遍关心的问题,有针对性地开展思想政治工作,释疑解惑,引导公路职工振奋精神、开拓前进。

要紧密联系实际,广泛开展理想信念教育,深化中国特色社会主义和中国梦宣传教育,提振广大党员、干部和公路职工坚守共同理想、实现共同梦想的信心和热情,坚定不移沿着中国特色社会主义道路为实现“两个一百年”奋斗目标、实现中华民族伟大复兴的中国梦而奋斗。弘扬民族精神和时代精神,加强爱国主义、集体主义、社会主义教育,引导职工树立正确的历史观、民族观、国家观、文化观。深入实施职工道德建设工程,推进社会公德、职业道德、家庭美德、个人品德建设,激励人们向上向善、孝老爱亲、忠于祖国、忠于人民的意志。加强和改进思想政治工作,把先进性要求与广泛性要求结合起来,把解决思想问题与解决实际问题结合起来,把面上教育引导与个别交流疏导结合起来,切实把工作做到广大党员和职工的心坎上,理顺情绪、化解矛盾。深化群众性精神文明创建活动,丰富思想内涵,拓展工作领域,增强实际效果,更好地适应时代和实践发展的新要求,有力助推社会文明进步。弘扬科学精神,普及科学知识,开展移风易俗、弘扬时代新风行动,抵制腐败落后文化侵蚀,涵养和净化社会风气。推进诚信建设和志愿服务制度化,强化社会责任意识、规则意识、奉献意识,在全系统形成重信守诺、互信互助的浓厚氛围。

要积极探索新形势下加强和改进思想政治工作的规律和办法,在求实和创新上狠下功夫,不断增强工作的针对性和实效性。大力推进社会公德、职业道德、家庭美德建设。

8.加强岗位培训、职业技能培训工作

终身教育是当今社会发展的必然趋势。在公路发生重大变革的今天,一方面要改善专业技术人员职称结构,另一方面要通过各种形式的继续教育工作来促进专业技术人员更新知识,特别要鼓励专业技术人员参加技术革新、技术改进活动,进一步提高其创新能力,促进公路技术进步。具体工作中要进一步科学规范专业技术人员继续教育管理制度,同时要同时要做好继续教育培训登记工作,把继续教育作为专业技术人员评聘职称的必备条件。

公路系统各单位要将技术引进,技术创新以及科研成果与专业人员继续教育相结合,办好专业技术人员培训班。继续抓好公路行政执法人员的教育培训工作。要把公路行政执法教育培训工作作为公路行政执法队伍建设的一项经常性工作来做。对新进入公路行政执法队伍的人员,要严格按照先培训、后上岗的流程来执行。对已参加过培训且已取得执法证的执法人员,适时对他们进行更新知识的培训。要重视加强后备干部队伍资格性岗位培训教育工作,确保公路事业后继有人。

9.鼓励职工参加学历教育,改善职工文化结构

努力提高公路系统职工队伍文化水平,是公路事业不断发展的要求。要积极与有关部门联系协调,组织好生源,尽量为职工的学历教育广开渠道,创造更多的学习机会。鼓励职工结合本岗位的实际需要参加国家认可的、与岗位专业对口的学历教育,学以致用,提高职工文化水平和工作能力,改善职工队伍的文化结构,鼓励各类人才参加在职学历教育和业务培训。

10.加强政工和职教干部队伍建设和教育理论研究

加强政工和职教干部队伍建设,组织他们学习国内外先进的职教理论和经验,提高政工和职教干部队伍素质,形成一支素质高、业务精的政工和职教干部队伍。要结合公路系统以

及各单位的工作实际情况开展教育培训工作理论研讨，建立适合公路系统的职业教育理论体系，以研究成果来指导推动公路职工继续教育工作。

五、结语

在继续教育这项工作上，公路系统要高举“科教兴交”的旗帜，进一步搞好继续教育工作，为提高交通公路系统职工思想道德素质和科学文化素质而努力。

在社会主义市场经济潮流下，处于知识经济和科技经济的时代，公路部门要认真贯彻“科教兴交”战略，大力发展职工继续教育，建立现代职工教育制度，努力提高公路系统职工思想科学文化素质，为公路系统深化改革提供坚实的基础和强有力的支持。

三等奖

新形势下如何开展公路职工教育培训工作

谢杨辉

(云南省怒江公路局泸水公路分局)

摘　要　公路养护部门是承担着国家国省干线公路养护与管理职责的事业单位。随着科学技术的进步和公路行业改革的深入,公路行业面临着新的形势、新的机遇、新的挑战。要实现公路行业又好又快地发展,就必须要拥有一支具有较高素质的职工队伍,而职工队伍素质的高低,教育又起着决定性的作用。本文拟对职工队伍教育培训工作进行简单探索,目的在于进一步完善职工教育培训体系,打造高素质的公路职工队伍,为公路行业发展提供强有力的人才支持和智力保障。

关键词　职工　教育培训　工作

一、引言

公路行业发展的关键是人的发展。目前,公路行业正进入一个崭新的机遇和挑战并存的时代,随着各种新知识、新设备、新技术的大量引进和运用,单位要在新一轮的竞争中谋求新的发展,就必须要搞好职工的教育培训工作,努力建设一支一专多能的复合型职工队伍,从而为单位的可持续发展提供强有力的人才支持。

二、开展职工教育培训的重要意义

职工教育培训是公路行业发展过程中具有先导性和全局性的一项重要工作,它是职工提供学习机会、提高内在素质、改善知识结构、增强竞争意识、转变思想观念的主要途径。开展职工教育培训,既是社会需求,又是个人要求,具有十分重要的现实意义。

第一,开展职工教育培训有利于公路行业的改革和发展。多年来的改革开放给全社会带来了前所未有的生机,使企事业单位在转换经营机制方面迈出了可喜的步伐,公路行业同样如此。据当前的公路发展形势分析,体制改革虽然在进行当中,但是还没有全部转化,仍然属于事业性质。各单位要集中精力和财力在职工教育培训工作上,将其作为管理工作的重要内容之一,并将其长期化和规范化,才会让公路行业的发展逐渐适应日渐市场化的外部发展环境,从而推动公路行业的持续健康稳定发展。

第二,开展职工教育培训有利于合理配置人才资源。劳动力是最能动的生产要素,人的劳动能力,包括知识和技能。在当前公路行业系统内部,还没有形成劳动力的竞争市场和合理流动或交流渠道,限制了相关技术人才的合理流动。如果形成了正常的劳动力竞争市场,对于劳动力的提供者,即职工,在追求收入和福利最大化动机的前提下,就会不断提高自身各项素质和专业技能、提高竞争能力,已达到预期的岗位流动。而对于劳动力的需求者,也就是公路企事业单位,特别是独立自主的经济实体,同样在经营利润最大化的前提下,就一定会增大对人力资本的投资,从而找到合适的人才。因此,从供给和需求两个方面同时发力,能促进劳动力的合理流动,最终达到人力资源的最优化配置。

第三,开展职工教育培训有利于增强行业凝聚力。单位日常工作的正常开展,离不开各个部门间的相互协调,密切配合。通过开展集中教育培训,极大地提高了职工对本部门和其他兄弟部门的职责的了解和认识,同时在很大程度上培养了单位职工的团队精神,从而增进了职工对单位的感情,进一步增强了职工的责任感和荣誉感,使得职工能以“家”的观念来看待单位的发展,极大地提高了单位的凝聚力和向心力,进而增强了单位的战斗力,最终为整个单位创造良好的社会效益、经济效益和环境效益。

第四,开展职工教育培训有利于适应公路养护模式的转变。当前,公路行业正由过去传统的粗放型养护模式向科学化、规范化、机械化、精细化养护模式转变,这不单单是公路养护模式的转变,同时也是职工思想观念、知识结构、技能水平的转变。单位要立足于职工的教育培训工作,最大限度地发挥职工的潜能,努力培养和造就一支适应现代化公路建设、养护、管理的人才队伍。

三、泸水公路分局职工队伍现状

截至目前,泸水公路分局在册职工共计 104 人,人员组成及分工如下。

①岗位分工

管理人员 8 人,占职工总数的 7.69%;专业技术人员 24 人,占职工总数的 23.08%;工人 72 人,占职工总数的 69.23%。

②文化结构

本科及以上 30 人,占职工总数的 28.85%;大、中专 58 人,占职工总数的 55.77%;高中级以下 16 人,占职工总数的 15.38%。

③技术能力结构

专业技术人员中,取得高级职称的有 3 人,占专业技术人员总数的 12.50%;取得中级职称的有 8 人,占专业技术人员总数的 33.33%。

工人中,取得等级证的有 72 人,其中:高级工 49 人,占工人总数的 68.06%;中级工 2 人,占工人总数的 2.78%;初级工 17 人,占工人总数的 23.61%;技师 4 人,占工人总数的 5.55%。

④年龄结构

40 岁及以上人员 45 人,占职工总数的 43.27%;30 岁到 40 岁人员 50 人,占职工总数的 48.08%;30 岁以下人员 9 人,占职工总数的 8.65%。

四、存在的问题

目前,虽然上至州局、省局,下至站所,从未间断过对职工开展教育培训,所开展的各种教育培训基本上满足了不同发展阶段不同岗位正确履行职能的需要,但是依然存在一些不足和问题。主要表现在以下几个方面。

第一,思想观念陈旧,认识不到位。主要体现在两个层面。管理层面,部分领导干部思想观念守旧,思想认识存在误区,没有充分认识到职工教育培训工作的重要性,片面地认为职工教育培训投入大,周期较长,短期内看不到效果,无法为单位创造效益,因而把主要精力放在了抓经济效益上面,从而不同程度地轻视了职工的教育培训工作,忽视了对人才的培养。工人层面,部分人员满足于现状,不求上进,不思进取,不能与时俱进,认为修桥补路技术含量不高,用原来的方式方法就足以应付,不需要学习掌握什么新知识,还有部分人员认为自己已近退休,已经没有继续学习新知识和新技能的必要了,极少数人员甚至将培训学习看成是上级下达的政治任务,对教育培训有一定的抵触情绪。这种认识上的偏差,将直接导致工人无法及时掌握新知识新技术,无法适应发展中的道路养护事业。

第二,文化素质偏低,专业技术能力不强。以泸水公路分局为例,在册职工 104 人,本科及以上 30 人,大、中专 58 人,高中及以下 16 人。由于过去的道路养护工人从事的是简单的体力劳动,属于劳动密集型,实行的是人海战术,日常养护使用的工具基本上还没有脱离简单的铁锹和扫帚,这就导致了绝大部分一线职工专业技术水平不高、能力不强。

第三,知识体系单一,难以适应公路行业发展的新需要。当前,我国公路事业发展进入了新时代,公路工程施工和公路养护向专业化、机械化和高效化发展,管理方式向企业化、科学化和现代化方向发展,这就对公路工程专业技术人员和管理人员以及养护人员提出了更高的知识和技能要求。但是,由于受到计划经济体制的束缚,单一的养护体制使职工只掌握了简单的养护知识和单一的养护技能,在公路建设、经营、管理等方面考虑得相对较少,落实到实际工作中的就更少。所以,这种老旧的工作方式已经不能适应新形势下公路行业发展的需要了。

五、相关建议

1.提高认识,切实转变观念

一方面是领导干部要转变观念,正确树立以人为本的观念,要充分认识到行业的竞争归根结底是人才的竞争。如果没有一支高素质的职工队伍,那么,再先进的生产工具和设备同样无法充分发挥其作用,这样就会造成资源的闲置和浪费。所以,各级领导干部一定要转变观念,要充分认识到发展生产力的根本在于培养人,在于提高人的素质和技能,在于造就一支高素质的职工队伍。一方面是职工要转变观念。在竞争日益激烈的今天,单位职工如果没有良好的技术素质和专业技能,必将在“能者上、平者让、庸者下”的大潮流中惨遭淘汰。广大职工只有树立“本领恐慌”意识,从内心深处牢固树立提升自身文化和专业技术素质的紧迫感和危机感,进而提高加强自身学习和进步的热情与动力。

2.突出重点,开展岗位培训

公路养护部门的职工教育培训工作,因为对象不同,所以要区分内容,坚持培训内容与养护生产相结合,要紧紧围绕生产需要采取多种方式进行。职工的素质教育包括学历教育和非学历教育,通常情况下以后者为主。因为即便一些职工拿到了大专、本科甚至更高的文凭,但要在实际工作中发挥充分作用,就必须通过更有针对性的岗位培训,通过干什么,学什么;学什么,干什么,努力提高岗位技能,促进行业良性发展。所以,必须要改变重学历教育、轻岗位培训的陈旧观念,切实抓好职工的岗位专业技能培训教育工作,尤其是对刚入职的青年职工要特别强调抓好基本功训练。通过学习培训与实践相结合,培养更多的技术能手、操作能手、工作能手,为行业的改革和发展提供强大的后备力量。

3.学以致用,提升培训实效

公路职工参加教育培训,要注重"用","学"是其次。虽然"学"是教育培训工作的基础,但是"学"的最终目的是指导新实践,提高实际操作能力,所以要以"学"促"用",以"用"活"学"。与此同时,要鼓励职工积极创新,引导和激励职工在实际工作中更好地运用新知识、新理念、新技术、新方法,真正做到"学"以致"用","学""用"相长,从而切实提升职工教育培训工作的时效性。

在公路行业不断改革创新的新形势下,各级单位要把职工的培训教育工作作为管理的一项重要任务来抓,积极树立以人为本的发展理念,从而进一步促进公路行业的持续、和谐、健康、稳定发展。

参 考 文 献

[1] 朱济初.谈公路职工教育培训的深远意义[J].科技与企业,2012(21):44.

[2] 周少敏.多策并举切实加强公路行业职工教育培训工作[J].人力资源管理,2013(6):109-110.

三等奖

公路养护体制改革对职工思想教育工作的挑战及对策

韩增寿

(陕西省咸阳公路管理局长武公路管理段)

摘　要　本文就公路养护体制改革和实际,以基层工作者的视角,在新形势下体制改革对公路养护职工思想教育工作的挑战、对策和创新等方面做了探讨,提出了改进思想教育工作的必要性和重要性,抓好思想教育工作改进、提高和创新,是解决基层加强公路养护思想教育工作中实际问题、进一步提升思想教育工作的"生命线"。

关键词　公路养护　体制改革　思想教育　挑战　对策

一、引言

面临新时期在全国体制改革大潮中,如何改进提升公路养护职工思想教育工作,是促进职工思想觉悟不断提高,为公路养护事业的稳定、健康持续地发展提供强大的精神动力和思想保障的前提条件,也是基层工作者必须深刻思考、着力研究解决的现实课题。因此,要以十九大精神为指导,认清形势,提高认识,改进思想教育工作的方式和方法,在公路事业面临又一个全新的发展机遇时期,必然会产生新的问题,必然对公路基层职工思想教育工作提出更高研讨课题和任务,下面笔者就公路体制改革下公路行业基层思想教育的挑战,如何改进、提高、创新谈几点看法。

二、目前在公路养护体制改革中职工思想教育工作面临的挑战

随着公路事业的发展和人民群众生活水平的不断提高,人们对出行的要求越来越高,社会对公路养护行业也提出了更高的要求与期望,公路养护任务越来越繁重,要求也越来越精细,加之公路养护是野外作业,工作环境差等诸多因素,已不可避免地影响到了公路养护者的工作积极性和思想稳定性。思想教育工作越来越受到上级党委和基层支部的高度重视,成为构建和谐单位和和谐社会的主要切入点。因此,在当前形势下,如何做好公路养护职工的思想教育工作,把职工思想认识统一到党的十九大精神上来,统一到单位的生产与改革上来。充分调动职工的工作热情,全面提升养护水平,为社会打造"畅、洁、绿、美、安、舒"的交通环境,是摆在我们面前的一项重要课题。通过调研,笔者认为,近年来咸阳公路局基层党组织在思想教育工作中发挥了重要作用,达到了事半功倍的效果,但是还存在着诸多思想行为的挑战,其主要表现在以下五点。

挑战一:职工政治意识淡化

目前,从广大干部职工的政治态度来看,能坚持党的基本路线、贯彻党的十九大精神、支持单位改革仍然是主流。但是也应充分意识到,部分干部职工特别是一线职工中存在着思想教育意识淡化的现象。其原因为当前公路行业正处于改革关键时期,由于体制、机制的转变,不同价值观念和道德观念发生激烈碰撞,职工的人生观、价值观也在发生变化,“铺路石”精神遇到了新的挑战。通过调研,职工的思想主要表现在:谈教育、理想、信仰的人少了;关心教育、学习理论的人少了;讲社会奉献、关心集体利益的人少了;要求入党的人少了。随着社会的快速发展,职工的思想由单纯变得复杂,各种不可预见的因素增多,拜金思想、个人主义膨胀,公路人太苦太累等不可回避的现实问题,逐渐侵蚀着职工的思想,致使职工的工作积极性不高。对此,应高度重视,只有正确分析引导,才能化解职工对工作不求上进的因素。

挑战二:职工思想呈现多元化

党的十九大以来,随着改革的不断深入,人们的思想理念得到了进一步解放。这也改变了公路职工的思维方式,他们思想活跃、富有想象力,从封闭式思维转向了开放式思维,从简单惯性思维转向了逆向超常思维,并且这几种思维方式又相互交织,进一步激活了职工的思想,虽然各种不可预见思维增多,但总的趋势是职工思想渐趋成熟,厌恶空谈,不在轻信、盲从,遇事爱问为什么,不再是想什么、说什么、信什么,喜欢独立思考,另辟蹊径,慢慢适应社会和公路养护工作。

挑战三:职工道德标准模糊化

随着改革不断深入,传统的道德观念,道德标准受到了极大的冲击。传统道德要求人们放弃个人私欲,舍利取义。而体制改革奉行的是平等竞争、多劳多得原则。尤其是公路养护行业的特殊性,要有“铺路石”精神,“天晴一身灰,雨天一身泥。三伏晒脱皮,四九寒风吹,含辛茹苦没奔头”就是公路养护人的真实写照。加上公路点多线长,居住分散,道班偏僻,生活单调,文体活动少,与家人聚少离多,社会取向特点很不明显。随着人们的生活被日益浓厚改革气氛所笼罩,部分职工思想悲观情绪增加,使社会道德观念和衡量标准变得日益模糊。

挑战四:职工工作心态复杂化

目前,绝大多数职工热爱公路工作,他们努力工作,无私奉献,满怀献身交通事业的信心和决心。但是由于历史的原因,公路系统工资待遇相对其他行业较低。咸阳公路局内部的部分岗位竞聘不一,也存在着部分待遇分配不均等问题,职工反响较大,思想受到了很大的冲击,部分职工的敬业思想发生了动摇。但在目前就业难、又没有更好的出路的情况下,他们却不甘心放弃自己的工作,因此很多职工在工作态度上呈现出复杂心态。

挑战五:职工生活目标务实化

现在,随着社会的发展,人们生活日益充实,生活需求越来越现实。职工常年坚守在生活艰苦、环境偏僻、文化生活单调的地方,与外界接触少、交流少,职工思想教育工作不能正常开展,单位缺乏向心力和归属感。通过调研分析,就现在职工生活目标追求来看,主要有四大趋势,即求知、求新、求美、求乐。但同时也存在着一些有求知欲望、愿意学习,却不求水平提高的现象;有想踏实工作的,但又不愿意放弃利益追求;有向往高品位生活的,却有盲目攀比倾向;有追求幸福生活的,却受奢侈之风、享乐主义的影响,这些现象和倾向不能不引起思想教育工作者的注意和重视。

三、加强公路养护思想教育工作的几点对策

针对职工思想中出现的这些新情况、新趋势,思想教育教育工作必须开拓新思路、新途径,才能正确把握和引导职工的思想和行为,找到和当前新形势的结合点,开创思想教育工作的新局面。笔者认为,在当前十九大精神指导下的交通大改革前提下,要充分认识到职工思想教育教育工作的重要性和必要性,有效地把思想教育工作上升到统一思想、坚定信念、振奋精神,凝聚人心的层面,最大限度地调动职工的积极性、主动性和创造性。因此,思想教育工作必须抓住新时期的要求和公路养护职工思想变化这条主线,在机制、内容、方法等方面进行创新和改进,正确处理好养护管理与思想教育工作的关系,将思想教育工作与生产养护有机结合起来,坚持思想教育工作要为公路发展提供和谐、发展环境,树立一切从实际出发、以养护为重的观念。只有这样,思想教育工作才能被基层领导所重视,才能把公路职工思想凝聚在一起,开拓进取,才有战斗力,从而使思想教育工作这条“生命线”为公路事业实现新的跨越式发展提供强有力的精神动力和思想保证。

对策一:科学定位,重新审视对思想教育工作的重要性和必要性

无论是单位领导还是普通职工,都要统一思想,正确认识新时期思想教育工作的重要性、必要性。在以社会发展为中心的今天,要更加重视思想教育工作,加强和改进思想教育工作不仅有着重大的现实意义,而且有着刻不容缓的紧迫性。认识提高了、深化了,做好思想教育工作的自觉性、主动性就增强了。有效的思想教育工作能统一职工思想、坚定信念、凝聚人心、理顺工作,进而最大限度地调动和发挥养护职工的积极性、主动性和创造性。因此,思想教育工作必须抓住新时期、新任务的要求和公路职工思想的变化,在机制、内容、方法等方面进行创新和改进。

要正确处理生产养护与思想教育工作关系,将思想教育工作与生产养护工作结合起来,要与养护工作同安排、同检查。特别是一些职工受社会不良风气影响,思想波动较大,要有高度的敏锐性和洞察力,要针对实际及时纠正他们的错误思想。思想教育工作者要竭力改变过去那种注重灌输,讲形式、走过场,不讲究实际效果的工作方式,要树立一切从实际出发、以工作为重的观念,使职工认清形势,坚定政治立场。

因此,作为单位领导和思想教育工作者绝不能不能放松思想教育工作,要深刻认识到思想教育工作与生产养护同等重要。思想教育不能“可有可无、可紧可松”,只有思想教育工作为各级领导重视,才能有凝聚力,有战斗力,才能为公路事业实现新跨越奠定基础。

对策二:依托文化建设,运用有效载体,增强思想教育工作的活力和效果

为什么说思想教育工作的开展要紧密依托公路文化建设呢?这是因为公路文化和思想教育工作有着紧密的内在联系。它们有着共同的出发点,都服务于公路养护中心工作。作为公路基层思想教育工作者,要把握时代脉搏,审时度势,深入剖析,充分重视面临的新形势和新特点,要依托公路文化内涵,坚持从实际、实用和实效出发,积极开阔视野,把最新理念

融入思想教育工作之中,以职工的文化、思想需求为着眼点,以培养高素质的职工队伍为目标,实现思想教育工作的新创新。

思想教育工作与公路文化之间互为影响,相互渗透,相互促进,彼此互补。思想教育工作只有紧密结合公路文化的导向、激励作用,教育管理等手段,才能不断增强思想教育工作活力。近年来,咸阳公路局在文化方面不断探索,以公路特色文化构筑亮丽的公路风景,打造了“公路与景观相融,与文明同行”咸阳公路品牌形象。近年来相继推出了《咸阳公路文化手册》,开办了《咸阳公路》简报,开通了信息网宣传媒体,组织职工文艺会演,开展职工书法、绘画、摄影展或演讲比赛,举行职工运动会,形成了“两会一社一论坛”新的公路文化建设格局,为推进公路文化和思想教育工作提供了更广阔的平台。公路文化是思想教育工作的有效载体,其目的是激励和调动职工的积极性和创造性。通过各种形象生动、贴近实际、容易被职工接受的公路文化活动,使思想教育工作在潜移默化中对职工进行理想、信念、道德、纪律和价值教育,充分发挥思想教育工作的导向、凝聚、激励和保障等作用,进一步使职工的敬业精神和道德情操得到激发和提高,从而达到二者兼容互补,共同促进公路事业蓬勃发展的目的。

对策三:结合实际,发挥优势,保证思想教育工作有序开展

目前,我们的思想教育工作方式、方法滞后与新形势下的要求还有一定差距。思想教育工作的开展存在着形式主义,注重实效不够,教育形式单调乏味;有的还用过去的老办法,强调无私奉献多,关心职工生活少;有的思想教育工作投入不足,致使一些工作举措落实不到位;有的思想教育工作的渗透力和感召力不强,与解决实际问题结合不紧。怎样才能改变上述问题呢?笔者认为,要结合公路行业实际,着力建立健全政治工作考评体系,保证思想教育工作有序开展。一是要加强领导,健全责任制,使思想教育工作经常化、制度化和规范化。建立健全思想教育工作责任制,实行党政领导一岗双责和生产同检查、同考核等制度,形成党政齐抓共管的格局,从而确保思想教育工作和各项任务的落实。二是要建立职工思想状况定期分析制度,定期分析每个时段、每个层次职工思想动态,掌握带倾向性、普遍性的思想问题,及时提出解决办法,防患于未然。三是建立政工干部长效考核机制,加强能力建设,为思想教育工作有效展开提供组织保障,不断加强政工干部的教育、管理,建立长效考核机制,是做好思想教育工作的有力保证。

四、更新观念,为深化思想教育工作提供创新载体

公路行业思想教育工作者如何转变观念,打破以往墨守成规的做法,创新地进行思想教育工作,是当前思想教育工作者面临的新课题、新挑战。那么如何为公路养护发展提供强有力的思想保证和创新载体呢?

载体一:提高认识是创新前提

主动把握新形势、新要求,坚持把习近平总书记系列重要讲话和新理念、新思想作为思想教育的基础。思想教育不是空泛的说教,它既是抽象的,又是具体的,既是严肃的,又是生动的。思想教育工作做得好与坏,关键是看思想教育工作者自身素质和理论水平如何,驾驭思想教育工作的能力和本领如何。作为思想教育工作者,一定要弄明白,为什么要做思想教

育工作。要搞好一切工作,首先要解决人的思想问题,因为人的思想一旦出了问题,就容易误入歧途,影响单位安定,进而会影响大局稳定。所以,要充分认识到必须把思想教育工作放在首要位置,必须做到思想教育工作地位不能变,工作任务不能变,质量、水平和要求不能变。

载体二:不断学习是创新的基础

不断引深职工教育学习常态化。学习的问题不仅关乎着每个职工自身的成长和进步,而且还影响着本单位的工作进展。笔者认为,只有不断地学习新理论、新知识、新技术,补充新能量,才能不断充实提高自己,进一步增强本单位参与社会竞争的实力。因此公路职工要尽快树立起在岗学习的观念,把学习作为一种责任、一种追求、一种提高自身素质的主要途径。要紧密围绕所从事的工作,系统地学习,有目的地学习,长期坚持学习,使每个职工都有较高的公路养护管理技能,提高养护质量,保障公路畅通,优质服务社会。

载体三:增强责任意识是创新后盾

责任意识的强与弱,对做好本职起着至关重要的作用。公路行业的发展目的是促进社会发展,服务人民,奉献社会。随着社会的发展,公路人的职责也发生了很大变化,从过去的职能型向服务型转变,强化责任意识已不仅是对职工工作作风的要求,而是成为单位制度和机制的要求。要使每个职工都能深刻认识到"服务"是公路的第一属性,把"为公众便捷出行服务、为社会经济发展服务"的使命落到实处,这也是公路人始终秉承的服务宗旨。要认真履行"2714"社会承诺,把精细化养护,规范化管理,人性化服务融于日常工作中,进一步优化公路养护工作标准,提高养护管理水平,提升服务保畅能力,充分发扬公路人的"铺路石"精神,自觉抢晴天、战雨天、冒雪天加班加点、无私奉献,努力打造咸阳公路亮点和品牌。

载体四:不断更新观念是保证

随着社会的发展,公路人将在较长时间内始终面临着挑战与机遇并存的局面,同时也会给公路职工带来思想触动。越是在这种情况下,越要认清形势,积极进取,不断在思想观念、工作方法、管理机制等方面进一步解放思想,用创新的态度研究问题,用创新的方法解决矛盾,用创新的精神开创新局面。要结合实际工作进行深入思考,要克服视野狭窄、思路僵化、方法死板等现象。一切从实际出发,遵循客观规律,找差距、加压力,把自己的工作做好;在精神状态、工作作风等方面要进一步解放思想、开阔视野、立足现实,把本职工作做好;在意识形态、职业道德等方面要进一步开拓思想,用求真务实、真抓实干的工作作风把本职工作做好,使公路养护工作提高到一个新的水平。

载体五:利用互联网教育多元化

建设互联网思想教育工作新媒体阵地,要善于利用微信、微博、QQ 群、手机 APP 等网络新媒体,围绕社会和公路行业的热点问题,用"网言网语",创新职工教育体系,创建网上教育园地、网上党校、在线培训等思想教育工作新平台,加强互动交流。通过把握时代脉搏,和兄弟单位加强交流,不断探索新方法、新方式,营造公路职工教育网络新环境。

五、结语

综上所述，在新形势下，公路职工的思想政治教育工作仍然不能松懈，基层工作者要多视角对公路养护职工思想动态要做全面探讨，要有持之以恒的精神，坚持对职工进行思想政治工作上的指导，保证他们的思想政治素质得到提高。目前，必须认清形势，不能忽视这些问题的存在，一定要积极反省工作中的问题，做好公路职工思想政治教育工作，保证他们能在公路事业发展中发挥其应有价值，促进职工觉悟不断提高，为公路养护事业的稳定、健康持续发展提供强大的精神动力和思想保证。